Birgit Stegner

Mülheim entdecken

10 Rundgänge und 1 Fahrradtour

Klartext

Text- und Bildredaktion: Birgit Stegner

Die Umschlagabbildung zeigt das Aquarius Wassermuseum
(Foto: Stadt Mülheim an der Ruhr, Walter Schernstein)

Künstlerische Umschlagbearbeitung: Klaus D. Schiemann, Mülheim an der Ruhr

Der Abdruck der Kartenausschnitte erfolgte mit freundlicher Genehmigung des Vermessungs- und Katasteramtes der Stadt Mülheim an der Ruhr; auf die Erhebung der Lizenzgebühren wurde freundlicherweise verzichtet.
Die Autorin dankt der Stadt Mülheim an der Ruhr, der MST Mülheimer Stadtmarketing und Tourismus GmbH sowie dem Geschichtsverein Mülheim an der Ruhr für die freundliche Unterstützung bei der Bereitstellung des Bildmaterials.

CIP-Titelaufnahme der Deutschen Bibliothek

Birgit Stegner :
Mülheim entdecken: 10 Rundgänge und 1 Fahrradtour / –
1. Aufl. – Essen : Klartext-Verl., 2002
ISBN 3-88474-894-7

1. Auflage September 2002
Gesamtausstattung: Klartext Verlag
Druck: Krips, Meppel (NL)

ISBN 3-88474-894-7

Liebe Leserinnen und Leser,

Mülheim an der Ruhr lohnt sich zu entdecken – und dabei hilft dieses neue Buch ganz bestimmt! Zum ersten Mal ist ein „richtiger“ Reiseführer erschienen, der allen Besuchern das Kennenlernen der „Stadt am Fluss“ erleichtert. Und der mehr zu bieten hat als eine Auflistung von Sehenswürdigkeiten: Wichtige Stationen der Stadtgeschichte werden vorgestellt und historische Fakten dabei ansprechend und kurzweilig präsentiert. Aktuelle Fotos geben Einblicke und machen neugierig. Eher verborgene Winkel laden zum Erkunden ein, Attraktionen werden unter neuen Aspekten beleuchtet. Kurzum: Ein Projekt also, das ganz im Sinne der MST Mülheimer Stadtmarketing und Tourismus GmbH die Stadt von ihren schönsten Seiten zeigt, ohne zu beschönigen; das Lust macht auf eine Entdeckungsreise, die selbst für „aule Mölmsche“ garantiert noch Neuigkeiten zu bieten hat!

Dr. Jens Baganz
Oberbürgermeister der Stadt Mülheim an der Ruhr

Liebe Leserinnen und Leser,

Tourismus im Ruhrgebiet – das hat noch vor wenigen Jahren eher zum Schmunzeln verleitet: Wer fuhr schon freiwillig in den „Kohlenpott“? Inzwischen hat sich längst herumgesprochen, dass diese Region – außer blauem Himmel übrigens – eine einzigartige Dichte kultureller Highlights zu bieten hat, ideale Tagungs- und Kongressmöglichkeiten offeriert, ein Shopping- und Musical-Eldorado ist und mit durchaus konkurrenzfähigen landschaftlichen Reizen ebenso aufwarten kann wie mit historisch einmaligen Industriedenkmälern. Und Mülheim liegt mittendrin!

Es gibt viele Gründe, Mülheim an der Ruhr zu entdecken: Ob als Kultur- oder Tagestourist, zum Familientreffen oder Arbeitsaufenthalt, am Rande eines Kongressbesuches oder als „Zugereister“ – dieses Buch liefert Tipps und Informationen, Hintergrundwissen und Unterhaltung. Eine ideale Einstimmung also auf einen Besuch in der „Stadt am Fluss“, wo dann die MST Mülheimer Stadtmarketing und Tourismus GmbH ihre Gäste willkommen heißt und ihnen „vor Ort“ mit Rat und Tat sowie vielen Angeboten zur Seite steht!

Stefan Zowislo
Geschäftsführer der MST Mülheimer Stadtmarketing und Tourismus GmbH

Inhalt

In Gedenken an
Ingeborg Freese-Takens
1915–2001

Mülheim entdecken

10 Rundgänge und 1 Fahrradtour

Die Stadt Mülheim an der Ruhr liegt zu Füßen des grünen Ruhrtals zwischen Rheinischem Schiefergebirge und Niederrheinischer Tiefebene. Geschichte und Entwicklung der Stadt sind eng mit dem Hellweg, einer alten Handelsstraße von Ost nach West, sowie der Ruhr verbunden, die sich auf 14 km Länge durch das Stadtgebiet schlängelt. Die frühe Nutzung des Fließgewässers als Verkehrsader belegen bereits Urkunden aus den Jahren 1033 und 1145. Die Mühlen, die an den Ufern des Flusses und seiner Zuflüsse standen, haben der Stadt ihren Namen gegeben.

Mülheim selbst wird in Schriften des Werdener Klosters aus dem 11. Jahrhundert unter dem Namen „Mulinhem" als Edelhof mit Gerichtsstätte erstmals erwähnt. Zu dieser Zeit existierte bereits seit mehr als zweihundert Jahren auf der gegenüberliegenden Ruhrseite Schloss Broich, eine Befestigungsanlage gegen die Normannen aus dem Jahre 883/884 n. Chr., heute einzige noch erhaltene Karolingerfestung nördlich der Alpen. Mülheim besaß aus heutiger Sicht demnach zwei Gründungszentren: Schloss Broich im Westen der Stadt und den Kirchenhügel im Osten, beide auf einer Anhöhe nahe der Ruhr gelegen. Zu den beiden genannten Siedlungskernen kamen später Schloss Styrum, 1067 erstmals urkundlich belegt, sowie das Kloster Saarn, 1214 gegründet, hinzu. Auf dem Kirchenhügel erwuchs um 1200 aus einer frühen Hofkapelle der Herren von Mülheim eine Kirche (heute Petrikirche), um die sich bald ein Dorf mit gewerblichem Zentrum entwickelte. Über Jahrhunderte hinweg führte dieses Kirchspiel Mülheim unter der Herrschaft des Schlosses Broich sowie des Herzogtums Berg ein eher bescheidenes Dasein. Die Erhebung zur Stadt erfolgte erst im Jahre 1808 durch Napoleon. Ein Jahrhundert später war Mülheim mit 100.000 Einwohnern schließlich Großstadt geworden.

Bestimmend für die Mülheimer Wirtschaft waren lange Zeit die Brauindustrie (seit dem 13. Jh.), der Kohlehandel (15. Jh.), die Papierindustrie (16. Jh.), der Schiffsbau (17. Jh.), die Textilherstellung (18. Jh.) sowie die Lederindustrie (19. Jh.), die sich allesamt den Wasserweg zu Nutze machten. Eine starke Veränderung der Wirtschaftsstruktur in Richtung Schwerindustrie setzte zu Beginn des 19. Jahrhunderts mit der Gründung der Friedrich-Wilhelms-Hütte durch die Gebrüder Dinnendahl ein (1811). Später kamen das Eisen- und Röhrenwerk August Thyssens (1871), der Bergwerksverein (1898) und das Kohlekontor (1904) hinzu. Bis ins 20. Jahrhundert blieben Bergbau, Eisen- und Metallverarbeitung von entscheidender Bedeutung für die Wirtschaftskraft der Stadt. Doch seit der Stilllegung aller Hochöfen und Zechen Mitte der 1960er Jahre vollzog sich auch in Mülheim der strukturelle Wandel. Die früher so bedeutsame Lederindustrie, einst mit 54 Betrieben in Mülheim vertreten, wird heute nur noch durch zwei herstellende Firmen repräsentiert, von den Brauereien hat keine den Strukturwandel überstanden. Auf der Ruhr fahren längst keine Kohleschiffe mehr, auch Papier und Textil besitzen in der Stadt am Fluss nicht mehr den Stellenwert von einst. Stattdessen haben jedoch inzwischen Großbetriebe der Stahlverarbeitung und des Maschinenbaus (Thyssen, Siemens, Mannesmann) sowie einige große Handelsketten (Tengelmann, Stinnes, Aldi) ihren festen Standort in Mülheim gefunden. Der Rhein-Ruhr-Hafen ist heute einer der leistungsfähigsten des Ruhrgebiets, die Bereiche Handel und Dienstleistung zeigen stetige Wachstumsraten. Seit 1912 ist Mülheim Sitz des Max-Planck-Instituts für Kohlenforschung, ehemals Kaiser-Wilhelm-Institut. 1958 entwickelte sich aus diesem Institut heraus eine selbstständige Abteilung für Strahlenchemie, die 1981 zum Max-Planck-

Institut erhoben wurde. Ihr Gründer Karl Ziegler erhielt 1963 den Nobelpreis für Chemie.

Im Tourismus- und Freizeitbereich wartet Mülheim mit großflächigen Wald-, Wiesen- und Parklandschaften auf, die zu Entspannung, Erholung oder sportlicher Betätigung einladen. Mehr als die Hälfte des Stadtgebietes ist begrünt, Mülheim ist damit eine der grünsten Städte im Ruhrgebiet. Neben den Wald- und Wiesenflächen werden als gern besuchte Ausflugsziele der Wasserbahnhof an der Ruhr mit Anlegestelle der Personenschifffahrt „Weiße Flotte“, die Raffelberger Galopprennbahn und der Altstadtkern mit historischem Tersteegenhaus angesteuert. Für Kulturgenuss und ungewöhnliche Präsentationen sorgen die Camera Obscura, das Aquarius Wassermuseum, das Kunstmuseum Alte Post, das Historische Museum Schloss Broich und Haus Ruhrnatur. Das kulturelle Leben wird darüber hinaus charakterisiert durch die überregional bekannten Theatertage „stücke“ in der Stadthalle, das eigene Theaterensemble Theater an der Ruhr im ehemaligen Solbad Raffelberg sowie das Kulturzentrum Ringlokschuppen. Zu den historisch sehenswerten Baudenkmälern der Stadt gehören die Schlösser Broich und Styrum, der Bismarckturm, das Kloster Saarn sowie die vom Fachwerkbau bestimmten Siedlungskerne Kirchenhügel und Dorf Saarn.

Soweit die offiziellen Darstellungen. Ein Blick hinter die Kulissen verrät uns jedoch, dass die Stadt Mülheim an der Ruhr ein weit vielschichtigeres Erscheinungsbild besitzt, als auf den ersten Blick erkennbar sein mag. Was die Einwohner Mülheims betrifft, so wird ihnen beispielsweise nachgesagt, sie seien zwar ehrlich und bescheiden, aber auch stur, knauserig und eigenwillig. Ein argwöhnisches und störrisches Völkchen eben, das lieber unter sich bliebe, als den belebenden Austausch mit anderen zu suchen. Wer die Stadt und ihre Bewohner kennt, wird wissen, dass diese Beobachtung vor dem Hintergrund der heimischen Mentalitätsgeschichte nichts Neues ist. Spätestens seit dem Wirken des Mülheimer Pietisten Gerhard Tersteegen, so lassen es zumindest erfahrene Stadthistoriker vermelden, favorisiere man in Mülheim eine Geisteshaltung, die sich eher dem Bodenständig-Traditionellen verpflichtet sieht und Veränderungen des Umfeldes häufig mit routinierter Gelassenheit und stiller Gleichgültigkeit hinnimmt. Über Jahrhunderte hinweg hat sich diese Haltung in den Köpfen der Menschen manifestiert. Ein Umdenken zu mehr Offenheit gegenüber positiver Erneuerung setzte in vielen Bereichen deshalb nur sehr langsam ein. Zahlreiche Beispiele belegen, dass die traditionelle Geisteshaltung bis ins 20. Jahrhundert nachwirkte: So wurden erste Einrichtungen für pflegebedürftige Alte und Behinderte erst in den 1950er und 1960er Jahren gebaut, zusätzliche Kindergärten und weiterführende Schulen entstanden erst in den 1970er Jahren. Bis heute existiert kein städtisches Kranken- oder Waisenhaus, die bestehenden Einrichtungen gründen sich allesamt auf private oder kirchliche Initiativen. Ein selbst verwaltetes Jugendkulturzentrum wurde nach zähem Ringen endlich 1998/99 auf den Weg gebracht. Auf stadthistorischem und kulturellem Gebiet ein ähnliches Bild: Ein städtisches Archiv ließ bis in die 1970er Jahre auf sich warten, erst 1980 gründete sich in Mülheim ein eigenes Theaterensemble. Die Musikschule erlangte trotz großer Bemühungen erst in den 1960er Jahren an Bedeutung, ein städtisches Orchester fehlt in Mülheim bis heute.

Auch in der Baugeschichte Mülheims hat die Zurückhaltung und Skepsis gegenüber neuen Ideen und Projekten eine lange Tradition: Bereits 1829 machte der renommierte Düsseldorfer Baumeister Adolf von Vagedes den Vorschlag, das Stadtgebiet nach Norden und Osten zu erweitern, um Mülheim endlich aus dem Status eines provinziellen Dorfes zu entheben; denn immerhin wurde Mülheim seit 1808 als Stadt geführt. Auch der damals amtierende Bürgermeister Christian Weuste war bemüht, durch städtebaulich sinnvolle und zugleich ästhetisch anspruchsvolle Architektur neue, wegweisende Akzente zu setzen. Ihre Vorschläge wurden jedoch, wie so viele andere, nur in Auszügen realisiert. Und so kam es, dass erst Mitte des 19. Jahrhunderts die Errichtung eines neuen Hafens, die Verlegung des Marktes nach Norden und der Bau eines Rathauses als erstes repräsentatives öffentliches Gebäude verwirklicht werden konnten. Etwa zur gleichen Zeit (1844) entstand endlich auch das erste große Prestigeobjekt der Stadt, die Kettenbrücke über die Ruhr, deren Eisenträger nach Plänen des Königlichen Baukondukteurs Pickel in der heimischen Friedrich Wilhelms-Hütte geschmiedet wurden.

Der Abriss dieser als architektonisch einmalig geltenden Brücke mag ein Beispiel dafür sein, dass Mülheims geschichtlicher Werdegang auch Brüche und Widersprüchlichkeiten aufzuweisen hat, die mitunter durchaus kritikwürdig sind. Der bedauerlich nachlässige Umgang mit der historischen Bausubstanz der Stadt ist da nur ein Beispiel. Neben der erwähnten Kettenbrücke verschwanden so in der Vergangenheit nach und nach viele weitere zeitgeschichtlich bedeutsame Bauten, die unzweifelhaft eng mit der Geschichte Mülheims verknüpft waren und über Jahrhunderte hinweg das Leben der Menschen geprägt und mitgestaltet haben: die lutherische Paulikirche in der Delle, das Geburtshaus von Mülheims berühmtestem Dichter Carl Arnold Kortum auf der Kettwiger Straße, die Lederfabrik Rühl an der Düsseldorfer Straße oder die Brauerei Mann an der Boverstraße. An ihrer Stelle stehen heute moderne Wohn- oder Gewerbeparks, die nichts von dem erahnen lassen, was Mülheims Stadtbild einstmals prägte. Nicht immer machte der Krieg und die daraus resultierende Zerstörung allein den Abriss zwingend notwendig, sondern oftmals waren vorschnelles und unüberlegtes Handeln der Grund. Aus heutiger Sicht erscheint uns deshalb die Kritik am Verschwinden dieser Baudenkmäler in vielen Fällen als berechtigt, sind sie doch als stumme Zeugen der historischen Vergangenheit Mülheims für immer verloren gegangen.

Als eines der traurigsten Kapitel der Mülheimer Stadtgeschichte muss in diesem Zusammenhang auch der Abriss der jüdischen Synagoge am Viktoriaplatz erwähnt werden. Nach der Brandschatzung durch die Nationalsozialisten in der Nacht zum 10. Novemer 1938 wurden die Reste des Gebäudes abgetragen, der leere Platz alsbald im Auftrag der Stadt für Aufmärsche und Kundgebungen der NSDAP umgestaltet. Heute verweist lediglich eine kleine Gedenkwand im Sparkassengebäude, ehemals Standort der Mülheimer Synagoge, auf die schrecklichen Ereignisse jener Zeit. Fast scheint es so, als wolle sich niemand mehr daran erinnern, dass den Juden von Mülheim bereits 1933 auf Weisung der Stadtverwaltung ihre Geschäftstätigkeit untersagt wurde, jüdische Bürger auf offener Straße angepöbelt, verfolgt, gefangen genommen und viele von ihnen schließlich in die Vernichtungslager des Reiches deportiert wurden. Auch die Beschäftigung von Zwangsarbeitern in der Friedrich Wilhelms-Hütte sowie die Bereicherung an jüdischem Vermögen wird in Mülheim sorgsam aus dem Gedächtnis verdrängt. Kaum thematisiert wird ebenso die Verleihung der Ehrenbürgerschaft an Adolf Hitler und Hermann Göring (1933) sowie die materielle und finanzielle Unterstützung der NSDAP durch Mülheimer Industrielle. Die glanzvollen Namen Thyssen, Stinnes und Kirdorf werden in ein weniger beschauliches Licht gerückt, blickt man der Tatsache ins Auge, dass zum Beispiel Fritz Thyssen schon frühzeitig als Sympathisant und Förderer der NSDAP in Erscheinung trat und Emil Kirdorf als Dank für seine Verdienste um das Dritte Reich von Hitler persönlich mit dem Adlerschild, der höchsten Auszeichnung des Reiches, beehrt wurde.

Inzwischen hat sich in Mülheim einiges verändert: Die Adolf-Hitler-Straße wurde in Friedrichstraße umbenannt, eine Büste des „Ehrengastes“, die einst an der Stadthalle prangte, wurde sorgsam entfernt, und auch der Platz der SA, einst Aufmarschgebiet von Hitlers Eliteeinheit, trägt seit 1945 den neuen Namen Kaiserplatz. Heute, da die Stadt bemüht ist, sich als florierender Wirtschaftsstandort inmitten grüner Erholungsgebiete zu präsentieren, sind es Missstände anderer Art, die die Stadt unnötig ins Abseits drängen. Auch hier seien nur einige

Beispiele genannt: das störende Verkehrsleitsystem durch das Stadtzentrum, das besonders von Besuchern als irreführend empfunden wird; der desolate Zustand des Hauptbahnhofs, der seit Jahren einer Renovierung und Modernisierung harrt; die zunehmende Verödung der fußläufigen Innenstadt, deren Einkaufsmöglichkeiten sich immer weiter beschränken; und schließlich die unselige Debatte um die Zukunft des Flughafens, die dem Wirtschaftsstandort Mülheim mehr schadet als nützt. Die negativen Konsequenzen dieses Erscheinungsbildes sind bereits in mehreren Bereichen zu spüren: So wird Mülheim beispielsweise in Publikationen über das Ruhrgebiet, die die Region als herausragendes Wirtschaftsgebiet mit großem Kulturangebot und hohem Freizeit-, Sport- und Erholungswert beschreiben, häufig nur am Rande erwähnt, manchmal sogar gänzlich verschwiegen. Im Jahre 1999 fand die Stadt sogar Eingang in die beim Leipziger Verlag Reclam erschienene Städteporträtreihe „Öde Orte". Hier wird Mülheim als „sympathisch suizidal" beschrieben, als Stadt, die die dunklen Seiten ihrer geschichtlichen Vergangenheit leugne, deren Bürger starrsinnig, engstirnig, unbeweglich und überheblich seien, eine Stadt, in der politische Gremien sich eher durch Günstlingswirtschaft als durch innovativ-kreative Vorschläge auszeichneten und wo die Menschen, von Tristesse und selbstgefälliger Langeweile geplagt, mitsamt ihrem Vermögen in andere Städte abwanderten. Wenn nicht ein Wunder geschähe, würde Mülheim bald, so der Verfasser, aus allen nennenswerten Karten und Publikationen über das Ruhrgebiet verschwunden sein.

Ganz so schlimm, wie hier dargestellt, ist es nun gottlob doch nicht um Mülheim bestellt. Festzuhalten ist, dass die Stadt an der Ruhr keine Metropole ist, die ihre Schwächen, so wie andere Städte ihrer Größe es durchaus tun, durch ein überwältigendes Erscheinungsbild zu übertünchen vermag. Hier gibt es keinen Zoo und keinen großen Freizeitpark, keine Universität und kein Messegelände, keine repräsentativen Prachtbauten, keine hochmodernen Sportarenen und auch kein Theater oder Orchester von Weltrang. Dass Mülheim nicht spektakulär ist oder sensationell, sondern eher beschaulich und ruhig, muss aber nicht unbedingt ein Manko sein, sondern kann im Vergleich zur hektischen Betriebsamkeit benachbarter Großstädte mit all den negativen Begleiterscheinungen auch von Vorteil sein. Die Genügsamkeit und Schlichtheit, die Mülheim prägen, entstammen jener lang gehegten Tradition, die sich eher in Sparsamkeit, Zurückhaltung und zuchtvoller Askese ausdrückt als in progressivem, dynamisch-aufklärerischem Denken und Handeln. Die allgemeine Aufbruchsstimmung im Revier wäre jedoch ein willkommener Anlass, diese Bewusstseinshaltung zu überdenken, verkrustete Strukturen über Bord zu werfen und sich zu neuen Ufern aufzumachen. Viele Einwohner Mülheims wünschen sich schon heute für ihre Heimatstadt etwas mehr Weltoffenheit anstelle Provinzialität sowie die Bereitschaft, mit Beherztheit und Engagement viel versprechende Projekte und Ideen zukunftsträchtig mitzugestalten.

Noch einmal zurück zum Reclam-Beitrag: Trotz aller Polemik und beißendem Spott sollte man dem Autor der Glosse zugute halten, dass er die Stadt gleichwohl für sympathisch hält. Und genau diesem sympathischen Image Mülheims möchte dieses Buch auf die Sprünge zu helfen. Die Rundgänge durch die Stadt an der Ruhr sollen deshalb vor allem die interessanten und schönen Seiten Mülheims betonen, ohne jedoch verbesserungswürdige Fakten zu vernachlässigen. Auf verschiedenen Streifzügen geht es durch die einzelnen Stadtteile, wobei sowohl die Historie als auch die aktuelle Erscheinung Mülheims mit kritischem Blick beleuchtet wird. Wer also die Ruhrstadt wirklich kennen lernen will, der sollte sich nicht vom spöttischen Gerede Außenstehender abschrecken lassen, sondern den Versuch wagen, zu Fuß oder per Rad die vielen geschichtsträchtigen Plätze, die zahlreichen kleinen und großen Naturräume sowie die bekannten und weniger bekannten Kultur- und Freizeitzentren in Augenschein zu nehmen, um sich sein eigenes Bild von der Stadt am Fluss zu machen.

„Mülheim entdecken" gewinnt damit eine doppelte Bedeutung: Nicht nur Gäste der Stadt sind eingeladen, auf Entdeckungstour zu gehen, sondern auch Einheimische sind dazu aufgefordert, ihre Stadt neu zu erkunden. Wünschenswert wäre, wenn diese Wiederentdeckung mit dazu beitragen könnte, das eher unscheinbare Image Mülheims mit neuem Leben zu füllen und die Stadt auch für Nicht-Ortsansässige interessant und attraktiv zu machen. Dies erscheint um so wichtiger, als sich die Stadt Mülheim, und mit ihr die gesamte Ruhrregion, nach dem Ende des Industriezeitalters in einem enormen Umwandlungsprozess befindet und viele Städte sich für eine Reise in die Zukunft rüsten, von der bis dato noch niemand so recht weiß, wie sie einmal aussehen wird. Was sich bisher ausmachen lässt ist jedoch, dass diese Zukunft, in deren Mittelpunkt die Umstrukturierung der Industriegesellschaft in eine Dienstleistungs-, Informations- und Freizeitgesellschaft steht, nicht nur die Förderung neuer Wirtschaftszweige und Technologien, die Schaffung neuer Arbeitsplätze und Wohnräume sowie die Konzeption neuer, sozial vertretbarer Lebensbedingungen nach sich ziehen wird, sondern auch die Umwandlung der Lebensumstände insgesamt tangiert. Nicht mehr allein die Arbeit steht im Mittelpunkt, sondern die Steigerung der Lebensqualität im Gesamten. Dazu gehört beispielsweise die Verbesserung des Kunst-, Kultur- und Bildungsangebots, die Gestaltung neuer Freizeit-, Sport- und Erholungsräume sowie die Bereitstellung von Treffpunkten und Veranstaltungsorten, durch die die Bürgerinnen und Bürger aktiv am Stadtleben teilhaben können. Auch der Erhalt der natürlichen Lebensgrundlagen sowie die Entstehung neuer Park- und Grünflächen zählt zu diesem Rahmenprogramm.

Für alle Städte im Ruhrgebiet und für Mülheim im Besonderen gilt es, die Zeichen der Zeit zu erkennen und ihnen mit Mut und Selbstvertrauen zu begegnen – ohne jedoch bei aller Wandlungsfähigkeit die eigene Identität und Herkunft zu verleugnen. Mancherorts ist in Mülheim dieser Wandel schon zu spüren. In einigen Stadtteilen wurden durch das Engagement einzelner Bewohner, Verbände oder Unternehmen sowie unter Beteiligung der verantwortlichen städtischen Gremien neue Akzente gesetzt, die das Gesicht der Stadt auf erfreuliche Weise veränderten und bei den Bürgerinnen und Bürgern positive Resonanz hervorriefen. Besonders im Rahmen der Landesgartenschau MüGa im Jahre 1992 sowie in der Folgezeit konnten auf dem städtebaulichen, kulturellen und freizeitaktiven Sektor kreative, zukunftsweisende Initiativen und Ideen verwirklicht werden, die das Stadtbild enorm bereicherten. Für die nahe Zukunft sollte eine weitere Belebung und Attraktivierung des Erscheinungsbildes erfolgen, eine wohl überlegte Mischung aus Wohnen, Arbeiten, Erholung und Versorgung. Bis die Stadt jedoch den Anschluss an das neue Zeitalter gemeistert und sich die Einsicht in die Notwendigkeit durchsetzt hat, sich gesellschaftlichen Veränderungen zu stellen und sinnvoll zu meistern, so dass Beheimatung und Identifikation nicht nur möglich, sondern auch für nachfolgende Generationen wieder erstrebenswert erscheint, ist es noch ein weiter Weg.

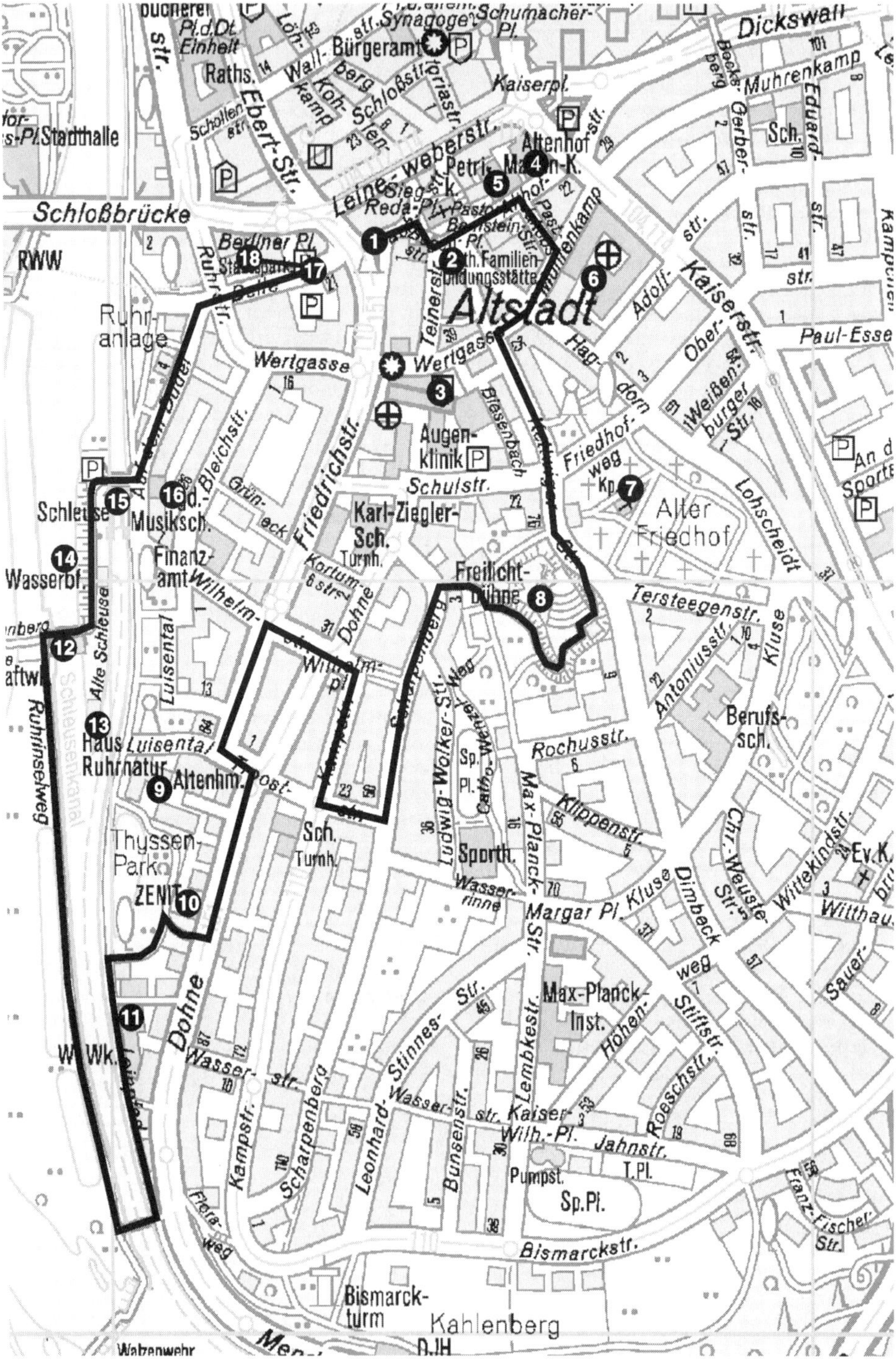
Dickswall
Pl.d.Dt. Einheit
Synagoge
Schumacher-Pl.
Bürgeramt
Raths.
Wall-
Kohlenkamp
Schloßstr.
Viktoriastr.
Kaiserpl.
Muhrenkamp
Eduard-
Gerber-
Becks-berg
Stadthalle
Schollen-str.
Ebert-Str.
Leineweberstr.
Petri-
Marien-K.
Altenhof-str.
Sieg.-K.
Reda-Pl.
Pastor-Jakobs-Pl.
Bernstein-Str.
Kath. Familien-bildungsstätte
Schloßbrücke
RWW
Berliner Pl.
Stadtpark
Ruhrstr.
Ruhranlage
Altstadt
Adolf-
Kaiserstr.
Paul-Esse
Hagdorn
Ober-
Weißenburger Str.
Wertgasse
Teinerstr.
Augen-klinik
Bleichstr.
Friedrichstr.
Grüneck
Schulstr.
Friedhofweg
Kp.
Alter Friedhof
Lohscheidt
Schleuse
d. Musiksch.
Karl-Ziegler-Sch.
Turnh.
Kortumstr.
Dohne
Finanzamt
Wilhelmstr.
Freilicht-bühne
Tersteegenstr.
Wasserbf.
Alte Schleuse
Luisental
Wilhelm-pl.
Antoniusstr.
Kluse
Ruhrinselweg
Schleusenkanal
Haus Ruhrnatur
Rochusstr.
Berufs-sch.
Altenhm.
Poststr.
Kampstr.
Scharpenberg
Ludwig-Wolker-Str.
Max-Planck-Str.
Klippenstr.
Sp.Pl.
Thyssen-Park
Sch.
Turnh.
Sporth.
Chr.-Weuste-Str.
Wittekindstr.
Ev.K.
ZENIT
Wasserrinne
Margar Pl.
Dimbeck
Witthaus
Stiftstr.
Sauer-
Stinnes-Str.
Max-Planck-Inst.
Höhenweg
W.Wk.
Leinpfad
Wasserstr.
Leonhard-Stinnes-Str.
Bunsenstr.
Lembkestr.
Kaiser-Wilh.-Pl.
Roeschstr.
Jahnstr.
Pumpst.
T.Pl.
Sp.Pl.
Floraweg
Bismarckstr.
Franz-Fischer-Str.
Bismarck-turm
Kahlenberg
DJH
Walzenwehr

Der Kirchenhügel mit Bogenstraße und Petrikirche, um 1780

Altstadt

Spurensuche. Ein Bummel durch tausend Jahre Stadtgeschichte

Ausgangspunkt: Ev. Petrikirche, Siegfried-Reda-Platz (Straßenbahn 104, 110, 112, Bus: 122, 124, 131, 132, 133, 135, 151, 752, Haltestelle: Stadtmitte)

Endpunkt: Berliner Platz

Dauer: 2 Stunden

Route: Ev. Petrikirche (1), Heimatmuseum/Tersteegenhaus (2), Ev. Krankenhaus (3), Altenhof (4), Kath. Kirche St. Mariä Geburt (5), Kath. St.-Marien-Hospital (6), Alter Friedhof (7), Freilichtbühne (8), ehem. Troost'sche Baumwollspinnerei und -weberei (9), Villa Thyssen (10), Wasserwerk Dohne (11), Wasserkraftwerk Kahlenberg (12), Haus Ruhrnatur (13), Wasserbahnhof (14), Ruhrschleuse (15), Jugendmusikschule (16), Delle (17), Berliner Platz (18)

Wir beginnen unseren ersten Stadtrundgang im historischen Herzen Mülheims, der Altstadt. Am Siegfried-Reda-Platz, benannt nach dem langjährigen Organisten der Evangelischen Petrikirche Siegfried Reda (1916–1968), liegt die Bachstraße, die ihren Namen von einem nahe gelegenen Flüsschen namens „Rumbach" (auch „Ruhmbach") erhielt. Der Bach floss früher offen über den Dickswall und die Leineweberstraße Richtung Ruhr und ist dieser Tage unterirdisch kanalisiert. Unterhalb der Pe-

Ein bekanntes Fachwerkhaus: die Mausefalle

trikirche, durch steinerne Bögen hindurch, gelangen wir über einen kleinen Anstieg in die Bogenstraße, einen schmalen Fußweg, der zum ehemaligen Marktbereich auf dem Kirchenhügel führt. Auf der rechten Seite liegt das Gasthaus „Mausefalle", das sich vor dem Zweiten Weltkrieg (ebenso wie das Mittsdörfersche Haus des Geschichtsvereins) noch in einem Haus auf der gegenüber liegenden Seite des Weges befand. Die altehrwürdige Schenke, in deren unmittelbarer Nähe früher noch drei weitere Gasthäuser existierten („Ührchen", „Muschelhaus Antrop", „Zum wilden Mann"), gilt heute als das schönste Fachwerkhaus im Altstadtkern. In dem Restaurant, das erlesene Speisen der internationalen Küche präsentiert, trifft sich seit etwa 1870 auch die „Bürgergesellschaft Mausefalle". Ursprünglich als heitere Stammtischversammlung ins Leben gerufen, diente sie später hauptsächlich der Pflege der Mülheimer Mundart „Mölmsch Platt". Dieser Tage ist die Hauptaufgabe des Vereins neben der Erhaltung des Mülheimer Dialekts die Verleihung des „Jobs", eine Auszeichnung an Mülheimer Bürgerinnen und Bürger, die sich auf kulturellem, wissenschaftlichem, wirtschaftlichem oder heimatkundlichem Gebiet um die Stadt verdient gemacht haben.

Wir gehen die Bogenstraße weiter aufwärts bis zur Teinerstraße, vorbei am rückwärtigen Anbau der Mausefalle, in dem der Mülheimer Künstler Klaus D. Schiemann seine Werke präsentiert und befinden uns nun inmitten der Altstadt. Vor über zehn Jahrhunderten lebten hier die Edelherren zu Mülheim, deren Existenz in einer Urkunde des Werdener Klosters, die etwa auf das Jahr 1000 n. Chr. datiert wird, erstmals überliefert ist. Besiedelt war der Raum jedoch wohl schon im Zuge der fränkischen Landnahme zwischen 600 und 700 n. Chr. Eine Gerichtsstätte der Herren von Mülheim ist seit 1093 schriftlich nachweisbar, das Dokument aus dieser Zeit ist zugleich das älteste Schriftstück, dass von der Existenz Mülheims zeugt. Erwähnt werden hier neben gewissen Edelherren aus Broich und Dümpten auch die Herren „Conradus, Waldgerus und Lambertus von Mulenhem". Kern ihrer Siedlung war ein befestigter Hof, der „Murenhof" (= Hof in den Mauern), dessen Lage auf einem Hügel über der Ruhr, dem heutigen Kirchenhügel, als strategisch günstig galt. Die zweigeteilte Anlage, bestehend aus einer turmartigen Vorburg sowie einer Hauptburg, wurde mehrere Male zerstört und wieder errichtet. Nach dem Aussterben des Edelherrengeschlechts zu Mülheim im 12. Jahrhundert übernahmen die Grafen von Altena und deren Nachfahren den Besitz. Unter der Federführung des Herzogtums Berg, das als Landesherrschaft seit 1246 in Erscheinung tritt, geht aus dem ehemaligen Grafengericht ein Schöffengericht hervor, dem mehrere Honnschaften im Mülheimer Raum (darunter die heutigen Mülheimer Stadtteile) unterstellt sind. In den folgenden Jahrhunderten wurde der Kirchenhügel, insbesondere während des spanisch-niederländischen Krieges (17. Jh.), mehrfach Schauplatz kämpferischer Auseinandersetzungen.

Bis ins 17. Jahrhundert galt die Burg als verteidigungsfähig. Reste der Mauern fand man bei Ausgrabungen nach dem Zweiten Weltkrieg. Vom einstigen, mehrteiligen Ursprungsbau blieben bis heute jedoch nur der Wirtschaftshof (Altenhof) und die Eigenkirche St. Peter, die heutige **Ev. Petrikirche (1)**, übrig. Von dem kleinen Platz vor der Kirche, der Ernst Barnstein gewidmet ist, der von 1922–1961 hier als Pastor amtierte, gewinnt man einen guten Blick auf das Gotteshaus, das wohl um 1200 aus einer ehemaligen Hofkapelle der Herren von Mülheim erwuchs. Der erste Bau glich einer romanischen Basilika, deren Westturm noch heute teilweise erhalten ist. Im 15. Jahrhundert wurde die Kirche gotisch überformt, weitere Umbaumaßnahmen zur dreischiffigen Hallenkirche nahm man in der Folgezeit in Angriff. Mitte des 16. Jahrhunderts trat das Kirchspiel Mülheim, das bisher der katholischen Gemeinschaft zugehörig war, zum evangelischen Glauben über – eine Anweisung aus dem Jahre 1554 be-

Blick auf die Petrikirche vom Hagdorn

Ev. Petrikirche um 1900

legt die reformatorische Änderung des Gottesdienstes. Der reformierte Glaube prägte die Einwohner Mülheims über die Jahrhunderte hinweg und blieb bis in die heutige Zeit als Gestaltungskraft bestimmend. Zwischen 1870 und 1872 wurde die Petrikirche im Stil der Neugotik verändert, von der alten Kirche blieben die beiden spätgotischen Joche mit Chor sowie der romanische Westturm erhalten. Zu Beginn des 20. Jahrhunderts restaurierte man das Gotteshaus grundlegend. Schwere Kriegsschäden in der Bombennacht vom 23./24. Juni 1943, bei der nicht nur die ehemalige Ringbebauung rund um die Kirche verloren ging, sondern auch die Kirche selbst, unter anderem der Turmhelm (als schiefer Turm ein Wahrzeichen der Stadt) zerstört wurde und der Chor bis auf die Umfassungsmauern niederbrannte, machten eine erneute Renovierung notwendig. Die Arbeiten, die die äuße-

Petrikirche nach dem Luftangriff 1943

re Gestalt der Kirche erheblich veränderten, dauerten bis 1958 an. Heute trägt das Langhaus der Kirche statt des alten Kreuzgratgewölbes nur eine flache Kassettendecke. Wieder eingewölbt wurden hingegen die beiden letzten Joche vor der Chorapsis. Die drei Kirchenschiffe wurden unter einem Satteldach zusammengefasst. Der Turmhelm war in einer neuen Fassung begradigt, auch wenn die Mülheimer Bevölkerung am liebsten wieder „ihren schiefen Turm“ zurückgewonnen hätte. In den Jahren 1986–1990 wurde das Gotteshaus noch einmal umfassend saniert. Sehenswert im Innern sind vor allem die von Ernst Rasche bildhaft gestalteten Farbfenster im Chor, die von hohem künstlerischem Rang zeugen, sowie die von Karl Schuke unter Mitwirkung von Siegfried Reda geschaffene Orgel. Sie ist die dritte ihrer Art in der Petrikirche: Eine erste Orgel wurde 1685 aufgestellt, eine zweite folgte 1912/13. Das jetzige Instrument geht auf das Jahr 1959 zurück und wurde erst kürzlich komplett restauriert. Des Weiteren sind in der Petrikirche wertvolle Ausstattungsstücke ausgestellt, darunter silberne und goldene Abendmahlsbeigaben (17.–19. Jh.) sowie eine Reliefplastik der Auferstehung Christi (um 1420). Auch Teile der Innenausstattung der lutherischen Paulikirche sind zu sehen, so zum Beispiel eine gusseiserne Glocke aus dem Kirchturm. Die Paulikirche wurde 1658 auf der Delle errichtet (Neubau 1881), jedoch 1970 wegen angeblicher Baufälligkeit abgerissen (dazu später mehr). Seit 1887 hatte zwischen der reformierten Petrikirche und der lutherischen Paulikirche ein Zusammenschluss zur gemeinsamen evangelischen Gemeinde bestanden.

Aus alten Stadtansichten weiß man, dass die Petrikirche von einem Friedhof umgeben war. Bei Neubauten an der Südseite der Kirche (1870) sowie beim Wiederaufbau nach 1945 stieß man schließlich auf einige Grabplatten und Gewölbe, darunter auch eine Grabstätte der Herren von Broich, die sich unterhalb des Chores befand. Leider sind viele der wertvollen alten Grabsteine heute nicht mehr erhalten: Da sich niemand für ihre historische Bedeutung interessierte, wurden sie zerstört oder beseitigt, die meisten von ihnen gelten dieser Tage als verschollen. Auch die Grabstätte von Mülheims bekanntestem Vertreter des mystischen Pietismus, Gerhard Tersteegen, gilt als unauffindbar. In der Nähe der Stelle, an der seine letzte Ruhestätte vermutet wird (Kirchennordseite), wurde ihm im Jahre 1838 jedoch ein Denkmal errichtet, das der Künstler Paul Frank gestaltete.

Von der Petrikirche aus führen strahlenförmig mehrere Wege in verschiedene Richtungen. Hier befand sich bis ins 19. Jahrhundert auch der alte Markt, der erst 1839 im Zuge der Erweiterung der Stadt nach Norden zum heutigen Standort am Rathausplatz verlegt wurde. Am Rande des alten Marktes lag in früherer Zeit eine der ältesten Mülheimer Druckereien, die Firma G.W. Blech. Sie publizierte ab 1797 die „Gnädigst priviligierte Zeitung von Kriegs- und Staatssachen", später den „Mülheimer General Anzeiger". Das Haus der Familie Blech wurde im Zweiten Weltkrieg zerstört, die Firma existierte an anderer Stelle noch bis ins Jahr 2000. Vom alten Markt verschwunden ist auch das Kriegerdenkmal für die Gefallenen der Befreiungskriege von 1813/14, das 1904 hier aufgestellt wurde. In den 1930er Jahren entwendeten die Nationalsozialisten die Säule, an ihrem Standort wurde 1939 – in Erinnerung an die fiktive Gestalt des Hieronimus Jobs von Carl Arnold Kortum (dazu später mehr) – der Jobsbrunnen postiert. Auch er ist dem Kriege zum Opfer gefallen, die Jobs-Statue konnte jedoch gerettet werden. Sie befindet sich dieser Tage an der Ecke Friedrichstraße/ Delle, soll aber in naher Zukunft wieder an den angestammten Platz auf dem Kirchenhügel zurückversetzt werden.

Noch einmal zur Altstadt: Die Siedlungsweise ist für die frühmittelalterliche Zeit typisch, die Anordnung der Häuser zeigt keinerlei reguläre Ordnung, alles sieht wie bunt hingewürfelt aus, die Gassen eng und verwinkelt, die Bauten krumm und schief. Im 19. Jahrhundert erregte diese ungeregelte Bauweise einiges Missfallen, war man doch zu dieser Zeit bemüht, Mülheim aus dem Status eines provinziellen Dorfes zu entheben und dem Erscheinungsbild einen städtischeren Charakter zu geben. Das, was früher für Aufsehen sorgte, verleiht heute der Altstadt Mülheims jedoch ihr nostalgisches, gemütliches Ambiente: Viele der alten Fachwerkhäuser, von denen Mülheim trotz Kriegszerstörungen noch immer eine erstaunlich große Anzahl besitzt, sind restauriert und unter Denkmalschutz gestellt worden. Seit Ende der 1970er Jahre bemüht man sich verstärkt um Erhaltung der alten Bausubstanz, was nicht immer so war, denn Denkmalschutz war lange Zeit ein Fremdwort und galt als hinderlich bei der Modernisierung der Stadt. Dass dem fortschreitenden Abbruch der historischen Gebäude, die auch einen Teil der Identifikation der Bevölkerung mit ihrer Heimatstadt ausmachen, ein Ende gesetzt wurde, verdankt die Stadt nicht zuletzt ihren Bürgerinnen und Bürgern, die sich durch zahlreiche Aktionen und Initiativen für den Erhalt ihres geschichtlich gewachsenen Umfeldes einsetzten. Und so kann man bis heute den dörflichen Charakter des alten Siedlungskerns auf dem Kirchenhügel erspüren: Kleine Lädchen, gemütliche Gaststätten, ein gepflegtes Straßenpflaster und eine angenehme Beleuchtung sorgen für eine beschauliche Atmosphäre. Inzwischen hat sich auch ein eigener „Initiativkreis Altstadt" gegründet, dessen jährlich durchgeführte Feste und Veranstaltungen das historische Herz Mülheims mit Leben füllen.

Zu neuer Beachtung gelang im Rahmen dieses lokalen Engagements auch das so genannte **Tersteegenhaus (2)**, in dem sich heute das städtische **Heimatmuseum** befindet. Ursprünglich gehörte das Haus auf der Teinerstraße zum Wirtschaftshof der Herren von Mülheim, die Straße ist benannt nach einem Hof namens t'Einern, der seit 1392 zum Kloster Saarn gehörte (siehe Rundgang Saarn). Später befand sich in den Räumlichkeiten eine Gaststätte sowie eine Brauerei. Im Jahre 1746 ging das Haus über in den Besitz Gerhard Tersteegens, der seit 1713 in Mülheim lebte. Der Kaufmann Tersteegen, am 25. 11.1697 in Moers geboren, erlernte zunächst auf Anraten seiner Mutter das Weberhandwerk, bis er 1724 seiner eigentlichen Bestimmung nachging: dem Verfassen geistlicher Lieder, Bibelverse

Heimatmuseum Tersteegenhaus

und Bücher. Eine große Anhängerschaft bildete sich um den frommen, pietistischen Dichter und Wanderprediger, dessen Haus zu Füßen der Petrikirche alsbald zur Pilgerstätte wurde. Auch als Apotheke oder Arztpraxis wurde das Gebäude genutzt, hatte Tersteegen sich doch als überzeugter Christ zu Lebzeiten der Hilfe von Kranken und Notleidenden verschrieben. Mit seinen religiösen Schriften jedoch wurde er weltweit bekannt, einige seiner Kirchenlieder werden bis heute in den Kirchen gesungen. Das von Dimitri Bortnianski vertonte Gedicht „Ich bete an die Macht der Liebe" wurde später sogar Bestandteil des Großen Zapfenstreichs.

Die Räume des Heimatmuseums im Tersteegenhaus, die in der heutigen Form seit 1950 bestehen, erinnern an sein großartiges Wirken, bieten des Weiteren aber auch Exponate zur allgemeinen Geschichte Mülheims sowie zu einer weiteren berühmten Persönlichkeit, dem Dichter und Zeitgenossen Tersteegens Carl Arnold Kortum (1745–1841). Als Arzt in Mülheim und Bochum wirkend, wurde Kortum bekannt durch die so genannte „Jobsiade", ein komisches Epos in Knittelversen, dessen Held Hieronimus Jobs sich auf satirische Weise über seine Zeitgenossen lustig macht. Das Buch wurde in mehrere Sprachen übersetzt und ist noch immer als Reclam-Bändchen erhältlich. Nicht erhalten jedoch blieb Kortums Geburtshaus in unmittelbarer Nähe auf der Kettwiger Straße, das 1957 ohne Genehmigung des Landes (ein Denkmalschutzgesetz für Nordrhein-Westfalen existiert erst seit 1980) abgerissen wurde – ein Vorgang, der symptomatisch ist für den allzu sorglosen Umgang der Stadt mit kulturgeschichtlich bedeutsamen Baudenkmälern. 1961 errichtete der Christliche Verein Junger Menschen (CVJM), seit über 150 Jahren in Mülheim als Gemeinschaft zum Wohle der Mitmenschen tätig, an der Stelle des alten Kortumhauses seine neue Heimstätte.

Von der Teinerstraße aus, die südwärts in die Wertgasse mündet, blickt man auf die hohe Fassade des **Ev. Krankenhauses (3)**, das den vollen Namen „Stiftung Evangelisches Kranken- und Versorgungshaus zu Mülheim a.d. Ruhr" trägt und im Jahre 2000 sein 150-jähriges Bestehen feierte. Gegründet wurde das Krankenhaus auf Initiative des ortsansässigen Jünglingsvereins (heute CVJM) und der evangelischen Altstadtgemeinde, die vornehmlich kranke Wanderarbeiter in einer angemesseneren Lokalität versorgen wollten. Mülheimer Kaufleute, Handwerker und Mitglieder der evangelischen Gemeinde schlossen sich daraufhin zusammen und gründeten das erste Krankenhaus der Stadt. Vom preußischen König erhielt die Einrichtung dann 1856 die Stiftungsrechte. Aus dem kleinen Krankenhaus der Gründerzeit, das sich in den Anfängen in einem Privathaus auf der Teinerstraße befand und sich durch Spenden wohltätiger Bürger finanzierte, wurde im Laufe der Zeit ein Großstadt-Krankenhaus mit 631 Betten, elf Operationssälen, drei Alteneinrichtungen und mehr als 1.450 Mitarbeitern, darunter über 140 Ärztinnen und Ärzte. Das Krankenhaus beherbergt heute elf Fachdisziplinen, darunter auch die in

Evangelisches Krankenhaus mit Augenklinik (oben)

Das erste Krankenheim an der Teinerstraße (unten)

weitem Umfeld renommierte Augenklinik, deren Neubau 1985 dem Krankenhaus angegliedert wurde. Dank der finanziellen Unterstützung durch die Leonhard-Stinnes-Stiftung (den Eheleuten Leonhard und Stinnes verdankt die Stadt zahlreiche Kultur-, Sport- und Versorgungseinrichtungen) verfügt dieser Klinikbereich über modernste Untersuchungs- und Behandlungsmethoden. Insgesamt werden in den Abteilungen des Krankenhauses jährlich etwa 12.000 Operationen durchgeführt, knapp 22.000 Patienten stationär behandelt. Um den Menschen den Aufenthalt so angenehm wie möglich zu machen, bietet das Krankenhaus ein breites Kulturangebot, bestehend aus Musik, Tanz, Theater (eigenes Ensemble Mülheimer Backstein Theater) und künstlerischer Gestaltung. Für dieses Engagement wurde das Hospital 1995 mit der Auszeichnung „Modellprojekt Kultur im Krankenhaus" der Deutschen UNESCO-Kommission geehrt. Neben dem künstlerischen Aufgabenfeld engagiert sich das Krankenhaus auch für den Umweltschutz: In den Bereichen Abfallvermeidung, Stromverbrauch und Gebäudeleittechnik konnten erhebliche Einsparungen erzielt werden. Auch dies wurde mit einem Zertifikat, dem europäischen Umweltpreis, belohnt.

Wir befinden uns noch immer auf der Teinerstraße und gehen nun ostwärts, am Haus der Evangelischen Kirche sowie am Katholischen Stadthaus vorbei, die Althofstraße (früher Marktstraße) entlang. Der

Der zweite Altenhof (unten) Der jetzige Altenhof von 1929 (oben)

Name rührt her von dem **Altenhof (4)**, dem Wirtschaftsgebäude der Herren von Mülheim. Wann genau der erste Altenhof erbaut worden ist, ist leider nicht bekannt. Um 1200 jedoch weist ein Heiratsdokument des Grafen Arnold von Altena denselben als Besitzer des Altenhofs aus. Eine Urkunde aus dem Jahre 1385 erwähnt dann Dietrich von Limburg, Herr auf Schloss Styrum, als Eigentümer des Grundstücks. In diesem Schriftstück ist auch eine Mühle genannt, die sich an der Ecke der heutigen Leineweber-/ Kaiserstraße befand und dem Altenhof zugehörig war. Den Aufzeichnungen zufolge befand sich der Mühle vorgelagert ein großer Teich (heute Parkplatz am Kaiserplatz), der vom zufließenden Wasser des Rumbachs gespeist wurde. 1875 wurde der Teich zugeschüttet und die Althofmühle abgerissen.

Neben dem Altenhof existierte seit Mitte des 13. Jahrhunderts ein weiteres Gebäude des alten Herrschaftsbereichs, der so genannte „Neuhof". Er lag nur wenige Meter entfernt in Höhe des heutigen Einkaufszentrums Forum City. Erbaut unter dem Styrumer Grafen Dietrich von Isenberg-Limburg ging der Neuhof 1484 in Besitz der Broicher Herren über. In den Gebäuden tagte auch ein eigenes Gericht, das in bäuerlichen Angelegenheiten verhandelte. Bewirtschaftet wurde der Hof bis zu Beginn des 19. Jahrhunderts. Im Zweiten Weltkrieg nahezu vollständig zerstört, wurden 1976 auch die letzten noch vorhandenen Reste, so zum Beispiel ein Speicherbau aus dem

Die alte Marienkirche, vor 1928

13. Jahrhundert, abgebrochen. Ein ähnliches Schicksal ereilte auch den Altenhof: Nachdem er im 15. Jahrhundert der Herrschaft Broich zugesprochen worden war, errichtete man 300 Jahre später auf dem Gelände des Ursprungshofes einen neuen Altenhof. Er stand in etwa dort, wo sich heute die Marienkirche befindet. Dieser Bau hatte bis ins zweite Jahrzehnt des 20. Jahrhunderts Bestand. 1929 schließlich – der Altenhof war inzwischen in den Besitz der evangelischen Altstadtgemeinde übergegangen – wurden die Gebäudeteile erneut abgebrochen und der jetzige Neubau errichtet. Der Nutzung als Gemeindezentrum der evangelischen Kirche entsprechend entstand ein teilbarer Saalbau mit Bühne, Verwaltungs- und Wohnbereich; zur Kaiserstraße hin wurde Platz für Ladenlokale geschaffen. Als Architekten traten die Bauherren Arthur Pfeifer und Hans Großmann in Erscheinung, die sich in Mülheim mit vielen weiteren Bauten (Stadthalle, Rathaus, Solbad, RWW-Verwaltung) einen Namen gemacht haben. Der Altenhof, der im Volksmund wegen seines Aussehens auch „Speckschwartenhaus" genannt wird, wird nach wie vor vom Gesamtverband Evangelischer Kirchengemeinden genutzt, wenngleich er einige Zeit lang auch als Kulturzentrum gedient hatte. Im Hinblick auf diese Funktion plant die Stadt Mülheim eine Wiederbelebung des historischen Gebäudes zu repräsentativen und kulturellen Zwecken. Einige Räumlichkeiten des Altenhofs können bereits jetzt für diverse Veranstaltungen angemietet werden.

Auf der Althofstraße, neben dem Altenhof, wurde 1756/57 eine Schule und 1763 eine erste Kapelle erbaut, deren Geistliche Jesuiten waren. Die Genehmigung zum Bau der Kapelle erhielt die katholische Mission vom Grafen Karl Joseph von Limburg-Styrum, der das Grundstück auf dem Kirchenhügel gestiftet hatte, um den Katholiken in Mülheim die Gelegenheit zu geben, in einem protestantischen Umfeld – die Petrikirche war, wie berichtet, Mitte des 16. Jahrhunderts evangelisch geworden – ein eigenes Gotteshaus zu errichten. 1790 wird der Zweitbau der Kirche (1781/86), ein spätbarocker Saalbau, zur Pfarrei erhoben. Die heutige **Kath. Kirche St. Mariä Geburt (5)** war damit ins Leben gerufen. Mitte des 19. Jahrhunderts erfolgte die Erweiterung des Hauptschiffes des Gotteshauses sowie die Anfügung zweier Seitenschiffe. 1850 wurde ein Neubau unter Vinzenz Statz beschlossen, der 1872 vollendet war. Der jetzige Monumentalbau geht auf die Entwürfe des Düsseldorfer Architekten Emil Fahrenkamp zurück, der die Kirche 1928/29 grundlegend erneuerte. Von vielen als „Meisterwerk der klaren Form" gefeiert, zählt sie heute zu den bedeutendsten Sakralbauten der frühen Moderne im Rheinland. Der Neuen Sachlichkeit und dem Bauhausstil mit expressionistischem Einschlag verschrieben, zeigt der Bau in der Hauptsache klare, kubisch-geometrische Formen. Insgesamt erinnert die Konstruktion beinahe an eine Stadtbefestigung mit Wehrturm, so monumental und kraftvoll ist ihr Erscheinungsbild. Die Wände des Hauptschiffes sowie der seitlichen Nebenschiffe sind mit rotem Ziegelstein verblendet und werden durch extrem hohe Rundbögen, die drei gewaltige Portale bilden, sowie den quadratischen Glockenturm markiert. Die Glocken des Turms sind die schwersten im gesamten Bistum. Eine weitere Besonderheit: Bewohnt wird der 43 m hohe Turm vom Pfarrer der Gemeinde, dem der Architekt bei Grundsteinlegung Wohn- und Verwaltungsräume einrichtete. Heute finden hier außer dem Pastor auch mittellose „arme Seelen" der Gemeinde eine vorübergehende oder dauerhafte Bleibe.

Nach Zerstörungen im Zweiten Weltkrieg, bei denen auch die an der Westseite errichtete Taufkapelle, ein Geschenk des Großindustriellen Fritz Thyssen zur Taufe seines Enkels, verloren ging, wurde die Kirche mit veränderter Decke – einer wabenförmigen Kassettendecke aus Stahl – wieder errichtet. Das Kircheninnere besticht noch immer durch seine schlichte basilikale Form: Quadratische, schlanke Säulen aus hellem Marmor teilen den Innenraum in ein Hauptschiff mit breitem Mittelgang sowie zwei schmale Nebenschiffe. Die weißgetünchten Wände lassen die Kirche hell

Kath. St. Mariä-Geburt-Kirche, heute

und freundlich erscheinen. Die Fenster auf der linken Seite sind farbig gestaltet, den Entwurf dazu lieferte der Krefelder Glasmaler Hubert Spierling. Auffallend ist die Chorwand, die der Mülheimer Künstler Ernst Rasche gestaltete („Himmlische Stadt"). Sie befindet sich erst seit der Neugestaltung des Innenraums im Jahre 1988/89 in der Marienkirche. Sehenswert ist außerdem die imposante Orgel auf der Empore (Klais-Orgel mit 49 Registern), die als dritte ihrer Art 1972 in die Marienkirche kam. Unterhalb der Empore fällt dem Betrachter eine Wand aus dunklen Schieferplatten ins Auge, in die der Kreuzweg Christi reliefartig eingemeißelt ist. Für die bildliche Gestaltung zeichnet sich ebenfalls Ernst Rasche aus. Weitere nennenswerte Ausstattungsstücke in der Marienkirche sind schließlich ein frühromanisches Altarkreuz aus vergoldeter Bronze (12. Jh.), ein spätgotischer Reliquienschrein (14./15. Jh.), eine Figurendarstellung der Mutter Gottes (18. Jh.) und eine Johannesfigur (19. Jh.), die sich in der Krypta unterhalb des Chorraumes befindet.

Am Neubau der katholischen Marienkirche durch Emil Fahrenkamp war auch Pfarrer Konrad Jakobs, von 1919 bis 1931 Pastor des katholischen Gotteshauses, maßgeblich beteiligt. Nach ihm wurde die von der Kirche südwärts führende Straße benannt, die wir nun auf unserem Weg zu einem weiteren wichtigen Gebäude im Altstadtkern beschreiten wollen. Wir stoßen schließlich auf den Muhrenkamp, benannt nach der historischen Stätte der Mülheimer Edelherren, dem „Muhrenhof". Zwischen Kaiserstraße und Adolfstraße befindet sich das **Kath. St.-Marien-Hospital (6)**, das zweite auf Privatinitiative gegründete Krankenhaus Mülheims. 1886/87 verhalf vor allem die Familie Thyssen mit Unterstützung der katholischen Kirchengemeinde (hier ist insbesondere Pastor Wilhelm Wolff zu erwähnen, der seit 1873 Geld für den Bau eines katholischen Krankenhauses gesammelt hatte) sowie des Kuratoriums des Evangelischen Krankenhauses dem katholischen Hospital zur Grundsteinlegung. In seinem ersten Jahr behandelte das Krankenhaus 31 Patienten, die Zahlen stiegen in den folgenden Jahren stetig an. Ohne die großzügigen Schenkungen der August-und-Joseph-Thyssen-Stiftung, die bis in die heutige Zeit

Katholisches Krankenhaus von 1886/87

Haupteingang zum jetzigen St. Marien-Hospital

andauern, sowie der tatkräftigen Hilfe der Ordensschwestern der Heiligen Elisabeth zu Essen wäre die Errichtung und das Fortleben des Hospitals an der Kaiserstraße jedoch nicht möglich gewesen. Wesentliche Anbauten und Erweiterungen erfolgten in den Jahren 1890/91, 1903/05 und 1926/28. Schwere Kriegsschäden nach 1943 – bei dem Bombenangriff brannte auch die gegenüberliegende, im Jahre 1892 errichtete Luisenschule bis auf die Grundmauern nieder – machten eine erneute Sanierung notwendig. 1980/81 schließlich wurde eine neue Notaufnahmestation sowie eine eigene Krankenwagenzufahrt auf der Adolfstraße eingeweiht. Heute betreibt das Haus neben den üblichen medizinischen Einrichtungen eine eigene Unfallstation sowie in Zusammenarbeit mit dem Caritas-Verband Mülheim eine Abteilung für psychisch Alterskranke. Die hausinterne Gynäkologie-Abteilung hingegen musste im Jahre 2001 aufgegeben werden; sie befindet sich nunmehr als gemeinsame Station im benachbarten Evangelischen Krankenhaus.

Allen Unkenrufen zum Trotz, dass die zwei benachbarten Mülheimer Krankenhäuser in Konkurrenz zueinander stehen, arbeiten die beiden Häuser seit Jahren in vielerlei Hinsicht zusammen: 1985/86 gründete man gemeinsam die Gesellschaft M.K.I. (Mülheimer Krankenhaus-Institut für Diagnostik und Therapie GmbH), die die Anschaffung modernster medizinischer Geräte, deren Kosten oft in die Millionen gehen, auf der Basis einer gemeinsamen Nutzung erleichterte. Das Institut mit Sitz an der Schulstraße gilt seit seiner Gründung als eines der modernsten Zentren für radiologische Verfahren (z.B. Computertomographie) in Europa. Zur Anwendung kommen diese Verfahren etwa bei Wirbelsäulenschäden, der Erweiterung von Gefäßen oder der Behandlung von Tumorzellen. Die moderne bildgebende Technik eröffnet den Ärzten die Möglichkeit, Behandlungen der Patienten ambulant durchzuführen. So können in bestimmten Fällen Operationen überflüssig gemacht und mehrwöchige Krankenhausaufenthalte vermieden werden. Nach erfolgter Diagnose werden am M.K.I. zusätzlich Therapiemaßnahmen durchgeführt, auch dies eine willkommene Ergänzung zum allgemeinen Krankenhausbetrieb.

Wir beschreiten nun den Muhrenkamp weiter in Richtung Westen und überqueren den Hagdorn, einen der ältesten Wege dieses Bezirks, an dem sich viele geschichtsträchtige Bauten, darunter auch der historische Kölner Hof, befinden. Wir gehen weiter entlang schmucker Fachwerkhäuser aus dem 18. Jahrhundert, in denen früher Schiffer- und Handwerksfamilien wohnten, und biegen schließlich am Gasthaus „Kortum Stube“ links in die Kettwiger Straße ein. Sie ist benannt nach der historischen Verbindung zwischen Alt-Mülheim und dem Nachbarort Kettwig, der im Zuge der Gebietsreform 1975 ein Stadtteil Essens wurde. Die Häuser der Kettwiger Straße gehen zum größten Teil auf eine Bebauung des 17. Jahrhunderts zurück, die meisten als Fachwerk-Traufenhäuser im Stile des späten Klassizismus errichtet und mit Hinterhofbebauung versehen. Unter ihnen befand sich auch das alte, 1957 abgebrochene Apothekerhaus, in dem Carl Arnold Kortum wohnte. Es war das älteste Apothekerhaus Mülheims, 1732 von Friedrich Albert Künzel gegründet, heute unter dem Namen „Engelapotheke“ auf der Schlossstraße fortlebend. Neben dem berühmt gewordenen Dichter wurde die Kettwiger Straße zur damaligen Zeit von Handwerkern, Schiffsknechten und Tagelöhnern bewohnt.

Unser Weg führt uns weiter nach Süden, vorbei an Einrichtungen des Evangelischen

Krankenhauses (Krankenpflegeschule und Backsteinschule), bis wir an der Kreuzung Schulstraße/Friedhofsweg den südlichen Teil des **Alten Friedhofs (7)** erreichen. Die Anlage des Friedhofs war notwendig geworden, nachdem man zu Beginn des 19. Jahrhunderts auf Anweisung Napoleons, der keine Friedhöfe im Stadtzentrum duldete, die Schließung des Friedhofs an der Petrikirche beschlossen hatte. 1812 wurde der neue Friedhof eingeweiht. Der älteste Teil befindet sich unterhalb des Friedhofsweges, zwischen Hagdorn und Kettwiger Straße. Auf ihm ist ein von der Stadt Mülheim 1968 errichtetes Mahnmal für die Opfer beider Weltkriege zu finden (Künstler: Gerhard Marcks) sowie einige alte Grabsteine, darunter die der Familien Mathilde Stinnes, Troost und Weuste. Auf der gegenüberliegenden Straßenseite befindet sich der Eingang zum eigentlichen Alten Friedhof, auf dem im oberen Teil seit 1987 wieder eingeschränkt bestattet wird. Das parkähnliche Gelände, lange Zeit in Vergessenheit geraten und erst Mitte der 1980er Jahre als erhaltenswertes Denkmal wieder entdeckt, zeigt überwiegend sehr alte und wertvolle Grabsteine, die in ihrer Gestaltung Aufschluss geben über die Wirtschafts- und Sozialgeschichte sowie die Grabstättenkultur vergangener Generationen. Sie besitzen somit auch musealen Charakter. Um den Friedhof vor dem Verfall zu retten, entschloss sich die Stadt, in einer groß angelegten Aktion die gesamte Anlage denkmalpflegerisch aufzuarbeiten. Auch der Grünbestand, darunter eine schöne, alte Linden- und Kastanienallee, wurde dabei unter ökologischen Gesichtspunkten restauriert. Viele bedeutende Mülheimer Familien des 19. Jahrhunderts sind auf dem Alten Friedhof beerdigt, so auch die Industriellenfamilien Stinnes und Thyssen, die hier ihre monumentalen Ruhestätten besitzen, sowie die Unternehmerfamilien Schmitz-Scholl, Coupienne und Blech. Weniger ruhmreich hingegen ist die Tatsache, dass der Friedhof auch ein Gräberfeld für knapp 400 osteuropäische Zwangsarbeiter beherbergt, die während der Nazi-Zeit in den über 50 Lagern in Mülheim umgekommen sind. Kaum jemand gedenkt heute dieser Menschen, die fern ihrer Heimat unter der Knute deutscher Gewaltherrschaft, an der sich auch Mülheimer Unternehmen beteiligten, gelitten haben und gestorben sind. Bis heute konnte sich die Stadt nicht dazu entschließen, eine Gedenkstätte (etwa in der nicht mehr genutzten Trauerhalle) zu errichten; lediglich ein kleines Hinweisschild am Rande des Gräberfeldes erinnert an die Toten.

Stinnes-Mausoleum auf dem Altstadtfriedhof

Die Kettwiger Straße führt weiter südwärts den Hang hinauf entlang des Friedhofs zur städtischen Grünanlage an der Dimbeck. Auf diesem Gelände befand sich früher ein Steinbruch der Familie Döring, der bis zu Beginn des 19. Jahrhunderts in Betrieb war und dessen Baumaterial, der so genannte Ruhrsandstein, für zahlreiche Häuser und Gebäude, darunter Schloss Broich, Kloster Saarn und die Petrikirche, verwendet wurde. Pläne, den Steinbruch in eine Mülldeponie zu verwandeln, konnten aufgrund der Proteste von Seiten der Bevölkerung abgewendet werden. In den 1930er Jahren schließlich entschloss man sich zur Schaffung eines innerstädtischen Erholungsgebietes. Nach Entwürfen des Mülheimer Gartenbaudirektors Fritz Keßler entstand so eine Parkanlage, die sich zwischen südlichem Scharpenberg und nördlicher Kettwiger Straße bis hin zur Dimbeck und zum Kahlenberg erstrecken sollte. Im Zentrum der Grünanlage wurde eine **Freilichtbühne (8)** im Stile einer arenenartigen Waldbühne errichtet, die knapp 2.500 Besuchern Platz bietet. Zugang findet man über eine kleine Zufahrtsstraße an der Dimbeck. Seit dem Eröffnungsjahr 1939 – es wurde Shakespeares Sommernachtstraum gespielt – ist die Europa-Freilichtbühne mit einigen zeitlichen Unterbrechungen Austragungsort verschiedener kultureller Veranstaltungen gewesen. Während des Zweiten Weltkrieges nutzte die NSDAP die Bühne für Aufmärsche und Partei-Veranstaltungen. Ein in den Fels geschlagener Bunker, der auch eine Krankenpflegestation beherbergte, bot der Bevölkerung Schutz während der alliierten Luftangriffe auf die Stadt. 1949 fanden wieder die ersten Aufführungen nach dem Krieg statt, unter anderem die Jugendfestspiele. Es folgten diverse Veranstaltungen wie Boxkämpfe, Operndarbietungen, Theaterstücke und die Passionsspiele. Besonders beliebt waren die 1971 erstmals aufgeführten Karl-May-Festspiele: Mehr als 40.000 Zuschauer ließen sich hinreißen von der imposant gestalteten Show und genossen die ansprechend gemütliche Atmosphäre. Vorschläge, die Festspiele als dauerhafte Einrichtung zu etablieren, scheiterten jedoch an den fehlenden finanziellen Mitteln zur Überdachung der Anlage. Das Gelände beeindruckt noch immer durch seine reizvolle Lage inmitten bewaldeter Grünflächen, wenngleich die Naturbühne heute eher einem stark vernachlässigten Kulturdenkmal als einem belebten innerstädtischen Treffpunkt gleicht. Aufführungen auf der in den 1960er Jahren noch als „schönste Naturbühne Westdeutschlands“ gerühmten

Neues Leben auf der Freilichtbühne

Freilichtbühne finden nur gelegentlich statt, zuletzt zeigte man hier Open-Air-Kino, Jazz-Veranstaltungen und Kindertheater. Eine Instandsetzung der vermoderten Bänke und der Bühne erscheint als Voraussetzung für eine Wiederbelebung als Kulturschauplatz dringend notwendig. Zu befürworten wäre insbesondere auch endlich eine mobile Überdachung des Geländes, so dass Aufführungen auch unabhängig von der Witterung ganzjährig durchgeführt werden können. Ein eigens gegründeter Förderkreis zum Erhalt der Freilichtbühne kümmert sich seit einiger Zeit um diese Belange, hoffentlich mit Erfolg. Ein erster Schritt ist bereits getan: Anfragen auswärtiger Bühnen, an eben diesem Ort in Mülheim spielen zu dürfen, liegen bereits vor, geplant sind außerdem Konzertreihen, Kinoveranstaltungen, Festivals und Symposien.

Wir passieren die Freilichtbühne, durchqueren die Grünanlage an der Dimbeck Richtung Westen und stoßen dort auf weitläufige Grünanlagen mit alten japanischen Ahornbäumen sowie Rosen- und Staudengärten, in denen sich auch einige Skulpturen befinden. Ähnlich wie die Freilichtbühne wird auch dieses schöne Stück Natur gegenwärtig viel zu stark vernachlässigt, seine Bedeutung als innerstädtisches Erholungsgebiet kommt kaum zur Geltung. Über den Catho-Wenzel-Weg, benannt nach der Stifterin des „Seniorenhauses Scharpenberg", Frau Catho Wenzel (1889–1970), deren Vater, der Industrielle Gerhard Küchen, ein Enkel von Mathias Stinnes war, gelangen wir auf den Scharpenberg, eine Straße auf den Ruhrterrassen, der wir bergauf bis zur Kreuzung Trooststraße folgen. Hier lebten in früherer Zeit hauptsächlich Schiffer, Zimmerleute, Kohlenschieber und Tagelöhner, die in den Kohlelagern und Schiffsbauplätzen an der Ruhr oder im nahe gelegenen Steinbruch beschäftigt waren. Die frühere „Arme-Leute-Straße" im Süden der Altstadt hat sich mittlerweile zu einer attraktiven Wohngegend entwickelt, in der sich moderne Wohnbauten mit gut erhaltenen Häusern im Fachwerkstil aus dem 18. und 19. Jahrhundert (Nr. 42, 56, 58, 60) abwechseln. Wir verlassen den Scharpenberg in Höhe der Trooststraße, folgen an der nächsten Kreuzung der Kampstraße nach rechts und erreichen schließlich den Wilhelmplatz, an dessen Nordseite ein Denkmal für die Gefallenen des Krieges von 1870/71 mit einem Porträt des Deutschen Kaisers Wilhelm I. steht. Das aus Ruhrsandstein gefertigte Denkmal stand bis 1917 auf dem Rathausmarkt. Als Künstler trat der Düsseldorfer Bildhauer Julius Bayerle, ein Schüler des berühmten klassizistischen Künstlers Johann Gottfried Schadow, in Erscheinung. Er schuf das Ehrenmal 1873 in Erinnerung an den als „Igeler Säule" bekannten römischen Grabturm aus dem 3. Jahrhundert, der heute in der Stadt Igel in der Nähe von Trier steht.

Die Wilhelmstraße bergab, vorbei an der Dohne, gelangt man schließlich auf die Friedrichstraße, eine alte Prachtstraße Mülheims, im Volksmund auch „Straße der Millionäre" genannt. Angelegt wurde die Straße um 1850, nach 1900 wurde sie verlängert. Am Stil der Häuser – spätklassizistische Stadthäuser und Unternehmervillen aus der Gründerzeit – lässt sich unschwer erkennen, welche Bürgerschicht hier einstmals lebte: wohlhabende Fabrikanten wie Eugen Coupienne (Nr. 40) und Friedrich Bungert errichteten hier stattliche Domizile, auch die Unternehmer Hanau (Nr. 54) und Bagel (Nr. 62) ließen sich in der Friedrichstraße nieder. Ihre Häuser, prachtvoll sowohl in der Innenausstattung als auch in der Außenarchitektur, unterstrichen die wirtschaftliche Bedeutung ihrer Besitzer, die zum größten Teil aus dem Wirtschaftsbürgertum stammten und mit dem Bau ihrer Stadtvillen ihre führende Stellung in der Gesellschaft zum Ausdruck bringen wollten. Die ungewöhnlich starke Villenbautätigkeit, die in Mülheim an anderer Stelle bereits nach 1800 einsetzte und in der Friedrichstraße zu Beginn des 20. Jahrhunderts ihren Höhepunkt fand, lässt Mülheim heute zur Stadt mit den meisten repräsentativen Herrenhäusern im Ruhrgebiet werden. Dieser Tage werden die Gebäude als Wohnungen oder auch gewerblich genutzt: Linker Hand, im Haus Nr. 50 beispielsweise, befindet sich das Mülheimer „Haus der Wirtschaft“, in dem verschiedene Verbände und Organisationen unter einem Dach zusammengefasst sind. Nennenswert ist auch das Haus Nr. 15/17, in dem sich früher das evangelische Vereinshaus befand. Der jetzige Jugendstilbau wurde 1906 von dem bekannten Mülheimer Architekten Franz Hagen entworfen, Bauherr zahlreicher Villen in der Stadt. Früherer Zweck des Hauses war die Aufnahme reisender Handwerksgesellen, heute ist das Gebäude Sitz des alteingesessenen Hotels „Handelshof“, das hier seit 1934 besteht. Beim Stichwort Hotel muss an dieser Stelle auch das Villenensemble in der benachbarten Bleichstraße erwähnt werden: Unter den Bauten, die in der Mehrzahl ursprünglich für leitende Angestellte der Firma Stinnes errichtet worden waren, befindet sich das Haus Nr. 11, das 1924 für den Mülheimer Hotelier Theo Noy entworfen wurde. Aufgrund seiner ausgefallenen Architektur und Farbgebung (geschweiftes Dach, verschiedene aufeinander abgestimmte Grüntöne) sowie seiner spielerischen Details (Figuren auf der Balustrade, geschaffen vom Mülheimer Bildhauer Hermann Lickfeld) zählt es zu den auffallendsten Stadthäusern Mülheims. Als „Hotel Monopol“ ging es in die Geschichte ein, nachdem das Stammhotel der Noys in der Innenstadt 1943 im Bombenhagel zerstört worden war. Viele namhafte Persönlichkeiten des öffentlichen Lebens sollen hier bewirtet worden sein, darunter Wilhelm Furtwängler, Graf Bernadotte oder Prinz Louis Ferdinand. Heute dient das Gebäude Wohn- und Geschäftszwecken. Nicht weit entfernt steht eine weitere ansehnliche Stadtvilla, die durch ihren Anstrich in Dunkelblau ins Auge fällt. Sie wurde 1926 entworfen. Bis zum heutigen Tage dient das Haus herausragenden Ärzten des Evangelischen Krankenhauses als Domizil. Die Bleichstraße, in der die genannten Bauten stehen, erhielt ihren Namen übrigens in Erinnerung an die städtische Bleiche, die hier, nicht weit von der Ruhr entfernt, ihren Standort hatte und auf deren Gelände die Frauen ihre Wäsche zum Trocknen (Bleichen) aufhängten.

Südwärts die Friedrichstraße entlang erreichen wir erneut die Trooststraße. Sie erhielt ihren Namen in Erinnerung an den Mülheimer Kaufmann Johann Caspar Troost, der seit 1750 in der Stadt ansässig war. Das stattliche Wohnhaus der Familie in spätbarockem Stil ist leider nicht mehr erhalten, dafür jedoch Teile der **ehemaligen Trooostschen Baumwollspinnerei und -weberei (9),** die 1791 nach englischem Vorbild gegründet worden war. Die Trooostsche Fabrik galt als Pionierleistung im deutschsprachigen Raum, war sie doch eine der ersten, die mechanische (anstelle handbetriebener) Spinnmaschinen verwendete. Der Antrieb der Maschinen erfolgte zunächst per Wasserkraft: Ein Kanal führte von der Ruhr aus zum Fabrikgelände, ein Stauteich, der heute noch immer zwischen Ruhr und Thyssen-Villa liegt, speicherte die Wasserkraft. Später stellte man auf den Antrieb per Dampfmaschinen um. Zu seinen besten Zeiten besaß das Unternehmen 4.508 Spindeln und 50 Webmaschinen. Von den zeitweise über tausend Mitarbeitern arbeiteten durchschnittlich rund 50 Jungen und Mädchen im Alter von 10 bis 13 Jahren in der Fabrik, manchmal mehr als 10 Stunden am Tag. Kinderarbeit gehörte damals zur Normalität, stufte man sie doch als geeignetes Mittel ein, um die jungen Leute zu Gehorsam, Fleiß und Ordnung zu erziehen. Sie wurde erst 1839 verboten. Nach starken konjunkturellen Schwankungen wurde die Firma 1875 aufgelöst, der Thyssen-&-Co-Konzern übernahm den Betrieb. Doch alle Versuche, die Fabrik zu sanieren, schlugen fehl, die endgültige Schließung erfolgte Ende der 1890er Jahre. Von der ehemaligen Fabrikanlage erhalten blieb ein Gebäude an der Dohne (heute Wohnhaus), das über eine lange, abschüssige Einfahrt zu erreichen ist.

Nicht weit von der alten Fabrikanlage entfernt, gegenüber eines Abbruchgeländes, auf dem sich bis vor kurzem noch das Schmitz'sche Waisenhaus befand, steht auf der Dohne Nr. 54 ein repräsentatives Gebäude, das zu den bedeutendsten neobarocken Bauten Mülheims zählt: die **Villa Thyssen (10)**. Josef Thyssen, ein jüngerer

Villa Thyssen, heute Sitz von ZENIT

Bruder des Industriebarons August Thyssen, hatte sich hier für sich und seine Familie ein standesgemäßes Wohnhaus geschaffen. Doch mehr aus äußerer Notwendigkeit als aus innerer Überzeugung: Obwohl Josef Thyssen als Mitinhaber der Firma einer der reichsten Männer des Ruhrgebiets war, galt er als äußerst sparsam. Jahrzehntelang wohnte er zusammen mit seiner Frau Klara in einer einfachen Wohnung nahe dem Werksgelände an der Bahnstraße und entsagte dem Luxus und jeglicher Verschwendung. Die zunehmende wirtschaftliche Bedeutung des Thyssen-Konzerns, den er und sein Bruder August einvernehmlich leiteten, zwang ihn jedoch, ein angemessenes Wohnhaus zu bauen, das den repräsentativen Pflichten eines so bedeutenden Industrieunternehmens gerecht wurde. Auf dem Parkgelände der ehemaligen Troostschen Fabrik entstand so in den Jahren 1898–1900 die Villa Thyssen. Der schlossähnliche, zweigeschossige Bau wurde nach Plänen der Berliner Architekten Kayser & von Großheim errichtet, die unter anderem bereits das Parkhotel in Düsseldorf entworfen und damit großes Ansehen erworben hatten. Rund 1.500 qm Wohn- und Nutzfläche standen fortan zur Verfügung. Als besonders prachtvoll gelten bis heute die Eingangshalle mit reich verzierter Stuckdecke, Marmorsäulen mit Kapitellen und zur Hälfte holzvertäfelten Wänden sowie der große Wintergarten, dessen Wände einst mit farbenprächtigen Malereien geschmückt waren. Über eine breite Treppe gelangt man in den oberen Teil des Hauses, in dem sich die Kinder- und Gästezimmer sowie das Elternschlafzimmer befanden. Oberhalb des Dachgeschosses, in dem das Dienstpersonal untergebracht war, befindet sich eine Aussichtsplattform, von der aus man das gesamte Parkgelände mit Teich überblicken kann. Die Außenfassade zur Ruhr hin ziert ein Portal mit hohen Säulen, der darüber liegende Balkon wird von einem Dachgesims mit Balustrade abgeschlossen. Das ursprünglich im Jugendstil gestaltete Fenster oberhalb des Dachgesimses musste nach Zerstörung im Zweiten Weltkrieg durch eine einfachere Ausführung ersetzt werden.

Nach dem Tode Josef Thyssens im Jahre 1915 lebten hier bis in die achtziger Jahre des 20. Jahrhunderts Mitglieder seiner Familie, zuletzt die Schwiegertochter des Erbauers, Jula Thyssen, die, nachdem das Haus während des Krieges als Offizierscasino genutzt worden war, 1953 in ihr Wohnhaus zurückkehrte. Nach ihrem Tode 1981 wurde das Gebäude vollständig renoviert. Heute ist es Sitz des Verwaltungs- und Fortbildungszentrums ZENIT, eines 1984 gegründeten Unternehmens, das seine Aufgabe in der beratenden Unterstützung und Förderung kleinerer und mittlerer Betriebe in Nordrhein-Westfalen sieht.

Wir durchqueren das Parkgelände hinter der Villa, umrunden den Teich und treffen direkt an der Ruhr auf den Leinpfad. Der schmale Fußweg, der seinen Namen von den Leinenseilen erhielt, mit deren Hilfe Pferde die auf dem Fluss verkehrenden Kohlenschiffe (so genannte Aake, also flache, aus Holz gefertigte Nachen mit Mast und Segel, die fünf bis zehn Tonnen Ladegut fassten) ruhraufwärts zogen, wurde Ende des 18. Jahrhunderts angelegt. Heute ist er beliebter und stark frequentierter Hauptwanderweg, der sich von Mülheims Stadtmitte bis nach Essen-Kettwig erstreckt. Da wir uns nunmehr an der **Ruhr** befinden, die der gesamten umliegenden Region ihren Namen gab und speziell für Mülheim eine wesentliche Bedeutung hatte, hier nun ein paar Daten zu ihrer Geschichte: Neben dem Rhein ist die Ruhr wasserreichster und größter Fluss im südlichen Westfalen. Im Zuge der Industrialisierung, die den Fluss für die Frachtschifffahrt entdeckte, wurde die Ruhr zu einem unverzichtbaren Transportweg. Gigantische Mengen an Gütern, darunter vor allem die Kohle, mussten Tag für Tag befördert werden. Ihren Ausgangspunkt hat die Ruhr nahe des sauerländischen Winterberg. Nach 236 km Wasserlauf mündet sie schließlich im Duisburger Innenhafen in den Rhein. Die geregelte Schiffbarmachung des Flusses begann bereits im 18. Jahrhundert mit dem Bau von Schleusen, die die bestehenden Höhenunterschiede überwinden und somit dafür sorgen sollten, dass die Transportgüter ohne mühevolles Umladen weiter ihren Weg auf der Wasserstraße nehmen konnten. Rund 110 Jahre lang galt die Ruhr als wichtigster Transportweg für die Industrieschifffahrt, etwa 940.000 Tonnen Transportgüter auf mehreren tausend Schiffen pro Jahr machten ihn zur meistbefahrenen Wasserstraße Europas. Doch damit war der Höhepunkt auch schon überschritten: Mitte des 19. Jahrhunderts gewann die Eisenbahn als Beförderungsmittel immer größere Bedeutung und drängte die Ruhr als Welthandelsweg rasch ins Abseits. Um 1865 war die Zahl der Ruhrschiffe bereits auf ein Drittel des alten Bestandes gesunken, kurze Zeit später war keines der Kohlenschiffe mehr im Einsatz. Heute verkehren auf der oberen Ruhr statt der Frachtkähne nur noch Ausflugsschiffe, Sport- und Motorboote. Neben ihrer Bedeutung als Erholungsraum ist der Fluss außerdem Grundlage der Trinkwasserversorgung von Millionen Menschen im Ruhrgebiet. Insgesamt fünf Stauseen und 14 Tal-

Ruhr mit Leinpfad und Fachwerkhaus

sperren sorgen auf der gesamten Länge des Flusses für die ausreichende Versorgung der Verbraucher. Das Umfeld ist aus diesem Grunde zur ökologischen Schutzzone erklärt.

Auf einer Länge von rund 14 km durchquert der Fluss die Stadt Mülheim, die den Titel „an der Ruhr" offiziell in ihrem Namen führt. Mehr als fünfzehn Brücken verbinden heute die Ufer beider Seiten, darunter die wuchtige Ruhrtalbrücke, mit 63 m Höhe und 1.830 m Länge größte Brücke der Stadt (siehe Fahrradtour). In früherer Zeit, als noch keine Brücken über den Fluss führten und die Wasserstraße noch keine Staustufen und Schleusen besaß, musste man die Ruhr zu Fuß durch eine Furt (= flache Wasserstelle) durchqueren, was nur bei sehr niedrigem Wasserstand möglich war, oder eine Fähre benutzen, die jedoch bei zu hohem oder zu niedrigem Wasserstand ebenfalls ausfiel. Der Fährbetrieb auf der Ruhr ist seit 1408 nachweisbar. Die Grafen von Broich, die zunächst mit dieser Aufgabe betreut waren, verpachteten später die Fähre, 1809 ging sie schließlich in den Besitz der Familie Scholl, einer bekannten Mülheimer Unternehmerfamilie, über. Die Fähre verkehrte bis zum Bau der Kettenbrücke (1844) in etwa an der Stelle der heutigen Eisenbahnbrücke. Ein Nachbau der Schollschen Fähre konnte 1999 verwirklicht werden; sie ist seither in Höhe des Mintarder Wasserbahnhofs in Aktion. Wegen der starken Wasserschwankungen wurde die Ruhr 1780 in den Saarner Auen durch einen Kanal zweigeteilt und mit einer ersten Schleuse versehen. Der eine Arm floss fortan oberhalb des heutigen Wasserkraftwerkes Kahlenberg, der andere am Leinpfad entlang. Hinter der so entstandenen Schleuseninsel vereinigt sich der Fluss wieder im alten Kanalbett.

Wir beschreiten den Leinpfad nun ruhraufwärts bis zum Gasthaus Tomate, das in den Sommermonaten mit schönen Sitzplätzen am Wasser aufwartet. Hier überqueren wir auf der Florabrücke, an deren Stelle bis 1923 eine alte Klapp-Brücke ihren Dienst versah, die Ruhr. Linker Hand führt der Weg nach Saarn über das Walzenwehr Kahlenberg, das den Wasserstand für das südlich gelegene Kraftwerk sowie für die Trinkwassergewinnung regelt. Wir halten uns jedoch rechts und gehen auf dem Ruhrinselweg bis zu einer kleinen, eingezäunten Wegebucht, von der aus wir auf der gegenüberliegenden Seite einen metallisch schimmernden Flachbau erkennen. Es handelt sich hierbei um das erstmals bereits 1875 errichtete **Wasserwerk Dohne (11)**, das seit 1912 zur Rheinisch-Westfälischen Wasserwerksgesellschaft RWW gehört und das älteste Wasserwerk Mülheims ist. Der jetzige Neubau entstand in den Jahren nach 1970. Kurze Zeit später schrieb man hier Geschichte, als

Wasserwerk Dohne

in den Jahren 1974–1975 in den Labors des Wasserwerkes das weltweit bekannte „Mülheimer Verfahren" zur Wasseraufbereitung entwickelt wurde. Hierbei wird nicht mehr – wie herkömmlich – Chlor zur Desinfizierung des Ruhrwassers verwendet, sondern Ozon. Vorteil dieses Gases ist, das es nicht wie das Chlor nach seinem Einsatz eigens abgefangen werden muss, sondern sich verflüchtigt und damit für einen biologisch sinnvollen Abbau der im Wasser befindlichen Schadstoffe sorgt. Im Anschluss an diese umweltfreundliche Reinigung durchläuft das Wasser mehrmals hintereinander mit Sand gefüllte Bodenflächen, um vollständig gesäubert zu werden. Begleitet wird dieser Prozess zur Gewinnung von Trinkwasser von Sand-, Kies- und Aktivkohlefiltern. Das gereinigte Flusswasser wird schließlich über Sickerstollen dem Grundwasser zugeführt und ins Netz gespeist. Die genannten Bodenflächen befinden sich beispielsweise linker Hand auf der Dohneinsel, einem Wasserschutzgebiet der RWW zwischen Ruhr und Kassenberg, das ausschließlich der Trinkwasserversorgung der Bevölkerung vorbehalten ist und deshalb nicht betreten werden darf.

Wir gehen nun weiter stromabwärts und erreichen schließlich das **Wasserkraftwerk Kahlenberg (12)**, das ebenfalls zur Rheinisch-Westfälischen Wasserwerksgesellschaft RWW gehört. Das architektonisch einprägsame Gebäude aus Ruhrsandstein ist seit 1927 in Betrieb und versorgt die Wasserwerke Dohne und Styrum mit Strom. Bei Überschüssen, etwa durch heftige Regenfälle in den Herbst- und Wintermonaten, wenn alle drei Turbinen des Werkes zum Einsatz kommen, wird der Strom dem öffentlichen Netz zugeführt, umgekehrt muss dem Netz Strom entnommen werden, wenn der Wasserstand der Ruhr nicht ausreicht, um die Wasserwerke zu versorgen. Das Wasserkraftwerk, 1986 unter Denkmalschutz gestellt, ist seit Ende der 1990er Jahre auch mit einem so genannten „Fischaufzug“ ausgestattet. Was zunächst kurios klingt, ist bei näherer Betrachtung biologisch äußerst sinnvoll: Unterhalb des Kraftwerkes befindet sich eine beleuchtete Turbinenkammer, in die die Fische flussaufwärts einschwimmen können. Von Zeit zu Zeit wird die Kammer geflutet und die Fische steigen wie in einem Aufzug mit dem Wasserspiegel die fünf Meter Pegelunterschied bis zum Oberlauf der Ruhr empor, wo sich ihre Laichplätze befinden. Wurde die Ablage der Eier erfolgreich durchgeführt, geht es mit demselben Lift wieder stromabwärts.

Direkt hinter dem Kraftwerk, das zugleich auch eines von sieben Rückpumpwerken ist (die Rückpumpwerke verhindern in regenarmen Zeiten den Wasserabfall der Ruhr unter den Normalwert, indem sie die Fließrichtung des Stroms ändern), steht als Industriedenkmal auf der Schleuseninsel in leuchtend blauem Farbanstrich eine historische Dampfpumpe aus dem Jahre 1896.

Wasserkraftwerk Kahlenberg und Haus Ruhrnatur

Historische Dampfpumpe von 1896

Erbaut von der Firma Thyssen & Co. kam sie bis 1977 im Wasserwerk Styrum zum Einsatz. Hinter dem Denkmal, an der Spitze der Insel, steht das **Haus Ruhrnatur (13)**, ein ebenfalls aus Ruhrsandstein errichtetes Gebäude, in dem sich seit 1992 ein Naturkundemuseum der RWW befindet. Ursprünglich fand der Bau, 1927 eingeweiht, als Bootshaus des Schülerrudervereins Mülheim Verwendung. Danach stand er jahrelang leer. Um das schöne Gebäude vor dem Abriss zu bewahren, initiierte die RWW in Zusammenarbeit mit heimischen Naturschutzverbänden eine museal gestaltete ökologische Schutzstation, in der Interessierte auf kreative und spielerische Weise einiges zur Ökologie des unteren Ruhrtals erfahren können. Die multimediale Ausstellung setzt auf das aktive Mitwirken ihrer Besucher, bewegliche Modelle, Tondokumentationen und lebende Tiere verschaffen einen umfassenden Eindruck vom Naturraum Ruhr. Das Museum ist deshalb besonders beliebt bei Schulklassen und Familien mit Kindern, die auf pädagogisch sinnvolle Darbietungen setzen und die umliegende Flora und Fauna sowie das Wechselspiel zwischen Mensch und Natur einmal auf eine etwas andere Art erfahren und erkunden wollen.

Vom Museum aus führt uns der Weg über die Schleuseninsel weiter zu einem Wahrzeichen der Stadt Mülheim, dem **Wasserbahnhof (14)**. Wie das Haus Ruhrnatur wurde auch er 1927 eröffnet und diente den Passagieren der auf der Ruhr zwischen Essen und Duisburg fahrenden Ausflugsschiffen mit Namen „Weiße Flotte“ als Umsteigestation (daher auch der Name Wasserbahnhof). Ein regelmäßiger Personenver-

Der alte Wasserbahnhof auf der Schleuseninsel

kehr zwischen Mülheim, Kettwig und Werden wurde bereits 1853 von der damaligen Ruhr-Dampfschiffahrts-Gesellschaft eingerichtet, wobei allerdings die starken Wasserschwankungen sowie zahlreiche Havarien den Fahrbetrieb häufig zum Erliegen brachten. 1855 bereits musste die Gesellschaft deshalb den Betrieb wieder einstellen. Als dreißig Jahre später ein erneuter Versuch der Einrichtung einer Personenschifffahrt auf der Ruhr unternommen wurde, nutzten nicht nur Ausflügler die Dampfschiffe, sondern auch Berufspendler, die damit zur Arbeit fuhren. 1927 gründete sich eine neue Schifffahrtsgesellschaft, die MRG (Mülheimer Ruhrschifffahrtsgesellschaft), die mit sieben, später acht Schiffen an den Start ging. Zu diesem Zeitpunkt wurde die Flotte nur noch touristisch genutzt, was aber der Auslastung der Boote keineswegs Abbruch tat: im Jahre 1928 fuhren sage und schreibe eine halbe Million Menschen mit den Ausflugsschiffen, die Flotte auf der Ruhr war also längst zu einer beliebten Attraktion geworden. Einen Einschnitt in die Erfolgsstatistik brachte der Ausbruch des Zweiten Weltkrieges, als der Personenverkehr auf der Ruhr stillgelegt wurde; vier Schiffe gingen infolge der Bombenangriffe in Flammen auf, andere wurde von der deutschen Wehrmacht beschlagnahmt und nach Rußland

Wahrzeichen Wasserbahnhof

oder in die Niederlande verkauft. 1947 nahm man den Betrieb mit den übrig gebliebenen Booten wieder auf. Heute verkehren auf Mülheimer Seite vier Ausflugsschiffe, die in den Sommermonaten stündlich zwischen Wasserbahnhof und Essen-Kettwig ruhrauf- und ruhrabwärts schippern. Etwa 75.000 Fahrgäste pro Jahr zählen

Die Personenschifffahrt „Weiße Flotte"

die Betreiber heute, neben dem Regelverkehr sind auch zahlreiche Sonderfahrten im Programm.

Der Wasserbahnhof geht wie viele andere Bauten in Mülheim auf die Entwürfe der Architekten Pfeifer und Großmann zurück, die das Gebäude in Skelettbauweise errichteten. Es entstand zunächst ein eher unscheinbarer, quadratischer Bau, der Fahrkartenschalter und Aufenthaltsräume für das Personal und die Fahrgäste bereithielt. Den mehrgeschossigen Rundbau nach Süden sowie das heute so markante Spitzdach erhielt das Gebäude erst nach mehrmaligen Umbauten und Erweiterungen in den 1930er Jahren. Nach dem Krieg beherbergte der Wasserbahnhof zeitweise den „Riverside Club", ein Offizierscasino der in Mülheim stationierten britischen Armee. Bereits 1949 jedoch konnte der Wasserbahnhof wieder seiner ursprünglichen Bestimmung zugeführt werden. Eine Schrecksekunde erlebte das Gebäude noch einmal zu Beginn der 1970er Jahre, als die Stadt plante, das Wahrzeichen zugunsten eines Eurotel-Hochhauses abzureißen. Eine Bürgeraktion verhinderte glücklicherweise das Vorhaben. Sein jetziges Aussehen verdankt der Wasserbahnhof einem erneuten Umbau zwischen 1989 und 1993. Neben einem Restaurant mit Barbereich und großem Biergarten gilt als besondere Attraktion die schöne Sonnenuhr auf der ovalen Grünfläche vor dem Gebäude, die mit überdimensional großen Zeigern und aus Blumen geschmückten Ziffern den Besuchern in den Sommermonaten die Zeit anzeigt.

Der Name des Platzes, auf dem sich der Wasserbahnhof befindet, nämlich Alte Schleuse, weist uns schon den Weg zur nächsten Sehenswürdigkeit: der alten **Ruhrschleuse (15)**. Wie bereits erwähnt, wurde im Zuge des Kohleabbaus, der in Mülheim schon sehr früh einsetzte (etwa um 1460), und dem damit einhergehenden Kohlenhandel die Ruhr im 18. Jahrhundert als geeigneter Transportweg entdeckt. Um jedoch ruhraufwärts den Höhenunterschied des Flusses meistern zu können, mussten zunächst einmal Schleusen errichtet werden. Insgesamt entstanden bis 1780 sechzehn Schleusen auf der Ruhr, darunter auch die Mülheimer Schleuse, die ihren ersten Standort oberhalb des Wasserkraftwerks Kahlenberg hatte. Sie wurde per Hand betrieben und konnte im Viertelstundentakt täglich bis zu 80 Schiffe schleusen. 1843–1845 entschloss man sich zum Neubau der Schleuse am heutigen Standort. Die Halbinsel, die heute den Namen Alte Schleuse trägt, hieß früher übrigens Gänseplatz: Hier, am Rande des alten Mülheimer Stadthafens, reihten sich Schiffsbau- und Reparatur-

Ruhrschleuse, dahinter der Wasserbahnhof

werkstätten aneinander, der bekannteste unter ihnen war der so genannte „Timmerhelling" von Hermann Thielen. Als jedoch Mitte des 19. Jahrhunderts allmählich die Eisenbahn den Transport der Kohle übernahm und 1890 schließlich die Beförderung auf dem Wasserwege gänzlich eingestellt wurde, verlor auch der alte Hafen und mit ihm die hier Beschäftigten ihre Aufgabe. Die Mülheimer Schleuse jedoch blieb und verhilft dieser Tage der privaten Personenschifffahrt zur Weiterfahrt. Im Jahre 1987 erklärte die Stadt Mülheim die alte Schleuse zum Denkmal, im Rahmen seiner Erhaltung wurde in den 1990er Jahren eine grundlegende Sanierung durchgeführt. Noch immer bestaunen die Besucher mit viel Interesse den Schleusenvorgang, der sich von der Brücke, die über das Denkmal führt, am besten beobachten lässt.

Auf der früheren Luisenstraße, die seit 1914 den Namen „Auf dem Dudel" trägt („Dudel" war vermutlich die Bezeichnung für eine Erhöhung östlich der Ruhr) wohnten im frühen 19. Jahrhundert Schifferfamilien, später vorwiegend reiche Kaufleute und Beamte. Heute befindet sich in einem der gut erhaltenen Wohnhäuser jener Zeit, dem so genannten „Van-der-Grinten-Haus", benannt nach der Firma Océ-van der Grinten, die hier von 1963–1971 ihren Unternehmenssitz hatte (heute ist die Firma an der Solinger Straße in Saarn beheimatet), die städtische **Jugendmusikschule (16)**. 1953 unter der Leitung des städtischen Jugendamtes gegründet, avancierte die Musikschule alsbald zu einer wichtigen kulturellen Institution der Stadt. Zu ihren Erfolgen beigetragen hat vor allem Orlando Zucca, der 1965 als Träger des Ruhrpreises für Kunst und Wissenschaft sowie als Leiter des Mülheimer Kammerorchesters die Führung der Schule übernahm und ihre Geschicke bis 1985 leitete. Ihm ist es zu verdanken, dass hervorragende Musiker als Lehrer nach Mülheim kamen, um die Jugendlichen im Singen und Musizieren zu unterrichten. Das Ergebnis: Beim bundesweiten Wettbewerb „Jugend musiziert" konnten die Schüler der Mülheimer Jugendmusikschule zahlreiche Preise gewinnen. Zeitlebens war man auf der Suche nach einem festen Standort für die Schule. Anfang der 1970er Jahre fiel die Wahl schließlich auf das Van-der-Grinten-Haus an der Ruhr. Neben diesem zentralen Unterrichtsgebäude gibt es heute zwanzig weitere dezentrale Unterrichtsstätten, in denen etwa 1.700 Schülerinnen und Schüler durch qualifizierte Lehrkräfte umfassend ausgebildet werden. Ein 1972 gegründeter Förderkreis unterstützt die Jugendmusikschule mit Spenden und Stiftungen.

Am Café Plati vorbei, das in den Sommermonaten die Spaziergänger mit leckeren Eissorten verwöhnt, geht es weiter den Dudel entlang. Früher reichte die Straße in entgegengesetzter Richtung bis zum ehemaligen Gewerbegebiet Luisental, auf dem sich die Troost'sche Fabrik sowie eine Tabakproduktion befanden. Die rechte Straßenseite zeigt eine geschlossene Fassadenfront alter Häuser, als Neubau fällt am unteren Ende das Verwaltungsgebäude von Thyssen Schachtbau (hier stand früher das Evangelische Schwesternhaus) ins Auge. Von der Bebauung der linken Straßenseite sind leider nur noch wenige Häuser erhalten geblieben. Nennenswert ist hier das so genannte „Casino" am Ende der Straße, das 1841/42 erbaut wurde. Im 18. Jahrhundert befand sich hier noch ein Schiffsbauplatz und ein Kohlenlager mit Anlegestelle an der Ruhr. Mitte des 19. Jahrhunderts wurde das Gelände zu einer Parkanlage englischen Stils umgebaut, das Casino entstand. Das Haus galt als Versammlungsstätte der so genannten Casino-Gesellschaft, die sich der Förderung des geselligen Lebens in Mülheim a.d. Ruhr verschrieben hatte. Heute sind hier die Evangelische freikirchliche Gemeinde und die Neue Schule für Musik beheimatet.

Das Gebäude des Casinos mit der Hausnummer 57 gehört, ebenso wie das Haus der Stromwirtschaft gegenüber, der Straßenordnung gemäß bereits zur **Delle (17)**, der historischen Hauptstraße Mülheims. Sie war als leicht abwärts führende Straße (daher der Name „Delle" für „leichte Vertiefung") die Hauptverbindung zwischen der Fähranlegestelle an der Ruhr, die weiter nördlich lag, und dem damaligen Stadtzentrum auf dem Kirchenhügel. Hier wohnten zunächst Handwerker und Kaufleute, später Ärzte, Apotheker und Pastoren, die der höheren Gesellschaftsschicht zugehörig waren. Die Straße galt deshalb lange Zeit als besonders angesehene Wohngegend, viele bekannte Persönlichkeiten des öffentlichen Lebens, darunter Mülheims damaliger Bürgermeister Christian Weuste sowie die Familien Stinnes, Mellinghoff und Oehler hatten hier ihre Wohnhäuser. Von 1816 bis 1835 befand sich in der Delle in den Räumen des Tabakfabrikanten van Eicken auch das erste selbstständige Postamt Mülheims (siehe Rundgang Innenstadt). Im Hause der Oehlers wurde ein privates Schwimmbad betrieben (Eröffnung 1895), das den klangvollen Namen „Kaiserkrone" trug und bis in die 1920er Jahre existierte. Das „Löwen-

Neubebauung am Berliner Platz

haus" der Familie Stinnes (benannt nach zwei steinernen Löwen, die das Eingangsportal zierten) wurde 1930 an die Gesellschaft für Natur- und Heimatkunde abgegeben, die hier ein Aquarium einrichtete. Als prachtvollster Bau galt das so genannte „Rheinische Bauernhaus", ein Fachwerkbau aus dem Jahre 1628, in dem bis zu seiner Zerstörung im Zweiten Weltkrieg eine Gaststätte untergebracht war.

Von der einstigen Pracht der Straße ist heute nicht mehr viel zu spüren. Nach der Verlegung des Marktes vom Altstadtkern zum Rathausplatz (1842) und dem Wegfall der Anlegestelle an der Ruhr durch den Bau der Kettenbrücke (1842/44) verlor die Delle ihre ursprüngliche zentrale Funktion. In den folgenden Jahrzehnten tat dann die fehlende planvolle Weitsicht der zuständigen städtischen Behörden ein Übriges, um die Delle in einen verwaisten Zustand zu versetzen. Besonders schwer traf der Krieg die Häuser an dieser Straße: Kaum ein Stein blieb auf dem anderen, als 1943 die Bomben auf Mülheim fielen, viele zeitgeschichtlich bedeutsame Bauten gingen verloren. Die im Anschluss an die Verwüstung einsetzende Abriss-Orgie ist ein besonders trauriges Kapitel Mülheimer Stadtgeschichte: Sowohl die lutherische Paulikirche, deren Grundsteinlegung, eine Stiftung des Grafen Wilhelm Wirich von Daun, Herr auf Schloss Broich, ins Jahr 1659 zurückreicht, als auch die letzten Traufenhäuser im Fachwerkstil (darunter das Weuste-Haus) wurden abgerissen. An der Stelle der Kirche befindet sich heute ein schmuckloser Parkplatz, einige wenige Überreste aus dem Kircheninnern (Weinkanne, Brotteller, Kelch) sind in der Petrikirche ausgestellt. Dass die Paulikirche, die während des Krieges starke Schäden erlitten hatte, nicht wieder aufgebaut und einer sinnvollen Nutzung übertragen wurde, sondern 1971, den städtischen Bestimmungen einer modernen Großstadt gemäß, in die eine historische Kirche nicht hineinzupassen schien, weichen musste, ist bis heute unverstanden geblieben.

Gleichermaßen irritiert reagierte die Bevölkerung auf die Nachkriegsbebauungspläne der Stadt, die den gegenüberliegenden **Berliner Platz (18)** betrafen. Zusammen mit dem Hans-Böckler-Platz im Osten sollte der Berliner Platz (benannt in Erinnerung an die Partnerschaft Mülheims mit Berlin-Tiergarten) einen der beiden Pole der neuen Mülheimer Innenstadt bilden. Erste Pläne, eine locker geformte Wohnanlage mit Grünflächen und Wasserspielen zu schaffen, scheiterten an der Zustimmung der Stinnes-Erbengemeinschaft, der das Grundstück teilweise gehörte. 1964 schließlich erhielt überraschend die Firma Neckermann den Zuschlag und errichtete auf dem Gelände einen dreizehnstöckigen Hochhauskomplex, der dem historischen Ambiente der nahen Altstadt sowie dem Identifikationsfaktor Ruhr in keiner Weise gerecht wurde. Was von Neckermann alsbald als Wahrzeichen Mülheims gefeiert wurde, konnte von Seiten der Kritiker nur als störender Schandfleck empfunden werden. So ist es Glück für die einen, Unglück für die anderen, dass das Warenhaus, später zur Karstadt AG gehörend, nach starken Umsatzeinbußen bereits nach dreizehn Jahren wieder schließen musste. 1978 entschloss sich die Sparkasse, ältestes Kreditinstitut Mülheims (gegründet 1842, seit 1909 Sitz am Viktoriaplatz), das Gelände für 12 Millionen Mark zu erwerben und dort ihre neue Zentrale einzurichten. Die folgenden Entscheidungen waren ein Novum im Städtebau der Bundesrepublik: Der Neckermann-Bau, als größte Fehlplanung in der Geschichte Mülheims verschrien, wurde in einer mehrere Monate andauernden Aktion von 1979-80 abgerissen. Auf der leeren Freifläche entstand zunächst provisorisch ein Parkplatz, bis die Sparkasse sowie die Stadt Mülheim nach Ausschreibung eines bundesweiten Ideenwettbewerbs schließlich weitere zehn Jahre später einen Komplex (damals größtes Hochbauprojekt im gesamten Ruhrgebiet) errichteten, der heute zwei Bankinstitute, einen freien Vorplatz sowie Wohn- und Gewerbeeinheiten umfasst. Die Baustruktur, von einem Mülheimer Architekten-Team entworfen, wurde in Anlehnung an den viel gelobten Städtebau der 1920er Jahre an der Ruhr (Stadthalle, Stadtbad) gewählt: Die Fassaden sind mit Natursandstein verblendet, Rundbögen lockern die geschlossene Bauform auf, Bepflanzungen sowie ein Brunnen schaffen die Anbindung an die Ruhr, ein freier Platz in der Mitte ermöglicht die offene Verbindung zwischen Leineweberstraße und Delle, also zwischen neuem Innenstadtbereich und ehemaliger historischer Querachse zur Altstadt. Insgesamt kann die jetzige Bebauung als weitaus gelungener gelten als ihr Vorgängerbau, auch wenn der Eindruck bestehen bleibt, dass der monumentale Baukomplex, ähnlich wie der Neckermann-Bau, weitgehend das Erscheinungsbild des Platzes beherrscht.

Fehlbebauung am Berliner Platz: das Aus für Neckermann kam 1979

Alter Hauptbahnhof mit elektrischer Straßenbahn, um 1910

Stadtzentrum

Ist die City noch zu retten? Das Sorgenkind Innenstadt

Ausgangs-/Endpunkt: Hauptpost, Am Hauptbahnhof (Straßenbahn: 102, 901, Bus: 122, 124, 131, 132, 133, 135, 151, 752, U-Bahn: 18, Regionalbahn 1, 11, S-Bahn 1, 3, Haltestelle: Mülheim Ruhr Hbf)

Dauer: 2 Stunden

Route: Hauptpost (1), Hauptbahnhof (2), Einkaufszentrum Forum City (3), Leineweberstraße (4), Kunstmuseum, Alte Post (5), Platz der ehemaligen Synagoge (6), Schlossstraße (7), ehem. Stadtbad (8), Rathaus (9), Büromuseum (10), Stadtbibliothek (11), Amtsgericht (12), ehem. Gerichtsgefängnis (13), Autonomes Jugendzentrum (14), Zionskirche (15), Dichterviertel (16)

Der Rundgang durch Mülheims Innenstadt führt vorbei an Straßen und Gebäuden, die ihre Existenz zum überwiegenden Teil dem Nachkriegsstädtebau verdanken. Vor 1943, als bei einem Bombenangriff der Stadtkern zu 60 % zerstört wurde, sah hier vieles noch ganz anders aus. Im Gegensatz zur Altstadt, wo die Bausstruktur durch umfangreiche Restaurierungsmaßnahmen bis heute einen ungefähren Eindruck zu vermitteln vermag, wie das Mölmsche Dorf früher ausgesehen haben mag, ist in der angrenzenden Innenstadt Mülheims nur noch wenig vom ursprünglichen Charakter des Straßenbildes

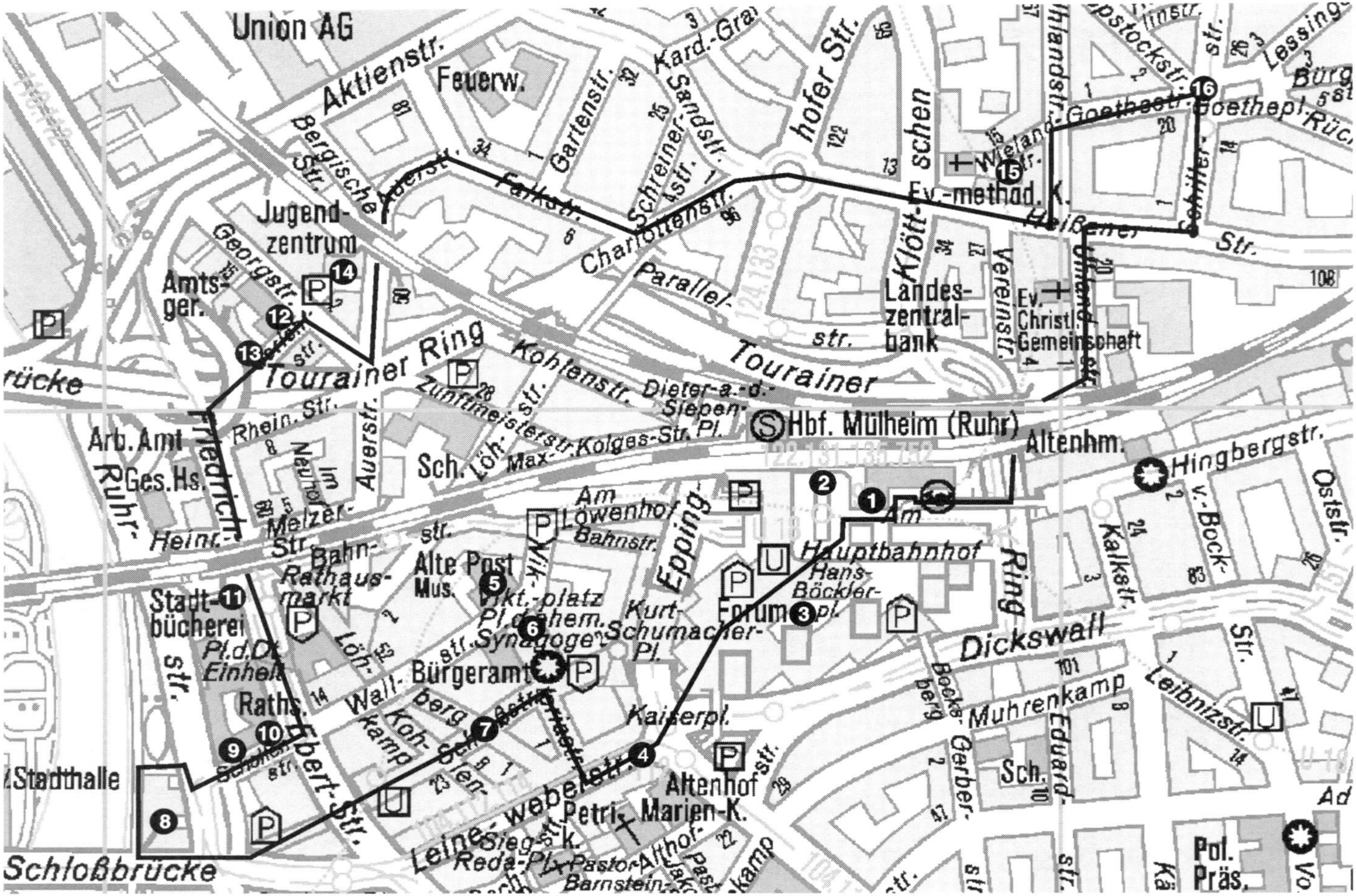
Union AG
Aktienstr.
Feuerw.
Gartenstr.
Kard.-Gra
Sandstr.
Schreinerstr.
hofer Str.
Klöttschen
Bergische Str.
Falkstr.
Charlottenstr.
Jugendzentrum
Georgstr.
Amtsger.
Parallelstr.
Tourainer Ring
Tourainer str.
Kohlenstr.
Zunftmeisterstr.
Dieter-a.-d.-Siepen-Pl.
Max-Kolges-Str.
Hbf. Mülheim (Ruhr)
Altenhm.
Hingbergstr.
Oststr.
v.-Bock-Str.
Kalkstr.
Landeszentralbank
Vereinstr.
Ev. Christl. Gemeinschaft
Uhlandstr.
Ev.-method. K.
Wielandstr.
Klopstockstr.
Goethestr.
Goethepl.
Schillerstr.
Lessing
Arb.Amt
Ges.Hs.
Ruhrstr.
Heinr.
Friedrich-Ebert-Str.
Rhein. Str.
Im Neuhof
Auerstr.
Sch.
Löhstr.
Melzerstr.
Bahnstr.
Am Löwenhof
Eppinghofer
Am Hauptbahnhof
Hans-Böckler-Pl.
Forum
Kurt-Schumacher-Pl.
Ring
Dickswall
Alte Post
Mus.
Viktoriaplatz
Synagogenpl.
Bürgeramt
Rathausmarkt
Löhberg
Wallstr.
Kohlenkamp
Schloßstr.
Stadtbücherei
Pl.d.Dt.Einheit
Raths.
Stadthalle
Schloßbrücke
Kaiserpl.
Leineweberstr.
Altenhofstr.
Petri-K.
Marien-K.
Muhrenkamp
Bocksberg
Gerberstr.
Eduardstr.
Leibnizstr.
Pol. Präs.
Sch.

zu spüren. Diejenigen unter uns, die erst in der Nachkriegszeit geboren wurden, können sich heute einen Citybereich ohne moderne Gebäude und Plätze, ohne Leineweberstraße, Einkaufszentrum und Wohnhochhäuser kaum noch vorstellen. Der Städtebau der Nachkriegszeit, der mit der übrig gebliebenen Bausubstanz nicht besonders behutsam umging, hat vieles, was den zentralen Stadtbereich einstmals prägte, vernichtet. Ein Stück Mülheimer Geschichte ist unwiederbringlich verloren gegangen.

Wie mag es wohl gewesen sein, als an der Stelle des jetzigen Hochhauskomplexes am Hans-Böckler-Platz noch Fachwerkhäuser standen, als über die Schlossstraße noch Fuhrwerke, später Autos und Straßenbahnen fuhren, es am Kaiserplatz noch einen Teich und eine Mühle gab und über den Dickswall noch der Rumbach floss? Wir wollen uns mit unserem Rundgang durch die Mülheimer Innenstadt an eine Zeit erinnern, als die City noch vom Charme schmaler Gassen und herrschaftlicher Stadthäuser lebte, eine natürliche Verbindung zwischen altem Stadtkern (Kirchenhügel) und neuem Ortszentrum (Rathausmarkt) existierte und sich Gebäude und Straßen zu einem harmonischen Gesamtbild fügten. Zugleich soll dem Spaziergänger aber natürlich auch das jetzige Erscheinungsbild vor Augen geführt werden, mit all seinen schönen und weniger schönen Seiten.

Wir beginnen unseren Rundgang an der **Hauptpost (1)** Mülheims, die sich auf der rückwärtigen Eingangsseite des Hauptbahnhofs neben den Zwillingsbauten der Softwarefirma Easy befindet. Ihren zentralen Standort hat die Bundespost hier seit 1983. Der umgerechnet 10 Millionen € teure Bau war notwendig geworden, nachdem der alte Stammsitz am Viktoriaplatz, in dem die Post mehr als 86 Jahre lang tätig war (heute befindet sich dort das städtische Kunstmuseum Alte Post), für das wachsende Aufgabenfeld und die notwendige technische Modernisierung nicht mehr ausgerüstet schien. Es fehlte an Platz, die drangvolle Enge bereitete den Angestellten sowie den Verantwortlichen zunehmend Sorgen. Da eine Erweiterung des historischen Gebäudes (es stammt aus dem Jahre 1897) nicht möglich war, entschloss man sich zum Bau eines neuen Quartiers. Auf der Suche nach einem geeigneten, citynahen Grundstück fiel die Wahl schließlich auf das knapp 11.000 qm große Areal hinter City-Center (heute Forum City) und Hauptbahnhof. Der Spatenstich erfolgte 1980, nachdem das

Hauptpost am Hauptbahnhof

Hochbaureferat der Oberpostdirektion Düsseldorf einen Entwurf für das moderne Gebäude vorgestellt hatte, der allgemein Zustimmung fand. Mit etwa 5.500 qm Nutzfläche war der Neubau um fast ein Drittel größer als sein Vorgänger. Das L-förmige Gebäude präsentiert sich seither mit weiträumiger Schalterhalle und Postfachanlage, einem dreigeschossigen Betriebsgelände, in dem sich die Packkammer, der Briefdienst und die Verwaltung befinden, sowie einer Halle, in dem die Dienstfahrzeuge gewartet und betankt werden können. Ende der 1990er Jahre wurde die Schalterhalle noch einmal modernisiert und bietet jetzt neben der gängigen Post- und Geldabfertigung auch mehrere Servicestellen.

Ein Blick in die Geschichte der Mülheimer Post offenbart viel Interessantes: Man schrieb das Jahr 1794, als Marie-Luise Albertine, Landgräfin von Hessen-Darmstadt und damals Herrin auf Schloss Broich, bei der preußischen Landesregierung ein eigenes Postamt für Mülheim (Ämter in Duisburg und Essen waren bereits vorhanden) forderte. Drei Jahre später war es dann so weit: Mülheim erhielt sein erstes Postwärteramt, wenngleich die Dienststelle, die sich im Privathaus des Postverwalters befand, der Leitstelle in Duisburg unterstellt war. Während bis dahin Briefe in unregelmäßigen Abständen von Fuhrleuten oder per Boten weitergeleitet worden waren, konnten nun erstmals ein Briefträger sowie ein Gehilfe für die Beförderung der Post eingestellt werden. Die Tatsache, dass zu diesem Zeitpunkt noch keine Briefkästen existierten und für das Anliefern oder Abholen der Post ein Bestellgeld erhoben wurde, hatte zur Folge, dass die Mülheimer, sparsam seit eh und je, ihre Post lieber selbst abholten. Außerdem schrieben und verschickten sie kaum Briefe: nur ein einziger wurde im Jahre 1851 zur Post gebracht. Einen Aufschwung nahm die Entwicklung erst nach Ende der napoleonischen Herrschaft mit dem Übergang des Mülheimer Postwesens an Preußen: 1817 wurde das ehemals Duisburg unterstellte Postwärteramt selbstständig und erhielt seine erste offizielle Dienststelle im Haus des Tabakfabrikanten von Eicken auf der Delle. Von hier aus wurde die Post einmal wöchentlich nach Dümpten, Heißen, Raadt, Haarzopf, Menden und Fulerum, zweimal wöchentlich nach Alstaden, Speldorf und Styrum sowie einmal täglich nach Broich, Eppinghofen und Mellinghofen gebracht. Zu dieser Zeit hängte man auch die ersten Briefkästen im Stadtzentrum auf, später erhielten die Ortsteile eigene Poststellen und Briefkästen. Bis 1835 amtierte die Post in der Delle, in der Folgezeit zog sie mehrfach um und landete schließlich 1897 am Viktoriaplatz. Grund für den Neubau in spätgotischem Stil war die rasante Entwicklung, die der Postverkehr inzwischen genommen hatte: Mehrere Millionen Briefe und Pakete mussten täglich abgefertigt werden, das Unternehmen war von anfänglich vier auf über 50 Mitarbeiter angewachsen. Heute arbeiten in Mülheim mehr als 230 Angestellte. Und noch ein Betätigungsfeld kam Ende des 19. Jahrhunderts hinzu: der Fernsprechverkehr. 1905 erhielt das Haus am Viktoriaplatz ein selbstständiges Telegrafenamt, das hier bis 1955 existierte (heute im Ortsteil Speldorf). Das für damalige Verhältnisse großzügige Gebäude zwischen Bahnstraße und Viktoriaplatz mit seiner schmucken Außenfassade, bestehend aus Giebeln, Gesimsen, kleinen Erkern und einem Wappenfeld, trug dieser Entwicklung Rechnung. Nach 1945 jedoch wurde schnell klar, dass auch dieser Standort für den immer weiter wachsenden Postverkehr bald nicht mehr ausreichen würde. Ein weiterer Anbau – 1963 hatte man bereits auf dem Hof ein neues Briefabgangsgebäude errichtet – war nicht möglich. Der Neubau am Hauptbahnhof, seit Mitte der 1950er Jahre in Planung, war die Folge, wenngleich er architektonisch weit weniger reizvoll erscheint als sein Vorgängerbau und durch das Einkaufszentrum Forum City vom Fußgängerbereich abgeschnitten ist.

Optimal für den neuen Standort wirkte sich jedoch das nahe Schienennetz aus, womit wir bei unserem nächsten Haltepunkt angekommen wären: dem Mülheimer **Hauptbahnhof (2)**. Seine Entstehung an dieser Stelle verdankt er zwei bereits Mitte des 19. Jahrhunderts erbauten Bahnhöfen:

Sanierungsfall:
der Mülheimer Hauptbahnhof heute

dem Bahnhof Mülheim (Ruhr)-Rheinisch auf der Strecke der Rheinischen Eisenbahn (seit 1866 zwischen Duisburg und Essen verkehrend) sowie dem Bahnhof Eppinghofen, der zur Bergisch-Märkischen Linie (seit 1862 zwischen Witten und Duisburg fahrend) gehörte. Beide Bahnhöfe wurden in den Jahren 1866/67 errichtet, zu einer Zeit also, als die Eisenbahn ihren ersten großen Aufschwung erlebte und die Ruhrschifffahrt als wichtigstes Gütertransportmittel abzulösen begann. Doch nicht nur Industriegüter wurden transportiert: Seit Ende des 19. Jahrhunderts gewann auch der Personenverkehr zunehmend an Bedeutung. Neben diversen Verschiebebahnhöfen, Lokomotiv- und Ausbesserungswerken entstanden so auch Personenbahnhöfe in Speldorf, Broich, Heißen, Styrum und Saarn. Bahnmeistereien kamen hinzu, die den Zugverkehr, die Weichenstellung sowie die Gepäckabfertigung regelten. Von den einstmals sieben Bahnhöfen Mülheims existieren dieser Tage jedoch nur noch drei: Bahnhof Styrum, Bahnhof Mülheim-West (ehemals Hauptbahnhof) sowie der heutige Hauptbahnhof. Die anderen Bahnhöfe wurden abgerissen oder wie im Falle des Speldorfer Eisenbahnausbesserungswerks einer neuen Nutzung zugeführt.

Der Mülheimer Hauptbahnhof, der diese Bezeichnung seit 1974 trägt, gehört heute leider zu denjenigen traurigen Erscheinungsbildern der Innenstadt, die Mülheims Ruf als unattraktive und wenig reizvolle City bekräftigen helfen. In dem 1910–13 erstmals und nach Kriegszerstörungen erneut wieder errichteten Gebäude scheint die Zeit seit der letzten großen Renovierung in den 1970er Jahren stehen geblieben zu sein: Die Durchgänge zu den Gleisen wirken klein und beengt, die schmucklosen Wände, in antiquiertem gelb-braunem Farbton gehalten, sind schwarz und schmutzig, es fehlt an Licht und Helligkeit. Jeder Zugreisende, der hier einen Stopp einlegt, scheint den dunklen, schlauchartigen Hallentunnel so schnell wie möglich Richtung des Einkaufszentrums oder einer der Ausgänge durchqueren zu wollen. Der Weg führt vorbei an Bettlern und Obdachlosen, die in Grüppchen versammelt Tag für Tag darauf hoffen, von den vorbei eilenden Passanten ein paar Groschen zu erhalten. Pöbeleien und rivalisierende Auseinandersetzungen sind hier keine Seltenheit, das Einschreiten des Sicherheitsdienstes sowie klärende Gespräche mit Mitarbeitern sozialer Einrichtungen können die Situation meist nur für kurze Zeit entschärfen. Die

Atmosphäre am Mülheimer Hauptbahnhof ist also insgesamt alles andere als einladend. Nirgendwo sonst erscheint es augenfälliger als hier, dass die Deutsche Bahn AG und mit ihr auch die Stadt Mülheim den Anschluss im wahrsten Sinne des Wortes verpasst hat.

Die Gründe dafür, warum sich Mülheims Hauptbahnhof, immerhin an einem der wichtigsten Knotenpunkte an Rhein und Ruhr gelegen, zu einem relativ unbedeutenden Verkehrsstandort mit sozialem Brennpunkt-Charakter entwickeln konnte, sind ebenso vielfältig wie die Vorschläge zur Lösung des Problems. Doch bisher konnten nur wenige Konzepte zur Verbesserung der Situation beitragen. Die Ausgrenzung und Verdrängung sozialer Randgruppen aus dem Bahnhofsbereich, wie sie einige Politiker fordern, erscheint jedoch nur bedingt sinnvoll, wird dadurch ja das Spannungsfeld nicht gelöst, sondern lediglich an einen anderen Standort verlagert. Andere Stimmen plädieren deshalb für ein Konzept, das mit Hilfe präventiver Maßnahmen Konflikte zu entschärfen hilft und Sanktionen nur dann zum Einsatz kommen lässt, wo andere Mittel, also zum Beispiel aufklärende Gespräche, konkrete Hilfsangebote und wirkungsvolle Alternativen, nicht mehr greifen. Soziale Dienste, etwa das Jugend- und Sozialamt, könnten diese Aufgabe übernehmen, gesetzt den Fall, sie bekämen entsprechende Rückendeckung von Seiten der politischen Stadtspitze. Doch hier ist man geteilter Meinung darüber, welche Maßnahmen das subjektive Sicherheitsbewusstsein des Einzelnen stärken könnten. Bisher einigte man sich auf die Präsenz von Sicherheits- und Wachdiensten, die das Geschehen im Bahnhofsbereich kontrollieren sollen.

Auch im Hinblick auf die architektonische Umgestaltung und Erweiterung des gesamten Geländes ist in den letzten Jahren nicht viel passiert, ein Umstand, der von den Bürgerinnen und Bürgern mit Missfallen und Unverständnis kommentiert wird, hatte man doch schon seit so langer Zeit auf eine adäquate, dem Status einer Großstadt entsprechende Lokalität gehofft. Steht man vor dem Haupteingang des Bahnhofs auf der Eppinghofer Straße, hat man das Gefühl, an einem unscheinbaren Kleinstadt-

Die alte Eppinghofer Straße, um 1910

Kriegszerstörung an der Kreuzung Schlossstraße/ Eppinghofer Straße; rechts steht heute das Forum City

oder Vorort-Bahnhof angekommen zu sein, der einen verwahrlosten und trostlosen Eindruck macht. Allein eine kürzlich eingerichtete Radverleihstation sowie eine benachbarte Servicestelle (beide befinden sich auf dem Vorplatz des Bahnhofs, dem Dieter-aus-dem Siepen-Platz) deuten darauf hin, dass sich am Mülheimer Hauptbahnhof in der jüngeren Vergangenheit etwas getan hat. Doch hier hört die Modernisierung auch schon wieder auf: Die Deutsche Bahn AG hat ihr Angebot, den dringend sanierungsbedürftigen Mülheimer Hauptbahnhof in absehbarer Zeit neu zu gestalten, zurückgezogen. Der Umbau zu einem modernen Reise- und Einkaufszentrum (13 Ladeneinheiten auf 1.200 qm waren geplant) mit neuem Bahnhofsvorplatz, veränderter Innenarchitektur und kundenfreundlicher Atmosphäre, mit neuen Toilettenanlagen, einer verbesserten Beleuchtung und Wegweisung, modernen und behindertengerechten Bahngleisen sowie beheizten Warteräumen, ist auf unbestimmte Zeit verschoben worden. Genannter Grund: Die Anmietung der vorgesehenen Verkaufsflächen zeige keine Erfolge, es fehle an privaten Investoren, eine kostendeckende Finanzierung des gesamten Projekts sei somit nicht gegeben. Die Stadt und ihre Einwohner reagierten mit Verärgerung und Protest, man fühlte sich wiederholt aufs Abstellgleis geschoben. Doch die Bahn blieb bei ihrem Entschluss: Sparzwänge machten ein Umkehren, so die Argumentation, unmöglich. Ob sich in Zukunft durch einen eventuellen Haltepunkt des Hochgeschwindigkeitszuges Metrorapid in Mülheim etwas ändern wird, ist noch völlig offen: Zwar ist ein Halt des Metrorapid – wenn er denn je gebaut wird – in Mülheim vorgesehen, doch müssten dafür ganze Straßenzüge abgerissen und neu verlegt werden. Auch das Modell der DB, den maroden Verkehrsstandort an das Land NRW zu verkaufen, ist nach wie vor in der Schwebe, ebenso wie Planungen aus Düsseldorf, den Bahnhof in jedem Falle mit 7,5 Millionen € Zuschuss zu sanieren. Und so behält der Hauptbahnhof sein trauriges Erscheinungsbild wohl vorerst bei, in der Hoffnung, die Bahn möge in Verhandlungen mit der Stadt ihr Versprechen doch noch eines Tages einlösen.

Wir verlassen nun den Hauptbahnhof und betreten als Kontrastprogramm zum Bahnhofsbereich das hell und freundlich erscheinende **Einkaufszentrum Forum City (3)**. Der Hans-Böckler-Platz, auf dem das Shopping-Center steht, hat seinen Namen vom Mitbegründer des Deutschen Gewerkschaftsbundes Hans Böckler, der von 1949–51 den DGB als erster Vorsitzender

Forum City Mülheim, daneben Hochhäuserfront

leitete. Die Geschichte des Platzes reicht weit zurück: Zu Beginn des 15. Jahrhunderts wird an der Stelle des heutigen Hans-Böckler-Platzes der so genannte Neuhof erwähnt, eine Besitzanlage der Herren von Mülheim, die schon seit dem 13. Jahrhundert existiert haben muss (siehe Rundgang Altstadt). Der Hof war vermutlich bis ins 19. Jahrhundert bewirtschaftet. Nach dem Krieg, der das gesamte Areal weitgehend zerstörte, wurden zunächst ein Busbahnhof und ein Parkplatz eingerichtet, an die vormals hier existierende Burganlage erinnert heute eine Gedenkwand im Kindergartengelände am Hans-Böckler-Platz. 1966 trat die Stadt mit diversen Unternehmen und Verbänden, darunter der IHK, dem Einzelhandelsverband, dem Sozialen Wohnungsbau SWB sowie der Hamburger Versicherungsgesellschaft Iduna in Verhandlungen über eine Neunutzung des Platzes. Vorgesehen war die Schaffung von Wohneinheiten, Parkplätzen und Dienstleistungsangeboten, ein Mix aus Wohnen, Arbeiten und Einkaufen also. So entstanden schließlich in den Jahren 1970–1974 als Ergänzung zum damals noch existierenden Neckermann-Kaufhaus am Berliner Platz – beide Plätze sollten nach dem Krieg die neuen Pole der umgestalteten Innenstadt werden – in einem der größten Hochbauprojekte der Stadt Mülheim vier bis zu 80 Meter hohe Hochhäuser mit insgesamt über 700 Wohnungen, einer Tiefgarage sowie dem Einkaufzentrum City-Center.

Doch die Bebauung stieß bei der Bevölkerung, ähnlich wie am Berliner Platz, auf wenig Gegenliebe: Die schmucklosen Betonklötze passten so gar nicht zum übrigen Erscheinungsbild der Stadt, sie wurden von Beginn an als Fremdkörper und Schandmal empfunden. Die lautstarken Proteste der Folgezeit haben jedoch bis heute kein Gehör gefunden: Während man sich am Berliner Platz zum Abriss des Neckermann-Gebäudes und zur Neubebauung durch die Sparkasse entschloss (siehe Rundgang Altstadt), stehen am Hans-Böckler-Platz die Hochhäuser noch immer an derselben Stelle. Regelmäßig gibt das Thema „Iduna-Hochhäuser“ in der Bevölkerung und der Stadtspitze Anstoß zu neuen Diskussionen, doch geändert hat sich nicht viel: Ein 1999 durchgeführter Neuanstrich der Fassaden wurde von den Einwohnern als kläglicher Versuch gewertet, die unansehnliche Hochhäuserfront zu verschönern. Einstimmig kam man zu der Meinung: Was hässlich ist, bleibt hässlich, da hilft auch keine neue Farbe.

Dem City-Center erging es im Hinblick auf die Akzeptanz des neu gestalteten Hans-Böckler-Platzes nicht viel besser: Die obere Etage des Einkaufszentrums blieb lange Zeit nur spärlich belegt, das Kaufhaus Hertie, als zweites großes Kaufhaus der Innenstadt im Einkaufszentrum vertreten, hatte sich mit seiner im Center beanspruchten Ladeneinheit übernommen und stand kurz vor der Schließung. Ein Grund dafür mag die starke Konkurrenz durch das 1973 eröffnete Rhein-Ruhr-Zentrum auf der ehemaligen Zeche Humboldt in Mülheim-Heißen gewesen sein, ein anderer das fehlende Gesamtkonzept bei der Gestaltung und Vermarktung des Hans-Böckler-Platzes insgesamt. Die negative Entwicklung hatte jedenfalls zur Folge, dass sich 1989 Iduna sowohl vom Einkaufszentrum als auch von zwei Hochhäusern wegen mangelnder Rentabilität trennte.

Die Stadt entschloss sich nunmehr notgedrungen zu Modernisierung und erneuter Umgestaltung des gesamten Areals. Als Nachfolgemodell des City-Centers entstand so Anfang der 1990er Jahre das Einkaufszentrum Forum City. Durch die Absenkung der Eppinghofer Straße, die bereits 1986 mit einer Platz-Platte (Kurt-Schumacher-Platz) überbrückt worden war – hier steht übrigens die Mülheimer Stadtsäule des Künstlers Wolfgang Liesen, die auf bronzefarbenen, sich stapelnden Reliefwürfeln bedeutsame Momente der Mülheimer Geschichte darstellt –, war die überdachte Shopping-Meile fortan direkt mit der zentralen Fußgängerzone verbunden und konnte somit wesentlich besser von der Kundenfrequenz auf der Schlossstraße profitieren. Nach kurzer Zeit bereits hatte sich das Forum zu einem attraktiven und viel besuchten Standort im Innenstadtbereich entwickelt. Mehr als 120 Ladeneinheiten, verteilt auf zwei bis vier Etagen, locken die Kunden heute täglich zum wetterunabhängigen Shoppen. Neben mehreren Bekleidungs- und Textilgeschäften werden dem Besucher unter anderem eine branchenbekannte Buchhandlung, ein Elektronik-Fachgeschäft, ein Möbelgeschäft, mehrere gastronomische Betriebe, ein Großkino, ein Fitness-Studio sowie ein Hotel geboten. Auch ein branchenbekanntes Lebensmittelgeschäft sowie mehrere kleine Dienstleistungsunternehmen, darunter Apotheke, Bank, Friseur und dergleichen, sind hier angesiedelt.

Insgesamt präsentiert sich dem Besucher hier ein Ambiente, das sich die Stadt für ihren Hauptbahnhof immer gewünscht hat: Eine Glaskuppel auf dem Dach sorgt für angenehmes Licht und freundliche Atmosphäre, im Hintergrund spielt leise Musik, die einzelnen Einkaufspassagen wirken sauber und gepflegt. Grüne Pflanzen-Arrangements, zwei Kinderspielinseln und ausreichend Sitzbänke tragen zum Wohlbefinden der Kunden bei. Wer seine Einkäufe nicht selbst nach Hause tragen möchte, kann einen Heimliefer-Service in Anspruch nehmen. Und wer zusätzlich zum üblichen Einkaufsangebot noch mehr erleben will, dem werden in der unteren Mall regelmäßig Ausstellungen und Märkte, in den Abendstunden und am Wochenende auch Konzerte geboten.

Wir durchqueren nun das Einkaufszentrum und gehen am südlichen Ende Richtung Kaiserplatz und **Leineweberstraße (4)** hinaus. An der Stelle des heutigen Kaiserplatzes befand sich früher ein Teich, der das Wasser des Mühlenbachs auffing, ein Seitenarm des Rumbachs, der von den Holthauser Höhen über den Dickswall kommend hier einfloss. Zwischen 1880 und 1897 wurde der Rumbach, an dessen Ufer mehrere Mühlen und Gerbereien standen (siehe Rundgang Holthausen), abschnittsweise mit Wegen überwölbt und unterirdisch weitergeleitet. Starke Regenfälle hatten immer wieder für Überschwemmungen gesorgt, oft mit verheerenden Folgen für die Bevölkerung und die ansässigen Betriebe. Eine Kanalisierung des Baches war deshalb unumgänglich. 1875 wurde auch der Teich, an dem ebenfalls eine Mühle sowie eine Gerberei standen, zugeschüttet und zum Platz (heute Parkplatz) umgebaut. Um die Jahrhundertwende entstanden hier einige herrschaftliche Gebäude, die zum Teil noch immer erhalten sind, so zum Beispiel der Rosenhof an der Ecke Dickswall/ Kaiserstraße, der nunmehr einen Seniorentreff beherbergt.

Der Kaiserplatz ist heute ein zentraler Verkehrsknotenpunkt der Innenstadt: Hier

Die Kaserne an der Kaiserstraße mit Denkmal Kaiser Friedrichs

Einkaufsmeile mit Schönheitsfehlern: Leineweberstraße

treffen sich von Norden die Eppinghofer Straße (früher Mühlengasse), von Osten der Dickswall (benannt nach einem weiteren Seitenarm des Rumbachs), von Süden die Kaiserstraße (früher Dungstraße als Anlehnung an die Feldlage „Auf der Dung") und von Westen die Leineweberstraße, deren Name an den Beruf des Leinewebers in Mülheim erinnert. Auf der Kaiserstraße befand sich Ende des 19. Jahrhunderts in Höhe der heutigen Paul-Essers-Straße die Kaserne des Infanterie-Regiments 159, vor deren Portal ein Denkmal Kaiser Friedrichs III. thronte. Der gleichnamige Platz ging später beim Ausbau der Kaiserstraße verloren. Rund um die Militärstation hatte sich ein vornehmes Villenviertel entwickelt, deren Prachtbauten bis zum Hans-Böckler-Platz reichten. Leider ist heute kaum mehr etwas vom ursprünglichen Charakter der Straße zu spüren: Einzelne Herrschaftshäuser aus der Zeit um 1900 sind noch in der Paul-Essers-Straße sowie in Kämpchen- und Oberstraße erhalten; die Kaserne und das Offizierskasino, in dem zuletzt die Jugendherberge und eine Tanzschule untergebracht waren, mussten modernen Wohnhochhäusern weichen. Ein ähnliches Schicksal ereilte die Häuser am Dickswall und auf der Eppinghofer Straße: Nur noch wenige Gebäude erinnern an die Vorkriegszeit, so zum Beispiel das Herrenhaus der Brennerei Humann & Holtz am Dickswall 56, das vermutlich um 1840 erbaut wurde und noch heute den Namen „Altes Herrenhaus" trägt. Die meisten Bauten jedoch wurden Opfer des Krieges und des Nachkriegsstädtebaus. Besonders davon betroffen war die Eppinghofer Straße, die zunächst während des Krieges in Schutt und Asche gelegt wurde, dann, nachdem die Neubauten (darunter auch das Zeitungshaus der WAZ) errichtet waren, ein weiteres Mal in Trümmern lag, als ganze Häuserzeilen für den Bau des City-Centers abgerissen wurden.

Doch nun zurück zur Leineweberstraße: Sie entstand in ihrer jetzigen Form erst im Zuge der Neustadtplanung im Jahre 1955. Kernpunkt eines seit 1948 für die Innenstadt diskutierten Bebauungsplans war die Schaffung einer breit angelegten und weitläufig ausgebauten Ost-West-Verbindung, die dem wachsenden Verkehrsaufkommen (die Motorisierung hatte nach 1945 stark zugenommen) Rechnung tragen sollte. Die bis dahin neun Meter breite Leineweberstraße, die vor dem Krieg nur etwa bis zum Kohlenkamp reichte, weiter östlich als „Kurze Straße" und „Bachstraße" fortlief, konnte ebenso wie die seit 1935 erweiterte, parallel dazu verlaufende Schlossstraße diesen Ansprüchen nicht mehr genügen. Man entschloss sich deshalb zu einem geradlinigen Durchbruch, also zum Ausbau auf vier Fahrspuren und einem Doppelgleis für die Straßenbahn.

Nicht jeder empfand diese Bauentwicklung, die die Autofahrer in die Stadt beziehungsweise bis vor die Läden locken und somit ungestörtes Einkaufsvergnügen sichern sollte, als begrüßenswert: Zum einen schnitt diese radikale Modernisierung fortan den Kirchenhügel vom übrigen Stadtkern ab, zum anderen erregten Lärm und Abgase durch das starke Verkehrsaufkommen das Missfallen der Bewohner. Nach andauernden Protesten traf die Stadt schließlich in den 1960er und 1970er Jahren zwei folgenschwere Entscheidungen: Um die City vom Verkehr zu entlasten, wurde einerseits die Leineweberstraße auf eine Autofahrspur von West nach Ost beschränkt, andererseits rund um die Innenstadt ein Ringsystem mit großflächigen Brückenköpfen, mehrspurigen Zubringern und komplizierten Einfädelungen entwickelt. Ziel sollte es sein, den Durchgangsverkehr um die Stadt herumzuleiten. Die negativen Folgen dieser beiden Maßnahmen wurden bald offensichtlich: Die Ringkonzeption, zum damaligen Zeitpunkt als erfolgreichstes Mittel der Verkehrsführung gewertet, galt alsbald unter Experten als das eigenwilligste und irreführendste Verkehrskonzept, das eine Stadt je entwickelt hat. Das Leitsystem, so die Kritiker, sei so verwirrend, dass es für jeden Besucher eine Qual sei, überhaupt einen Weg in Mülheims Innenstadt zu finden. Selbst die Einheimischen würden sich regelmäßig verfahren. Die Folge: Vom Wirrwarr an Einbahn- und Ringstraßen in die Irre geleitet und von der anschließenden, meist erfolglosen Parkplatzsuche entnervt, fahren die meisten Autofahrer lieber eine der Nachbarstädte an, um dort in aller Ruhe und ohne große Mühen einkaufen zu gehen.

Die Einschränkung der Leinweberstraße auf lediglich eine Fahrtrichtung verstärkte diesen Umstand noch: Wer von Osten her kommend in die City fahren wollte, wurde noch vor Erreichen des Stadtzentrums in Seitenstraßen umgeleitet, die vom Einkaufszentrum weg- statt hinführten. Die Leineweberstraße, neben der verkehrsberuhigten Schlossstraße Haupteinkaufsstraße der Innenstadt, hat unter dieser Entwicklung sehr gelitten: Da sie weder in beide Richtungen befahren werden kann noch für den Besucher ausreichend geschäftsnahe Parkplätze zur Verfügung stehen, mangelt es an Kundschaft und Umsatz. Die Konsequenz ist die Verödung dieser zentralen Geschäftsmeile, denn immer mehr Läden sehen sich gezwungen, ihren Standort zu wechseln oder ganz aufzugeben. Eine kürzlich durchge-

Bürgerhäuser an der Bachstraße, Ecke Kurze Straße (heute Leineweberstraße)

Zentrum für moderne Kunst: das Museum Alte Post

führte Verbreiterung und Verschönerung der fußläufigen Wege konnte die Situation nur geringfügig entschärfen. Was fehlt, ist ein entschlossenes Vorgehen der Stadt im Hinblick auf die Änderung des Verkehrsleitsystems und die Verbesserung der Parkplatzmisere.

Wir gehen nun ein Stück weit die Leineweberstraße entlang und biegen rechter Hand in die Viktoriastraße ein, die in die Hauptfußgängerzone, die Schlossstraße, mündet. Rechter Hand, an der Ecke von Viktoria- und Schlossstraße, befand sich bis in die 1980er Jahre ein UFA-Palast-Kino, das sich bei der Bevölkerung großer Beliebtheit erfreute. Bei einem Luftangriff während des letzten großen Krieges wurde das gesamte Areal zerstört, 300 Menschen starben hier in einer einzigen Nacht. Nach 1945 wurde das Kino zunächst wieder errichtet, heute sind in dem mit einer futuristischen Glasfensterfront auffällig neu gestalteten Gebäude (Architekturbüro Timmerbeil & Hüttenes) eine Filiale des Mülheimer Unternehmens Aldi und ein Juweliergeschäft ansässig. Das Eckhaus auf der gegenüberliegenden Seite, ein Entwurf des Architekten E. A. Gärtner aus Essen, musste ebenfalls mehrere Umbaumaßnahmen über sich ergehen lassen. Von 1959 bis 1995 war hier eine Filiale des Textilkaufhauses C&A untergebracht. Lange Zeit kämpfte die Stadt um eine erfolgreiche Vermarktung des Gebäudes, seit kurzem ist hier ein Dienstleistungszentrum, bestehend aus der MST Mülheimer Stadtmarketing- und Tourismus GmbH, lokalen Ver- und Entsorgungsunternehmen sowie einem Info- und Ticketbüro, untergebracht.

Die Viktoriastraße selbst, benannt nach Viktoria Adelheid, Gemahlin des Deutschen Kaisers Friedrich III., wurde 1896 angelegt, um das damals an der Nordseite der Straße neu erbaute Posthaus zu erreichen. Wie bereits unter dem Stichwort Hauptpostamt erwähnt, befindet sich in dem alten, denkmalgeschützten Gebäude heute das städtische **Kunstmuseum Alte Post (5)**.

Das Museum, das sich heute als reines Kunstmuseum präsentiert, hat eine wechselvolle Geschichte hinter sich. Hervorgegangen ist es aus der privaten Sammlung des Bürgermeistersohnes Robert Rheinen (1844–1920), der seine Objekte zunächst in einzelnen Ausstellungen präsentierte. 1909 trat Rheinen, inzwischen auch Mitbegründer des Mülheimer Geschichtsvereins, seine Sammlung an die Stadt Mülheim ab, die ihn zum ersten Museumsleiter bestimmte. Unterbringungsort war ein Haus auf der Schollenstraße 2, drei Jahre später zog man um in die Villa Vorster am Broicher Ruhrufer (siehe Rundgang Broich). Nach Verkauf des Hauses musste das Gebäude auf Anforderung des neuen Besitzers hin geräumt werden, die Museums-Bestände wurden im Rathauskeller eingelagert. 1923 erfolgte die Wiedereröffnung im alten Landratsamt auf der Teinerstraße 69. Beim Bombenangriff auf Mülheim im Juni 1943 wurde die Altstadt so schwer getroffen, dass auch die Sammlung Rheinens zu 80 % zerstört wurde. Was gerettet werden konnte, wurde nach dem Krieg im wieder errichteten Tersteegenhaus (siehe Rundgang Altstadt) ausgestellt und nach und nach mit heimatgeschichtlichen Objekten ergänzt. Was die reinen Kunstobjekte bestraf, so bestand die Museumsarbeit in der Nachkriegszeit in erster Linie aus dem Erwerb neuer Kunstwerke sowie den Rückkäufen beschlagnahmter Gemälde aus der Zeit vor 1943. Im Jahre 1971, nachdem die Stadt zwischenzeitlich den Museumsbetrieb gänzlich einstellen wollte, konnte für das Museum eine neue Heimat im Gebäude auf der Leineweberstraße 1 (heute Sitz von Kulturbetrieb, Filmbüro NW und Kino) gefunden werden. Da die Räumlichkeiten bald zu eng wurden, entschied die Stadt, das Museum in das frei gewordene Haus der Post am Viktoriaplatz (erbaut 1897) zu verlegen, wo es seit 1994 als feste kulturelle Einrichtung der Stadt Mülheim beheimatet ist. Ganz in der Tradition seines Begründers hat seit 1991 auch der Mülheimer Geschichtsverein im Dachgeschoss des Gebäudes mehrere Räume; eine Bürgerbegegnungsstätte zog in die ehemalige Schalterhalle ein.

Das Museum präsentiert sich heute mit dem Schwerpunkt expressionistische Kunst des 20. Jahrhunderts. Des Weiteren werden Werke des Künstlers Heinrich Zille (die Sammlung ist nach Berlin die bedeutendste in Deutschlands) sowie die wertvolle Sammlung Ziegler gezeigt. Die Eheleute Ziegler (Dr. Karl Ziegler erhielt 1963 für seine Forschungen am Mülheimer Max-Planck-Institut den Nobelpreis für Chemie) hatten sich zeitlebens in Mülheim als Mäzene für bedeutende zeitgenössische Kunst hervorgetan. Die private Sammlung, die 1981 als Schenkung an die Stadt Mülheim überging, umfasst unter anderem Werke von Max Beckmann, Karl Schmidt-Rottluff, Lyonel Feininger, Emil Nolde, August Macke und Franz Marc. Auch so herausragende Künstler wie Picasso, Baselitz, Chagall und der in Mülheim geborene Otto Pankok sind zu sehen. Ergänzt wird das hochrangige Angebot durch wechselnde Ausstellungen junger zeitgenössischer Künstler, die durch ihre experimentierfreudigen Werkinszenierungen regelmäßig großes Publikum in das Museum locken. Im Untergeschoss des Gebäudes können sich dann ganz junge Kunstliebhaber an ihren ersten Gemälden versuchen: Eine Malschule für Kinder gibt erste Einblicke in die vielfältigen Möglichkeiten kreativer Gestaltung.

Ein Stück weit hinter dem Museum, östlich Richtung Bahnstraße, befand sich bis zu Beginn der 1980er Jahre noch das legendäre Löwenhof-Kino, in dem von 1948 bis 1956, alternativ zu der im Krieg zerstörten Stadthalle, auch Theateraufführungen stattfanden. 1980 wurde das Gebäude, das die Mülheimer Jugend zeitweise besetzt hielt, um ein eigenes Jugendzentrum durchzusetzen, abgerissen. An seiner Stelle befindet sich nun der Sitz des Sozialen Wohnungsbaus SWB. Die Bahnstraße selbst prägen noch heute repräsentativ gestaltete Wohngebäude, von denen die meisten Ende des 19. Jahrhunderts errichtet worden waren. Vom Krieg verschont, ist ein Teil der villenähnlichen Bauten erhalten geblieben. Wohnhaft waren hier in erster Linie Ärzte, Rechtsanwälte und wohlhabende Kaufleute, die sich diese damals vornehme Wohnadresse leisten konnten.

Dem Museum vorgelagert liegt der Viktoriaplatz, seit 1990 mit dem Zusatz **Platz der ehemaligen Synagoge (6)** versehen. Hier stand das Gotteshaus der jüdischen Gemeinde, das in der Reichspogromnacht vom 9. auf den 10. November 1938 durch die Nationalsozialisten zerstört wurde. Die Synagoge, im Jahre 1907 eingeweiht (zuvor hatte bereits eine jüdische Synagoge am alten Notweg, heute Friedrich-Ebert-Straße, existiert), war ein mächtiger, quadratischer Bau in spätromanischem Stil, der weithin sichtbar die damals etwa 700 Mitglieder der Mülheimer jüdischen Gemeinde zum Gebet rief. Jäh wurde das friedvolle Zusammenspiel verschiedener Religionen – die evangelische Petrikirche und die katholische Marienkirche lagen ja in unmittelbarer Nachbarschaft – durch die Ideologie der NS-Herrschaft beendet: Die Synagoge brannte bis auf die Grundmauern nieder. Zu diesem Zeitpunkt war das Gebäude allerdings schon nicht mehr Eigentum der jüdischen Gemeinde, sondern in städtischem Besitz – die Sparkasse wollte auf dem Grundstück der Synagoge einen Erweiterungsbau errichten. Als die SS den Befehl zur Brandschatzung gab, zerstörte sie folglich ein städtisches Haus – Irrationalität und Wahn setzten auch hier ein deutliches Zeichen. Während des Krieges wurde das Areal dann als Aufmarschgebiet und für Kundgebungen der NSDAP genutzt, nach 1945 entstand hier ein Parkplatz, der ab 1977 in die Fußgängerzone überging. Eine Gedenktafel sowie Fotos, Dokumente und Texte im Erweiterungsbau der Sparkasse, dem Standort der ehemaligen Synagoge (hier befindet sich heute auch das städtische Bürgeramt), erinnert an die schlimmen Ereignisse des 9. November 1938. Da jedoch kaum jemand von dieser Tafel Notiz nimmt, ist ein Mahnmal im Freien vorgesehen: Entstehen soll hier, mitten auf dem Viktoriaplatz, eine künstlerisch gestaltete Mauer als Symbol für die jüdische Klagemauer in Jerusalem. Auch eine zentrale Dokumentations- und Erinnerungsstätte ist geplant – wo und wann diese errichtet werden soll, ist allerdings noch unklar.

Bis 1933 lebten in Mülheim etwa 517 jüdische Mitbürger, bis zum Ende des Krieges war ihre Zahl nach Flucht, Vertreibung und Ermordung auf 15 gesunken. Als ältestes Zeugnis jüdischen Lebens in Mülheim gilt der jüdische Friedhof an der Gracht: Er existierte bereits um 1750 und wurde in der

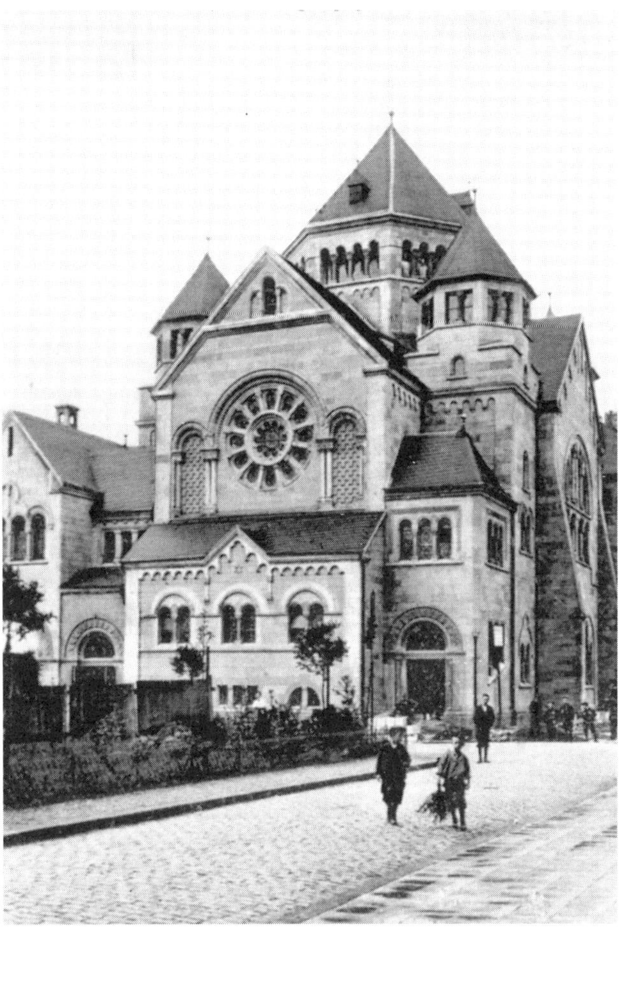

Die ehemalige jüdische Synagoge am Viktoriaplatz

Neue Spielfelder für Kinder in der Fußgängerzone

Folgezeit mehrmals erweitert. 1920 errichtete man eine Trauerhalle, die Ausführung erfolgte durch die Architekten Pfeifer und Großmann. Einen neuen Gemeindesitz bezog man nach dem Krieg zunächst auf der Kampstraße, seit 1998 existiert wieder eine Synagoge mit Sitz in Duisburg. Die jüdische Gemeinde Mülheims umfasst zusammen mit den Städten Oberhausen und Duisburg zum gegenwärtigen Zeitpunkt etwa 2.000 Mitglieder.

Vom Viktoriaplatz aus, der in naher Zukunft nach Plänen der Stadt durch die Ansiedlung gastronomischer Betriebe und mehrfach nutzbarer Veranstaltungsflächen stärker belebt werden soll (unter Einbeziehung des 1976 von Prof. Otto Herbert Hajek entworfenen Brunnen-Kunstwerkes), stoßen wir zurück auf die **Schlossstraße (7)**, die Haupteinkaufsstraße der Stadt. Sie wurde in den Jahren 1928 bis 1935 als befahrbare Straße zu ihrem jetzigen Zustand erweitert und mit Parkplätzen untertunnelt. Sie war Mülheims erster Versuch, eine für den PKW-Verkehr leistungsfähige Verbindungsstraße von West nach Ost zu schaffen. Die Kreuzung Schlossstraße/Friedrich-Ebert-Straße am unteren Ende der Fußgängerzone galt lange Zeit als Hauptverkehrsknotenpunkt der Stadt: Hier stand mitten auf der Kreuzung ein Polizist, der den Verkehr, bestehend aus Straßenbahnen und Automobilen, per Handzeichen von West nach Ost beziehungsweise von Nord nach Süd und umgekehrt regelte. Da das Verkehrsaufkommen, das trotz aller Begeisterung für das mobile Zeitalter auch negative Begleiterscheinungen wie Lärm- und Abgasentwicklung nach sich zog, stetig anwuchs, wurde die Schlossstraße im Jahre 1974 zur autofreien Einkaufszone erklärt; übrigens als erste in der Bundesrepublik. Fortan waren hier nur noch Spaziergänger und Kauflustige erlaubt, die an den vielen Geschäften, die die Innenstadt zu bieten hatte, entlangflanierten.

Doch Mülheims Ruf als gute Einkaufsstadt – sie zählte lange Zeit zu einer der modernsten im gesamten Ruhrgebiet – hielt nicht lange an. Ein großer Teil der Mülheimer ist heute mit den Einkaufsmöglichkeiten in der City (das Forum ausgenommen) unzufrieden: Weder das Angebot noch die Erreichbarkeit seien optimal. Die Gründe dafür mögen zum einen in der Konkurrenz durch großflächige, multifunktionale Einkaufszentren liegen, die wetterunabhängiges Shoppen ermöglichen, meist kostenlose Parkplätze bieten und somit die Kundschaft aus den Innenstädten abziehen. Zum anderen, und dies ist ein spezielles Mülheimer Problem, hatte es die Politik in den Jahren nach der Einrichtung der Fußgängerzone versäumt, die Innenstadt als attraktiven

Standort zu bewahren und mit der Modernisierung Schritt zu halten. Besonders bitter ist dabei die Tatsache, dass die Stadt Mülheim seit langem zu den kaufkräftigsten Städten Deutschlands zählt: Die Pro-Kopf-Ausgaben für den Einzelhandel liegen um 25–30 % über dem Bundesdurchschnitt. Die zahlungskräftigen Bürgerinnnen und Bürger aber, so scheint es, geben ihr Geld lieber andernorts aus. Das Potenzial ist also vorhanden, nur wird es leider nicht entsprechend genutzt. Und noch einen Rekordwert hat Mülheim zu verzeichnen: Im Vergleich zu anderen Revierstädten ist sie die Stadt mit der höchsten Altersstruktur. In keiner anderen Metropole im Ruhrgebiet leben mehr alte Menschen als hier. Doch bisher hat sich der Handel dieser Entwicklung kaum angepasst und Angebote geschaffen, die auch die Bedürfnisse von Senioren gezielt ansprechen. Abhilfe soll hier, wie bei der Innenstadtentwicklung insgesamt, in Zukunft ein professionelles City-Management schaffen, das in Absprache mit den Privateigentümern und Einzelhändlern den Standort Innenstadt durch werbewirksame Maßnahmen, wozu beispielsweise auch ein geschlossenes Veranstaltungsprogramm für den City-Bereich gehört, wieder ins Blickfeld des Interesses aller Bürgerinnen und Bürger rücken soll.

Im Zuge der Revitalisierung der Innenstadt wurde die Haupteinkaufsstraße vor kurzem auch einer umfassenden Renovierung unterzogen, nachdem seit Beginn der 1990er Jahre ein dramatischer Rückgang der Nachfrage zu verzeichnen gewesen war. Man entschloss sich deshalb zur Ausschreibung eines Ideenwettbewerbs, dessen grundlegende Zielsetzung sein sollte, die Innenstadt freizeit- und erlebnisorientiert zu gestalten und die Bereiche Ruhr, Altstadt und Neustadt wieder stärker zu ihrer ursprünglichen Einheit zusammenzuführen. Doch das Konzept erzielte nicht den gewünschten Erfolg, und das aus zwei Gründen. Zum einen wurde das von der Jury prämierte Projekt nur in Auszügen realisiert: Die vorgesehenen beiden Stadttürme „Solaris“ und „Ventus“, als begehbare Erlebnis- und Unterhaltungsobjekte geplant, sind ebenso auf Eis gelegt wie das Freilichttheater „Nautilus“ mit seinem anvisierten Standort mitten im Fluss. Zum anderen konnte der bereits verwirklichte Teil des Projekts, der Umbau der Schlossstraße, erkennbar an neuer Bepflasterung und Möblierung, verbesserter Beleuchtung sowie Errichtung von Wasserflächen, Brunnen und Kinderspielbereichen, an dem desolaten Zustand der Einkaufsstraße nicht viel ändern. Die Innenstadt leidet nach wie vor an zu geringer Kundenfrequenz. Während

Service-Center für Stadtmarketing, Tourismus und vielem mehr auf der Schlossstraße

sich das benachbarte Einkaufszentrum Forum zu einem attraktiven Standort entwickelt hat, wirkt die weitläufige Fußgängerzone besonders in den Abendstunden wie ausgestorben. Kaum jemanden reizt es noch, hier seine Einkäufe zu tätigen: Es gibt zu wenig Gastronomie, die Angebotspalette des Einzelhandels ist einförmig und lückenhaft, die Verkehrsanbindung mehr schlecht als recht. Von Exerzierplatz und Betonwüste ist die Rede, dem einheitlichen grau-in-grau fehlt es an Grün und anderen Farbtupfern. Der 1992 gegründete Initiativkreis Innenstadt will diesen Mangel in Zukunft beheben und in Abstimmung mit der Stadtverwaltung beispielsweise bepflanzbare Becken aufstellen lassen.

Doch damit allein ist es natürlich nicht getan: Die Händler auf der Schlossstraße klagen über zu hohe Ladenmieten, was unter anderem zur Folge hat, dass so genannte Branchenführer (wie zum Beispiel C&A und Cramer & Meermann, die früher in Mülheim beheimatet waren, inzwischen aber in andere Städte abgewandert sind) für den Standort Mülheim kein Interessse mehr zeigen und auch andere Handelsketten sich hier nicht niederlassen wollen. Stattdessen sinkt die Qualität und Vielfalt des Warenangebotes Tag für Tag. Längst hat sich Mülheim einen Ruf als unattraktive Einkaufsstadt eingeheimst, nicht nur Einheimische, sondern auch Gäste aus benachbarten Städten bleiben fern. Sorge bereitet den ansässigen Händlern auch die Situation rund um den Kurt-Schumacher-Platz, einem weiteren sozialen Brennpunkt der Innenstadt: Hier halten Sauf-Gelage, Bettelei und unkontrolliertes Pöbeln die Kunden davon ab, durch die Fußgängerzone zu spazieren. Die Politik hielt sich lange Zeit im Hintergrund und ignorierte das Problem. Der Ansatz, mit Hilfe eines City-Dienstes und ausgebildeten Sozialhelfern die Situation in den Griff zu bekommen, führte bisher nicht zum gewünschten Erfolg. Mehr bürgerschaftliches Engagement fordern deshalb die einen, den Einsatz von Überwachungskameras und bewaffneten Sicherheitskräften die anderen. Es bleibt in Zukunft abzuwarten, inwieweit die Mülheimer Innenstadt wieder belebt und zu einer attraktiven Shoppingmeile mit ausgewogenem Branchenmix umgestaltet werden kann.

Die Schlossstraße führt uns nun weiter Richtung Westen, vorbei an den Querstraßen Löhberg und Kohlenkamp, den historischen Verbindungswegen zwischen altem Kirchenhügel und neuem Rathausplatz. Am Löhberg befand sich früher ein mit Bäumen bepflanztes Hanggelände, daher der Name „Löh“, was soviel heißt wie „lichter Wald“. Ob hier auch Eichenbäume standen, deren Lohe in den heimischen Mühlen gemahlen und dann zum Gerben des Leders verwendet wurde, ist nicht überliefert. Als gesichert gilt jedoch, dass hier, ebenso wie in der vom Löhberg abzweigenden Löhstraße, im 19. Jahrhundert Handwerker, Schiffer und Fabrikarbeiter wohnhaft waren. Zur gleichen Zeit galt der Kohlenkamp als eine der wichtigsten Geschäftsstraßen Mülheims. Mit seiner Bezeichnung weist er bereits darauf hin, dass in der Straße einmal Kohlenhändler ansässig waren. Später residierten hier Kaufleute und Händler, darunter beispielsweise auch die alteingesessene Konditorei Sander, die seit 1760 in Mülheim beheimatet ist und am Kohlenkamp auch heute noch ein Stadtcafé betreibt. Über beide Straßen floss vor über 150 Jahren auch der Rumbach, bevor er über die Wallstraße seinen Weg zur Ruhr hin nahm. 1836/39 wurde der Bachverlauf am Kohlenkamp, 1850 am Löhberg mit Pflastersteinen überbaut und unterirdisch kanalisiert. Von der einstigen Bebauung beider Straßen ist nur noch wenig zu sehen, das meiste hat der Krieg vernichtet.

Am Ende der Schlossstraße stoßen wir auf die Friedrich-Ebert-Straße, die vom Stadtkern aus Richtung Norden nach Styrum und in die Nachbarstadt Oberhausen führt. Hier standen einstmals dicht an dicht kleine Fachwerkhäuser, in denen überwiegend Tagelöhner der nahen Schiffswerft an der Ruhr und der Kohlenlager lebten. Ihren heutigen Namen erhielt die Straße in Anlehnung an den ersten Präsidenten der Weimarer Republik Friedrich Ebert, der 1919 sein Amt antrat. In früherer Zeit trug die Straße im nördlichen Teil die Bezeichnung Froschenteich, im südlichen Teil den Namen Nothweg: Letztere Benennung geht wohl zurück auf eine Zeit, als rund um den Kirchenhügel der spanisch-niederländische Krieg tobte (Anfang 17. Jh.) und die unterlegenen Spanier sich über diesen „notvollen“ Weg zur Schlossanlage Broich zu retten versuchten. 1916 wurde die Straße umbenannt in Hindenburgstraße (Reichpräsident Hindenburg ist Ehrenbürger der Stadt Mülheim), seit 1949 trägt sie den Namen Friedrich-Ebert-Straße. Auch sie steht dieser Tage wieder in der Diskussion, schneidet sie doch den unteren Teil der Schlossstraße, auch „Kleine Schlossstraße" genannt, von der übrigen Einkaufsmeile ab. Überlegungen, diesen Bereich gleichfalls zur Fußgängerzone zu erklären und den Autoverkehr über Ruhr- und Leineweberstraße umzuleiten, sind nach wie vor aktuell.

Einige Häuser an der Ecke Schlossstraße/ Friedrich-Ebert-Straße haben die Kriegszerstörungen relativ unbeschadet überstanden, darunter das Haus Nr. 32, ein Wohn- und Geschäftsgebäude, in dem das Traditions-Lederwarengeschäft Langhardt, seit 1923 in Mülheim ansässig, vetreten ist. Vor dem Haus befand sich bis in die 1970er Jahre ein Parkplatz, der entfernt wurde, als man die Schlossstraße zur autofreien Zone erklärte. Etwas weiter links liegt heute der Zugangsbereich zur unterirdisch verlaufenden Stadtbahn. Seit 1998/99 verkehren hier die Straßenbahnlinien 102 und 901 zwischen Duisburg und Mülheim-Dümpten. Die Besonderheit dabei: Auf einer Länge von 2.200 m unterqueren die Bahnlinien zwischen Mülheim-Broich und Bahnstraße die Ruhr. Das Mülheimer Ruhrtunnelprojekt, aufgrund der Bodenbeschaffenheit – bröckelnder Fels, Sand und Grundwasser – in seinen technischen Anforderungen höchst kompliziert, verschlang in seiner 30-jährigen Planungs- und Bauphase insgesamt umgerechnet 125 Millionen €, nochmal 215 Millionen kamen für den Bau der weiterführenden Strecke nach Essen und Dümpten hinzu. Ein paar technische Daten zur Erläuterung: Verbaut wurden 46.000 m^3 Beton, 5.000 Tonnen Stahl, 3.000 m^2 Teerdecke sowie 11.000 m^2 Plattenbeläge und Pflastersteine. Politische Auseinandersetzungen und Unklarheiten bei der Finanzierung bestimmten das gesamte Vorhaben. Ein Ausbau des Tunnels bis Duisburg kam schließlich wegen fehlender Gelder nicht in Frage, und so erreicht die Bahn, die in bis zu neun Meter Tiefe die Ruhr unterquert, hinter Schloss Broich wie vormals auch das Tageslicht. Der Aufgang des U-Bahnhofs an der Schlossstraße bietet sich dennoch für eine Besichtigung an: Blaue und rote Farbtöne bestimmen die nachgebildete Silhouette der Stadt, Wasser rieselt die Wände herab in ein Becken, eine Anlehnung an die nahe Ruhr.

Wer über den Abstieg in die U-Bahn-Station den westlichen Teil der Schlossstraße erreichen will, muss den Aufgang „Leineweberstraße" wählen. Zwischen dem Kaufhof, einem alteingesessenen Warenhaus im morbiden Charme der 1970er Jahre, und dem so genannten Rieken-Haus (die Gebrüder Rieken waren bekannte Mülheimer Unternehmer) geht es weiter die Kleine Schlossstraße entlang, bis wir an der Kreuzung Leineweberstraße/Ruhrstraße das **ehem. Stadtbad (8)** an der Schlossbrücke erreichen.

Das Bäderwesen hat in Mülheim eine lange Tradition: Entlang der Ruhr existierten seit Ende des 19. Jahrhunderts Badeplätze, so zum Beispiel in Höhe des heutigen Kraftwerks Kahlenberg sowie auf der gegenüberliegenden Seite rechter und linker Hand der Schlossbrücke; heute ist das Baden in der Ruhr verboten. Die Stellen, wo die Friedrich Wilhelms-Hütte ihr heiß gewordenes Kühlwasser in den Fluss leitete, waren besonders beliebt: Hier war das Ruhrwasser so warm, dass das Baden sogar an kalten Tagen möglich war. Die Styrumer nutzten diesen Umstand und bauten 1906 hier ein Freibad (Ruhrstadion; siehe Rundgang Styrum). Weitere Badeanstalten in der Nähe der Ruhr folgten, darunter auch das Stadtbad, das 1912 durch den Architekten Karl Helbing fertiggestellt wurde. Der architektonisch als sehr gelungen gefeierte Bau, der später im Ensemble mit Stadthalle und Rathaus wegen seiner auf die Flusslandschaft abgestimmten Fassadenstruktur auch die Bezeichnung „Klein-Venedig" erhielt, wurde größtenteils durch die Stiftung der Mülheimer Großindustriellen August und Josef Thyssen finanziert. Zum damaligen Zeitpunkt war das Bad ausgestattet mit einer Männer- und einer Frauenschwimmhalle (auf die Trennung der Geschlechter wurde damals streng geachtet!), Duschen, Umkleidekabinen und sanitären Anlagen.

Blick über die Ruhr auf Stadtbad und Rathausturm

Später kamen medizinische Heilbäder, Angebote wie Bestrahlungen, Massagen, Dampf- und Schwitzbäder sowie ein so genanntes Licht- und Luftbad, in dem jeden Mittwoch FKK-Schwimmstunden stattfanden, hinzu. Später waren auch eine Saunastation und Sonnenbänke vorhanden. Doch die Besucherzahlen gingen immer weiter zurück. Der Hauptgrund mag wohl darin gelegen haben, dass inzwischen nahezu jede private Wohnung und jedes private Haus mit fließend Wasser und eigenen Badezimmern ausgestattet war, im Gegensatz zu früher, als nur vereinzelt Zinkbadewannen oder Wasserkübel mit wenig frischem Wasser zur Verfügung standen und man auf die sanitären Anlagen eines nahe gelegenen Bades angewiesen war. Und so kam es, dass das Stadtbad trotz Renovierungs- und Modernisierungsmaßnahmen (zuletzt in den 1960er Jahren) schließlich 1998 seine Pforten schließen musste. In Mülheim existieren somit nur noch vier Badeanstalten: das Hallenbad Süd (Kaiserstraße), das Hallenbad Nord (Boverstraße), das Friedrich-Wennmann-Bad (Yorckstraße) sowie das Freibad Ruhrstadion (Steinkampstraße), letzteres zeitweise ebenfalls von der Schließung betroffen. Was aus dem ehemaligen Stadtbad einmal werden soll, ist noch nicht geklärt: Die Vorschläge der Eigentümerin Medl (Mülheimer Energiedienstleistungs GmbH) reichen von Hotel oder Gesundheitszentrum über Einkaufsmall bis hin zur Discothek. Erste Ideenwettbewerbe fanden bereits im stillgelegten Stadtbad statt, eine Einigung auf ein bestimmtes Konzept konnte jedoch noch nicht erzielt werden.

Die an das ehemalige Stadtbad angrenzenden Gebäudeteile, die an die Leineweberstraße reichen, beherbergen heute den Kulturbetrieb der Stadt Mülheim, das Kino Rio, das Filmbüro NW, ein Dokumentarfilminstitut sowie in einem modernen, colorverglasten Anbau eine Verwaltungszentrale der Mülheimer Unternehmensgruppe Tengelmann. Geht man den Arkadengang seitwärts der Ruhr entlang, mit wunderbarem Blick auf den Fluss und die Stadthalle, erreicht man im rückwärtigen Hausteil eine Privatklinik für Schmerztherapie. An einer Haltestelle für den öffentlichen Nahverkehr gelangen wir zur Ruhrstraße, einer alten Verbindungstraße, die von der Delle bis zur Fähranlegestelle an der Ruhr reichte. Hier lebten im 19. Jahrhundert überwiegend wohlhabende Bürgerinnen und Bürger, darunter Bankiers und Beamte, auch der Landrat Haniel hatte hier seinen Wohnsitz. Wie vornehm die Gegend war, zeigen noch heute einige gut erhaltene Jugendstilhäuser im südlichen Teil der Straße gegenüber dem Gebäude des Dresdner Bank. Unser Fußweg führt uns weiter westwärts in die Schollenstraße, die ihren Namen von einem „Schollenfeld" im Bereich des heutigen Viktoriaplatzes erhielt. Am anderen Ende der Straße, am Ruhrufer, verkehrte früher, das heißt seit etwa 1400, die Ruhrfähre, deren Betreiberrecht zunächst in den Händen der Grafen von Broich lag, doch 1771 an den Unternehmer Hermann Scholl überging, der später die Erbpacht erhielt (siehe Rundgang Broich). Die Fähre war bis zum Bau der Kettenbrücke im Jahre 1844 in Betrieb und lebt heute als Nachbildung unter dem Namen „Schollsche Fähre" mit Anlegestelle in Höhe des Mintarder Wasserbahnhofs fort.

Die günstige Anbindung an die Ruhr ließ die Schollenstraße zu einer wichtigen Gewerbestraße werden. Hier war beispielsweise um 1800 die erste Lederwarenfabrik der Familie Coupienne ansässig, deren Inhaber, aus der Gegend um Lüttich und den Ardennen stammend, sich in Mülheim auf dem Gebiet des Gerberhandwerks einen Namen gemacht haben (auf dem Gartengelände der Coupiennes entstand später das erste Rathaus Mülheims). An der Kreuzung Schollenstraße/Ruhrstraße, dort, wo heute der rückwärtige Eingang zum Rathaus liegt, befand sich zu Zeiten der Ruhrschifffahrt auch die Schiffswerft Timmerhelling von Hermann Thielen, eine von sieben Werften an der Ruhr, die den günstigen Standort – der alte Hafen Mülheims, Ende des 18. Jahrhunderts etwa in Höhe der heutigen Ruhrstraße und der späteren Friedrich Wilhelms-Hütte errichtet, lag direkt vor der Tür – zu ihren Gunsten nutzten. Als die Eisenbahn jedoch die Ruhrschiffe als Transportmittel verdrängt hatte, der alte Hafen zugeschüttet wurde und die jetzigen Ruhranlagen entstanden, errichtete die Firma Folkenborn 1890 an der Stelle der ehemaligen Werft ein herrschaftliches Haus, das ebenso wie all die übrigen standesgemäßen Villen dieser Straße den Reichen und Wohlhabenden vorbehalten blieb. Die Funktion des Hauses änderte sich erneut, als zu Beginn des 20. Jahrhunderts das Bankhaus Hammerstein hier einzog. In den 1930er Jahren wurde an gleicher Stelle schließlich das jetzige Gebäude errichtet, in dem lange Zeit das Finanzamt untergebracht war. Heute gehören die Räume zum Rathaus, das Finanzamt ist inzwischen zur Wilhelmstraße umgezogen.

Am oberen Ende der Schollenstraße, an der Einmündung zur Friedrich-Ebert-Straße (früher „Am Werth"), stand seit etwa 1806 auch eine Mühle, die als Öl- und Lohmühle fungierte und im Besitz von Johann Hörschgen war. Am Gebäude vorbei floss der Rumbach, der 1845 streckenweise überbaut wurde. Die Mühle bestand bis Ende des 19. Jahrhunderts, neue Eigentümerin des Geländes wurde dann die Firma Stinnes. Bis zum Zweiten Weltkrieg war der untere Teil des Schollenfeldes durch mehrere Geschäftsgebäude sowie eine Schule geprägt, die in Anlehnung an den alten Namen der Friedrich-Ebert-Straße die Bezeichnung „Notweg-Schule" trug. Das im Krieg zerstörte Gelände wurde nach 1945 neu bebaut, in den 1950er Jahren eröffnete hier der Kaufhof seine Pforten. Wir halten uns links und gehen die Friedrich-Ebert-Straße entlang bis zum Platz der Deutschen Einheit. Von hier aus haben wir einen umfassenden Blick auf die Gebäude des **Rathauses (9)** und der zentralen Stadtbibliothek sowie auf das Marktgelände, auf dem bis zum heutigen Tage die Händler ihre Waren anpreisen.

Man schrieb das Jahr 1839, als Christian Weuste, seinerzeit Bürgermeister der Stadt Mülheim, den Beschluss fasste, am nördlichen Rand der City einen neuen Marktplatz anzulegen. Seine ehrgeizigen Pläne, Mülheim (immerhin seit 1808 zur Stadt erhoben) endlich aus dem Status eines provinziellen Dorfes zu entheben und neben dem Kirchenhügel ein zweites gewerbliches Zentrum nahe der Schiffsbau- und Kohlenplätze an der Ruhr zu schaffen, führten schließlich 1842 auch zum Bau des ersten

Das erste Rathaus von 1842

Rathaus mit dem Platz der Deutschen Einheit

Rathauses. Weuste, der bis dahin die Geschicke der Stadt von seiner Privatwohnung in der Delle aus geleitet hatte, residierte nun in dem stattlichen Gebäude am Rathausmarkt, das in etwa identisch ist mit dem heutigen Haus am Markt. Das Gebäude wurde nach Plänen des Werdener Baumeisters Frielingsdorf entworfen, der sich den Palazzo Pitti in Florenz sowie den Königsbau in München zum Vorbild nahm. Zu Beginn des 20. Jahrhunderts, als Mülheim mit mehr als 100.000 Einwohnern zur Großstadt geworden war, wurde als Erweiterung des bisherigen Rathauses auf der gegenüberliegenden Seite der Straße ein neues, größeres Gebäude errichtet, das durch einen Torbau über die Friedrich-Ebert-Straße mit dem alten Komplex verbunden und 1915 bezugsfertig war. Wie bei vielen ähnlich repräsentativen Bauten Mülheims traten auch hier die bekannten Architekten Arthur Pfeifer und Hans Großmann in Erscheinung. Trotz erheblicher Schäden während des Krieges beeindruckt das Rathaus noch immer mit seiner wuchtigen, monumentalen Erscheinung im Stil der Neo-Renaissance. Das Gebäude besticht vor allem durch sein abwechslungsreiches, in Muschelkalk gefasstes Fassadendekor: Masken, Engel, Ranken und geflügelte Löwen zieren die Außenfront, über dem Hauptportal, das sich im Rathausturm an der Friedrich-Ebert-Straße befindet, verweisen kleine Stuckarbeiten auf die Stärken und Tugenden Mülheims, am Seitenportal zeigt ein Relief, wie der Heilige Georg den Drachen tötet.

1960/62 wird das Rathaus nochmals nach Entwürfen der städtischen Bauverwaltung unter Leitung von Franz Thissen erweitert, leider auf Kosten einer ganzen Reihe schöner, alter Herrschaftsvillen, die auf dem Gelände des Erweiterungsbaus standen und für den Anbau abgerissen wurden.

Im knapp 60 m hohen Rathausturm, einem mächtigen quadratischen Block aus Ruhrsandsteinquadern – heute ein Wahrzeichen der Stadt Mülheim – befindet sich seit 1977 auch das so genannte **Büromuseum (10)**. An zwei Tagen in der Woche präsentiert die Ausstellung auf drei Etagen mehrere hundert Exponate aus der Geschichte des Büroalltages. Es ist damit das einzige seiner Art in Deutschland. Zusammengetragen hat die Utensilien ein ehemaliger Beamter der Verwaltung, der sich von den alten Gerätschaften nicht trennen wollte und sie im Kellerraum des Rathauses sammelte. Als der Raum überfüllt war, wurde die Idee geboren, ein Museum in der Turmspitze einzurichten. Auf 130 qm Fläche sind seither alte Rechen- und Schreibmaschinen, Telefonapparate, Stechuhren, Diktiergeräte und Geldzählmaschinen zu sehen. Auch alte Stempel, Kopiergeräte und Buchungsautomaten lassen sich hier bewundern. Ganze Büroräume mit antikem Mobiliar und Inventar wurden nachgebildet, ausgestattet mit einigen wertvollen Apparaturen aus dem 19. Jahrhundert, so zum Beispiel die Handrechenmaschine „Saxonia" aus dem Jahre 1890, die nachträglich als Schenkung an das Museum gingen. Neben diesen Ausstellungsstücken, die insgesamt einen guten Einblick in die Büro-Arbeitswelt vergangener Zeiten vermitteln, ist in der achten Etage des Turmes das über 85 Jahre alte Pendeluhrwerk des Rathausturmes zu bewundern. Bis in die 1950er Jahre hat es die Zeiger der Turmuhr angetrieben, danach wurde es durch einen Elektromotor ersetzt. Insgesamt ist das Mülheimer Büromuseum eine Einrichtung, die man, wie es ein Besucher einmal treffend bemerkte, nicht alle Tage sieht und die „viel schöner ist als die ganze moderne EDV". Und wer nach dem Besuch des Museums schließlich ein bisschen frische Luft schnappen will, der kann die Balustrade des Rathausturmes betreten und von hier aus einen wunderbaren Blick über die Stadt Mülheim genießen.

Büromuseum,
Schreibmaschine von 1898

Im Zuge der Erweiterung des Rathausbereiches zwischen Ruhr- und Friedrich-Ebert-Straße wurde auch die jetzige **Stadtbibliothek (11)** errichtet. Bis in dic 1960er Jahre war sie im Gebäude des ehemaligen Stadtbades an der Leineweberstraße untergebracht. Im Jahre 1969 wurde dann (ebenfalls unter Leitung von Franz Thissen) der dreigeschossige Neubau neben dem Rathaus eingeweiht, und auch für ihn mussten leider mehrere alte Jugenstilvillen aus der Gründerzeit weichen.

Eine Stadtbücherei existiert in ihrer Form als öffentlich zugängliche Bildungsstätte der Stadt seit 1883. Hervorgegangen war sie, wie viele weitere kulturpolitische Einrichtungen in Mülheim auch, aus einer privaten Bürgerinitiative, die sich im Sinne der Förderung von Bildung und Kultur engagierte. Zum Zeitpunkt des Übergangs in städtische Hände umfasste die Einrichtung etwa 1.800 Bände. 1905 stiftete die Familie Leonhard-Stinnes einen Volkslesesaal am Viktoriaplatz, in den 1920er Jahren wurde die Bibliothek, die inzwischen zur „Brückenschänke" an der Leineweberstraße um-

Eingang zur zentralen Stadtbücherei

gezogen war, auf Drängen des Gewerbevereins ausgebaut und vor allem um wissenschaftliche Werke erweitert. Es folgte die Einrichtung von Stadtteilbüchereien in Styrum, Dümpten und Saarn. 1943 wurde die zentrale Bibliothek an der Schlossbrücke ein Opfer der Bomben, die Bestände konnten jedoch durch vorherige Auslagerung größtenteils gerettet werden. In enger Zusammenarbeit mit der 1946 auf Anregung der britischen Besatzung neu gegründeten Volkshochschule (siehe Stadtrundgang Broich) erholte sich die Stadtbibliothek von der wirtschaftlichen Notlage der Nachkriegszeit zusehends, so dass Ende der 1950er Jahre die Räumlichkeiten an der Leineweberstraße bereits zu eng wurden und man am Rathausmarkt einen Neubau errichten musste. Die Stadtbibliothek, ein nüchterner Zweckbau, der städtebaulich an die Architektur des Rathauses angepasst wurde, umfasst heute auf einer Fläche von 3.700 qm über 300.000 Medieneinheiten, die den Bürgerinnen und Bürgern per Ausleihe zur Verfügung stehen. Außerdem werden hier regelmäßig kulturelle Veranstaltungen dargeboten, so die MüKiKiTa (Mülheimer Kinderbuch- und Kinderfilmtage) und die literarische Veranstaltungsreihe „Herbstblätter", die beide inzwischen auch überregional Beachtung finden. Neben Zweigstellen in einzelnen Stadtteilen bietet die Stadtbücherei einen mobilen Bücherbus-Service und eine Schulbibliothek. Allerdings bedürfen alle Einrichtungen dringend einer Renovierung und Erneuerung, wirkt doch die technische Ausstattung sowie die Architektur und das Mobiliar der Räume sehr antiquiert. Doch wie so häufig fehlen auch hier für eine notwendige Modernisierung – geplant ist ein modernes Medienhaus mit großem Veranstaltungssaal – die entsprechenden geldlichen Mittel. Angesichts der angespannten Finanzlage mussten kürzlich auch zwei der fünf Stadtteilbüchereien in Dümpten und Saarn für immer ihre Pforten schließen. Die Bevölkerung protestierte gegen den Abbau von Bildung und Kultur zwar per Bürgerbegehren und Bürgerentscheid, doch zum Erhalt der Büchereien reichte es leider nicht. Die Schließung wurde Ende des Jahres 2000 vollzogen.

Wir verlassen nun den Platz der Deutschen Einheit, schreiten linker Hand die Friedrich-Ebert-Straße entlang weiter Richtung Norden, wobei wir die alte Trasse der Rheinischen Eisenbahnlinie von 1866 unterqueren, über die heute ein Fußweg über die Ruhr nach Broich und ins MüGa-Gelände führt, und erreichen an der Heinrich-Melzer-Straße eine schöne alte Häuserzeile, die etwa um die Jahrhundertwende nach

Vorbild des Jugendstils erbaut wurde. Auch diese Gebäude waren nach dem Krieg dem Abriss geweiht, sollte doch hier nach Wünschen der Stadtplaner eine neue Straßenführung entstehen. Der Initiative eines engagierten Mülheimer Bürgers ist es zu verdanken, dass das Verkehrsleitsystem noch einmal überdacht und schließlich mit Konrad-Adenauer-Brücke und Tourainer Ring neu konzeptioniert wurde. Die alten Bauten, die die Stadt bereits hatte räumen lassen, konnten wieder bezogen werden und erfuhren in der Folgezeit sogar eine umfangreiche Restaurierung. Heute ist hier neben Wohneinheiten die so genannte Mülheimer Biermeile mit mehreren Kneipen und Bistros untergebracht. Die Häuserzeile ist somit eines der wenigen Beispiele in der Mülheimer Innenstadt, die zeigen, dass es sich trotz Kriegseinwirkungen und neuzeitlicher Stadtplanung gelohnt hat, alte Häuserfronten als geschichtliches Dokument vergangener Zeiten zu erhalten und somit ein Stück Identität der Stadt Mülheim zu bewahren.

Im westlichen Teil der Heinrich-Melzer Straße, die ihren Namen übrigens in Erinnerung an den Mitbegründer der Mülheimer Gewerkschaften Heinrich Melzer (1890–1967) erhielt, befindet sich mit dem Gesundheitsamt, dem Jugendamt sowie anderen städtischen Stellen ein weiterer Verwaltungskomplex der Stadt. Das Arbeitsamt, das bis vor kurzem ebenfalls hier untergebracht war, bezog im Frühjahr 2001 ein neues Domizil an der Kaiserstraße. Das Gebäude an der Heinrich-Melzer-Straße wurde für mehrere Millionen € renoviert. Bei diesen Umbauarbeiten verschwand durch unsachgemäße Handhabung leider auch ein wertvolles altes Mosaikwerk des Mülheimer Künstlers Heinrich Siepmann, das 30 Jahre lang das Haus geziert hatte.

Unsere Route führt uns weiter nordwärts über den Tourainer Ring (die französische Universitätsstadt Tours ist eine von sechs Partnerstädten Mülheims) in die Gerichtstraße, die 1903 als Anbindung an das in der benachbarten Georgstraße befindliche **Amtsgericht (12)** erbaut wurde. Bis 1879 residierte die Gerichtsstätte als Königlich-Preußisches Kreisgericht auf Schloss Broich, dananch zog es, nunmehr unter dem Titel Preußisches Amtsgericht, an die Friedrich-Ebert-Straße (damals Notweg) um. Das Gebäude, ein ehemaliges Wohnhaus von 1860, befand sich gegenüber des Marktplatzes etwa an der Stelle, wo heute zwischen Rathaus und Stadtbücherei der Platz der Deutschen Einheit liegt. Neben dem zweigeschossigen Haupthaus baute man auch ein **Gerichtsgefängnis (13)**, das 1895 um ein Nebengebäude erweitert wurde. Als die Einwohnerzahl Mülheims sich zwischen 1875 und 1900 mehr als verdoppelt hatte, wurden die Räumlichkeiten am Notweg zu klein. Nachdem man zeitweise sogar auf Mietwohnungen in der Delle aus-

Amtsgericht an der Georgstraße

gewichen war, um den Bediensteten des Amtsgerichts genügend Raum zur Verfügung zu stellen, wurde schließlich in den Jahren 1899–1902 auf dem Gelände an der Georgstraße ein Neubau errichtet. Auch das Gefängnis zog dorthin um. Beide Bauten wurden in ihren Außenfassaden mit Ruhrsandstein verblendet, Fensterumrahmungen, Gesimse und andere Verzierungen mit gelbem Sandstein versehen. Die Innenausstattung des Gerichtsgebäudes, besonders die Eingangshalle und das Treppenhaus, sind mit ihren schönen Ruhrsandsteinwänden, den Holzvertäfelungen, Fenster-Glasmalereien, stuckverzierten Decken und Säulen von hohem künstlerischem Wert.

Besonders sicher schienen jedoch beide Gebäude nicht gewesen zu sein, hatten doch einige Gefangene anno dazumal bei einem erfolgreichen Ausbruchversuch auch gleich noch die Amtskasse mitgehen lassen. Wohl aus diesem Grund und weil das Gericht schon bald nach seiner Einweihung wieder zu eng geworden war, wurde schon frühzeitig eine Erweiterung diskutiert. Der geplante Bau kam jedoch aus finanzieller Sicht erst Ende der 1950er Jahren zum Tragen, nachdem man zuvor erneut in ausgegliederte Büroräume (dieses Mal auf der Aktienstraße, später auch auf der Schlossstraße) ausgewichen war. In den 1970er Jahren wurden die Räumlichkeiten des Altbaus umfassend renoviert, der Gerichtssaal gilt seither als einer der schönsten seiner Art in Deutschland. 1986/89 erweiterte man das Gericht ein letztes Mal – um das Nachbargebäude an der Georgstraße 15. Seither ist dort das Grundbuchamt untergebracht. Das Gefängnis, später als reines Frauengefängnis geführt, musste hingegen im Sommer 1998 geschlossen werden. Seither diskutiert die Stadtspitze über eine Neunutzung des denkmalgeschützten Gebäudes. Die Pläne reichen von der Einrichtung von Künstler- und Handwerkerateliers bis hin zur Schaffung eines Existenzgründerforums. Grundlegendes Ziel der Neunutzung soll sein, die nördliche City, die vom übrigen innerstädtischen Geschehen weitgehend abgeschnitten ist, stärker zu beleben.

Von der Gerichtstraße aus biegen wir rechter Hand in die Georgstraße ein, in der sich auch der Hauptsitz des Diakoniewerks befindet, und erreichen nach wenigen Metern die Auerstraße. Ihre Bebauung erfolgte im Wesentlichen in den Jahren 1829 bis 1885. Im südlichen Teil stehen noch immer einige alte Gebäude, darunter ein kleines Fachwerkhaus, das heute unter Denkmalschutz steht. Erhalten geblieben ist auch der Bahnbogen der Eisenbahntrasse, den wir an der Friedrich-Ebert-Straße bereits unterquert hatten. Früher lag auf der linken Straßenseite die Auerstraßen-Schule, jetzt liegen hier die Gebäude der Grundschule auf der Zunftmeistereistraße. Im nördlichen Teil der Straße, dem wir nun folgen, befindet sich seit kurzem in einer alten Reithalle das **Autonome Jugendzentrum (14)** der Stadt Mülheim. Mehrere Jahrzehnte hatten die Jugendlichen dafür gekämpft, ein selbst verwaltetes Jugend-Kulturzentrum zu erhalten. Der Streit mit der Stadt begann bereits in den 1960er Jahren, als man die vom Abriss bedrohte Paulikirche auf der Delle besetzte. Die Aktion wurde niedergeschlagen, die Kirche abgerissen. Weitere Besetzungen, zum Beispiel die des Löwenhof-Kinos folgten in den Jahren danach. 1993 schließlich gründete sich ein Arbeitskreis mit Namen „Jugendkulturzentrum Mülheim“, der drei Jahre später in Verhandlungen mit der Stadt endlich die Bewilligung eines Jugendzentrums erreichte. Die Kosten für den Umbau der alten Reithalle an der Auerstraße 51 teilten sich das Land NRW, das über die Internationale Bauausstellung Emscherpark tätig wurde, und die Stadt Mülheim, die bis heute auch die laufenden Betriebskosten übernimmt. Die Jugendlichen selbst packten beim Umbau kräftig mit an, so dass ein erheblicher Teil der Arbeiten durch Eigenleistung erbracht wurde. Die denkmalgeschützte Reithalle, die 1880 zur Unterbringung von Pferden erbaut worden war, wird heute vom Jugend-Kulturzentrum als Projektraum genutzt; daneben stehen den Jugendlichen für Workshops oder Tagungen weitere Räumlichkeiten zur Verfügung, unter anderem ein Konzertraum, eine Caféteria und ein Internet-Café. Im Musikbereich, insbesondere bei Punk-, Techno- und Heavy-Metal-Konzerten, ist das Autonome Jugendzentrum mittlerweile zu einem der größten Anbieter im Ruhrgebiet geworden.

Vom Jugendzentrum aus unterqueren wir erneut eine Eisenbahntrasse, dieses Mal

früher Reithalle, heute Jugendzentrum

zur Bergisch-Märkischen Linie gehörend, gehen vorbei an den Gebäuden der Evangelischen freikirchlichen Gemeinde der Baptisten und biegen rechts in die Falkstraße ein. Am Ende der schmalen Gasse stoßen wir schließlich auf die Charlottenstraße. Viele Namen haben diese Straße im Laufe der Geschichte geprägt, von Zwiebel- und Eppinghover Straße über Siepels- und Zwiebelreihe bis hin zur Charlottenstraße. Letztere Bezeichnung trägt die Straße seit 1885. In früherer Zeit müssen hier einmal Zwiebeln gesät und geerntet worden sein, weshalb die Straße 1822 den Namen Zwiebelstraße erhielt. Die Benennung Siepelsreihe erfolgte in Anerkennung der Bautätigkeit eines Mülheimer Bürgers namens Siepel, der hier zu Beginn des 19. Jahrhunderts mehrere Häuser errichten ließ. Wie der Name Charlottenstraße zustande kam, ist bis heute nicht geklärt. Manche gehen davon aus, dass die Bezeichnung in ironischer Anlehnung an eine Zwiebelsorte mit Namen „Schalotte" gewählt wurde, doch ist diese Vermutung reine Spekulation. Sicher jedoch ist, dass die Straße im Wesentlichen in der ersten Hälfte des 19. Jahrhunderts bebaut wurde. Hier wohnten zum überwiegenden Teil Schiffer und Tagelöhner der nahen Ruhrwerften, später auch Arbeiter der bergbaulichen Industrie. Eigentümer der Häuser waren zumeist reiche Kohlenhändler. 1970 wurden für die neue Verkehrsführung die meisten dieser einzigartigen Fachwerkbauten ohne Einwilligung des zuständigen Landeskonservators abgerissen, eine beispiellose Aktion für den verantwortungslosen und willkürlichen Umgang der Stadt mit ihrer geschichtlich gewachsenen Bausubstanz. An einigen wenigen Gebäuden lässt sich die ehemalige Fassadenstruktur trotz alledem noch erkennen, so an den Häusern mit der Nr. 67 (Muschelhaus), 69 (ehem. Restaurant Anker), 73, 84 und 86.

Von der Charlottenstraße aus überqueren wir den Kreisverkehr an der Eppinghofer Straße Richtung Osten und treffen an der Kreuzung Klöttschen/Heißener Straße auf das Gebäude der evangelisch-methodistischen **Zionskirche (15)**. Die Gemeinde, die sich bereits 1875 in Mülheim gründete, feierte im September 2000 ihr 125-jähriges Bestehen. Die Zionskirche begreift sich als Teil der evangelischen Kirche, jedoch mit stärkerem Akzent auf die praktische Umsetzung der Lehre Gottes. So kommen häufig auch aktuelle Probleme im Umfeld der Gemeindemitglieder sowie globale Probleme zur Sprache, die diskutiert und für die auf der Grundlage des Alten und Neuen Testaments Lösungsansätze erwogen werden. Von der evangelisch-lutheranischen Kirche unterscheidet sich die methodistische Gemeinde also nur insoweit, als sie den Schwerpunkt auf das soziale Bekenntnis, auf die praktische Handlungsfähigkeit jedes Einzelnen setzt. Gründe dafür liegen in der eigenen Geschichte: Die Kirche war nicht aus der Reformation, sondern aus einer Bewegung der anglikanischen Kirche in England hervorgegangen, die eben dieses soziale Bekenntnis seiner Gläubigen betonte.

Das Gebäude an der Heißener Straße wurde 1958 eingeweiht, nachdem das alte Gotteshaus an der Hansastraße in Speldorf (Eben-Ezer-Kapelle) 1944 bei einem Fliegerangriff völlig zerstört worden war. Auch das Gemeindehaus in Heißen wurde stark beschädigt. Noch vor dem Bau der neuen Zionskirche in der Innenstadt konnte in Speldorf an der Ruhrorter Straße auch eine neue Eben-Ezer-Kirche errichtet werden. Weltweit ist die Kirche in 90 Ländern vertreten, wobei der Schwerpunkt im angelsächsischen Raum liegt. Seit 1996 ist in der Zionskirche an der Heißener Straße auch eine afrikanisch-evangelische Gemeinde beheimatet, die inzwischen in Mülheim 130 Mitglieder umfasst.

Mit der Uhlandstraße erreichen wir als letzten Standort auf unserer City-Route nun das so genannte **Dichterviertel (16)** Mülheims. Die sternförmig angelegten Straßen dieses Bezirks tragen die Namen bedeutender deutscher Dichter und Denker, so die von Klopstock, Hölderlin, Schiller, Lessing, Bürger, Rückert und Goethe. Im östlichen und westlichen Bereich wird der Bezirk außerdem durch die Uhland-, Wieland-, Eichendorff- und Scheffelstraße eingerahmt. In letzterer befand sich übrigens bis Ende der 1990er Jahre die überregional bekannte Ruhrtaler Maschinenfabrik, die mit der Herstellung von Lokomotiven

Seit 1975 in Mülheim: die Zionskirche

Jugendstilvillen im Dichterviertel

weltweit Ruhm erlangte. Auf dem brachliegenden Gelände sollen in naher Zukunft Stadtvillen entstehen, die für Wohn- und Gewerbezwecke genutzt werden können.

Das Dichterviertel ist eines von vielen Namensvierteln in Mülheim, in dem die Straßen zur leichteren Orientierung die gleiche Kategorie von Namen haben. In Mülheim gibt es in anderen Stadtteilen viele weitere Namensviertel dieser Art, so zum Beispiel ein Komponistenviertel, ein Fluss- oder Baumnamenviertel, ein Viertel mit schlesischen Stadtnamen sowie mehrere Bergbauviertel. Die Straßen und Häuser des Dichterviertels in der Innenstadt wurden um die Jahrhundertwende angelegt, nur die Hölderlinstraße entstand als kleine Stichstraße erst in den 1950er Jahren. Die Bebauung des Bezirks (Jugendstil) entwarf der bekannte Architekt Franz Hagen, Schöpfer vieler markanter Gebäude in Mülheim in der Zeit zwischen Erstem und Zweitem Weltkrieg (z.B. Hotel Handelshof, Haus Urge, Lederfabrik Lindgens). Wohnhaft waren hier die Angestellten des Röhrenwerks Thyssen, für die recht stattliche Wohnhäuser entworfen worden waren. Trotz einiger Bombenschäden und Modernisierungsmaßnahmen in der Nachkriegszeit bietet das Dichterviertel noch immer zahlreiche gut erhaltene Häuserfassaden, die in ihrem Aussehen das frühere Erscheinungsbild des Viertels erahnen lassen. Weichen musste allerdings der ehemalige Teich am Goetheplatz; der Platz umfasst dieser Tage eine kleine Parkanlage. Über den Goetheplatz im Zentrum des Viertels biegen wir in die Schillerstraße ein, folgen der Heißener Straße (früher Hingbergsweg) nach rechts und gelangen linker Hand zurück in die Uhlandstraße. Wir gehen die Straße entlang, vorbei an einem weiteren Gotteshaus, der Kirche der Christus-Gemeinde (ehemals Evangelisch- Christliche Gemeinde), die relativ unscheinbar in einem Gebäude auf der rechten Straßenseite untergebracht ist, sowie den ehemaligen Gebäuden des Mülheimer Handels, wo jetzt die Filiale eines branchenbekannten Mülheimer Unternehmens ihren Standort hat. Über einen Parkplatz am Ende der Straße erreichen wir die Bahnunterführung zum Tourainer Ring, die wir über eine Treppe abwärts beschreiten. An der Fußgängerbrücke am Sommerhof, einem 1998 in rotem Backstein erbauten Gebäude mit Altenwohnungen, kommen wir schließlich nach zweistündigem Fußweg zurück zu Post und Hauptbahnhof.

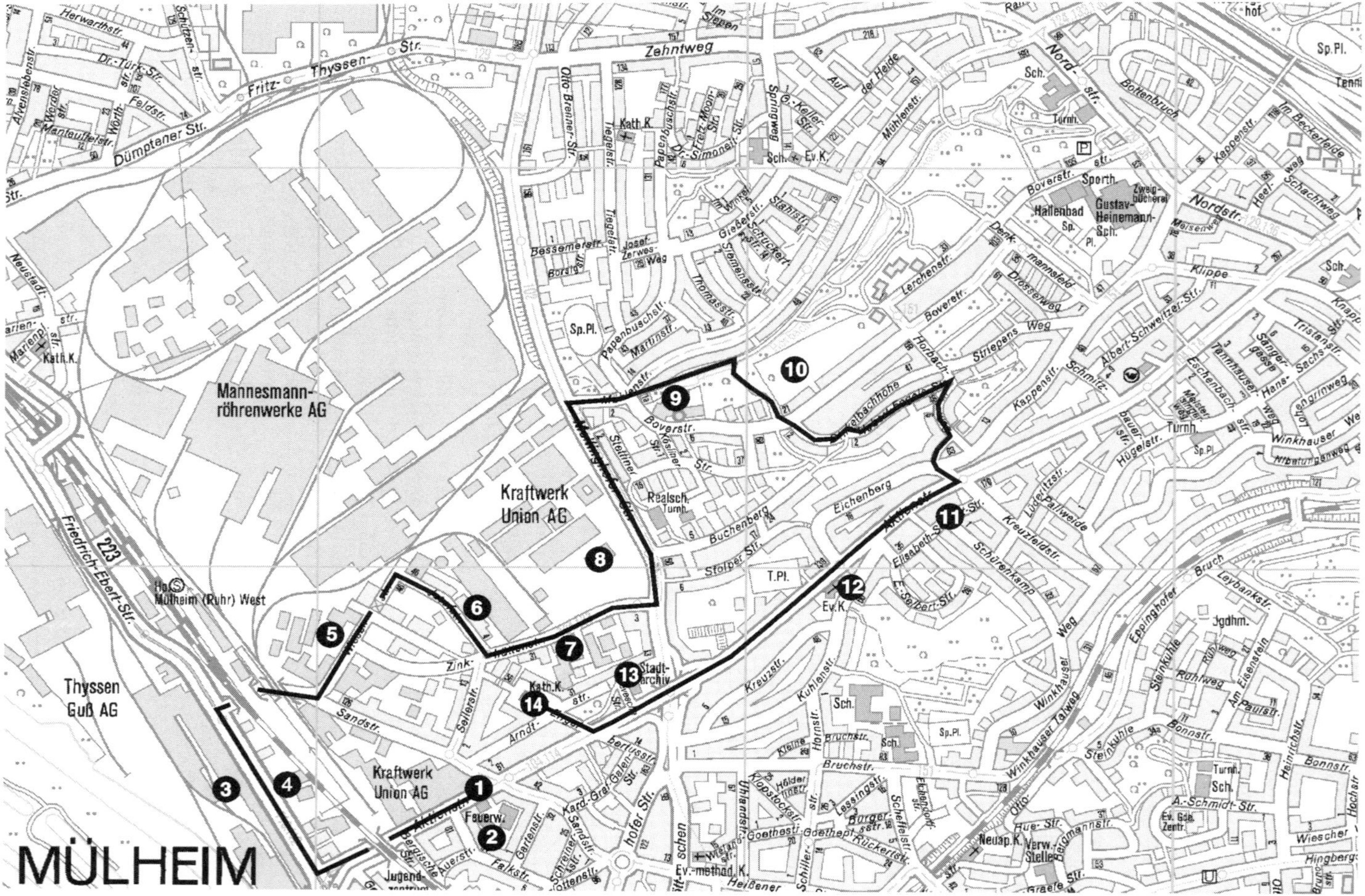

MÜLHEIM
Mannesmann-röhrenwerke AG
Kraftwerk Union AG
Thyssen Guß AG
Mülheim (Ruhr) West
Friedrich-Ebert-Str.
Fritz-Thyssen-Str.
Dümptener Str.
Zehntweg
Nordstr.
Mühlenstr.
Boverstr.
Eichenberg
Buchenberg
Stolper Str.
Aktienstr.
Sandstr.
Schürenkamp
Winkhauser Talweg
Eppinghofer Bruch
Gustav-Heinemann-Sch.
Hallenbad
Stadtarchiv
Feuerw.
1
2
3
4
5
6
7
8
9
10
11
12
13
14

Die Friedrich Wilhelms-Hütte um 1950

Mellinghofen/Eppinghofen

Mit der Kohle fing es an. Strukturwandel in Mülheims ältestem Industriegebiet

Ausgangspunkt: städtische Feuerwehr, Aktienstraße (Straßenbahn: 104, Bus: 124, 133, Haltestelle: Feuerwache und Seilerstraße)

Endpunkt: Kath. Kirche St. Engelbert, Engelbertusstraße

Dauer: 1,5 Stunden

Route: Aktienstraße (1), städtische Feuerwehr (2), Friedrich Wilhelms-Hütte (3), Rheinisch-Westfälisches Elektrizitätswerk RWE (4), Mannesmannröhren-Werke (5), Fatih-Moschee (6), ehem. Zinkhütte Eppinghofen (7), Siemens Power Generation/KWU (8), ehem. Brauerei Mann (9), Horbachtal (10), ehem. Sellerbecker Pferdebahn (11), Ev. Johanniskirche (12), Stadtarchiv (13), Kath. Kirche St. Engelbert (14)

Als Mitte der 1960er Jahre in Mülheim die letzten Hochöfen ausgeblasen wurden und alle Zechen stillgelegt waren, konnte niemand mehr ernsthaft bezweifeln, dass sich die Stadt, viel früher übrigens als ihre Nachbarstädte im Revier, in einer schwerwiegenden strukturellen Krise befand, die nach schnellen und wirksamen Lösungen verlangte. Tausende Kumpel des heimischen Bergbaus (Mülheim war zuletzt mit fünf Zechen vertreten) hatten ihre Arbeit verloren, viele von ihnen suchten verzweifelt nach neuen Betätigungsfeldern, was sich nicht selten als schwierig gestaltete, hatten doch die meisten nichts anderes gelernt als die Arbeit auf der Zeche. Auch im Hüttenwesen, namentlich in der Friedrich Wilhelms-Hütte und den Thyssen-Werken, die einst zu den bedeutendsten Stahlkonzernen Deutschlands zählten, schritt der Beschäftigungsabbau unaufhaltsam voran. Bei der Weitervermittlung der Facharbeiter, die eine spezielle Ausbildung genossen hatten, tauchten ganz ähnliche Probleme auf wie bei den Beschäftigten im Bergbau: Sie alle mussten, um nicht ins soziale Abseits zu geraten, langwierige Umschulungen in Kauf nehmen, vielen misslang der Sprung in die neue Jobwelt, dauerhafte Arbeitslosigkeit war die Folge.

Um diese brisante Situation zu entschärfen, setzte in Mülheim bereits Ende der 1960er Jahre eine radikale Umstrukturierung der örtlichen Wirtschaft ein. Die Fähigkeit zur Erneuerung hing in erster Linie davon ab, was aus den Brachen, die die Montanindustrie hinterlassen hatte, einmal werden sollte. In Mülheim entstanden so an den Orten, wo einstmals Kohle, Eisen und Stahl die Vorreiterrolle spielten, neue Gewerbe- und Handelszentren, in denen Großunternehmen, aber vor allem auch mittelständische Betriebe eine neue Heimat fanden. Doch diese Maßnahme allein reichte nicht aus, um die heimische Wirtschaft zu stärken. Zu Beginn der 1990er Jahre setzte eine zweite Krisenwelle ein, die insbesondere die Metall- und Maschinenbaubranche (Siemens Power Generation/KWU, Mannesmannröhren-Werke) erfasste und den betroffenen Unternehmen enorme Verluste bescherte. Stilllegungen und Entlassungen in ungeahntem Ausmaß (allein bei Mannesmann gingen mehrere tausend Arbeitsplätze verloren) waren die Folge. Einige Firmen entschlossen sich, ihren Standort zu wechseln und in andere Städte abzuwandern. Um diesem Trend entgegenzuwirken, wurden neue Unternehmen angeworben, doch deren Integration in die Wirtschaftsstruktur ging nur schleppend voran. Die Eingliederung kränkelte vor allem an der zögerlichen Politik der Stadt bei der Vergabe von Gewerbegrundstücken. Der Wille zur Anwerbung neuer Unternehmen war zwar vorhanden, doch fehlte es an Professionalität und Entschlusskraft bei der Vermarktung. Hinzu kamen, wie so häufig, viele unnötige bürokratische Hürden, die so manches Unternehmen davon abhielten, sich in der Stadt am Fluss niederzulassen. Am Ende dieses Prozederes stand schließlich die schmerzhafte Einsicht, dass Mülheim, ehemals einer der bedeutsamsten Wirtschaftsstandorte an Rhein und Ruhr, sich von diesem Status endgültig verabschiedet hatte und in Zukunft andere Metropolen im Revier die Führungsrolle übernehmen würden.

Doch Mülheim wäre nicht Mülheim, wenn sich nicht trotz aller Zögerlichkeit bei zukunftsweisenden Entscheidungen auch eine gewisse Zähigkeit und Beständigkeit bemerkbar machen würde. Und so rang man (und ringt noch heute) um die Wiederbelebung und Stärkung der örtlichen Wirtschaft. Das neue Schlagwort, das seit der letzten großen Krise die Runde macht, lautet „professionelle Wirtschaftsförderung“. 1972 bereits hatte die Stadt ein eigens diesem Zwecke gewidmetes Amt gegründet, das seine Hauptaufgabe darin sah, frei gewordene Industrieflächen neu zu vermarkten und zusätzliche Gewerbegebiete zu erschließen. Einen weiteren Schwerpunkt sollte die Betreuung und Pflege bereits bestehender Unternehmen vor Ort bilden, die zum Teil seit über einem Jahrhundert in der Stadt heimisch waren (Stinnes, Tengelmann, Thyssen) und auch in Zukunft für die Beibehaltung ihrer Standorte in Mülheim gewonnen werden sollten. Da das Amt, das sich als Service- und Dienstleistungsbüro einstufte, jedoch auf öffentlichem Wege zu bürokratisch und schwerfällig arbeitete, wurde die Behörde vor kurzem teilweise privatisiert und in eine Gesellschaft umgewandelt: die neue Business GmbH mit Sitz im Haus der Wirtschaft an der Friedrichstraße ging am 1. Oktober 2000 an den Start.

Ob von der Gesellschaft, an der die Stadt sowie private Unternehmer zu gleichen Teilen beteiligt sind, nun die entscheidenden

Wachstumsimpulse für die heimische Wirtschaft ausgehen werden, bleibt abzuwarten. Hauptaugenmerk liegt, ebenso wie beim Vorgängermodell, auf der Erschließung neuer sowie dem Verkauf bereits vorhandener Gewerbeflächen, wobei die alten bürokratischen Hürden weitgehend abgebaut werden sollen. Angesprochen werden soll vor allem der tertiäre Sektor der Wirtschaft, also Handel und andere Dienstleistungen, die seit dem Rückzug der Montanindustrie immer mehr an Bedeutung gewonnen haben. Hier besteht laut Wirtschaftsexperten vor allem in Mülheim im Vergleich zu anderen Revierstädten ein großer Nachholbedarf. Die Stadt liegt mit 57,5 % der sozialversicherungspflichtigen Beschäftigten im Dienstleistungsgewerbe zwar knapp über dem Bundesdurchschnitt, doch darf dies nicht über die Tatsache hinwegtäuschen, dass insbesondere der Einzelhandel in der Stadt seit Jahren rote Zahlen schreibt und das Dienstleistungsgewerbe insgesamt zu wenig gefördert wird. Erfreulich ist hingegen, dass die Zahl der Selbstständigen in Mülheim stetig wächst, ein Zeichen, dass die Zukunft auch positiv bewertet wird. Auch die neuesten Arbeitslosenzahlen lassen hoffen: Mit 7,4 % (Stand: Mai 2002) liegt Mülheim zum Teil deutlich unter dem Vergleichswert benachbarter Städte. Um die Beschäftigung auch dauerhaft für die Zukunft zu sichern, müssen Wirtschaft und Stadt jedoch an einem Strang ziehen, ein Ziel, das die Business GmbH in wenigen Jahren erreicht haben will.

Wir beginnen unseren Rundgang nun an der **Aktienstraße (1)** in Höhe der städtischen Feuerwehr. Die Aktienstraße trägt ihren Namen in Erinnerung an eine Aktiengesellschaft, durch die sie entstanden ist. Gegründet hatte die Gesellschaft der einflussreiche Handelsunternehmer und Reedereibesitzer Mathias Stinnes (1790–1853), der zwischen den beiden Ruhrstädten Mülheim und Essen eine gut befahrbare Strecke zum Transport der Kohle plante, die zu den Mülheimer Häfen und weiter über den Rhein Richtung Holland verschifft werden sollte. Zwischen beiden Orten waren bis dahin als Verbindung lediglich einige schlecht ausgebaute Wege vorhanden, die durch Gräben, Schluchten und Morast gekennzeichnet waren und sich deshalb für die von Pferden gezogenen Kohlewagen keineswegs eigneten. Um diese Strecken zu vermeiden, mussten große Umwege in Kauf genommen werden, die Zeit und Geld

Neubauten an der Aktienstraße

kosteten. Die ortsansässigen Kohlehändler und Zechenbesitzer beschlossen deshalb, eine neue Straße zu bauen, die die Städte Essen und Mülheim schnell und bequem miteinander verbinden sollte. Finanziert wurde das Projekt über den Verkauf von Aktien, die im Wert von je 200 Reichstalern erworben werden konnten. Baubeginn war am 3. März 1838, die Fertigstellung erfolgte eineinhalb Jahre später. Um die Kosten, die den Aktionären entstanden waren (insgesamt 32.000 Reichstaler), wieder einzuspielen, wurde auf der gesamten Strecke ein Wegegeld erhoben, von dem nur die Wagen des Militärs, der Kirche und der Gemeinde sowie Fuhrwerke des Königs ausgenommen waren. Schlagbäume zur Entrichtung des Entgeldes waren an der Grenze zu Borbeck und am südlichen Ende der Aktienstraße vorhanden. In der Nähe der Mautstellen war zumeist auch eine Gaststätte zu finden, in die die Kohlenfuhrleute gerne für eine kleine Rast einkehrten. Eine dieser Lokalitäten, der Bürgergarten (ehemals „Schönnenbecke"), existiert bis zum heutigen Tage an der Kreuzung Engelbertusstraße.

Trotz starker Frequentierung der Aktienstraße in der Anfangszeit gingen die Einnahmen seit 1847 stetig zurück, so dass schließlich Ende der 1850er Jahre die Schlagbäume wurden. Grund für die Entwicklung war der Aufschwung des Eisenbahnwesens, der die Ruhrschifffahrt und somit auch den Kohletransport per Pferdewagen in eine schwere Krise stürzte und

Hauptwache der städtischen Feuerwehr

letztlich vollständig ersetzte. Die Aktienstraße, die speziell als Verbindungsweg zu den Ruhrschiffen im Mülheimer Hafen erbaut worden war, verlor in Folge dessen als „Kohlenstraße" immer mehr an Bedeutung. Als wichtiger Verbindungsweg zwischen den beiden großen Revierstädten blieb sie dennoch erhalten. Wie wichtig die Straße war, erkannten auch einige führende Industrieunternehmen (so zum Beispiel Siemens/KWU und Thyssen), die den günstigen Standort nutzten und sich in der Nähe der Aktienstraße niederließen. Im Jahre 1900 ging die von Bürgern der Stadt finanzierte und erbaute Straße in städtischen Besitz über, fortan rollten hier Fernlastzüge, privater Autoverkehr und Straßenbahnen. Nach mehreren Ausbaumaßnahmen und Veränderungen (der Lastverkehr wird inzwischen umgeleitet, die Straße wurde verbreitert und sicherer gemacht) ist die Aktienstraße auch heute noch, trotz Autobahn und Umgehungsstraßen, eine der wichtigsten Verbindungen zur Nachbarstadt Essen.

Wie bedeutsam die ehemalige Kohlenstraße war, dokumentiert auch die Tatsache, dass sich hier seit mehr als 70 Jahren die Hauptwache der **städtischen Feuerwehr (2)** befindet. Gegründet worden war sie als Berufsfeuerwehr im Jahre 1924, mit Standort an der Aktienstraße. Auf dem Grundstück befand sich früher ein Pferdestall mit Heuboden, der zu einem Schlaf- und Aufenthaltsraum für die Wehrleute umgebaut wurde. Bis 1929 war auf dem Gelände auch das städtische Gas- und Elektrizitätswerk beheimatet, deren Räumlichkeiten die Feuerwehr fortan übernahm. Weitere Anbauten folgten, darunter eine Kfz-Werkstatt und eine Krankenwagenhalle. Es kam der Zweite Weltkrieg, und die Feuerwehrmänner mussten unter schwersten Bedingungen ihren Dienst versehen. Ständig der Gefahr für das eigene Leben ausgesetzt, wurden unzählige Einsätze auch während der Luftangriffe durchgeführt. 1943 schließlich nahmen die Gebäude der Feuerwehr an der Aktienstraße schweren Schaden, der Betrieb konnte jedoch notdürftig fortgesetzt werden. Der Wiederaufbau dauerte bis in die 1970er Jahre an.

Die eigentliche Geschichte der Mülheimer Feuerwehr reicht zurück bis ins 19. Jahrhundert, als der damalige Oberbürgermeister Oechelhäuser 1852 ein erstes Reglement für die „Mülheimer Feuer-Polizei" aufstellte. Das Löschteam, das in der Anfangszeit aus 36 Mann bestand, wurde per Sold bezahlt. Es handelte sich also um eine Freiwillige Feuerwehr, der die wenig später gegründete „Turner-Feuerwehr", die „Freiwillige Bürger-Feuerwehr" sowie die „Saarner Freiwillige Feuerwehr" zur Seite standen. Außerdem existierten in den einzelnen Bürgermeistereien, die heute als Stadtteile zu Mülheim gehören, eigenständige Feuerwehren. Gelöscht wurde mit aus heutiger Sicht primitiven Mitteln per Wasserspritzen und Eimern, mitgeführt wurden auch Leitern und Haken. In Zeiten ohne Telefon und Notrufzentralen wurden die Wehrleute von so genannten Hornisten alarmiert, die lautstark in ihre Hörner bliesen, wenn ein Einsatz notwendig war. Dies war vor allem bei Bränden, aber auch bei Hochwasser der Fall. Im Jahre 1890 etwa machte Mülheim als „Klein-Venedig" (die Stadt sollte diesen Beinamen später tatsächlich erhalten, jedoch nicht aufgrund der andauernden Hochwassergefahr, sondern wegen der venezianisch anmutenden Architektur von Stadtbad und Stadthalle) von sich reden, als nach starken Regenfällen die Ruhr über die Ufer trat und die komplette Innenstadt unter Wasser setzte. Da die Straßen nur noch mit Kähnen befahren werden konnten, hatte die Feuerwehr alle Hände voll zu tun, um die Situation für die Bevölkerung einigermaßen erträglich zu machen. Um in Zukunft ein effektiveres Arbeiten zu gewährleisten, wurden nach der Jahrhundertwende die einzelnen Feuerwehren zu einer einzigen städtischen Freiwilligen Feuerwehr zusammengelegt. Fortan bestand die Wehr aus zwölf Brandmeistern und ca. 255 Mann, die nunmehr über eine ausreichende Anzahl an Druckschläuchen, Spritzen, Hydranten, Leitern sowie Wasser-, Geräte- und Mannschaftswagen verfügten.

Zwei Besonderheiten haben in der Folgezeit das Mülheimer Feuerwehrwesen geprägt: erstens die Gründung der Berufsfeuerwehr im Jahre 1924, die im Vergleich zu anderen Revierstädten relativ spät erfolgte, und zweitens die Auflösung der Freiwilligen Feuerwehr im Jahre 1946. Mülheim war damit die einzige kreisfreie Stadt der Bundesrepublik, die keine Freiwillige Feuerwehr mehr besaß. Dies sollte sich jedoch mit dem Jahr 2001 ändern, als die städtische Feuerwehr endlich auch wieder eine freiwillige Wehr zur Unterstützung der Berufskollegen erhielt. Die Stärke von derzeit knapp 160 Wehrleuten blieb jedoch unverändert. Für die nahe Zukunft (anvisiert sind die Jahre 2004/2006) sind weitere einschneidende

Veränderungen geplant, so der Umzug der zu klein gewordenen Hauptwache von der Aktienstraße zum Bahndepot an der Duisburger Straße (Stadtteil Broich) sowie die Einrichtung einer neuen Nebenwache – früher hatten bereits Nebenwachen in Broich und Speldorf bestanden – auf dem Gelände der alten Straßenmeisterei an der Yorckstraße (Stadtteil Heißen). Die Feuerwehr, deren Aufgabenfelder nicht nur die Brandbekämpfung umfassen, sondern auch Hilfeleistungen bei Verkehrsunfällen, Krankentransporten, Umweltverschmutzungen, Sturmschäden oder der Wasserrettung, ist heute mit modernsten Gerätschaften ausgestattet. Etwa 70 Einsätze pro Tag, 25.000 jährlich, wovon die meisten Kranken- und Notfalltransporte sind, das ist die Bilanz der Mülheimer Feuerwehr. Dass sie in Zukunft beiderseits der Ruhr mit Standorten vertreten sein wird, ist ein wichtiger Schritt für den schnellen und reibungslosen Ablauf der Einsätze.

Unser Weg führt uns nun weiter die Aktienstraße entlang, vorbei an stillgelegten Hallen der Firma Siemens sowie einem Verwaltungsgebäude, in dem heute unter anderem die Regulierungsbehörde für Post und Telekommunikation beheimatet ist, bis wir am westlichen Ende auf die Friedrich-Ebert-Straße stoßen. Wir halten uns rechts und erreichen nach wenigen Metern den Eingang der **Friedrich Wilhelms-Hütte (3)**. Die FWH, wie die Friedrich Wilhelms-Hütte kurz genannt wird, ist eines der ältesten Industrieunternehmen Mülheims und blickt auf eine ebenso spannende wie wechselvolle Firmengeschichte zurück: Man schrieb das Jahr 1811, als die Gebrüder Johann und Franz Dinnendahl am Rande der Innenstadt eine Eisenschmiede sowie eine mechanische Werkstatt errichteten. Zuvor hatte es in Mülheim bereits unter der Regie des Unternehmers Wilhelm Vogt einen kleinen Eisenbetrieb auf dem Motenhof am oberen Dickswall gegeben, der seit etwa 1800 Eisen und Stahl verarbeitete. Der Betrieb hatte jedoch nicht die Bedeutung, die der Dinnendahl'schen Fabrik kurze Zeit später zufallen sollte. Denn aus der anfänglich 40 Mitarbeiter umfassenden FWH wurde schnell ein florierendes Unternehmen, das bereits 1845 knapp 500 Arbeiter beschäftigte. Das Hauptaugenmerk der Gründer galt der Entwicklung von Dampfmaschinen, die im Bergbau bei der Förderung der Kohle zum Einsatz kamen. Ihr techni-

Die Friedrich Wilhelms-Hütte an der Ruhr

sches Talent und ihr Erfindungsgeist bei der Herstellung neuer Maschinen sorgte im In- und Ausland für so großes Aufsehen, dass die Dinnendahls schon bald als Pioniere der beginnenden Schwerindustrie gefeiert wurden.

Die für den Bau der Maschinen erforderlichen Einzelteile wurden zunächst bei Zulieferfirmen geordert, doch schon bald bauten die Dinnendahls auf dem Gelände des ehemaligen Mülheimer Hafens (er war wenige Jahre zuvor stillgelegt worden) eine eigene Eisenschmelze, die mit ihren Hochöfen das Stadtbild am Ruhrufer bis in die 1960er Jahre charakterisierte. Die FWH war also fortan Hochofenwerk und weiterverarbeitender Betrieb in einem, eine zur damaligen Zeit seltene Konstellation. 1848/49 gelang es der Hütte als erster im Ruhrgebiet, durch das Römhild-Verfahren (Julius Römhild, als Techniker an der FWH angestellt, galt als Erfinder der Erzschmelze mittels heimischen Kokses) bei der Eisenschmelze statt der teuren Holzkohle die billigere Steinkohle zu verwenden. Erstmals war somit die Erzeugung von Eisen in großen Mengen möglich. Zur Finanzierung des Projekts wurde der Ruhrorter Kaufmann Friedrich Wilhelm Liebrecht gewonnen, dessen Namen die Hütte bis heute trägt. In der Gießerei, wo das Roheisen mit Hilfe von Koksöfen geschmolzen wurde, entstanden im Laufe der Zeit so nicht nur Teile für Dampfmaschinen, sondern auch Brunnen, Öfen oder Laternen sowie Gas- und Wasserrohre.

Ein Blick in den Arbeitsalltag der „Menschen von der Hütte" zeigt, dass die Tätigkeit an den Hochöfen und in der Kokerei keineswegs ungefährlich war. Bis in die 1890er Jahre hinein waren, wie in allen Industriebetrieben der damaligen Zeit, weder Arbeitsschutzmaßnahmen noch Regelungen zur Hygiene oder zur sozialen Versorgung im Krankheitsfall bekannt. Die Menschen arbeiteten oft unter schwersten Bedingungen, mit kaum mehr als ihrer eigenen Kleidung notdürftig geschützt. Arbeitsbedingte Unfälle und Krankheiten, die tagelange Lohnausfälle oder sogar völlige Arbeitsunfähigkeit zur Folge hatten, waren nicht selten. Hinzu kamen Lohnkürzungen bei konjunkturellen Schwankungen, die die Unternehmen auf ihre Mitarbeiter abwälzten. Gearbeitet wurde 12–14 Stunden am Tag, an rund 300 Tagen im Jahr, Urlaub wurde nur in Sonderfällen genehmigt. Wer vor Schichtende den Arbeitsplatz verließ, sich wegen mangelnder Sicherheitsbestimmungen beschwerte oder gar in den Streik trat, wurde mit Geldbußen und Entlassung bestraft. Da der spärliche Lohn, den die Männer nach Hause brachten, oft nicht ausreichte, um die Familie zu ernähren, mussten auch die Frauen und Kinder arbeiten gehen.

Ein Ende dieser elenden Zustände kam erst mit der Bismarck'schen Sozialgesetzgebung in den 1890er Jahren in Sicht, die die Kranken-, Unfall-, Invaliditäts- und Altersversicherung einführte und zugleich die Frauen- und Kinderarbeit einschränkte. Einige Industriebetriebe, darunter auch die FWH, hatten bereits wenige Jahre zuvor eigene Werks-Krankenkassen eingerichtet, die den Mitarbeitern ein Mindestmaß an sozialer Absicherung gewährten. Ein erster Schritt in Richtung eines menschenwürdigeren Arbeitens und Lebens war also vollzogen, nicht zuletzt aufgrund der andauernden Proteste der Arbeiter, die trotz der Verbote Streiks durchführten und dabei immer wieder ihre Rechte auf mehr Lohn und soziale Absicherung gefordert hatten.

Zurück zur Friedrich Wilhelms-Hütte: Der inzwischen in eine Aktiengesellschaft umgewandelte Betrieb benötigte zu Beginn des 20. Jahrhunderts wegen stetiger Ausbau- und Erweiterungsmaßnahmen (inzwischen waren hier knapp 1300 Menschen beschäftigt) einen weiteren Investor. Hier trat Hugo Stinnes, ein Enkel des bedeutenden Mülheimer Schiffsreeders Mathias Stinnes, auf den Plan, der die FWH als Aufsichtsratsvorsitzender leitete und sie 1905 in eine von ihm gegründete Hütten-Aktiengesellschaft integrierte. Hugo Stinnes galt zur damaligen Zeit in wirtschaftlicher und politischer Hinsicht als einflussreichster Industrieller des Ruhrgebiets. Sein Interesse galt nicht nur dem Kohlebergbau und -handel, sondern auch der Montan- und Schwerindustrie. Er widmete sich dem Schiffs- und Maschinenbau, kaufte Zechen, Stahl- und Walzwerke in ganz Deutschland, gründete Aktiengesellschaften und Energiefirmen, erwarb Einfluss auf die Politik der Verkehrsbetriebe und beherrschte somit schon bald wesentliche Teile der regionalen und überregionalen Wirtschaft. Insgesamt war er an nicht weniger als 4.500 Einzelunternehmen in ganz Deutschland beteiligt. Unter seiner Regie wurden in der Friedrich Wilhelms-Hütte eine neue Stahlgießerei und Kokerei, ein besserer Bahnanschluss, ein Schifffahrtskanal zum Rhein und ein neuer Hafen erbaut. In den folgenden Jahrzehnten wuchs die FWH trotz zweier Weltkriege und einiger Umstrukturierungen (die FWH wurde 1926 in die Vereinigten Stahlwerke eingegliedert, 1952 wurde sie Teil des Duisburger Rheinstahl-Konzerns) zum größten Hersteller gusseiserner Elemente. Mit über 10.000 Beschäftigten war das Unternehmen somit nicht nur Hauptarbeitgeber der Stadt Mülheim, sondern zugleich auch bedeutendster Stahlgussproduzent der Bundesrepublik.

Doch der Höhenflug dauerte nicht lange an: Als Anfang der 1960er Jahre die Nachfrage nach Gießerei-Roheisen drastisch zurückging, musste auch die FWH erhebliche Einbußen hinnehmen. Die Folgen waren dramatisch. Nicht nur die Hochöfen verschwanden nach und nach, auch das Zementwerk, die Maschinenbauwerkstatt, der Getriebebau für Schienenfahrzeuge und eine der Stahlgießereien gingen verloren. Tausende von Arbeitsplätzen wurden gestrichen, der Betrieb auf der Hütte auf ein Mindestmaß reduziert. Man glaubte die Friedrich Wilhelms-Hütte schon am Ende, als in den 1970er Jahren überraschend die August-Thyssen-Hütte mit Sitz in Duisburg den Rheinstahl-Konzern aufkaufte und die FWH in die Thyssen Guss AG integrierte. Wenig später entstand daraus die „Thyssen Umformtechnik + Guss AG, Werk Friedrich Wilhelms-Hütte“. Der Betrieb mit Stammsitz in Mülheim konnte sich einige Zeit lang mit seinem Kernbereich, dem Eisen- und Stahlguss, auf dem Weltmarkt wieder behaupten. Aus dem ehemaligen Hüttenbetrieb waren moderne Gießereibetriebe geworden, die spezielle und formtechnisch anspruchsvolle Produkte fertigten. Hergestellt wurden Gussstücke

RWE Energie, Friedrich-Ebert-Straße

Rauchende Schlote bei den Thyssen-Werken, um 1910

für die Energie- und Umweltindustrie (Gehäuse für Pumpen, Verdichter, Turbinen, Armaturen), für den Bergbau, die Ölförderungsindustrie und die Wehrtechnik. Mit dem Jahreswechsel 1996/97 wurde das Unternehmen Teil der „ThyssenKrupp Automotive AG“, einer deutsch-amerikanischen Stahlkooperation, die weltweit in 16 Ländern fertigt. Im Jahre 2001 entschloss sich diese, die FWH an die Hamburger Unternehmensgruppe Georgsmarienhütte, einen Großkonzern mit insgesamt über 8.000 Beschäftigten im Bereich Stahl, Schmiede, Guss, Anlagenbau und Recycling, zu verkaufen. In der Friedrich Wilhelms-Hütte arbeiten heute noch rund 540 Menschen. Ob ein Teil des nicht mehr genutzten Geländes angesichts des Verkaufs an die Georgsmarienhütte einer neuen Nutzung zugeführt werden wird – angedacht ist ein Freizeitpark mit Marina – ist noch offen (siehe Rundgang Broich).

Gegenüber der Friedrich Wilhelms-Hütte, an der Friedrich-Ebert-Straße 128, liegt die RWE Energie, der Mülheimer Netzbereich des **Rheinisch-Westfälischen Elektrizitätswerkes RWE (4).** Die Zentrale des Unternehmens, das sich im Laufe seiner über 100-jährigen Firmengeschichte vom regionalen Stromversorger zum weltweit operierenden Konzern mit weit über 100.000 Mitarbeitern entwickelt hat, befindet sich in der Nachbarstadt Essen, dort, wo das RWE im Jahre 1898 als Aktiengesellschaft ins Leben gerufen worden war. Das erste Elektrizitätswerk wurde auf dem Gelände der Stinnes-Zeche Victoria Mathias errichtet, in kurzen Abständen folgten dann weitere Kraftwerke in Dortmund, Düsseldorf und am Niederrhein. Zum damaligen Zeitpunkt entwickelte sich das Ruhrgebiet zu einem großen industriellen Zentrum des Westens: Es herrschte Aufbruchstimmung allerorten, neue Industrien und Handwerksbetriebe schossen wie Pilze aus dem Boden, die Bevölkerungszahl hatte sich zwischen 1871 und 1905 in der Region mehr als verdreifacht. Sowohl Industrie, Handel und Gewerbe als auch kommunale Einrichtungen und private Haushalte mussten mit Strom versorgt werden – eine willkommene Basis für das RWE.

Großen Anteil am rasanten Aufstieg des Unternehmens in der Zeit nach der Gründung hatten die Mülheimer Unternehmer

Hugo Stinnes und August Thyssen, die 1902 die Aktienmehrheit am RWE erwarben und den Energieanbieter immer weiter ausbauten. Es ist vor allem dem Weitblick und der Erfahrung des einflussreichen Industriellen Hugo Stinnes zu verdanken, dass das RWE zum bedeutendsten Stromanbieter Westfalens und des Rheinlandes wurde. Durch den Erwerb rheinischer Braunkohlefelder (die Braunkohle galt als besonders kostengünstiger Energieträger) konnte der Strompreis niedriger gehalten werden als bei der Konkurrenz – ein weiteres Kriterium für den Erfolg des Unternehmens. 1912, als das RWE mit der Fernversorgung per Gas begann, hatte sich der Konzern unangefochten an die Spitze aller Elektrizitätsversorgungsunternehmen Deutschlands emporgearbeitet.

Heute ist das RWE ein Großkonzern, in dem das Stromgeschäft nur einen von vielen Schwerpunkten darstellt. Die „RWE Zukunftsgruppe", wie das Unternehmen gegenwärtig heißt, unterhält in ganz Deutschland sowie im Ausland Beteiligungen an verschiedenen Firmen der Branchen Bergbau, Mineralöl, Chemie, Entsorgung, Bauwesen, Maschinen-, Anlagen- und Gerätebau, Wasserversorgung sowie Telekommunikation. Dass der Konzern, wie sein Name belegt, in die Zukunft investiert, zeigte eine kleine technische Revolution, die das RWE im Frühjahr 2001 präsentierte: Als erstem Unternehmen gelang es ihm, den Zugang zum Internet auf der Basis von Stromwellen zu ermöglichen. 20 % des Umsatzes werden im Ausland erwirtschaftet, wobei innerhalb Europas die Niederlande und Frankreich, in Übersee die USA den größten Anteil tragen. Mit etwa 45.000 Beschäftigten in Nordrhein-Westfalen ist das RWE fünftgrößter deutscher Industriekonzern und einer der größten Arbeitgeber der Bundesrepublik. Mehr als 60 Ausbildungsberufe werden angeboten, mehrere Tausend Ausbildungsplätze zur Verfügung gestellt.

Ein Ausblick in die Zukunft des Unternehmens lässt vielfältige Umstrukturierungen erahnen: Seit der Liberalisierung des Strommarktes sieht sich auch der Riese RWE von neuen, dynamischen Konkurrenten umgeben, die die bundesdeutsche Versorgungslandschaft nachhaltig veränderten und im Energiebereich neue Maßstäbe setzten. Auf die veränderten Marktgegebenheiten reagierte das Werk mit Kooperationen und Fusionen, so zum Beispiel mit dem in Dortmund beheimateten Strom- und Gasversorger VEW, dem holländischen Steinkohlekonzern SSM Coal, der deutschen Wasserwerksgesellschaft RWW mit Sitz in Mülheim (siehe Rundgang Broich) sowie dem britischen Wasserversorgungs-Unternehmen Thames Water. Zielsetzung ist es, Kosten zu sparen und die Kräfte im weltweiten Wettbewerb zu bündeln. Der so entstandene Großkonzern, der seit 1999 besteht, behauptet im Stromgeschäft und bei Umweltdienstleistungen trotz des starken Wettbewerbs Platz eins unter den bundesdeutschen Energieunternehmen. Durch den Ankauf verschiedener Firmen ist man auf dem Steinkohlemarkt führend in Europa, im Geschäftsbereich Wasser weltweit an dritter Stelle. Die Veränderungen vollzogen sich jedoch nicht ohne nachhaltige Einschnitte im Personalwesen: 3.600 Stellen gingen bereits verloren, bis zum Jahr 2004 sollen es nochmal weitere 12.500 sein.

Um die Führungsposition beibehalten zu können, baut das RWE auf zukunftsweisende Maßnahmen: Die Erschließung neuer Energiequellen, die kostengünstiger und umweltverträglicher sind, soll das Werk auf Dauer konkurrenzfähig machen. Da sich die Ruhrregion in zunehmendem Maße von der Kohle verabschiedet und auch die Kernenergie auf lange Sicht ins Abseits gedrängt wird, müssen neue Märkte erschlossen und alternative Strategien zur Energieversorgung gefunden werden. Die Reduzierung umweltschädlicher Emissionen ist dabei ein zentrales Thema. So werden derzeit schadstoffarme Energieträger (Stichwort Brennstoffzelle) sowie erneuerbare Energien wie Photovoltaik und Wind in entsprechenden Anlagen auf ihre Tauglichkeit zur Stromgewinnung getestet. Die Wasserkraft ist bereits heute Teil der Stromerzeugung, mit einem stark wachsenden Potenzial. Auch bei der traditionellen Braunkohle, die heute noch mehr als die Hälfte des Energiebedarfs stellt, wird verstärkt auf Reduzierung der Emissions sowie auf die Renaturierung der geschädigten Landschaft geachtet. Es sind jedoch nur die ersten kleinen Schritte hin zu einer umweltverträglicheren Lösung der Energiegewinnung. Bis greifbare Alternativen gefunden worden sind, ist es noch ein weiter Weg. Der Spagat zwischen rentabler Ökonomie und sinnvoller Ökologie im Zeitalter einer hoch industrialisierten Welt, die an den Komfort stetig verfügbarer Energie längst gewöhnt ist, gestaltet sich dabei nicht immer einfach. Das RWE wird somit wohl auch in Zukunft im Zentrum der

Der alte Mülheimer Bahnhof, heute S-Bahn-Haltepunkt

Umweltdebatten bleiben und um Akzeptanz in der öffentlichen Meinung kämpfen müssen.

Wir folgen nun der Friedrich-Ebert-Straße nach Norden und biegen an der Eisenbahnunterführung in die Sandstraße ein. Auf der rechten Seite, kurz vor der Unterführung, stand bis zum Zweiten Weltkrieg noch das Hotel „Rheinischer Hof am Hauptbahnhof". Der Zusatz „am Hauptbahnhof" mag so manchen Leser überraschen, befindet sich doch der heutige Hauptbahnhof einige Kilometer von hier entfernt. Doch das war nicht immer so: Bis in die 70er Jahre des 20. Jahrhunderts war der etwas weiter nördlich liegende Bahnhof, heute „Mülheim (Ruhr) West", der Hauptbahnhof der Stadt. Bereits 1862 war er als erster Bahnhof der Bergisch-Märkischen Linie zwischen Dortmund und Duisburg errichtet worden. Ein erstes aus Holz gefertigtes Gebäude wurde 1910 durch einen Neubau ersetzt. Als man jedoch erkannte, dass der zweite Bahnhof Mülheims, der Eppinghofer Bahnhof in der Innenstadt, wesentlich stärker frequentiert war, wurde dieser zum Hauptbahnhof erklärt und sein Vorgänger im Industriegebiet abgerissen. Heute befindet sich hier lediglich ein S-Bahn-Haltepunkt mit einem kleinen Wartehäuschen und Bahnsteig, das Grundstück davor ist Parkplatz und Geschäftsgelände. Das Hotel „Rheinischer Hof", ein stattlicher Bau wilhelminischer Prägung mit schönen Fassaden und Rundbogenfenstern, wurde nach schweren Bombenschäden ebenfalls abgebrochen. Heute gibt es hier nur noch ein paar Bäume und Sträucher sowie den Parkplatz der Firma Eupec, ein Unternehmen, das seit 1996 in Mülheim ansässig ist und die Beschichtung der bei Mannesmann gefertigten Großrohre (Pipelines) übernimmt. Untergebracht ist die Firma im ehemaligen Casino von Mannesmann, einem denkmalgeschützten Gebäude, das ein wenig von der ursprünglichen Bebauung dieser Gegend erahnen lässt.

Von der Sandstraße aus, wo auf dem Gelände des alten Güterbahnhofs ein neues Kneipen- und Gastronomieviertel entstanden ist, gelangen wir linker Hand in die Wiesenstraße und damit zu einem weiteren großen Wirtschaftsunternehmen der Stadt: den **Mannesmannröhren-Werken (5)**. Die Geschichte des Unternehmens reicht zurück in das Jahr 1871, als August Thyssen, seinerzeit einer der wichtigsten Großindustriellen an Rhein und Ruhr, in unmittelbarer Nachbarschaft zur Friedrich Wilhelms-Hütte ein eigenes Bandeisenwalzwerk errichtete. Der Betrieb, der zunächst mit 70 Mitarbeitern begann, war im Backhaus eines alten Styrumer Bauernhofs (Heckhof, siehe Rundgang Styrum) untergebracht, wo Thyssen mehrere Puddelöfen, Dampfmaschinen, einen Schweißofen und eine Walzstraße aufstellen ließ. Hier wurde das Roheisen in Schweißeisen umgewandelt, um Rohre und Stabeisen herstellen zu können. Weitere Walzstraßen (vor allem für die Erzeugung von Stahlrohren), ein Wasserkraftwerk, ein Wasserturm (heute Aqua-

rius Wassermuseum) sowie eine Maschinenfabrik folgten. Zusammen mit der Friedrich Wilhelms-Hütte wurde Mülheim in den folgenden Jahrzehnten zu einem Zentrum der Eisenverhüttung und Stahlverarbeitung. Bereits um die Jahrhundertwende war das Mülheimer Schweißrohrwerk das größte seiner Art in Deutschland.

An dieser Stelle kommt auch zum ersten Mal der Name Mannesmann ins Spiel, denn die von Düsseldorf aus geführte

Gelände der Mannesmannröhren-Werke

Deutsch-Österreichischen Mannesmannröhren-Werke waren die ersten, die nahtlose Rohre allein durch Walzen herzustellen vermochten. Thyssen gelang die nahtlose Rohrherstellung erst im Jahre 1911, und zwar mit dem Mannesmann-Verfahren. Aus den Plänen, sich mit dem Düsseldorfer Konkurrenzunternehmen, das die führende Rolle in der Rohrherstellung innehatte, zusammenzuschließen, wurde indes vorerst nichts: 1926 ging die Firma Thyssen & Co. (ebenso wie die FWH) in die Vereinigten Stahlwerke über. In den 1920er Jahren musste das Werk infolge der Wirtschaftskrise große Einbußen hinnehmen, eine Welle der Entlassungen folgte, mehr als 2.000 Beschäftigte verloren ihre Arbeit. Doch nach dem Tiefpunkt erfolgte der Aufschwung, das Unternehmen erreichte Ende der 1930er Jahre als Bestandteil der Deutsche Röhrenwerke AG einen neuen Produktionshöhepunkt: Knapp 250.000 Tonnen Stahlrohre liefen vom Band, das bis dahin beste Ergebnis der Werksgeschichte überhaupt.

In der Nachkriegszeit – das Unternehmen hatte sich inzwischen entlang der Styrumer Neustadtstraße bis zur Schultenhofstraße in Dümpten ausgedehnt und umfasste auf knapp einer Million m² (!) ein Pilgerwalzwerk, ein Großrohrwerk sowie eine Anlage zur Herstellung längsnahtgeschweißter Rohre – konnte das Werk, das zunächst Teil der Rheinischen Röhrenwerke wurde (die 1955 zur Phönix-Rheinrohr AG verschmolz) weitere Erfolge verbuchen. Thyssen wurde zu einem der modernsten Rohrhersteller des Kontinents, in den 1960er Jahren arbeiteten hier mehr als

11.500 Beschäftigte. 1966 wurde schließlich im heutigen Stadtteil Dümpten die erste Rohrkontistraße (benannt nach dem kontinuierlichen Walzverfahren zur Erzeugung nahtloser Rohre) eröffnet, die heute in Brasilien arbeitet. 1972 folgte die Rohrkontistraße 2, 1977 ein neues Großrohrwerk.

Inzwischen hatte sich auch endlich das vollzogen, was August Thyssen bereits zu Beginn des 20. Jahrhunderts geplant hatte: Die Thyssen Röhrenwerke AG fusionierte mit dem Konkurrenten Mannesmann, der fortan alle Rohraktivitäten übernahm. Im Gegenzug übernahm Thyssen das Walzstahlgeschäft. Zum damaligen Zeitpunkt zählte der Gigant Mannesmannröhren-Werke knapp 30.000 Beschäftigte insgesamt. Erste Umsatzeinbrüche traten in den 1980er Jahren ein, als die Stahlkrise auch die Röhrenproduktion erfasste und der vor allem für Mannesmann wichtige Absatzmarkt Osteuropa zu bröckeln begann. Die schlechte Auftragslage hatte insbesondere für die Belegschaft dramatische Folgen: Waren Anfang der 1970er Jahre im Werk Mülheim noch an die 10.000 Mitarbeiter beschäftigt, sank ihre Zahl bis 1996 auf 3.600 ab. Gegenwärtig ist sie bei ca. 3.400 angelangt. Die Übereinkunft mit Thyssen stand am Anfang weiterer Fusionen in der Folgezeit: 1991 ging die Großrohrproduktion in der Europipe GmbH auf, einer Kooperation mit dem französischen Konkurrenten Usinor Sacilor. Die Rohrkontistraße 1 wurde 1992 nach Brasilien verlegt. 1997 gründete Mannesmann mit dem französischen Nahtlosrohr-Hersteller Vallourec das Gemeinschaftsunternehmen VALLOUREC & MANNESMANN TUBES (V & M TUBES).

Nach einem tiefgreifenden und für die Belegschaften auch schmerzlichen Restrukturierungsprozess, der auch in Mülheim mit dem Abbau zahlreicher Arbeitsplätze verbunden war, blicken die Mannesmannröhren-Werke, die 1993 ihren Sitz von Düsseldorf nach Mülheim verlegten, nun wieder optimistisch in die Zukunft. Neben einer verbesserten Auftragslage trug dazu vor allem eine einschneidende Veränderung bei: seit dem Oktober des Jahres 2000 gehört das Unternehmen zum niedersächsischen Salzgitter-Konzern, in dem Stahlrohre nun wieder zum Kerngeschäft zählen. Seither trägt das Unternehmen den offiziellen Namen „Mannesmannröhren-Werke/Tochterunternehmen der Salzgitter Gruppe". Einige der stillgelegten ehemaligen Mannesmann-Hallen, so das Gelände an der Neustadtstraße (siehe Rundgang Styrum) und die Brachfläche an der Mellinghofer Straße, sind zum Teil schon neu vermietet. Die neuen Mieter kommen aus den Branchen Handel (Wissoll), Dienstleistung (Mülheimer Entsorgungsgesellschaft MEG) und Logistik.

Wir folgen nun der Wiesenstraße bis zu ihrem Ende und biegen rechter Hand in die Josefstraße ein, bis wir auf der linken Seite über einem Hauseingang ein Schild mit der Aufschrift „DITIP, Verein Moschee für Mülheim und Umgebung, gegr. 1975" erkennen. Nicht wenige werden mit Erstaunen zur Kenntnis nehmen, dass sich hier, inmitten des Industriegebiets der Stadt Mülheim, ein Zentrum des islamischen Glaubens befindet. Die **Fatih-Moschee (6)**, die wir hier vor uns sehen, ist die älteste aller Mülheimer Moscheen. Insgesamt gibt es in der Stadt acht dieser islamischen Glaubensstätten, die sich auf die Stadtteile Styrum und nördliche Innenstadt verteilen, dort also, wo die meisten der muslimischen Mitbürger wohnen. Auch wenn sich die Gebetsstätten Moscheen nennen, darf man sich dabei jedoch nicht die klassische architektonische Bauweise mit Kuppeldach und Minarett vorstellen. Die Mülheimer Moscheen sind zwar mit den für das Gebet üblichen religiösen Einrichtungen ausgestattet (Becken zur rituellen Waschung, Gebetsnische, Kanzel, Galerie), dienen aber vor allem auch als Begegnungsraum für den sozialen, kulturellen und wissenschaftlichen Austausch.

Wie der Hinweis an dem Gebäude auf der Josefstraße vermerkt, wurde die Fatih-Moschee bereits 1975 gegründet. Der anfänglich recht kleine Gebetsraum, in dem sich die Männer fünfmal am Tag zum Gebet versammelten, wurde inzwischen vergrößert, das gesamte Gelände um einen Gebetsraum für die Frauen, einen Aufenthaltsraum für Jugendliche sowie um einen allgemein zugänglichen Treffpunkt erweitert. Die Gebete werden zumeist auf Arabisch gehalten, Türkisch ist eher die Ausnahme. Unterstützt wird die Moschee vom Dachverband „Türkisch-Islamische Union DITIB“, der wiederum vom türkischen Staat Gelder für notwendige Erweiterungen muslimischer Glaubensstätten in der ganzen Welt erhält.

Seit jeher wird von Seiten der Muslime viel Wert auf gute Nachbarschaft und Zusammenarbeit mit den Bürgerinnen und Bürgern der Stadt gelegt. Die Moschee ist jederzeit für jedermann zugänglich, Gäste, auch solche nicht-islamischen Glaubens, sind hier immer herzlich willkommen. Und doch bleibt man mehr oder weniger unter sich, was auch ein Grund dafür sein mag, weshalb kaum jemand in der Stadt etwas von der Existenz der Mülheimer Moscheen weiß. Um diese Situation zu verbessern, sucht der Imam, der religiöse Leiter der Moschee, regelmäßig Gespräche mit seinen Kollegen der christlichen Religionen, den Pfarrern der katholischen und evangelischen Kirche, um den Austausch und die gegenseitige Verständigung zu pflegen und Anregungen für gemeinsame Aktionen zu schaffen. Ziel ist es auch, den deutschen Nachbarn die islamische Kultur näher zu bringen und zugleich selbst die deutsche Sprache und Kultur kennen zu lernen. Integrationshilfe, vor allem bei Jugendlichen, steht dabei im Vordergrund. Denn immerhin leben in Mülheim rund 7.000 Muslime, die neben den Katholiken und Protestanten die drittstärkste religiöse Gruppe der Stadt bilden. Sie kommen aus so unterschiedlichen Ländern wie Ägypten, Marokko, Palästina und vielen weiteren afrikanischen und arabischen Staaten. Nicht alle engagieren sich in den Moscheen oder sind Mitglied der islamischen Vereine, so dass die Fatih-Moschee mit etwa 200 eingetragenen Muslimen eine der größeren ihrer Art darstellt. Andere Mülheimer Moscheen haben in der Regel nur ca. 20 bis 80 Mitglieder.

Die Fatih-Moschee, eine von acht islamischen Einrichtungen in Mülheim

Die Josefstraße, in der sich übrigens eine zweite Moschee, die Aksa-Moschee, befindet, erinnert in ihrer Bebauung durch gleichförmige, mit rotem Backstein versehene Häuser an eine geschlossene Werkssiedlung. Früher wohnten hier die Arbeiter der Thyssen'schen Fabriken, heute haben in dieser Straße überwiegend ausländische Familien ein neues Zuhause gefunden. Am Ende der Straße stoßen wir auf die Zinkhüttenstraße, die an die gleichnamige Indu-

Die ehemalige Zinkhütte Eppinghofen

strieanlage erinnert, die hier bis 1873 existiert hat. Die **ehemalige Zinkhütte Eppinghofen (7)** wurde Mitte des 19. Jahrhunderts von der Firma Vieille Montagne errichtet, nachdem belgische Unternehmer das notwendige Kapital und technische Know-how in die Region gebracht hatten. Ihre Hauptaufgabe war die Verhüttung von Zinkerz, später wurde eine Zinkweisfabrik angefügt. Wegen andauernder Beschwerden der örtlichen Bauern, die durch die starke Luftverschmutzung ihre Ernteerträge gefährdet sahen, musste die Zinkhütte mehrfach Ausgleichszahlungen leisten. Um 1865 arbeiteten in dem Unternehmen noch rund 200 Menschen, kurze Zeit später jedoch wurde der Betrieb wegen mangelnden Absatzes eingestellt: Das Werk hatte es nicht geschafft, einen Anschluss an die 1862 gebaute Eisenbahnlinie zu erhalten, das Aus war also vorprogrammiert. 1874 erwarb die Friedrich Wilhelms-Hütte das stillgelegte Gelände und baute einige Teile der Anlage zu Werkswohnungen um, andere wurden abgerissen. Bis ins zweite Drittel des 20. Jahrhunderts dauerten die Diskussionen darüber an, was aus den übrig gebliebenen Häusern werden sollte. Unter den Abbruchhammer fiel schließlich auch das alte Direktionsgebäude an der Arndtstraße, ein seltenes Beispiel für die frühindustrielle Architektur des Ruhrgebiets. Vergeblich hatten Heimatkundler und Interessenvereine versucht, das historisch wertvolle Gebäude aus dem Jahre 1845 vor dem Abbruch zu retten, doch die Proteste fanden kein Gehör: Anfang der 1970er Jahre wurde der Abriss vollzogen. Von der planlosen Vernichtung des baugeschichtlichen Erbes verschont blieb lediglich ein ehemaliger Verwaltungstrakt, in dem sich seit 1998/99 – als bundesweit einmaliges Modellprojekt – eine sozialpädagogische Einrichtung der Stadt befindet,

die obdachlosen Kindern eine Unterkunft und warmes Essen bietet.

Die schon damals als bedrohlich eingestufte Gesundheitsgefährdung, die von der Zinkhütte Eppinghofen ausging, hat bis heute leider ihre Gültigkeit behalten: Das Gelände, auf dem sich unter anderem heute ein Altenstift und der katholische Kindergarten St. Engelbert befinden, ist hochgradig mit chemischen Altlasten aus der ehemaligen Zinkhütte verseucht. Die Blei-, Cadmium- und Arsenwerte im Boden sind zum Teil so hoch, dass sie die zulässige Grenzzahl um ein Vielfaches überschreiten. Die Verunreinigung greift tief ins Erdreich, so dass auch das Grundwasser gefährdet ist. Die Gemeinde riet deshalb allen Bewohnern, auf den Genuss von selbst angebautem Gemüse zu verzichten und den Kontakt mit dem kontaminierten Boden zu vermeiden. Auch musste bereits der Spielplatz der Kindertagesstätte gesperrt werden, um eine Gefährdung der Kinder auszuschließen. Bauzäune und Kunstrasen kennzeichnen seither den ehemaligen Spielbereich, ein wenig erfreulicher Zustand.

Allein mit Folien und Absperrungen ist der Schaden, der den Behörden seit langer Zeit bekannt ist, natürlich nicht behoben. Eine umfangreiche und gründliche Sanierung des gesamten Gebiets zwischen Zinkhütten- und Aktienstraße ist dringend notwendig, doch gibt es wie so häufig Probleme bei der Zuständigkeit. Die Gemeinde, in deren Verantwortungsbereich das Gelände fällt, kann die Kosten nicht aufbringen, ebenso wenig die Kirchengemeinde St. Engelbert und das Bistum Essen, dem die Kindertagesstätte unterstellt ist. Der eigentliche Verursacher der Bodenbelastung, der Betreiber der ehemaligen Zinkhütte selbst, kann nicht mehr ausfindig gemacht werden. Bleiben also nur noch Stadt und Land, die sich jedoch für die Sanierung des Areals, von der immerhin rund 1.200 Haushalte betroffen sind, nur teilweise verantwortlich fühlen. Um den Diskussionen ein Ende zu machen, will man nun mit öffentlichen Fördergeldern den Schaden schnellstmöglich beheben. Einen weiteren Zeitaufschub jedenfalls wollen weder die Anwohner noch die betroffenen kirchlichen und öffentlichen Einrichtungen vor Ort akzeptieren.

Die Zinkhüttenstraße führt uns nun weiter ostwärts, bis wir an der Kreuzung Mellinghofer Straße die Firma **Siemens Power Generation/KWU (8)** erreichen. Bis zum Jahr 2002 war in dem augenfälligen turmhohen Rundbau auf der linken Seite die Verwaltungszentrale des Unternehmens untergebracht, heute befindet sich dieser Bereich im Hafengebiet an der Rheinstraße. Ein Schild an der Ecke Mellinghofer Straße weist bereits darauf hin, was hier in weiterer Zukunft entstehen soll: Die Siemens Technopark GmbH übernahm im Sommer 2000 den Werksteil Wiesenstraße und akquiriert seither Firmen für diejenigen ehemaligen Flächen der KWU, die seit der Krisenlage der 1990er Jahre frei geworden sind. Angeworben werden sollen vor allem technisch innovative Unternehmen aus den Bereichen Industrie, Dienstleistung und industrienahes Gewerbe, die ein Handelsgebiet mit guter Verkehrsanbindung und Infrastruktur suchen. Als neue Mieter konnten bisher einige Zulieferbetriebe für das Gene-

Rundling der Siemens Power Generation/KWU

ratoren- und Turbinenwerk sowie die Gesellschaft für Nuklear Services gewonnen werden, die Castorbehälter für Atommülltransporte baut.

Nun zur Firmengeschichte: Die Kraftwerks-Union (KWU), die seit Anfang des Jahres 2001 den neuen Namen „Power Generation" trägt, gehört seit 1969 zum Siemens-Bereich Energieerzeugung. Das Werk fertigt und entwickelt komplette Turbosätze, also Turbinen und Generatoren, die weltweit in Gas-, Dampf- und Kernkraftwerken zur Stromerzeugung zum Einsatz kommen. Der Turbinenbau hat in Mülheim eine lange Tradition: Bereits 1909 wurden in der Thyssen'schen Maschinenfabrik erste

Dampfturbinen erzeugt, nach dem Ersten Weltkrieg kamen die Generatoren hinzu. Ende der 1920er Jahre stieg die Firma Siemens in das florierende Turbinengeschäft ein, erwarb kurzerhand die Thyssen'schen Fertigungsanlagen und integrierte sie in die eigene Siemens-Schuckert-GmbH. Das Mülheimer Werk machte schnell von sich reden, die Produkte wurden in alle Welt geliefert. Ein Highlight, das den Erfolg des Unternehmens damals begründete, war das 60-Megawatt-Kraftwerk Schelle in Belgien, dessen Turbosatz (1930/31 fertig gestellt) heute als Industriedenkmal vor der ehemaligen Verwaltungszentrale an der Zinkhüttenstraße steht. In der Folgezeit wurden immer größere und leistungsstärkere Generatoren entwickelt, die in riesigen Anlagen, so zum Beispiel Biblis und Stade, zur Anwendung kamen. Um der steigenden Nachfrage nach leistungsstarken Turbinen und Generatoren gerecht zu werden, entschloss sich Siemens zur Kooperation mit dem Konkurrenzunternehmen AEG Telefunken. Aus dieser Fusion ging 1969 schließlich die „Kraftwerk Union AG" hervor, die nach dem Ausscheiden von AEG 1977 zunächst selbstständiges Unternehmen, mit dem Jahr 1987 Teil der Siemens-Energieerzeugung wurde.

Der anhaltende Boom der Kernenergietechnik in den 1970er und 80er Jahren bescherte dem Werk in Mülheim volle Auftragsbücher. Zwei Drittel der gefertigten Produkte gingen in den Export, so nach Argentinien, Brasilien, in die Niederlande und die Schweiz. Die Wende kam Anfang der 1990er Jahre, als die öffentlichen Proteste gegen den Bau von Atommeilern stärker wurden und die Politik daraus Konsequenzen zog. Die Entscheidung zum schrittweisen Ausstieg aus der Kernenergie hatte für die KWU schwerwiegende Konsequenzen: Die Werksauslastung sank zeitweise auf unter 60 %, mehrere hundert Mitarbeiter mussten entlassen werden. Wer bleiben durfte, musste Kurzarbeit und Lohnverzicht in Kauf nehmen. Die Lage besserte sich erst, als nach massiven Umstrukturierungen in Verwaltung und Fertigung (gepaart mit weiteren Entlassungen) Kostenersparnisse in Millionenhöhe erzielt wurden und man sich in Zukunft verstärkt dem Bau von Komponenten für alternative Kraftwerke (Gas-, Dampf-, Wasser-, Solar- und Kohlekraftwerke) widmete. Auch konnten allmählich Großaufträge für Dampfturbinen und Generatoren in den USA, in Teilen Europas sowie im asiatischen Raum eingeholt werden. Das Werk ist heute wieder stark im Geschäft, statt Kurzarbeit heißt es jetzt Vollauslastung. Die Durststrecke scheint also überstanden. Seit Herbst 2000 schreibt das Unternehmen wieder schwarze Zahlen, Investitionen in Millionenhöhe für neue Produktionshallen im Hafengebiet sind in vollem Gange. Zur Freude der Mitarbeiter, denn ein größerer Personalabbau ist damit vorerst nicht zu befürchten.

Mit dem Bau von Generatoren, die eine Leistung von bis zu 1.000 Megawatt erzielen, ist das Dampfturbinen- und Generatorenwerk Mülheim heute noch immer der zweitgrößte Kraftwerkshersteller der Welt und einer der größten Ausbildungsbetriebe der Region. Rund 3.100 Mitarbeiter sind in den Werken an der Wiesenstraße und im Rhein-Ruhr-Hafen (Stadtteil Speldorf) beschäftigt, zu ihren Aufgabenfeldern gehören unter anderem die Bereiche Fertigung, Montage, Umbauten, Produkt-Technik, Forschung, Service sowie Maß- und Regeltechnik. Im Werk Hafen, dem Logistik- und Montagetechnikzentrum der KWU, das eine Fläche von 190.000 qm umfasst, steht der größte Schleuderbunker der Welt. Hier können Dampfturbosätze mit einer Leistung von bis zu 2.000 Megawatt montiert werden. Die fertigen Teile werden vor allem in asiatische Länder, namentlich in die Republik China, geliefert, zu den Auftraggebern gehören aber auch die USA, Chile, die Türkei und Großbritannien. Die Siemens Power Generation unterhält mehrere Partnerschaften mit ausländischen Firmen, darunter auch mit dem britischen Kraftwerkhersteller „Parsons Power Generation System", einem Unternehmen, dessen Gründer Charles A. Parson Ende des 19. Jahrhunderts die erste Dampfturbine erfunden hatte.

Entlang der Mellinghofer Straße, benannt nach dem hiesigen Ortsteil Mellinghofen, der seit 1878 zu Mülheim gehört (der Name bezeichnete ursprünglich ein großes Waldgebiet, den so genannten „Mallinckforst") wandern wir nun weiter Richtung Norden und biegen schließlich rechts in die Mühlenstraße ein, an deren unterem Ende im 19. Jahrhundert eine zu den Sellerbeckshöfen gehörende Wassermühle stand. Nach wenigen Metern zweigt die Boverstraße ab, in der sich bis 1995 die **ehem. Privatbrauerei Mann (9)** befand. Das Bierbrauen hat in Mülheim eine lange Tradition: Bereits seit dem 13. Jahrhundert ist das Brauen auf Mülheimer Gebiet urkundlich belegt. Zu jener Zeit verlieh König Heinrich, ein Sohn des deutschen Kaisers Friedrich II., dem Kloster Saarn das Recht, die so genannte Grut für das Klosterbier (der heute gängige Hopfen war als Würze des Gerstensaftes noch nicht bekannt) bei einem Grüter in Duisburg einkaufen zu dürfen. Alle Biere, die damals gebraut wurden, waren obergärige Biere (hell und dunkel), deren Würze aus einer Mischung von verschiedenen Kräutern bestand, darunter auch eine Moorpflanze namens Gagel, die dem Getränk seine betäubende Wirkung verlieh. Auch die Spezialität des Hauses Mann, die Braumarke „Echt Mölmsch", war ein obergäriges helles Vollbier, das weit über die Grenzen Mülheims bekannt wurde. Doch in der 1875 gegründeten Privatbrauerei Mann wurde nicht nur obergäriges Bier hergestellt: Heinrich Mann, Gründer des erfolgreichen Familienunternehmens, hatte sein Handwerk in der heutigen Kronenbrauerei in Dortmund gelernt, wo bereits seit Mitte des 19. Jahrhunderts das so genannte untergärige Pils hergestellt wurde. Um 1867 siedelte Mann nach Mülheim über, gründete eine eigene Brauerei und führte auch hier das untergärige Bier mit Namen „Berg Pils" ein.

Alle Biere wurden selbstverständlich streng nach den Regeln des deutschen Reinheitsgebotes gebraut, das im Jahre 1516 durch den bayerischen Herzog Wilhelm IV. eingeführt worden war und noch heute als älteste lebensmittelrechtliche Verordnung der Welt Gültigkeit besitzt. Das für das Brauverfahren notwendige Kühleis wurde von einem eigens angelegten Teich neben der Brauerei bezogen, der während des Winters mehrmals abgeeist wurde. Das Eis kam in Kühlbehälter und wurde hier das ganze Jahr über gespeichert, so dass das Brauen des Bieres auch während der Sommermonate möglich war; moderne Eismaschinen, die eine wetterunabhängige Kühlung ermöglichten, gab es damals noch nicht.

Als die Brauerei Mann sich in Mülheim zu etablieren begann, existierten in der Stadt von den ehemals 60 hier angesiedelten Brauereien noch etwa 13 bis 17, von denen die meisten jedoch als Wirtebraubetriebe geführt wurden, also als Wirtschaft oder Gaststätte ihr eigenes Bier brauten. Zu den

Die ehemaligen Bergbrauerei Mann an der Boverstraße

Am Rande der Industriegebietes: das grüne Horbachtal

bekanntesten Mülheimer Brauereien, die nicht lediglich für den eignen Bedarf brauten, sondern Bier in großen Mengen zur Auslieferung produzierten, zählten zu Beginn des 20. Jahrhunderts die Ibing-Brauerei im Stadtteil Saarn (gegründet 1863, siehe Rundgang Saarn) und die Teutonen-Brauerei der Familie Fuglsang in der Innenstadt (gegründet 1876). Nur wenige Brauereien überstanden jedoch die Krisenzeit der 1920er und 30er Jahre, viele Unternehmen mussten für immer ihre Pforten schließen. Fusionen folgten, die jedoch nicht immer das gewünschte Ergebnis erzielten. Das endgültige Aus für die Teutonen-Brauerei, deren Bier unter anderem in der noch heute bestehenden Gaststätte Jägerhof am Löhberg verkauft wurde, kam im Jahre 1953, die Ibing-Brauerei existierte noch bis 1968.

Die Stilllegung der Privatbrauerei Mann 1995 war schließlich das letzte Kapitel des einst so florierenden Mülheimer Braugewerbes; heute besteht hier keine Brauerei in traditionellem Sinne mehr. Die alten Gebäude an der Boverstraße wurden abgerissen, um Platz für Einfamilienhäuser und Eigentumswohnungen zu schaffen. Unter dem Stichwort „Wohnen im Horbachtal" entstanden hier unter Leitung der Firma Terra aus Meerbusch attraktive Wohneinheiten, deren Bewohner sich wohl bald nicht mehr daran erinnern werden, dass auf ihrem Grund und Boden einmal ein so bedeutendes Mülheimer Unternehmen gestanden hat.

Von der Mühlenstraße aus führt rechts ein schmaler Fußweg in das **Horbachtal (10)**, das sich zwischen Bover- und Mühlenstraße bis hinauf zur Nordstraße erstreckt. Mehrere Teichanlagen sowie ein kleiner Bach prägen das bewaldete Gelände, eine grüne Oase am Rande des Industriegebiets, die sich nach ihrem jahrelangen verwahrlosten Zustand jetzt wieder in einem erfreulicheren Erscheinungsbild präsentiert. Im westlichen Teil, oberhalb des Denkmannsfeldes, schließen sich die Gustav-Heinemann-Schule und das Hallenbad Nord an die Grünanlage an, nördlich wird das Gelände eingerahmt von einer alten Industriesiedlung, deren Straßennamen (Siemens-, Schuckert-, Stahl-, Thomas- und Martinstraße) an bedeutende Industriepioniere des Ruhrgebiets erinnern. Wir durchlaufen nun den unteren Teil des Tals und biegen schließlich rechts ab Richtung Boverstraße, entlang schmucker Neubauten und einem Kinderspielplatz. Über Dinkelbachhöhe und Hubert-Engels-Straße – letztere benannt nach dem Wasserbau-Ingenieur Hubert Engels (1854–1945), der unter anderem daran mitwirkte, dass der Wasserstand der Ruhr auf ein gleichbleibendes Maß reguliert wurde – kommen wir zum Horbachweg, der seinen

Namen in Anlehnung an die benachbarte Grünanlage erhielt. Wir nehmen den Fußweg, der über Treppen bergab zu weiteren Wohngebieten führt, und erreichen kurz hinter Kappenstraße und Eichenberg erneut die Aktienstraße.

Von hier aus hat man eine hervorragende Sicht auf die Ruhrstadt, der Blick reicht bei guter Wetterlage bis nach Mülheim-Speldorf sowie zur Nachbarstadt Duisburg. Im Gebiet östlich der Aktienstraße verlief ehemals von 1839 bis 1866 die so genannte **Sellerbecker Pferdebahn (11)**, eine Anlage zum Transport der Kohle von der Zeche Sellerbeck (siehe Rundgang Dümpten) zu den Kohlemagazinen an der Ruhr. Die Zeche Sellerbeck förderte zum damaligen Zeitpunkt etwa 80.000 Tonnen Kohle pro Jahr und war somit eine der größten Zechen im gesamten Ruhrgebiet. Um die riesigen Mengen transportieren zu können, reichten Schubkarren und Pferdewagen nicht aus, eine „Eisenbahn“ musste her. Gegen den Willen vieler Grundstücksbesitzer, die ihre Besitzungen auf der geplanten Trasse hatten und diese nicht preisgeben wollten, wurde die Bahn schließlich im Jahre 1839 fertig gestellt. Federführend beim Bau waren die Anteilseigner des Bergwerks, darunter die Industriellen Hugo Haniel und Mathias Stinnes. Mit einer Länge von 3.400 m führte die Bahn über den heutigen Eppinghofer Bruch, weiter den Bruchbach (heute Bruchstraße) entlang bis zur Ankerstraße, eine Kohlenstraße, die zum neuen Hafen hinter der Friedrich Wilhelms-Hütte führte, jedoch beim Bau der Konrad-Adenauer-Brücke verloren ging. Auf dem Teil der Strecke, der kein Gefälle aufwies, mussten die Kohlewagen durch ein mitgeführtes Pferd gezogen werden, daher der Name „Pferdebahn“. An die Bahn angeschlossen waren nach einiger Zeit auch die Zeche Wiesche (siehe Rundgang Heißen) sowie weitere Zechen auf Essener Stadtgebiet. Auch die Eppinghofer Zinkhütte profitierte von der Trasse, die unmittelbar an ihrem Hüttenwerk vorbeiführte: Die Kohle eignete sich gut für die Zinkdestillation. Mit dem Bau der Rheinischen Eisenbahnlinie, die ab 1866 den Transport der Kohle übernahm, hörte die Sellerbecker Pferdebahn auf zu existieren.

Etwas unterhalb unseres Standortes, gegenüber der Einmündung zum Eichenberg, befindet sich die **Ev. Johanniskirche (12)**, deren hoch aufragender Turm dem Betrachter schon von weitem den Weg weist. Sie ist eine von 13 Mülheimer Gemeinden, die zum „Evangelischen Kirchenkreis An der Ruhr“ zählt. Die Organisation wird von dem Leitbild getragen, allen Personen, gleich welcher Hautfarbe, Staatsangehörigkeit oder Religion, Hilfestellungen zu einem in christlichem Sinne erfüllten Leben zu geben. Zur Arbeit des Kirchenkreises gehört deshalb die Betreuung von Kranken

Unverkennbar: der hohe Turm der Johanniskirche

Das Stadtarchiv an der Aktienstraße

und Behinderten, die Seelsorge in Alten- und Pflegeheimen, die Kinder-, Jugend- und Familienhilfe sowie die Beratung bei Erziehungs-, Ehe- und Sinnfragen. Praktische Lebenshilfe für Menschen in Not – das ist auch der Wahlspruch, zu dem sich die Johanniskirche bekennt. Erbaut wurde die Kirche an ihrem jetzigen Standort erstmals in den Jahren 1913–1914; der Zweite Weltkrieg jedoch zerstörte das Gotteshaus vollständig. An die einstige Kirche, die auf einem kleinen Hügel zwischen Aktien- und Kuhlenstraße stand und mit ihren Türmchen eher einer Burg als einem Gotteshaus glich, erinnerte noch lange die halb verfallene Ruine. Erst Mitte der 1960er Jahre konnte man sich zu einem Neubau an gleicher Stelle entschließen. Das Gebäude mit dem auffälligen, modern-abstrakten Turm geht auf einen Entwurf der Duisburger Architekten Heido Stumpf und Peter Voigtländer zurück. Das schlichte Innere prägen einfache Stuhlreihen, ein Taufbecken sowie ein zentral positionierter Altar aus grauem Marmor. Auffallend sind die Orgel, die seitlich auf einer Empore steht, sowie zwei kegelförmige Fensterbande aus Buntglas, die die Dachkonstruktion der Kirche, ein mehreckiges Spitzdach, betonen. Seitlich an das Gotteshaus angefügt wurden ein Gemeindezentrum und ein Jugendhaus. Die evangelische Johanniskirchengemeinde zählt heute etwa 6.000 Mitglieder.

Die Aktienstraße führt uns weiter abwärts, vorbei an dem Gelände der ehemaligen Ziegelei Rauen, wo hinter Kreuz- und Kuhlenstraße zur Zeit die erste Mülheimer Solarsiedlung errichtet wird, bis wir an der Kreuzung Clevesche Straße in einem um 1890 errichteten ehemaligen Schulgebäude (so genannte Zinkhüttenschule) den Sitz des **Stadtarchivs (13)** erreichen. Die Clevesche Straße, die diesen Namen seit 1914 trägt, erinnert an eine Zeit, als die Grafen von Cleve nach kriegerischen Auseinandersetzungen mit dem Herzogtum Berg das Kirchspiel Mülheim als Pfand erhielten. Die Herrschaft der Clever Herren, die im Jahre 1397 begann, dauerte jedoch nur wenige Jahrzehnte an. Im Jahre 1444 bereits eroberte der Erzbischof von Köln Schloss Broich, die Herrschaft der Clever Grafen war somit beendet. Das Stadtarchiv, das sich gerne als Gedächtnis unserer Stadt bezeichnet, hat hier sein Domizil seit 1972. Es ist damit im Vergleich zu anderen Großstadtarchiven noch relativ jung. Zu der umfangreichen Sammlung, die der Öffentlichkeit an mehreren Tagen in der Woche zugänglich ist, gehören neben dem üblichen Schriftgut Fotos, Postkarten, Adressbücher, Zeitungen, Karten und Pläne. Auch Münzen, Medaillen und Geldscheine sowie Filme, Tonträger und Nachlässe zählen dazu. Gegliedert ist das Archiv in die Abteilungen Altes Archiv (Mittelalter bis 1808), in dem sich über 1.000 Urkunden befinden, darunter die älteste aus dem Jahre 1221 über das Kloster Saarn, das Verwaltungsarchiv (1808 bis heute), wo vor allem Akten, Protokolle und Amtsbücher gelagert sind, sowie die Abteilungen Dokumentation, Sammlungen und Gegenständliches. Die Archivbibliothek umfasst rund 22.000 Bände, darunter Nachschlagewerke und historische, archivarische und heimatkundliche Fachliteratur. Hier ist auch der Mülheimer Geschichtsverein, 1906 unter anderem von Robert Rheinen und Paul Lembke gegründet (siehe Rundgang Stadtzentrum), mit seinen zahlreichen Schriften vertreten. Zu den täglichen Aufgaben der Einrichtung gehört die Übernahme, Verwahrung, Erhaltung, Erschließung und Nutzbarmachung der geschichtlichen Unterlagen. Dazu zählt auch die Pflege und Restauration der Bestände. Andererseits widmet sich das Archiv der Veröffentlichung von Schriften, beispielsweise zur heimischen Stadtgeschichte, die durch Vorträge und Ausstellungen ergänzt werden.

Bei derlei akribischer Arbeit ist es eigentlich verwunderlich, dass das Stadtarchiv kürzlich negativ in die Schlagzeilen geriet: Ein Leser hatte entdeckt, dass antisemitische Propagandaliteratur unkommentiert und für jedermann frei zugänglich in den Regalen des Stadtarchivs schlummerte, ordentlich eingereiht zwischen mölmscher Lyrik und Südseeberichten. Nach der Entdeckung hagelte es ordentlich Kritik, von Blauäugigkeit, fehlendem Geschichts- und Wissenschaftsverständnis und unverantwortlicher Unsensibilität gegenüber braunem Gedankengut war die Rede. In Mülheim leider kein Einzelfall. Der allzu sorglose Umgang mit der eigenen NS-Vergangenheit ist schon immer ein Problem gewesen, dessen Bewältigung noch lange nicht abgeschlossen scheint. Ob es um den Abriss der jüdischen Synagoge geht oder die Verleihung der Ehrenbürgerschaft an Adolf Hitler – in Mülheim wird das damalige Sympathisantentum mit dem NS-Regime häufig lieber totgeschwiegen als kritisch aufgearbeitet. Sensibilität tut also in Zukunft Not, insbesondere dort, wo judenfeindliche oder kriegsverherrlichende Schriften frei und offen zugänglich sind. Das Stadtarchiv wurde sich dieser besonderen Verantwortung bewusst, allerdings erst, als von Seiten der Kritiker die Aufforderung erging, die Schriften gesondert zu katalogisieren und einzuordnen. Mit Hilfe des Geschichtsvereins, der mit dem Stadtarchiv in enger Kooperation steht, sollen die Bestände zukünftig auf NS-Literatur überprüft und sensibler, also kommentiert und eigens geordnet, präsentiert werden. Ein wichtiger Schritt in Richtung eines verantwortungsbewussteren Umgangs mit der eigenen Geschichte, die eben nicht nur Glanzvolles, sondern auch weniger Ruhmreiches vorzuweisen hat.

Mit der **Kath. Kirche St. Engelbert (14)** in der gleichnamigen Engelbertusstraße, die quer zur Aktienstraße verläuft, steuern wir nun den letzten Standort unseres Rundgangs an. Die Kirche wurde im Jahre 1906 als zweite innerstädtische katholische Kirche eingeweiht, nachdem bereits seit Mitte des 19. Jahrhunderts Pläne zum Bau eines solchen Gotteshauses existiert hatten. Der aufwendige und repräsentative Bau von 1904/06 (Architekt W. Sültenfuß) wurde unter anderem durch große Zuwendungen der Familie Thyssen finanziert. Ihren Namen erhielt das Gotteshaus in Erinnerung an den Kölner Erzbischof Engelbertus I., der 1225 einem dem Grafen von Isenberg zugeschriebenen Mordkomplott zum Opfer fiel und seither als Schutzpatron der Kirchengemeinden in Westfalen und im Rheinland verehrt wird. Die Engelbertuskirche, im Stile einer neugotischen Hallenkirche auf dem Gelände der stillgelegten Zinkhütte Eppinghofen errichtet, wurde während des Zweiten Weltkrieges schwer zerstört, nur die Außenwände blieben stehen. Unter Leitung des Architekten Hans Schwippert entstand in den 1950er Jahren ein Neubau, der stärker als sein Vorgängerbau durch große Klarheit und Übersichtlichkeit gekennzeichnet war. Statt der ehemaligen Pfeiler wird der Innenraum seither von zweireihigen Stahlrohrsäulen und einer leichten Stuckdecke geprägt, die durch dünne, hohe Rohrstützen getragen wird und somit nahezu schwebend wirkt. Der Turmhelm, der beim Luftangriff von 1943 verloren ging, wurde durch eine flache Platte ersetzt, auf der ein großes Kreuz thront. Insgesamt ging Schwippert bei der Neugestaltung des Gotteshauses mit der noch vorhandenen Baustruktur sehr behutsam um, sein Werk gilt als gelungenes Beispiel moderner Sakralkunst. Trotz der Modernisierung erinnert somit auch heute noch vieles an die alten gotischen Gewölbeformen.

Zum Schluss sei noch eine kleine Anekdote über die St.-Engelbert-Kirche erzählt, die seinerzeit für große Aufregung sorgte: Man schrieb das Jahr 1913, als ein offenbar geistig verwirrter Mann in das Gotteshaus stürmte und einen Geistlichen tötete, der gerade die Beichte abnahm. Man nimmt an, dass der Täter von der Vorstellung beseelt war, der Pfarrer habe seinen Engel gestohlen. Von Wahn getrieben, ging er kurzerhand in die Kirche und erschoss den Mann. Über das weitere Schicksal des Angreifers ist allerdings nichts bekannt – vielleicht macht sich jedoch eines Tages ein eifriger Heimatforscher die Mühe, dieses Geheimnis zu lüften.

Die katholische St-Engelbert-Kirche

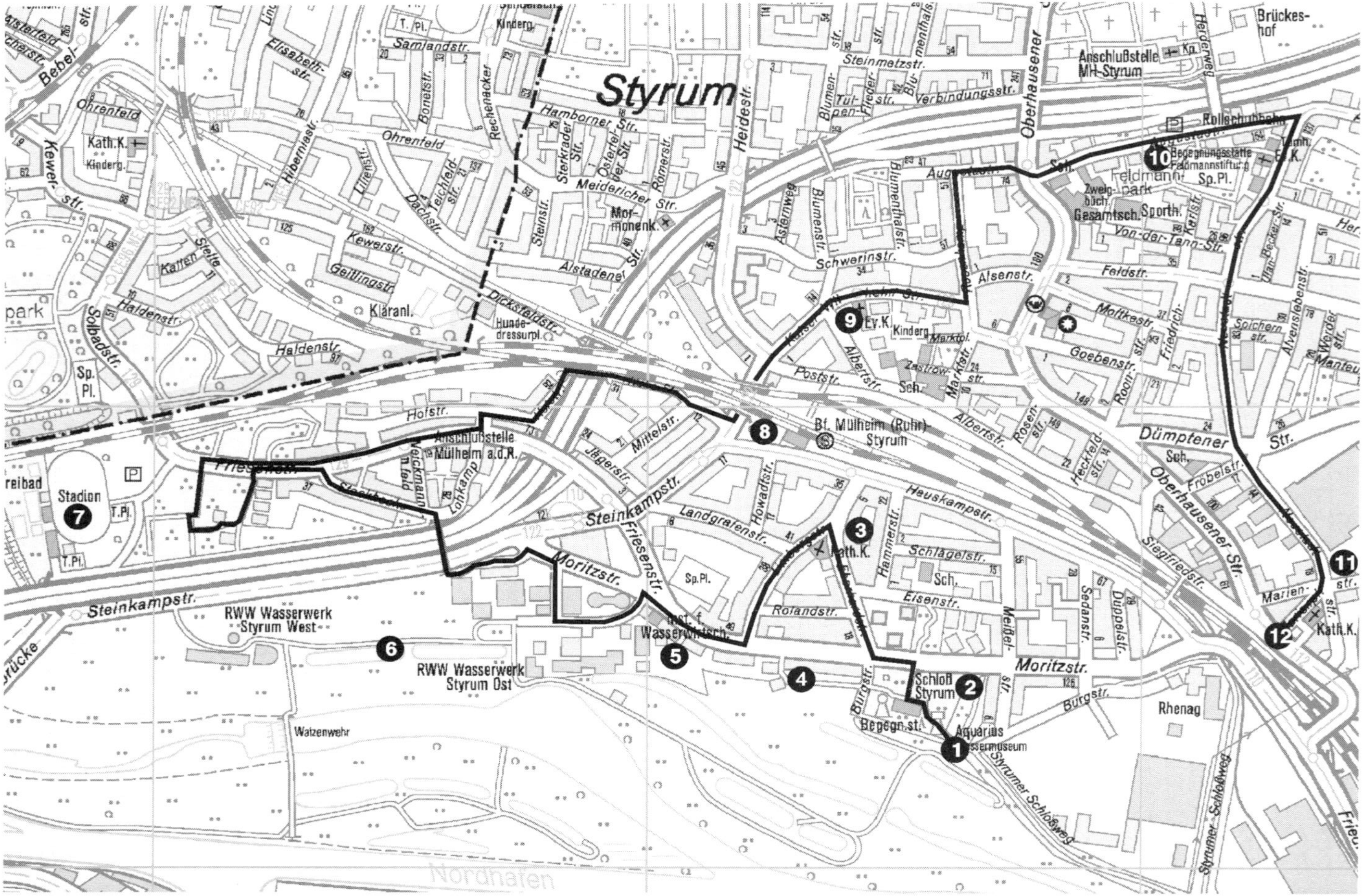

Styrum
Steinkampstr.
RWW Wasserwerk Styrum Ost
RWW Wasserwerk Styrum West
Oberhausener Str.
Dümptener Str.
Moritzstr.
Friesenstr.
Styrumer Schloßweg
Rhenag
Aquarius
Schloß Styrum
Bf. Mülheim (Ruhr)-Styrum
Anschlußstelle Mülheim a.d.R.
Anschlußstelle MH-Styrum
Stadion
Solbadstr.
Haldenstr.
Heidestr.
Blumenthalstr.
Feldmann-park
Herderweg
Brückeshof
Walzenwehr
Nordhafen
1
2
3
4
5
6
7
8
9
10
11
12

Schloss Styrum um 1900, links der alte Wasserturm

Styrum

Vom Industriestandort zum Kultur- und Bildungsbezirk. Ein Stadtteil im Wandel

Ausgangspunkt: Aquarius Wassermuseum, Burgstraße (Straßenbahn: 110, 112, Haltestelle: Thyssenbrücke und Siegfriedbrücke)

Endpunkt: Kath. Kirche St. Mariae Rosenkranz, Neustadtstraße (Straßenbahn: 112, Haltestelle: Marienplatz)

Dauer: 2,5 Stunden

Route: Aquarius Wassermuseum (1), Schloss Styrum (2), Kath. Kirche St. Albertus Magnus (3), Haus am Wasser (4), Rheinisch-Westfälisches Institut für Wasserchemie und Wassertechnologie IWW (5), Wasserwerke Styrum-Ost/Styrum-West der Rheinisch-Westfälischen Wasserwerksgesellschaft RWW (6), Ruhrstadion (7), Bahnhof Mülheim (Ruhr) Styrum (8), Ev. Immanuelkirche (9), Familie-Feldmann-Stiftung (10), Türkisches Kultur-Zentrum (11), Kath. Kirche St. Mariae Rosenkranz (12)

Wer den Namen Styrum hört, denkt noch heute zuallererst an graue Häuserzeilen, schmucklose Arbeiterviertel und von Ruß und Schmutz verdreckte Straßen. Zu lange hatte die Schwerindustrie, namentlich die Friedrich Wilhelms-Hütte sowie das alte Thyssen-Werk (später Mannesmann), den Stadtteil fest im Griff. Rauchende Schlote, dunstverhangener Himmel sowie Lärm und Abgase prägten das Umfeld bis weit ins 20.

Jahrhundert. Doch Styrum, heute mit 16.000 Einwohnern der kleinste unter den Mülheimer Stadtteilen, ist längst nicht mehr der Industriebezirk, der er einst war. Die ehemaligen Großbetriebe, die das Leben und den Alltag der Menschen über Jahrzehnte hinweg bestimmten, haben sich weitgehend zurückgezogen und Platz gemacht für neue mittelständische Betriebe und Unternehmen. Zwei Wasserwerke der Rheinisch-Westfälischen Wasserwerksgesellschaft RWW sowie das renommierte Institut für Wasserchemie und Wassertechnologie IWW sind mittlerweile in Styrum beheimatet. In ausgedienten Industriebauten und ehemaligen Höfen sind repräsentative Kultur- und Bildungszentren untergebracht, darunter die Feldmann-Stiftung sowie das Aquarius Wassermuseum, beide über die Grenzen Mülheims hinaus bekannt. Freizeit- und Sportanlagen wurden geschaffen, Kleingärten und Grünanlagen errichtet oder ausgebaut (Stichwort MüGa 1992), alte Arbeiterwohnsiedlungen verschönert und modernisiert sowie historische Stätten zu neuem Leben erweckt. Styrum, ein Stadtteil im Wandel, der zu Unrecht an den Rand der Bedeutungslosigkeit gedrängt wird, in Wahrheit jedoch eine spannende und lebendige Geschichte aufweist, die von mehreren einschneidenden Veränderungen geprägt wurde und gerade jetzt eine positive, zukunftsweisende Entwicklung durchschreitet.

Die schriftlich nachweisbare Geschichte des Stadtteils Styrum begann um das Jahr 1000 n. Chr., als in einer Urkunde des Werdener Klosters erstmals der Name „Stiarhem“ Erwähnung fand. Zur Herkunft des Namens gibt es unterschiedliche Erklärungsversuche: So erzählt beispielsweise eine alte Legende, dass Styrum auf den Ausspruch „Stüer um“ (also: „steuer um“) zurückzuführen sei, den der damals regierende Herr zu Schloss Styrum gebrauchte, um einen auf der Ruhr herannahenden feindlichen Ritter zur Umkehr zu bewegen. Obwohl sich diese kleine Anekdote durch keinerlei schriftliches Zeugnis belegen lässt, hält sie sich hartnäckig im Gedächtnis der Bevölkerung und wird immer wieder gerne von den Einheimischen erzählt. Warum auch nicht, ist doch die wahrscheinlichere Variante, nämlich dass „Stiarhem“ auf eine fruchtbare Ebene hinweist, auf der neben Ackerbau eben auch Viehzucht mit Stieren betrieben wurde, sehr viel weniger unterhaltsam.

Besiedelt war der Styrumer Raum jedoch nicht erst um 1000, sondern bereits zur Zeit der Franken, in der zweiten Hälfte des 6. Jahrhunderts. Das Gebiet, das ursprünglich von ausgedehnten Eichen- und Buchenwäldern geprägt war und im nördlichen Teil in

Alte Kotten nahe der Meidericher Straße

Die alte Dorfstraße in Styrum, heute Schwerinstraße

die sandige Lipperheide (heute Oberhausen) überging, wurde breitflächig gerodet und bewohnbar gemacht. Entlang eines Baches, der von den Dümptener Höhen kommend bei Alstaden (früher zu Styrum gehörend, heute ebenfalls Teil der Nachbarstadt Oberhausen) in die Ruhr mündete und nunmehr unterirdisch kanalisiert ist, erstreckten sich in Nord-Süd-Richtung streifenförmig einzelne Höfe und Kotten, die das eigentliche Dorf Styrum bildeten. Von einem festen Ortskern, wie man ihn in anderen Stadtteilen Mülheims findet, kann hier jedoch nicht gesprochen werden, wohl eher von einer lockeren Ansiedlung einzelner Gehöfte. Umgeben waren die Gebäude von Gemüse- und Obstgärten. Der Bach, die „Beek" (auch Hobach oder Zechenbach genannt, weil er die Grubenwasser der nahe gelegenen Zechen Sellerbeck und Roland auffing), wurde in Höhe der heutigen Alsenstraße zu einem Teich gestaut, der das Wasser zum Betreiben einer Mühle lieferte. Umgeben war dieser Bereich von einem lehmigen, durch Überflutungen der Ruhr fruchtbar gewordenen Acker- und Weideland, das im Norden in sandiges Gelände (genannt Lipper Heide) überging und sich bis zur heutigen Landwehr (ehemals mittelalterliche Gemarkungsgrenze, seit 1920 Grenzstraße zu Oberhausen) erstreckte.

Der Charakter dieser Ansiedlung war bäuerlicher Prägung. Die Menschen lebten von der Viehzucht und vom Anbau landwirtschaftlicher Produkte, auch die Jagd spielte eine Rolle. Später kamen in der Region handwerkliche Berufe (Schiffsbauer, Bäcker, Schneider, Schuster, Schmied), der Handel mit Kolonialwaren oder die Arbeit als Kohleschieber in den nahe gelegenen Bergwerken hinzu. Das Leben war mühselig und hart: Krankheit, Armut und Arbeitslast bestimmten nicht selten den Alltag der Menschen. Noch heute sagt man den Styrumern deshalb nach, sie seien hart im Nehmen und an allerlei Widrigkeiten gewöhnt. Der Konfession nach waren die meisten Einwohner, ebenso wie die der benachbarten Petrigemeinde zu Mülheim, Calvinisten. Die wenigen Katholiken, die es gab, nutzten die Kapelle von Schloss Styrum zum Gebet, denn die gräflichen Herren waren der katholischen Religion zugeneigt. Erst Mitte des 18. Jahrhunderts, als auf dem Kirchenhügel in Mülheim inmitten der protestantischen Gemeinde eine erste katholische Mission gegründet wurde, siedelten sich auch im Styrumer Gebiet katholische Gemeindemitglieder an. 1859 erhielt Styrum seine erste katholische Schule, 1862 folgte der Bau einer ersten Kirche, 1864/65 der einer Krankenstation. Heute zählt der Stadtteil zu den größten katholischen Gemeinden Mülheims.

Zur Zeit der fränkischen Besiedlung des Raums existierte etwas abseits vom Dorf auch ein königlicher Oberhof, aus dem später der Stammsitz der Styrumer Herren, das Schloss Styrum, hervorgegangen ist. Nachdem das Königsgut mit den dazu gehörenden Ländereien im Jahre 1067 zunächst durch Heinrich IV. als Schenkung an die St.-Suitbertus-Kirche zu Kaiserswerth überging, ist um 1200 in Styrum erstmals ein Grafengeschlecht als Eigentümer nachweisbar: Graf Arnold von Altena, der bereits in Besitz des Altenhofs in Mülheim war und mit dem Bau der Festung Isenburg in Hattingen seine Stellung im westdeutschen Raum festigen konnte, erwarb den Oberhof als königliches Lehen. Sein Sohn, Friedrich von Altena-Isenburg, ist in der Folgezeit für die Entstehung der Herrschaft Styrum von großer Bedeutung gewesen. Er galt als einer der einflussreichsten Grafen im Reich, mehr als 300 Lehnsgüter zählten zu seinem Besitz. Seine Machtfülle nahm jedoch im Jahre 1225 ein jähes Ende, als Friedrich nach Auseinandersetzungen mit seinem Großonkel Engelbert von Berg, seinerzeit Erzbischof von Köln und Reichsverweser des Kaisers (siehe Engelbertus-Kirche, Rundgang Mellinghofen/Eppinghofen), des Mordes an dem Kirchenfürsten beschuldigt wurde. Die Tat erregte im Deutschen Kaiserreich ungeheures Aufsehen. Friedrich wurde mit dem kirchlichen Bann belegt, seine Burgen zerstört, sämtlicher Besitz eingezogen. Er floh nach Lüttich, wurde gefasst und schließlich hingerichtet. Sein Sohn, Graf Dietrich I. von Isenberg-Limburg, erwarb durch Tausch einen Großteil des väterlichen Besitzes zurück, darunter auch die Güter in Styrum. Auf dem vorhandenen Gelände baute er 1289 zusammen mit seinem Sohn Eberhard I. ein festes Haus, das er als Stammsitz bezog. Sein Enkel, ebenfalls ein Dietrich, gilt als eigentlicher Begründer der Styrumer Linie: Seine Söhne führen in ihrem Wappen zum ersten Mal den Namen „von Styrum". Das Grafengeschlecht, das noch heute in einer holländischen Linie namens Bronckhorst fortlebt und in der ganzen Welt verstreut lebt, blickt mittlerweile auf stolze 35 Generationen zurück.

Seit der Zeit Dietrichs I. lebte das Grafengeschlecht in ununterbrochener Folge auf Schloss Styrum. Zu ihrem Territorium, das im 16. Jahrhundert mit Schloss, Hof und Garten zusammen etwa 400 Morgen Land beiderseits der Ruhr umfasste, gehörten auf Mülheimer Gebiet auch die Güter

Das Wappen der Herren von Styrum

auf dem Kirchenhügel sowie Besitzungen in Heißen, Fulerum und Haarzopf. Die Herren von Styrum begriffen sich stets als reichsunmittelbar, das heißt, sie sahen sich und ihren Besitz lediglich dem Kaiser und nicht einem weiteren Lehnsherrn und Richter unterstellt. Auf dem Gebiet der Broicher Grafen besaßen die Styrumer Herren ebenfalls einige Höfe. Wie die Historie nachweist, kam es nicht selten zu Streitigkeiten um Macht und Einfluss zwischen den beiden Herrenhäusern, die jedoch in den meisten Fällen durch Verträge oder Vergleiche beigelegt werden konnten. Nur einmal nahmen die Auseinandersetzungen ein tragisches Ende, als Graf Moritz von Styrum (1634–1664) unter nicht eindeutig geklärten Umständen den einzigen männlichen Nachkommen des Grafen von Broich, Carl Alexander von Daun, bei einem Jagdausritt durch einen Schuss aus seinem Gewehr tödlich verletzte. Ob es Notwehr war oder Mord, wie Wilhelm Wirich, Herr auf Schloss Broich und Vater des Getöteten, anprangert, lässt sich heute nicht mehr feststellen. Moritz sah sich gezwungen zu fliehen, konnte sich jedoch einer gerichtlichen Verantwortung entziehen. Er starb 1664 unter mysteriösen Umständen (angeblich tötete ihn ein Dolchstoß, ausgeführt von Anhängern der Broicher Grafen) auf einer seiner Besitzungen im westfälischen Raum. Die Streitigkeiten zwischen Broich und Styrum wurden in der Folgezeit schließlich durch Heirat geschlichtet: eine Enkelin Wilhelm Wirichs von Broich ehelichte später Moritz' Sohn, Graf Moritz Hermann.

Das letzte Kapitel der Herren von Styrum ist schnell erzählt: Einen kurzen Höhepunkt erlebte das Grafengeschlecht mit Karl Joseph, der 1755 auf dem Kirchenhügel in Mülheim Grund und Boden zur Errichtung einer katholischen Schule stiftete, aus der später eine Mission sowie die katholische Marienkirche erwuchs (siehe Rundgang Altstadt). Die Zeit nach seinem Tod ist vom steten Verfall des Styrumer Besitzes und der umliegenden Ländereien geprägt. Mehrere Höfe auf Mülheimer Gebiet mussten zur Deckung der Schulden verkauft werden, das Schloss, seit Jahrhunderten Stamm- und Wohnsitz der Familie, war in einen jämmerlichen Zustand geraten. Freifrau Maria von Humbracht, Schwägerin und Ehefrau des letzten Grafen von Styrum, war die letzte nichtbürgerliche Eigentümerin von Schloss Styrum. 1836 erwarb der Sohn des damaligen Rentmeisters des Schlosses, Dr. Philip Marks, den Besitz, 1861 ging er an den Eppinghofer Gutsbesitzer Johann Schönnenbeck über. 1890 kaufte der Großindustrielle August Thyssen, der in

Altes Bürgermeisteramt von 1893 mit Feuerwehr-Übungsturm

unmittelbarer Nachbarschaft auf dem Gelände des gräflichen Heckhofs in der Nähe der heutigen Thyssen-Brücke sein Stahl- und Walzwerk errichtet hatte (siehe Rundgang Mellinghofen/Eppinghofen), den gesamten Komplex und baute das Schloss zu Wohnungen für seine Direktoren um. Die Geschichte von Schloss Styrum fand schließlich ihren vorläufigen Endpunkt, als 1959 die Stadt Mülheim den Besitz als Stiftung der Thyssen-Erbengemeinschaft erhielt und dort nach einiger Zeit eine Altentagesstätte, einen gastronomischen Betrieb sowie mehrere Künstlerateliers einrichtete.

In kommunaler Hinsicht ist Styrum ein Stadtteil, der durch Industrieansiedlung, Verkehrsführung und Verwaltungsreformen einiges erlitten hat. Kurz nachdem Thyssen das Schloss erworben hatte, wurde durch eine Gemeindeordnung die Bürgermeisterei Styrum mit eigenem Rathaus gegründet. Sie war wesentlich größer als heute und umfasste neben dem jetzigen Stadtteilgebiet die Gemeinden Alstaden und Dümpten. Zu dieser Zeit lebten hier knapp 14.500 Einwohner (zu Beginn des 19. Jahrhunderts waren es lediglich etwa 570 gewesen), darunter viele Zuwanderer aus den osteuropäischen Ländern. Die meisten verdingten sich in den ortsansässigen Industriebetrieben, wobei die Friedrich Wilhelms-Hütte, das Thyssen-Werk, mehrere Ziegeleien sowie eine Glashütte die größten Arbeitgeber waren. In den Bergwerken in Dümpten und Alstaden (Styrum selbst hat nie eine Zeche besessen) fand ebenfalls eine große Anzahl Menschen eine dauerhafte Beschäftigung. Als die industrielle Revolution in rasantem Tempo voranschritt, war bald von den einst bäuerlichen Strukturen, die den Bezirk über Jahrhunderte geprägt hatten, nicht mehr viel zu spüren. Styrum war zu einem dicht besiedelten Industriestandort ersten Ranges geworden, mit einem hohen Anteil an angeworbenen Arbeitnehmern aus dem Ausland. Die Entwicklung blieb nicht ohne Folgen: Viele der in den Industriebetrieben beschäftigten Arbeiter mussten ihr Dasein in relativer Armut fristen, die Behausungen waren eng und schmutzig, die Ernährungssituation unbefriedigend. Auch das Zusammenleben verschiedener Volksgruppen auf so engem Raum ging nicht immer problemlos vonstatten. Styrum galt deshalb lange Zeit als sozialer Brennpunkt der Stadt, der von der übrigen Bevölkerung gemieden, ja beinahe verachtet wurde. Zu den gesellschaftlichen Problemfeldern kamen andere hinzu, unter denen Styrum auch heute noch zu leiden hat: Mehrere geografische Teilungen, bedingt durch zwei Eisenbahnlinien in west-östlicher und nord-südlicher Richtung sowie durch die Autobahn A40, durchschnitten den Stadtteil gewaltsam. Eine weitere Teilung erfolgte durch die zweite kommunale Neuordnung im Jahre 1904, bei der die Nachbarstadt Oberhausen den nördlichen Teil Styrums zugewiesen bekam, nachdem diese bereits 40 Jahre zuvor der Großteil der Lipper Heide erhalten hatte. Der restliche Bezirk wurde als Stadtteil nach Mülheims eingemeindet.

Trotz dieser Verkleinerung des Styrumer Gebiets wohnten und arbeiteten hier zu Beginn des 20. Jahrhunderts bereits mehr als 35.000 Menschen. Dass ihre Versorgung und Betreuung nicht immer reibungslos verlief, belegen zahlreiche Beispiele: Es fehlte an Stätten der allgemeinen Erholung, an Schulen, Kindergärten und anderen sozialen, kirchlichen oder kulturellen Einrichtungen. Grünflächen waren nur wenige vorhanden, Begegnungsräume, Freizeit- oder Sporteinrichtungen fehlten ganz. Erst nach und nach begann man, dem rasanten Bevölkerungsanstieg durch entsprechende Angebote gerecht zu werden. Doch schon kam eine erneute Welle von Belastungen: Der Rückzug der Schwerindustrie entließ tausende von Menschen in die Arbeitslosigkeit, Abwanderung und Resignation waren die Folge. Bis Ende der 1990er Jahre hatte Styrum die meisten Obdachlosensiedlungen im gesamten Stadtgebiet, die Einwohnerzahl war um die Hälfte gesunken. Einen großen Wendepunkt zu mehr Lebens- und Wohnqualität brachten da erst die Landesgartenschau MüGa sowie die sozialen und integrativen Projekte der Folgezeit. Sie halfen, die Schäden, die die Industrie hinterlassen hatte, zu beseitigen und Styrum insgesamt ein freundlicheres Aussehen zu geben.

Ein Großteil der Industriebetriebe, die zur Zeit ihrer Gründung zunächst auf gräflichem Gebiet der Styrumer Herren, später in der Bürgermeisterei Styrum lagen, gehören heute zum Stadtgebiet Mellinghofen/Eppinghofen. Aus diesem Grunde widmet sich ein anderer Rundgang dieser industriellen Vergangenheit. Beim Spaziergang durch Styrum sollen nun vielmehr diejenigen Strukturen und Entwicklungen aufgezeigt werden, die den Stadtteil heute prägen. Die Steigerung der Wohn- und Freizeitqualität, die integrativen Bemühungen um die ausländischen Mitbürgerinnen und Mitbürger sowie die Etablierung des Kultur- und Bildungsangebots Styrums als feste Größe im Stadtbild gehören dabei zu den wesentlichsten Merkmalen.

Wir beginnen mit einem kulturellen Highlight der Stadt Mülheim, dem **Aquarius Wassermuseum (1)** an der Burgstraße. Die Geschichte des ehemaligen Wasserturmes, in dem sich seit 1992 das multimediale Museum zum Thema Wasser befindet, reicht zurück bis ins Jahr 1892: Kein Geringerer als August Thyssen ließ den Turm, der 500.000 Liter Wasser fasste, errichten, um sein benachbartes Walz- und Röhrenwerk sowie die ortsansässige Bevölkerung mit Wasser zu versorgen. Als Thyssen nach der Jahrhundertwende den Schwerpunkt seiner Fabrikation nach Duisburg verlegte, verkaufte er den Turm mitsamt des ebenfalls von ihm erbauten, nahe gelegenen Wasserwerks an die Rheinisch-Westfälische Wasserwerksgesellschaft RWW, die auch den größten Teil des dazu gehörenden Versorgungsgebietes übernahm. Die RWW, im Jahre 1912 aus einem Zusammenschluss der Wasserversorgungsbetriebe der Städte Mülheim und Oberhausen sowie der Firma Thyssen und Cie. hervorgegangen, versorgte fortan über zwei Pumpwerke und ein eigenes Kraftwerk auf der Schleuseninsel die Bevölkerung mit Trinkwasser (mehr zur RWW siehe Rundgänge Broich und Altstadt).

Bis 1982 war der alte Wasserturm in Styrum, der zwischenzeitlich auch als Wohnung diente, in Betrieb und speicherte hauptsächlich Wasser für die ortsansässige Industrie. Nach seiner Stilllegung beschloss die RWW, den Turm als wertvolles Industrierelikt zu erhalten; er wurde unter Denkmalschutz gestellt. In der Folgezeit wurde die Idee geboren, aus dem einstigen Reservoir für Wasser ein Reservoir für das Wissen *über* Wasser zu schaffen. Das zentrale Anliegen sollte sein, in der Bevölkerung das Bewusstsein für den Umwelt- und speziell den Gewässerschutz zu schärfen. Denn für viele von uns ist das Wasser, das täglich

Wassermuseum „Aquarius“ im alten Wasserturm

aus der Leitung sprudelt, zur Selbstverständlichkeit geworden. Kaum jemand macht sich heute noch Gedanken darüber, was geschähe, wenn der Wasserhahn einmal trocken bliebe. Dass Wasser Leben bedeutet, kostbar und unverzichtbar zugleich, merken wir zumeist erst, wenn es lebensbedrohlich verschmutzt ist oder gar gänzlich fehlt. Der Schutz des Wassers sowie ein verantwortungsbewusster Umgang mit diesem Element ist deshalb unabdingbar und setzt

Aufklärungsarbeit und pädagogisch sinnvolle Wissensvermittlung voraus. Aus all diesen Überlegungen heraus erwuchs schließlich 1992 anlässlich der Landesgartenschau MüGa ein von langer Hand geplantes und mit viel Engagement verwirklichtes Projekt, das an Rhein und Ruhr seinesgleichen sucht: das Aquarius Wassermuseum.

Seit der Eröffnung der mehrfach preisgekrönten und als Bestandteil der Route der Industriekultur auch überregional bekannten Ausstellung strömen jährlich knapp 40.000 Besucherinnen und Besucher in das architektonisch und technisch äußerst erfinderisch gestaltete Museum. Von außen eindrucksvoll mit gläsernem Fahrstuhl, stählernem Treppenaufgang und Panoramaebene in 37 m Höhe bietet der alte Wasserturm im Innern eine mit Computersimulationen, Filmen, Klängen und Spielen ausgestattete Show, die sich auf insgesamt 15 Ebenen unterhaltsam und informativ dem Lebenselixier Wasser widmet. An mehr als 20 Stationen wird den interessierten Besuchern die Welt des Wassers mittels Geschichten, Bildern, Geräuschen und Erlebnissen näher gebracht, modernste Technik (Touchscreen-Monitore, Joysticks) sowie ein Quiz fordern zum aktiven Mitmachen auf. Mal spielerisch, mal ernst, mal kreativ, mal spannend – das sind die Eindrücke, die man beim Rundgang durch das multimediale Museum gewinnt. Ein ehemaliges Industriedenkmal als begehbarer und vielfältig erlebbarer Kunstraum also – inmitten des einstigen Industrievororts Styrum eine gelungene Symbiose zwischen Altem und Neuem.

In unmittelbarer Nachbarschaft zum Museum liegt die historische Stätte **Schloss Styrum (2)**. Über Jahrhunderte hinweg diente das Gebäude den gräflichen Herren als Stammsitz, heute ist es Altentagesstätte (übrigens die erste ihrer Art in der Bundesrepublik), kultureller Begegnungsort sowie Künstlerdomizil in einem. Über die Geschichte der Grafen von Styrum ist bereits im Vorfeld einiges erzählt worden. Zum Werdegang des Schlosses lässt sich berichten, dass es als einfacher königlicher Oberhof bereits im 6. Jahrhundert n. Chr. existierte, Mitte des 11. Jahrhunderts als Stiftung an die St.-Suitbertus-Kirche zu Kaiserswerth überging und um 1200 schließlich erstmals in Besitz der späteren Herren von Styrum geriet. Graf Dietrich I. von Isenberg-Limburg sowie sein Sohn Eberhard I. bauten den Reichshof, den sie als königliches Lehnsgut erworben hatten, wohl um 1289 zu einer Kemenate, also einer Art Burg aus. Schloss Styrum ist damit erstmals fester Wohnsitz der gräflichen Herren. Die Besitzungen rund um die Burg waren im Vergleich zur benachbarten Herrschaft Broich recht klein: Zu den Schlossgebäuden gehörten lediglich der Hauskamp (eine Feldanlage, die sich bis zur gleichnamigen Straße im Norden erstreckte), einige Hektar Acker-, Wiesen- und Waldflächen, ein paar Kotten und Höfe im Speldorfer Raum sowie drei Höfe auf der hauseigenen Ruhrseite. Von den drei genannten Höfen in Styrum ist heute lediglich der Neikmannshof erhalten (dazu später mehr); der Bieghof fiel dem Bau der Bergisch-Märkischen Eisenbahnlinie zum Opfer, der Heckhof, einst Wiege der Thyssen'schen Stahlfabrik, ging später beim Bau der Thyssenbrücke verloren. Trotz dieses relativ kleinen Territoriums gewann das gräfliche Styrum durch umfangreichen Streubesitz, der bis ins Westfälische reichte und mehr als 100 Lehnsgüter umfasste, immer mehr an Bedeutung. Als Wappentier führten die Grafen einen zweischwänzigen, roten Löwen auf weißem Grund, der auch heute noch im Mülheimer Stadtwappen enthalten ist.

Nach Erweiterungen im 14. und 15. Jahrhundert wurde die Kemenate, die wie berichtet nur dem Kaiser als oberstem Lehnsherrn unterstand, 1658 zu einer barocken Anlage umgeformt. Einzelne Bauelemente aus dieser Zeit sind nach wie vor gut zu erkennen. Die Hauptmerkmale der uns heute vertrauten Gestalt gehen jedoch im Wesentlichen auf Umbauten nach einem Brand im Jahre 1738 zurück. Seine letzte Glanzzeit erlebte das Schloss im 18. Jahrhundert unter dem Grafen Karl Joseph, der nicht nur um den Erhalt seines eigenen gräflichen Besitzes bemüht war, sondern sich auch sehr stark für die Belange Mülheims engagierte. Nach seinem Tode jedoch verfiel der Styrumer Besitz durch den aufwändigen Lebensstil und die Nachlässigkeit seiner Nachkommen zusehends. Das Schloss selbst geriet in einen so erbärmlichen Zustand, dass der Abt von Werden, vom Kaiser zur Begutachtung des Lehens nach Styrum entsandt, fortan das Schloss kommissarisch verwaltete. Nach der Aufhebung des Lehnswesens durch Napoleon 1809 vermachte der letzte Graf von Styrum nach seinem Ableben das halb verfallene Anwesen seiner Schwägerin Maria von Humbracht.

Mit dem Tode des Grafen, der keine Nachkommen hinterließ, war die ruhrländische Linie Limburg-Styrum ausgestorben, es existiert heute lediglich noch ein holländischer Zweig mit Stammsitz in Bronckhorst. Maria von Humbracht, letzte adelige Eigentümerin des Schlosses, verkaufte 1836 das Haus Styrum mit 137 Morgen sowie mehreren Äckern, Gärten, Wiesen und Wäldern an Dr. Philip Marcks, Sohn des ehemaligen Rentmeisters des Schlosses. Nach einem weiteren bürgerlichen Besitzer erwarb schließlich August Thyssen 1890 das Schloss für 100.000 Goldmark und richtete dort, nach umfangreichen Umbaumaßnahmen in den 1920er und 30er Jahren, mehrere Wohnungen für die Direktoren seines benachbarten Stahl- und Walzwerkes ein. Er selbst residierte ruhrabwärts auf Schloss Landsberg (siehe Fahrradtour). In den Besitz der Stadt Mülheim gelangte das Anwesen in Styrum letztlich Mitte des vorigen Jahrhunderts durch eine Schenkung des Barons Heinrich Thyssen-Bornemisza. Baron Thyssen hatte sich zeitlebens als Förderer und Mäzen einen Namen gemacht; er verstarb im April 2002 und wurde auf dem Familiensitz Schloss Landsberg beigesetzt.

Die äußere Gestalt des Schlosses wird bestimmt durch den markanten, aus Bruchstein bestehenden Mittelbau, der bereits während der Entstehungszeit des Schlosses (jedoch in anderer Form) existiert haben muss, sowie einen sechseckigen Treppenturm mit geschweifter Haube. Letzterer wurde bei der Barockisierung des Schlosses 1658 angefügt, ebenso wie ein beiderseits vorspringender Querakt mit Krüppelwalmdach und Rundturm an der gegenüberliegenden Westseite. Der ehemalige Rittersaal im Obergeschoss, der mit Porträts und Wappen der verschiedenen Grafen geschmückt war, besteht in seiner damaligen Form nicht mehr: Er wurde durch die Thyssen'schen Renovierungsmaßnahmen völlig umgestaltet. Bauliche Ergänzung erfuhr das Schloss zu dieser Zeit

Historisches neben Modernem: Rittersitz Schloss Styrum und Aquarius Wassermuseum

auch an der Eingangsfront sowie an der Südseite, die zur Gartenfront mit einer Terrasse ausgestattet wurde. Das gesamte Anwesen ließ Thyssen mit einer Mauer umgeben, die im Westen von einem dreigeschossigen, quadratischen Wehrturm mit geschweifter Haube und angefügtem Treppenturm markiert wurde (erhalten). Ostwärts, mit Blick auf die Burgstraße, die ehemalige Hauptzufahrtsstraße zum Schloss, hat sich ebenfalls erhalten ein einstöckiges Torhaus aus Backstein, in dessen rundbogiger Durchfahrt die Jahreszahl 1658 sowie die Wappensteine des Grafen Hermann Georg von Limburg-Styrum und seiner Frau Maria, Erbauer der barocken Anlage, eingefasst sind. Das denkmalgeschützte Haus, neben dem sich früher auch die gräfliche Kapelle befand, diente häufig als Zufluchtsort für die in Styrum lebenden Katholiken. Seit dem 19. Jahrhundert als Abstellraum genutzt, wurde das Gebäude 1992 von der RWW komplett restauriert und dem benachbarten Museum als Vortrags- und Versammlungsraum zu Verfügung gestellt. Rund um das Schloss schließt sich ein Park an, dessen barocke Gestaltungsformen noch vereinzelt zu erkennen sind. Das grüne Gelände zeichnet sich durch einen sehr alten Baumbestand aus. Des Weiteren findet man hier Hecken und Kleingärten sowie Azaleen, Eiben, Stauden, Rhododendronbüsche. Ein Aquarium, das man im Sommer besichtigen kann, ist ebenfalls vorhanden. In der Nähe der Schlossgärtnerei sind Themen- und Lehrgärten angelegt. Einen besonderen Raum nehmen die Rosen und Dahlien ein, zu sehen sind aber auch Frosch- und Libellengärten, Blättergärten, Gemüse- und Strauchgärten. Seit 1992 führt von den Grünanlagen aus ein schöner Naturlehrpfad über das MüGa-Gelände bis zum Schloss Broich.

Wer nach seinem Rundgang durch Schloss und Park etwas Erholung sucht, kann sich im hauseigenen Restaurant mit Biergarten ausruhen. Im Anschluss daran führt uns der Rundgang in ein Viertel, dessen Straßennamen einerseits an die frühen Zeiten des Styrumer Grafengeschlechts erinnern (Landgrafen-, Limburg-, Eberhard- und Moritzstraße), andererseits die prägende industrielle Entwicklung dieses Stadtteils widerspiegeln (Hammer-, Meißel-, Schlägel- und Eisenstraße). Die zuletzt genannten Straßen sind Ende des 19. Jahrhunderts gebaut worden, zu einer Zeit also, als Styrum sich zu einem schnell wachsenden Industriestandort entwickelte, der nicht nur neuen Wohnraum für die hier arbeitende Bevölkerung, sondern auch eine komplett neue Infrastruktur benötigte. Zu den Neuerungen zählte beispielsweise der Bau einer evangelischen Volksschule an der früheren August-Thyssen-Straße (eröffnet 1896, heute Meißelstraße) sowie die Errichtung einer katholischen Schule an der Schlägelstraße (eröffnet 1899), in der noch heute ein historisches Klassenzimmer zu besichtigen ist. Beide Schulen zusammen bilden dieser Tage eine städtische Gemeinschaftsgrundschule. Des Weiteren ließ August Thyssen, der sein Stahl- und Walzwerk so weit ausdehnte, dass ganze Straßenzüge (so zum Beispiel die Hütten-, Hedwig-, Herzog- oder Teile der Schützenstraße) darunter verschwanden, neue Wege anlegen, an deren Rändern er Wohnungen für die Arbeiter seiner Betriebe errichtete. Die gleichförmigen Häuser, die eine so genannte Kolonie bildeten und zum Teil also noch aus der Zeit um 1900 stammen, sind inzwischen modernisiert und ihre Fassaden verschönert worden. Auch wenn die Werkskolonie zwischen Eisen-, Hammer- und Schlägelstraße nicht mit anderen Siedlungen im Stadtgebiet (etwa die Siedlung Heimaterde in Holthausen) zu vergleichen ist, so hat sie doch zumindest teilweise ihren ursprünglichen Charakter – anderthalbgeschossige Doppelhäuser mit Stallungen und dahinter liegenden Gärten – bis heute bewahrt und ist somit ein gutes Beispiel für den Siedlungsbau vergangener Zeiten. Geschwächt wird das sehenswerte Erscheinungsbild der Kolonie allerdings durch moderne, schmucklose Wohnsilos, die der Siedlung vorgelagert sind.

Inmitten dieses Bezirks befindet sich die **Kath. Kirche St. Albertus Magnus (3)**. Ihre Geschichte beginnt während des Zweiten Weltkrieges, als in einer ehemaligen Gefangenenbaracke ein erstes kleines Gottes-

Katholische Kirche St. Albertus Magnus

haus für die Gläubigen des Stadtteils eingerichtet wurde. Nach Ende des Krieges bildete sich schon bald ein von der Muttergemeinde St. Joseph (heute zu Oberhausen gehörend) unabhängiges Rektorat, dessen Leitung Kaplan Heinrich Küppers übernahm.

Küppers kam 1929 nach Styrum und widmete sich der Pflege und Betreuung von Armen, Kranken und Arbeitslosen. Weil er an der antiklerikalen Propaganda des Hitler-Regimes öffentlich Kritik geäußert hatte, verhafteten ihn 1935 die Nazis. Nach kurzer Haft wieder freigelassen, wurde er 1943 erneut festgenommen; bis Ende des Krieges blieb er als Verurteilter im Konzentrationslager Dachau bei München. Von Krankheit und Leid schwer gezeichnet, kehrte er nach Kriegsende nach Mülheim zurück und erwirkte 1954/55 als Pfarrer der selbstständigen Gemeinde St. Albertus Magnus schließlich den Bau eines eigenen Gotteshauses an der Eberhardstraße in Styrum. Die Früchte seiner Arbeit erlebte er jedoch nur noch für kurze Zeit: Küppers starb 1955 an den Spätfolgen seiner Inhaftierung.

Als Architekt des Gotteshauses trat der Kölner Baumeister Ludger Kösters in Erscheinung. Die Kirche zeichnet sich im Äußeren durch einen blockartigen Mittelbau aus rotem Backstein mit seitlich angefügtem, quadratischem Turm mit Wetterhahn aus. Im Innern dominiert ein sich zum Altar hin verbreiternder Saal, der eine einfache, flache Holzdecke besitzt. Die Chorwand ist aus dunkelroten Ziegelsteinen gemauert, in der Mitte schwebt gut sichtbar ein hölzernes Kreuz. An den Seitenwänden, die zur Hälfte ebenfalls aus roten Klinkern bestehen, zeigen einzelne quadratische, in Stein gehauene Bilder die Passionsgeschichte. Im linken Altarraum fällt dem Betrachter ein großes buntes Fenster ins Auge, dessen Farbigkeit sich in zwei kleineren Fenstern an der Eingangsfront unterhalb der Empore wiederholt. Bemerkenswert ist außerdem die Figur der Mutter Gottes in einer Nische im rechten Seitenschiff sowie die Glocke im Kirchturm, die aufgrund ihres hohen Alters – sie stammt aus dem Jahre 1589 – eine Rarität darstellt. Neu hingegen ist die Figur des Patrons der Kirche, die seit kurzem ihren Platz seitlich des Altarraums einnimmt. In den 1960er und 70er Jahren entstanden im näheren Umfeld der Kirche ein Jugendheim sowie ein Kindergarten. Im Pfarrhaus an der Eberhardstraße ist neben der Gemeinde St. Albertus Magnus auch die Kroatische Katholische Gemeinde für Mülheim, Oberhausen und Bottrop untergebracht, ein Zeichen für die Notwendigkeit der Betreuung der ausländischen Mitbürger des Stadtteils. Das Jahr 2000 brachte für die Gemeinde eine entscheidende Veränderung: Sie wurde zur Filialkirche ihrer Schwesterngemeinde St. Mariae Rosenkranz. Die Mitgliederzahl beider Gemeinden (St. Albertus Magnus: 1.200, St. Mariae Rosenkranz: 3.100) machte den Zusammenschluss unter Leitung der größeren Pfarrei sinnvoll.

Wir gehen nun über die Limburgstraße zurück zur Moritzstraße, vorbei an einigen alten Häusern mit schönen Fassaden, bis wir linker Hand, halb versteckt zwischen den Häuserreihen, die Einfahrt zum so genannten **Haus am Wasser (4)** erkennen. Das Gebäude, obwohl nur einen Steinwurf von Schloss Styrum entfernt, liegt etwas unscheinbar abseits der Hauptverkehrsstraße hinter einem Parkplatz. Bis in die 1970er Jahre, als die RWW das Anwesen erwarb und zum Tagungs- und Gästehaus umfunktionierte, fristete das Haus ein relativ unbeachtetes Dasein; zuletzt war hier eine Schmiede untergebracht. Der Umstand, dass das Gebäude lange Zeit nur wenig Beachtung fand, wird der bedeutsamen Vergangenheit des Hauses jedoch keineswegs gerecht. Erstmals erwähnt wurde die Anlage nämlich bereits um 1450 als Wirtschaftshof des benachbarten Herrenhauses der Styrumer Grafen unter dem Namen „Neikmannshof". Zu dieser Zeit befand sich das Gebäude noch etwa 100 m weiter östlich Richtung Schloss Styrum. Das immer wiederkehrende Hochwasser der Ruhr jedoch zwang die Hausherren etwa um 1600, ihr Wirtschaftsgebäude an die heutige Stelle zu verlegen. Kurze Zeit später wurde hier erstmals eine primitive Form der Eisenverhüttung betrieben. Zu dem einfachen Bauernhaus mit Stallungen für Schweine und Rinder war nunmehr eine Werkstatt mit Ofen hinzugekommen. Im 18. Jahrhundert hatte man die Eisenverhüttung schließlich so weit perfektioniert, dass in unmittelbarer Nachbarschaft eine eigene kleine Eisenhütte errichtet werden konnte. In dieser Hütte, die mit Stückofen und neuen Geräten ausgestattet war und einen eigenen Anlegersteg zur Ruhr besaß, wurden Waffen und Werkzeuge geschmiedet. Bei dem Eisen, das hier gewonnen wurde, handelte es sich um das örtlich vorhandene Raseneisenerz, das oberflächennah in den feuchten Ruhrniederungen gewonnen werden konnte. Aus diesem Raseneisenerz wurde dann in einfachen Gebläseöfen mit Hilfe von Wasser und Holz-

Wiege der Eisenhüttenindustrie: der Neikmannshof, auch Haus am Wasser genannt

kohle Roheisen erzeugt. Im Anschluss wurde das Roheisen geschmolzen und zu Metall verarbeitet; ein echtes Gewerbe, von der Eisengewinnung zur Eisenverarbeitung, war entstanden.

Als Mitte des 19. Jahrhunderts in Styrum jedoch durch die Herren Nedelmann und Morian eine Aktiengesellschaft für Eisenindustrie gegründet wurde und wenige Jahre später August Thyssen auf dem Gelände des benachbarten Heckhofs sein leistungsfähiges Stahl- und Walzwerk errichtete, hatte der handwerkliche Kleinbetrieb auf dem Neikmannshof nur noch wenige Jahre Bestand: Die übermächtige Konkurrenz zwang ihn zur Aufgabe der Fabrikation. Das Anwesen verfiel mehr und mehr, bis die RWW 1975 den Hof erwarb und fachgerecht renovieren ließ.

IWW – Zentrum für Wasserchemie und Wassertechnologie

Das eigentlich Sensationelle an der Geschichte des Neikmannshofs ist die Entdeckung, dass hier, auf Mülheimer Gebiet, bereits zu Beginn des 17. Jahrhunderts eine erste Form der Eisenverhüttung begonnen hatte. Bisher waren die Historiker, die sich mit der Wirtschafts- und Sozialgeschichte des westlichen Ruhrgebiets beschäftigen, nämlich davon ausgegangen, die Wiege des Eisenhüttenwesens sei die St.-Anthony-Hütte im benachbarten Oberhausen-Osterfeld. Dass die Historie in diesem Punkt neu geschrieben werden muss, ist den im Auftrag der RWW forschenden Archäologen zu verdanken, die bei Ausgrabungen rund um das alte Fachwerkhaus zu Beginn der 1980er Jahre zwei Werkstattbereiche sowie Gerätschaften für die Gewinnung und Verarbeitung von Eisen freilegen konnten. Die Datierung dieser Fundstücke belegt, dass in Mülheim bereits vor etwa 400 Jahren Anfänge eines ersten handwerklichen Eisenhüttenbetriebes existiert haben müssen – also vor der Fertigung in Osterfeld und lange bevor mit Thyssen und Co. die eigentliche industrielle Entwicklung begann.

Ein Teil der Grabungsobjekte, darunter Werkzeuge, Münzen, Haushaltskeramik sowie Reste von Kohle und Eisenerz, befindet sich als archäologisch-historische Dauerausstellung vor Ort. Neben den Grabungsfunden wird hier auch alles rund um das Thema Eisengewinnung – von ihren traditionellen Anfängen bis zu ihrer modernen Form – an Schautafeln anschaulich dargestellt. Wer mehr über die Geschichte des Hofes in Erfahrung bringen möchte, sollte sich die eigens zum Thema „Haus am Wasser“ angefertigte Publikation zulegen oder an einer Führung (nach vorheriger Anmeldung) durch das vorbildlich restaurierte Gebäude teilnehmen.

Zurück zur Moritzstraße: Unser Weg führt uns nun westwärts zu einem Gebäude, das seit 1988 an dieser Stelle existiert und seither in Fachkreisen zu einer der wichtigsten Einrichtungen auf dem Gebiet der Wasserforschung zählt: dem **Rheinisch-Westfälischen Institut für Wasserchemie und Wassertechnologie IWW (5)**. Rund 100 Mitarbeiter sind in dem auch international tätigen Institut beschäftigt, etwa 3.100 qm Labor-, Büro- und Seminarräume stehen für Forschung und Lehre zur Verfügung. Gegründet wurde das IWW auf Initiative der Rheinisch-Westfälischen Wasserwerksgesellschaft RWW im Jahre 1986. In den darauf folgenden Jahren entwickelte sich das Unternehmen rasch zu einem renommierten Forschungsstandort, so dass bereits 1992 die Kapazitäten erweitert werden konnten. Zum Aufgabenbereich des IWW, das gleichzeitig auch An-Institut der Universität Duisburg ist, gehört die Beratung und Unterstützung von Industriebetrieben und Wasserversorgungsunternehmen in Fragen der Wassergewinnung, -aufbereitung, -verteilung und -wiederverwendung. Schwerpunkte sind dabei die Entwicklung neuer Technologien, die Erstellung von Gutachten sowie die Durchführung von Forschungsprojekten. Die enge Kooperation mit der Universität Duisburg ermöglicht es, Forschung, Entwicklung und Lehre praxisnah miteinander zu verbinden: Studierende der Hochschule können im Institut Vorlesungen und Seminare besuchen und zugleich vor Ort konkrete Erfahrungen sammeln. Aus dieser Kombination gehen dann häufig angesehene Forschungsarbeiten hervor, die dem Institut sowie den zu beratenden Unternehmen zugute kommen.

Dass das Mülheimer Know-how in Sachen Trinkwasserversorgung europaweit nachgefragt wird, kommt nicht von ungefähr: Von dem Grundsatz geleitet, das lebenswichtige Element Wasser für die Zukunft dauerhaft zu sichern, beschäftigt sich das Institut intensiv mit der Analyse und Bewertung der Stoffe, die sich in unserem Trinkwasser befinden. In den zentralen Labors, in denen das Institut seine Forschungen zur Qualität des Wassers durchführt, können so bis zu 650 Einzelstoffe untersucht und aufgezeichnet werden. Die gesammelten Informationen werden per EDV in einer detaillierten „Trinkwasser-Datenbank“ gespeichert. Zugriff auf dieses System haben dann beispielsweise die Landesregierung oder das Gesundheitsamt, die im Falle einer Verunreinigung des Wassers durch Umweltgifte oder andere lebensbedrohliche Stoffe geeignete Maßnahmen zum Schutz des Trinkwassers einleiten können.

Da die gesetzlichen Bestimmungen zur Güte des Roh- und Trinkwassers sowohl auf Landesebene als auch europaweit in den letzten Jahren enorm an Umfang gewonnen haben, greifen besonders mittlere und kleinere Versorgungsbetriebe auf die Unterstützung und Beratung durch das Mülheimer IWW zurück, um die Vorschriften der Trinkwasserverordnung einhalten und stets sauberes Trinkwasser liefern zu können. Dabei werden den betroffenen Unternehmen Vorschläge gemacht, wie sie effektiv und kostengünstig die Qualität ihres Wassers (zum Beispiel durch den Bau neuer Filteranlagen) kontrollieren können. Welche Stoffe als gesundheitsgefährdend gelten und welche nicht – all diese Informationen stellt das IWW-Institut den Wasserversorgungsbetrieben zur Verfügung. Es stellt somit auch die Weichen für die Zukunft und schafft ein Stück mehr Sicherheit, damit im Zeitalter des globalen Konsums, der auch die Ressourcen des Urelements Wasser bedroht, weltweit qualitativ hochwertiges Trinkwasser in ausreichenden Mengen gesichert werden kann.

Nicht weit vom Wasserforschungsinstitut entfernt liegen zwei Einrichtungen, die ebenfalls von der Arbeit des IWW profitieren: die **Wasserwerke Styrum-Ost und Styrum-West der Rheinisch-Westfälischen Wasserwerksgesellschaft RWW (6)**. Die Geschichte der Wasserwerke beginnt im Jahre 1871, als die Vertreter der Oberhausener Schwerindustrie die so genannte „Aktiengesellschaft Oberhausener Wasserwerk“ mit dem Zweck gründeten, die heimischen Industriebetriebe und Eisenbahnanlagen mit Wasser zu versorgen. Die Grundwasservorräte reichten für den steigenden Bedarf jedoch bald nicht mehr aus, und so bediente man sich der nahe gelegenen Flüsse, deren Oberflächenwasser

Luftaufnahme vom Wasserwerk Styrum-Ost

gereinigt und dem Grundwasser zugeführt wurde. Weil die stadteigene Emscher für die Versorgung nicht in Betracht kam (sie war zu diesem Zeitpunkt durch Industrieabwässer völlig verseucht), griff man auf die saubere Ruhr zurück und errichtete ein Wasserwerk im benachbarten Styrum. Als August Thyssen nicht weit entfernt sein Stahl- und Walzwerk aus dem Boden stampfte, das schon bald nach der Gründung riesige Ausmaße annahm, reichte die Versorgung mit nur einem Werk nicht mehr aus: Der Industriebaron ließ deshalb – auch gegen den Widerstand der Oberhausener Aktiengesellschaft – direkt neben dem schon vorhandenen sein eigenes Wasserwerk errichten, das heute den Namen Styrum-Ost trägt.

Nach 1892, dem Gründungsjahr der Thyssen'schen Versorgungsanlage, wurde das Wasserwerk immer weiter ausgebaut. Die bereits vorhandene Wasserleitung nach Oberhausen wurde erweitert durch Leitungen bis nach Gladbeck und Dorsten. Es entstand ein Versorgungsgebiet, das noch heute, über 100 Jahre später, existiert und zum gegenwärtigen Zeitpunkt durch die Rheinisch-Westfälische Wasserwerksgesellschaft betreut und versorgt wird. 1912 gingen beide Werke als ein Gemeinschaftswerk in der neu gegründeten RWW auf. Diese errichtete 1956 ein zweites Wasserwerk: Styrum-West. Die Versorgung galt bis in die 1950er Jahre immer noch vornehmlich der Industrie. Dieser Tage sind es die privaten Verbraucher, die im Mittelpunkt stehen: Die Wasserwerke Styrum-Ost und Styrum-West versorgen zusammen rund 300.000 Menschen mit Trinkwasser.

Investitionen in dreistelliger Millionenhöhe bewirkten, dass die Mülheimer Wasserwerke heute Trinkwasser in ausreichender Menge und hoher Qualität zur Verfügung stellen. Dazu dienen Wassergewinnungsflächen und Wasserschutzzonen, die sich von den Styrumer Werken bis zur Saarner Aue erstrecken und den jährlichen Gesamtbedarf von mehreren Millionen Kubikmeter Wasser decken. Innerhalb der Wasserwerke wandeln mehrstufige Wasseraufbereitungsanlagen das noch nicht gereinigte Ruhrwasser in qualitativ einwandfreies Trinkwasser um. Der Prozess ist dabei folgender: Das Oberflächenwasser der Ruhr – übrigens inzwischen eines der saubersten Gewässer Deutschlands – wird zunächst über Rohre in Sandfilterbecken geleitet, wo es biologisch vorgereinigt und im Anschluss daran in Entnahmebrunnen gesammelt wird. In einem zweiten Schritt durchläuft das Wasser eine so genannte Ozonanlage, in der mittels Ozon (= eine besondere Form von Sauerstoff) feinste Schmutzpartikel ausgesondert werden können und das Wasser zugleich desinfiziert wird, ohne dass jedoch lebenswichtige Stoffe wie Calcium oder Magnesium zerstört werden. In einer dritten Stufe gelangt das Reinwasser in eine Kammer und wird mittels mikrobiologischer Aktivkohlefilter, die auch Geschmacks- und Geruchsstoffe binden, nochmals gesäubert. Unter der Bezeichnung „Mülheimer Verfahren" wurde diese Art der Wasseraufbereitung weltberühmt. Das Wasser hat nun Trinkwasserqualität erreicht und kann, nachdem es entsäuert und aus Sicherheitsgründen minimal chloriert wurde, in Reinwasser-Behälteranlagen zwischengelagert werden. Von dort aus sorgen entsprechende Pumpleitsysteme für die Versorgung der Endverbraucher. In einem abgewandelten Verfahren wird das gereinigte Wasser über Versickerungsbecken dem Grundwasser zugeführt und im Anschluss daran über Entnahme- und Sammelbrunnen sowie Pumpen an den Verbraucher weitergeleitet.

Während des gesamten Verfahrens, das etwa 2–3 Tage in Anspruch nimmt, werden beständig Kontrollen durchgeführt, die eine einwandfreie Beschaffenheit des Wassers garantieren. Wasserproben werden im hauseigenen Labor oder im angrenzenden IWW-Institut auf ihre Tauglichkeit untersucht. Die für die Wasseraufbereitung notwendige Energie kommt vom RWW-eigenen Kraftwerk Kahlenberg (siehe Rundgang Altstadt). Zum Versorgungsgebiet gehören die Städte Mülheim, Oberhausen, Gladbeck, Bottrop und Dorsten sowie die nördlich und südlich sich anschließenden kleineren Gemeinden.

Etwa zweimal im Jahr bietet die RWW für interessierte Besucher eine Führung über das Gelände an und eröffnet Einblicke in die Herkunft und Aufbereitung des Ruhrwassers. Dabei soll – ähnlich wie im Aquarius Wassermuseum – der Ansatzpunkt pädagogischer sowie aufklärender Art sein: Da Wasser nicht in beliebiger Menge zur Verfügung steht, müssen wir lernen, unnötige Verschwendung zu vermeiden und sparsam mit den vorhandenen Ressourcen umzugehen. Die drohende Gefährdung des so kostbaren Nasses durch Verunreinigung oder Vergiftung sollte außerdem Anlass dazu sein, im Umgang mit Wasser schonend und verantwortungsbewusst zu verfahren. Nur so können wir auf Dauer unser Lebensmittel Nummer eins auch für nachfolgende Generationen bewahren.

Vom IWW aus gelangen wir zur Steinkampstraße, halten uns links und überqueren auf einer Fußgängerbrücke die Autobahn. Vom Lärm der stark befahrenen A 40 abgeschreckt, gehen wir zügig weiter Richtung Lohkamp und Neikmannsfeld. Letzteres erinnert an den bereits erwähnten Neikmannshof, das heutige „Haus am Wasser", zu dem in früherer Zeit umfangreiche Besitzungen gehörten. Ob am Lohkamp (Loh = lichter Wald) auch Eichenwälder standen, in denen Lohe zur Gerbung des heimischen Leders gewonnen wurde, ist nicht gesichert. Über Stockhecke und Friesenstraße, vorbei an hübschen Ein- und Mehrfamilienhäusern älteren und neueren Datums, biegen wir an einer Kleingartenanlage links ab und erreichen schließlich nach einigen Metern Fußmarsch unseren nächsten Haltepunkt, das **Ruhrstadion (7)**. Eingekeilt zwischen Eisenbahnlinie im Norden und Autobahn im Süden liegt das Gelände heute relativ verlassen da. Viel gibt es hier nicht mehr zu sehen, und in Zukunft vielleicht noch viel weniger, denn nach einer vorübergehenden Schließung des ebenso maroden wie kostenintensiven Styrumer Freibades, das zum Ruhrstadion gehört, ist der Fortbestand des Bades seit dem Jahr 2001 nicht mehr gesichert. Fehlende Besucherzahlen und eine stark renovierungsbedürftige Anlage zwangen die Betreiber zu notwendigen Maßnahmen. Gespräche mit Investoren, Sponsoren und Sportverbänden, die gar die Errichtung eines Freizeit- und Erholungsparkes planten, blieben bisher ergebnislos. Selbst die Nachbarstadt Oberhausen, mit der man sich die Betreiberkosten teilen wollte (immerhin kommen knapp zwei Drittel der Besucher aus Oberhausen), winkte ab: Der riesige Sanierungsbedarf sei auch mit ihrer Hilfe nicht zu schaffen. Kommt ein erneuter Schließungsentschluss, verliert der ohnehin an Attraktionen arme

Nord-Bezirk Mülheims einen wichtigen Freizeitstandort. Dass es in der Stadt noch ein weiteres, jedoch kleineres Freibad gibt (siehe Rundgang Heißen), kann über die Situation nur wenig hinwegtrösten. Unter dem Sparzwang zu leiden hätten neben den vielen privaten Besuchern insbesondere die Schwimmvereine, denen dann nur noch die Hälfte der in Mülheim nutzbaren Schwimmfläche zur Verfügung stehen würde.

Dabei begann einst alles so verheißungsvoll, als das Ruhrstadion 1924 im Rahmen eines Notstandsprogramms von Arbeitslosen angelegt worden war. Zur Wettkampfanlage gehörten ein Rasenplatz, eine 400-m-Rundlaufbahn, Sektoren für verschiedene Leichtathletikdisziplinen sowie vier Tennisplätze. Das Stadion fasste 2.600 Sitz- und 17.000 Stehplätze. Ausgetragen wurden hier Fußballspiele und Leichtathletikveranstaltungen. Nebenan schloss sich das Freibad mit Planschbecken, einem großen Becken für Nichtschwimmer sowie einem Sprungbecken mit 10-m-Turm (insgesamt 3.888 qm Wasserfläche) an. Auf der 30.000 m^2 großen Liegewiese tummelten sich zu Spitzenzeiten mehrere hundert Besucher. 1975 wurde das Ruhrstadion nochmals modernisiert und erweitert. Presseräume und Besprechungszimmer, eine größere Zuschauertribüne sowie weitere Umkleideräume entstanden. Das Freibad erhielt eine 72 m lange Wasserrutsche und weitere Sprungtürme. Wer nicht faul in der Sonne liegen wollte, konnte Schach, Tischtennis oder Volleyball spielen.

Doch die Glanzzeiten der Freizeitstätte waren Ende der 1980er Jahre vorbei. Die Sitzplätze des Stadions wurden größtenteils abgetragen und in Grünflächen umgewandelt. Übrig blieb nur die Tribüne sowie ein Ring aus Stehplätzen für etwa 5.000 Personen. Der einstmals so starke Styrumer Fußballclub trainiert heute andernorts, genutzt wird das Stadion lediglich von kleineren Vereinen. Die Folge: Weder das Stadion noch das Freibad werden in einer der offiziellen Stadtbroschüren genannt. Fast scheint es so, als sei die zeitweise Stilllegung des Freibades gedanklich bereits seit längerem vollzogen worden. Dass eine endgültige Schließung dennoch in letzter Sekunde abgewendet werden könnte, glauben nur noch wenige. Was einmal aus der einst sehenswerten Sportstätte werden soll, steht in den Sternen – oder besser gesagt in den Ideenbüchern der Stadt. Der Plan eines neuartig konzipierten Familienbades mit vielerlei Attraktionen und Veranstaltungen darf angesichts leerer Stadtkassen wohl eher als kühne Vision gewertet werden. Doch manchmal wird aus Visionen auch Realität, und so kann man nur hoffen, dass das Styrumer Freibad, so kostenintensiv es auch sein mag, nicht auf der Streichungsliste der Stadt verbleibt.

Am Rande des Parkplatzes entlang schreiten wir nun zur Friesenstraße zurück, die beiderseits von Kleingartenanlagen umgeben ist. Seit 1931 sind diese privat genutzten Gärten in der Entstehung, mit knapp 130 Stück ist das Areal eines der größten in ganz Mülheim. Die Kleingartenanlagen haben in Styrum eine lange Tradition: Schon zu Zeiten der industriellen Entwicklung entstanden in den Arbeitersiedlungen kleine Gärten und Grünflächen, in denen die Menschen Ruhe und Erholung tanken konnten. Später erwuchsen daraus die heutigen Kleingärten. Eine davon, nämlich die Anlage an der Römerstraße, erhielt 1984 beim Landeswettbewerb „Gärten im Städtebau" sogar eine Auszeichnung. Doch nun zurück zur Friesenstraße: Sehenswert ist hier ein stattliches, zweigeschossiges Traufenhaus aus Backstein, das wohl Mitte des 19. Jahrhunderts erbaut wurde (Haus Nr. 47). Der Vorgarten ist mit Steinpfeilern und einer Mauer eingefasst. Nebenan steht noch das alte, im Stile des Fabrikbaus errichtete Hofgebäude (Wetzmüller/Rohland), das etwa um 1900 entstanden sein dürfte. Weiter geht es Richtung Autobahnanschlussstelle, wo unser Fußweg links in den Lohkamp, dann rechts in die Hofstraße führt, letztere die Lagebezeichnung einer ehemals zum Schloss Styrum gehörenden Parzelle. Wir folgen dieser Straße Richtung Bahngleise und überqueren, dem Schild „Radstation" folgend, an ihrem Ende erneut die Autobahn. Rechter Hand erkennen wir eine

Der Styrumer Bahnhof vor dem Ersten Weltkrieg

schöne Villa in klassizistischem Stil, die Sitz der Heinrich Tapp KG ist. Wir schreiten die Hohe Straße parallel der Bahngleise entlang und erreichen schließlich hinter der nächsten Kreuzung den **Bahnhof Mülheim (Ruhr) Styrum (8)**. Die Eisenbahnlinie hinter dem Bahnhofsbereich existiert seit Mitte des 19. Jahrhunderts: 1862 wurde der erste Bauabschnitt der so genannten Bergisch-Märkischen Linie zwischen Duisburg und Mülheim fertig gestellt, ein Jahr später reichten die Gleise bis nach Essen. Die erste Station, der heutige Bahnhof Mülheim (Ruhr) West (siehe Rundgang Mellinghofen/Eppinghofen) wurde 1862 erbaut, die zweite, das Bahnhofsgebäude in Styrum, entstand kurze Zeit danach. Noch vor dem Ersten Weltkrieg wurde das Gebäude durch einen größeren Neubau ersetzt. Heute ist der Verkehrspunkt, einstmals zentraler Haltepunkt für die Züge zwischen Duisburg und Essen, zum S-Bahnhof degradiert. Bis zu Beginn des 20. Jahrhunderts befand sich in der Nähe übrigens noch ein alter Bauernhof (Hof Teloh), der 1914 durch den Funkenflug einer vorbeifahrenden Lokomotive völlig niederbrannte.

Angestoßen durch ein Projekt der Internationalen Bauausstellung Emscherpark (IBA), die im gesamten Ruhrgebiet tätig war, wurde der Styrumer Bahnhofsbereich im Jahre 2000 rundum erneuert. Sowohl optisch als auch verkehrstechnisch erstrahlt das Gelände seither in neuem Glanz. Bei der Renovierung stand die Neugestaltung des Empfangsgebäudes sowie der Ausbau der Bahnanlagen im Vordergrund. Auch der Bahnhofsvorplatz wurde durch umfangreiche Baumaßnahmen verschönert: Statt wasserundurchlässigem Asphalt schmücken ihn nun Plastersteine und eine Verkehrsinsel, auf der in Zukunft Gastronomie angesiedelt werden soll. Im Innern des Hauptgebäudes wurden ein kleines Lebensmittelgeschäft, eine Fahrkartenagentur und ein Informationsbereich eingerichtet.

Noch vor dem eigentlichen Bahnhofsumbau entstand seitlich des Haupteingangs eine der beiden Mülheimer Fahrradstationen, die andere befindet sich am Hauptbahnhof. Seit 1997 bemüht sich die Stadt intensiv um eine Verbesserung der Verkehrssituation für Radfahrer. So wurden beispielsweise eigene Fahrradstraßen eingerichtet (auch Styrum bekam einen eigenen Pfad an der Post- und Albertstraße), Einbahnstraßen für den Radverkehr geöffnet und spezielle, für die Pedaltreter attraktive Routen durch das Stadtgebiet angelegt und ausgeschildert. Der Lohn dieser Bemühungen: Mülheim darf sich seit 1999 „fahrradfreundliche Stadt“ nennen und mit dieser Auszeichnung offiziell werben. Aushängeschilder sind dabei die beiden bereits erwähnten Fahrradstationen, die von der Paritätischen Initiative für Arbeit betrieben werden. Ziel des Projektes ist es, zum einen die Nutzung von Fahrrädern zu fördern, zum anderen neue Arbeitsplätze zu schaffen und somit einen sinnvollen Beitrag zur Verbesserung der Arbeitsmarktsituation zu leisten. Aufgebaut wurde die Station in Styrum deshalb von 16 Arbeitslosen, die über die Mülheimer Berufsbildungswerkstatt vermittelt wurden. Das Angebot umfasst ca. 100 Stellplätze sowie Serviceleistungen wie Fahrradbewachung, Pannenhilfe, Reparatur und Gepäcktransport. Natürlich können auch Fahrräder ausgeliehen werden. Wer also die Umwelt schonen und den PKW zu Hause lassen möchte, kann sich hier getrost einen Drahtesel mieten – für Rundumbetreuung ist gesorgt. Erreichen kann man den Bahnhof natürlich bequem mit öffentlichen Verkehrsmitteln, zu denen auch die Straßenbahn zählt, die direkt vor der Tür hält; in Zukunft ist auch ein Stopp für die Buslinie eingeplant.

Für uns geht es weiter zu Fuß unter der Bahnlinie hindurch, die Heidestraße passierend (hier stand das kaiserlich-preußische Postamt) auf die Kaiser-Wilhelm-Straße. In Styrum sind Straßennamen, die an die preußische Geschichte erinnern, keine Seltenheit: Moltke-, Augusta-, Herwarth- oder Manteuffelstraße heißen sie, und eben auch Kaiser-Wilhelm-Straße, in Erinnerung an den ersten deutschen Kaiser aus dem Hause Hohenzollern. Einige der Straßen tragen heute andere Namen, so die Meidericher Straße, die früher Hohenzollernstraße hieß, oder die Mittelstraße, die den Namen Bismarckstraße trug. Die Kaiser-Wilhelm-Straße ist geblieben, und mit ihr ein weiteres Bauwerk auf unserem Rundgang: die **Ev. Immanuelkirche (9)**. Sie wurde 1883 als dreischiffige Saalkirche in neugotischem Stil errichtet und ist damit die älteste noch bestehende evangelische Kirche Styrums. Der Bau des Gotteshauses fiel in eine Zeit, als in Styrum die Industrialisierung einsetzte und die Zahl der evangelischen Christen zunahm. Die Gläubigen, die einen Gottesdienst besuchen wollten, waren jedoch zunächst darauf angewiesen, die Predigträume in den Styrumer Schulen zu besuchen oder, falls sie ein richtiges Gotteshaus bevorzugten, bis zur evangelischen Petrikirche in Mülheim (siehe Rundgang Altstadt) zu wandern. Um diesem Umstand Abhilfe zu verschaffen, wurde in Styrum 1883 eine eigene Kirche errichtet. Als Wegbereiter für die Gründung einer selbstständigen Gemeinde gilt ein Holländer namens Confried, der sich in den Fabriken und Industriebetrieben Styrums der Betreuung der Gläubigen widmete. Aus dieser Tätigkeit

Bahnhof Styrum in neuem Anstrich

ging die „Christliche Gemeinschaft" hervor, die später in „Verein Immanuel" umbenannt wurde. Die Evangelische Kirchengemeinde Styrum, die 1887 offiziell eingeweiht wurde, trägt noch heute diesen Namen.

Den Zweiten Weltkrieg überstand die Immanuelkirche ohne größere Schäden, jedoch nagt heute der Zahn der Zeit an den alten, mit rotem Backstein verklinkerten Wänden. Die schmutzigen Abgase der Industriebetriebe taten ein Übriges. Gleichwohl ist das Gotteshaus auch heute noch ein beeindruckender Bau, der durch seine stattliche Größe den Betrachter gefangen hält. Wer einen Blick in das Innere des Gotteshauses wirft, den erwartet ein angenehm freundliches Bild: Von schlichter Schönheit ist die weite Halle mit nach oben gewölbter Holzdecke und den schlanken, aus blauem Stahl gefertigten Pfeilern. 1961 wurde die gesamte Inneneinrichtung renoviert, das Gestühl erneuert und eine neue Orgel eingesetzt. Die Kirche besitzt nunmehr zwei Orgeln, wobei die kleinere an die Empore angehängt ist. Die größere besticht durch ihre ausgefallene Form, die an geschwungene Flügel erinnert. Über eine Freitreppe, die die gesamte Breite des Chorraumes einnimmt, erreicht man den Altar, der aus schwarzem Granit besteht. Links davon befindet sich an der Stelle der früheren holzgeschnitzten eine moderne Kanzel, die aus demselben steinernen Material besteht. Die fünf farbenprächtigen Fenster im Chorraum, die in der Mittelpartie den ewigen Bund Gottes mit den Menschen symbolisieren, stammen aus einem Entwurf des Mülheimer Künstlers Henk Schelling. Die übrigen Fenster der Kirche sind hingegen nur teilweise farbig.

Der starke Zuwachs der evangelischen Gemeinde in den 1950er Jahren machte schließlich den Bau eines neuen Gemeindehauses, eines Pfarrhauses sowie einer weiteren Kirche an der Neustadtstraße notwendig. Die Immanuelgemeinde Styrums war somit fortan an zwei Standorten vertreten. Neben den üblichen Aufgaben der Kirchen wie Taufe, Konfirmation, Trauung und Beerdigung kümmern sich beide Predigtstätten – in Erinnerung an die geschichtliche Entwicklung Styrums – insbesondere um Flüchtlinge und ausländische Mitbürger, die der besonderen Hilfe bedürfen. Der Hahn auf dem Kirchturm der Immanuelkirche an der Kaiser-Wilhelm-Straße symbolisiert den Opportunismus, den wir gegenüber Fremden häufig an den Tag legen: wir begegnen ihnen mit Neid und Ablehnung, doch sobald sie uns zum Vorteil gereichen, heißen wir sie herzlich willkommen. Diesem Verhalten mit Wachsamkeit zu begegnen und zugleich zu mehr Toleranz und Demut aufzurufen, hat sich die Evangelische Kirchengemeinde Styrum zu einer ihren zentralen Aufgaben gemacht.

Wir gehen nun die Kaiser-Wilhelm-Straße entlang, vorbei an einigen herrschaftlichen Häusern, die heute zum Teil unter Denkmalschutz stehen, und erreichen am Ende den Rosenkamp, in alten Schreibweisen auch Rossenkamp genannt. In dem zweistöckigen, grün vertäfelten Haus gegenüber der Einmündung der Kaiser-Wilhelm-Straße befanden sich in den 70er Jahren des 19. Jahrhunderts die ersten Diensträume der 1878 gegründeten Bürgermeisterei Styrum. Von hier aus leitete Bürgermeister Theodor Tschoepke die Geschicke seiner Gemeinde. Heute sind in dem Gebäude eine Trinkhalle sowie Wohnungen untergebracht. Dem ersten Rathaus folgte 1893 ein zweites, doch ist dieser Bau nahe der Marktstraße heute nicht mehr erhalten: Er fiel 1943 den Bomben zum Opfer. An seiner Stelle steht nunmehr eine Schule, nicht weit entfernt ein Jugendheim. Anno dazumal war das alte Styrumer Rathaus ein stattlicher, repräsentativer Bau, dessen imposanter Turm ein weithin sichtbares Zeichen darstellte. Über dem Haupteingang prangte ein in Stein gehauener Löwe, das alte Wappentier Styrums. Als Architekt des Bauwerks trat der Mülheimer Heinrich Siepmann in Erscheinung, ausführende Organe waren die Bauunternehmer Petermann aus Styrum und Rudolphi aus Mülheim. Auf dem Marktplatz vor dem Rathaus herrschte während der Zeiten des Wochenmarktes immer reges Treiben. Neben dem Rathaus befand sich auch ein Übungsplatz der Feuerwehr mit Kletterturm sowie die Wirtschaft Hoffmann, die jedoch ebenfalls im Krieg zerstört wurde.

Auf dem weiteren Weg zur nördlich liegenden Augustastraße durchqueren wir nun ein Gebiet, das den ältesten Siedlungskern Styrums markiert. Hier verlief früher die „Beek", ein kleiner Bach, der über die Alsen-, Schwerin- und Meidericher Straße führte und heute unterirdisch kanalisiert ist. In Höhe der Alsenstraße war der Bach zu einem Teich gestaut. Das Wasser dieses Teiches wurde für das Betreiben einer Mühle verwendet, in der Getreidekörner zu Grütze verarbeitet wurden. Aus dieser Grütze stellte man Blutwurst, Pfannkuchen oder Panhas her, Gerichte also, die noch heute als typisch für die Ruhrgebietsküche gelten.

Entlang des Baches standen schon zur Zeit der fränkischen Besiedlung erste Behausungen. Diese Höfe, jeweils mit etwa gleich großen, streifenförmigen Flächen ausgestattet, reihten sich im Bachverlauf von Ost nach West, weshalb man diese Art der Besiedlung auch Streifenbebauung nannte. Umgeben waren die Höfe von Obst- und Gemüsegärten. Im Norden erstreckte sich fruchtbares Acker- und Weideland bis zur Landwehr, dahinter lag die sandige Lipper Heide. Eine andere Form der Ansiedlung, die in diesem Teil Styrums zu sehen ist, war die so genannte Waldhufensiedlung, noch heute an der parallelen Anlage von Oberhausener-, Blumenthal-, Blumen-, Heide- und Römerstraße erkennbar. Obwohl bis in die 1950er Jahre in Styrum die Landwirtschaft noch aktiv war (die Höfe der Bauern Freitag, Kauls, Eichholz, Stöckmann und Rohland/Scheulen waren allgemeinhin bekannt), haben sich von den alten Häusern nur wenige erhalten; der Großteil wurde abgerissen, die Felder in Bauland oder öffentliche Grünanlagen umgewandelt. Unter den noch bestehenden historischen Gebäuden wäre zum Beispiel zu nennen ein eingeschossiges Traufenhaus mit giebelförmigem Ausbau auf der Alsenstraße Nr. 8, das aus der zweiten Hälfte des 18. Jahrhunderts stammt. Auch an der Kaiser-Wilhelm-Straße hat sich noch ein altes Bauernhaus mit stattlichen Ausmaßen erhalten. Zu den bedeutenden Höfen vergangener Tage, die nicht mehr existieren, gehört der Hof von Gerhard Tacken, der sich an der Einmündung der Heide- in die Schwerinstraße befand. Eine Inschrift auf dem Türbalken bezeugte das Baudatum sowie die Erbauer: 1786 durch „Hermanus Kiepen genant Tacken und Margit Tacken". Auch der so genannte Dreckstraßhof zwischen Meidericher- und Heidestraße, ein ehemaliger Wirtschaftshof der Herren von Styrum, an dessem Grundstück die Beek verlief, ging verloren; an seiner Stelle wurde in den 1930er Jahren eine Gastwirtschaft errichtet.

Am Ende des Rosenkamp stoßen wir nun auf die Augustastraße, der wir nach rechts bis zur Kreuzung Oberhausener Straße folgen. Die Oberhausener Straße ist eine der ältesten Styrums. Sie führte schon zur Zeit der ersten Kotten und Höfe von Köln über Düsseldorf und Mülheim kommend zur Lipper Heide und weiter nach Münster, weshalb sie auch lange Münstersche Straße hieß. Sie war auf Betreiben der Regierung der Rheinprovinz mit Schotter gepflastert und alleeartig mit Bäumen versehen worden. Den Namen Oberhausener Straße erhielt die Verbindung im Jahre 1900, jedoch nur nördlich der Von-der-Tann-Straße. Der südliche Teil erhielt die Bezeichnung Mülheimer Straße. 1914 schließlich wurde der Weg innerhalb Mülheims mit dem Namen Oberhausener Straße versehen, innerhalb Oberhausens erhielt er hingegen die Bezeichnung Mülheimer Straße. Er ist heute eine der wichtigsten Nord-Süd-Achsen zwischen den beiden Städten.

Wir überqueren die Kreuzung, schreiten weiter die Augustastraße entlang, vorbei an der Rückfront eines stattlichen Schulgebäudes aus dem Jahre 1908, genannt die 16-Klassige. Das Haus, das ehemals als katholische Schule erbaut worden war, erstrahlt nach gelungener Restaurierung wieder in neuem Glanz und beherbergt heute eine Gesamtschule. Nebenan steht die städtische Gemeinschaftsgrundschule, die früher evangelische Schule war. Nicht weit von den Schulen entfernt, an der Feldstraße, befand sich eine Brauerei (Actien-Brauerei) sowie eine Nudelfabrik. Beide Gebäude sind noch vor dem Zweiten Weltkrieg stillgelegt worden, heute ist hier der Soziale Wohnungsbau präsent. Die genannten Schulhäuser sind übrigens nicht die einzigen repräsentativen Gebäude in der Augustastraße: Benannt nach der Gemahlin Kaiser Wilhelms I. weist diese Straßenzeile mehrere gut erhaltene Häuser in klassizistischem Stil auf. Die Villen, die zum größten Teil noch aus der Zeit vor 1900 stammen, drücken auch heute noch auf eindrucksvolle Weise das Lebensgefühl ihrer Zeit aus. Leider wird der Genuss dieser architektonisch wie ästhetisch einmaligen Bauten ein wenig getrübt durch den Schwerlastverkehr, der hinter dem Rücken des Betrachters über Augusta- und Schützenstraße gen Osten Richtung Gewerbegelände rollt. Eine neue Straßenführung (Styrumer Tangente) sowie die Einführung von Tempo-30-Zonen soll hier in Zukunft Abhilfe verschaffen.

Aus einer ganz anderen Epoche stammt das alte Fachwerkhaus, an dem wir nun unseren nächsten Stopp einlegen: die Begegnungsstätte **Familie-Feldmann-Stiftung (10)**. Der Feldmannshof ist einer der wenigen Styrumer Höfe, die noch aus uralter Zeit erhalten sind. 1399 erstmals urkundlich als Kate mit Namen „Overvelt by Broichhuysen" erwähnt, war der Hof spätestens seit Mitte des 17. Jahrhunderts im Besitz der Familie Feldmann. Nach dem Tode von Margarete Feldmann, der letzten Erbin des Hauses, ging das Objekt im Jahre 1987 als Stiftung an die Stadt Mülheim. Auf testamentarischen Wunsch hin ließ diese die alten Gebäude restaurieren und richtete in den neu gestalteten Räumen eine Begegnungsstätte für die Bürgerinnen und Bürger Styrums ein. Feierliche Eröffnung war am 23. April 1988. Seither ist die Feldmann-Stiftung ein Hort bürgerlichen Austausches: Als offener Treffpunkt lädt er ein zu Konzerten, Lesungen, Ausstellungen, Vorträgen, Theateraufführungen und Filmvorführungen. Auch finden regelmäßig Märkte sowie Nachwuchswettbewerbe statt. Es entstanden mehrere Arbeitskreise, darunter der Styrumer Geschichts-Gesprächskreis, der sich der eigenen Stadtteilgeschichte widmet und mit Publikationen auf die geschichtliche Entwicklung Styrums aufmerksam macht. Auch gruppenspezifische Angebote für Frauen, Kinder, Ausländer, Behinderte oder Senioren stehen auf dem Programm. Durch kontinuierliche Angebote und Sondervorstellungen hat sich die Stiftung inzwischen als eine feste Einrichtung im Mülheimer Stadtbild etabliert. Insgesamt ist aus dem alten Feldmannshof das geworden, was die Erben nach der Übergabe an die Stadt beabsichtigt hatten: eine sinnvolle und abwechslungsreiche Erholungsstätte für die Einwohner Styrums, die hier ihre Freizeit gestalten, sich weiterbilden oder auch einfach nur bei einer Tasse Kaffee ein Pläuschchen halten können.

Zum Schluss noch ein paar Worte zu den Gebäuden selbst: Die Feldmann-Stiftung besteht aus drei Gebäudekomplexen. Das Haupthaus, ein eingeschossiges Traufenhaus, spiegelt mehrere Bauabschnitte wider. Der älteste Teil ist ein Fachwerkbau an der Nordseite des Hofes, der wohl aus dem 18. Jahrhundert stammt. Die Anbauten an den Seiten des Hauses gehen auf das 19. Jahrhundert zurück. Neben dem Hof befindet sich ein zweigeschossiger Backsteinbau, der früher eine Schnapsbrennerei beherbergte. Schließlich gehört zur Feldmann-Stiftung ein zweigeschossiges, weißgetünchtes Haus in klassizistischem Stil, das von einem großen Garten mit altem Baumbestand umgeben ist. Rund um das Areal ist ein kleiner Park, der so genannte „Bürgerpark", angelegt, der Spaziergänger zu einem Rundgang einlädt. Hier finden im Sommer regelmäßig Veranstaltungen statt, die nicht nur Styrumer Bürgerinnen und Bürger, sondern Besucher aus ganz Mülheim und der Umgebung anlocken.

Von der Feldmann-Stiftung führt uns der Weg weiter bis zum Abzweig Herderweg, der, linker Hand die Autobahn überquerend, zum Styrumer Friedhof leitet. Früher befanden sich hier die Besitzungen des alten Bruckeshofs, auf denen später auch eine Ziegelei stand. Teile des lange brachliegenden Areals standen häufig unter Wasser, weshalb diese Feldanlage auch „kleines" oder „großes Meer", im Volksmund „Grammanns Meer" genannt wurde. Dem nahe gelegenen Friedhof gaben die Styrumer deshalb genau diese Bezeichnung. Das Gebiet wird im Norden durch eine „Linie" begrenzt, die den Namen Hellweg trug. Einige Geschichtsforscher gehen davon aus, dass mit dieser Bezeichnung derjenige uralte Handelsweg gemeint ist, der seit der Römerzeit als Straße der Könige, Krieger und Kaufleute existierte und in der Folgezeit zu einem der wichtigsten Verbindungsstraßen zwischen Okzident und Orient wurde. Ob er tatsächlich an der heutigen Grenze zu Oberhausen oder vielleicht auch an anderer Stelle die Stadt Mülheim passierte, lässt sich aufgrund fehlender schriftlicher Zeugnisse nicht mit Sicherheit sagen.

An der nächsten Kreuzung biegen wir rechts in die Neustadtstraße ein. Der Straßenname ist wohl unter dem Eindruck gewählt worden, dass zur Zeit der industriellen Entwicklung, namentlich durch den Ausbau der Thyssen'schen Werke, in diesem Teil der Ortschaft zahlreiche Arbeiterwohnungen entstanden waren – eine neue Stadt war also im Aufbau. Im Jahre 1900 erhielt der Verbindungsweg dann auch offiziell den Namen Neustadtstraße. Wir gehen diesen Weg nun entlang Richtung Süden, vorbei am Haus des Styrumer Turnvereins sowie dem zweiten Gotteshaus der evangelischen Kirchengemeinde. Hinter der Dümptener Straße beginnt ein Gelände, auf dem früher eine weitere Styrumer Ziegelei lag. Später gehörter das Areal zum Unternehmen Mannesmannröhren-Werke (siehe Rundgang Mellinghofen/Eppinghofen), das das Gelände jedoch vor wenigen Jahren aufgab. Nachdem es einige Zeit brachgelegen hatte, ist es nun seit kurzem wieder neu vermietet. Einzug gehalten hat hier die Firma Wissoll (abgeleitet von Wilhelm Schmitz-Scholl), ein Mülheimer Traditionsunternehmen, das in den alten Mannesmann-Hallen, die in den 1930er und 1950er Jahren errichtet wurden, nunmehr sein zentrales Süßwaren-Lager führt (mehr zu Wissoll siehe Rundgang Speldorf). Für umgerechnet Millionen € hatte die Entwicklungsgesellschaft SMH die Hallen für den neuen Hausherrn umbauen lassen; nunmehr stapeln sich hier bei kühlen Temperaturen auf 17.000 m² Fläche 340.000 Paletten Leckereien aller Art. Rund 70 Mitarbeiter sind vor Ort damit beschäftigt, 6.000 Tonnen Süßigkeiten (300 verschiedene Produkte) einzulagern und zu verschicken. Mehr als 10.000 Paletten im Monat werden hier, im größten Lager, das Wissoll zur Verfügung steht, umgeschlagen, beliefert werden rund 50 Länder der Erde.

Ebenfalls in einem Teil des stillgelegten Fabrikgeländes untergebracht ist eine Einrichtung, die der speziellen, von ausländischen Mitbürgern stark geprägten Bevölkerungsstruktur Styrums gerecht wird: das **Türkische Kultur-Zentrum (11)**. Das Zentrum, das seit 1987 besteht und im Frühjahr 2001 offiziell sein neues Domizil im ehemaligen Mannesmann-Casino an der Neustadtstraße eröffnete, soll seiner Bestimmung nach ein Treffpunkt für deutsche und ausländische Mitbürger sein. Zu den angebotenen Programmen gehören Sprachkurse, Spiel- und Sportmöglichkeiten, ein Internetcafé sowie Hilfestellungen bei Amtsgängen oder behördlichen Angelegenheiten. Im Mittelpunkt des Kultur-Zentrums steht die Betreuung ausländischer Mitbürgerinnen und Mitbürger, denen die Integration in den deutschen Alltag erleichtert werden soll. Immer wieder suchen die Veranstalter des Kultur-Zentrums deshalb auch das Gespräch mit den deutschen Nachbarn, um etwaige Vorbehalte und Ängste abzubauen und Konflikte rechtzeitig zu lösen. Auch wenn das Miteinander nicht immer und überall gelingen mag, so ist mit dem türkischen Kultur-Zentrum doch ein wichtiger Anfang gemacht, um Respekt und Toleranz gegenüber der jeweils anderen Kultur zu erlernen und das gegenseitige Verstehen zu fördern. Der direkte Kontakt ist dabei wesentlich.

Viele der ausländischen Mitbürger fühlen sich schon lange der Stadt Mülheim eng verbunden, sie haben in der Ruhrstadt eine neue Heimat gefunden. Die meisten von ihnen leben 40 Jahre oder länger hier und identifizieren sich mit Mülheim ebenso wie ihre deutschen Kollegen. Die Geschichte ihrer Einwanderung reicht zurück bis in die 1950er Jahre, als die Bundesregierung beschloss, die florierende deutsche Wirtschaft durch die Anwerbung ausländischer Arbeitskräfte zu unterstützen. Die ersten Gastarbeiter, die hier eintrafen, kamen aus dem südosteuropäischen Raum, namentlich aus der Türkei, aus Italien oder Jugoslawien. Sie vermischten sich mit den vielen Niederländern und Polen, die bereits seit dem 15. Jahrhundert, als die Schiffbarmachung der Ruhr einsetzte, in Mülheim heimisch geworden waren. Welche Auswirkungen die Industrialisierung auf die Bevölkerungsstruktur hatte, zeigen folgende Zahlen: 1949 lebten in Mülheim rund 1.500 Menschen ohne deutschen Pass, 1981 waren es bereits über 12.500. Dass ihre Zahl seither nicht wesentlich gewachsen ist, mag einerseits mit dem Ende des Montanzeitalters zu tun haben, andererseits durch einen in den 1970er Jahren verhängten Anwerbestopp bedingt sein. Doch nicht jeder nahm die von der Bundesregierung angebotene Rückkehrhilfe in das Herkunftsland zum Anlass, der Stadt Mülheim den Rücken zu kehren. Schon zu lange verbrachte man hier seinen Alltag, hatte sich in die deutsche Kultur und Lebensweise eingebracht, Kontakte geknüpft und Freunde gefunden. Aus den Gastarbeitern von damals waren Mitbürger geworden. Besonders für die zweite hier lebende Generation ist Mülheim eine vertraute Heimatstadt. Sie sind in Deutschland geboren, das Herkunftsland ihrer Eltern kennen sie nur aus Erzählungen oder von gelegentlichen Besuchen.

Mülheim ist heute also eine multinationale Stadt mit etwa 16.400 ausländischen Mitbürgern, die hier arbeiten, leben und ihre Freizeit gestalten. Viele von ihnen haben sich vollständig in die deutsche Gesellschaft integriert, sind ein Teil des sozialen, kulturellen und wirtschaftspolitischen Umfeldes geworden. Sie trotzdem immer noch als fremd und nicht dazugehörig zu bezeichnen, ist ein Missstand, den das Türkische Kultur-Zentrum mit seiner Arbeit gerne beseitigen helfen möchte. Denn Integration bedeutet ja nicht, die eigene kulturelle oder religiöse Herkunft zu verleugnen und zu vergessen, sondern sie als sinnvollen Beitrag in die neue Lebenswelt einzubringen.

Moschee im Türkischen Kultur-Zentrum

Das Andere akzeptieren zu können, die Vielfalt des kulturellen Lebens als bereichernd zu begreifen und Gemeinsamkeiten verschiedenster Nationalitäten zu entdecken und zu fördern, das ist das Anliegen dieses Styrumer Vereins. Voneinander lernen in gegenseitiger Toleranz und Verständnis für die jeweilige Andersartigkeit – ein Aufruf, der im Zeitalter von Fremdenfeindlichkeit und Rassismus gerade in Deutschland immer wieder betont werden sollte.

Nur wenige Schritte vom Türkischen Kultur-Zentrum entfernt befindet sich der letzte Haltepunkt auf unserem Rundgang durch Styrum, die **Kath. Kirche St. Mariae Rosenkranz (12)**. Sie ist eine der bedeutendsten Kirchen Mülheims, nicht zuletzt deshalb, weil sie eine über 100-jährige Geschichte aufzuweisen hat. Sie beginnt mit einer kleinen Notkirche, die im Jahre 1886 fertig gestellt wurde und vor allem den in den umliegenden Industriebetrieben beschäftigten Werksleuten als Hort ihres Glaubens diente. Dem ersten Pastor dieser Gemeinde, Rektor Reinhold Bergmann, ist mit dem Gedenkstein vom Guten Hirten auf dem Styrumer Friedhof ein Denkmal gesetzt worden. Die Kirche wurde für die wachsende Zahl der Gemeindemitglieder alsbald zu klein, so dass der Pastor auf die pfiffige Idee kam, eine eigene Ziegelei zu betreiben, um somit nicht nur Baumaterial für eine neue Kirche, sondern aus den Gewinnen des Unternehmens auch die nötigen finanziellen Mittel zu beschaffen. Das Vorhaben gelang, so dass in den Jahren 1892–1894, durch eine weitere finanzielle Unterstützung von Seiten des Mülheimer Großindustriellen August Thyssen, ein größeres Gotteshaus errichtet werden konnte. Den Entwurf dazu lieferten die Architekten Caspar Clemens Pickel (Düsseldorf) und Friedrich Freiherr von Schmidt (Wien). Die Kirche, die zunächst der Muttergemeinde St. Joseph (heute Oberhausen) unterstellt war, schaffte es schließlich im Jahre 1899, zur selbstständigen Pfarre erhoben zu werden. Seitdem ist die katholische Kirche St. Mariae Rosenkranz Mittelpunkt des katholischen Gemeindelebens Styrums und zählt derzeit etwa 3.100 Mitglieder.

Der neugotische Bau, eine fünfjochige Basilika aus gelbem Ziegelstein, besticht durch seine eindrucksvolle Eingangsfassade mit Staffelgiebel, großer Fensterrose und Skulpturenschmuck. Letzterer befindet sich direkt oberhalb der zweiflügeligen Kassettentür und steht für die Namensgebung der Kirche: Dominikus, der Gründer eines Predigerordens, bekommt zu Füßen der Mutter Gottes in Begleitung der heiligen Katharina von Siena einen Rosenkranz überreicht. Der schmale, eher an klassizistische Formen erinnernde Turm mit Wetterhahn, dessen Glocken während beider Weltkriege der Kriegsmaschinerie zum Opfer fielen und erneuert werden mussten, ist seitlich neben dem Chorhaus positioniert. Das Innere der Kirche gliedert sich in einen dreiteiligen Wandaufbau, die eng begrenzten Seitenschiffe sowie einen fünfseitig schließenden Chor. In letzterem verbirgt sich ein neugotischer Flügelaltar, der sogenannte Josefsaltar, eine Schenkung Papst Leos III. an die katholische Kirchengemeinde Styrum. Über dem steinernen Opfertisch vor dem Altar schwebt ein Kreuz, 1962 gefertigt im Atelier des Mülheimer Künstlers Ernst Rasche. Die Orgel, die heute in der Kirche erklingt, stammt noch aus dem Jahre 1900. Sehr alt und wertvoll ist auch der so genannte „Mettlacher Fußboden“, der reiche Motivik aufweist. Die bunten Fenster, im Zweiten Weltkrieg zerstört, konnten ebenso wie die Rosette über der Orgel 1951 provisorisch und 1963 in ihrer jetzigen Form wieder hergestellt werden. Einige davon, so die Kirchenfenster über dem Chorraum, stammen von dem Werdener Maler Graaf und sind eine Schenkung der Pfarrgemeinde an den vormals amtierenden Pastor Vinbruck, der die Kirchenmitglieder mehr als 30 Jahre lang geleitet hatte. Ebenfalls ein Geschenk der Gemeinde ist die hölzerne Kanzel, die 1904 in Auftrag gegeben wurde und wegen ihrer wertvollen Schnitzereien schon so manchen Betrachter in Ehrfurcht und Bewunderung versetzte.

Unser Rundgang ist nun zu Ende. Vorbei am katholischen Kindergarten, dem ältesten seiner Art in Mülheim (von 1906), dem Pfarrhaus sowie dem katholischen Jugendheim, das 1955 auf den Ruinen eines zur Kirchengemeinde gehörenden Gebäudes errichtet worden war, erreichen wir schließlich zu guter Letzt die Thyssenbrücke. In der Nähe der Brücke floss früher der Bruchbach, das zweite kleine Flüsschen Styrums, das von Eppinghofen kommend am Schloss vorbei in einen Seitenarm der Ruhr mündete. Etwas weiter nördlich lagen die Glashütte von Itzenplitz und Nedelmann (gegründet 1864), der Hof am Bieg (hier wurde nachweislich das erste Bier Styrums gebraut) sowie Richtung Schloss Styrum eine kleine Kapelle, die dem heiligen Antonius geweiht war. Die Brücke selbst ist benannt in Erinnerung an August Thyssen, der im ehemaligen Backhaus des alten Heckhofs (dieser befand sich etwa in Höhe der heutigen Brücke) den Grundstein für die industrielle Entwicklung Mülheims legte.

Von hier aus kann man nunmehr bequem über Friedrich-Ebert- und Moritzstraße an den Ausgangspunkt unserer Tour zurückkehren. Wer will, kann an der Burgstraße noch einen Abstecher zum Mülheimer Energiedienstleister medl sowie zu einem der größten Einzelhandelsunternehmen der Bundesrepublik machen: Aldi, seit Mitte der 1950er Jahre in Mülheim beheimatet (damals noch unter dem Namen Albrecht KG), hat an der Burgstraße in Styrum seit 1973 seinen Stammsitz. Aufgeteilt ist die Firma der Gebrüder Karl und Theo Albrecht in die Unternehmensgruppe Aldi Süd (Hauptsitz Mülheim) und Aldi Nord (Hauptsitz Essen). Von beiden Städten aus werden sämtliche Aldi-Filialen in Deutschland sowie in Österreich, Frankreich, Italien, Holland, Belgien, Großbritannien, Dänemark und den USA (insgesamt etwa 6.000) betreut. Die Aldi-Brüder zählen mit einem geschätzten Vermögen in zweistelliger Milliardenhöhe zu den reichsten Männern der Welt.

Sakraler Prachtbau: die kath. Kirche St.-Mariae-Rosenkranz in Styrum

Mellinghofer Straße mit elektrischer Straßenbahn, um 1910

Dümpten

Zwischen Kohle, Kotten und Kartoffeln. Ein „Königreich“ wird Stadtteil

Ausgangspunkt: altes Bürgermeisteramt, Mellinghofer Straße (Straßenbahn: 102, Bus: 129 Haltestelle: Gathestraße)

Endpunkt: Gewerbegebiet Am Heifeskamp (Straßenbahn: 102, Bus: 129, Haltestelle: Heifeskamp und Gathestraße)

Dauer: 3 Stunden

Route: altes Bürgermeisteramt (1), Mellinghofer Straße (2), ehem. Zeche Roland (3), Wittkampbusch (4), Alter Friedhof (5), Ev. Kirchengemeinde Oberheidstraße (6), Kath. Kirche St. Barbara (7), Hexbachtal (8), Anne-Frank-Platz (9), ehem. Zeche Sellerbeck (10), Papenbuschsiedlung (11), Kath. Kirche Heilig Kreuz (12), Gewerbegebiet am Heifeskamp (13)

Unser Streifzug durch den Stadtteil Dümpten unterscheidet sich in mancherlei Hinsicht von den übrigen Rundgängen durch Mülheim. Die Ursache für diese Andersartigkeit liegt in der Tatsache begründet, dass im nördlichsten Ortsbezirk der Stadt leider kaum nennenswerte Attraktionen existieren. Hier gibt es weder ein Museum noch eine Bibliothek, weder eine Bühne noch ein Theater. Wertvolle historische Baudenkmäler – von den noch erhaltenen alten Kotten und Höfen sowie ein paar Kirchen einmal

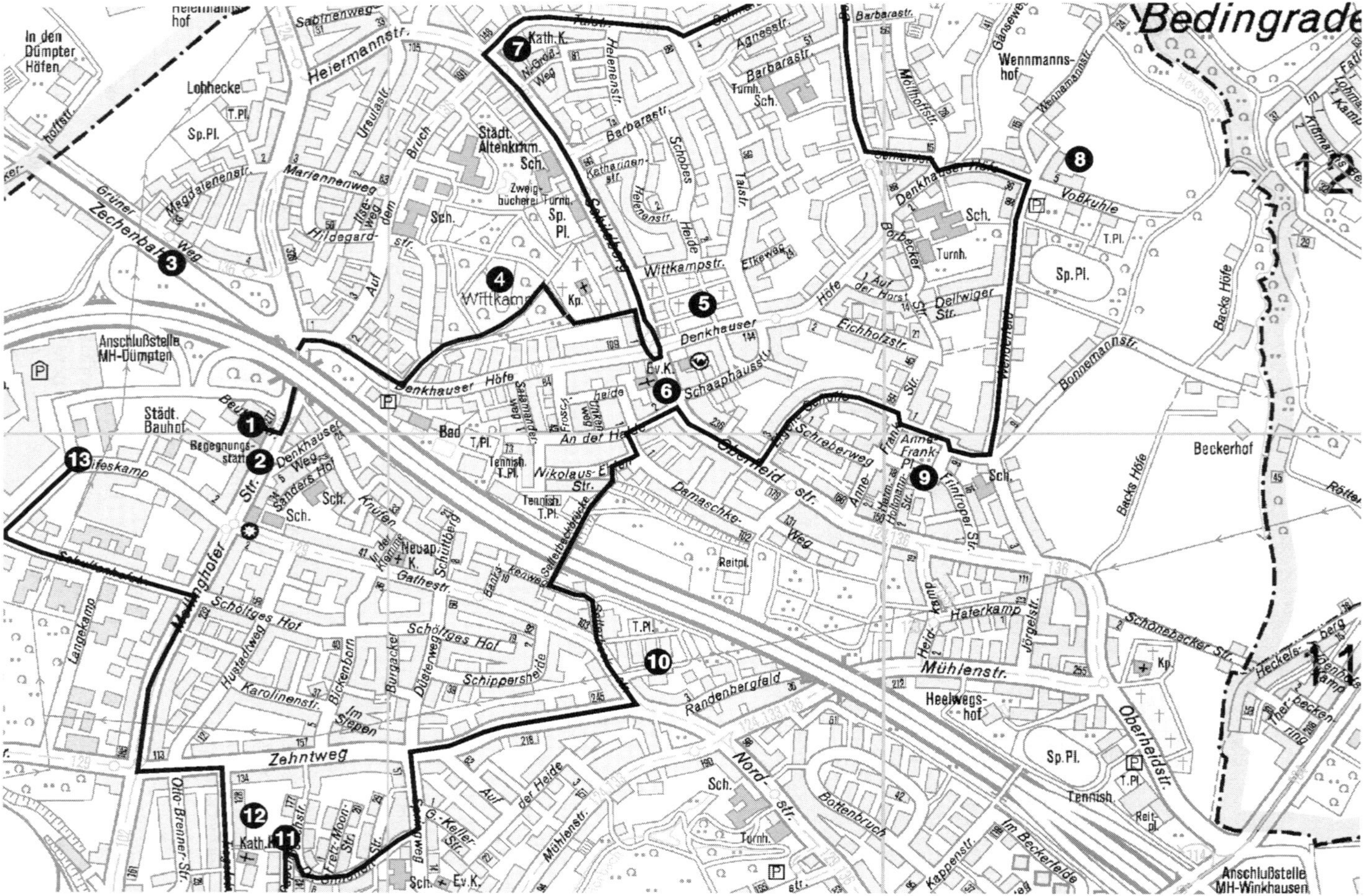

Bedingrade
In den Dümpter Höfen
Lohhecke
Sp.Pl.
Zechenbahn
Grüner Weg
Anschlußstelle MH-Dümpten
Städt. Bauhof
Begegnungsstätte
Denkhauser Weg
Sanders Hof
Heiermannstr.
Sabrinenweg
Ursulastr.
Mariennenweg
Hildegardstr.
Städt. Altenkrhm.
Zweigbücherei
Wittkamp
Wittkampstr.
Schildberg
Helenenstr.
Barbarastr.
Agnesstr.
Talstr.
Schobes Heide
Denkhauser Höfe
Schaaphausstr.
Eichholzstr.
Dellwiger Str.
Bonnemannstr.
Voßkuhle
Wennmannshof
Wennmannstr.
Möllhoffstr.
Backs Höfe
Beckerhof
Oberheidstr.
Damaschke-Weg
Schreberweg
Anne-Frank-Pl.
Frintroper Str.
Nikolaus-Ehlen-Str.
An der Heide
Salamanderweg
Bad
Tennish.
Reitpl.
Haferkamp
Jörgelstr.
Mühlenstr.
Heelwegshof
Schönebecker Str.
Randenbergfeld
Nord-str.
Bottenbruch
Auf der Heide
Zehntweg
Otto-Brenner-Str.
Schöltges Hof
Husteadweg
Karolinenstr.
Bickenborn
Burgacker
Düsterweg
Schippersheide
Im Stepen
Gathestr.
Knufen
Mellinghofer Str.
Langekamp
Kath. K.
Ev. K.
Neuap. K.
Sch.
Turnh.
Kp.
T.Pl.
Im Beckerfelde
Kappenstr.
Anschlußstelle MH-Winkhausen

abgesehen – sind nur spärlich gesät. Bedeutsame Freizeiteinrichtungen und Erlebnisräume, etwa in Form von Sport- oder Badestätten, sind lediglich vereinzelt vorhanden. Touristische Highlights, wie man sie andernorts in Mülheim findet, fehlen hier ganz. Dümpten, zunächst durch die Landwirtschaft, später durch den Bergbau geprägt, ist heute reine Wohnstadt. Ausgedehnte Siedlungen, Wohnblocks und Gewerbegebiete prägen das Erscheinungsbild. Weite Grünflächen im Norden und Osten zeichnen das Bild eines ländlichen Vororts in idyllischer Umgebung, gepaart mit kleineren innerörtlichen Parks, die die dichte Besiedlung ein wenig auflockern.

All diese Beobachtungen werfen natürlich bei dem interessierten Stadtrundgänger die Frage auf, ob denn ein Rundgang durch Dümpten überhaupt lohnenswert sei. Ein Großteil der Nicht-Dümptener Bevölkerung Mülheims würde darauf wohl ungeniert antworten: „Ein Spaziergang durch Dümpten? Was gibt es dort schon zu sehen?“. Diese Beurteilung scheint bei einem Blick in die offiziellen Werbebroschüren der Stadt Mülheim bestätigt zu werden: Der Ortsteil Dümpten wird in nahezu allen Publikationen, die das Stadtgeschehen betreffen, stiefmütterlich behandelt, in den meisten Fällen sogar überhaupt nicht erwähnt. Wissenschaftlich fundierte Studien, die sich mit der Geschichte dieses Bezirks in der Vergangenheit auseinander gesetzt haben, existieren ebenfalls nur vereinzelt. Lediglich einige engagierte Heimatforscher haben sich im Laufe der zurückliegenden Jahrzehnte die Mühe gemacht, die Historie des eigenen Stadtteils zu ergründen und für die Nachwelt niederzuschreiben. Ihren Aufzeichnungen ist es schließlich zu verdanken, dass wir heute überhaupt etwas wissen über das Leben und den Alltag der Menschen, die in Dümpten gelebt und gearbeitet haben. Dass dieses Bemühen um die eigene Stadtteilgeschichte heute nicht gänzlich verloren gegangen ist, zeigen die Arbeiten einzelner Bürgervereine und Verbände, die mit einigem Engagement darauf bedacht sind, die schönen Seiten ihres Heimatortes hervorzukehren und ihn bei der Allgemeinheit bekannter zu machen.

Eine Antwort also auf die Frage „warum ein Spaziergang durch Dümpten?“ lässt sich somit nur nach genauerem Betrachten finden. Wer sich die Mühe macht, den Stadtteil eingehend zu erkunden, wird feststellen, dass Dümpten keineswegs das Image eines verschlafenen Vorortes verdient hat, in dem sich, salopp ausgedrückt, „Fuchs und Hase gute Nacht sagen“. Auf unserem Rundgang wird der Spaziergänger stattdessen so manches Kleinod entdecken, das durchaus mit dem Angebot anderer Stadtteile konkurrieren kann. Ohnehin gehört Dümpten, wie alle anderen Stadtteile eben auch, zum festen Bestandteil der Mülheimer Stadtgeschichte, ganz gleich, inwieweit die Historie der ehemaligen Honnschaft bis zum heutigen Tage erforscht wurde. Der Rundgang durch Dümpten soll deshalb Aufforderung und Anregung zugleich sein, sich dem bisher vernachlässigten Stadtteil in Zukunft intensiver zu widmen. Die Vorzüge und positiven Seiten, die für eine Belebung des Ortsteils von Nutzen sein können, sollen hierbei entdeckt und hervorgehoben werden.

Als Einstieg mag dem interessierten Leser ein Blick in die geschichtliche Vergangenheit dienen, die keineswegs von Eintönigkeit und Gewöhnlichkeit geprägt war. So belegen bisherige Forschungen etwa, dass Dümpten schon zur Zeit der Römer erste Besiedlungen aufwies. Vom 5.–7. Jahrhundert wurde Dümpten dann Grenzland zwischen dem Reich der Franken und dem der Sachsen. Erkennbar ist dies noch heute an Familien- und Straßennamen sowie an der Art der Bebauung: Während im jetzigen Borbeck (heute zur Nachbarstadt Essen gehörend) die sächsische Bauweise vorherrschte (Stallungen und Wohnhaus unter einem Dach), trennte man in Dümpten nach fränkischer Manier beide Bereiche voneinander ab. Aus dieser bäuerlich geprägten Ansiedlung mit ihren Kotten und Höfen stammte vermutlich auch ein Dümptener Herrengeschlecht, das vor über tausend Jahren hier ansässig gewesen sein muss. Der Standort ihres Adelssitzes (man vermutet eine Burg oder Ähnliches) blieb jedoch bis zum heutigen Tage unbekannt.

Als ältestes Zeugnis der Existenz der Herren von Dümpten dient eine Urkunde, datiert in etwa auf das Jahr 1000 n. Chr., die eine Schenkung der „Grafen von Dumiti“ an das Werdener Kloster in Essen belegt. Namentlich genannt wird das Grafengeschlecht bis dahin nicht; erst in einer für die Stadtgeschichte Mülheims bedeutsamen Urkunde aus dem Jahre 1093 werden zwei Dümptener Edelherren namens Lambertus „de Duimete“ und sein Sohn Balderich erwähnt. Sie sollen als Beisitzer bei einem Gerichtsakt des Grafen Bernher, amtierender Gerichtsherr zu Mülheim, anwesend gewesen sein, den der Graf in genanntem Jahre abhalten ließ. Dümptens Zugehörigkeit zum Dorf Mülheim darf also schon zu dieser frühen Zeit als gesichert gelten. Lambertus „de Duimete“ und sein Sohn Balderich finden noch einmal Erwähnung in einer Urkunde aus dem Jahre 1148; für die Zeit danach sind leider keine weiteren Eintragungen überliefert. Es wird deshalb vermutet, dass das Dümptener Grafengeschlecht, ähnlich wie das der Herren von Mülheim, in Folge der Kreuzzüge, denen zahlreiche Adelsfamilien des 11. und 12. Jahrhunderts zum Opfer fielen, ausgestorben ist.

Bis heute nahezu unverändert: das kaiserliche Postamt an der Mellinghofer Straße

Für mehrere Jahrhunderte danach blieb die Existenz Dümptens im Dunkeln. Erst im 14. und 15. Jahrhundert belegen Güterverkäufe vor dem Mülheimer Schöffengericht dann wieder die weitere Entwicklung des heutigen Stadtteils. Die Güterverkäufe sowie die in den Urkunden festgehaltene Bezeichnung „Honnschaft“ oder „Bauernschaft“ für die Ortschaft belegen, dass Dümpten zu diesem Zeitpunkt ein durch Viehzucht und Landwirtschaft geprägtes Gebiet war, in dem die Menschen in enger Verbundenheit mit der Natur lebten. Der Name des Ortsteils selbst belegt das ländliche Erscheinungsbild: Dümpten leitet sich vom lateinischen „dumetum“ ab und bedeutet nichts anderes als Dornengebüsch. Üppige Rotdorn- und Weißdornhecken bildeten damals die Übergangszone von der Lipperheide im Norden (heute Oberhausen) zu den bewaldeten Gebieten auf den Ruhrhöhen. In diesem Gelände, in den so genannten Siepentälern, bauten die Dümptener Geschlechter ihre Kotten und Höfe.

Entscheidende Veränderungen dieses bäuerlichen Gepräges traten jedoch zum Ende des 17. Jahrhunderts ein: Der Bergbau hielt Einzug in die bis dahin lediglich aus einzelnen Gehöften bestehende Bauernschaft und verwandelte ihr Aussehen sowie den Alltag der Menschen vollständig. In Dümpten entstanden in der Folgezeit insgesamt vier Schachtanlagen, wobei die Zeche Roland im Westen sowie die Zeche Sellerbeck im Südosten des Stadtteilgebiets die bekanntesten Bergwerke waren. Zum Verbundwerk „Vereinigte Sellerbeck“, eines der ältesten Bergwerke Mülheims, gehörten mehrere Förderschächte, die sich auf die heutigen Stadtteile Winkhausen (Schacht Müller), Eppinghofen (Schächte Hermann und Gertrud), Mellinghofen (Schacht Christian) und Dümpten (Schacht Carnall) verteilten und den Transport ihrer Kohle zu den Verladestellen an der Ruhr mittels einer eigenen Pferdeeisenbahn (siehe Rundgang Mellinghofen/Eppinghofen) regelten. Die Zeche Sellerbeck, nachweislich schon im

16. Jahrhundert mit einem Stollen in Betrieb, bestand bis zum Jahre 1905; die Zeche Roland überlebte sie nur um zwei Jahrzehnte. Allerdings erinnern noch heute einige Straßennamen an die Bergbau-Epoche, so etwa die Sellerbeck- oder Karolinenstraße, der Schüttberg, die Zechenbahn, der Bänksken- und Hustadtweg sowie die Straße An der Halde. Eine alte Bergbaulore – eine Stiftung der RAG Essen – wurde als Industriedenkmal zwischen Mühlen- und Sellerbeckstraße aufgestellt, dort, wo sich einst ein Förderschacht der Zeche Sellerbeck befand.

Zur Zeit des Bergbaus nahm die Einwohnerzahl Dümptens in rasantem Maße zu. Durch die Anwerbung von Arbeitern, die sich in den Zechen und Industriebetrieben verdingten, wurde der Stadtteil zu den am stärksten wachsenden Vororten Mülheims: Während im 15. und 16. Jahrhundert auf den verstreut liegenden Höfen und Kotten nur etwa einhundert Menschen lebten, stieg ihre Zahl bis zum Ende des 19. Jahrhunderts auf über 7.000 an. Neben den Landwirten und Ackerleuten, die schon seit Urzeiten in der Dümptener Heide lebten, kamen nun unzählige Bergleute, Tagelöhner und Fabrikarbeiter hinzu, die die Bauern zahlenmäßig schon bald übertrafen. Für sie alle musste neuer Wohnraum geschaffen werden, ebenso waren Straßen, Kirchen, Schulen und andere öffentliche Einrichtungen vonnöten. Die Veränderungen in der Infrastruktur waren enorm. Doch blieb es nicht bei dieser einmaligen Umwälzung: Nach 1948 erlebte Dümpten eine zweite große Bevölkerungswelle, die Einwohnerzahl verdoppelte sich noch einmal von 9226 (1948) auf 20.713 (1961). Während dieses Zeitraums wandelte der Stadtteil sein Erscheinungsbild am vehementesten. Ehemalige Zechen und Halden verschwanden, alte Kotten und Höfe wurden abgerissen, unberührte Wiesen- und Ackerflächen mit neuen Wohnhäusern bebaut. Anstelle des Bergbaus und der Landwirtschaft findet man heute ausgedehnte Siedlungsflächen, weitläufige Verkehrswege sowie groß angelegte Gewerbegebiete. Die Veränderungen, die damit einhergingen, waren so enorm, dass kaum jemand, der Dümpten noch aus früheren Zeiten kennt, den Stadtteil in seiner jetzigen Gestalt wieder erkennen würde. Momentan leben in Dümpten rund 35.500 Einwohner, der Ortsteil besitzt damit die höchste Bevölkerungsdichte Mülheims.

Neben der starken Zunahme der Einwohnerzahl weist sich Dümpten auch durch eine mehrmals wechselnde kommunale Ordnung aus. Während Mitte des 19. Jahrhunderts auf Mülheimer Stadtgebiet zunächst eine Stadt- und Landgemeinde existiert hatte, wurde diese im Zuge einer neuen Gemeindeordnung im Jahre 1878 durch die Bildung mehrerer Bürgermeistereien abgelöst. Eine dieser Bürgermeistereien war Styrum (siehe Rundgang Styrum), zu der fortan auch die Orte Dümpten sowie Alstaden (heute Oberhausen) gehörten. Allesamt waren sie Teil des preußischen Kaiserreiches. Zu dieser Zeit verlor Dümpten bereits einen Teil seines Gebietes – ca. 400 Morgen Land – an die neu gebildete Bürgermeisterei Oberhausen. Die Vereinigung mit Styrum – im Übrigen eine höchst ungeliebte Zweisamkeit, von der behauptet wird, sie sei noch heute die Ursache für Querelen zwischen den Einwohnern beider Stadtteile – war nur von kurzer Dauer: Im Jahre 1904 wurde der Ort mit Mülheim vereinigt, die beiden anderen Gemeinden zu selbstständigen Landbürgermeistereien erhoben. Dümpten war somit Teil eines Landkreises, zu dem auch Alstaden sowie Heißen mit Fulerum, Haarzopf, Menden und Raadt gehörten. Die relative Eigenständigkeit, auf die sich heute viele Dümptener Bürgerinnen und Bürger mit einigem Stolz besinnen, hielt indes nicht lange an: Bereits im Jahre 1910 wurde auch Dümpten, ebenso wie die Orte Heißen, Winkhausen und Fulerum, der Stadt Mülheim eingemeindet.

Heute ist Dümpten gegliedert in die Bereiche Ober- und Unterdümpten (die Grenze verläuft in etwa entlang der Sellerbeckstraße, Damaschkeweg, Schildberg und Heiermannstraße), die faktische Zweiteilung schuf jedoch die Autobahn A 40, die ähnlich wie in der Nachbargemeinde Styrum den Stadtteil gewaltsam durchtrennt. An die glückliche Zeit der Selbstständigkeit erinnert heute nur noch das alte Bürgermeisteramt sowie der – teils scherzhaft, teils durchaus ernst gemeinte – Ausdruck „Königreich Dümpten". Einer Anekdote zufolge wurde diese Bezeichnung immer dann verwendet, wenn die Einwohner Dümptens nach einem Besuch in der Nachbargemeinde Mülheim mit der Bemerkung nach Hause geschickt wurden: „Geht heim in Euer Königreich". Nichtsdestotrotz wird von Seiten der Dümptener Bürgerinnen und Bürger noch heute einiges getan, um die Erinnerung an die glorreiche Vergangenheit als selbstständige Bürgermeisterei wach zu halten: Bürgerbaum, Autoaufkleber, Wappen und Wanduhr sind nur einige von vielen Beispielen des stets gehegten bürgerlichen Stolzes. Eine Werbegemeinschaft verwendet sogar den Slogan vom „Königreich" zur wohlwollenden Unterstützung des ortsansässigen Handels. Und wenn alljährlich beim Tanz in den Mai ein neuer „König" gekürt wird und im Hintergrund das Dümptener Nationallied erklingt, dann liegt so manchem Nicht-Dümptener angesichts dieses eigenwilligen Lokalpatriotismus ein kleines Schmunzeln auf den Lippen. Die Dümptener mögen ihm das Augenzwinkern verzeihen.

Wie berichtet waren die wirtschaftlichen Grundpfeiler Dümptens einst der Bergbau und die Landwirtschaft, heute sind es der Handel und die Produktion. Namentlich zu nennen wären die Mannesmannröhren-Werke, die zum Teil in einem anderen Stadtteilgebiet liegen (siehe Rundgang Mellinghofen/Eppinghofen), sowie das Gewerbegebiet am Heifeskamp mit mehreren Groß- und Einzelhandelsfirmen. Ergänzt werden diese Ansiedlungen am westlichen Rande Dümptens durch kleine und mittelständische Unternehmen, die sich vor allem über Schultenhofstraße und Langekamp verteilen, sowie durch mehrere Einzelhandelsgeschäfte an der Mellinghofer- und Oberheidstraße. Der Großteil des Stadtteilgebiets besteht jedoch aus ausgedehnten Siedlungen, deren Bebauung zum Teil noch an die Epoche des Bergbaus erinnert, aber auch neuere, moderne Formen aufweist. Die Landwirtschaft spielt kaum noch eine Rolle: Viele der bäuerlichen Anwesen haben ihren Betrieb aufgegeben und widmen sich heute anderen Aufgabenfeldern, darunter beispielsweise dem Reitsport.

Abgesehen von der stark befahrenen Mellinghofer Straße, die streckenweise dem Verkehrsaufkommen einer Bundesstraße gleicht (da hier täglich zwischen 25.000 und 30.000 Fahrzeuge sowie die örtliche Straßenbahn rollen, soll bis zum Jahre 2005 durch den Bau einer Umgehungsstraße für Entlastung gesorgt werden), ist Dümpten also ein eher beschaulicher und ruhiger Ortsteil, in dem vor allem Familien mit Kindern sowie Senioren eine angenehme Wohnstatt finden. Schmucke Häuschen mit Garten, verkehrsberuhigte Zonen und begrünte Flächen schaffen für viele ein Stück mehr Lebensqualität. Vieles wirkt hier verträumt und still, beinahe verschlafen. Böse Zungen behaupten deshalb, Dümpten hielte einen Dornröschenschlaf, und das zwölf Monate im Jahr. Nun ist es richtig, dass die Menschen hier, fern von den Geschäften und der Eile des Alltags, ohne Hast und Überstürzung leben. Sie sind genügsam, aber auch schweigsam. Sie legen Wert auf gute Nachbarschaft, sind aber auch gerne unter sich. Verschroben und eigensinnig, so möchte man meinen, aber eben auch freundlich und kollegial. Einer hilft dem anderen, so war es schon zu Urzeiten und so ist es bis heute geblieben.

In vielen Bereichen des alltäglichen Lebens wird den Dümptenern heute Geduld abgefordert. So müssen sich die Bewohner seit geraumer Zeit mit einer sehr spärlichen Auswahl an Erlebnismöglichkeiten innerhalb des Stadtteils zufrieden geben. Denn wie bereits erwähnt, steht den Einwohnern von Dümpten nur ein kleiner Raum zur Freizeitgestaltung und Entspannung zur Verfügung. Besonders betroffen von den Veränderungen sind die ortsinternen Grünflächen: Von der ehemaligen Weite der Naturlandschaft, die Dümpten in früherer Zeit prägte, ist durch die äußerst dichte Besiedlung kaum noch etwas übrig geblieben. Lediglich der innerörtliche Grünpark Wittkamp, der Bürgerpark am Damaschkeweg sowie die unbebauten Felder im Norden und Osten dienen der Bevölkerung zur Erholung. Wahrlich nicht viel für einen Stadtteil, der ohnehin unter einem Mangel an attraktiven Gemeinplätzen zu leiden hat, zugleich aber mit der höchsten Einwohnerzahl der Stadt gesegnet ist.

Unser Rundgang beginnt nun an einem Standort, der einst das Zentrum der Landbürgermeisterei Dümpten bildete: das **alte Bürgermeisteramt (1).** Das erste Gebäude wurde vor etwa 130 Jahren neben der alten Kronenapotheke an der Ecke Mellinghofer Straße und Knüfen errichtet. Später befand sich hier die Gaststätte Kampmann. Beide Häuser mussten in den 1960er Jahren dem Bau der Autobahn A 40 weichen. An der Ecke Mellinghofer Straße und Beutherstraße, unmittelbar neben dem mehrstöckigen Hotel Kuhn, steht das heute noch erhaltene, zweite Bürgermeisteramt. Die Beutherstraße erinnert an den ersten Bürgermeister der selbstständigen Landbürgermeisterei, Oberstleutnant a. D. Paul Beuther, der die Geschicke der Gemeinde in den sechs kurzen Jahren ihrer Selbstständigkeit leitete. Als Dümpten im Jahre 1910 seine Eigenständigkeit verlor und in die Stadt Mülheim eingemeindet wurde, verlor auch der Bürgermeister sein Aufgabenfeld; Dümpten wurde fortan vom Rathaus der Stadt Mülheim regiert. Das alte Bürgermeisteramt, in dem sich übrigens auch eine kleine Gefängniszelle befand, blieb jedoch bestehen. Das barocke Portal mit abgerundeter Hausecke, der Turmaufbau mit Kuppel sowie die großen Knickgiebel lassen das Gebäude noch heute repräsentativ erscheinen. Vermutlich aus diesem Grunde diente das Haus dann auch bis in die 1990er Jahre als städtische Anlaufstelle für die Bürgerinnen und Bürger des neu gegründeten Stadtteils. In den Räumlichkeiten befanden sich eine Meldestelle, eine Zweigstelle der Stadtbücherei, eine Außenstelle des Jugendamtes sowie eine Dienststelle der Polizei; letztere ist auch heute noch dort präsent. Das starke Verkehrsaufkommen auf der Mellinghofer Straße (die Straße führt am nahe gelegenen Gewerbegebiet vorbei sowie direkt in die südlichere City) ließ das Stadtteilzentrum jedoch allmählich verkümmern. Anwohner klagten über hohe Lärmbelästigung durch den Schwerlast- und Pendelverkehr, Geschäftsleute wanderten ab, weil den Kunden das Einkaufen an einer Hauptverkehrsstraße zu unattraktiv erschien. Als man dann auch noch die Meldestelle und die Zweigbücherei aus dem alten Bürgermeisteramt an andere Standorte verlegte und damit den Stadtteil in seiner kleinen bürgerlichen

Altes Bürgermeisteramt Dümpten, heute Bürgerbegegnungsstätte

Selbstständigkeit immer weiter beschnitt, wurden Stimmen laut, das unter Denkmalschutz stehende Gebäude zu verkaufen.

Die Bürgerinnen und Bürger wehrten sich jedoch gegen derlei Sparbeschlüsse mit einigem Erfolg, wie man heute sehen kann. Das alte Bürgermeisteramt ist nunmehr eine gern besuchte Begegnungsstätte, deren Leitung ein seit 1997 bestehender Trägerverein übernommen hat. Die Mitarbeiter der „Begegnungsstätte Bürgermeisteramt Dümpten e.V." erhalten jedoch keine finanzielle Unterstützung durch die Stadt, sie arbeiten ehrenamtlich. Zur Aufrechterhaltung des täglichen Betriebs, der auch nicht unerhebliche Kosten bedingt, reicht dies jedoch nicht aus. So ist die Begegnungsstätte in erster Linie auf diverse Einnahmen (z.B. aus der Caféteria) sowie auf Sponsorengelder und andere finanzielle Zuwendungen angewiesen. Auch durch die Vermietung der Räumlichkeiten für private Feiern sowie durch regelmäßige Veranstaltungen (Stichwort Stadtteilfeste) können dringend benötigte Gelder gesichert werden. Nicht selten brachten sich die Dümptener Bürgerinnen und Bürger auch selbst in das neue Nutzungskonzept mit ein, etwa als eine Sanierung des Gebäudes angestrebt wurde: Die vor Ort arbeitenden Handwerksfirmen, weitgehend aus Dümpten stammend, erbrachten einen Teil ihrer Leistungen kostenlos. Genutzt werden die fertig gestellten Räume heute von Vereinen, Parteien und Verbänden, darunter der Volkshochschule oder der Arbeiterwohlfahrt. Einmal im Monat trifft sich hier auch der Mölmsch-Platt-Stammtisch, der sich der Pflege der heimischen Mundart verschrieben hat. Insgesamt hat durch die Wiederbelebung des alten Bürgermeisteramtes das Stadtteilzentrum ein wenig an Attraktivität gewonnen, auch wenn es für die Zukunft noch viel zu bewegen gilt.

Auf der **Mellinghofer Straße (2)** geht es nun weiter Richtung Norden. Die Straße erinnert an ein Waldgebiet namens „Mallinckforst", das in dieser Gegend bereits im 10. Jahrhundert bekannt war. Später wurde das Gelände gerodet, es entstanden die heutigen Stadtteile Mellinghofen und Dümpten. Die Straße beginnt an der Aktienstraße in Mülheim und reicht bis zum Lipperheidebaum in Oberhausen. Seit Jahrhunderten gilt der Verkehrsweg, ab dem Jahre 1900 mit einer elektrischen Eisenbahnlinie versehen und dieser Tage für den Autoverkehr mehrspurig ausgebaut, als Hauptverbindung zwischen beiden Städten. Dass dies auch viele Probleme mit sich bringt, so zum Beispiel eingeschränkte Verkehrssicherheit, Schmutz und Lärmbelästigung, ist bereits erwähnt worden. Eine Umgehungsstraße, auf die die Dümptener Bürgerinnen und Bürger lange warten mussten, ist nun endlich in Bau. Die Verkehrssituation wird sich dadurch, so hofft man, nachhaltig verbessern, was sich wiederum positiv auf die Bedürfnisse der Geschäftswelt – weniger Durchgangsverkehr, dafür mehr Parkraum – auswirken würde. Mehr Grün soll entstehen, versiegelte Flächen sollen durch Beplanzungen aufgelockert werden. Weniger Autos bedeuten auch eine statt zwei Fahrspuren pro Richtung, somit auch mehr Raum für Radfahrer und Fußgänger. Ob derartige Veränderungen jedoch ausreichen werden, um das Stadtteilgebiet rund um die Mellinghofer Straße wieder mit Leben zu füllen, wird sich erst in einigen Jahren zeigen.

Mehrere Namen haben die Straße im Laufe der Jahrhunderte geprägt; der bekannteste darunter dürfte „Chaussee" sein, der vielen alten Dümptenern noch heute ein Begriff ist. Dass sich an der lang gezogenen Strecke einige bedeutsame öffentliche Bauten erhalten haben, bemerkt von den vorbeirasenden Autofahrern kaum jemand. So befindet sich im südlichen Teil beispielsweise ein stattlicher Bau, der heute die städtische Realschule und eine Gemeinschaftsgrundschule beherbergt. Das Schulgebäude wurde 1910 errichtet, nachdem der Vorgängerbau (er stand einige Meter weiter nördlich) zu klein geworden war. Ein zweiter sehenswerter Bau steht etwas weiter Richtung Dümpten: Es handelt sich um das Haus Nr. 174, eine alte Villa, die Konrektor Friedrich Schäfer in den Jahren 1902/03 erbauen ließ. Alte Fotos zeigen, dass das Haus, das übrigens noch heute in Besitz der Enkel ist, ehemals auf freiem Felde stand, eingerahmt von einigen Äckern und Wiesen. Dümpten war zu dieser Zeit also noch recht spärlich besiedelt. In Höhe der Gathestraße können wir schließlich ein weiteres Baudenkmal erkunden: die ehemalige kaiserliche Post an der Mellinghofer Straße Nr. 261. Das Gebäude ist eines der wenigen, das sich aus der Zeit vor dem Ersten Weltkrieg erhalten hat. Im Laufe seines Bestehens (das Haus stammt aus dem Jahre 1896) hat das Postamt seine äußere Gestalt nur wenig verändert. Nach seiner Restauration in den 1990er Jahren sieht das denkmalgeschützte Gebäude beinahe wieder so aus wie zur Zeit seiner Erbauung; lediglich einige Details aus der Gründerzeit sind heute nicht mehr erhalten, so das preußische Wappentier und der Reichsadler. Immer noch vorhanden ist jedoch eine schmiedeeiserne Fahnenhalterung, die sich auf der Frontseite über einem Fenster befindet. Im Erdgeschoss des Hauses ist heute eine Pizzeria untergebracht, die oberen Etagen dienen als Wohnungen. An die Vergangenheit des Gebäudes erinnern heute noch zwei Häuser in unmittelbarer Nachbarschaft: die Gaststätte „Posthörnchen“ (Mellinghofer Str. 253) sowie die ehemalige „Schule an der Post“ (Sanders Hof), heute eine Zweigstelle der Grundschule an der Gathestraße. Letztere ist übrigens schon recht alt: 1870 als zweite evangelische Schule Dümptens erbaut, führte sie Generationen von Kindern unter dem Motto „Fleiß bringt Preiß“ durch die ersten Jahre der Schulzeit. Nach umfangreichen Renovierungsmaßnahmen in den 1990er Jahren ist der denkmalgeschützte Backsteinbau heute wieder voll funktionstüchtig.

Schulgebäude von 1910
an der Mellinghofer Straße

Auf unserem weiteren Weg entlang der Mellinghofer Straße unterqueren wir nun die Autobahn A 40, ebenfalls ein Sorgenkind der Dümptener. Seit dem Jahre 1968 ist man bemüht, die Errichtung eines Lärmschutzes im Bereich zwischen Mühlen- und Sellerbeckstraße zu erwirken, leider bisher ohne Erfolg. Mehr als 500 Familien sind von den Luftverunreinigungen und Lärmbelästigungen betroffen. Der geplante Ausbau der Autobahn auf sechs Spuren wird die Belastung in den kommenden Jahren noch steigern. Eine Aussicht auf Verbesserung der Situation scheint nicht in Sicht, zumal städtische Ämter den Bau eines Schutzwalls unter anderem wegen der zu erwartenden Kosten erst kürzlich für undurchführbar erklärten. Und so ist bis auf weiteres wieder einmal viel Engagement und Geduld gefragt.

Westlich unseres jetzigen Standortes, mit Blick in Richtung Zechenbahn, befand sich bis zu Beginn des 20. Jahrhunderts noch ein Gebiet, das durch und durch vom Bergbau geprägt war: Es handelt sich um das Gelände der **ehem. Zeche Roland (3)**. Ihr eigentliches Zentrum lag zwischen Dümpterkamp und Harpener Straße, also auf heutigem Oberhausener Stadtgebiet. An die Geschichte der Zeche erinnern dort noch die Straßennamen Rolanddamm, Rolandsfeld und Rolandstraße. Bis zum Jahre 1910, als die neue Gemeindeordnung in Kraft trat und die damals noch eigenständigen Bürgermeistereien mit Mülheim vereinigt wurden, gehörte das Zechengelände jedoch zu Dümpten, und aus diesem Grunde soll die Geschichte des Bergwerks hier beschrieben werden.

Benannt ist die Zeche nach einer alten Bauersfamilie, die einen gleichnamigen Hof in der Nähe des Bergwerks bewohnte. Die ersten Bohrungen auf der Zeche Roland fanden im Jahre 1841 statt. Anfängliche Schwierigkeiten, namentlich die starken Wasserzuflüsse, die die Gefahr einer Überflutung der Stollen beinhalteten und eine größere Ausdehnung der Grube zunächst verhinderten, konnten schon nach kurzer Zeit beseitigt werden. So wurde bereits 1847 der erste Tiefbauschacht fertig gestellt, die volle Förderung dauerte schließlich von 1856 bis 1928. Im Gegensatz zur Zeche Sellerbeck, die ausschließlich die so genannte „magere" Kohle förderte, wurde auf der Zeche Roland auch eine magere bis fettige Kohle zu Tage gebracht. Sie wurde nach einer Tiefe von ca. 45 m erreicht und mittels Dampfmaschinen – übrigens eine Erfindung der Gebrüder Dinnendahl, Begründer der Mülheimer Eisenhütten- und Maschinenindustrie (siehe Rundgang Mellinghofen/Eppinghofen) – an die Oberfläche transportiert. Beide Kohlesorten zeichneten sich durch einen hohen Brennwert aus; sie wurden deshalb bervorzugt von der heimischen Stahlindustrie nachgefragt, eigneten sich aber auch für den privaten Gebrauch. Ein Teil des „schwarzen Goldes", der so genannte Zehnte, musste nach uraltem Bergmannsrecht an die Inhaber der Herrschaft Broich entrichtet werden (daher Zehntweg); später ging dieses Bergwerksrecht an ein privates Konsortium unter Führung der Mülheimer Kaufleute Troost und Coupienne (Mülheimer Zehntgesellschaft) über.

Die ehemalige Zeche Roland im Nordwesten Dümptens (heute Stadtgebiet Oberhausen)

Der übrige Teil wurde für den heimischen Bedarf verwendet, eine nicht unerhebliche Menge wurde nach Süddeutschland, vornehmlich nach Bayern und Baden-Würtemberg, exportiert.

Die Gründung der Zeche Roland fiel in eine Zeit, als in Dümpten die Einwohnerzahl – bedingt durch die Ansiedlung mehrerer Bergwerke – um ein Vielfaches in die Höhe geschnellt war. Waren um 1813 in dem bis dahin überwiegend ländlichen Gebiet nur etwa 500 Menschen wohnhaft, stieg ihre Zahl bis zum Jahre 1860 auf 3.500 an. Etwa die Hälfte dieser Einwohner war im Kohlebergbau beschäftigt. Insgesamt arbeiteten zu dieser Zeit über 3.000 Menschen im Mülheimer Raum bei der Kohleförderung, verteilt auf sieben große Tiefbauzechen und 36 kleinere Gruben. Mit einer Fördermenge von 2,5 Millionen Tonnen waren die Bergwerke auf Mülheimer Stadtgebiet damals führend in der gesamten Ruhrregion.

Als im Jahre 1847 die Köln-Mindener Eisenbahn erstmals durch das Revier rollte und wenige Jahre später den neuen Bahnhof Oberhausen erreichte, wurde auch eine Verbindungsbahn zur Zeche Roland gebaut. Heute markieren die Straßen „Zechenbahn" und „Danziger Straße" den ehemaligen Verlauf dieser Bahntrasse. Die Bahn erreichte später auch die Schächte Carnall und Müller im Osten Dümptens, beide zur benachbarten Zeche Sellerbeck gehörend. Von dort aus beförderte schließlich die bekannte Sellerbecker Pferdebahn die Kohle zu den benachbarten Stollen sowie zu den Lagerstellen an der Ruhr. Vor dem Bau der Bahn wurde der Transport der Kohle per Hand mittels Kohlewagen auf den Weg gebracht. Die Arbeit der Kohleschieber war mühsam und erforderte eine enorme Kraftanstrengung. Aus diesem Grunde wurden den Arbeitern Pferde zur Seite gestellt, die die Kohlewagen über das oft unwegsame Gelände zogen. Zu Beginn des 19. Jahrhunderts war die technische Entwicklung dann endlich so weit, auf die Stärke von Mensch und Pferd zu verzichten: In Zukunft regelten Maschinen per Lokomotivkraft die Beförderung der Kohle.

Dümpten anno dazumal: unbebautes Ackerland am Zehntweg

Einige Daten waren für die Entwicklung der Zeche Roland von Bedeutung: Im Jahre 1901 ging das Bergwerk in Besitz des Kommerzienrats Louis Kannengießer über, der 1886 bereits die Zeche Sellerbeck übernommen hatte. Kannengießer stammte aus einer reichen Essener Bergbaufamilie, die auch eine beachtenswerte Binnenschiffflotte ihr eigen nannte. Seine Verbindung zu Mülheim gründete auf der Heirat seines Sohnes mit einer Tochter der Kohlenhandelsfamilie

Krapp, ihrerseits ebenfalls an der Zeche Sellerbeck beteiligt. Kannengießer blieb jedoch nicht lange in Besitz der Zeche Roland: 1904 verkaufte er das gesamte Areal an die Dortmunder Harpener Bergbau AG, blieb jedoch bis 1914 Generaldirektor. Als 1905 bei Sellerbeck die Förderung eingestellt wurde (kurz zuvor hatte ein Generalstreik der Bergleute im Ruhrgebiet für Aufsehen gesorgt), übernahm die Zeche Roland einen Teil der Belegschaft. 1912 schließlich ging das Gelände in den von Hugo Stinnes gegründeten „Mülheimer Bergwerksverein" über, 16 Jahre später kam jedoch auch für dieses Dümptener Bergwerk das Aus. Ein Großteil der Beschäftigten – zur Zeit der Stilllegung arbeiteten hier immer noch rund 1.000 Menschen – wurde auf die umliegenden Zechen verteilt, darunter auf die Zeche Wiesche in Mülheim-Heißen sowie die Zechen Vonderort und Osterfeld in Oberhausen.

Gegenüber der Zechenbahn schreiten wir nun die Denkhauser Höfe ein Stück weit bergauf. Die Straße ist benannt nach den gleichnamigen Kotten, die sich in früherer Zeit am unteren Ende des Weges befunden haben. Namensgeber der Höfe war die Familie Denkhaus, eine der ältesten Dümptener Familien. Der letzte ihrer Höfe wurde während des Zweiten Weltkriegs im Jahre 1943 zerstört, heute stehen hier dicht an dicht mehrere gleichförmige Wohnblocks, ein Zugeständnis an den Wohnraumbedarf der Neuzeit. Geblieben ist allerdings der Name derer von Denkhaus; ihre Familien verteilen sich noch heute über das gesamte Stadtgebiet. In Höhe der Johanniter Unfallhilfe – hier befand sich vor dem Zweiten Weltkrieg ein Strandbad (heute Freibad mit Tennisplatzanlage und Anglerteich) sowie der Kämpgens-Hof, dessen Stammhaus noch erhalten ist und heute ein Hotel mit Restaurant beherbergt – biegen wir nun links in die Hildegardstraße ein und erreichen das südliche Ende der kleinen Parkanlage **Wittkampbusch (4)**. Viele Einwohner Dümptens nutzen das Wäldchen zur stillen Erholung in freier Natur. Die Grünanlage ist ein Überbleibsel aus einer Zeit, als ein Großteil der Fläche Dümptens noch von unberührter Heide und Hochwäldern bedeckt war. Viel ist von der alten „Dümsche Heide" nicht übrig geblieben, lediglich der Wittkampbusch sowie die Namen einiger Straßen (z.B. Heidkamp, Oberheidstraße, Schippersheide) lassen das frühere Aussehen dieses Gebietes erahnen. Im Wittkampbusch selbst sind es die meterhohen Stechpalmen und Birken, die an die vorindustrielle Zeit der ländlichen Idylle erinnern. Vor etwa 150 Jahren war hier also Hochwaldgebiet, wobei der Name „Wittkamp" („kamp" = Anhöhe, „witt" = weiß)

Spazierwege im Wittkampbusch

vermutlich an ein weißes Haus auf dem Kamp erinnert. Mehrere Pfade führen über das Gelände, von denen wir den Weg nach Norden einschlagen, der uns zum **alten Friedhof (5)** führt. Der Grund und Boden, auf dem sich die Ruhestätte befindet, war früher einmal ebenfalls Heidegebiet. Die Straße „Schobes Heide" (der Ausdruck „Schoope" oder „Schoobe" ist Plattdeutsch und bedeutet „Schaf"), die im Norden auf den Friedhof zu läuft, erinnert an das frühere Aussehen dieses Gebiets. Etwa um 1878 vermachte der Bauer Hermann Denkhaus, der in Besitz des Heidegeländes war, das Areal an die Kirchengemeinde des Ortes, damit diese hier einen Friedhof errichten möge. Der alte Friedhof, der später um das Gelände am Rande des Wittkamps erweitert wurde, bildete zusammen mit der nicht weit entfernten Kirche damals wie heute ein Zentrum der Gemeinde Dümpten. Dieser Tage ist die Stätte des alten Friedhofs um eine neue Anlage mit eigener Trauerkapelle erweitert. Sie befindet sich einige hundert Meter entfernt, am südöstlichen Rand des Stadtteils an der Oberheidstraße. Lange hatten die Dümptener Bürgerinnen und Bürger für den Bau dieser neuen Friedhofsanlage kämpfen müssen – die alte Ruhestätte war einfach zu klein geworden. 1992 war es dann endlich so weit: Nach mehr als zwanzig Jahren unermüdlichen Forderns wurde die ergänzende Anlage endlich eingeweiht.

Die Kirche, von der bereits gesprochen wurde und die in unmittelbarer Nachbarschaft zum Friedhof liegt, ist die **Ev. Kirchengemeinde Oberheidstraße (6)**. Der Name Oberheiden hat in Dümpten eine lange Tradition: Bereits im Jahre 1580 wird er erstmals als Familienname in einem Dümptener Zehntregister erwähnt. Ursprünglich bezeichnete er den oberen Teil der Lipperheide, die früher bis zur Aktienstraße reichte. Auf der Oberheidstraße befand sich auch der Hof des bekannten Georg Oberheiden. Sein Wohnhaus, zwischen 1750 und 1790 erbaut, steht noch heute an der Oberheidstraße. Wie alte heimatkundliche Schriften zur Stadtgeschichte Mülheims belegen, muss dieser Georg Oberheiden zur damaligen Zeit in Mülheim und Umgebung recht berühmt gewesen sein und einen nicht unerheblichen Einfluss auf die Geschicke der Gemeinde gehabt haben.

Doch nun zurück zur Kirche: Das Gotteshaus wurde im Jahre 1892 erbaut und, wie einige Heimatkundler beharrlich behaupten, unter dem Namen Paulus-Kirche eingeweiht. Dass die Kirche diesen Namen tatsächlich einmal getragen hat, ist jedoch

Evangelische Kirche an der Oberheidstraße

nur ein Gerücht: Studien der Kirchenbücher haben gezeigt, dass sich diese Behauptung nicht bestätigen lässt. Das Gotteshaus trägt deshalb den Namen der Straße, an der es steht: Kirche an der Oberheidstraße. Bevor die Kirche errichtet wurde, mussten die Dümptener Bürgerinnen und Bürger, wenn sie denn Protestanten waren, für den Besuch eines Gottesdienstes bis zur evangelischen Petrikirche im alten Dorfkern Mülheims wandern. Da dieser Weg jedoch recht mühselig war, wurden zunächst die Räume der beiden protestantischen Schulen am

Schildberg und in der Gathestraße für den Gottesdienst zur Verfügung gestellt. Ende des 19. Jahrhundets entschloss man sich dann schließlich, eine eigene Gemeinde zu gründen und eine Kirche zu bauen. Roter Backstein diente als Baumaterial, der Stil war neugotisch. Betritt man die Kirche durch das schön gestaltete Frontportal mit Säulen und darüber liegender Rosette, wird man im Innern von einem schlichten, aber hell und freundlich wirkenden Raum empfangen. Die Ausmalung in jetziger Farbgebung erfolgte Anfang der 1980er Jahre, wodurch die gotische Struktur des Kirchenraumes mit Spitzfenstern und tragenden Säulen gut hervorgehoben wurde. Den Mittelpunkt des Altarraums bildet ein einfaches hölzernes Kreuz, nicht mehr vorhanden ist hingegen die schön geschnitzte Kanzel, die sich links neben dem Chorraum befand. Auffallend ist die moderne Beleuchtung, die aus einem Netz aus kleinen runden Lampen besteht und unterhalb der flachen Kassettendecke angebracht ist. Als Besonderheit in der Kirchenausstattung gelten die beiden Orgeln (erbaut 1954) sowie ein Cembalo, das nach italienischen Bauprinzipien des beginnenden 18. Jahrhunderts gefertigt wurde.

Bis in die 20er Jahre des vorigen Jahrhunderts besaß der Turm der Kirche noch einen hohen Spitzhelm; wegen Einsturzgefahr musste dieser jedoch durch den jetzigen Turmaufbau mit Wetterhahn ersetzt werden. Während eines Bombenangriffs 1944 ist das Gotteshaus nahezu vollständig zerstört worden. Der Wiederaufbau erfolgte in den Jahren 1951–53. Die Gemeinde zählt heute etwa 4.500 Mitglieder.

Gegenüber der Kirche, zwischen Schaaphausstraße und Denkhauser Höfe, etwa dort, wo sich früher der Schaaphaushof mit Weidewiese befand, liegt das jetzige Gemeindezentrum Oberdümptens. Hier wurde – erstmals im Jahre 2000 – ein Bürgerbaum aufgestellt, dessen einzelne Vereinswappen für den Bürgersinn des Ortsteils stehen sollen. Rund um das Gemeindezentrum befinden sich mehrere Geschäfte und Lokale, darunter auch Traditionsunternehmen, die hier seit mehr als hundert Jahren angesiedelt sind. Wir schreiten in Richtung Norden, wo die Oberheidstraße in den Schildberg übergeht, und folgen der Straße bis zu ihrem Ende. Der Name Schildberg lässt sich, wie viele weitere Straßenbezeichnungen in Dümpten, auf einen alten Familiennamen zurückführen: Die Schildbergs werden bereits 1712 hier mit einem eigenen Hof erwähnt. Schon ein halbes Jahrhundert früher stand an dem Weg, etwa in Höhe des jetzigen Friedhofsgeländes, eine evangelische Schule, die älteste Schule Dümptens. Im Jahre 1787 wurde die Lehranstalt, die den Namen „Reformierte Schule am Schildberg“ trug, durch einen Neubau ersetzt. Das Gebäude wurde während des Zweiten Weltkriegs vollständig zerstört, seine Reste in den 1950er Jahren abgetragen. Die frei gewordene Fläche diente der Erweiterung des Friedhofs. Neben der genannten evangelischen Schule befand sich am Schildberg seit 1875 auch eine katholische Schule, die noch heute Bestand hat, sowie seit 1887 die St.-Barbara-Kirche, die ihren ersten Standort an der Kreuzung Schildberg/Barbarastraße hatte. An dieser Stelle steht heute ein Ehrenmal für die Gefallenen beider Weltkriege. Da das Mahnmal etwas abseits liegt und wenig Raum für Trauer- und Gedenkfeiern bietet, ist für die Zukunft geplant, es auf den benachbarten Dümptener Friedhof zu verlegen.

Am unteren Schildberg, vorbei an der Gaststätte „Schildbürger“ (ehemals Volkenborn), der katholischen Schildbergschule und dem städtischen Altenkrankenheim, erreichen wir die bereits erwähnte **Kath. Kirche St. Barbara (7)**. Ihr Neubau an jetzigem Standort war notwendig geworden, nachdem der Vorgängerbau 1943 durch Bomben zerstört worden war. Seinen Namen besitzt das Gotteshaus in Anlehnung an die Heilige Barbara, die unter den Gläubigen als Schutzpatronin der Bergleute gilt. Nach der Zerstörung der Kirche wurde im Stil der Romantik eine neue Kirche entworfen, zu deren Bau es jedoch infolge der Wirtschaftskrise von 1923/24 nie gekommen ist. Erst Jahre später, 1955, wurde am unteren Schildberg die jetzige moderne St.-Barbara-Kirche errichtet. Von weitem sichtbar ist der hohe quadratische Turm mit weißem

Metallaufsatz, in dem sich vier große Glocken befinden. Auffallend ebenfalls das Eingangsportal, dessen Glasfront in einem spitzen Winkel verläuft. Der Innenraum, modern und schlicht zugleich, erinnert auf den ersten Blick eher an einen Gemeindesaal als an ein Gotteshaus: Große kugelförmige Lampen ragen bogenförmig in den Raum, Licht spenden außerdem farbig gestaltete Fenster. An den Wänden, zwischen Steintafeln, die die zwölf Apostel zeigen, hängen moderne Gemälde; kleinere Wandflächen sind mit Sprühkunst aufgepeppt. Auf dem Kirchenvorplatz, unter einem alten Ahornbaum, steht eine Gedenktafel, die an das Leben und Wirken dreier Widerstandskämpfer während der Zeit des Nationalsozialismus erinnert. Einer von ihnen war der Dümptener Bürger Nikolaus Groß, der sich aus christlicher Überzeugung gegen den NS-Terror auflehnte und dafür 1945, nach Inhaftierung im KZ, in Berlin-Plötzensee hingerichtet wurde. Neben der Gedenktafel erinnert auch ein Straßenname in unmittelbarer Nachbarschaft an die christliche Haltung dieses Menschen.

Unser Rundgang führt uns nun rechter Hand in die Talstraße und weiter die Schmalbeeckstraße entlang. Wer möchte, kann am Abzweig Weiherstraße den Weg nach Norden einschlagen, von dessen Anhöhe aus man einen schönen Ausblick auf die Emscherniederung bis nach Oberhausen gewinnt. Der Weg führt vorbei an Wiesen und Feldern sowie einem Ausflugslokal (am Hexberg), das mit großem Biergarten und gemütlicher Stube zum Verweilen einlädt. An der Kreuzung Borbecker Straße Richtung Süden erreicht man dann wieder die Schmalbeekstraße und damit die eigentliche Route. Alle genannten Straßen weisen mit ihrer Namensgebung darauf hin, dass sich auf dem Gelände zwischen Tal- und Borbecker Straße früher einmal mehrere Bäche, eine Ziegelei sowie eine Wassermühle mit Teich (heute umgebaut zur Gaststätte Mühlenbach) befunden haben; die Weiherstraße hieß deshalb früher auch Teichstraße. Über den Gänseweg, einen schmalen Fußweg, der heute bis zum Reiterhof Lugge am Hexberg führt, wurden früher die Gänse von den Stallungen der Kotten zu einem der Bäche getrieben. Einer dieser Bäche steckt in dem Namen

„Schmalbeekstraße“: Die Straße bezeichnet aller Wahrscheinlichkeit nach einen „schmalen Bach“, der nach Norden fließend zunächst in den Hexbach mündete, dann in den Läppkes Mühlenbach überging und zu guter Letzt in der Emscher endete. Entlang des Baches – er ist heute unterirdisch kanalisiert – standen mehrere Gehöfte, so zum

Die moderne St.-Barbara-Kirche von 1955 am unteren Schildberg

Beispiel der Heiermannshof (Heiermannstraße), die Backshöfe (Backs Höfe), der Wennmannshof (Wennemannstraße) sowie der ehemalige Beeckshof an der Bonnemannstraße. Einige dieser alten Bauernhöfe existieren noch heute und bewirten ihre Gäste wie eh und je mit frischen Produkten aus eigenem Anbau.

In Anlehnung an den Hexbach, der bereits zu Beginn des 19. Jahrhunderts den Grenzverlauf zur Bürgermeisterei Borbeck markierte und noch heute das Randgebiet zur Nachbarstadt Essen bezeichnet, wird das Areal östlich von Borbecker Straße und Wenderfeld auch **Hexbachtal (8)** genannt. Dieses Tal – der Name hat übrigens mit „Hexen" nichts zu tun, sondern stammt von der alten Bezeichnung „Hellberg" beziehungsweise „Hegberg", aus dem dann „Hexberg" wurde – ist die größte naturbelassene Grünfläche Dümptens und aus diesem Grunde auch gern besuchtes Naherholungsgebiet. Bis in die 1950er Jahre glich das Gelände noch einer Wildnis mit Tümpeln und Sumpfgebieten, das nur vereinzelt durch Wege erschlossen war. Das Wort „Venn", versteckt in den Straßennamen Wenderfeld und Wennmannstraße, bedeutet nichts anderes als „moorige, sumpfige Landschaft". Auch die Bezeichnung „Bruch", etwa in „Bottenbruch" oder „Auf dem Bruch", markieren den Verlauf des alten Sumpf- und Bruchgürtels. Als man den hohen Freizeitwert des Areals erkannte, begannen die Planungen: Wanderwege wurden angelegt, Freiflächen festgesetzt und die Randbebauung geregelt. Heute ist das Hexbachtal durch eine große Vielfalt an Flora und Fauna gekennzeichnet, nicht wenige der hier angesiedelten Tier- oder Pflanzenarten stehen unter Naturschutz. Wer mehr zur Geologie und Biologie des Hexbachtals erfahren möchte, kann an einer der geführten Wanderungen über das Areal teilnehmen und dabei die Weite und Schönheit dieser Naturoase ausführlich erkunden.

Was der interesierte Besucher dabei auch erfahren wird, ist, dass dem Hexbachtal in der Vergangenheit nicht nur Positives widerfahren ist. Schon mehrfach ist das Gelände, für dessen Erhalt die Bürgerinnen und Bürger seit Jahren kämpfen, durch städtebauliche Vorhaben in seiner natürlichen Beschaffenheit bedroht worden. Die Pläne reichten vom Bau einer Verbindungs-Autobahn über die Errichtung eines Gewerbegebietes bis hin zu einem Umspannwerk der RWE, und das alles geplant inmitten des Hexbachtals. Neuester Stein des Anstoßes ist ein Abwasserkanal, der sich auf fast 3 km Länge überirdisch über den Grünzug erstrecken und zwei Regenwasser-Rückhaltebe-

Das Hexbachtal lädt zu ausgiebigen Wanderungen ein

cken von der Größe eines Fußballfeldes beinhalten soll. Bürgerinitiativen halten dieses Vorhaben für einen massiven Eingriff in die Tallandschaft und warnen vor einer dauerhaften Schädigung der Natur. Das Hexbachtal sei ohnehin durch die immer dichter werdende Besiedlung gefährdet, die ehemals festgelegte Grenze der Randbebauung längst aufgeweicht. Ein neuer Kanal (der alte ist stark sanierungsbedürftig) würde deshalb einen weiteren Einschnitt in die empfindliche Ökologie dieses Landschaftsgebietes bedeuten. Alternative Pläne seien durchaus realisierbar. Ob die Einwohner mit ihren Forderungen gegenüber städtischer Bürokratie und Politik jedoch Erfolg haben werden, wird sich erst noch zeigen.

Wir wandern weiter am Rande des Hexbachtals entlang über Borbecker- und Gerhardstraße bis zur Vosskuhle, biegen nach rechts in das Wenderfeld ein, vorbei an einigen alten Höfen (Nr. 79, 77, 35) sowie an der Hauptschule und dem gegenüber liegenden Sportplatz, halten uns in Höhe der Bonnemannstraße erneut rechts und erreichen schließlich nach wenigen Metern den **Anne-Frank-Platz (9)**. Nichts am heutigen Aussehen des Platzes – hier befinden sich lediglich einige Spielgeräte für Kinder – deutet darauf hin, dass die Anlage, in den 1920er Jahren als Arbeitersiedlung im Bauhausstil erbaut, den Namen eines jungen Mädchens trägt, das Opfer des nationalsozialistischen Terrors wurde. Anne Frank, 1929 als Tochter eines jüdischen Bankiers, der 1933 nach Holland emigrierte, geboren, wurde im Versteck ihres Elternhauses in Amsterdam entdeckt und ins Konzentrationslager Bergen-Belsen verschleppt, wo sie 1945 ums Leben kam. Ihr Tagebuch, das sie im Versteck ihrer Familie während der deutschen Besatzung schrieb und das 1950 in Deutschland erstmals veröffentlicht wurde, ist ein erschütterndes Dokument jüdischen Schicksals unter dem Hitler-Regime. Noch heute dient es vielen als mahnendes Beispiel für die unsäglichen Grausamkeiten, die dem jüdischen Volk von deutscher Hand zugefügt wurden.

So manchen Leser mag es deshalb in Erstaunen versetzen, dass der Platz sowie eine dahinter liegende Straße den Namen Anne Franks erst seit 1995 trägt. Bis vor wenigen Jahren trugen beide nämlich noch den Namen Adolf Stöckers, in Ehrung des gleichnamigen evangelischen Theologen und Politikers, der als Mitbegründer der evangelisch-sozialen Bewegung galt. Um nun den etwas grotesken Zusammenhang zwischen beiden Namensgebungen verstehen zu können, muss man wissen, dass Stöcker bekennender Antisemit war und in seinen Predigten und Schriften judenfeindliche

Spielgeräte am Anne-Frank-Platz

Auffassungen verbreitete. Über sechzig Jahre lang störte sich scheinbar niemand daran, dass ein Platz zu Ehren eines Mannes benannt wurde, der antisemitisches Gedankengut vertrat und die Rassenideologie der NS-Herrschaft befürwortete. Diejenigen, die es wussten, verschwiegen es und sahen sich offenbar jahrzehntelang zu keinerlei Handlung gezwungen. Erst im Jahre 1995 wurde der Adolf-Stöcker-Platz, geradezu unauffällig und beinahe im Verborgenen, kurzerhand in Anne-Frank-Platz umgetauft. Ein verspätetes Signal der Wiedergutmachung zwar; bedauerlich bleibt jedoch, dass bis heute an einem solchen Ort kein Denkmal steht oder zumindest eine Informationstafel, die auf die wechselvolle Geschichte der Namensgebung hinweist.

Vom Anne-Frank-Platz führt der Weg westwärts über die Eigene Scholle zurück zur Oberheidstraße. Linker Hand liegt der Schreberweg, benannt nach dem Gründer der Kleingartenbewegung, dem Arzt Moritz Schreber (1808–1861), zu dessen Andenken die ersten Grünanlagen dieser Art den Namen „Schrebergärten" erhielten. An der Oberheidstraße halten wir uns zunächst rechts, biegen nach wenigen Metern links in die Straße An der Halde ein und erreichen schließlich, vorbei am Damaschkeweg und der Nikolaus-Ehlen-Straße (beide ähnlich wie Moritz Schreber Befürworter der Kleinsiedlungsbewegung im 19. Jahrhundert) den Fußweg zur Sellerbeckbrücke. Wer vor der Überquerung der lärmenden Autobahn A 40 noch etwas Ruhe sucht, sollte einen Abstecher in den linker Hand gelegenen so genannten „Bürgerpark" wagen, in dem sich mehrere Spazierwege sowie ein Reiterplatz befinden. Alle anderen folgen der Fußgängerbrücke bis zum Bänkskenweg und weiter zur Sellerbeckstraße. Beide Wege weisen mit ihren Bezeichnungen (in der Bergbausprache ist ein „Bänksken" ein besonders kleiner Teil eines Flözes) auf die Bergbauvergangenheit und damit auf einen weiteren erwähnenswerten Bestandteil der Dümptener Geschichte hin: die **ehem. Zeche Sellerbeck (10)**.

Etwa zwischen der heutigen Sellerbeck- und Mühlenstraße befand sich einer der Schächte des Bergwerks, dem an der Kreuzung Mühlenstraße/ Nordstraße ein Denkmal in Form einer alten Bergbaulore gesetzt wurde. Benannt ist die Zeche, ebenso wie das Bergwerk Roland, vermutlich nach einer alten Bauersfamilie, die in dieser Region mehrere Höfe besaß. Die Geschichte der Zeche Sellerbeck beginnt bereits im 16. Jahrhundert, als die ersten Stollen gebaut und 1585 eine erste Gewerkschaft gegründet wurde. Die Bergwerke der damaligen Zeit waren Kleinstbetriebe mit durchschnittlich zehn bis zwölf Arbeitern, die in der Regel meist nur so lange Kohle förder-

Ruine der Zeche Sellerbeck

ten, wie sie das schwarze Gestein ohne große technische Hilfsmittel erreichen konnten. Diesem Abbau der Kohle über einfache Stollen folgte dann mit Eintritt in das 19. Jahrhundert die Tiefbauförderung als eigentliche Revolution im Bergbau. In den Sellerbecker Gruben wurde der erste Schacht dieser Art (Schacht Christian, heute Ortsteil Mellinghofen) 1819 abgeteuft, rasch hintereinander folgten vier weitere Schächte, die sich auf die heutigen Stadtteile Winkhausen (Schacht Müller, 1824), Epinghofen (Schächte Hermann und Gertrud, 1824–29) und Dümpten (Schacht Carnall, 1855) verteilten. Das Verbundwerk „Vereinigte Sellerbeck", das sich durch Zusammenschluss einzelner Gewerkschaften bereits 1814 gegründet hatte, verfügte damit über fünf große Tiefbauzechen (von insgesamt sieben) sowie mehrere kleinere Gruben im Mülheimer Raum. Seit 1839 war die Zeche sogar mit einer eigenen Pferde-Eisenbahn zu den Verladestationen an der Ruhr versehen (siehe Rundgang Mellinghofen/Eppinghofen). Mit einer Förderung von 300.000 preußischer Tonnen in den Jahren 1830 bis 1837 war die Zeche Sellerbeck zeitweise sogar eines der größten Bergwerke des Ruhrgebiets.

Benannt wurden die einzelnen Schächte entweder nach einfachen Vornamen (Gertrud, Christian, Hermann) oder nach Persönlichkeiten des öffentlichen Lebens, die zum damaligen Zeitpunkt im Bergbau eine besondere Rolle spielten. So wurde der Schacht Carnall beispielsweise nach dem Bergbauhauptmann Rudolf Arwid Carnall (1804–1884) benannt, der in seiner Funktion als Direktor des Oberbergamtes in Breslau auch die Mülheimer Schachtanlagen betreute. Während seiner Amtszeit soll er auch einmal in Dümpten gewesen sein. Bis zu Beginn des 20. Jahrhunderts existierte ganz in der Nähe des Schachtes sogar noch eine Straße seines Namens; sie wurde 1914 jedoch umbenannt in Auf der Heide. Schacht Müller trägt seinen Namen in Erinnerung an den Bergrichter der Unterherrschaft Broich, J. P. Müller. Er kümmerte sich um alle allgemeinen Angelegenheiten des Bergbaus und fungierte als Schlichter bei Streitigkeiten im Bergrecht. Seine Tätigkeit gilt heute als Vorlaufmodell der jetzigen Bergämter.

Miteinander verbunden waren die einzelnen Schächte sowohl über- als auch unterirdisch: Ein mehrere Kilometer langer Stollen stellte die Verbindung unter Tage her, eine Schiebebahn (später Pferde- bzw. Lokomotivbahn) transportierte die Kohle über Tage. So genannte Grubenloren – mit Eisenbeschlägen versehene Förderwagen aus Holz, die mit bis zu sechs Scheffeln Kohle (= ca. 700 Pfund) beladen wurden – beförderten die Ware von einem Schacht zum anderen, ein Schauspiel, das von den Zeitgenossen immer wieder gerne in Augenschein genommen wurde. Bei der Kohle, die auf Sellerbeck gefördert wurde, handelte es sich übrigens um die so genannte „magere" Kohle; sie galt aufgrund ihres hohen Brennwerts als besonders hochwertig. Erreicht wurde diese Sorte Kohle, die seit Millionen von Jahren als versteinerter Urwald in den Gesteinsschichten der Erde schlummerte, jedoch erst in sehr großen Tiefen, weshalb man zu Beginn des 19. Jahrhunderts, durch die technische Entwicklung endlich dazu befähigt, vom einfachen Stollenbau zum Tiefbau überging. In Dümpten stieß man in ca. 50 Metern Tiefe auf das „schwarze Gold", in anderen Regionen, so im nördlichen Lippebereich, musste man bis zu 1.000 Meter tief graben.

Leiter des Sellerbecker Bergwerks war zunächst der Mülheimer Unternehmer Johann Dinnendahl, dessen älterer Bruder Franz den Einsatz von Dampfmaschinen zur Wasserhaltung und Kohleförderung in den Bergbaubetrieben des Reviers ermöglicht hatte. Beide Brüder hatten am Fuße der Ruhr in Mülheim zu Beginn des 19. Jahrhunderts eine Schmiede sowie eine mechanische Werkstatt gegründet, aus der dann später die Friedrich Wilhelms-Hütte hervorging. Ihr technisches Talent und ihr Erfindungsgeist bei der Herstellung neuer Maschinen revolutionierte das gesamte bis dahin bekannte industrielle Know-how. Neben den Dinnendahls gab es eine zweite starke Kraft, die auf die Entwicklung der Zeche Sellerbeck Einfluss nahm: Die so genannten Gewerken, also die Mitglieder einer bergrechtlichen Gewerkschaft, meist deren Besitzer. Zu ihnen zählten einige bedeutsame Mülheimer Familien, so die von Eickens, die Mühlenbecks, die Stinnes' und die Krapps. 1886 kaufte der Kohlehändler und Bergwerksbesitzer Louis Kannengießer die Zeche Sellerbeck, wenige Jahre später fiel auch das zweite Dümptener Bergwerk, die Zeche Roland, in seinen Besitz. Im Jahre 1904 veräußerte er beide Bergwerke an die Dortmunder Harpener Bergbau AG, nur ein Jahr später erfolgte auf Sellerbeck die Stilllegung.

Ein Teil der Belegschaft, die Arbeiter des Schachtes Carnall (noch rund 200 Mann), wurde von der Zeche Roland übernommen, die bis 1928 förderte; andere wurden auf die Zechen Wiesche (Heißen) und Vondern (Oberhausen-Osterfeld) verteilt. Kurz vor Ausbruch des Ersten Weltkrieges brannte der stillgelegte Schacht Carnall durch spielende Kinder, die in der Nähe der Schachtanlage ein Feuer angezündet hatten, völlig aus. Seine Ruinen blieben noch bis in die 1920er Jahre stehen. Danach wurden die alten Stollen vollständig verfüllt, wobei es mehrfach zu Nachrutschungen kam. Erst das Auffüllen mit den Trümmern von zerbombten Häusern aus der Nordstraße in den 1950er Jahren konnte ein weiteres Absinken der Deckplatten verhindern. Schacht Christian hingegen, der bis 1905 nur noch als Wetterschacht gedient hatte, wurde bereits während des Ersten Weltkrieges abgebrochen. Heute erinnert lediglich ein altes Industriedenkmal an die einstigen Standorte der „Vereinigten Zeche Sellerbeck“, die an der Erfolgsgeschichte des Mülheimer Bergbaus einen so entscheidenden Anteil hatte.

An der Kreuzung Sellerbeckstraße/Randenbergfeld, wo einst das Wohnhaus des Betriebsführers der Zeche Sellerbeck, die so genannte Rotmann'sche Villa stand, gehen wir nun den Zehntweg entlang, bis wir links zum Springweg kommen. Von der Anhöhe aus (der Zehntweg führt hier steil bergab und war zu früheren Zeiten im Winter eine beliebte Rodelbahn) blickt man bei guter Wetterlage weit bis nach Speldorf und Duisburg. Der Springweg führt uns weiter bis zur Wilhelm-Busch-Förderschule, wo wir rechts in die Dr.-Simoneit-Straße schwenken, die steil bergab zur Papenbuschstraße führt. Nach einer scharfen Linkskurve erreichen wir schließlich den nächsten Haltepunkt unseres Rundgangs, die so genannte **Papenbuschsiedlung (11)**. Benannt ist die Siedlung nach einer alten Flurbezeichnung, die sich „Am Papenbüschken“ nannte. Der Bau der ersten Häuser an der gleichnamigen Straße erfolgte 1919 auf Initiative des Mülheimer Stahlmagnaten August Thyssen. Die Entwürfe zu der nach Prinzipien der Gartenstadt errichteten Siedlung lieferten der Mülheimer Architekt Franz Hagen sowie der Essener Baukünstler Oskar Schwer. Ursprünglich waren 500 Einfamilienhäuser geplant, verwirklicht wurde jedoch nur ein Teil davon. In den meist zweigeschossigen Doppel- und Reihenhäusern waren zur damaligen Zeit Werksangehörige der Vereinigten Stahlwerke AG wohnhaft, zu der in den 20er Jahren des vorigen Jahrhunderts auch die beiden großen Mülheimer Stahlunternehmen Friedrich Wilhelms-Hütte und Mannesmannröhren-Werke gehörten. In Verbindung mit den Röhrenwerken steht übrigens auch die benachbarte Dr.-Simoneit-Straße, deren Namensgeber Karl Simoneit in den 1940er und 1950er Jahren technischer Leiter des Werkes Mülheim war, sowie die Fretz-Moon-Straße, die nach den Erfindern

Die Papenbuschsiedlung, 1919 von August Thyssen ins Leben gerufen

eines technischen Verfahrens zur Herstellung geschweißter Rohre benannt ist. Besitzer des Röhrenwerkes war früher August Thyssen, dem daran gelegen war, für die in seinem Unternehmen beschäftigten Arbeiter ausreichend Wohnraum zu schaffen. Ein Großteil der Häuser, die heute entlang der Papenbuschstraße stehen, trägt noch immer den ursprünglichen Siedlungsbaucharakter dieser Zeit. In den Jahren 1936/38 sowie nach 1948 wurde das Gelände noch einmal um Eigentumshäuser und Mietwohnungen erweitert. Seither ist die Papenbuschsiedlung ein gutes Beispiel für den gelungenen Erhalt und die angemessene Erweiterung einer alten Werksbausiedlung, die durch die Pflege der Eigentümer und Mieter zu einer begehrten Wohnstätte geworden ist.

Am unteren Ende der Siedlung führt uns die Tiegelstraße zum nächsten Standort unseres Rundgangs: der **Kath. Kirche Heilig Kreuz (12)**. Das Gotteshaus steht hier seit dem Jahre 1967. Geschaffen hatte es in vierjähriger Bauzeit der Karlsruher Architekt Rudolf Büchner. Einige Elemente (so zum Beispiel der Turmbau) wurden in Anlehnung an die Wallfahrtskirche Notre-Dame-du-Haut in Ronchamp gewählt, die der französische Künstler Le Corbusier entworfen hatte. Die Kirche regt vor allem durch ihre modernen äußeren Formen das Interesse des Betrachters an: Die Eingangsfront besteht aus einem runden Gewölbe, an das sich rückseitig das zu einem spitzen Zeltdach geformte Kirchenschiff anschließt. Rechts vom Kirchenschiff ist ein Treppenturm angebaut, der sich nach einigen Metern zu einem Doppelturm ausweitet. Ein einfaches Holzkreuz krönt das Turmende. Das Kircheninnere wirkt schlicht und einfach; allein die dünnen, gräulichen Rundstützen sowie eine bunte Fensterleiste zeigen ein wenig Abwechslung. Das Spitzdach der Halle ist mit Holz vertäfelt, die runden Formen des Außenbereichs wiederholen sich in dem runden Podest, der als Altarraum dient. Als Bestandteil des Inventars erwähnenswert ist ein farbiges Vesperbild aus Holz, das aus dem 16. Jahrhundert stammt, sowie ein Kruzifix in der Turmhalle, das sich auf das 18. Jahrhundert datieren lässt. Beide Originale stammen aus der schweizerischen Sammlung Geissmann, die nach dem Bau der Kirche von der Gemeinde erworben wurde.

Von der Teigelstraße biegen wir nun links in den Zehntweg ein und erreichen nach wenigen Metern die Mellinghofer Straße, der wir rechter Hand bis zur Schultenhofstraße folgen. Das Gebiet oberhalb der Mellinghofer Straße war früher ebenfalls Bergbaugelände: Die Zeche Caroline hatte hier, in Höhe der heutigen Karolinenstraße, ihren Standort. Ein erster Stollen, nämlich der der Vorgängerzeche Hu(f)stadt (siehe Hustadtweg), wird an dieser Stelle bereits vor 1750 erwähnt. 1810 begann man auf Caroline mit dem Tiefbau. Als im Jahre 1817 ein Wassereinbruch die Zeche schwer beschädigte, musste der Schacht drei Jahre später stillgelegt werden. Erst 1822 ging der Abbau in drei neu abgeteuften Schächten weiter. Die Zeche Caroline, inzwischen zum Verbundwerk geworden, nahm Mitte des 19. Jahrhunderts eine führende Stellung unter den Dümptener Zechen ein. Wann genau die Zeche dann endgültig ihren Betrieb ein-

Heilig-Kreuz-Kirche an der Tiegelstraße

stellte, ist nicht bekannt. Die alte Schachtanlage geriet jedenfalls schnell in Vergessenheit. Erst in den 80er Jahren des vorigen Jahrhunderts machte sie erneut von sich reden, als im Bereich Karolinenstraße Erdrutschungen auftraten und der ehemalige Schacht durch eine Bochumer Spezialbaufirma nachverfüllt werden musste.

An der Ecke Schöltgeshof folgen wir links der Schultenhofstraße, an deren Ende, nicht weit von den Werkshallen der Mannesmannröhren-Werke entfernt, ein altes Fachwerkhaus steht. Es ist dies das letzte Gebäude der ehemaligen Hofanlage Schöltges-Hof. Von den benachbarten Schultenhöfen (= Rolandshöfe), nach denen die Straße, auf der wir uns gerade befinden, benannt ist und die bereits im 13. Jahrhundert erwähnt wurden, existiert hingegen keiner mehr: das letzte Gebäude, das zum Flur Bottenbruch (siehe Straße Bottenbruch) gehörte, ist in den 1960er Jahren untergegangen. Das Fachwerkhaus des Schöltges-Hofes ist heute in Privatbesitz und von einer hohen Metallmauer umgeben; sie soll die Bewohner, so scheint es, vor allzu neugierigen Blicken schützen. An der Kreuzung Janshofstraße (der Janshof war ebenfalls eine alte Hofanlage, die zur Sektion Bottenbruch gehörte; er lag etwa dort, wo sich heute das Mannesmann-Gelände befindet) wenden wir uns rechts zum Heifeskamp und erreichen somit den letzten Haltepunkt unseres Rundgangs durch Dümpten, das **Gewerbegebiet am Heifeskamp (13)**. An das ursprüngliche Aussehen dieses Geländes erinnert heute lediglich der Name: Der Heiwerts Hof, benannt nach seinem Besitzer Heiwert Bottenbruch, besaß hier einmal inmitten einer unbebauten Ackerfläche seinen Standort. Um das Jahr 1800 muss der Hof wohl abgebrannt sein, ein Wiederaufbau wurde nicht angestrebt. Heute hat sich das Areal rund um den Heifeskamp vollständig verändert; von ländlicher Idylle ist hier kaum noch etwas zu spüren. Zwischen der Autobahn A 40, die einen direkten Zubringer zum Gewerbegebiet besitzt, und der Rohrkontistraße II des Unternehmens Mannesmann herrscht stattdessen täglich reges Treiben: Auf 71 ha tummeln sich zahlreiche Unternehmen verschiedener Branchen, darunter Großbetriebe des Handels und des Transports mit mehreren hundert Mitarbeitern. Neben dem Einzelhandel, durch den das Gewerbegebiet in erster Linie geprägt wird, hat sich – sehr zum Missfallen der Dümptener Bürgerinnen und Bürger – auch ein Betrieb der Abfallwirtschaft angesiedelt: die MEG (Mülheimer Entsorgungs-Gesellschaft), seit dem Jahr 2000 ein privatwirtschaftliches Unternehmen mit städtischer Beteiligung, befindet sich seit Anfang der 1990er Jahre auf dem Gelände am Heifeskamp. Dass dies nicht ohne Protest von Seiten der Anwohner blieb, war verständlich: Schließlich lag die zentrale Schadstoffannahmestelle mitten in einem der dichtbesiedeltsten Stadtteilgebiete Mülheims. Gefahren für Mensch und Natur, Platzmangel sowie Störungen durch Lärm und Abgase waren demnach die Hauptgründe, die bei der Argumentation gegen das Entsorgungsunternehmen ins Felde geführt wurden. Nach langem Hin und Her zeigte der Widerstand der Bevölkerung im Jahre 2000 dann allmählich Erfolg: Eine Verlegung des Betriebes vom Heifeskamp auf brachliegende Flächen bei Mannesmann (ehemalige Fretz-Moon-Straße) ist beschlossene Sache. Bis zum Jahr 2003 soll hier alles unter Dach und Fach sein. Neben einer Vergärungsanlage für Bioabfälle und Speisereste, inklusive eigenem Blockheizkraftwerk, werden dann eine Sperrmüllverwertung, ein Sondermüll-Zwischenlager, der Fuhrpark sowie ein Recyclinghof entstehen. Kompost-Verkauf, Biogas-Tankstelle, das Verwaltungszentrum sowie ein Beratungszentrum für die Bürgerinnen und Bürger sollen das Angebot abrunden. Für das Gewerbegebiet am Heifeskamp eröffnen sich durch den Abzug der MEG neue Chancen: Die frei werdenden Flächen können städtebaulich einer neuen Nutzung zugeführt werden, womit das Gelände durch die Erweiterung der Angebotspalette an Attraktivität gewinnen kann. Der Bau der Umgehungsstraße, an die das Areal angebunden sein wird, sichert darüber hinaus den Standortvorteil dieses Gewerbegebiets und mindert zugleich – zur Freude der Bewohner – endlich auch das Verkehrsaufkommen auf der Mellinghofer Straße.

Winkhauser Tal mit Reiterhof

Heißen

Wenn der Pütt zum Shopping-Paradies wird. Neues Leben auf alten Brachen

Ausgangspunkt: Ev. Gnadenkirche, Hingbergstraße (U-Bahn: 18, Bus: 129, 132, 138, 753, Haltestelle: Heißen Kirche)

Endpunkt: Gasthaus Fünte, Essener Straße (Bus: 132, 753, Haltestelle: Fünter Weg)

Dauer: 2,5 Stunden

Route: Ev. Gnadenkirche (1), Kath. Kirche St. Joseph (2), altes Rathaus (3), Hingbergstraße (4), ehem. Zeche Wiesche (5), alter Bahnhof Heißen (6), ehem. Zeche Rosenblumendelle (7), ehem. Zeche Humboldt/Rhein-Ruhr-Zentrum (8), Stinnes AG (9), Siedlung Heimaterde (10), Velauer Straße (11), Siedlung Mausegatt (12), Gasthaus Fünte (13)

Die schriftlich fixierte Geschichte Heißens, des östlichsten Ortsteils der Stadt Mülheim, zu dem heute auch die Gemeinden Winkhausen und Fulerum gehören, nimmt ihren Anfang im Jahre 796 n. Chr.: In einer Urkunde wird ein Wald namens „Hesi" oder „Heissi" erwähnt, der sich am nördlichen Ufer der Ruhr befunden haben soll. Ob sowohl Heißen als auch der Essener Stadtteil Heisingen nach diesem Waldstück benannt sind, lässt sich heute nicht mehr eindeutig klären. Bestätigt ist nur, dass um das Jahr 800 n. Chr. auf dem Gelände nahe des Flusses durch Rodung großer Flächen eine erste

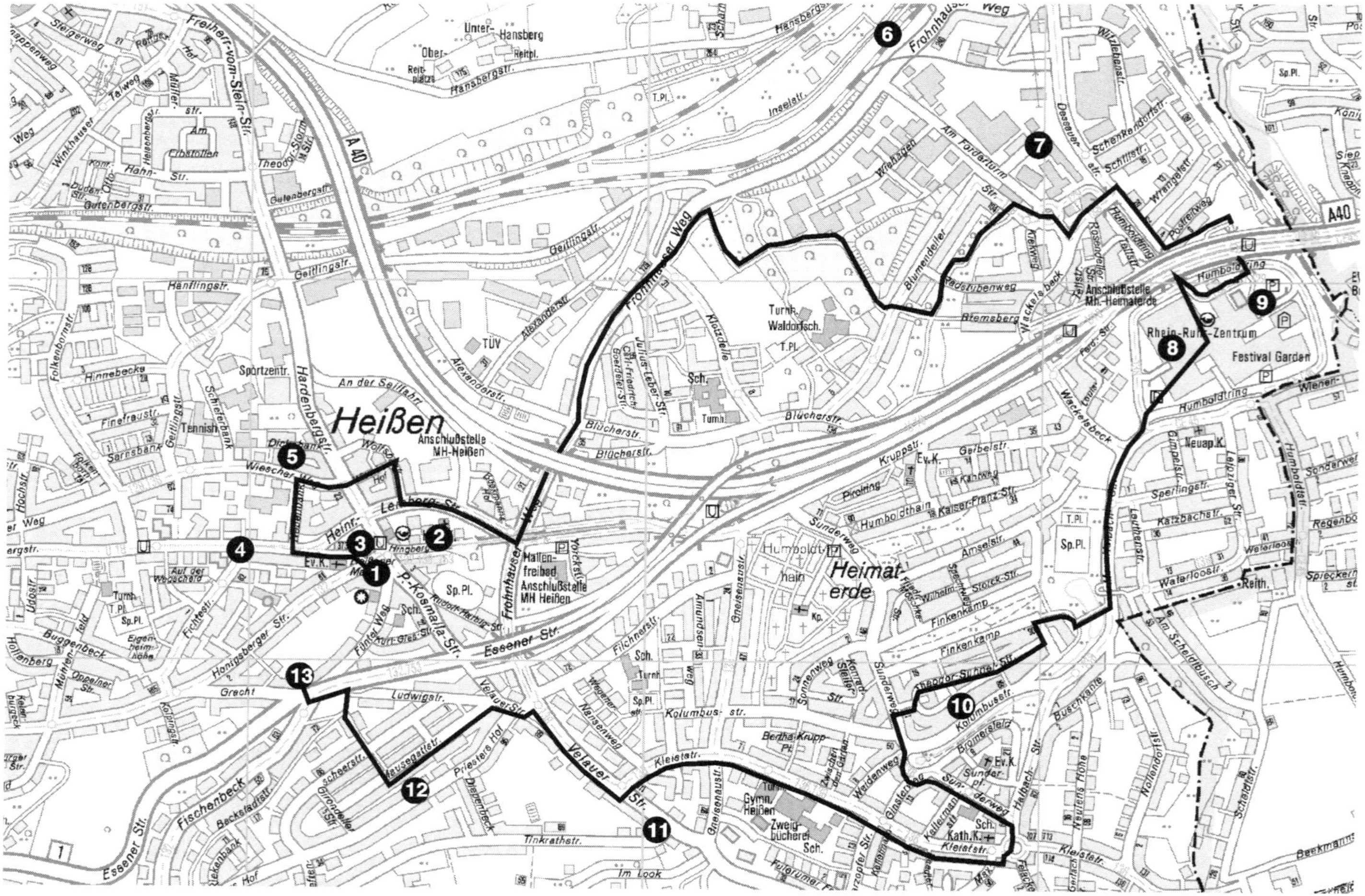

Heißen
Heimaterde
Rhein-Ruhr-Zentrum
Festival Garden
Anschlußstelle MH-Heißen
Anschlußstelle Mh.-Heimaterde
A 40
A40
Hardenbergstr.
Freiherr-vom-Stein-Str.
Frohnhauser Weg
Essener Str.
Velauer Str.
Kleiststr.
Humboldtring
Humboldtstr.
Blücherstr.
Alexanderstr.
Sunderweg
Kruppstr.
Gneisenaustr.
Kolumbusstr.
Theodor-Storm-Str.
Unter-Hansberg
Ober-
Hansbergstr.
Inselstr.
Am Fördertum
Dessauer Str.
Schenkendorfstr.
Wiehagen
Wackelsbeck
Bremsberg
Klotzdelle
Julius-Leber-Str.
Carl-Friedrich-Goerdeler-Str.
Hallenfreibad
Sportzentr.
Tennish.
Schieferbank
Geitlingstr.
Gutenbergstr.
Hänflingstr.
Hinnebecke
Finefraustr.
Sarnsbank
Folkenbornstr.
Wiescher Weg
Hingberg
P.-Kosmalla-Str.
Fünter Weg
Honigsberger Str.
Gracht
Ludwigstr.
Fischenbeck
Tinkrathstr.
Im Look
Priesters Hof
Diepenbeck
Nansenweg
Amundsenweg
Filchnerstr.
Leuthenstr.
Waterloostr.
Am Scheldtbusch
Nollendorfstr.
Buschkante
Halbachstr.
Weidenweg
Sonnenweg
Finkenkamp
Amselstr.
Humboldthain
Kaiser-Franz-Str.
Pirolring
Gimpelstr.
Sperlingstr.
Katzbachstr.
Leipziger Str.
Neuap.K.
Ev.K.
Kath.K.
Sch.
Sp.Pl.
T.Pl.
Turnh.
Waldorfsch.
TÜV
Gymn. Heißen
Zweigbücherei
1
2
3
4
5
6
7
8
9
10
11
12
13

dauerhafte Siedlung entstand, die sich in den folgenden Jahrhunderten Richtung Osten weiter ausdehnte. Über die Zeit vor den ersten schriftlichen Quellen wissen wir nur wenig: Einige Grabungsfunde legen allerdings die Vermutung nahe, dass das Heißener Gebiet schon zur Altsteinzeit besiedelt war. Ähnlich wie in der Nachbargemeinde Dümpten lebten die Menschen hier zunächst vom Ackerbau und der Viehwirtschaft, später traten einzelne Handels- und Handwerksberufe hinzu. Bis weit in das 16. Jahrhundert hinein war das Gebiet äußerst dünn besiedelt; kaum mehr als zwei Dutzend Wohnstätten, die meisten davon im Gebiet Heißen-Zentrum und Eichbaum, waren zu verzeichnen. Große Veränderungen traten erst zu Beginn des 17. Jahrhunderts ein, als der Bergbau in die Region zog. Fortan war der Kohleabbau die bestimmende wirtschaftliche Kraft Heißens und sollte dies bis zum Jahre 1966, als die Zeche Rosenblumendelle als letztes Mülheimer Bergwerk stillgelegt wurde, auch bleiben.

Ein kurzer Blick in die Geschichte des Mülheimer Bergbaus offenbart die enormen wirtschaftlichen, sozialpolitischen und demografischen Auswirkungen, die insbesondere die Stadtteile Heißen, Winkhausen und Dümpten tangierten. Hier war der Kohleabbau mit den großen Zechen Wiesche, Rosenblumendelle und Humboldt (Heißen/Winkhausen) sowie Roland, Sellerbeck und Caroline (Dümpten) vertreten, begleitet von zahlreichen kleineren Gruben und Stollen, die Mitte des 19. Jahrhunderts zusammen die höchste Fördermenge im gesamten Ruhrgebiet erzielten. Angefangen hatte alles – laut einer Sage – bereits im Jahre 1225, als ein Bauer im Gebiet um Eppinghofen beim Pflügen seines Ackers auf Kohle gestoßen sein soll. Erste schriftliche Nachweise liegen allerdings erst aus dem Jahre 1588 vor, als in einem Schriftstück der Handel mit Kohle zwischen Mülheim und der Nachbarstadt Duisburg erwähnt wird. Schon damals musste ein Zehntel der geförderten Kohlemenge (der so genannte „Zehnte“) an die Broicher Grafen als zuständige Lehnsherren entrichtet werden; der Rest wurde zur Deckung des Eigenbedarfs oder als Handelsware genutzt. Später wurde dieses Bergrecht von der „Mülheimer Zehntgesellschaft“ übernommen, ein privates Unternehmen unter der Führung der Kaufleute Troost und Coupienne. Die ersten Bergleute der Region waren einfache Bauersleute, die neben der Landwirtschaft auch Kohleabbau betrieben. Der Eigentümer eines Grundstückes, auf dem Kohle gefunden wurde, war gleichzeitig auch Besitzer der Kohleflöze und konnte, mehr oder weniger ungehindert, den Abbau derselben betreiben. Es fand zu dieser Zeit ein regelrechter Raubbau der Kohle statt, der erst ein Ende fand, als auf Druck der Grundstücksbesitzer ein übergreifender Bergwerksbetrieb gegründet wurde, den man durch die Beteiligung in einer Gewerkschaft aufrechterhielt.

Es sollte sich als ein Vorteil für den Kohlebergbau im Mülheimer Raum herausstellen, dass an vielen Stellen die ertragreichen Kohleflöze bereits nach wenigen Metern Tiefe zutage traten. Die Stollen wurden aus diesem Grunde waagerecht („söhlig“) angelegt; in der Anfangszeit wurde die Kohle per Hand mittels Seilwinden und Eimern – später erfolgte die Förderung per Göpelbetrieb, also mittels Schachtwinden, die von Pferden betrieben wurden – ans Tageslicht gefördert. Eine einfache Wasserpumpe, ebenfalls zunächst per Hand, später durch Pferdekraft betrieben, sorgte dafür, dass die Gruben, die beständig von unterirdisch fließenden Wassern in ihrem Bestand bedroht waren, verhältnismäßig trocken blieben. Vor dem Eingang der Stollen (genannt „Mundloch“) stapelte sich das zutage geförderte Material, so genannte Kohlen- und Abraumberge, die im Zuge der fortschreitenden Technisierung – immer mehr Kohle wurde in immer kürzeren Abständen abgebaut – zunehmend größere Ausmaße annahmen. Diese Bergehalden sind heute aus dem Landschaftsbild des Ruhrgebiets nicht mehr wegzudenken, wenngleich nur noch wenige aufgrund von Bebauung und Begrünung als Abraumberge zu erkennen sind. Transportiert wurde die Kohle schließlich über Schiebewege (= mit Holzbrettern beschlagene Bahnen) zu den Verladestellen an der Ruhr, wo sie weiter über den Rhein Richtung Holland verschifft wurden. Die Tätigkeit eines Kohleschiebers war harte Knochenarbeit: Beim ersten Morgengrauen ging er, meist in Begleitung seiner Frau, zur Grube, um dort seinen Karren voll zu laden. Die schwere Ladung schob er dann über den hölzernen Bretterweg bis zum Fluss. War unterwegs eine Steigung zu überwinden, musste meist die Ehefrau (!) den Karren vorne ziehen, während der Mann von hinten nachschob. Ein Ende dieser Plackerei trat erst mit der Einrichtung einer so genannten Pferdeeisenbahn ein, bei der die mit Kohle beladenen Karren auf Schienen rollten und die menschliche Stärke durch die Zugkraft der Pferde ersetzt wurde (siehe Rundgang Mellinghofen/Eppinghofen).

Trotz der zahlreichen kleinen Stollen, die sich über den Mülheimer Raum verteilten, dauerte es jedoch nicht lange, bis diese erste Art des geregelten Kohleabbaus sowie der Handel mit der Kohle zum Erliegen kam. Grund dafür waren zum einen die starken konjunkturellen Schwankungen, mit denen die Bergwerksbesitzer zu kämpfen hatten, zum anderen die fehlende technische Ausrüstung, die es erlaubt hätte, auch in größeren Tiefen zu graben und somit weitere abbauwürdige Flöze zu erreichen. Viele Stollen mussten deshalb schließen – ein Umstand, der nicht immer ohne Gefahren für die Umwelt blieb: Mangels ausreichenden Materials oder auch einfach aus Sorglosigkeit von Seiten der Stollenbesitzer wurden die Gruben häufig nicht anständig verfüllt, sondern einfach verlassen, so dass es passieren konnte, dass ein Spaziergänger, der der dünnen Grubendecke zu nahe kam, unversehens von der Bildfläche verschwand. Ein Berichterstatter des „Rheinisch-Westfälischen Anzeigers" beschwerte sich damals bei der zuständigen Bergbehörde über diesen unhaltbaren Zustand, nicht ohne darauf hinzuweisen, dass man andernorts die Situation weit besser im Griff habe; im märkischen Raum beispielsweise könne man aufgrund ausreichender Absicherung der Stollen in aller Ruhe seinen Sonntagsspaziergang machen, ohne in einen verlassenen Pütt zu fallen!

Ein erneuter Aufschwung des Bergbaus erfolgte mit der Erfindung der Dampfmaschine, die die Kohleförderung, Wasserhaltung und Belüftung der Stollen auch in tieferen Gesteinsschichten ermöglichte. Die Anfänge des modernen Tiefbaus, also die Förderung in tieferen Sohlen als den bisherigen Stollensohlen, waren geboren. Gebaut wurden die Maschinen von Franz Dinnendahl, der zusammen mit seinem jüngeren Bruder Johann zu Beginn des 19. Jahrhunderts in Mülheim am Fuße der Ruhr eine eigene Schmiede sowie eine mechanische Werkstatt (heute Friedrich Wilhelms-Hütte) errichtet hatte. Ihr technisches Know-how ist in der Folgezeit bahnbrechend für die Entwicklung des gesamten Ruhrbergbaus geworden. In Mülheim wurden die ersten dampfbetriebenen Maschinen auf Rosendelle (1809), Caroline (1810), Sellerbeck (1814), Klefflappen (1814) und Wiesche (1817) aufgestellt. In den folgenden Jahren stieg die Fördermenge der Zechen rapide an: Waren es um 1815 noch 25.000 t Kohle, verteilt auf zehn Gruben, so steigerte sich diese Zahl im Jahre 1866 auf 460.000 t bei insgesamt acht Tiefbauzechen. Die erste richtige Tiefbauzeche entstand 1840 unter Leitung des Mülheimer Unternehmers Mathias Stinnes in Essen (Zeche Ernst), weitere folgten im Mülheimer Raum. Um 1850 existierten in der Ruhrstadt sieben große Tiefbauzechen und 36 kleinere Gruben, deren Fördermenge (ca. 2,5 Mio. t Kohle) im zuständigen Bergamtsbezirk einsame Spitze war. Um die Fördermenge noch weiter zu steigern, gründete im Jahre 1898 Hugo Stinnes den Mülheimer Bergwerksverein, der die großen Mülheimer Zechen in ein wirtschaftlich arbeitendes Großunternehmen zusammenfasste.

Der enorme Aufschwung des Bergbaus blieb natürlich nicht ohne Folgen für die demografische Entwicklung Mülheims. Tausende Bergleute zogen in die Region, von denen die meisten in Fulerum und Heißen ansässig wurden. Für all diese Menschen musste neuer Wohnraum sowie eine entsprechende Infrastruktur (Verkehrswege, ärztliche Versorgung, Kindergärten, Schulen, Kirchen usw.) geschaffen werden. Typische Arbeitersiedlungen entstanden, so die Mausegattsiedlung Ende der 1890er Jahre und die Heimaterde in den 1920ern. Welches Ausmaß die Bevölkerungsentwicklung annahm, machen folgende Zahlen deutlich: Während in Heißen zu Beginn des 19. Jahrhunderts nur rund 370 Menschen (ohne die Gemeinden Winkhausen und Fulerum) lebten, stieg ihre Zahl in den folgenden Jahrzehnten auf über 5.000 Seelen an. Aus der einfachen Landgemeinde war eine komplexe Bergbaugemeinde geworden, deren Bevölkerung sich einerseits aus Landwirten und Ackersleuten, andererseits aus Hauern, Schleppern, Fahrburschen, Steigern, Markschneidern und Schichtmeistern, also aus Arbeitern, die in den Bergbaubetrieben beschäftigt waren, zusammensetzte. Im Jahre 1906 waren im Heißener Bergbau über 4.000 Menschen beschäftigt, darunter viele Gastarbeiter aus Österreich, Holland, Italien und Polen. Sie förderten zusammen 1,26 Mio. t Kohle im Jahr zutage. Heißen wurde damals zum bedeutendsten Bergbaustandort im Bergamtbezirk an der Ruhr und hielt diese Stellung bis in die 1950er Jahre.

Doch die Konjunktur wollte es schließlich anders: Neue Energieträger, darunter vor allem das Erdöl, verdrängten allmählich die Kohle vom Markt. Häufige Wassereinbrüche in den Stollen machten zudem die Kohleförderung schwierig, die Absatzzahlen sanken ins Bodenlose, eine Zeche nach der anderen musste stillgelegt werden. Am 29. Juli 1966 wurde auf Rosenblumendelle der letzte Kohlewagen zutage gefördert, eine fast 500-jährige Bergbauära ging zu Ende. An das Gewerbe, das die Stadt Mülheim einst groß gemacht hat, erinnert in der Gemeinde heute allerdings nur noch wenig: Lediglich einige Straßennamen (Wiescher Weg, Humboldstraße, Steiger Weg, Knappenweg, Blumendeller Straße, Sarnsbank u.a.) sowie die erhalten gebliebenen Zechensiedlungen vermitteln uns einen Eindruck davon, wie Heißen vor einigen Jahrzehnten ausgesehen haben mag. Zum Gedenken an das vergangene Industriezeitalter, das über lange Zeit hinweg Tausenden von Menschen Arbeit gab, wurde auf dem Zufahrtsweg zum Rhein-Ruhr-Zentrum die Seilscheibe eines alten Förderturmes der ehemaligen Zeche Rosenblumendelle aufgestellt, außerdem steht eine alte Bergbaulore (= Förderwagen) mit Lok an der Straße „Am Förderturm". Ein letztes Mundloch ist noch an der Rumbachtalstr. 35 zu finden, ein Gedenkstein steht auf dem Gelände der alten Schachtanlage. Der markante Malakowturm der Zeche Rosenblumendelle, den der Bergwerksverein als Denkmal erhalten wollte, wurde 1968 gesprengt.

Welche Entwicklungen neben dem Kohleabbau auf die Geschichte des Stadtteils Heißen außerdem Einfluss nahmen, lässt sich mit wenigen Worten erzählen: Nachdem im Jahre 1808 Mülheim durch ein Dekret Napoleons zur Stadt erhoben worden war, erfolgte 40 Jahre später die Teilung der Stadt in eine Stadt- und eine Landbürgermeisterei. Die Ortschaft Heißen wurde dabei letzterer zugeordnet. 1878 organisierte man den Ring aus Landgemeinden neu, wobei Heißen mit Fulerum, Winkhausen, Holthausen, Haarzopf, Menden und Raadt zu einer eigenständigen Landbürgermeisterei zusammengefasst wurde. Kurze Zeit später trug diese den offiziellen Namen „Bürgermeisterei Heißen". Ein eigenes Rathaus wurde errichtet, das sich noch heute an gleicher Stelle befindet, allerdings nunmehr eine Sparkassen-Filiale beherbergt. Im Jahre 1910 endete das stolze Bestehen der eigenständigen Gemeinde: Heißen wurde, im Verbund mit Winkhausen und Fulerum, nach Mülheim eingemeindet. Holthausen war bereits 1904 in den Schoß der Stadt zurückgekehrt. Menden und Raadt bildeten zunächst eine eigene Bürgermeisterei im Landkreis Essen, wurden jedoch 1920 nach Mülheim zurückgeholt. Die Gemeinde Haarzopf hingegen blieb an die Nachbarstadt Essen verloren.

Die Wirtschaftsstruktur im heutigen Heißen ist eine gänzlich andere als noch Mitte des vorigen Jahrhunderts. Während vor wenigen Jahrzehnten noch Fördertürme, Schornsteine und Halden das Erscheinungsbild prägten, sind diese Industriemerkmale heute bis auf wenige Erinnerungsstücke verschwunden. Heißen hat sich ein weiteres Mal grundlegend gewandelt:

Aus der Bergbaumetropole ist ein Gewerbe- und Wohnort mit bedeutsamen Handelszentren geworden. Die ehemaligen Gruben- und Zechengelände sind zu Gewerbegebieten umfunktioniert, auf denen sich neue Industrie-, Handels- und Dienstleistungsunternehmen angesiedelt haben. Das spektakulärste und in seiner Größe wohl außergewöhnlichste Projekt dieses Strukturwandels war Anfang der 1970er Jahre die Errichtung des Rhein-Ruhr-Zentrums auf dem Gelände der alten Zeche Humboldt, ein riesiges überdachtes Einkaufszentrum, das auf über 100.000 m^2 Fläche mehr als 170 Fachgeschäfte, einen Gastronomiebereich, ein Multiplex-Kino und vieles mehr zu bieten hat. Gleich nebenan befindet sich seit 1978 in einem 16 Stockwerke hohen Gebäude die Hauptverwaltung der Firma Stinnes, ein Logistik-Konzern, der im Handels-, Verkehrs- und Dienstleistungsbereich weltweit tätig ist. Heißen, mit derzeit 21.300 Einwohnern zweitgrößte Gemeinde der Stadt, profitiert von diesen erfolgreichen Neuansiedelungen: der Verlust von über 5.000 Arbeitsplätzen im Bergbau zum Ende des Montanzeitalters konnte weitgehend aufgefangen werden. Neue berufliche Perspektiven, stabile Wohnpreise sowie eine gut ausgebaute Infrastruktur zogen immer mehr Menschen in den Stadtteil, so dass Heißen zu einem der am stärksten wachsenden Ortsteile wurde. Vor allem Familien mit Kindern sind hier inzwischen heimisch geworden. Die schnelle Anbindung an die City sowie die Nähe zu den Nachbarstädten Oberhausen und Essen gaben häufig den Ausschlag für die Entscheidung, sich in Heißen niederzulassen. Nicht zuletzt beförderten die freien Grünflächen im Norden (Winkhausen) und Süden (Fulerum) die Attraktivität des Stadtteils, gepaart mit einem abwechslungsreichen Freizeitangebot sowie einer soliden Wohnqualität.

Unser Rundgang startet nun an der **Ev. Gnadenkirche (1)** an der Hingbergstraße. In den ersten Jahren der jungen Bürgermeisterei Heißen (1878–1910) existierte weder für die Protestanten noch für die Katholiken im Gemeindegebiet eine eigene Kirche, so dass die Mitglieder beider Konfessionen für einen Gottesdienst in die Nachbarpfarreien, sprich nach Mülheim, Kettwig oder Werden, ausweichen mussten. Manchmal wurden auch Räumlichkeiten in näherer Umgebung zum Gebet genutzt, so zum Beispiel das Gebäude der Wilhelmschule, das an der Kruppstraße lag. Der erste evangelische Hilfspfarrer, der 1879 nach

Evangelische Gnadenkirche von 1882

Heißen kam, hielt seine Gottesdienste und Bibelstunden in einem umgebauten Gasthaus in der Nähe der heutigen Kirche ab. Was den Bau eines protestantischen Gotteshauses schließlich beschleunigte, war die Tatsache, dass von den insgesamt 13.600 Einwohnern der Bürgermeisterei 11.400 evangelischen Glaubens waren, darunter vor allem viele Bergleute, die in die Region zugewandert waren. Diese hohe Zahl von Gemeindemitgliedern veranlasste die Mülheimer Muttergemeinde (Ev. Petrikirche), den Heißenern im Jahre 1882 den Bau eines eigenen Gotteshauses zu gestatten. Ausführendes Organ wurde die Mülheimer Firma Folkenborn, die die Kirche nach Plänen von Ernst Roßkothen in einjähriger Bauzeit errichtete. Als Baumaterial wurde roter Backstein verwendet, der Sockel hingegen ist aus Sandsteinquadern geformt. Ein Turm fehlte dem Gebäude zunächst noch; er wurde jedoch im Jahre 1894 in Form eines quadratischen Spitzturmes mit vier spitzgedeckten Flankentürmchen angefügt. Noch heute prangt die Jahreszahl der Erbauung der Kirche am Eingangsportal über einer eisenbeschlagenen Holztür, eingerahmt von vier schmalen Säulen, die den Rahmen des in neugotischen Formen gestalteten Spitzportals bilden. Im Innern der Kirche fällt dem Betrachter das Kreuzrippengewölbe mit Kassettendecke ins Auge, die von hohen, eckigen Säulen getragen wird und durch die Farbgebung (blau-grüne Felder mit ockerfarbener Umrandung) eine besondere Betonung erfährt. Beeindruckend ist außerdem die aus 19 Registern bestehende Orgel auf der Empore, die seit 1958 in der Kirche steht und eine geschweifte Form aufweist. Die beiden Seitenschiffe der Kirche haben schlichte Fenster, nur im rückwärtigen Anbau, der eine neue Außenfassade bekam, sind sie farbig. Hinter dieser Rückfront erfolgte 1888/89 auch der Bau eines eigenen Pfarrhauses, nachdem die Gemeinde ein Jahr zuvor als selbstständige Kirchengemeinde, unabhängig von der Muttergemeinde Mülheim, anerkannt worden war. Neben der Gnadenkirche existieren heute in Heißen zwei weitere evangelische Kirchen, die zusammen etwa 8.500 Gemeindemitglieder zählen: die Erlöserkirche am Sunderplatz und die Friedenskirche am Humboldthain. Letztere sorgte im Jahr 2001 für Furore, als ein heimatverbundener und gottesfürchtiger Bürger drei alte Turmglocken wieder herstellen ließ, die in den Kriegstagen 1942/43 beschlagnahmt und zur Waffenherstellung eingeschmolzen worden waren. Die Kosten für den Guss der neuen Glocken trug der Heißener selbst. Die Kirche dankte ihm für sein Engagement und hofft nun, dass diese christliche Tat als gutes Beispiel dienen möge!

Freistehender Turm als Wahrzeichen: die katholische Kirche St. Joseph

Nicht weit von der Ev. Gnadenkirche entfernt, zwischen Hingberg- und Heinrich-Lemberg-Straße, steht ein weiteres großes Gotteshaus, **die Kath. Kirche St. Joseph (2)**. Im Vergleich zu den Protestanten, die in Heißen im ausgehenden 19. Jahrhundert eine starke Gruppe repräsentierten, waren die Katholiken mit etwa 800 Mitgliedern weit in der Unterzahl. Sie engagierten sich dennoch sehr für ihre Belange und erreichten bereits 1877 den Bau einer ersten katholischen Schule. Wenige Jahre später gründete sich in den 80er Jahren des 19. Jahrhunderts ein eigener Kirchenbauverein, der bei der zuständigen bischöflichen Behörde für den Bau eines katholischen Gotteshauses in Heißen warb. Im Jahre 1886 war es dann endlich so weit: im Zentrum Heißens wurde durch die Firma Beckmann und Vogt nach Plänen eines Mailänder Dombaumeisters und des Neusser Architekten Busch die im Stile der Neugotik gehaltene heutige St. Josephskirche (inklusive ihrer Nebengebäude) errichtet, die ein Jahr später durch den Kölner Weihbischof Schmitz ihre feierliche Einsegnung erfuhr. Erster Prediger wurde Kaplan Voß aus Mülheim. 1915 schließlich konnte die Gemeinde einen weiteren Erfolg verbuchen: sie wurde zur selbstständigen Pfarrei erhoben. In der Folgezeit wuchs die Gemeinde stetig an; sie zählt heute etwa 5.300 Mitglieder.

Auch wenn sich das äußere Erscheinungsbild der Kirche durch Kriegszerstörung und Wiederaufbau sowie durch Erweiterung und Umgestaltung mit den Jahren gewandelt hat, so lassen sich doch die ursprünglichen Baugrundzüge noch heute gut erkennen: Das lang gezogene Mittelschiff, flankiert von zwei gleich langen Seitenschiffen, die an der Südfront mit weißem Marmor verblendet sind, wird durch ein Spitzdach aus Kupfer bekrönt, auf dessen nördlichem Ende sich ein Dachreiter befindet. Im Innern der Kirche fällt dem Betrachter das gotische Kreuzrippengewölbe mit schönen Ornamenten ins Auge. Die Decke wird von großen, runden Säulen getragen, die das Hauptschiff von den beiden Seitenschiffen trennen. Das rechte Nebenschiff ist durch den Eingangsbereich (er wurde im Zuge der Restaurierung in den 1970er Jahren nach Osten verlegt) und mehrere Nischen, in denen unter anderem eine Pietà sowie ein geschnitzter Beichtstuhl stehen, erweitert. Im linken Seitenschiff hängen mehrere quadratische Mosaike, die die Passionsgeschichte darstellen. Der Chorraum wird dominiert von einem großen, schmiedeeisernen Leuchter und einem Marmoraltar, der ein Reliquiengrab birgt, das der Bildhauer Paul Nagel schuf. Bemerkenswert ist in der Innenausstattung außerdem eine Holzstatue des Hl. Joseph als Kirchenpatron (Bildhauer Theodor Hohenleitner) sowie die Orgel, eine Schenkung der Nachbargemeinde St. Engelbert; sie befindet sich seit 1923 in der Kirche und ist nach mehrmaligen Restaurierungsarbeiten nun wieder voll funktionstüchtig.

Die Fenster der Kirche zeigen die ehemals neugotischen Formen und sind insgesamt farbig gestaltet. Eine Besonderheit bildet die Darstellung des ehemaligen Arbeiterpriesters und Verbandspräses Otto Müller, der im Oktober 1944 im Gestapo-Gefängnis in Berlin-Tegel als Opfer des Naziterrors sein Leben lassen musste. Er wird in betender Haltung vor dem Bildnis des Hl. Otto von Bamberg gezeigt; der Stacheldraht, der ihn umgibt, deutet symbolhaft auf sein Martyrium hin.

Ende der 1950er Jahre wurde die Kirche um mehrere Meter nach hinten zur ehemaligen Kruppstraße verlängert. Die Taufkapelle, die ursprünglich errichtet worden war, wurde nun wieder abgerissen. Der markante, 23 m hohe freistehende Glockenturm mit seinen vier Glocken ist gleichfalls neueren Datums. In den 1970er Jahren entging er nur knapp seinem Abriss, als die Stadt mit dem Plan zum Bau einer neuen Autobahn (A 31), die an der Ostfront der Kirche verlaufen sollte, für Wirbel sorgte. Das Bürgerhaus der Kirche, das südwestlich Richtung Frohnhauser Weg stand und eine Gaststätte sowie ein Kino beherbergte, war bereits den Abbruchbaggern zum Opfer gefallen. Der Glockenturm konnte in letzter Minute gerettet werden, denn dank der großen Proteste der Bevölkerung wurde der Autobahnbau nie vollzogen. Ein Gedenkstein in der Nähe der Velauer Straße erinnert noch heute an die geplante, aber nie realisierte Trasse.

Die Straße entlang der Josephskirche, die früher den Namen Hohenzollern trug, später den unteren Teil der Kruppstraße bildete und heute zum Hingberg gehört, hat in den letzten Jahrzehnten einige Veränderungen über sich ergehen lassen müssen. Ab 1910 verlief hier die Linie der Straßenbahn zwi-

Hohenzollern- bzw. Krupp- straße mit Ev. Kirche, heute Hingbergstraße

schen Mülheim und Essen, die zuvor nur bis zur Ev. Gnadenkirche reichte. In den 1970er Jahren verschwanden die Gleise wieder: Die Bahn wurde unterirdisch verlegt, die ehemalige Kruppstraße „abgeriegelt“ (Sackgasse) und als neues Straßenstück dem Hingberg zugewiesen. Die Haltestelle „Heißen-Kirche“, die an der Ecke Paul-Kosmolla-Straße und Hingbergstraße entstand und den Spottnamen „Käseglocke“ trägt, wird von vielen Einwohnern als Schandfleck im neu gestalteten Heißener Zentrum betrachtet. Was in den 1970er Jahren als moderne Architektur galt (gewölbtes Glasdach, orange gekachelter Unterbau), ist heute ungeliebter Stein des Anstoßes. Bislang blieben die Proteste der Bürgerinnen und Bürger, die den Abriss der alten Haltestelle fordern, jedoch ohne Erfolg, der Bau einer neuen U-Bahn-Station bleibt also vorerst ungewiss. Doch nochmals zurück zum Hingberg: War der Weg früher eine belebte Flaniermeile, die an herrschaftlichen Häusern und begrünten Gärten vorbeiführte, so ist die Straße heute weitgehend zum Busbahnhof, Taxistopp und Pkw-Parkplatz degradiert, der nach nur wenigen Metern abrupt am östlichen Ende zu den Schienen der Linie U 18 hin abbricht. Nahezu vollständig umgebaut worden ist die linke Straßenseite. Früher befand sich hier die 1828 errichtete evangelische Wilhelm-Schule, deren Räumlichkeiten auch von der evangelischen Kirche genutzt wurden, bevor diese ein eigenes Gotteshaus erhielt. Ende der 1950er Jahre musste das Gebäude einer neuen Verkehrsführung weichen. Ältere Heißener erinnern sich noch daran, dass das Haus, in dem schon lange vor 1958 kein Unterricht mehr gegeben wurde, noch viele Jahre lang ein modernes Lebensmittelgeschäft, den so genannten „Konsum“, beherbergte. In dem hohen Gebäude, das heute an der Stelle der alten Wilhelm-Schule steht, ist dieser Tage ein Geschäftslokal untergebracht. Ebenfalls nicht mehr vorhanden beziehungsweise durch neue Bebauung ersetzt ist ein stattliches, dreigeschossiges Gebäude aus der Gründerzeit, in dem die „Glückauf-Apotheke“ beheimatet war. Heute befinden sich an ihrer Stelle moderne Wohngebäude, die sich entlang der U-Bahn-Linie bis zum Abschluss des Hingbergs ziehen. Lediglich das letzte Gebäude am Ende der Straße ist stehen geblieben.

Die rechte Straßenseite blieb vom neuzeitlichen Wohnungsbau weitgehend verschont. Die Nebengebäude der Kirche und sogar das alte Schwesternhaus mit seinen mittelalterlich wirkenden rot-weißen Fensterläden (heute Jugendtreff) blieben bestehen. Am westlichen Ende der Straße jedoch wurden einige Umgestaltungen notwendig. So musste das Haus an der Ecke Hardenbergstraße/Hingberg im Jahre 1973 ebenfalls der neuen Verkehrsführung weichen. Bekannt geworden war das Gebäude unter der Regie des Gastwirtes Kampmann, der, aus Haarzopf kommend, das Haus 1887 erwarb und dort eine Gaststätte einrichtete. Vielen Heißener Vereinen diente der große Saal der Gaststätte als Versammlungsraum, so manche Stammtischrunde wurde hier abgehalten. Auch wenn der Besitzer und damit auch der Name des Lokals häufig gewechselt haben (die bekanntesten dürften wohl „Zum friedlichen Nachbarn“, „Kammann“, „Berchem“, „Stachelhaus“, „Ortsack“ und „Zur Post“ gewesen sein), so sind doch die meisten Gäste „ihrem“ Lokal treu geblieben. Der Name „Zur Post“ kam übrigens nicht von ungefähr, hatte doch der erste Besitzer des Lokals schon um die Jahrhundertwende Teile seiner Räumlichkeiten einer Posthilfsstelle (übrigens die erste ihrer Art in Heißen) zur Verfügung gestellt. Später zog die Post in ein Nachbargebäude um, das ebenfalls zur Gaststätte gehörte; sie befindet sich noch heute dort. Nach dem Abriss des Eckhauses wurde – nach 25-jähriger Bauplanung – Ende der 1990er Jahre zur Freude der Bürger endlich ein neues Wohn- und Geschäftsgebäude errichtet, das die wenig ansprechende Baulücke zwischen Hardenberg- und Hingbergstraße wieder schloss.

Auf dem Platz gegenüber der Poststelle, im Kernbereich des neuen Heißener Zentrums, steht seit nunmehr über 120 Jahren das **alte Rathaus (3)**. Zwei Weltkriege sowie unzählige Veränderungen und Erneuerungen im umliegenden Straßenbau hat das Gebäude relativ unbeschadet überstanden; es steht noch heute wie eh und je an gleichem Standort und ist – trotz geänderter Nutzung – ein Mittelpunkt des Heißener Gemeindelebens geblieben. Spurlos verschwunden hingegen ist die 6 m hohe Kaiser-Wilhelm-Statue, die seit 1895 vor dem Eingang des Rathauses gethront hatte; auf einem Sandsteinsockel errichtet, war das von Professor Dopmeier aus Hannover geschaffene Denkmal zentraler Punkt des dem Rathaus vorgelagerten Platzes. Bis heute blieb es ungeklärt, wann und wohin das Denkmal entwendet wurde. Dieser Tage steht in der Nähe des Standorts des ehemaligen Denkmals ein Brunnen.

Alter Marktplatz Heißen mit Rathaus, Kaiser-Wilhelm-Statue und Bürgermeisterwohnung

Gebaut wurde das Rathaus zu einer Zeit, als Heißen im Zuge einer neuen Verwaltungsordnung zu einer eigenständigen Bürgermeisterei erklärt wurde und, nachdem das Mülheimer Rathaus für die einzelnen selbstverwalteten Gemeinden zu klein geworden war, auch ein eigenes Bürgermeisteramt errichten durfte. Das für den Bau notwendige Grundstück hatte der wohlwollende Heißener Gutsbesitzer Hermann Unterhansberg der jungen Gemeinde zur Verfügung gestellt. 1878 wurde der Grundstein gelegt, ein Jahr später konnte das von den Architekten Heidsiek und Thomas gestaltete Gebäude bezogen werden. Die Außenfront ist mit hellen, gelb-roten Klinkersteinen versehen, die von fünf Fensterachsen unterbrochen werden. Die mittlere dieser Achsen ist als Vorsprung angelegt, der durch Treppenaufgang, Eingangsportal, Balkon und Uhr besonders hervorgehoben ist. Im Erdgeschoss des Gebäudes waren zeitweilig die Polizei, die Post, die Sparkasse und eine Apotheke untergebracht. In der oberen Etage wohnte Heißens erster Bürgermeister Dietrich Meier, der bis zum Jahre 1898 von seiner Amtsstube aus die Geschicke der Gemeinde leitete. Seinem Nachfolger, Paul Wasse aus Kettwig, errichtete man 1901 im Garten neben dem Bürgermeisteramt ein eigenes Wohnhaus, das noch heute dort steht (Nr. 377).

Nach dem Ende der jungen Bürgermeisterei Heißen im Jahre 1910 wurde das Rathausgebäude anderen Zwecken übertragen: Die Sparkasse, bereits seit 1901 im alten Wohntrakt des Rathauses vertreten, baute ihre Geschäftsstelle aus, hinzu kamen später eine Meldestelle sowie eine Bücherei. Die beiden letzteren sind jedoch längst dem Rotstift zum Opfer gefallen, geblieben ist nur die Sparkasse. Sie ließ das Gebäude, das unter Denkmalschutz steht, 1979 komplett restaurieren. Auf ähnliche Maßnahmen wartet das benachbarte ehemalige Bürgermeisterwohnhaus, das noch bis 1978 eine Zahnarztpraxis beherbergte, bis heute: Der Zahn der Zeit hat seine Spuren an dem alten Haus hinterlassen, eine fachmännische Renovierung wäre dringend notwendig. Wäre diese vollzogen, würde der Heißener Marktplatz ein Stück seines alten Glanzes zurückgewinnen. Denn viele der umliegenden Häuser, die zum größten Teil noch aus der Kaiserzeit stammen, sind bereits in ihren ursprünglichen Zustand zurückversetzt worden. Stuckverzierte Fassaden, klassizistisch geformte Giebelfenster und Gesimse sowie einzelne barocke Stilformen zieren wieder die zum Marktplatz zeigenden Häuserfronten. Einzelne Gebäude weisen sogar die Jahreszahl der Grundsteinlegung auf, so das Haus Nr. 72 (Honigsberger Straße), das laut Inschrift im Jahre 1900 errichtet wurde.

Marktplatz Heißen heute

Wir gehen nun an der Ev. Gnadenkirche vorbei Richtung Westen, bis wir an der

Neubauten an der Hingbergstraße

nächsten Kreuzung den westlichen Teil der **Hingbergstraße (4)** erreichen. Woher der Name „Hingberg" kommt, lässt sich heute nicht mehr eindeutig klären: Lediglich die Tatsache, dass es sich hier um einen Berg mit Anhöhe handelt, lässt sich aus der Namensgebung zweifelsfrei erschließen; woher jedoch das „Hing" (früher auch „Heng" geschrieben) kommt, weiß man nicht. Bewohner der Straße sind schon um 1750 nachgewiesen; in einem Wach- und Dienstgeldverzeichnis werden Einwohner „aufm Hingberg" erwähnt. Bevor der Weg in den 1830er Jahren unter dem damaligen Bürgermeister der Stadt Mülheim, Christian Weuste, zur befestigten Verkehrsstraße ausgebaut wurde, fuhren die aus Essen kommenden Kohlewagen über die parallel zum Hingberg verlaufenden Straßen Gracht und Dickswall, mit Ziel zum Hafen an der Ruhr. Ein halbes Jahrhundert später wurde der Hingberg (und seine Verlängerung nach Osten, die Kruppstraße) zur wichtigsten Verbindung zwischen Mülheim und Essen: ab 1898 fuhr hier die „Elektrische" bis Heißen Kirche, ab 1910 weiter bis Essen. Heute pendelt die Bahn unterirdisch zwischen den Bahnhöfen beider Städte hin und her.

Ehemalige Augenheilanstalt zwischen Hingberg- und Von-Graefe-Straße

Von der einstigen Bebauung der Straße ist heute kaum mehr etwas zu sehen; lediglich auf der Gracht befinden sich noch vereinzelt alte Fachwerk- und Bergmannshäuser, im unteren Bereich des Hingberg (Kalk-, Ost-, Von-Bock-Straße) ist ein Ensemble aus Bürgerhäusern mit stuckverzierten Fassaden erhalten, die um die Jahrhundertwende erbaut wurden. Was nicht dem herrschenden Zeitgeist entsprach, musste jedoch moderner Wohnbebauung weichen. Zu den geschichtlich bedeutsamen Bauten aus frührerer Zeit, von denen nur noch wenige erhalten sind, zählt zum Beispiel die Gaststätte „Hingberghöhe" in Höhe der Ottostraße. Der Name des Lokals rührt vermutlich von seinem Standort her, der Anhöhe des Hingbergs. Schon in früheren Zeiten, als es noch keine befestigten Straßen gab, waren Kutscher und Pferde froh, wenn sie nach der anstrengenden Fahrt bergauf eine Erfrischung zu sich nehmen konnten. Eine Schankwirtschaft in modernem Sinne wurde hier erstmals von einem Schiffer namens Johann Heckmann Ende des 19. Jahrhunderts erbaut, sein Sohn errichtete nach einem Brand an gleicher Stelle das heutige Gebäude. Dass die Restauration früher die Bezeichnung „Winkhausen No. 108" trug, ist kein Zufall: Zwischen Hingberg und Buggenbeck zieht sich ein schmaler Streifen bis zur Sigismundstraße, der zu Winkhausen gehört. Erst oberhalb der Ottostraße beginnt der Ortsteil Heißen. Neben der Gaststätte Hingberghöhe wären als historische Bauten des Weiteren zu nennen die Kath. St.-Raphael-Kirche unterhalb der Christianstraße (erbaut 1971/72), die alte Mülheimer Augenklinik an der Von-Graefe-Straße (ehemals als Ausflugslokal „Johannesburg" gegründet, ab 1907 von Hermann und Margarethe Leonhard, geb. Stinnes, zur Augenheilanstalt ausgebaut, seit dem Bau einer neuen Klinik am Ev. Krankenhaus stillgelegt) sowie die ehemalige Bergische Malzfabrik Schroer, die seit 1888 am Hingberg steht. Die als Familienbetrieb gegründete Mälzerei, zu der später auch eine Getreiderösterei hinzukam, hatte knapp 100 Jahre Bestand. Als 1983 die Stilllegung beschlossen wurde, stellte man das Gebäude, das zur Südseite einen markanten Malakow-Turm besitzt, unter Denkmalschutz. Heute ist aus der ehemaligen Fabrik, in der einst Bier gebraut und Kaffee geröstet wurde, ein moderner Wohnpark geworden, in dem es sich schick und stilvoll leben lässt. Ein Industrie-Ambiente der ganz besonderen Art also.

Die Straßen am oberen Ende des Hingbergs, die wir nun durchschreiten, weisen bereits mit ihrer Benennung auf ein Gebiet hin, das bis vor wenigen Jahrzehnten noch durch und durch vom Bergbau bestimmt war: Gemeint ist das Gelände der **ehem. Zeche Wiesche (5)**. Bis 1952, als der letzte Kohlewagen zutage gefördert wurde, war das Areal zwischen Hardenbergstraße, Geitlingstraße und Wiescher Weg fest in der Hand der ehemaligen Heißener Schachtanlage. Fördertürme, Schornsteine, Halden und Lagerhallen bestimmten das Bild. Die Namen Sarnsbank, Nebenbank, Schieferbank, Dickebank, Leybank, Hinnebecke und Finefrau bezeichneten allesamt Flöze (Kohleschichten), die hier bereits im 18. und 19. Jahrhundert abgebaut wurden. Im Jahre 1814 schlossen sich mehrere Stollen zur Zeche Leybank zusammen, darunter auch die Grube Geitling, nach der eine weitere Straße benannt ist. Zur gleichen Zeit existierte auch schon die Zeche Wiesche. Ein erster Stollenabbau mit Mundloch an der Ruhr ist seit etwa 1730 nachgewiesen, der erste Schacht wurde 1809 abgeteuft. Um 1800 begann der Eintritt in das Zeitalter der modernen Kohleförderung: Eine Dampfmaschine, erbaut vom Mülheimer Unternehmer Franz Dinnendahl, erleichterte die Kohleförderung sowie die Wasserhaltung und Belüftung der Schächte. Die erste Maschine dieser Art ging in Mülheim 1809 auf Rosendelle in Betrieb, 1817 auch auf Wiesche (Schacht Emilie). Zu dieser Zeit arbeiteten in der Schachtanlage etwa 150 Bergleute, die Leitung führte Franz Dinnendahl, später übernahm sie sein Bruder Johann. Die moderne Technik hatte einen enormen Anstieg der Fördermenge zur Folge: 1828 wurde Wiesche mit einer Förderung von 2.600 Scheffeln (ca. 130 t) pro Tag die größte Zeche des Ruhrgebiets, dicht gefolgt von Sellerbeck (siehe Rundgang

Dümpten). 1840/41 erfolgte der Anschluss der zecheneigenen Kohlebahn (sie verlief über die heutige Schieferbank) an die bekannte Sellerbecker Pferdebahn (siehe Rundgang Mellinghofen/Eppinghofen), die ihre Kohlewagen über Schienen bis zur Ruhr transportierte. Ein Jahrzehnt später konsolidierte Wiesche, inzwischen zum Verbundwerk „Vereinigte Wiesche" geworden, mit der Zeche Leybank, die jedoch 1880 stillgelegt werden musste. Auf Ver. Wiesche jedoch wurden im Jahre 1896 126.000 t Kohle gefördert, die in einer eigenen Brikettfabrik (sie hatte von 1861 bis 1952 Bestand und war die erste ihrer Art im Ruhrgebiet) weiterverarbeitet wurden.

Erste Krisenzeiten erschütterten das Bergwerk Ende des 19. Jahrhunderts, als die magere Mülheimer Kohle, die sich nur schwer in der damals aufstrebenden Eisenhüttenindustrie vermarkten ließ, gegenüber der fettreicheren Kohle der nördlichen Emscherregion ins Hintertreffen geriet. Wegen der Absatzkrise, die alle Mülheimer Tiefbauzechen traf, und weil mehrere Stollen, bedingt durch veraltete Anlagen, wochenlang mit verheerenden Wassereinbrüchen kämpfen mussten, hatte der Volksmund den drei großen Mülheimer Tiefbauzechen Rosenblumendelle, Wiesche und Humboldt die Namen „Jammer, Elend und Kreuz" gegeben. Diese Situation änderte sich erst mit der Gründung des Mülheimer Bergwerksvereins, der die einzelnen Zechen gemeinsam verwaltete, die magere Heißener Kohle mit einer fetthaltigeren mischen ließ, moderne Maschinen errichtete und die Förderung rationalisierte. Die Produktion stieg wieder, 1938 konnte der Verein die höchste Fördermenge seiner Geschichte vermelden. Doch allen Erfolgsmeldungen zum Trotz kam 1952 das Aus für Wiesche: Die förderungsstarke Heißener Schachtanlage ging auf im Verbund mit der benachbarten Zeche „Ver. Rosenblumendelle", zu der bereits seit 1929 das Bergwerk Humboldt gehörte; Rosenblumendelle selbst förderte noch bis 1966. Schacht Emilie auf Wiesche, ebenfalls von Rosenblumendelle übernommen, war bis 1960 in Betrieb; er war damit, nach 150 Jahren ununterbrochener Förderung, der älteste Schacht des Ruhrgebiets.

Gegenüber der Wiescher Grube, dort, wo heute zwei große Lebensmittelketten ihren Standort haben, befanden sich früher die Ställe und Reitbahnen des Pferdestalls

Schachtanlage Wiesche mit Verwaltungsgebäude

Hellmann. Der Name Hellmann stand für Pferdehandel der Spitzenklasse und hatte weit über die Grenzen Mülheims hinaus einen ausgezeichneten Ruf. Auf den gepflegten Rasenanlagen, die neben einer Abraumhalde des benachbarten Bergwerks (heute befinden sich hier zwei bekannte Autofirmen) lagen, waren Hindernisse für das Springreiten platziert, weiter westlich standen die Stallungen, in denen die Pferde untergebracht waren. Dieses malerische Plätzchen ist heute gänzlich verloren gegangen, statt Reiteridylle trifft man hier auf nüchterne Gewerbeansiedlungen. Verschwunden ist auch ein stattliches, dreigeschossiges Haus aus der Gründerzeit, das auf der gegenüberliegenden Straßenseite des Wiescher Weges stand. Bis 1928 war hier der Mülheimer Bergwerksverein, gegründet 1898 von Hugo Stinnes, August Thyssen und Gustav Hanau, untergebracht. Anfang der 1990er Jahre wurde das Gebäude schließlich abgerissen, nachdem es lange Zeit als Wohnraum gedient hatte.

Der Wiescher Weg führt uns rechter Hand zurück auf die Hardenbergstraße (früher Wilhelmstraße), die nordwärts in den Ortsteil Winkhausen mündet. Winkhausen ist, damals wie heute, lediglich im Bereich Folkenborn-, Hingberg- und Christianstraße etwas stärker besiedelt; nördlich der Eisenbahnlinie ist das Areal – trotz der ehemals hier gelegenen Zeche Sellerbeck, die im Bereich Müllerstraße und Knappenweg einen eigenen Schacht betrieb – ländlich geblieben. Freie Wald- und Wiesenflächen, Wanderwege entlang des Schönebecker Bachs, ein Reitergestüt (Hansberger Höfe) sowie ein idyllisch gelegenes Ausflugslokal laden zum Spaziergang und Verweilen ein. Dass sich an der Hardenbergstraße (die Straße trägt diesen Namen seit 1914 und erinnert an den preußischen Verwaltungsreformer Karl August Fürst von Hardenberg) einmal ein Friedhof befunden hat, wissen heute die wenigsten. 1878 wurde die Begräbnisstätte in Benutzung genommen, zwanzig Jahre später jedoch schon wieder geschlossen. Der Friedhof war zum einen zu klein geworden, zum anderen hatte er empfindliche Ruhestörungen – verursacht durch die benachbarte Zeche Wiesche – in Kauf nehmen müssen. 1898 suchte man deshalb nach einem neuen Nutzungsplatz und gelangte schließlich in den Besitz des Grundstücks an der Kruppstraße. Unter dem Namen Humboldthain ist der Friedhof noch heute an dieser Stelle.

Über den Wiescher Hof führt uns der Rundgang an modernen Wohn- und Geschäftshäusern und einem angrenzenden Gewerbegebiet (An der Seilfahrt) vorbei zur Heinrich-Lemberg-Straße und weiter zum Frohnhauser Weg. Hier, an der Kreuzung mit der Kruppstraße sowie nördlich Richtung Beekmannshof und südlich an der Velauer Straße, lässt sich der alte Heißener Siedlungskern vermuten. Einige der Höfe, die das Talgebiet abseits des Hingbergs landwirtschaftlich nutzten, sind bereits im 14. Jahrhundert erbaut worden. Die meisten von ihnen stehen heute nicht mehr – sie sind der Verkehrsplanung zum Opfer gefallen (z.B. Roßkothen-, Lüning-, Keyenburg- und Kammanhof). Zu denen, die die Zeiten überdauert haben, zählt der Lindermannshof (später Unterhansberg oder Kreuser), der 1556 erstmals namentlich erwähnt wurde, sowie der Beekmannshof, ein schönes, zweigeschossiges Giebelhaus in Fachwerk mit quer stehendem Scheunenanbau, das auf das Jahr 1782 zurückgeht. Erhalten geblieben ist auch ein geräumiges Wohnhaus aus der Kaiserzeit (Ecke Frohnhauser Weg/ Blücher Straße), dessen wilhelminischer Stil trotz einiger baulicher Veränderungen noch immer gut zu erkennen ist. Bedauerlicherweise jedoch scheint es nur noch eine Frage der Zeit, bis auch dieses Gebäude dem Untergang geweiht ist – ein Schicksal, das es dann mit der ersten evangelischen Schule Heißens (errichtet um 1780 am Frohnhauser Weg, Abriss im 20. Jahrhundert) teilen würde.

Insgesamt hat sich das Aussehen dieses Bezirks also grundlegend gewandelt: Viehzucht und Ackerwirtschaft gehören längst der Vergangenheit an, statt lockerer Wohnbebauung befinden sich hier moderne Gewerbezweige und Wohnhäuser der Neuzeit. In Höhe der Yorckstraße wurde in den 1960er Jahren ein Hallenfreibad (Friedrich-

Der alte Bahnhof Heißen am Frohnhauser Weg

Wennmann-Bad) errichtet, in unmittelbarer Nachbarschaft, auf dem Gelände der ausgedienten Straßenmeisterei des Landschaftsverbandes Rheinland, soll demnächst eine Nebenwache der Feuerwehr entstehen.

Der Frohnhauser Weg, den wir nun Richtung Norden bis zur Klotzdelle beschreiten, ist eine der neueren Straßen Heißens. Die Bezeichnung Frohnhausen rührt von der Verbindung zum heutigen Essener Stadtteil Frohnhausen her, der 1874 zur Bürgermeisterei Altendorf gehörte und 1901 ein Ortsteil Essens wurde. In Anlehnung an diese Gegebenheit erhielt die Straße 1936 die Bezeichnung Frohnhauser Weg. Eingekeilt zwischen der Autobahn A 40 und der Bahnlinie U 18 ist die Straße heute einer der Hauptverbindungswege zum Rhein-Ruhr-Zentrum und zur Nachbarstadt Essen. Dementsprechend hoch ist das Verkehrsaufkommen, das durch den Schwerlastverkehr, der täglich vom Gewerbegebiet Rosenblumendelle zur Autobahn rollt, noch verstärkt wird. Von idyllischer Ruhe, wie sie hier bis vor wenigen Jahrzehnten noch herrschte, ist nun nicht mehr viel zu spüren. Täglich verkehren hier mehrere tausend Fahrzeuge, sehr zum Leidwesen der Anwohner, die sich seit Jahren über den Lärm und Schmutz beklagen. Eine Umgehungsstraße, wie sie in den Stadtteilen Styrum und Dümpten derzeit entsteht, ist für Heißen nicht geplant; lediglich eine neue Autobahnabfahrt zum Einkaufszentrum ist in Bau. Letztere wird jedoch nur für die Anwohner der Humboldt- und Max-Halbach-Straße die gewünschte Entlastung bringen; die Bewohner des Frohnhauser Weges, darunter auch die Besitzer einer Kleingartenanlage in Höhe der Alexanderstraße, müssen sich vorerst weiter mit der jetzigen Situation begnügen.

Vor 1936 trug der Frohnhauser Weg übrigens den Namen Bahnhofstraße, ein Hinweis darauf, dass sich hier einmal der **alte Bahnhof Heißen (6)** befunden hat. Seit 1866, als die Rheinische Eisenbahn ihren Weg von Duisburg nach Essen nahm, stand auch in Heißen eine Bahnstation. Sie befand sich im äußersten nordöstlichen Winkel der Gemeinde, an der Grenze zur Nachbarstadt Essen. Zeitweise gehörte sie sogar zur Nachbargemeinde Essen-Borbeck. Für den Personenverkehr hat die Station allerdings nie eine große Rolle gespielt. Um so mehr jedoch für die Kohle: Als Transportmittel für das „schwarze Gold" der Heißener Zechen hatte die Eisenbahnlinie einen wichtigen Stellenwert. Der Bahnhof Heißen hatte zeitweise sogar das höchste Transportaufkommen aller Mülheimer Bahnhöfe. Doch mit dem Ende des Montanzeitalters und der Schließung der letzten Mülheimer Schachtanlagen verlor auch die Heißener Station ihre Bedeutung. Die vorhandenen Gebäude wurden abgerissen, lediglich ein kleines Stellwärterhäuschen blieb bestehen, das noch heute auf einem Schild die Bezeichnung „Mülheim-Heissen" trägt. Im Übrigen haben sich auf dem Areal des ehemaligen Bahnhofs neue Industrie- und Gewerbebetriebe angesiedelt, die das frühere Aussehen des Geländes völlig verändert haben.

An der Klotzdelle gehen wir abseits des lauten und verkehrsreichen Frohnhauser Weges einen schmalen Fußweg bergauf, der uns in die Kleingartenanlage Klotzdelle führt. Hier herrscht Ruhe und Stille pur, statt Verkehrslärm hört man nur das Zwitschern der Vögel in den Bäumen. Seit knapp 25 Jahren besteht die Gartenanlage bereits, gepflegte Gärten und hübsche Häuschen prägen das Erscheinungsbild. An einer Bergbaulore mit der Aufschrift „Glück auf" biegen wir links ab, gehen an Getreidefeldern und den Firmengebäuden von Kiess und Rekostein vorbei und erreichen an einem Kinderspielplatz die Blumendeller Straße. Gegenüber geht es weiter einen Fußweg entlang, der den Radstubenweg überquert und schließlich in einen neu angelegten Kreisverkehr zwischen Humboldtring, Blumendeller Straße und Wackelsbeck mündet; hier wurde Ende der 1990er eine alte Seilscheibe aufgestellt. Als Industriedenkmal erinnert sie an die **ehem. Zeche Rosenblumendelle (7)**, die sich zwischen Frohnhauser Weg, Dessauer Straße und heutiger Straße Am Förderturm befunden hat. Der 54 m hohe Förderturm, nach dem die Straße benannt wurde, steht heute leider nicht mehr; er wurde trotz des Versuchs, ihn als Industriedenkmal für die Nachwelt zu erhalten, im Jahre 1968 gesprengt. Insgesamt ist von der alten Schachtanlage, die neben Wiesche die zweitgrößte Heißener Zeche war, kaum etwas übrig geblieben. Kamine, Kraftwerke und Wasserbehälter sind verschwunden, nur ein Maschinenhaus sowie ein Verwaltungsgebäude blieben bestehen. Sie werden dieser Tage von modernen Firmen zu neuen Zwecken genutzt. Auch das übrige Areal, das heute den Namen „Gewerbegebiet Rosenblumendelle" trägt, ist mit neuen Industrie- und Handelsfirmen besiedelt worden, darunter Großunternehmen wie Lekkerland, Turck und SAMI. Dass sich hier bis vor wenigen Jahrzehnten eine Zeche befunden hat, lässt sich nur noch schwerlich erkennen. Lediglich die im Straßenbelag versenkten Bahngleise der alten Zechenbahn, die heute das Gewerbegebiet kreuzen und im Nirgendwo enden, lassen eine andersartige Nutzung des Geländes zu früherer Zeit erahnen. Von den ehemaligen Siedlungshäusern, die um die Jahrhundertwende für die Bergwerksleute rund um die Schachtanlage errichtet worden waren, stehen noch einige am Frohnhauser Weg, an der Clausewitz- sowie an der Blumendeller Straße.

Die Geschichte der Zeche Rosenblumendelle reicht zurück ins 16. Jahrhundert, als in der Nähe des späteren Verbundwerks erstmals Stollenbergbau betrieben wurde. Zu den Zechen der ersten Stunde zählten

Zeche Rosenblumendelle, um 1955

die Gruben Hammelsbeck und Klefflappen, die vermutlich bereits vor 1730 in Betrieb waren, sowie die Zeche Blumendelle. Ihr entscheidender Vorteil war, dass die abbauwürdigen Kohleschichten bereits nach wenigen Metern Tiefe zutage traten. Die drei Bergwerke waren eine der ersten Gruben, die in der Heißener Region einen geregelten Abbau der Kohle bewerkstelligten. Von 1796 bis 1819 war die Zeche Blumendelle in Betrieb. Als die Förderung ins Stocken geriet, fusionierte sie mit einigen benachbarten Gruben zur „Ver. Blumendelle", aus der dann 1841 im Zusammenschluss mit dem Bergwerk Rosendelle die „Ver. Rosenblumendelle" entstand. Die Zeche Rosendelle selbst hatte seit Ende des 18. Jahrhunderts Bestand. 1809 wurde auf ihr die erste dampfbetriebene Maschine des jungen Erfinders Franz Dinnendahl (siehe Zeche Wiesche) aufgestellt, der auch die Leitung der Zeche übernahm. Die von ihm aufgestellte Pumpe war jedoch für das Bergwerk zu klein, so dass 1815 nach mehreren verheerenden Wassereinbrüchen die Produktion stillgelegt werden musste. Der technische Fortschritt ging jedoch voran, so dass die Zeche Mitte des 19. Jahrhunderts wieder zum Leben erweckt werden konnte. 1856 wurde der erste Tiefbauschacht errichtet; zu dieser Zeit arbeiteten auf Rosenblumendelle 97 Mann, von denen etwa die Hälfte zur Wasserhebung eingesetzt war. Nur wenige Jahre später geriet die Zeche in eine zweite schwere Krise, bedingt durch veraltete Anlagen in den Stollen sowie die stetig sinkende Nachfrage nach der heimischen Kohle. Die Gründung des Mülheimer Bergwerksvereins rettete das Bergwerk vor dem frühzeitigen Aus. Die Produktion stieg wieder, ein zweiter Förderschacht wurde 1897, ein dritter 1901 abgeteuft. Doch damit hatte der Ruhrbergbau bereits seinen Höhepunkt erreicht: In der Folgezeit ging es stetig abwärts, das Zechensterben begann. 1928 wurden die Zeche Hagenbeck, 1951 das Verbundwerk Ver. Wiesche, zu der seit 1929 auch die Zeche Humboldt gehörte, mit Ver. Rosenblumendelle konsolidiert. Für kurze Zeit avancierte Rosenblumendelle zur zentralen Schachtanlage des Bergwerkvereins. Fünfzehn Jahre später jedoch wurde die Grube nach über 100 Jahren Förderung stillgelegt. Häufige Wassereinbrüche und Steillagen hatten die Kohleförderung unrentabel gemacht. Die Zeche Rosenblumendelle war das letzte in Betrieb befindliche Bergwerk Mülheims. Zuletzt waren hier etwa 1.000 Menschen beschäftigt.

Einen Katzensprung von der Schachtanlage Rosenblumendelle entfernt förderte eine weitere Heißener Zeche das „schwarze Gold" Mülheims zutage: Die **ehem. Zeche**

Ehemalige Zeche Humboldt, heute Standort des Rhein-Ruhr-Zentrums

Shopping-Vergnügen pur: das „Zett" von innen

Humboldt hatte im Bereich der gleichnamigen Ringstraße ihre Grubenfelder, also in etwa dort, wo heute das **Rhein-Ruhr-Zentrum (8)** steht. Die Zeche Humboldt trug ihren Namen in Erinnerung an den Naturforscher und Geografen Alexander von Humboldt (1769–1859), der mit seinen Werken über Geografie, Geologie und Völkerkunde bekannt wurde. Die Anfänge der Zeche lassen sich bei dem bereits erwähnten Stollenbau Hammelsbeck vermuten, der zu Beginn des 18. Jahrhunderts erstmals genannt wurde. 1807 wurde Hammelsbeck, zu diesem Zeitpunkt bereits als Verbundwerk aus mehreren Gruben bestehend, mit Humboldt vereinigt. Um das Jahr 1855/56, also etwa zur gleichen Zeit wie auf Rosenblumendelle, errichtete man auch auf Humboldt einen ersten Tiefbauschacht. Die Zeche zählte damit zu den sieben großen Tiefbauzechen Mülheims, die zusammen mit einigen kleineren Gruben eine Fördermenge von 2,5 Mio. t, die größte Fördermenge im gesamten Bergamtsbezirk, erzielten. 1865 ging das Bergwerk mit einigen weiteren Schachtanlagen zur Ver. Humboldt zusammen. Wenig später wurden die ersten Häuser für die Bergarbeiter errichtet, die Siedlung Humboldthain entstand. Um 1900 zählte die Belegschaft auf Humboldt etwa 680 Mann. Als 1929 die Förderung eingestellt wurde, entstand ein Durchschlag zum Bergwerk Ver. Wiesche. Die Schachtanlage an der Hardenbergstraße übernahm fortan den Betrieb, das Gelände der Zeche Humboldt wurde als Kohleumschlagplatz genutzt. Einige erinnern sich vielleicht noch daran, dass die Verladekräne auf Humboldt, zwölf an der Zahl, im Volksmund den Namen „die zwölf Apostel" erhielten. Bis 1966 herrschte hier reger Betrieb. Mit der Schließung von Rosenblumendelle, zu der seit 1952 auch die Ver. Wiesche mit den Humboldt-Schächten zählte, hörte dann auch die Zeche Humboldt endgültig auf zu existieren. Sämtliche noch vorhandenen Gebäude wurden abgerissen, auch die Verladetürme, lange das inoffizielle Wahrzeichen Heißens, verschwanden aus dem Stadtbild.

Reger Betrieb herrscht hier allerdings immer noch, nur dass die „Kohle" heute eine ganz andere Bedeutung gewonnen hat. Dieser Tage ist sie Synonym für das Geld, das im 1973 auf Initiative der Stinnes AG eröffneten Rhein-Ruhr-Zentrum, dem damals größten überdachten Einkaufszentrum Deutschlands, täglich umgeschlagen wird. Statt harter Knochenarbeit zwischen Presslufthämmer und Kohlestaub herrscht auf dem Gelände der ehemaligen Zeche Humboldt nun Einkaufsrausch und Shoppingfeeling. Auch ein Beispiel für den Strukturwandel: Das Rhein-Ruhr-Zentrum gibt mit 4.000 Beschäftigten mehr Menschen Arbeit als die ehemalige Heißener Zeche. Auf derzeit rund 100.000 m^2 Fläche bieten über 170 Fachgeschäfte einen bunten Branchenmix, der Jahresumsatz liegt bei etwa 350 Mio. €. Größter Anbieter im Rhein-Ruhr-Zentrum ist das Warenhaus Karstadt, das 60 % der Gesamtfläche umfasst und allein 800 Menschen beschäftigt. Seit seinem Bestehen wird das „Zett", wie es die Einwohner Mülheims kurz nennen, stetig erweitert: Erst kürzlich entstand eine Vergnügungs- und Shoppingmeile („Festival Garden") nach dem Vorbild des Oberhausener Einkaufszentrums CentrO, in dem sich ein Multiplex-Kino, eine Skaterbahn mit verschiedenen Clubs und Discotheken sowie zahlreiche Kneipen und Stehrestaurants befinden. Am Südflügel wurden mehrere neue Geschäftslokale sowie eine Bowling-Bahn, die größte ihrer Art im Ruhrgebiet, realisiert. Live-Auftritte und Großveranstaltungen, darunter ein Jazzfestival, das zu seinen Gästen internationale Weltstars zählt, sowie der monatliche Trödelmarkt locken auch am Wochenende tausende Besucher zum Humboldtring. Kein Wunder: An der Stadtgrenze zu Essen gelegen ist das Zett mit Bus und Bahn optimal zu erreichen, für Pkw-Fahrer, die teils auch über die nahe gelegene Autobahn anreisen, stehen über 5.000 kostenlose Parkplätze zur Verfügung.

In unmittelbarer Nachbarschaft zum Rhein-Ruhr-Zentrum, weithin sichtbar durch ein 16 Stockwerke hohes Gebäude, hat die **Stinnes AG (9)** ihren zentralen Verwaltungskomplex errichtet. Die Unternehmensgeschichte der Firma Stinnes, eines der größten Mülheimer Handelshäuser, geht zurück auf das Jahr 1808, als Mathias Stinnes, Sohn eines Ruhrschiffers aus Mülheim, im Alter von gerade erst 18 Jahren ein eigenes Kohlehandels- und Schifffahrtsunternehmen gründete, aus dem sich im Laufe der Jahrhunderte das heutige Großunternehmen entwickelte. Der junge Mathias verfügte scheinbar nicht nur über eine außergewöhnliche Intelligenz, sonders besaß auch ausreichend Selbstbewusstsein und Weitblick für die wirtschaftlichen Zusammenhänge seiner Zeit. Zu seinen Lebzeiten nahmen die Aktivitäten der Firma stetig an Größe und Umfang zu, Mitte des 19. Jahrhunderts war Stinnes der größte Binnenreeder Deutschlands. Neben dem Schiffsbau widmete er sich vor allem auch dem Handel mit Gütern, dem Verkehrswesen, der Produktion sowie dem Erwerb und der Neugründung von Zechen. Er hinterließ nach seinem Tode (1845) ein Wirtschaftsimperium, das in der Region seinesgleichen suchte, für die Nachkommen allerdings ein schweres Erbe bedeutete. Die außergewöhnliche Begabung des Vaters schien nur

Logistikzentrale der Stinnes-AG am Humboldtring

schwer ersetzbar, sein dynamisches und beharrliches Wesen fehlte den Söhnen ganz. Ihr Tun war deshalb auch nur wenig von Erfolg gekrönt, die Firma Stinnes schrumpfte in sich zusammen. Erst gut ein halbes Jahrhundert später setzte mit dem damals 22-jährigen Enkel Hugo Stinnes eine neue Ära ein: Mit unermüdlichem Einsatz und ungewöhnlicher Energie führte er das, was vom Werk seines Großvaters übrig geblieben war, zu neuer Blüte. Er, der in jungen Jahren auf der Zeche Wiesche arbeitete und durch den Aufkauf bankrotter Firmen ein Vermögen machte, galt schon bald in wirtschaftlicher und politischer Hinsicht als der einflussreichste Industrielle des Ruhrgebiets. Sein Interesse galt dem Kohlebergbau und -handel, der Montan- und Schwerindustrie sowie dem Schiffs- und Maschinenbau. Er kaufte Zechen, Stahl- und Walzwerke in ganz Deutschland (darunter auch die Mülheimer Friedrich Wilhelms-Hütte), gründete Aktiengesellschaften und Energiefirmen (zum Beispiel RWE), erwarb Einfluss auf die Politik der Verkehrsbetriebe, kaufte Banken und Versicherungen und beherrschte somit schon bald wesentliche Teile der regionalen und überregionalen Wirtschaft. Insgesamt war er an nicht weniger als 4.500 Einzelunternehmen in ganz Deutschland beteiligt. Sein Konzern galt als der größte, der je in Europa existiert hat, er selbst als einer der reichsten Männer der Welt.

Sein plötzlicher Tod im Jahre 1924 hinterließ eine ebensolche Lücke wie seinerzeit das Ableben seines Großvaters Mathias. Das Imperium des „Übermenschen" Hugo Stinnes zerfiel, die Nachkommen waren der Aufgabe, ein weit verzweigtes und überdimensioniertes Unternehmen zu leiten, das zudem in der Hauptsache auf Bankkrediten basierte, nicht gewachsen. Mitte der 1920er Jahre beliefen sich die Schulden auf 180 Mio. Reichsmark, große Teile der Firma mussten verkauft werden. 1941 wurde die damalige „Hugo Stinnes Corporation", die Hugo Stinnes jr. zur Rettung des Unternehmens in New York gegründet hatte, von den Vereinigten Staaten beschlagnahmt, die Familie verlor ihr Recht auf Eigentum an dem Unternehmen. Nach dem Kriege gelang es der Bundesrepublik unter Mithilfe einiger Finanzhäuser, die Mehrheit an dem Unternehmen zurückzugewinnen. Die heutige Stinnes AG wurde geboren, allerdings ohne Beteiligung der Stinnes-Familienmitglieder. Der Name lebt jedoch bis heute fort, ebenso wie einige der traditionellen Betätigungsfelder. 1965 erwarb die damalige VEBA 95 % der Stinnes AG, das Unternehmen wurde gleichzeitig privatisiert. Ein Jahr später, als die Zeche Rosenblumendelle, ein Bergwerk in Stinnes-Besitz, stillgelegt wurde, entschloss man sich, das gesamte Bergbaueigentum zu veräußern. Geblieben jedoch ist der Handels-, Verkehrs- und Dienstleistungssektor, zu dem sich nach Umwandlung der Firma in eine Aktiengesellschaft auch der Transport- und Logistikbereich gesellte. Im Jahr 2000 ging die VEBA im neu gegründeten Energiekonzern E.ON auf, der fortan noch 65,4 % an Stinnes hielt.

Die Stinnes AG ist heute ganz auf das Geschäftsfeld Logistik fokussiert mit den Geschäftsbereichen Verkehr, Chemie und Werkstoffe. Mit über 12 Mrd. € Umsatz und knapp 43.000 Mitarbeitern an mehr als 1.300 Standorten in aller Welt zählt das Unternehmen zur Spitzengruppe international bedeutender Logistikunternehmen. Mit dieser Ausrichtung fährt Stinnes seit dem Börsengang vom Juni 1999 einen Erfolgskurs. Die Stinnes-Gesellschaften halten auf ihren Märkten führende und ausbaufähige Positionen: Schenker ist das führende Transport- und Logistikunternehmen in Europa, weltweit die Nummer zwei in der Seefracht und die Nummer vier in der Luftfracht. Brenntag hat nach Übernahme der Holland Chemical International die Weltmarktführung in der Chemielogistik erreicht, und Stinnes Interfer ist in Deutschland führend in der Distribution von Stahl, bei Rohstoffen sogar international mit an der Spitze. Die Stadt Mülheim ist bisher Heimat von Stinnes geblieben: Hier errichtete man Ende der 1970er Jahre auf dem Gelände der ehemaligen Zeche Humboldt eine Verwaltungszentrale, die zu einem Wahrzeichen Heißens geworden ist. Dem Platz vor dem Gebäude wurde kürzlich zu Ehren der Gründerfamilie des Unternehmens der Name „Stinnes-Platz" verliehen. Wie lange das Unternehmen jedoch noch in Mülheim verbleiben wird, ist unklar: Mitte 2002 verkaufte der E.ON-Konzern die Stinnes AG an die Deutsche Bahn, die damit im Logistik-Bereich zur Nummer zwei in Europa aufsteigt. Ob der Standort in Mülheim beibehalten werden kann, ist zum gegenwärtigen Zeitpunkt nicht abzusehen.

Nach einem kleinen Bummel durch das Rhein-Ruhr-Zentrum folgen wir nun der Max-Halbach-Straße in Richtung Süden, vorbei an einem Sport- und Tennisplatz, nehmen rechter Hand die Brücke über den kleinen Teich (dazu später mehr) und erreichen schließlich nach einem kurzen Anstieg die Gaststätte „Krug zur Heimaterde". Ortskundige Spaziergänger erahnen bereits, welche Station wir auf unserem Rundgang als nächstes erwandern werden: die von der Firma Krupp in Auftrag gegebene **Siedlung Heimaterde (10)**. Sie ist die größte geschlossene Eigenheim-Siedlung, die die Stadt Mülheim aufzuweisen hat, und zugleich eines der wichtigsten Dokumente der Industriearchitektur im Ruhrgebiet. Überwiegend aus Ein- und Zweifamilienhäusern bestehend, die auf den Hügelrücken der angrenzenden Tallandschaft positioniert wurden, wurde sie in mehreren Bauabschnitten im Wesentlichen von 1918 bis 1941 errichtet. Später kamen einige Erweiterungen und Veränderungen hinzu, zuletzt noch im Jahre 2001 (Weidenweg). Initiator der Siedlung war Alfred Krupp, der die Wohnungsmissstände seiner Zeit bereinigen und den Arbeitern seiner Fabriken ausreichend Wohnraum auf solider, preiswerter Basis verschaffen wollte. Als Architekt trat Theodor Suhnel (1886–1965) in Erscheinung, der nach dem Studium des Baugewerbes 1910 nach Mülheim kam und sich in der Ruhrstadt als Architekt selbstständig gemacht hatte. Zusammen mit dem Prokuristen der Firma Krupp, Max Halbach, initiierte er 1916 die „Siedlungsgenossenschaft Heimaterde", die als Bauherr der Kolonie fungierte. Vertreten waren in ihr die Firma Krupp als Hauptgesellschafter sowie Betriebsangehörige, denen nach Ablauf einer gewissen Frist der Erwerb eines Hauses als Eigenheim ermöglicht wurde. Den beiden „Gründervätern" der Siedlung zu Ehren wurde eine Straße benannt.

Die erste Bauphase der Heimaterde wurde 1918 eingeläutet. An der Amselstraße, dem ältesten Teil der Siedlung, entstanden zunächst mehrere Einfamilienhäuser mit drei Zimmern, Spül- und Wohnküche sowie einem Anbau, der für die ältere Generation gedacht war. Nach dem Vorbild der englischen „Gartenstadtbewegung" waren auch Ställe und Gärten vorhanden, die den Arbeiterfamilien die Möglichkeit zur Kleintierzüchtung und Selbstversorgung durch Obst- und Gemüseanbau boten. Insgesamt waren die Grundstücke dieser „Kotten" recht üppig ausgelegt, ihre Gestaltung (mehrere kleine Fenster und Türen, niedrige Geschosshöhen, große Dachgauben, tiefgezogene Krüppelwalmdächer) strahlte Be-

Ehemaliges Naturstadion Heimaterde, im Hintergrund die Gaststätte „Krug zur Heimaterde"

haglichkeit und Wohnlichkeit aus. In naturnaher Umgebung gelegen, sollten diese Häuser vor allem Lebens- und Arbeitsfreude vermitteln und den Bewohnern, von denen viele als angeworbene Gastarbeiter aus dem Ausland stammten, eine neue Heimat (daher der Name „Heimaterde") geben.

Doch die allgemeine Wohnungsnot zwang die Erbauer der Werkssiedlung schon bald zum Umdenken: Die frühere Freiraumgestaltung wurde nun als verschwenderisch betrachtet, statt der geräumigen Einfamilienhäuser im Landhausstil wurden jetzt auch schlichte Zwei-, später schließlich Mehrfamilienhäuser gebaut. So entstand der südöstliche Teil der Siedlung, rund um die Straßen Sunderweg, Sonnenweg und Kolumbusstraße. Die dritte Bauphase (Doppel- und Mehrfamilienhäuser) setzte 1930 und 1941 ein, bebaut wurden Buschkante, Kleiststraße, Max-Halbach-Straße, Ginsterweg, Neulens Höhe, Bromersfeld, Kellermann- und Schwarzenbergstraße. 1958 wurde eine katholische Kirche (Kleiststraße), 1962 eine evangelische Kirche (Sunderplatz) errichtet. Rund um den Sunderplatz entwickelte sich ein Geschäftszentrum, in dessen Mittelpunkt der „Krupp'sche Konsum-Laden" stand. Die Zunahme der Wohn- und Geschäftsdichte tat jedoch dem weitläufigen Charakter der Siedlung keinen Abbruch: Platz war auf dem 340 Morgen großen Gelände genug vorhanden.

Um den Freizeit- und Wohnwert der Siedlung zu unterstreichen, wurde bereits in den 1920er Jahren am östlichen Rand der Kolonie ein „Naturstadion" (Sport- und Erholungsstätte) mit angrenzenden Weideflächen, Sportplatz, Ruderteich und Schwimmbad angelegt. In letzterem fanden offizielle Schwimmwettkämpfe statt, das Stadion diente der heimischen Fußballmannschaft als Trainings- und Wettkampfstätte. In ein altes Bauernhaus zog die Gaststätte „Krug zur Heimaterde" ein, ein Ausflugslokal, das sich bis heute großer Beliebtheit erfreut. Das Areal rund um das Gasthaus hat sich jedoch im Laufe der Zeit stark verändert: Der Sportplatz ist zwar noch vorhanden und dieser Tage durch einen Tennisplatz erweitert; der so genannte Gänsereiterteich, den wir bei unserem Gang über die Brücke gesehen haben, ist jedoch auf ein Minimum geschrumpft. Das Schwimmbad existiert heute überhaupt nicht mehr. Die Wiesen, auf denen ehemals Schafe und Ziegen weideten, wurden zu einem Park umgestaltet, der Besucher nunmehr zu einem kleinen Spaziergang abseits des Trubels des benachbarten Rhein-Ruhr-Zentrums einlädt.

Wer einen Rundgang durch die „Heimaterde" unternimmt, wird feststellen, dass die

Die Eigenheim-Siedlung Heimaterde von Krupp

Siedlung zwar ihren in sich geschlossenen Charakter bewahren konnte, einige Regionen jedoch stark vom ursprünglichen Erscheinungsbild abweichen. So wurden die ersten Häuser an der Amselstraße in den 1970er Jahren wieder abgerissen und durch neue Wohnbauten ersetzt. Dasselbe Schicksal ereilte die nördliche Häuserreihe am Finkenkamp und Teile des Sunderwegs. Als der Krupp Wohnungsbau (Nachfolger der 1941 aufgelösten Genossenschaft; heute ThyssenKrupp Wohnimmobilien) als Zugeständnis an die neue Zeit im Innenbereich der Siedlung Wohnhochhäuser mit bis zu acht Geschossen errichten wollte, regte sich Widerstand bei den Bewohnern. Man wollte keine Neubauten, sondern vielmehr eine Modernisierung der bereits bestehenden Gebäude nach neuen Standards. Die Proteste waren erfolgreich: Die neue Bebauung, die das harmonische Gesamtbild der Kolonie empfindlich gestört hätte, wurde verhindert. Nach der Teil-Privatisierung der „Heimaterde“ in den 1980er Jahren (von den rund 1.000 Wohnungen wurden 170 als Privateigentum an die Mieter verkauft) setzten jedoch von individueller Hand ausgeführte Modernisierungsmaßnahmen ein, die das ehemalige Erscheinungsbild der Werkssiedlung veränderten. Um diesen Trend zu stoppen, und auch um weitere Neubauvorhaben zu verhindern, plant die Siedlungsvereinigung nun, die „Heimaterde“ unter Denkmalschutz stellen zu lassen. Ein lobenswertes Ziel, bliebe damit doch der herausragende Charakter dieser Arbeitersiedlung dauerhaft für die Nachwelt erhalten.

Die Wanderung durch die Siedlung Heimaterde führt uns über die Theodor-Suhnel-Straße, den Sunderplatz und die Kellermannstraße, in der übrigens noch ein stattliches Hofgebäude steht, das wohl um 1830 erbaut worden ist. Über die Kleiststraße, an der das Schulzentrum von Heißen liegt, erreichen wir den Bertha-Krupp-Platz, benannt in Erinnerung an Bertha Krupp von Bohlen und Halbach, die sich Zeit ihres Lebens für die sozialen Belange der Krupp-Belegschaft engagierte. Sehenswert ist hier eine Bronzeplastik des Mülheimer Künstlers Ernst Rasche, bestehend aus drei Frauenfiguren, die in ein lebhaftes Gespräch vertieft sind. Ein Stück westlich vom Bertha-Krupp-Platz liegt die Gneisenaustraße, die nördlich am Friedhof vorbeiführt und in der Kruppstraße endet. Früher existierte hier ein Kreisverkehr, der den Namen Eichbaum trug, eine Gaststätte gleichen Namens war ebenfalls vorhanden. Beide mussten dem Ausbau der Autobahn weichen. Die Gaststätte wanderte nach Holthausen, den Namen Eichbaum trägt in Heißen heute nur noch eine Haltestelle der U-Bahnlinie. Zurück zur Kleiststraße, die uns in direktem Weg zur **Velauer Straße (11)** und damit in das Stadtteilzentrum Fulerum (lat. „fulramon“ = „fauliger, sumpfiger Boden“) führt. Benannt ist letztere Straße nach einer Lagebezeichnung im Urkataster von 1822, die die Häuser zwischen jetzigem Priesters Hof und Im Look markierte. Auch hier wurde einstmals Kohle abgebaut, das Flöz Diepenbeck (siehe Diepenbeckstraße) wurde bereits um 1765 erwähnt. Im Jahre 1852 konsolidierte die Zeche mit Ver. Wiesche, 1875 wurde der erste Tiefbauschacht abgeteuft. Mit dem Ende des Montanzeitalters verschwand auch der ehemalige Schacht, dieser Tage entstehen auf dem Gelände zahlreiche neue Wohneinheiten. Von der ursprünglichen Bebauung des Feldes sind noch einige Häuser erhalten geblieben, sehenswert ist unter anderem das Gebäude an der Tinkrathstraße Nr. 86.

Ostwärts die Velauer Straße entlang, an der Grenze zur Nachbarstadt Essen, steht weithin sichtbar der 50 m hohe Wasserturm der Rheinisch-Westfälischen Wasserwerksgesellschaft RWW, der in seiner jetzigen Form 1973 erbaut wurde. Zuvor hatte an gleicher Stelle bereits ein Wasserturm gestanden: Er wurde im Jahre 1907 erbaut und ging als erster deutscher Wasserturm mit Hochbehälter aus Stahlbeton in die Geschichte ein. Als Standort wählte man damals wie heute den höchsten Punkt im Stadtgebiet, um für alle Regionen einen ausreichenden Wasserdruck zu gewährleisten. Das Fassungsvermögen des ersten Wasserbehälters wurde jedoch bald zu klein, so dass man in den 1970er Jahren den jetzigen Turm errichtete. Die drei neuen Kammern des modernen, von drei Betonstützen getragenen Turms mit einer Größe von je 500 cbm vermögen die Wasserversorgung der betreffenden Regionen (Heißen, Heimaterde und Holthausen) nun dauerhaft sicherzustellen. Südlich des Wasserturms schließt sich ein weitläufiges Wald- und Wiesengebiet an, das sich für eine Erkundung zu Fuß oder per Fahrrad anbietet. Das Areal war früher landwirtschaftlich genutzt und von mehreren Höfen besiedelt,

Wasserturm Fulerum an der Velauer Straße

von denen sich einige erhalten haben. Andere wurden zu Naherholungsstätten für Kinder, später zu Ausflugslokalen umfunktioniert. Zwei von ihnen erlangten überregionale Bekanntheit, doch nur einer, nämlich der Liebfrauenhof (ehemals zum Kloster Saarn gehörend), hat bis heute überlebt; die Gaststätte „Im stillen Winkel" an der Riemelsbeck, die mit der besten Aussicht auf den Essen-Mülheimer Flughafen warb, hörte 1969 auf zu existieren.

Über die Velauer Straße, seinerzeit lediglich durch einzelne Kotten besiedelt (Nr. 268, 136, 125, 117, 110, 82 und 82d), dieser Tage ein Hauptverbindungsweg des Stadtteils Heißen, gelangen wir nordwärts zur Mausegattstraße und damit zu einer weiteren bedeutsamen Arbeiterkolonie Mülheims: der **Siedlung Mausegatt (12)**. Der Name Mausegatt (= „Mauseloch") stammt von einem gleichnamigen, inzwischen stillgelegten Flöz, das seine Bezeichnung wiederum in Anlehnung an die geologischen Besonderheiten der Region – die Gesteinsschichten erinnerten an den gewundenen Gang einer Feldmausbehausung – erhielt. Streng genommen gehört die Mausegattsiedlung eigentlich nicht mehr zu Heißen, sondern zum benachbarten Stadtteil Holthausen. Da Holthausen jedoch einstmals zur Bürgermeisterei Heißen gehörte und die Siedlung heute im unmittelbaren Grenzbereich zwischen beiden Gemeinden liegt, soll sie hier beschrieben werden.

Errichtet worden war die Siedlung Mausegatt, die erste ihrer Art im Mülheimer Raum, für die Bergleute der benachbarten Zeche Wiesche, weshalb die Siedlung zunächst auch noch den Namen „Wiescher Colonie" trug. Wohnhaft waren hier in der Anfangszeit Bergarbeiterfamilien, denen in der Nähe ihres Arbeitsplatzes ein neues Zuhause zur Verfügung gestellt wurde. Viele von ihnen waren angeworbene Arbeitskräfte aus dem Ausland, die in der heimischen Kohleindustrie ihren Lebensunterhalt verdienten. Das Wohnrecht war an den Arbeitsplatz gekoppelt: Nur wer auf der Zeche sein täglich Brot verdiente, durfte auch in einem der Zechenhäuser wohnen; verlor er den Job, hatte er auch das Recht, in einem der Koloniehäuser zu leben, verwirkt. Diese strengen Auflagen existierten bis zur Stilllegung der Zeche in den 1950er beziehungsweise 1960er Jahren. Heute, da die Siedlung bis auf wenige Ausnahmen komplett privatisiert ist, darf jeder ein Eigentum erwerben, insofern der Vorbesitzer, der ein Vorkaufsrecht besitzt, von diesem keinen Gebrauch macht.

Die Urkunde, die den Gründungsbeschluss zum Bau der Siedlung dokumentiert, trägt das Jahr 1898. Namentlich unterzeichnet haben das Schriftstück Hugo Stinnes, August Thyssen und Leo Harnau, die zusammen im selben Jahr den Mülheimer Bergwerksverein (siehe Zeche Wiesche) gegründet hatten. Als Architekt der Siedlung wurde der Oberhausener Künstler Friedrich Thomas verpflichtet. Insgesamt acht Haustypen befinden sich heute in der Siedlung. Die ersten 58 Bauten (eineinhalbgeschossige Traufen- und Giebelhäuser in rotem Backstein mit rückseitigem Stalltrakt) entstanden um das Jahr 1899/1900 im oberen Teil der Siedlung (früher Feldstraße, heute Mausegattstraße). Jeweils zwei Familien, denen auf 60 qm zwei Zimmer, Küche, Waschküche und Abort zur Verfügung standen, wohnten in einem Haus, getrennte Hauseingänge waren vorhanden. Vorgärten gab es zu diesem Zeitpunkt allerdings noch keine, die Straße, von den Anwohnern als Ascheplatz benutzt, führte direkt am Haus vorbei. Um 1905 kam ein zweiter Haustyp – 42 Doppelhausbauten – im südlichen Teil der Kolonie (früher Parallelstraße, heute Kreftenscheerstraße) hinzu, versehen mit Krüppelwalmdach und Treppenfries sowie Vorgärten und rückwärtigen Stallungen. Der heute so markante, rot leuchtende Backstein wurde zu diesem Zeitpunkt nur noch teilweise verwendet, die meisten Häuser dieses Stils wurden mit weißem Putz versehen. Das galt auch für die Gebäude, die um 1911 errichtet wurden, so zum Beispiel in der Mausegattstraße Nr. 21–23. Sie wurden, ebenso wie die Bauten in der oberen Kreftenscheerstraße, nach englischem Vorbild gebaut und erhielten ein Mansardendach mit kleinteiligen Fenstern. Nach dem Zweiten Weltkrieg, der auch in der Mausegattsiedlung seine Spuren hinterließ (insgesamt wurden sieben Häuser zerstört), wurden an der Stelle der zerbombten Häuser eineinhalb- und zweieinhalbgeschossige Doppelhäuser erbaut. Insgesamt zählt die Siedlung heute etwa 225 Wohneinheiten.

Siedlung Mausegatt

Die Mausegattsiedlung, seit 1987 mit einem Denkmalschutzbereich versehen und von den Bewohnern mit viel Liebe zum Detail gepflegt, lässt ihren Einheitscharakter trotz einiger baulicher Veränderungen noch immer gut erkennen. Der Grundriss mit Mausegatt- und Kreftenscheerstraße ist nahezu rechteckig, die Häuser sind in gleicher Flucht und regelmäßiger Bauweise angelegt. Die hinter den Gebäuden liegenden Gärten sind – wie die Häuser selbst – längs geteilt. Ehemalige Stallanbauten und Gartenschuppen werden heute als Garage oder Gerätelager genutzt, die Stallungen wurden zu Waschküchen umgebaut. Als in den 1970er Jahren die VEBA als Eigentümerin der Kolonie plante, die Siedlung zu veräußern und in gleichem Atemzug, ohne Rücksicht auf die individuellen Belange der Bewohner, eine Komplettsanierung durchführen wollte, fürchteten die Bewohner, aus ihren Häusern verdrängt zu werden. Niemand wollte auf die hohe Wohnqualität, die die Siedlung durch große Grün- und Freiflächen bot, verzichten müssen. Die Einwohner gründeten deshalb eine Bürgerinitiative zur Rettung ihrer Wohnstätten – und hatten Erfolg: Die Mausegattsiedlung wurde zwar an die Stadt und ein privates Bauunternehmen verkauft, jedoch nicht unkontrolliert verändert. Stattdessen erklärte man die Bergarbeitersiedlung zum Denkmal. Die anschließende Privatisierung der Häuser führte dann zu wohl überlegten Instandsetzungs- und Modernisierungsarbeiten durch die Einzeleigentümer im Rahmen der Denkmalschutzbestimmungen.

An die Zeit der Kohle allerdings, der die Siedlung einst ihre Entstehung verdankte, erinnert heute nur noch wenig: Lediglich eine alte Grubenlok, die seit Ende der 1970er Jahre auf dem Spielplatz in der

Mausegattstraße stand und kürzlich zur Kreuzung Ludwigstraße verlegt wurde, weist die Besucher auf die über einhundertjährige Geschichte der Siedlung hin.

Nicht weit von der Mausegattsiedlung entfernt, über einen schmalen Fußweg von der Kreftenscheerstraße erreichbar, befindet sich der letzte Haltepunkt unseres Rundgangs: das **Gasthaus Fünte (13)**. Unmittelbar an der Bundesstraße B 1 (= Essener Straße) gelegen und von Neubauten am Fünter Weg bedrängt, trotzt das alte Fachwerkhaus seit Jahr und Tag sämtlichen Erneuerungsversuchen im Verkehrs- und Städtebau der Neuzeit. Und das schon seit nunmehr knapp 300 Jahren! Bereits zu Beginn des 18. Jahrhunderts nämlich befand sich während des Spanisch-Niederländischen Krieges an der Stelle des heutigen Lokals eine Pferdetränke, die dem späteren Gasthaus vermutlich den Namen gab: „la fuente" ist Spanisch und bedeutet „Quelle". Tatsächlich existieren an dieser Stelle mehrere Quellenursprünge, die das nahe gelegene Flüsschen Fischenbeck (Ortsteil Holthausen) speisen und den Spaniern zum damaligen Zeitpunkt die Einrichtung ihrer Pferdetränke ermöglichten. In der Folgezeit entstand hier wohl um 1800 das heutige Gebäude, das zunächst eine Familie Füntmann bewohnte. Im Jahre 1823 wurde das Haus an einen Heinrich vorm Bau, genannt „Bruns", verkauft. Dieser richtete in dem Gebäude ein Kolonialwarengeschäft sowie eine Bergmannskneipe ein, die die Kumpel aus den umliegenden Zechen für einen kurzen Umtrunk nach der Schicht gerne aufsuchten. Ein landwirtschaftlicher Betrieb war dem Hause ebenfalls angeschlossen.

Die „Bruns Fünte", wie sie die alten Heißener Einwohner nannten, war lange Zeit ein beliebter Treff, nicht nur für die Bergleute, sondern auch für Vereine und Stammtischrunden. Oft ging es laut und rüpelhaft zu, ein Bild, das sich heute gänzlich gewandelt hat. Die Fünte ist dieser Tage ein gepflegtes Restaurant mit feiner Speisekarte. Hier trifft man sich zu einem kleinen Plausch in gediegener Atmosphäre, umgeben von gutem Service und ausgewählten Speisen. Fachwerkidylle, gepaart mit gehobenem Standard und Verwöhnambiente – doch leider nur für den, der es sich leisten kann. So ändern sich die Zeiten!

Über den Fünter Weg, wo im Jahre 1907 ein Neubau der alten Wilhelmschule (vorher Kruppstraße) eingeweiht wurde, der heute eine Gemeinschaftsgrundschule beherbergt, erreichen wir am Heißener Marktplatz wieder den Ausgangspunkt unserer Tour.

Von der Bergmannskneipe zum Speiselokal: die „Bruns Fünte" an der Essener Straße

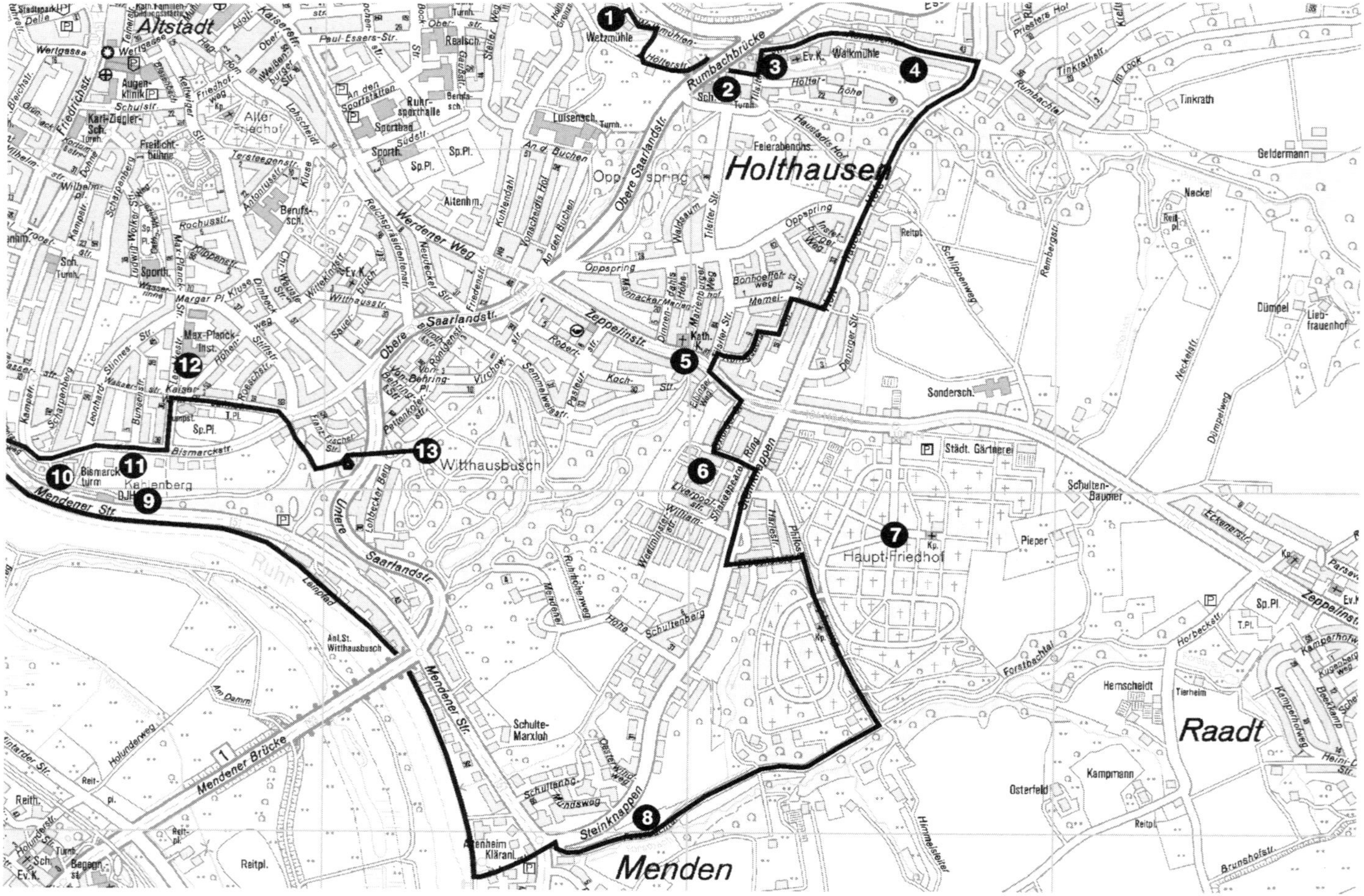

Holthausen
Menden
Raadt
Altstadt
Witthausbusch
Haupt-Friedhof
Ruhr
Mendener Str.
Mendener Brücke
Zeppelinstr.
Obere Saarlandstr.
Untere Saarlandstr.
Werdener Weg
Reichspräsidentenstr.
Steinknappen
Ruhrhöhenweg
Schlippenweg
Rembergstr.
Rumbachtal
Rumbachbrücke
Tinkrath
Geldermann
Dümpelweg
Kampmann
Osterfeld
Himmelsleiter
Bismarckturm
Kahlenberg
DJH
Max-Planck-Str.
Kettwiger Str.
Friedrichstr.
Kaiserstr.
Leinpfad
Städt. Gärtnerei
Walkmühle
Wetzmühle
1
2
3
4
5
6
7
8
9
10
11
12
13

Ehemalige Wetzmühle im Rumbachtal

Holthausen

Ein Heim für die Mühlen. Wie ein altes Gewerbe der Stadt ihren Namen gab

Ausgangspunkt: ehem. Wetzmühle, Walkmühlenstraße (Bus: 132, Haltestelle: Wetzmühlenstraße)

Endpunkt: Witthausbusch, Lohbecker Berg (Straßenbahn: 110, Bus: 753, Haltestelle: Witthausstraße)

Dauer: 3 Stunden

Route: ehem. Wetzmühle (1), Hölterschule (2), Ev. Kirchengemeinde Holthausen (3), ehem. Walkmühle (4), Kath. Kirche Heilig Geist (5), Wohnpark Witthausbusch/ ehem. Wrexham Barracks (6), Hauptfriedhof (7), Forstbachtal (8), Jugendherberge am Kahlenberg (9), Bismarckturm (10), Haus Urge (11), Max-Planck-Institute für Kohlenforschung und Strahlenchemie (12), Witthausbusch (13)

Der Ortsteil Holthausen, seit 1904 zum Stadtgebiet von Mülheim gehörend, ist ein Bezirk mit vielen Gesichtern: Während der Nordwesten, beiderseits der Unteren und Oberen Saarlandstraße, durch hohe Wohndichte, ein stark verzweigtes Wegenetz und eine entwickelte Infrastruktur gekennzeichnet ist, prägen den Südosten weite Täler und Wälder, idyllisch gelegene Feld- und Wiesengebiete sowie mehrere fest markierte

Grünflächen, die zum Teil unter Naturschutz stehen und an deren Rand vergleichsweise wenig Besiedlung auftritt. Lediglich das Gelände zwischen Parseval- und Brunshofstraße, wo sich der Essen-Mülheimer Flughafen angesiedelt hat und sich neben Wohnraum auch Gewerbe befindet, weicht von diesem Erscheinungsbild ab. Die südöstlichen Teile des Stadtgebiets, unterhalb von Zeppelinstraße und Steinknappen, umfassen die Gemeinden Menden, Raadt und Ickten, von denen die ersten beiden 1920, Ickten erst 1929 der Stadt Mülheim eingemeindet wurden. Holthausen besteht heute also aus insgesamt vier Gemeindeteilen, die im Westen von der Ruhr sowie im Osten und Süden von der Nachbarstadt Essen begrenzt werden. Etwa 12.500 Menschen haben hier ihre Heimat. Verteilt auf einer Fläche von 1.757 ha ist Holthausen damit nach Saarn der am dünnsten besiedelte, zugleich aber flächenmäßig zweitgrößte Stadtteil Mülheims. Im Hinblick auf den vor uns liegenden Rundweg hat dies zur Folge, dass sich die folgenden Ausführungen zunächst nur auf die Gemeindeteile Holthausen und Menden beziehen; eine zweite Führung leitet den interessierten Leser dann auch durch die Ortsteile Ickten und Raadt, die mittels einer Fahrradtour erkundet werden.

Als Holthausen 1904 dem Stadtgebiet von Mülheim zugewiesen wurde, lebten hier bereits etwa 5.000 Menschen. Vor dieser Zeit, insbesondere vor dem Beginn des Industriezeitalters, war die Gemeinde jedoch recht spärlich besiedelt: Um 1780 zählte man kaum mehr als 20 Höfe, verteilt über das Rumbachtal, den Kuhlendahl und entlang der Ruhr. Umgeben waren diese Siedlungen von ausgedehnten Eichen- und Buchenwäldern, weshalb man bis ins 19. Jahrhundert bei der Erwähnung der Gemeinde noch von „Holzhausen“ sprach. Im Jahre 1808, als die kleine Gemeinde Mülheim (es handelte sich hierbei im Wesentlichen um den heutigen Altstadtkern) durch napoleonisches Gesetz zur Stadt erhoben wurde, schlug man die dünn besiedelte Region im Osten der Stadtgemeinde dem neuen Verwaltungsgebiet zu. Von 1848 bis 1878 bildete Holthausen dann einen Ring von Landbürgermeistereien, die sich um die Stadtbürgermeisterei Mülheim gruppierten. 1878 schließlich regelte man die Verwaltungsform aufs Neue: Holthausen gehörte fortan zusammen mit einigen weiteren Gemeinden zur Bürgermeisterei Heißen (siehe Rundgang Heißen), die jedoch 1910 wieder aufgelöst wurde. Bereits sieben Jahre vor der Neuorganisation fiel Holthausen an Mülheim zurück; Menden und Raadt, die ebenfalls zum Verbund der Gemeinden gehört hatten, bildeten zunächst eine eigenständige Bürgermeisterei im Landkreis Essen, wurden jedoch 1920 ebenfalls in den Schoß der Stadt zurückgeholt. 1929 schließlich fiel auch Ickten an Mülheim.

Einer der alten Siedlungskerne von Holthausen befand sich an der Kreuzung der Straßen Oppspring, Schlippenweg und Holthauser Höfe, dort, wo auch heute noch einige alte Bauernhäuser im Backstein- und Fachwerkstil existieren. Die Menschen lebten hier in erster Linie von der Viehwirtschaft (Schafzucht und Ziegenhaltung), Ackerbau hingegen war nur bedingt möglich: Die feuchten Wiesen am Rande des Rumbachtals (auch „Bruch“ oder „Brooken“ genannt) schränkten die landwirtschaftliche Nutzung ein, lediglich Obst- und Gemüseanbau erschien rentabel. Gute, ertragreiche Ernten konnten nur auf den höher gelegenen und damit trockeneren Terrassen oberhalb des Tals gewonnen werden. Nach dem Einsetzen des Industriezeitalters nutzten viele Bauern den großen Bedarf an Arbeitskräften und verdingten sich, neben ihrer Tätigkeit als Landwirte, zusätzlich in den nahe gelegenen Bergbau-, Eisen- oder Lederbetrieben. Für die heimische Lederindustrie gestaltete sich das Gebiet entlang des Rumbachs zum Vorteil, nahezu ein Dutzend Mühlen sowie zahlreiche Gerbereien waren entlang des Flusses (also entlang der heutigen Bachstraße, des Dickswalls sowie der Essener- und Walkmühlenstraße) verteilt, die westlichste am heutigen Übergang über die Ruhr. Sie alle nutzten das reine und schnell fließende Wasser des Rumbachs für den Antrieb der Mühlen sowie für die weitere Lederbearbeitung. Der reiche Waldbestand in der Umgebung (zum Beispiel am Wetzmüller Berg) lieferte den Rohstoff für die Gerbung der Tierhäute: Die Rinde der Eichenbäume, die Lohe (Gerbrinde), wurde gemahlen und den Häuten so zugesetzt, dass aus ihnen feinstes Leder wurde.

Der Rumbach, seinerzeit auch Ruhmbach genannt, besitzt eine Länge von insgesamt 6,7 km, der Höhenunterschied von der Quelle bis zur Mündung beträgt etwa 70 m. Mehrere Nebenbäche fließen dem Gewässer zu, so der Steinbach, die Riemelsbeck, der Gothenbach und der Schlippenbach. Seinen Ausgangspunkt nimmt der Rumbach in den Haarzopfer Höhen (Stadtgebiet Essen), von wo er als schmales Band zunächst das Fulerumer Landschaftsgebiet durchquert, im weiteren Verlauf entlang von Rumbachtal und Walkmühlenstraße Richtung Innenstadt fließt und schließlich in Höhe des ehemaligen Stadtbads in die Ruhr mündet. Früher besaß der Bach sogar zwei Wasserläufe, von denen einer für die Mühlen („Mühlenbach", etwa in Höhe der heutigen Bachstraße), der andere für den Abfluss des Regen- und Abwassers („Gewaltsbach", heute Dickswall) bestimmt war. Zwischen 1880 und 1897 wurde der Rumbach abschnittsweise mit Wegen überwölbt, ein halbes Jahrhundert später auf zwei km Länge unterirdisch kanalisiert. Starke Regenfälle hatten in der Vergangenheit immer wieder für Überschwemmungen gesorgt, oft mit verheerenden Folgen für die Bevölkerung und die ansässigen Betriebe. Nicht selten stürzte auch ein Betrunkener, wenn er des Nachts aus dem Wirtshaus kam, in den Bach und ward nicht mehr gesehen. Eine Kanalisierung des Flusses erschien deshalb unumgänglich.

In Anbetracht der zahlreichen an seinen Ufern nachgewiesenen Wirtschaftsbetriebe muss der Rumbach einst Mülheims bedeutendster Zufluss zur Ruhr gewesen sein. Sein Wasser war klar und sauber, sein Gefälle eine ausgezeichnete Grundlage zum Antrieb der Mühlen. Insgesamt zehn dieser Art sind am Rumbach nachgewiesen, die älteste stammt aus dem 13. Jahrhundert. Dementsprechend besitzt auch das Gerberhandwerk in Mülheim eine lange Tradition: Ein Schriftstück aus dem Jahre 1639, in dem Graf Wirich, Herr zu Schloss Broich, die Zunftordnung der Schuhmacher- und Loherzunft bestätigte, belegt die Anfänge des Mülheimer Lederhandwerks bereits im 17. Jahrhundert. Die ersten Betriebe standen am Rumbach (Holthausen), Bruchbach (Eppinghofen), Bühlsbach (Saarn) und im Speldorfer Wald. Zum Gerben des Leders, das zunächst nur aus einfachen Tierhäuten bestand, wurde, wie bereits erwähnt, Eichen- oder Fichtenrinde verwendet. Diese Lohrinde wurde anschließend in den Mühlen gemahlen und des Weiteren in den Gerbereien zum Härten der Tierhäute benutzt. Der Gerbprozess dauerte in der Regel drei bis sechs Monate; heute, im Zeitalter des industriellen Fortschritts, benötigt man unter Zuhilfenahme von Chromsalzen für denselben Vorgang nur noch wenige Stunden. Verwendung fanden die Lederprodukte in vorindustrieller Zeit in der Landwirtschaft und Schifffahrt (Zaumleder für Zugtiere), im Bergbau (Arbeitsschutzkleidung), bei der gräflichen Herrschaft (Militärleder) sowie bei der heimischen Bevölkerung (Schuhe, Sohlen). Später war es vor allem der Kutschenbau (Wagenverdecke), die Automobilindustrie (Innenausstattung) sowie die Möbelindustrie (Sitzgarnituren), die das Mülheimer Leder, das über die Grenzen der Stadt hinaus einen hervorragenden Ruf besaß, ankauften.

Als durch die Rodung ganzer Wälder die Quellen für die Gerbung des Leders am Rumbach allmählich versiegten, der Import von Rinderhäuten aus dem süddeutschen Raum (sie wurden per Schiff nach Mülheim transportiert) anstieg und der zum Gerbprozess notwendige Wasserbedarf sich erhöhte, verlagerte sich der Schwerpunkt der Lederindustrie an den größten der Mülheimer Flüsse, an die Ruhr (siehe Rundgang Saarn). Zu dieser Zeit, also zu Beginn des 19. Jahrhunderts, wurde außerdem durch napoleonisches Gesetz das bis dahin geltende Mühlenrecht aufgehoben, das dem jeweiligen Landesherren die Einnahmen aus den Mühlen garantierte. Nach Auflösung dieses Rechts konnten die Müller fortan durch Kauf Eigentümer einer Mühle werden und den Bedarf selbst bestimmen; eine gewisse Gewerbefreiheit setzte ein. Mit Erfindung der Dampfmaschine begann bald darauf auch die industrielle Verarbeitung des Leders. Fabriken entstanden am Ufer des großen Stroms, 1856 zählte man bereits 20, 1924 über 50 Betriebe. Neuartige Maschinen kamen zum Einsatz, schnellere Verfahren der Gerbung wurden erfunden. Dies alles hatte zur Folge, dass die Gerbereien am Rumbach zusehends an Bedeutung verloren und schließlich gänzlich verschwanden, darunter auch so bedeutende Namen wie Coupienne und Pelzer – Gerberfamilien, die das Mülheimer Lederhandwerk einst zum Erfolg geführt hatten.

Heute existieren von den ehemals 54 im Stadtgebiet vertretenen Lederfabriken nur noch zwei: eine von ihnen steht noch immer an der Ruhr (Lindgens/Seton), die zweite befindet sich im Speldorfer Hafen (Hammann). Am Rumbach lebt die Lederindustrie ausschließlich in der Historie fort. Keine Mühle, auch nicht als Schau- und Lehrstück für zukünftige Generationen, ist hier noch vorhanden. Mühlenteiche wurden zugeschüttet, machten Platz für Gärten oder neue, moderne Wohnbauten. Historische Gebäude existieren zwar noch, sind jedoch in Privatbesitz oder werden gewerblich genutzt. Lediglich einige Straßennamen wie „Wetzmühle“ und „Walkmühle“ zeugen vom Leben und Arbeitsalltag vergangener Zeiten, einige wenige Erinnerungsstücke (so die Mühlenräder an der alten Wetzmühle) erzählen uns Geschichten vom früheren Aussehen des Stadtteils – nach Meinung vieler zu wenig für ein Gewerbe, das die Stadt über ihre Grenzen hinaus bekannt gemacht hat und von der sie ihren Namen bekam: „Mü(h)l-heim“.

Was für die Mülheimer Lederindustrie gilt, trifft auch in ähnlichem Maße für einen weiteren, im Rumbachtal bedeutenden Industriezweig zu: den Kohlebergbau. Die Gesteinsschichten, die im Rumbachtal schon nach wenigen Metern Tiefe zutage traten und deshalb einen einfachen Stollenabbau zuließen, haben über Jahrhunderte hinweg zu einem regen Kohleabbau geführt. So baute beispielsweise die Zeche „Vereinigte Hollenberg-Darmstadt“ Mitte des 19. Jahrhunderts vom Rumbachtal aus die Flöze „Hermann“, „Dickebank“, „Bänksgen“, „Wiesche“ und „Kinderberg“ ab (mehr zur Bergbautätigkeit in Mülheim siehe Rundgang Heißen). Doch als Erinnerung an den Bergbau findet sich heute im Rumbachtal nur wenig: Zwei Stolleneingänge des Bergwerks (Rumbachtalstraße 35) sowie ein zur Zeche gehörendes, eingeschossiges Traufenhaus im Fachwerkstil, das als Magazin und Waschkaue gedient hatte, blieben bestehen. Alle übrigen Spuren wurden beseitigt, kein Denkmal erinnert an die Spuren der Kohleindustrie. Bis heute findet sich im gesamten Stadtgebiet kein einziges Museum, das den Kohlebergbau und den für Mülheim so entscheidenden Handel mit dem „schwarzen Gold“ erläutert. In dieser Hinsicht hat zumindest die Lederindustrie – dank des Engagements einiger Mülheimer Bürger – ihr Ziel bereits erreicht: in naher Zukunft ist an der Düsseldorfer Straße, gegenüber der letzten dort befindlichen Lederfabrik, ein Museum geplant, das die Besucher über die Geschichte dieses Industriezweigs informiert. Würdig vertreten werden dort auch die Anfänge des Mülheimer Lederhandwerks im Rumbachtal.

In Holthausen ist heute, nach dem Ende des Montanzeitalters und dem Abschwung der Lederindustrie, die Landwirtschaft derjenige ökonomische Zweig, der den Stadtteil Holthausen am sichtbarsten prägt. Weite Felder und Wiesen, dazwischen Bauernhöfe, landwirtschaftliche Verarbeitungsbetriebe und Reitställe, das ist das Bild, das sich dem heutigen Betrachter vor allem im südlichen Menden bietet. Begleitet wird das Erscheinungsbild von herausragenden Einrichtungen der Forschung und Technik, namentlich den beiden Max-Planck-Instituten zur Kohlenforschung und zur Strahlenchemie, die ihren Sitz hoch über der Ruhr auf dem Kahlenberg haben. Auch der Essen-Mülheimer Flughafen in der Gemeinde Raadt (siehe Fahrradtour) spielt als ökonomischer Faktor eine wichtige Rolle. Zu guter Letzt sind es die vielen freizeittouristischen Attraktionen, die den Stadtteil Holthausen bei der Bevölkerung so beliebt machen: Rumbachtal, Forstbachtal und Witthausbusch sowie Flughafen, Bismarckturm und die Ruhr laden zum Spaziergang und zu Besichtigungstouren ein, alteingesessene Lokale (Walkmühle, Müller Menden) bitten den Besucher zur Rast. Ausgedehnte Wanderwege entlang der Wiesen, Wälder und Täler, herrliche Ausblicke am Ufer des Flusses, dazwischen immer wieder Fachwerkidylle und Bauernhofromantik – wer wollte hier nicht gerne verweilen.

Unser Rundgang startet nun an der Ecke Walkmühlen-/Essener Straße, wo sich etwas abseits der Straße am Rande grüner Wiesenflächen die **ehem. Wetzmühle (1)** befindet. Erstmals erwähnt wurde die Mühle, die früher auch den Namen „Wesselsmühle" oder „Werthsmühle" trug, im Jahre 1498: Eine Urkunde benennt die Übertragung einiger Besitzungen von Heinrich von Galen an den Abt des Klosters Hamborn. Kurze Zeit später ging die Mühle in den Besitz von Schloss Broich über. Mehrere Pächter sind in der Folgezeit genannt, darunter ein „Jaspar ahn der Wetzelsmühlen", ein „Wilhelm Wetzmüller" sowie die Familie „Mühlendyck". Bis 1787 gehörte die Mühle zum herrschaftlichen Besitz der Broicher Grafen, danach ging sie in Privateigentum über. Die Wetzmühle war die letzte der Mülheimer Mühlen, die noch in Betrieb war; erst 1954 haben auch hier die Räder stillgestanden. An ihre Existenz erinnert eine gleichnamige Straße, die sich jedoch nicht in unmittelbarer Nähe, sondern nördlich der Essener Straße befindet.

Die Wetzmühle diente zunächst als Schleifmühle, später auch als Fruchtmühle, im 19. Jahrhundert schließlich als Lohmühle für die umliegenden Gerbereien. Aus der Frühzeit haben sich mehrere Gebäudeteile erhalten, darunter zwei Wohn- und Wirtschaftshäuser, die sich beiderseits des Rumbachs verteilen. Das Hauptgebäude auf der rechten Seite geht in seiner jetzigen Form auf das Jahr 1835 zurück, nachdem ein Brand den Vorgängerbau bis auf die Kellergewölbe (noch erhalten) zerstört hatte. Das eingeschossige Nebengebäude aus Backstein wird in etwa auf das Jahr 1900 datiert. Noch vorhanden sind auch der alte Mühlenteich sowie einige moosbewachsene Mühlsteine, die den Standort des eigentlichen Mühlgebäudes mit seinem hoch aufragenden, viereckigen Kamin und dem oberschlächtigen Wasserrad markieren; letzteres wurde jedoch kurz nach Stilllegung der Mühle Anfang der 1960er Jahre abgerissen.

Gegenüber der ehemaligen Wetzmühle, in Richtung Essener Straße, steht noch ein hoher, mit Backstein verklinkerter Bau (Nr.

Teil der Wetzmühle heute

62), der früher einmal die Lederfabrik „Wetzmüller & Dorgathen" beheimatete. Die Fabrik, eine von vielen an der Essener Straße, wurde im Jahre 1865 gegründet, wenige Jahre danach entstanden das dreigeschossige Betriebsgebäude sowie das Wohnhaus (Nr. 64). Ein ebenfalls dreigeschossiger Erweiterungsbau wurde zu einem späteren Zeitpunkt quer zum Haupthaus in Richtung des freistehenden Wohnhauses angefügt. Nach der Stilllegung der Lederfabrik stand der Gebäudekomplex lange Zeit leer. Das heutige Aussehen erhielt die Anlage in den 1980er Jahren vom Architekten V. Bussmann, der in Zusammenarbeit mit einer Mülheimer Werbeagentur die Neugestaltung des halb verfallenen Komplexes plante. Da ein Abriss aus Denkmalschutzgründen nicht in Frage kam, restaurierte man die noch bestehenden Gemäuer und fügte neues Mauerwerk hinzu. So entstand das jetzige Haus an der Essener Straße, das gegenwärtig als Therapiezentrum genutzt wird, in seiner äußeren Gestalt – rote Klinkersteine, kleinteilige Fensterreihen an der Straßenfront – aber immer noch an die baulichen Eigentümlichkeiten der ehemaligen Lederfabrik erinnert. So viel Glück beim Erhalt historischer Bausubstanz hatte übrigens kaum ein anderes Wirtschaftsgebäude an der Essener Straße: Von den Fabriken, die einst entlang des Weges standen, ist heute keine mehr erhalten; sie alle fielen dem Abriss anheim, darunter so bekannte Namen wie Fabri, Koltmann, Österwind oder Schürmann. Zuletzt musste auch die Brotfabrik Rugenberger weichen; heute entstehen hier neue Wohnbauten, die in ihrem äußeren Erscheinungsbild nur wenig an das frühere Aussehen dieses Gebietes erinnern.

Der wilhelminische Bau der Hölterschule am Oppspring

Von der Walkmühlenstraße zweigt rechter Hand ein schmaler Fußweg ab, der über eine Brücke zur Hölterstraße führt. Entlang dieses Weges sind noch einige alte Traufenhäuser im Fachwerkstil erhalten, so die Nr. 24a (ehem. Sengelmann-Hof, 18. Jh.) sowie die Nr. 30 (ebenfalls 18. Jh.). Folgen wir dem Weg nach links und am Viadukt (Rumbachbrücke) rechts den Hang hinauf, stoßen wir alsbald auf ein stattliches Schulgebäude (Nr.48), das früher die evangelische Schule der Gemeinde beherbergte. Es handelt sich hierbei um die so genannte **Hölterschule (2)**, die ihren Standort auf dieser Anhöhe über dem Rumbachtal bereits zu Beginn des 18. Jahrhunderts hatte. Als kleines Fachwerkhaus nahm die Schule um 1711 ihren

Betrieb auf, das Gebäude beherbergte Klassenraum und Wohnraum in einem. Unter Lehrer Hermann Berchter, der von 1812 bis 1854 seinen Dienst versah, nahm der Umfang der schulischen Tätigkeiten zu, ein Neubau musste her. Die 1837 errichtete neue Schule, die 1901 den Namen Augustaschule erhielt, steht noch heute neben der jetzigen Hölterschule; sie ist in Privatbesitz und wird als Wohnung genutzt. Der heutige Schulbau, der in Größe und Architektur wilhelminische Züge trägt, wurde 1914 eingeweiht und trug zunächst zu Ehren des damaligen Generalfeldmarschalls und späteren Reichspräsidenten Hindenburg die Bezeichnung „Hindenburgschule"; später wurde sie in Anlehnung an die vorbeiführende Straße einfach „Hölterschule" genannt. Während des Zweiten Weltkriegs war der Schulbetrieb vorübergehend eingestellt worden, das Gebäude diente als Lazarett sowie nach Kriegsende als Unterkunft für das britische Militär. Heute ist die Hölterschule eine Gemeinschaftsgrundschule, in der etwa 400 Schüler unterrichtet werden.

Nicht weit entfernt, am westlichen Rand des benachbarten Wäldchens Oppspring, befindet sich übrigens ein weiteres Schulgebäude, die Luisenschule. Zunächst als reine Mädchenschule errichtet, blickt sie auf nunmehr stolze 150 Jahre Schulgeschichte zurück: Das Gründungsdatum fällt in das Jahr 1852. Zuvor hatte bereits eine einklassige Mädchenschule an der Jackenstraße (heute Schlossstraße) bestanden, die 1838 eingeweiht worden war. 1892 schließlich – man nannte sich inzwischen offiziell Luisenschule – bezog man einen imposanten Neubau an der Ecke Kaiser-/Adolfstraße, gegenüber des heutigen katholischen Krankenhauses. Der jetzige Bau nahe des Oppspring wurde 1952 eingeweiht, nachdem Bomben das Schulgebäude an der Adolfstraße 1943 zerstört hatten. Die Luisenschule, benannt nach Prinzessin Luise von Mecklenburg-Strelitz (1776–1810), spätere Königin von Preußen und Enkelin der damaligen Herrin auf Schloss Broich, ist dieser Tage ein gemischtes Gymnasium mit knapp 970 Schülern.

Die Hölterstraße bergab erreichen wir auf unserem weiteren Spaziergang nun die Tilsiter Straße, die ihren Namen in Erinnerung an die Stadt Tilsit (früher Ostpreußen, heute Russland) trägt, in der es 1807 zum Frieden zwischen Frankreich, Russland und Preußen kam. Als bedeutendstes Gebäude dieser Straße wäre das „Feierabendhaus" zu nennen, das sich nicht weit entfernt in südlicher Richtung auf einer Anhöhe befindet. Anfang der 20er Jahre des vorigen Jahrhunderts wurde das Haus, dessen Vorgängerbau das so genannte „Clarahaus" (benannt nach Clara Thyssen) am Muhrenkamp war, als „Fürsorgeheim für Frauen und Mädchen" eingeweiht. Errichtet hatte das stattliche Gebäude, das mit seinen Rundtürmen beinahe an eine Burg erinnert, der Evangelische Frauenbund Mülheim. 1939 erwarb die Firma Stinnes die Baulichkeit, taufte sie in „Feierabendhaus" um und brachte hier fortan Berginvaliden und Rentner unter. Später ging das Gebäude in den Besitz der Stadt über. Seit 1979 steht es unter Denkmalschutz, heutiger Eigentümer ist der Soziale Wohnungsbau.

Wir halten uns nun links, überqueren erneut den Bachverlauf und stoßen wieder auf die Walkmühlenstraße, der wir in östlicher Richtung folgen. Nach wenigen Metern erkennen wir auf der rechten Seite ein helles Gebäude mit rotem Dach und kleinem Türmchen. Es ist dies die Kapelle der **Ev. Kirchengemeinde Holthausen (3)**. Im Jahre 1910 erbaute man das Gotteshaus, um den Einwohnern Holthausens den weiten Weg bis zur Evangelische Petrikirche in der Altstadt Mülheims zu ersparen. Neben einem Gebetssaal, der zunächst mit schlichten Holzbänken und einem Harmonium ausgestattet war, existierten auch Wohnräume für den Pfarrer und die Gemeindeschwester. Vielleicht aus diesem Grunde erinnert das Gebäude eher an ein Wohnhaus als an ein Gotteshaus, man sprach in der Anfangszeit auch von Mülheims erster „Hauskirche". Architektonisch ist die Kapelle im Jugendstil gebaut, die verspielten Formen mit Erker, Giebel und Zwiebeltürmchen (letzterer seit 1983 mit einem Wetterhahn versehen) geben dem Gebäude ein freundliches Aussehen. Gelungen ist auch die Farbgebung des Hauses: das pastellene Beige der Wände fügt sich harmonisch in das naturfarbene Fundament aus Sandstein ein, passend dazu auch die roten Ziegel des Daches. Das Innere der Kapelle wird durch Altar und Kanzel bestimmt, die beide 1954 eingefügt wurden. Seit 1980 thront auf dem Altar ein Bronzekreuz, zwei Jahre später wurde die Einrichtung durch Taufkanne

Jugendstilkapelle der evangelischen Kirchengemeinde Holthausen

und -becken komplettiert. Eine kleine Orgel sowie ein Klavier gehören zur klanglichen Ausstattung der Kirche. Die Fenster sind farbig gestaltet, wobei diejenigen im Altarraum in ihrer Bildlichkeit besonders hervorstechen. Durch die gewölbte Decke, den hellen Farbanstrich der Wände sowie den Fußboden aus Holz wirkt die Atmosphäre insgesamt sehr wohnlich und familiär.

Seit 1966 ist die Ev. Kirchengemeinde Holthausen selbstständige Kirchengemeinde, aus dem Betsaal an der Walkmühlenstraße wurde eine eigenständige Kirche. Aufgrund ihres schmucken Aussehens und des einladenden Ambientes wird das Gotteshaus neben den üblichen Gottesdienstfeiern heute insbesondere gerne für Taufen und Trauungen genutzt. Neben der Kapelle existiert in Holthausen eine weitere Evangelische Kirche, die Pauluskirche an der Witthausstraße. Ein Gemeindezentrum an der Tilsiter Straße hingegen musste wegen rückläufiger Zahlen an Gemeindemitgliedern aufgegeben werden; es dient heute als Kindertagesstätte. Im Umfeld entstanden Ende der 1990er Jahre neue Wohnbauten, in denen vorwiegend Familien mit Kindern leben. Die Ev. Kirchengemeinde Holthausen zählt heute zusammen etwa 3.000 Mitglieder.

Nur wenige Meter hinter der Kapelle der Ev. Kirchengemeinde steht eines der bedeutendsten historischen Gebäude Mülheims: die **ehem Walkmühle (4)**. Das denkmalgeschützte Haus, das heute ein stilvoll eingerichtetes Restaurant mit einem großen Angebot an ausgewählten Speisen beherbergt, blickt auf eine über 600-jährige Geschichte zurück: Vermutlich bereits im 11. Jahrhundert erbaut, findet die Walkmühle erstmals urkundliche Erwähnung im Jahre 1385 unter dem Namen „Walckemolen" in einem Heberegister des Altenhofs zu Mülheim, zu dem sie gehörte. Bis weit in das 19. Jahrhundert war die Walkmühle abgabepflichtig an die Herren von Styrum, die den Besitz über Jahrhunderte hinweg verpachte-

Kahnpartie an der historischen Walkmühle

ten. Der Name „Walkmühle" rührt vom ursprünglichen Gebrauch der Mühle her: Sie diente in der Anfangszeit dem „Walken" von Flachs, der von den Bauern auf den umliegenden Feldern angebaut und geerntet wurde. Der gewalkte Flachs wurde dann, wie damals üblich, weiterverarbeitet zu Stoffen. Um 1698 errichtete man die Walkmühle zum Teil neu, zum Teil wurde sie um einige Anbauten (darunter auch das heute noch bestehende Fachwerkhaus) erweitert. Sie diente fortan auch als Getreide- und Fruchtmühle, später sogar als Öl- und Schnupftabakmühle. Im Jahre 1825 wurde für die Walkmühle erstmals ein Kaufrecht genannt, das dem damaligen Besitzer, Hermann in der Walkmühlen, mehr Freiheiten bei der Nutzung des Gebäudes einräumte. Und so kam es, dass die Mühle ab diesem Zeitpunkt nicht mehr nur zum Mahlen und Walken genutzt wurde, sondern auch einen Getränkeausschank betrieb – eine Tradition, die sich bis heute fortgesetzt hat.

Die Walkmühle, eingebettet in die herrlich grüne Landschaft des Rumbachtals, wandelte sich in der Folgezeit immer mehr zu einer beliebten Ausflugsstätte. Als man

Die Walkmühle, heute ein gepflegtes Restaurant

Ende des 19. Jahrhunderts das Mühlengebäude neu errichtete, war der Schankbetrieb in der Walkmühle zu einer festen Institution geworden. Der erwähnte Neubau aus

Ruhrsandstein, der noch heute hinter dem alten Fachwerkgebäude steht und in der Zeit des Mühlenbetriebs als Wahrzeichen einen hohen Schornstein besaß, war schon frühzeitig in die Restauration miteinbezogen worden. Er besaß sogar über die gesamte Ostfront eine breit angelegte Terrasse mit Glasverkleidung, von der aus die Gäste einen schönen Ausblick auf die umliegende Gegend hatten. Dem Gebäude vorgelagert befand sich ein großer, von alten Trauerweiden umgebener Mühlenteich, den die Besucher der Gastwirtschaft im Anschluss an das Essen gerne zu einer kleinen Bootsfahrt nutzten. Alte Fotoaufnahmen aus der Zeit zwischen den beiden Weltkriegen zeigen, dass dieser Teich, auf dem in den Sommermonaten reger Betrieb herrschte, nicht unerhebliche Ausmaße besessen haben muss. Er existiert dieser Tage jedoch leider nicht mehr: 1939, als der Mühlenbetrieb bereits eingestellt worden war, wurde der Teich zugeschüttet; heute befindet sich dort die Garten- und Terrassenfläche des Restaurants, das übrige Gelände wurde durch neue Wohnbauten erschlossen. Abgebrochen wurde auch das alte Mühlrad sowie ein kleines Fachwerkhaus, das zur Mühle gehörte und in dem das Gesinde untergebracht war.

An die ursprüngliche Nutzung der Baulichkeit erinnnern heute nur noch einige Ausstellungsstücke, die sich im Innern der jetzigen Restauration befinden.

Wir wandern nun weiter gen Osten die Rumbachtalstraße entlang, wo wir linker Hand an dem bereits erwähnten alten Stolleneingang der Zeche Hollenberg-Darmstadt (Haus Nr. 35) sowie an einem zur Zeche gehörenden kleinen Fachwerkanbau (Haus Nr. 37) vorbeikommen. An der Kreuzung Fischenbeck (in dieser Straße, die ihren Namen von dem kleinen Flüsschen Fischenbeck erhielt, wohnten anno dazumal in schmalen Fachwerkkotten die Bergleute der Zechen Wiesche, Rosenblumendelle und Hollenberg-Darmstadt, heute stehen hier schmucke Villen und Einfamilienhäuser) biegen wir rechts in die Holthauser Höfe ein. Mehrere schöne Wanderwege, die zu einem ausgedehnten Spaziergang ins weite Grün des Rumbachtals einladen, zweigen links der Straße ab. Wer möchte, kann diese Wege für einen kleinen Abstecher nutzen. Alle anderen führt unser Rundgang weiter die Holthauser Höfe hinauf, bis wir an der Kreuzung Schlippenweg/ Oppspring ein Ensemble aus alten Backstein- und Fachwerkhäusern erreichen. Es

Siedlungsursprung der Gemeinde: die Holthauser Höfe

ist dies einer der Siedlungsursprünge des Stadtteils Holthausen, in dem vor Jahrhunderten die Anwohner, zumeist Bauern, ihre Ställe und Wohnhäuser errichteten. Das bekannteste Gebäude ist der Rosenhof (Schlippenweg Nr. 4), ein stattliches zweigeschossiges Traufenhaus im Fachwerkstil, das laut Spruchbalken über der Eingangstür im Jahre 1768 errichtet wurde. Hier wohnte Heinrich Rosen „und seine zwo Töchter Elisabeth u. Gertraud", die das Haus „in Gottvertrauen" erbauen ließen. Neben dem Rosenhof existierte noch der Hof des Hermann Holthaus(en) sowie einige weitere Gebäude, die sich zum Teil bis in die heutige Zeit erhalten haben (Nr. 53, 58, 60). Die Häuser der Holthauser Höfe werden dieser Tage jedoch nur noch teilweise landwirtschaftlich genutzt, die meisten von ihnen dienen als Wohnungen.

Der Schlippenweg, an dem der Rosenhof steht, geht Richtung Osten über in die Rembergstraße, die im Norden in das Rumbachtal mündet, im Süden an die Zeppelinstraße grenzt. In diesem Bereich befindet sich eine gleichnamige Schule (heute Sonderschule) sowie das so genannte „Haus Zeppelin", eine ehemalige Fuhrmannskneipe, die an der uralten Straße zwischen Mülheim und Werden erbaut wurde. Ältere Einwohner kennen das Haus vermutlich noch unter den Namen „Zur Linde", „Einighammer" und „Saalbau Hunecke" – hier tagten die Holthausener und Mendener Vereine. Heute liegt das Gebäude, das nach einigen Umbauten kaum mehr in seiner früheren Bauform als Fachwerkhaus zu erkennen ist, nahezu verlassen da; lediglich ein Tanzclub füllt die Räume sporadisch mit Leben.

Von den Holthauser Höfen, die im oberen Teil von herrschaftlichen Villen gesäumt werden und heute zu einer begehrten, aber teuren Wohngegend gehören, biegen wir rechts in einen schmalen Fußweg zur Königsberger Straße ab, die uns auf die Tilsiter Straße und von dort aus zur Zeppelinstraße führt. Die Zeppelinstraße, die diesen Namen seit 1935 trägt (früher Werdener Weg), ist benannt nach Ferdinand Graf von Zeppelin, dem Erbauer des so genannten „Starrluftschiffs", das im Jahre 1900 erstmals die Lüfte eroberte. Die Straße, an deren Rande noch einige alte Kotten und Gründerzeithäuser stehen, führt in direktem Wege zum 1925 eröffneten Essen/Mülheimer Flughafen, wo noch heute in einer riesigen Halle Pralluftschiffe gebaut werden (mehr dazu siehe Fahrradtour). Mit Blick nach rechts entdecken wir zwischen Marienburger Straße und Dinnendahls Höhe die **Kath. Kirche Heilig Geist (5)**, einen modernen Sakralbau mit auffallend hohem Rundturm zur Straßenseite hin. Die

Katholische Kirche Heilig Geist

Kirche wurde im Jahre 1966/67 von dem Bad Godesberger Architekten Emil Steffann in Zusammenarbeit mit Gisberth Hülsmann errichtet. Mit ihrer geschlossenen Architektur – der eigentliche Kirchensaal liegt hinter einer backsteinfarbenen Außenmauer – erinnert sie zum Teil an mediterrane Kultbauten. Durch den seitlich angelegten Haupteingang, der sehr schlicht gehalten ist, betritt man einen artriumartigen Innenhof, der vom Kirchenraum durch eine Front

Von der Kaserne zur Siedlung: der Wohnpark Witthausbusch

aus Blankglas abgetrennt ist. Der Schriftzug „Wir feiern das Leben" prangt in großen Lettern an einer Außenwand. Das Innere der Kirche ist in einem rechten Winkel angelegt, beide Schenkel führen stufenweise abwärts zum Altarbereich. Dort wird der Blick auf die am Kreuze hängende Christusgestalt gelenkt, die das Zentrum des Raumes bildet. Im Übrigen ist der Raum eher schlicht gehalten, die Fenster sind nur zum Teil farbig gestaltet. Erwähnenswert ist jedoch eine vergoldete Monstranz aus dem Jahre 1902, die eine Widmung der Mülheimer Industriellenfamilie Stinnes trägt. Die Kath. Kirchengemeinde Holthausen zählt heute rund 2.600 Mitglieder.

Nicht weit von der Kirche entfernt zweigt von der Zeppelinstraße rechter Hand die Oxforder Straße ab, benannt nach der englischen Universitätsstadt Oxford. Dass die Straße diesen Namen trägt, hat einen besonderen Grund: Bis 1994 war hier die britische Rheinarmee stationiert, deren Kasernengebäude, die so genannten **ehem. Wrexham Barracks**, für Jahrzehnte zum festen Erscheinungsbild Holthausens gehörten. Nach dem schrittweisen Abzug der Truppen im Zuge der Abrüstungsverhandlungen der 1990er Jahre beschloss man, das Gelände kontinuierlich für eine zivile Nutzung umzugestalten; es trägt heute den klangvollen Namen **Wohnpark Witthausbusch (6)**. In Erinnerung an die Zeit der britischen Militärpräsenz wurden die über das Areal führenden Straßen, die bisher keine Namen trugen, nach bekannten englischen Personen oder Orten benannt; so entstanden die Liverpool- und Westminsterstraße sowie der William-Shakespeare-Ring.

Wer heute einen Rundgang durch die Wohnanlage Witthausbusch unternimmt, wird das Gelände kaum als ehemaligen Truppenstandort wieder erkennen können. Ein Blick in die Geschichte zeigt die Wandlung des Areals: Man schrieb das Jahr 1899, als Kaiser Friedrich Wilhelm beschloss, Mülheim zur Garnisonsstadt zu erheben. Die erste Kaserne befand sich an der heutigen Kaiserstraße; hier war bis 1918 das 8. Lothringische Infanterie-Regiment 159 stationiert (siehe Rundgang Stadtzentrum). Danach wurde Mülheim zur entmilitarisierten Zone erklärt. Unter den Nationalsozialisten wurde der Standort Kaiserstraße für die eigene Wehrmacht beschlagnahmt. Zugleich kundschaftete man ein zweites Kasernengelände aus, das so genannte „Ehrbecksfeld". Dort, zwischen Steinknappen, Witthausbusch und Zeppelinstraße, sollte ab 1938 die Pioniereinheit untergebracht werden. Der Zweite Weltkrieg jedoch ließ die Bauarbeiten nur zögerlich voranschreiten, nach 1945 stand erst ein Teil der geplanten Kaserne. Pioniereinheiten zogen nun nicht mehr hier ein, sondern (zunächst) polnische und russische Zwangsarbeiter, die während des Krieges in den Mülheimer Industriebetrieben arbeiten mussten und nach Kriegsende nicht unmittelbar in ihre Heimatländer zurückkehren konnten. Als dies jedoch der Fall war, übernahm die britische Rheinarmee das Areal; erst zu diesem Zeitpunkt wurde das Kasernengelände durch den Bau weiterer Gebäude fertig gestellt.

Während in den einzelnen Blocks zunächst lediglich Truppeneinheiten stationiert waren, zog zu Beginn der 1970er Jahre auch das Ausbildungszentrum der Briten in die Wrexham Barracks ein. Fortan wurden hier rund 1.400 britische Soldaten im Jahr begleitend zur Soldatenlaufbahn geschult. Viele von ihnen besuchten regelmäßig Deutschkurse, suchten gezielt den Kontakt zu ihren Mülheimer Nachbarn und förderten so ein gelungenes Stück deutsch-britischen Zusammenlebens. Als in den 1990er Jahren die Abrüstungsverhandlungen zwischen Ost und West konkrete Formen annahmen, bedeutete dies auch den Abzug der britischen Soldaten aus der Ruhrstadt. Der Abschied fiel beiden Seiten nicht leicht, hatte doch die jahrzehntelange Präsenz der Engländer den Austausch zwischen beiden Völkern gefördert und der Stadt Mülheim einen nicht unerheblichen Konsumzuschuss beschert. Als 1994 die letzten 200 Mann die Stadt verlassen hatten, stand die Neugestaltung des 16 ha großen Geländes auf dem Plan: Die Stadt Mülheim betraute die Landesentwicklungsgesellschaft NRW (LEG) mit der Umwandlung der ehemaligen Kaserne in einen Wohn- und Gewerbepark. Bis zur geplanten Fertigstellung im Jahre 2003 werden hier, hoch über dem Ruhrtal in landschaftlich reizvoller Umgebung, rund 500 Wohneinheiten entstehen, in denen etwa 1.500 Menschen (darunter vorzugsweise Familien mit Kindern sowie behinderte und ältere Menschen) eine neue Heimat finden sollen. Ein großer Teil der Planungen konnte bereits realisiert werden: Die ehemaligen Schulungs- und Verwaltungsgebäude sowie die Mannschaftsunterkünfte wurden zu Wohnungen umgebaut, in das ehemalige Casino zogen ein Café sowie Büros ein, das alte Wachhaus ist Kinder- und Jugendtreff. Grünflächen entstanden zwischen den Blocks, neue Baumreihen wurden angelegt. Nicht immer erwies sich die Wiederbelebung des Baugrundes als problemlos, musste doch zunächst der Boden von Altlasten (Schlacke), die die Armee zurückgelassen hatte, gereinigt werden. Außerdem bedurfte es neuer Zufahrtswege sowie zusätzlicher Versorgungs- und Entsorgungsleitungen. Was die bereits bestehenden Gebäude betraf, so stand ein Teil von ihnen unter Denkmalschutz und ließ deshalb nur eine begrenzte Neugestaltung zu. Zuweilen erforderte dies von den zuständigen Architekten ihr gesamtes kreatives Können: So baute man zum Beispiel die ehemaligen Kfz-Hallen der britischen Armee, in denen früher Panzer und Lastwagen gewartet wurden, zu zweigeschossigen Wohnungen um, die jedoch so einzigartig gestaltet wurden, dass sie heute als begehrte Adresse gelten. Leben und Wohnen in außergewöhnlichem Ambiente – im Wohnpark Witthausbusch ist dies möglich.

Parallel zum William-Shakespeare-Ring verläuft der Steinknappen, der talabwärts in direktem Wege zur Ruhr führt. In Höhe des Erbecksfeldes überqueren wir nun die Straße und erreichen nach kurzem Marsch den Philosophenweg. Dieser Fußweg, der seinen Namen seit 1969 trägt, geleitet uns quer über das stille Gelände des Mülheimer **Hauptfriedhofs (7)** – vermutlich ein Grund dafür, dem Weg diese Bezeichnung zuzuweisen: So mancher Spaziergänger mag auf seinem Gang über den Philosophenweg über Begriffe wie Muße, Sinnstiftung und Wahrheitsfindung nachgedacht haben, andere genießen einfach die Ruhe und Stille, die dieser Ort, der eher einer gepflegten Parkanlage als einem Friedhof ähnelt, ausstrahlt. Angelegt wurde die Begräbnisstätte während des Ersten Weltkrieges, als der alte Mülheimer Friedhof an der Dimbeck, den Napoleon 1812 hatte errichten lassen, zu klein geworden war (siehe Rundgang Alt-

Eingang zum Hauptfriedhof

stadt). Der Hauptfriedhof, der daraufhin entstand, ist in seinem parkähnlichen Erscheinungsbild einmalig: Breite Alleen, gesäumt von meterhohen Bäumen, wechseln sich ab mit verschlungenen Pfaden, die über kleine Brücken und Treppen führen. Bänke und anderer Sitzgelegenheiten laden zur Besinnung und zum Verweilen ein, eine Kapelle bietet Platz für ein stilles Gebet. Einige Bereiche des Friedhofs liegen auf einer Anhöhe, so dass der Betrachter den Eindruck gewinnt, die Wege, an deren Ende nur der Horizont zu erkennen ist, führten direkt in den Himmel. Der Hauptfriedhof ist demnach ein schönes Beispiel dafür, wie die Bestimmung eines Ortes in harmonischen Einklang gebracht werden kann mit seiner äußeren Gestaltung. Aus diesem Grunde vielleicht wird der Friedhof nicht nur von Personen aufgesucht, die ihren Verstorbenen einen Besuch abstatten wollen, sondern auch von Menschen, die sich nach Ruhe und Frieden sehnen und dabei das gelungene Zusammenspiel von gegebener Natur und Weihestätte auf dem Mülheimer Hauptfriedhof zu schätzen wissen.

Der Gedanke des himmelwärts gerichteten Blicks setzt sich übrigens fort, wenn wir am Ende des Philosophenwegs das Forstbachtal erreichen. Dort befindet sich ein steil bergan führender Fußweg, die so genannte „Himmelsleiter". Einst ein unwegsamer Trampelpfad, der über weite Kartoffelfelder bis zur Bergerstraße führte, wurde er mittels einer Treppe begehbar gemacht und 1989 sogar zur Straße erhoben. Steht man am Fuße des Weges, erkennt man durch dichtes Blätterwerk tatsächlich ein Stück Himmel, das sich vergrößert, je weiter man nach oben schreitet. Auf der Plattform angekommen, gewinnt man einen herrlichen Blick über das **Forstbachtal (8)**, das sich von der Zeppelinstraße bis zur Mendener Straße erstreckt. Wir befinden uns hier in einem der reizvollsten Landschaftsgebiete der Stadt, ausgestattet mit weit verzweigten Wanderwegen für Spaziergänger und Pfaden für die Pferde der umliegenden Reiterhöfe. Seinen Namen erhielt das Forstbachtal von einem Bach, der seinen Quellenursprung nahe der Brunshofstraße besitzt und in südwestlicher Richtung an der „Hahnenfähre" in die Ruhr mündet. Auf seinem Weg zur Ruhr durchkreuzt der Forstbach die lößbedeckten und somit fruchtbaren Hochflächen des oberen Tals, die intensiv landwirtschaftlich genutzt werden (siehe Kampmannshof, Hemscheidtshof). Weiter geht es vorbei an den Resten ehemaliger Buchenwälder, in deren Schutz auch heute noch seltene Pflanzenarten gedeihen. Der Forstbach ist in diesem Bereich teilweise unterirdisch verrohrt oder durch künstlich angelegte Teiche aufgestaut und somit Heimat von Wasservögeln, Fröschen und Fischen. Am Ende eines solchen Rückhaltebeckens beginnt ein Pappelwald, der im Volksmund auch als „Hochzeitswäldchen" bekannt wurde: hier wurden insbesondere nach dem Zweiten Weltkrieg schnellwüchsige Pappeln angepflanzt, die man als Aussteuer für junge Mädchen in heiratsfähigem Alter nutzen wollte. Der Preisverfall des Hol-

Blick in das Forstbachtal

zes machte den Planungen jedoch einen Strich durch die Rechnung: Die Pappeln verloren in kurzer Zeit an Wert und wurden größtenteils noch nicht einmal geschlagen – zur Freude der Botaniker und all derjenigen, die das Forstbachtal heute regelmäßig zur Erholung und Entspannung nutzen.

Im Mittellauf des Baches, am südlichen Ende des Hauptfriedhofs, haben sich vielerlei Pflanzenarten angesiedelt, darunter Krautgewächse wie die Schwertlilie, das bittere Schaumkraut oder das Springkraut, letzteres wegen seiner Fähigkeit des explosionsartigen Herausschleuderns der Samen unter dem Namen „Rühr-mich-nicht-an" bekannt. Auch der Riesenschachtelhalm, dessen Bestand in diesem Bereich zu einem der größten in Mülheims weiterer Umgebung zählt, ist hier vertreten. Auf seinem letzten Stück führt der Forstbach schließlich vorbei an Obstwiesen und Ackerflächen, mündet oberhalb des Lierhaushofes in einen weiteren Tümpel und fließt, stark begradigt und an der Mendener Straße ein weiteres Mal untertunnelt, am Schiffsanleger „Hahnenfähre" in die Ruhr.

Traditionslokal nahe der Ruhr: Gaststätte „Müller Menden"

Am Rande des Forstbachtals, das in den 1980er Jahren zum Landschaftsschutzgebiet erklärt wurde, stehen einige erwähnenswerte Bauernhäuser, so der Schultenhof Menden mit hauseigenem Fischteich an der Mendener Straße 91 (im 14. Jh. erbaut, bis 1809 mit einem Hofgericht versehen), der bereits erwähnte Lierhaushof (erste Nennung 1497, Errichtung des Bauernhauses 1738), die Häuser an der Berger Straße Nr. 3 und 5 (gebaut Anfang des 19. Jhs.) sowie der Schild-Hof mit stattlicher Scheune und Backhaus an der Mendener Straße Nr. 110, dessen Spruchbalken über dem Eingang auf das Jahr 1733 verweist. Auch das Haus „Müller Menden", heute als Restaurant mit Terrasse und gut besuchtes Ausflugslokal bekannt, gehört zu diesem Ensemble schmucker Fachwerkbauten. Errichtet wurde das Gebäude als zweigeschossiges Giebelhaus vermutlich im 18. Jahrhundert, in der Folgezeit kamen weitere Anbauten hinzu. Kaum jemand erinnert sich heute daran, dass das Gasthaus in den Anfängen „Zur grünen Esche" hieß; bei Wirt Fritz Müller traf man sich auf einen Schoppen Wein, auch der Gemeinderat tagte hier. 1975 wurde das Gebäude durch einen Brand größtenteils vernichtet, anschließend jedoch in seiner ursprünglichen Form wieder aufgebaut. Der Name „Müller Menden", der dem Haus in Anlehnung an den Besitzer später zugewiesen wurde, deutet auf den zwischen Witthausbusch und Rossenbecke gelegenen Ortsteil Menden hin, der heute zu Holthausen gehört. Erste Erwähnung findet Menden als „Menethinna" in einer Werdener Urkunde aus dem Jahre 811. Der Ort ist damit der älteste schriftlich nachweisbare Stadtteil Mülheims. Zur damaligen Zeit war Menden ein unscheinbares Dorf, in dem nur wenige Menschen lebten. Über Jahrhunderte hinweg blieb dieser Zustand erhalten, noch um 1580 lassen sich kaum mehr als 40 Wohnstellen verzeichnen. Im Jahre 1920 schließlich wird Menden der Stadt Mülheim eingemeindet, heute wohnen hier etwa 1.000 Einwohner. Der alte Dorfkern ist leider nur noch bruchstückhaft zu erkennen, hat doch die Verbreiterung der Mendener Straße das ehemals geschlossene Bild der Kotten und Höfe vehement beeinträchtigt. Abgeschnitten ist auch die „Hahnenfähre", die schon vor Urzeiten den Übergang zwischen Menden und Saarn markierte und an deren Stelle früher tatsächlich eine Fähre verkehrte; heute ist sie Anlegestelle der Schiffe der „Weißen Flotte".

Unser Rundgang führt uns vom Forstbachtal nun in direktem Wege zur Ruhr. Hinter der Mendener Straße befindet sich linker Hand das „Haus Jugendgroschen" (früher Ausflugs- und Versammlungshaus mit Spiel- und Sportplätzen, heute Freizeitheim der Ev. Kirchengemeinde Menden-Raadt), rechts liegt das Seniorenheim „Haus Ruhrgarten", beide mit unverbautem Blick auf den Fluss und das Ruhrtal. Hinter dem Jugendheim liegt ein weiteres Naturschutzgebiet, das „Kocks Loch", ein Feuchtbiotop, dessen seltene Flora und Fauna besonderen Schutz genießt. Am Leinpfad entlang, der auf acht Kilometer Länge am rechten Ruhrufer von Mülheim bis nach Kettwig reicht und auf dem anno dazumal Pferde die Kohlenschiffe mit Hilfe von Leinen ruhraufwärts zogen (siehe Rundgang Altstadt), wandern wir Richtung Norden, bis wir zur Mendener Brücke gelangen. In zwölf großen Bögen spannt sich die 1938 erbaute Stahlbeton-Brücke über den Fluss; sie ist eine von insgesamt 114 Brücken im Mülheimer Stadtgebiet. Den Namen Hermann-Göring-Brücke, den das Bauwerk zunächst trug, wandelte man 1945 in die heutige Bezeichnung „Mendener Brücke" um. Im Jahre 2001/2002 wurde sie komplett saniert: Der unablässige Verkehr auf der Bundesstraße B1 hatte dem Denkmal arg zugesetzt, eine Instandhaltung war deshalb dringend notwendig. Unterhalb der Mendener Brücke, an der linken Ruhrseite, befand sich übrigens bis in die 1960er Jahre noch ein zweieinhalb Kilometer langer Naturbadestrand, an dem sich an warmen Sommertagen Tausende von Badegästen aufhielten, um sich im Fluss abzukühlen oder auf den großen Wiesenflächen zu erholen. Heute ist das Schwimmen in der Ruhr verboten: Der Fluss ist Trinkwasserreservoir für eine Vielzahl von Menschen aus dem Ruhrgebiet, fünf Stauseen und 14 Talsperren entlang

Kahlenberg-Restaurant mit großer Terrasse

seines Verlaufs ermöglichen die Versorgung der Verbraucher. Das gesamte Umfeld der Ruhr wurde zur ökologischen Schutzzone erklärt, so auch der ehemalige Badestrand und die dahinter liegenden Altwässer, ein Umstand, der wesentlich dazu beigetragen hat, dass die Ruhr dieser Tage der sauberste Industriefluss Europas ist.

Weiter geht es den Leinpfad ruhrabwärts, vorbei an Bootshäusern und dem Mülheimer Renn-Ruder-Club, der zu einem der erfolgreichsten Vereine im Deutschen Ruderverband gehört. Bis vor wenigen Jahrzehnten stand hier auch noch das Restaurant „Ruhrtal", das jedoch im Zuge der Neuansiedlung modernen Wohngebäuden weichen musste. Geblieben ist das Haus Nr. 61: Das denkmalgeschützte Gebäude, in dem früher die Stadtgärtnerei untergebracht war, beherbergt heute eine Reparaturwerkstatt, in der antike Uhren restauriert und ausgestellt werden. Nach einem weiteren Fußmarsch erreichen wir eine Treppe, die vom Leinpfad hinauf zur Mendener Straße führt. Vor uns liegt nun die städtische **Jugendherberge am Kahlenberg (9)**. Der Kahlenberg, der früher als Steinbruch genutzt wurde und deshalb wirklich kahl war, wurde bereits nach 1885 vom Mülheimer Verschönerungsverein (1879–1913) erworben mit dem Ziel, das Ruhrufer von Kohlelagern und Gewerbebetrieben zu befreien und das Areal stattdessen zu begrünen: Der Kahlenberg wurde mit Bäumen bepflanzt, ein Stadtwald entstand. Als auf der heutigen Mendener Straße dann ab 1897 die elektrische Straßenbahn fuhr, entwickelte sich das Gelände auch touristisch: 1898 eröffnete das große Kahlenberg-Restaurant, ein in den Fels gehauenes Ausflugslokal, das bis zu 3.000 Gästen Platz bot. Von der Terrasse aus genoss man einen wunderbaren Blick über das Ruhrtal bis nach Saarn. Die Besucher kamen mit dem Schiff oder der Bahn, beide hatten direkt vor dem Lokal eine Haltestelle. Wer auf der gegenüberliegenden Ruhrseite wohnte und zu Fuß unterwegs war, benutzte die alte Kahlenberg-Brücke (erbaut 1906), die in Höhe der Restauration über die Ruhr führte. Bis in die 1920er Jahre befand sich neben der Brücke übrigens noch die Badeanstalt von Edel, eine große Halle, die vornehmlich vom Militär, aber auch von der Zivilbevölkerung genutzt

Heute ist das ehemalige Kahlenberg-Restaurant städtische Jugendherberge

wurde. Zusätzlich zur Brücke existierte bis 1962 auch ein Fährbetrieb, der bereits zu Beginn des 13. Jahrhunderts als Verbindung zum Kloster Saarn bestand. Ein Fährhaus wurde 1457 eingerichtet: Es befand sich neben dem Kahlenberg-Restaurant und lebte bis 1957 fort. Zuletzt wurde das alte Fährhaus, das sich wie das benachbarte Lokal schnell zu einer beliebten Ausflugsstätte entwickelt hatte, von Malchen Keienburg geführt, weshalb die Gaststätte lange Zeit unter dem Namen „Tante Malchen" bekannt war.

Heute besteht dies alles nicht mehr. Die Gleise der Straßenbahn wurden nach dem Zweiten Weltkrieg abgetragen, die Verbindung zum Kahlenberg durch Busse ersetzt. Die Brücke fiel 1943 den Bomben zum Opfer, sie wurde durch die Florabrücke und das Kahlenbergwerk ersetzt. „Tante Malchen" wurde Ende der 1950er Jahre abgerissen. In das Kahlenberg-Restaurant zog nach dem Krieg zunächst die britische Armee ein, 1952 wurde das Haus Heimstatt der städtischen Jugendherberge. Seither bevölkern vornehmlich junge Leute das Gebäude. Im Jahre 1999 sorgte das Gästehaus für Schlagzeilen, als Geröllmassen des Kahlenbergs in die Räumlichkeiten des Gebäudes einschlugen. Der Berg wurde daraufhin mit Drähten und einer dünnen Betonschicht gegen weiteren Steinschlag abgesichert, die Jugendherberge, nach ersten Renovierungsmaßnahmen in den 1980er Jahren, erneut einer Generalüberholung unterzogen. Die Herberge ist seither beliebter denn je, etwa 12.000 Übernachtungen werden hier jährlich gezählt. Eigentlich kein Wunder, ist das

Bismarckturm von 1909

Gästehaus doch mit seiner idyllischen Lage an der Ruhr im weiten Umkreis Mülheims einmalig.

An der Florabrücke überqueren wir die Straße, nehmen den Fußweg den Berg hinauf und erreichen nach wenigen Metern Anstieg den **Bismarckturm (10)**. Als eines der wenigen Baudenkmäler, das dem Abbruchhammer nicht zum Opfer gefallen ist, steht der Turm seit nunmehr über 90 Jahren an eben dieser Stelle. In Erinnerung an Otto von Bismarck, den ersten Reichskanzler des Deutschen Reiches und Ehrenbürger der Stadt Mülheim, wurde der 27 m hohe Turm im Jahre 1909 errichtet. Die für den Bau notwendigen Gelder stellte das Ehepaar Hermann und Margarethe Leonhard (geb. Stinnes) zur Verfügung. Eine von ihnen gegründete Stiftung, die bis heute fortlebt, bemühte sich um die Gründung und den Ausbau zahlreicher gemeinnütziger Einrichtungen in der Stadt, darunter beispielsweise auch der Mülheimer Augenklinik. Als Dank benannte die Stadt Mülheim eine Straße in der Nähe von Bismarckturm und Klinik nach dem Stifter-Ehepaar.

Die Baumaßnahmen für den Bismarckturm beaufsichtigte Kommerzienrat Gerhard Küchen, ein Neffe des Ehepaars Leonhard-Stinnes. Er wählte auch den Standort auf dem Kahlenberg aus. Entworfen wurde das Denkmal von dem Mülheimer Baudezernenten Carl Linnemann, der mit dem Bismarckturm eine Baulichkeit schuf, die heute eine der wenigen begehbaren Aussichtsplattformen im Ruhrtal darstellt. Am 1. April 1909, dem Geburtstag Bismarcks, fand die Einweihung des Turmes statt. In der Folgezeit wurde er für patriotische Feiern und als Aussichtsturm benutzt. Im Zweiten Weltkrieg war hier ein Flakposten stationiert, später nahmen die Briten den Turm als Sendemast in Beschlag. In den 1970er Jahren, als über Mülheim eine regelrechte Abrisswelle hinwegfegte, die zahlreiche historische Gebäude der Stadt unwiderruflich beseitigte, sollte auch der Bismarckturm mit seinem Standort auf dem Kahlenberg weichen: Hochhäuser waren hier geplant, aus heutiger Sicht eine grauenhafte Vorstellung. Es ist dem Engagement der Mülheimer Bürgrinnen und Bürger, die sich für den Erhalt des Denkmals einsetzten, zu verdanken, dass dieses Szenario nicht Wirklichkeit wurde. Heute ist der Bismarckturm Kulturort und Aussichtspunkt in einem: Ein Künstler hat hier 1998 sein Domizil aufgeschlagen, wechselnde Ausstellungen lassen das alte Gemäuer zu einem lohnenden Ausflugsziel werden. Auch

Die ehemalige Gaststätte Tersteegensruh, zerstört im Zweiten Weltkrieg

der Aufstieg zur Plattform lohnt sich: Von der Balustrade aus hat man einen herrlichen Blick auf Mülheim und die angrenzenden Städte Duisburg und Oberhausen – und mit etwas Glück lässt sich bei guter Sicht sogar der Fernsehturm von Düsseldorf erkennen.

Während der Bismarckturm sowohl den Bomben des Krieges als auch dem Abrisshammer entging, hatte ein bekanntes Mülheimer Gebäude in der Nähe des Turmes weniger Glück. Das Erholungshaus „Tersteegensruh", ein Restaurant, das malerisch hoch über der Ruhr inmitten des Kahlenberg-Waldes lag, überstand die Luftangriffe der Alliierten nicht. Kein Stein blieb auf dem anderen, als das Gebäude, in dem man eine Flugabwehr der deutschen Wehrmacht vermutete, im Bombenhagel unterging. Jahrzehntelang hatte das Haus als Treffpunkt der evangelischen Christen gedient, die hier regelmäßig in Erinnerung an ihr großes Vorbild Gerhard Tersteegen (siehe Rundgang Altstadt) Konferenzen abgehalten hatten. Obwohl ihr altes Domizil zerstört war, traf sich die „Gerhard-Tersteegen-Konferenz" weiterhin, noch heute finden jährlich in den Städten Essen und Mülheim Bibeltage statt. In Erinnerung an Gerhard Tersteegen, der gerne Wanderungen am Kahlenberg unternommen haben soll, steht heute im Witthausbusch ein Gedenkstein.

Die Bismarckstraße geleitet uns am Rande des Hügels bergauf Richtung Lembkestraße. In Höhe der Bunsenstraße kommen wir an einem weiteren historischen Gebäude vorbei, das allgemein unter dem Namen **Haus Urge (11)** bekannt ist. Die Stadtvilla an der Bismarckstraße Nr. 28 wurde 1913 für den damals führenden Mülheimer Lederfabrikanten Jean Baptiste Coupienne (1877–1938) errichtet, der am Ufer der Ruhr eine Gerberei betrieb und mehrere städtische Ämter innehatte. Martha Coupienne, Gattin des angesehenen Unternehmers, bestimmte als Bauherrin maßgeblich das Aussehen des Gebäudes mit. Ihren Wünschen entsprechend sollte die Villa nach dem Vorbild ihres Elternhauses, der Wasserburg Haus Blegge in Paffrath, erbaut werden. Als Architekt wurde der bekannte Mülheimer Baumeister Franz Hagen verpflichtet, dem die Stadt zahlreiche repräsentative Bauten verdankt. Das Coupienn'sche Herrenhaus, in exklusiver Lage hoch über der Ruhr gelegen und umgeben von weitläufigem Wald- und Parkgelände, ist ein

Haus Urge mit Parkanlage

zweigeschossiger, nahezu quadratischer Bau aus hellem Naturstein, der ein Mansardendach trägt und zur Gartenfront hin mit zwei angedeuteten Türmen versehen ist. Das Eingangsportal mit den ionischen Säulen, dem darüber liegenden Balkon und dem großen Rundbogenfenster ist Ausdruck des neobarocken Stils, in dem die Stadtvilla errichtet wurde. Diese Ausrichtung setzt sich im rückwärtigen Teil des Wohnsitzes fort: Der vorgezogene Wintergarten mit Glasfront und breitem Balkonaufsatz, die große Freitreppe, die in den breit angelegten Garten mit Seerosenteich führt, sowie die beiden mit Glockenhaube versehenen Türme sind hier die bestimmenden Merkmale. Barock und Rokoko strukturieren auch den Innenbereich des Hauses: Von der Eingangshalle aus, neben der das Jagdzimmer, der Salon, die Küche sowie das Esszimmer lagen, führt eine große, mit barocken Schnitzereien versehene Holztreppe zu den Räumlichkeiten im ersten Stock. Dieser Bereich war der Familie des Hauses vorbehalten: Hier befanden sich Eltern- und Kinderschlafzimmer, zwei Bäder, ein Ankleidezimmer, Spielzimmer für den Nachwuchs, ein Arbeitszimmer für den Hausherrn sowie diverse Gästeräume. Im Obergeschoss schließlich war das Dienstpersonal untergebracht.

Die monumentale Stadtvilla mit repräsentativer Innenausstattung und großem Gartengrundstück sollte nicht lange in Besitz der Coupiennes bleiben: Bereits 1923 verkaufte die Unternehmerfamilie den Wohnsitz an den Mülheimer Industriellen Gustav Stinnes, einen Enkel des Firmengründers Mathias Stinnes. Die Coupiennes waren übrigens seit Mitte des 19. Jahrhunderts mit den Stinnes verwandt: 1865 hatte Adeline Coupienne, eine Enkelin des Firmengründers Coupienne, Hermann Hugo Stinnes, Vater des legendären Industriebarons Hugo Stinnes, geheiratet. Haus Urge blieb also, wenn man so will, in Familienbesitz. Der neue Eigentümer Gustav Stinnes starb jedoch bereits ein Jahr nachdem er die Villa am Kahlenberg erworben hatte. Das Gebäude wurde daraufhin an die Hugo Stinnes GmbH veräußert, deren Eigentümer, Hugo Stinnes jr., in das Haus einzog. Von 1945 bis 1958 besetzte das britische Miltär das Herrenhaus und richtete hier ein Casino ein. Seit 1972 ist Haus Urge Gästehaus des Max-Planck-Instituts für Kohlenforschung, dessen Geschichte ebenfalls eng mit der Familie Stinnes verbunden ist (dazu später mehr). Woher übrigens die Bezeichnung „Urge“ stammt, konnte bis heute nicht eindeutig geklärt werden. Belegt ist lediglich, dass zu Zeiten Hugo Stinnes jr. im Rundbogen über dem Eingangsportal der Schriftzug „Urge“ prangte, der dem Haus schließlich seinen Namen gab. Was „Urge“ jedoch bedeutete, blieb bis heute im Dunkeln. Die Mülheimer hat's nicht weiter gestört: Sie haben sich auf die vier Buchstaben ihren eigenen Reim gemacht und die Bezeichnung in typisch mölmscher Spitzfindigkeit kurzer Hand entschlüsselt mit „Unser Reichtum gestattet es“.

Oberhalb von Haus Urge biegen wir nun links in die Lembkestraße ein, vorbei an den Sportplätzen und dem Clubhaus des Mülheimer Tennisvereins am Kahlenberg (ebenfalls eine Stiftung der Eheleute Leonhard-Stinnes) und erreichen schließlich den Kaiser-Wilhelm-Platz. Der Platz ist benannt in Erinnerung an die Gründung des Kaiser-Wilhelm-Instituts für Kohlenforschung, das seit 1949 die Bezeichnung **Max-Planck-Institut für Kohlenforschung (12)** trägt. Max Planck, 1918 mit dem Nobelpreis für Physik ausgezeichnet, war Präsident der Kaiser-Wilhelm-Gesellschaft zur Förderung der Wissenschaften, die 1914, kurz vor Kriegsausbruch, auf dem Kahlenberg in Mülheim ein neues Institut zur Erforschung von Kohleprozessen errichten ließ. Es war dies das erste Institut, das außerhalb Berlins gebaut wurde, ein Umstand, den Mülheim seinem damaligen Oberbürgermeister Dr. Paul Lembke (daher Lembkestraße) verdankt. Lembke war Zeit seines Lebens von dem Gedanken beseelt, Mülheim das Image einer Großstadt zu verschaffen. Als sichtbares Zeugnis seines Engagements entstanden so beispielsweise die Stadthalle, das Solbad Raffelberg (heute Theater Raffelberg), die Schlossbrücke oder das Rathaus. Was jedoch im Reigen repräsentativer Bauten noch fehlte, war ein überregional anerkanntes Forschungsinstitut. Lembke nahm deshalb Kontakt mit Emil Fischer auf, der „grauen Eminenz" der Berliner Kaiser-Wilhelm-Gesellschaft, und unterbreitete ihm seine Pläne zur Errichtung eines wissenschaftlichen Instituts in Mülheim, das sich mit der Erforschung und Verwertung der Kohle beschäftigen sollte. Die Nähe zur regionalen Kohlenindustrie, die Bereitstellung von Geldern aus der Leonhard-Stinnes-Stiftung sowie die Zusage einer zusätzlichen Finanzspritze durch hochrangige Industrielle, darunter Hugo Stinnes persönlich, gaben schließlich den Ausschlag dafür, die Forschungsstätte in Mülheim zu errichten.

Die Gründungsversammlung fand am 29. Juli 1912 im Kurhaus des Solbades Raffelberg statt, zwei Jahre später war der Bau auf dem Kahlenberg fertig gestellt. Zu den ersten Gebäuden an der Lembkestraße (Architekt: Karl Helbing, Stil: Neobarock) zählten das Labor sowie ein Wohnhaus für den Institutsleiter. Erster Direktor des Hauses wurde Franz Fischer, Professor für Elektrochemie an der Technischen Hochschule Berlin-Charlottenburg und seiner Zeit Assistent von Emil Fischer (mit dem er aber nicht verwandt war). Unter seiner Regie wurde das Mülheimer Kaiser-Wilhelm-Institut zu einer Forschungsstätte ersten Ranges: Die von ihm und einem weiteren Mitarbeiter entwickelte so genannte „Fischer-Tropsch-Synthese", die die Verflüssigung von Kohle in Benzin auf industrieller Basis ermöglichte, wurde weltberühmt. Nach Franz Fischer erlangte eine weitere Person weltweiten Ruhm: Prof. Dr. Karl Ziegler, zweiter Direktor des Forschungsinstituts, erhielt für sein Niederdruck-Polyethylen-Verfahren, das für die Herstellung von Kunststoffen benötigt wird, 1963 zusammen mit seinem italienischen Kollegen Giulio Natta den Nobelpreis für Chemie. Ziegler, der zur Symbolfigur der Forschungserfolge des Mülheimer Instituts wurde, tat sich jedoch nicht nur als herausragender Chemiker hevor: Als Privatmann galt sein Interesse der Kunst, vor allem der zeitgenössischen Malerei. Es war eine Glücksstunde für die Stadt Mülheim, als nach dem Tode Zieglers (1973) seine umfangreiche Gemäldesammlung, die heute im städtischen Kunstmuseum Alte Post ausgestellt ist, der Stadt 1981 als Schenkung übertragen wurde. Kunstwerke von unschätzbarem Wert sind seither der Öffentlichkeit zugänglich, darunter Gemälde von Karl Schmidt-Rottluff, Käthe Kollwitz, Paul Klee, Emil Nolde und Franz Marc (siehe Rundgang Stadtzentrum).

Die weitere Institutsgeschichte ist schnell erzählt: 1939 wurde die Forschungseinrichtung in eine selbstständige rechtsfähige Stiftung umgewandelt, die 1949 den Namen „Max-Planck-Institut für Kohlenforschung" erhielt. Unter Ziegler wurden eine Bibliothek, ein Verwaltungsgebäude, Hörsäle sowie das jetzige Labor-Hochhaus am Margaretenplatz errichtet, das zu einem Wahrzeichen der Stadt Mülheim wurde. Aus dem Max-Planck-Institut für Kohlenforschung ging 1958 unter Leitung von Prof. Dr. Günther O. Schenck eine selbstständige Abteilung für Strahlenchemie (Stiftstraße) hervor, die 1973 zu einer eigenen Forschungsstätte, 1981 zum selbstständigen **Max-Planck-Institut für Strahlenchemie** wurde. Es beschäftigt sich einerseits mit der Photobiophysik und der Photobiologie, also vereinfacht ausgedrückt mit der Wirkung, die Licht (Photone) auf die Natur und ihre Prozesse ausübt. Andererseits konzentriert sich die Arbeit auf die bioorganische Chemie, die zum Beispiel danach fragt, wie der menschliche Organismus auf Spurenelemente oder auf Strahlungen aus seiner Umgebung reagiert. Im Gegensatz zum benachbarten Kohlenforschungsinstitut, das seine Forschungen auf die industrielle Nutzung ausrichtet, betreibt das Strahleninstitut reine Grundlagenforschung. Beide Institute zusammen zählen heute zu den renommiertesten Forschungs- und Ausbildungsstätten in der Bundesrepublik, eine Auszeichnung, zu der weitere Aufsehen erregende Erfindungen, so zum Beispiel das Verfahren zur Entkoffeinierung von Rohkaffee, das Verfahren zur Herstellung biologisch abbaubaren Waschmittels (beide unter Karl Ziegler) oder die Herstellung eines bestimmten Ny-

Max-Planck-Institut für Kohlenforschung, 1914 errichtet

lons (unter Günter Wilke, dritter Direktor des Kohlenforschungsinstituts) beigetragen haben.

Bis 1995 wurden die Erfindungen als Patente angemeldet, wodurch die Finanzierung der Institute gesichert war; heute werden die Kosten durch den Karl-Ziegler-Fonds sowie die Max-Planck-Gesellschaft gedeckt, die ihrerseits durch den Bund und das Land getragen wird. Am Max-Planck-Institut für Kohlenforschung, das sich neben dem traditionellen Gebiet der Kohlenerforschung heute schwerpunktmäßig der synthetisch organischen Chemie (z.B. Verfahren zur Herstellung von Arzneimitteln), der metallorganischen Chemie (z.B. Verfahren zur Entwicklung von Riechstoffen in Parfüm) sowie der homogenen und heterogenen Katalyse widmet, arbeiten unter dem jetzigen Direktor Prof. Dr. Manfred T. Reetz etwa 220 Mitarbeiter; hinzu kommen rund 100 Gastwissenschaftler und 35 Auszubildende. Das Max-Planck-Institut für Strahlenchemie stellt derzeit etwa 150 Wissenschaftler, zu denen sich ebenfalls einige Gäste und Stipendiaten gesellen. Wohnen können die Gastdozenten im Haus Urge, das, wie bereits erwähnt, seit Anfang der 1970er Jahre zur Max-Planck-Gesellschaft gehört und das passende Ambiente für Gäste dieser bedeutenden Forschungseinrichtung bietet.

Vom Kaiser-Wilhelm-Platz biegen wir nun rechts in die Jahnstraße ein, die ihren Namen zu Ehren des Gründers der deutschen Turnbewegung, Friedrich Ludwig Jahn (1778–1852) erhielt; ein 3 m hohes Denkmal aus Natursandstein mit dem Reliefbild Jahns steht neben dem Eingang zum Sportheim. Da sich jedoch niemand für den 1914 aufgestellten Gedenkstein zu interessieren scheint, verfällt der Monolith mehr und mehr – auch hier fehlt, wie andernorts, das nötige Kleingeld für die Pflege von Kulturdenkmälern. Weiter geht's nun am Tennisplatz entlang zurück zur Bismarckstraße, die wir in Höhe der Stiftstraße überqueren. Hier beginnt ein Fußweg, dem wir nach Osten folgen und der uns zur letzten Station unseres Rundgangs führt, dem **Witthausbusch (13)**. Der Witthausbusch, Mülheims größter innerstädtischer Park, ist ebenso wie der benachbarte Kahlenberg ein Produkt des Mülheimer Verschönerungsvereins: Um 1900 kaufte dieser den ansässigen Bauern das Stück Land zwischen Saarland- und heutiger Semmelweisstraße ab, um hier einen Park in englischem Gartenstil zu errichten. Gartendirektor Fritz Keßler wurde mit der Umgestaltung der Hochfläche, die im oberen Teil nur aus Ackerflächen bestand, betraut. Man pflanzte Bäume und Sträucher (darunter vor allem Eichen, Buchen, Eschen und Ahornbäume), legte ein Wegenetz mit Sitzplätzen und Brücken an, gestaltete freie Grünflächen und hob Teiche aus. Zwei Denkmäler wurden errichtet, je eines für den Pietisten Gerhard Tersteegen und den Liederdichter Hermann Adam von Kamp. Mitten durch das Gelände floss der Lohbach, dessen Name darauf hindeutet, dass auch im Witthausbusch einst Lohe zum Gerben von Leder geschält wurde. Zur Einkehr nach langem Spaziergang lud das Gasthaus „Tersteegensruh“ ein. Den Namen für den Park wählte man übrigens in Erinnerung an den alten Bauernhof Witthaus, der nahe des Werdener Weges (siehe auch dortige Witthausstraße) einmal bestanden hat; zuvor hatte das Gelände die Bezeichnung „In der Lohbecke“ getragen.

Schon bald war also hoch über der Ruhr ein schönes Parkgelände entstanden, das die heimische Bevölkerung gern als Naherholungsziel in Anspruch nahm. Zwischen der üppigen Vegetation ließen sich auch zahlreiche Tiere nieder: Rund um die Wasserflächen wurden Enten und Fische angesiedelt, Singvögel zwitscherten in den Bäumen, Eichhörnchen sprangen von Baum zu Baum. Jahrzehntelang erfreuten sich die Spaziergänger an dieser Naturidylle. Der Ausbruch des Zweiten Weltkrieges markierte jedoch einen jähen Einschnitt: Durch die Nähe zur Pionierkaserne am Steinknappen lag der Park unter Dauerbeschuss, über 100 Bomben fielen nieder und hinterließen schwere Verwüstungen. Das Restaurant „Tersteegensruh“ wurde getroffen und vollständig zerstört, die Quelle des Lohbachs verschüttet. In der Folgezeit waren Holzdiebstähle an der Tagesordnung, Wilderer nutzten das ungeschützte Gelände zur freien Jagd. Außerdem wurde der Wald durch mutwillige Brandstiftungen stark beschädigt. Trotz dieser erheblichen Eingriffe in die Parklandschaft konnte der Witthausbusch nach Kriegsende wieder belebt werden: Der Wald erholte sich durch Wiederaufforstungen nach und nach, der Lohbach brach an neuer Stelle hervor, auch die Tiere kehrten zurück. Heute ist der Witthausbusch wieder das „grüne Tor zum Ruhrtal“, ein Ort der Erholung und Entspannung für viele Bürgerinnen und Bürger der Stadt.

Neben der Instandsetzung alter Anlagen kamen seit Mitte der 1960er Jahre neue hinzu: Eine Schutzhütte für die Wasservögel wurde gebaut, zusätzliche Freiflächen für allerlei Aktivitäten eröffnet, eine Vogelvoliere sowie ein Wildgehege für Damhirsche, Rehe, Mufflons und Bergziegen angelegt. 1963 entstand auf dem Gelände des alten Schirrhof-Gebäudes nahe der Pettenkoferstraße ein Streichelzoo mit Ponys, Ziegen, Schafen, Hühnern, Schweinen und Tauben. Er ist in seinem Erhalt jedoch gefährdet: Um Geld zu sparen, will die Stadt das Tiergehege schließen. Doch die Holthausener wehren sich, bildet doch das Gelände rund um den historischen Schirrhof besonders für Familien mit Kindern ein lohnendes Ausflugsziel: Natur hautnah erleben, das ist für Stadtkinder immer noch ein besonderes Erlebnis. Ob allerdings der Fortbestand des Streichelzoos für die Zukunft dauerhaft gesichert werden kann, hängt wohl von der Auffindung eines spendenfreudigen Investors ab.

Wer nun vom Witthausbusch zum Ausgangspunkt unserer Tour zurückkehren will, nimmt vorzugsweise den Weg über die Semmelweis- oder Virchowstraße, die am alten Friedhof Holthausens vorbeiführt. Nur wenige Einwohner Mülheims wissen von der Existenz dieser ehemaligen Begräbnisstätte, und noch weniger haben Kenntnis von der Tatsache, dass hier zwischen alten und halb verfallenen Grabsteinen ein afrikanischer Prinz begraben liegt. Die Inschrift des Grabsteins gibt nähere Auskunft: „Hier ruht Prinz Equalla Deido, geb. 27. April

1876 in Duala Kamerun, gest. 1. Mai 1901 in Holthausen". Wie es zu dieser Begebenheit kam? Rektor de Jong, Leiter der ehemaligen Schule an der Friedensstraße (heute abgerissen), hatte den Prinzen – sein Heimatland war ehemals deutsche Kolonie – zu sich genommen, um ihn in der deutschen Sprache zu unterrichten. Der junge Mann erkrankte jedoch schwer. Er starb nach kurzem Aufenthalt und wurde in Holthausen beigesetzt. Der alte Friedhof, der hauptsächlich Grabsteine aus dem 19. Jahrhundert aufweist (darunter so bekannte Mülheimer Familiennamen wie Schellenburg, van Eicken, Prüssmann, Bütefür und Schulten), ist trotz einer kürzlich durchgeführten Renovierung in einem erbärmlichen Zustand: Umgestürzte Grabsteine, zerbrochene Grabplatten und wild wucherndes Unkraut lassen den Friedhof nur wenig würdevoll erscheinen. Ein Rundgang lohnt sich trotzdem, kann man doch anhand der weniger beschädigten Felder den Gräberkult vergangener Zeiten studieren.

Über die Obere Saarlandstraße führt der Weg in die Friedensstraße (westlich davon befand sich der bereits erwähnte Witthaushof) und weiter in den Kuhlendahl, der früher ebenfalls mehrere Bauernhöfe (darunter den Kuhlendahlshof, erbaut erstmals vermutlich um 1715, jetziges Wohnhaus von 1805) aufwies. Neben den Gebäuden auf den Holthauser Höfen ist das Gelände am Kuhlendahl ein weiterer zentraler Siedlungskern Holthausens. Noch heute stehen hier, zwischen moderneren Bauten, die in der Nachkriegszeit vor allem von den in der Nachbarschaft stationierten Briten genutzt wurden, einige alte Fachwerkhäuser aus dem beginnenden 19. Jahrhundert (Nr. 78, 80, 82), die die ursprüngliche Besiedlung des Kuhlendahls dokumentieren. Neben den Gehöften befand sich nahe des Werdener Weges auch eine Ziegelei, die jedoch kurz vor dem Ersten Weltkrieg ihren Betrieb einstellen musste. Nicht mehr vorhanden ist auch die Gastwirtschaft Tinnefeld, älteren Einwohnern noch unter dem Namen „Neuhaus" bekannt; neben dem Lokal „Haus Zeppelin" (Zeppelinstraße) war die Gaststätte Tinnefeld lange Zeit die einzige auf dem weiten Weg zwischen Mülheim und Essen. Wer nun den Kuhlendahl abwärts schreitet, erreicht schließlich die Hölter- und die Essener Straße und damit den Anfangspunkt unseres Rundgangs.

Zeitvertreib im Witthausbusch

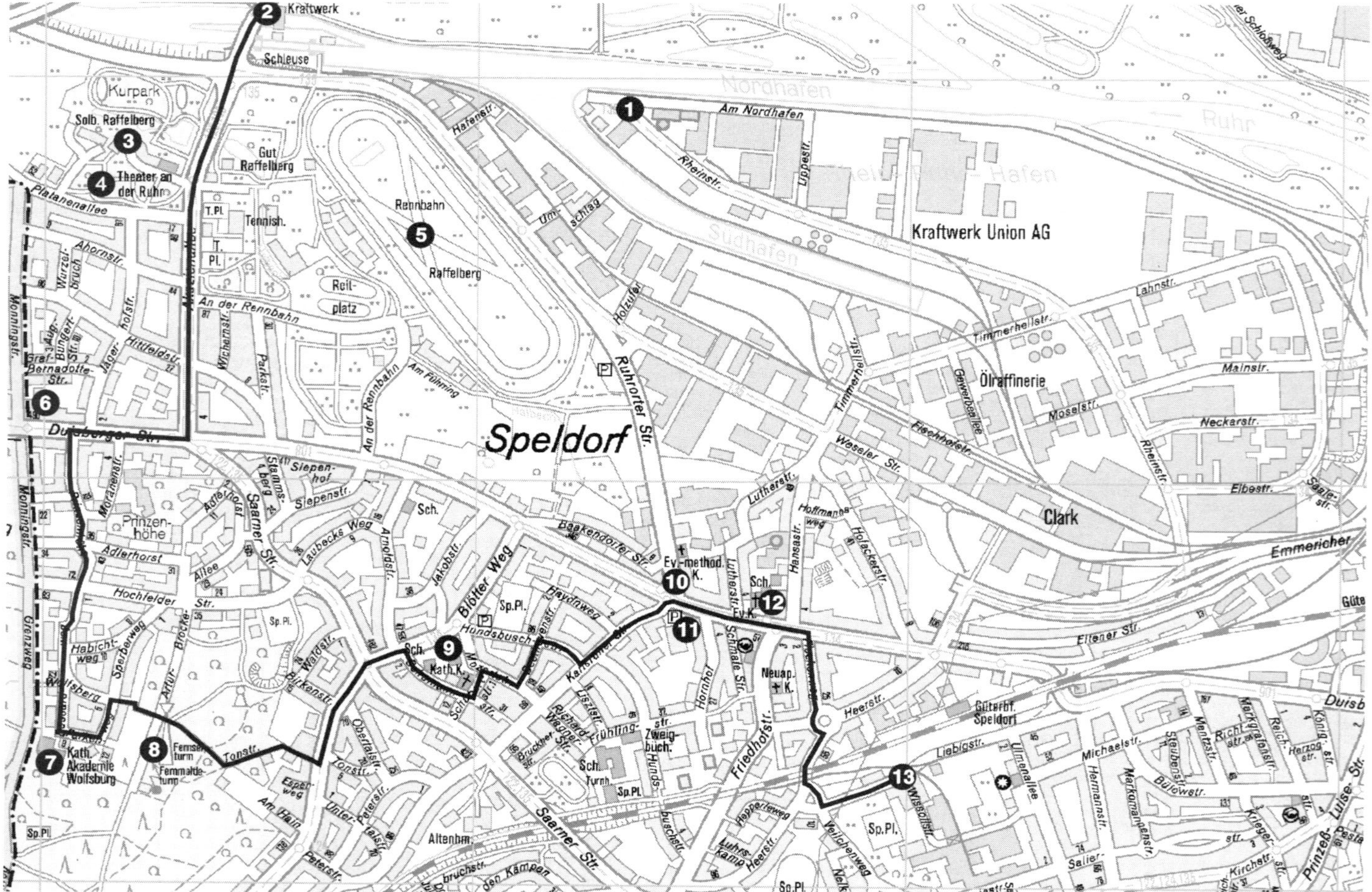

Kraftwerk
Schleuse
Kurpark
Solb. Raffelberg
Theater an der Ruhr
Platanenallee
Gut Raffelberg
Tennish.
Rennbahn
Raffelberg
Reitplatz
An der Rennbahn
Am Föhring
Nordhafen
Am Nordhafen
Ruhr
Rheinstr.
Lippestr.
Kraftwerk Union AG
Südhafen
Umschlag
Hafenstr.
Holzufer
Ruhrorter Str.
Speldorf
Ölraffinerie
Timmerhellstr.
Lahnstr.
Mainstr.
Neckarstr.
Moselstr.
Gewerbeallee
Fischhofstr.
Weseler Str.
Elbestr.
Saalestr.
Clark
Emmericher
Eltener Str.
Duisburger Str.
Monningstr.
Grenzweg
Ahornstr.
Hitfeldstr.
Jägerhofstr.
Graf-Bernadotte-Str.
Wichernstr.
Parkstr.
Siepenhof
Stammsberg
Siepenstr.
Saarner Str.
Prinzenhöhe
Adlerhorst
Hochfelder Str.
Habichtweg
Sperberweg
Wolfsberg
Kath. Akademie Wolfsburg
Fernsehturm
Tonstr.
Laubecks Weg
Arnoldstr.
Jakobstr.
Blötter Weg
Baakendorfer Str.
Ev.-method. K.
Hundsbusch
Haydnweg
Kath. K.
Birkenstr.
Waldstr.
Obertalstr.
Untertalstr.
Peterstr.
Espenweg
Am Hain
Altenhm.
Lutherstr.
Hansastr.
Hofackerstr.
Hoffmannsweg
Ev. K.
Schmale Str.
Hornhof
Neuap. K.
Friedhofstr.
Heerstr.
Lisztstr.
Richard-Wagner-Str.
Frühlingstr.
Zweigbüch.
Hundsbuschstr.
Turnh.
Sp.Pl.
Sch.
Hopperlweg
Luhrskamp
Veilchenweg
Güterbf. Speldorf
Liebigstr.
Ulmenallee
Wissollstr.
Michaelstr.
Hermannstr.
Markomannenstr.
Steubenstr.
Bülowstr.
Mentzstr.
Markgrafenstr.
Reichstr.
Königstr.
Herzogstr.
Kriegerstr.
Kirchstr.
Salierstr.
Prinzeß-Luise-Str.

Rhein-Ruhr-Hafen

Speldorf

Kultur am Kanal. Ein Theater schreibt Geschichte

Ausgangspunkt: Rhein-Ruhr-Hafen, Raffelbergbrücke (Bus: 122, 135, Haltestelle: Schleuse Raffelberg)

Endpunkt: Unternehmensgruppe Tengelmann, Wissollstraße (Straßenbahn: 901, Bus: 122, 124, 135, Haltestelle: Kolkmann und Ulmenallee)

Dauer: 2 Stunden

Route: Rhein-Ruhr-Hafen (1), Kraftwerk und Schleuse Raffelberg (2), ehem. Solbad Raffelberg (3), Theater a.d. Ruhr (4), Rennbahn Raffelberg (5), Stammhaus Monning (6), Kath. Akademie ‚Die Wolfsburg' (7), Fernseh- und Fernmeldeturm (8), Kath. Kirche St. Michael (9), Duisburger Straße (10), Depot (11), Ev. Lutherkirche (12), Unternehmensgruppe Tengelmann (13)

Der Stadtteil Speldorf, seit 1904 zur Stadt Mülheim gehörend, wird erstmals um das Jahr 1000 n. Chr. unter dem Namen „Spelthorpe" in einer Urkunde des Werdener Klosters erwähnt. Das Gebiet bestand zu dieser Zeit überwiegend aus Waldungen, in denen nur vereinzelt Siedlungen anzutreffen waren. Erste Bauernhöfe, darunter der

Hof Raffelberg, der Monninghof und der Kolkerhof, sind für das 14. Jahrhundert nachgewiesen. Die „Speldorfer Mark“, wie man sie damals nannte, war den Herren von Schloss Broich unterstellt. Speldorf war also schon frühzeitig mit der benachbarten Ortschaft eng verbunden, ein Umstand, der 1879 zum offiziellen Zusammenschluss beider Gemeinden führen sollte. Bis ins 19. Jahrhundert, also bevor die Industrialisierung einsetzte, lebten in Speldorf nicht mehr als 1.000 Einwohner, darunter überwiegend Bauern und Ackersleute, zu denen sich später vereinzelt Handwerks- und Gewerbetreibende gesellten. Siedlungsschwerpunkte waren die Ruhrauen, der Lierberg, die Eltener und Baakendorfer Straße sowie die Hansastraße. An all diesen Stellen befinden sich noch heute alte Gutshöfe und Wohngebäude, die an das frühere Erscheinungsbild des Vorortes erinnern.

Mit dem Beginn des Industriezeitalters änderte sich, wie überall, das bis dahin bäuerlich geprägte Aussehen des Ortes. Die Entwicklung verlief in Speldorf jedoch in relativ gemäßigten Bahnen und nahm nicht die rasanten Ausmaße an wie beispielsweise in Styrum oder Heißen. Neben der Gewinnung von Porzellanerde, die in Speldorf bereits seit dem 18. Jahrhundert abgebaut wurde (die Speldorfer Porzellanerde war weit über die Grenzen der Gemeinde hinaus bekannt und insbesondere von der niederländischen Porzellan-Manufaktur in Delft hoch geschätzt), waren es vor allem die Solequellen aus der Zeche Alstaden (früher zu Styrum gehörend, heute Teil der Nachbarstadt Oberhausen) sowie der 1927 fertig gestellte Rhein-Ruhr-Hafen, der die wirtschaftliche und demografische Entwicklung des Stadtteils nachhaltig veränderte. Im Jahre 1875 zählte Speldorf bereits knapp 4.000 Einwohner, die Bevölkerungszahl war also auf das Vierfache ihres Wertes von 1835 gestiegen. Drei Jahre später, als aus den zwei umliegenden Kommunen Broich und Saarn zusammen mit Speldorf die Bürgermeisterei Broich gebildet wurde, hatte man dann die Marke 9.000 überschritten. Ein weiterer Schub in ökonomischer Hinsicht erfolgte, als 1904 für den Mülheimer Raum eine neue Gemeindeordnung in Kraft trat: Die Bürgermeisterei Broich wurde aufgelöst, die drei dazugehörenden Kommunen der Stadt Mülheim eingemeindet. Für Speldorf bedeutete dies die Anbindung an eine wirtschaftlich starke Stadt, deren gesamter Verwaltungsapparat (Finanz-, Polizei-, Justiz-, Wirtschafts- und Kulturwesen) sowie Infrastruktur (Verkehrswege, Gas-, Wasser- und Elektrizitätsleitungen, Fernmeldeeinrichtungen, Krankenversorgung usw.) nunmehr auch der eingemeindeten Kommune zugute kam. In der Folgezeit siedelten sich zahlreiche neue Betriebe in Speldorf an, die sich vor allem entlang des seit 1910 in Planung befindlichen Hafens und der benachbarten Duisburger Straße – von alters her die Hauptverbindung zwischen den Orten Mülheim und Duisburg – verteilten.

Der wirtschaftliche Aufstieg Speldorfs zu einem bedeutenden Hafen- und Handelsstandort hatte jedoch glücklicherweise nur geringfügige Auswirkungen auf den Grünflächenbestand, der den Stadtteil seit eh und je umgibt. Zwar war das Gelände zwischen oberem Ruhrlauf und Uhlenhorstweg in den Zeiten vor der Industrialisierung weit weniger stark in Anspruch genommen (bis ins 19. Jahrhundert war der Speldorfer Wald beispielsweise sogar noch von Wölfen und Wildpferden besiedelt), doch den Umstand, dass Speldorf auch heute noch über große Naturflächen verfügt, verdanken die Bewohner der Gründung einer Gesellschaft mit Namen „Broich-Speldorfer Wald- und Gartenstadt“. Dieser Verein hatte es sich zur Aufgabe gemacht, Naturflächen, die am Rande des Industriebezirks als schützenswert erachtet wurden, zu erwerben und dort eine lediglich sparsame, kontrollierte Bebauung zuzulassen. Und so kam es, dass Speldorf auch heute noch trotz des Gewerbestandorts Hafen und einer relativ dichten Besiedlung zu den landschaftlich reizvollsten Gebieten Mülheims zählt. Im Norden von den Ruhrwiesen umgeben, im Westen und Süden von großzügigen Waldflächen eingerahmt, besitzt der Stadtteil derzeit etwa 19.500 Einwohner. Als beliebte Wohnstadt im Grünen bietet die Gemeinde neben den naturgegebenen Erholungsräumen außerdem jede Menge Sport- und Freizeitattraktionen sowie kulturelle Einrichtungen, von denen einige auch überregional Bedeutung erlangten. Ob Theater a.d. Ruhr, Kurpark Raffelberg, Uhlenhorster Wald, Golfplatz, Wolfsburg oder Rennbahn – den Speldorfer Bürgerinnen und Bürgern wird in vielerlei Hinsicht ein ausgewogenes und abwechslungsreiches Programm geboten. Auch Gäste von auswärts wissen dieses vielfältige Angebot zu schätzen, wie die Besucherzahlen an den Kultur- und Bildungsstätten des Stadtteils belegen. Und wenn am Raffelberg die Rennsaison beginnt oder das Theater a.d. Ruhr seine Pforten öffnet und man Besucher aus allen Teilen Deutschlands und Europas anreisen sieht, erhält Speldorf sogar einen Hauch von internationalem Flair.

Wir beginnen nun unseren Rundgang an der Raffelbergbrücke, der westlichen Begrenzung des Mülheimer **Rhein-Ruhr-Hafens (1)**. Die beiden Hafenbecken (Nord- und Südhafen), die man von unserem Standort aus erblickt, waren nicht die ersten Hafenanlagen, die die Stadt Mülheim besaß: Bereits zu Beginn des 18. Jahrhunderts befand sich mitten in der Stadt, unterhalb der Schlossbrücke Richtung Ruhrschleuse, eine Anlegestelle, die den Schiffen auf der Ruhr als Lade- und Entladestation diente. Die Kapazitäten dieser kleinen Anlage reichten jedoch nicht aus, um dem Schiffsverkehr auf der Ruhr – der Fluss war Anfang des 19. Jahrhunderts die meistbefahrene Wasserstraße Europas, Mülheim selbst ein Schifffahrts- und Handelszentrum ersten Ranges – gerecht zu werden. 1845 schließlich wurde deshalb auf Betreiben der Industriellenfamilien Stinnes und Haniel der zweite Mülheimer Hafen, etwa in Höhe der heutigen Friedrich Wilhelms-Hütte, realisiert. Obwohl er wesentlich leistungsfähiger war als sein Vorgänger, überlebte er nur ein Vierteljahrhundert: Die Eisenbahn hatte das Revier erobert und den Schiffen auf der Ruhr als Transportmittel den Rang abgelaufen. Die Kohlemagazine am Rande des Flusses standen leer, 1889 schließlich wurde die Schifffahrt oberhalb Mülheims fast vollständig eingestellt. Doch so schnell ließen sich die Mülheimer nicht entmutigen: Nichtsdestotrotz planten sie einen dritten Hafen, beflügelt von den Erfolgen des nicht weit entfernt gelegenen Ruhrorter Hafens in Duisburg (erstmals genannt 1716, Ausbau 1824), der sich entgegen des allgemeinen Trends schon frühzeitig gegenüber der Konkurrenz der Eisenbahn zu wehren wusste und beständig steigende Umschlagzahlen aufwies.

So entstand zu Beginn des 20. Jahrhunderts schließlich der neue Rhein-Ruhr-Hafen im Stadtteil Speldorf. Initiatoren waren der damalige Bürgermeister der Stadt Paul Lembke sowie die Mülheimer Industriellen Hugo Stinnes und Adolf Wirtz. Sie hatten sich seit 1910 bei der Bezirksregierung in Düsseldorf erfolgreich dafür eingesetzt, dass Mülheim einen schnurgeraden Schifffahrtskanal erhielt, der nicht nur eigene Hafenbecken beherbergen, sondern die Stadt auch auf direktem Wege (statt über die Ruhrschleife am Rande Styrums) mit dem Ruhrorter Hafen verbinden sollte. Als die Mülheimer 1913 mit dem Bau ihrer Hafenanlage begannen, existierte die benachbarte Anlage in Duisburg bereits seit knapp 100 Jahren. Mit der Fertigstellung der Mülheimer Kaimauern sowie des Stichkanals im Jahre 1927 war fortan ein durchgehender Schifffahrtsweg geschaffen, der Mülheim nicht nur mit dem Handelszentrum der Nachbarstadt, sondern über den Rhein auch mit den großen belgischen und niederländischen Seehäfen wie Rotterdam, Amsterdam und Antwerpen verknüpfte. Eine echte Konkurrenz zu Ruhrort ist der Mülheimer Hafen freilich nie geworden: Duisburgs Verlade- und Lagerstätten, zu denen heute allein 19 Hafenbecken und 140 km Gleisanlage zählen, die einen Jahresumschlag von 40–50 Mio. Tonnen Güter aufzuweisen haben (zum Vergleich Mülheim: zwei Hafenbecken, 27 km Gleislänge, 1,3 Mio. Tonnen Güter), machen den Ruhrorter Hafen dieser Tage zum größten Binnenhafen der Welt.

Auch wenn die Speldorfer Anlage, was diese Größenverhältnisse betrifft, also bei weitem nicht mithalten kann, so profitiert der Mülheimer Rhein-Ruhr-Hafen natürlich gut und gerne von der Umschlagskraft seines größeren Nachbars. Mehr als 1.200 Binnenschiffe sowie etwa 80 flussgängige Seeschiffe steuern derzeit jährlich den Speldorfer Hafen von Duisburg kommend an, darunter solche aus Belgien, den Niederlanden, Polen, Tschechien, Großbritannien, Österreich, der Schweiz und Finnland. Hauptsächliche Umschlaggüter sind Schrott, Eisen und Stahl, gefolgt von Mineralöl und Getreide. Für die Stadt Mülheim ist der Hafen, insbesondere seit dem Ankauf eines 80 ha großen Geländes von Rhein-Stahl im Jahre 1966 (siehe Elbe-, Neckar-, Mosel-, Main- und Lahnstraße), zu einem bedeutenden Wirtschaftsstandort geworden, der mehr als 6.000 Arbeitsplätze zur Verfügung stellt und wichtige Steuereinnahmen sichert. Das Industrieareal Rhein-Ruhr-Hafen ist mit einer Gesamtfläche von nahezu 1,9 Mio. qm heute das größte Gewerbegebiet der Stadt. Über 300 Unternehmen aus den Bereichen Produktion, Handel und Dienstleistung haben sich entlang der Kaimauern an Weseler-, Rhein-, Timmerhell-, Lahn- und Mainstraße angesiedelt, die größten unter ihnen sind Rhein-Ruhr-Malz, Siemens-KWU, Clark-Gabelstabler, die Firmengruppe Schauenburg sowie die Ölraffinerie DHC Solvent Chemie. Neben diesen Firmenriesen haben aber auch kleinere und mittlere Betriebe, darunter aus der Lebensmittelbranche, dem Schrott- und Stahlhandel sowie der Elektrotechnik, am Rande des Rhein-Ruhr-Hafens eine neue Bleibe gefunden. Für die Zukunft planen die Mülheimer Wirtschaftsförderung sowie die Betriebe der Stadt als zuständige Instanzen, auf den noch freien Gewerbeflächen weitere Unternehmen anzusiedeln und die Hafen-Firmen untereinander besser zu vernetzen. Damit soll die Wirtschaftlichkeit des Gewerbegebiets erhöht werden, um auf dem Logistik-Sektor, dem Markt der Zukunft, weiterhin konkurrenzfähig zu bleiben. Teil dieser Zielplanung ist auch eine bereits durchgeführte Sanierung der Hafenanlage, weitere Maßnahmen (so z. B. eine Vertiefung des Kanals auf 3 m, um die Auslastung der Schiffe zu erhöhen) sind in Planung.

Zeitgleich mit der Eröffnung des Mülheimer Rhein-Ruhr-Hafens wurden auch **das Kraftwerk und die Schleuse Raffelberg (2)** in Betrieb genommen. Der Bau von Schleusen auf der Ruhr, die den Flusslauf regulieren und das langwierige Umladen der Güter an den Wehren auf andere

Kraftwerk und Schleuse Raffelberg von oben

Frachtschiffe überflüssig machte sollten, begann bereits im 18. Jahrhundert. Bis 1780 wurden am Oberlauf der Ruhr insgesamt 16 Schleusen fertig gestellt, die fortan eine durchgehende Schifffahrt ermöglichten. Mit dem Bau des Speldorfer Hafens musste auch am neuen Stichkanal eine Schleuse errichtet werden, die den Höhenunterschied bis zum Rhein, der immerhin noch ganze 10 m betrug, ausgleichen sollte. Da eine einzige Schleuse für das vorhandene Gefälle nicht ausreichte, wurde in Duisburg-Meiderich eine weitere Schleuse gebaut. Die Raffelberger Schleuse ist für den Mülheimer Hafen und die dort angesiedelte Wirtschaft von großer Bedeutung. 1999 wurde die Anlage deshalb komplett saniert, wobei ein neues Schleusenunter- und obertor eingebaut wurde. Die Schleuse hat nunmehr eine Länge von 140 m sowie eine Breite von 11,4 m. Schiffe mit einer Tragfähigkeit von bis zu 2.300 Tonnen sowie einer Länge von 110 m können bei normalem Betrieb geschleust werden, für größere Schiffe bedarf es einer Sondergenehmigung.

Die Ruhr ist an der Schleuse Raffelberg dreigeteilt in den Schleusenkanal, den Kraftwerkskanal und den Alten Ruhrarm. Vor 1927, als der Schifffahrtskanal und die Schleuse noch nicht fertig gestellt waren, mussten die Ruhrschiffe die weite Schleife über Styrum und Alstaden nehmen, um Richtung Duisburg oder Mülheim zu fahren. Dieser Teil der Ruhr, der nach wie vor existiert, wird heute als Alter Ruhrarm bezeichnet. Hier befindet sich auch das alte Walzenwehr (1919 errichtet), das den Ruhrarm vor zurückfließendem Wasser schützt und zugleich das Wasserwerk Styrum, das für die Trinkwasserversorgung der umliegenden Region verantwortlich ist (siehe Rundgang Styrum), gleichbleibend mit Rohwasser versorgt. Das in die Jahre gekommene Wehr wird gegenwärtig durch eine neue Anlage wenige Meter flussabwärts ersetzt. Zurück zum Ruhrverlauf: Hinter den Thyssen-Werken, in Höhe von Schloss Styrum, teilt sich also der Fluss und strömt sowohl gen Alstaden (Alter Ruhrarm) als auch in den künstlich angelegten Nordhafen; an der Raffelbergbrücke erfolgt dann eine weitere Zweiteilung in Schleusen- und Kraftwerkskanal. Hinter der Brücke werden beide Ruhrläufe im Stichkanal Richtung Ruhrorter Hafen wieder zusammengeführt. Am Autobahnkreuz Kaiserberg mündet schließlich auch der Alte Ruhrarm erneut in die Wasserstraße.

Das Wasserkraftwerk Raffelberg, das sich unmittelbar neben der Schleuse befindet, wurde 1926 eingeweiht. Die Idee zum Bau des Werkes hatte ursächlich etwas mit dem Ausgang des Ersten Weltkriegs zu tun: Deutschland wurde nach Kriegsende zu Reparationsleistungen an Frankreich verpflichtet, die häufig in Form von Kohle abgeleistet wurden. Der schwarze Energieträger wurde im eigenen Land nun knapp. So entschloss man sich, statt der Kohle die Wasserkraft für die eigene Energieerzeugung zu nutzen. Das Kraftwerk am Raffelberg war geboren.

Vier Francis-Turbinen mit senkrechter Welle erzeugten über Generatoren zunächst Strom mit einer Spannung von 5.000 Volt. Nach dem Zweiten Weltkrieg wurde die Leistung dann auf das Doppelte hochgeschraubt. Mit dieser Technik können heute jährlich rund 23 Mio. Kilowattstunden Strom in das öffentliche Netz eingespeist werden. Die Besonderheit dabei: Die Turbinen im Inneren des Kraftwerks sind noch immer die Originale aus den 1920er Jahren! Doch nicht nur deshalb ist das Gebäude einen Besuch wert. Das Kraftwerk, das seit 1986 unter Denkmalschutz steht, zählt heute zu den schönsten historischen Kraftwerken entlang der Ruhr. Malerisch am Rande der Ruhrauen gelegen, ist vor allem seine Architektur von besonderem Reiz. Entworfen hatten den Bau die renommierten Architekten Pfeifer und Großmann, die Pate standen für viele weitere repräsentative Gebäude in Mülheim (Wasserbahnhof, Stadthalle, Rathaus, Solbad). Als Industriedenkmal steht das Kraftwerk am Raffelberg dieser Tage unter besonderem Schutz, mit ein Grund dafür, dass es, ebenso wie die Schleuse, kürzlich einer sachgerechten Sanierung unterzogen wurde. Im Rahmen dieser Tätigkeit realisierte man zwischen Schleuse und Kraftwerk auch einen so genannten Fischaufstieg: Eine Wasserrinne, bestehend aus locker geschichtetem Geröll und Wassergrün, ermöglicht es den Fischen, trotz Schleuse und Kraftwerk stromaufwärts zu schwimmen. Eine ähnliche Anlage befindet sich übrigens einige Kilometer weiter südlich am Wasserkraftwerk Kahlenberg: Hier ebnet ein „Fischaufzug" Zander, Aal und Hecht den Weg zu ihren Laichplätzen im oberen Teil der Ruhr (siehe Rundgang Altstadt).

Von der Raffelbergbrücke aus, die auf einer Länge von 420 m den Stadtteil Speldorf mit Styrum verbindet, wenden wir uns nun Richtung Süden, überqueren die Ruhrorter Straße und erreichen nach wenigen Metern das **ehem. Solbad Raffelberg (3)**. Seit einer kompletten Restaurierung Ende der 1990er Jahre erstrahlen die Gebäude an der Akazienallee wieder in altem Glanz. Ein Solbad befindet sich hier jedoch schon lange nicht mehr: 1992 schlossen sich die Tore der Heilanstalt für immer, nachdem rückläufige Besucherzahlen den Fortbestand des Bades nicht länger zugelassen hatten. In die leer stehenden Gebäude zogen eine Privatfirma, ein Restaurant sowie das Theater a.d. Ruhr ein.

Doch wie kam es eigentlich zu einem Solbad am Raffelberg? Die Geschichte weist uns zurück in das Jahr 1855, als auf der Zeche Alstaden (damals noch zu Mülheim gehörend) beim Abteufen eines Kohlenschachtes salzhaltige Wasserläufe entdeckt wurden. Diese Wasserrinnen waren Überreste eines urzeitlichen Meeres, das seit Millionen von Jahren in den Tiefen der Gesteinsschichten lagerte. Die Bergleute der Zeche erkannten schnell die wohltuende und heilende Wirkung des feuchten Nasses und errichteten auf dem Bergwerksgelände

Eingang zum ehem. Solbad, heute unverändert

in kleinen Baracken Solebäder. Im Jahre 1884 entstand dann unter Mitwirkung eines Mülheimer Vereins unmittelbar neben der Zeche ein erstes richtiges Solbad, dem 1888 eine „Heilanstalt für Kinder unbemittelter Eltern" angegliedert wurde. Als Alstaden jedoch zu Beginn des letzten Jahrhunderts der Nachbarstadt Oberhausen eingemeindet werden sollte und somit auch das Solbad verloren zu gehen drohte, beschloss die Stadt Mülheim, auf eigenem Gelände ein neues Heilbad zu errichten. Zu diesem Zwecke gründete man eine Aktiengesellschaft und kaufte in idyllischer Lage, am Rande der Ruhrwiesen, ein großes Areal, das vormals in Besitz des Gutes Raffelberg gewesen war. Nach nur 13-monatiger Bauzeit konnte am 15. Mai 1909 das Solbad in Betrieb genommen werden. Als Baudezernenten traten Karl Helbing sowie das Architekten-Gespann Pfeifer und Großmann in Erscheinung; künstlerische Grundform wurde der Jugendstil, noch heute besonders eindrucksvoll sichtbar in der Eingangshalle des ehemaligen Badehauses.

Neben Kindersolbad, Badehaus, Kurhaus und Saalbau errichtete man auch einen wunderschönen Park, der heute den Speldorfer Bürgerinnen und Bürgern als Naherholungsziel mit ausgedehnten Spazierwegen dient. Entworfen und verwirklicht hatte ihn der Düsseldorfer Landschaftsarchitekt Walter Freiherr von Engelhardt, der zu einem der namhaftesten Gartenarchitekten der damaligen Zeit zählte. Die großzügig angelegte Parklandschaft verfügte neben Rasenflächen und alleeartig gestalteten Wegen über einen Rosengarten, mehrere Blumenbeete, eine Teichanlage mit Springbrunnen sowie einen kleinen Weiher. Später kamen einzelne Gestaltungselemente wie Pappelreihen, eine Brücke und ein Pavillon – letzterer soll in naher Zukunft wieder erstehen – hinzu. Viele Details des heute etwa 11 ha großen Terrains sind nach Veränderungen und Umgestaltungen in der Nachkriegszeit leider nicht mehr vorhanden. Die Stadt sowie ein eigens zum Erhalt des Kurparks gegründeter Verein sind jedoch dieser Tage bemüht, das ursprüngliche Aussehen der Parklandschaft, die inzwischen unter Denkmalschutz steht, nach und nach wieder herzustellen.

Zurück zum Solbad: Neben der Abteilung für Erwachsene erfreute sich insbesondere das Kindersolbad bis in die 1950er Jahre großer Beliebtheit. Bis zu 300 Kinder pro Kur konnten in der Raffelberger Badeanstalt behandelt werden, mehrere bauliche Erweiterungen des stets gut besuchten Hauses waren die Folge. Getreu dem Motto „Gesundheit ist die Quelle der Kraft und Schönheit" kam die wohltuende Wirkung der Sole bei den unterschiedlichsten Erkrankungen zum Einsatz: Behandelt wurden sowohl Muskelschäden, rheumatische Beschwerden, Nervenleiden und Entzündungen als auch Allergien, Stoffwechsel- und Atemwegserkrankungen.

Das salzhaltige Heilwasser erreichte das Bad über eine 2,5 km lange unterirdische Leitung, die von der Zeche Alstaden bis zum Raffelberg führte. Als die Zeche jedoch, bedingt durch die Kohlekrise der 1960er Jahre, 1973 ihre Förderung einstellte

Solbad Raffelberg mit Park, heute

und damit auch die Solequelle versiegte, stand die Raffelberger Badeanstalt vor dem Aus: Ihr war die Grundlage ihrer Existenz, ihre Lebensader entzogen worden. Man griff zunächst zur Notlösung und stellte die Sole künstlich her, was jedoch die Situation keineswegs verbessern half. Die Patienten waren mit dem Ergebnis ihrer Behandlung nicht mehr zufrieden, die Zahl der Anwendungen erreichte einen absoluten Tiefpunkt. Zwei Schritte waren in der Folgezeit von Bedeutung: eine Runderneuerung des Solbades, finanziert mit Mitteln u.a. der Leonhard-Stinnes-Stiftung (aus dieser Zeit stammt auch der pastellfarbene Anstrich der Gebäude, der dem Komplex heute sein schlossähnliches Aussehen verleiht), sowie die Erschließung einer neuen Solequelle aus der stillgelegten Zeche Concordia (Oberhausen). Ihr salzhaltiges Wasser wurde aus 854 m Tiefe emporgepumpt und mittels Tankwagen zum Raffelberg transportiert. Für kurze Zeit verhalfen diese Maßnahmen dem Solbad zum Aufschwung, die Nachfrage nach Kneipp-Bädern, Heilgymnastik, Sauna und Massage war wieder gestiegen. Doch als Ende der 1980er Jahre die Reform des bundesdeutschen Gesundheitswesens Behandlungen in Kuranstalten erheblich verteuerte und infolgedessen die Besucherzahlen erneut dramatisch zurückgingen, war eine Schließung des Bades nicht mehr zu verhindern: Seit 1992 ist das Solbad in Mülheim als ehemals florierender Kurort Geschichte.

Bereits 1980, also mehr als zehn Jahre vor der endgültigen Stilllegung des Solbades, zog das **Theater a.d. Ruhr (4)** in den bereits nicht mehr genutzten Kursaal des Heilbades ein. Gegründet hatte sich das Theater auf Initiative des aus Mailand stammenden Regisseurs Roberto Ciulli, der ein neues Konzept von Stadttheater verwirklichen wollte. Zusammen mit dem Dramaturgen Helmut Schäfer sowie dem Bühnenbildner Gralf-Edzard Habben wollte Ciulli ein Theater auf die Beine stellen, das sich allein dem künstlerischen Anspruch verpflichtet sah und als autonome Schauspielgruppe ohne hierarchische Strukturen und unabhängig von ökonomischen Zwängen arbeiten sollte. Das Modell, das in organisatorischer und konzeptioneller Hinsicht von der üblichen Praxis der bundesdeutschen Theaterlandschaft abwich, sah damit eine Eigenständigkeit des Theaters vor, die revolutionär war: Das Ensemble, in dem alle Beteiligten (ganz gleich, ob Schauspieler, Regisseur oder Techniker) als gleichberechtigte Partner galten, solle in der Wahl seines Repertoires frei und ungebunden sein. Was die Finanzen betraf, so sollten jene zur Hälfte über Subventionen, zur anderen Hälfte durch das Theater selbst über den Verkauf von Vorstellungen an andere Spielstätten getragen werden. Der Stadt Mülheim gefiel diese Idee, und in einer Ratssitzung vom 12. Juni 1980 wurde beschlossen, die Truppe um Roberto Ciulli zu unterstützen und ihr am Raffelberg einen festen Standort zu geben.

Highlight des kulturellen Lebens in Mülheim: das Theater a.d. Ruhr

Heute, im Rückblick auf die Ereignisse von 1980, darf man sagen, dass dies ein Glücksgriff für die Stadt Mülheim gewesen ist. Das Theater a.d. Ruhr gehört dieser Tage zu den angesehensten Kulturstandorten, die die Ruhrstadt zu bieten hat. Als multinationales Ensemble, das seinen Schwerpunkt auf die internationale Kulturarbeit legt und diesem Anspruch durch Reisen zu ausländischen Festivals Ausdruck verleiht, ist das vielfach preisgekrönte Theater mittlerweile sogar weltweit ein Begriff. Was zu diesem Ruhm beigetragen hat, ist in erster Linie der Gedanke der Völkerverständigung, der sich schon frühzeitig in der Integration des aus Skopje (ehem. Jugoslawien) stammenden Theaters Pralipe offenbarte. Pralipe, was übersetzt „Bruderschaft" bedeutet, ist das europaweit einzige Theater, das seine Stücke in der Sprache der Roma spielt. Seit 1971, dem Gründungsjahr von Pralipe, reist die Theatergruppe unter Leitung von Rahim Burhan durch ganz Europa, um auf die Geschichte und das oft leidvolle Schicksal der Sinti und Roma aufmerksam zu machen. 1991, mitten in den Bürgerkriegswirren im ehemaligen Jugoslawien, holte Roberto Ciulli das Ensemble an den Raffelberg. Das Theater erhielt für seine Aufführungen in der Folgezeit zahlreiche nationale und internationale Auszeichnungen. Heute ist Pralipe ein selbstständiger Verein, der sich allmählich vom Theater a.d. Ruhr emanzipiert und langfristig eine eigene Spielstätte sucht.

Neben der Zusammenarbeit mit Pralipe sorgte das Theater a.d. Ruhr vor allem mit seinen spektakulären Auftritten in Ländern des Nahen Ostens für großes Aufsehen. Ciulli, stets von dem Gedanken beseelt, Grenzen zu überwinden und neue Horizonte zu entdecken, gastierte in der Türkei und in Syrien ebenso wie im Iran und ebnete damit auch anderen deutschen Theatergruppen den Weg zum Kulturaustausch mit diesen Regionen. Was bis vor wenigen Jahren so noch nicht möglich gewesen wäre, hat das Theater a.d. Ruhr mit viel Engagement und Mut in kurzer Zeit verwirklicht: Fremden Ländern, in denen die Menschenrechte noch immer missachtet werden und künstlerische Freiheit ein Fremdwort ist, über den Dialog der Kulturen zu einem geistigen Freiraum zu verhelfen, der ein erster Anfangspunkt sein kann für das Recht auf mehr Freiheit und Selbstbestimmung insgesamt. Von den Erfolgen der Gastspiele beflügelt, plant das Theater für die Zukunft, weitere internationale Kontakte zu knüpfen (Projekt Seidenstraße), darunter in erster Linie zu Standorten, die an einer kulturellen Zusammenarbeit mit dem westlichen Europa bisher nicht teilhaben konnten, so beispielsweise China, Arabien, Aserbaidschan oder Kasachstan. Als Dankeschön für die freundliche Aufnahme des Theaters a.d. Ruhr an diesen Spielstätten gastieren die ausländischen Theatergruppen im Gegenzug am Raffelberg: Schauspieler, Künstler und Autoren aus aller Herren Länder geben Einblicke in die politische, kulturelle und soziale Wirklichkeit ihrer Heimat und öffnen dadurch Türen, die dem westlichen Kulturkreis bisher verschlossen waren.

Der Stadt Mülheim hat die multinationale, weltoffene Kulturarbeit des Theaters a.d. Ruhr den Beinamen „offene Stadt" eingetragen, ein Verdienst, das ohne den unermüdlichen Einsatz aller Mitwirkenden des Ensembles nicht denkbar gewesen wäre. Das Theater a.d. Ruhr hat – oft in aller Stille und vom heimischen Publikum zu Unrecht missachtet – die Welt nach Mülheim geholt, in Deutschland ein einmaliger Vorgang! Doch nicht nur im Bemühen um internationalen Austausch, auch auf inhaltlicher Ebene nimmt das Theater eine herausragende Stellung ein: Ob traditionelle oder zeitgenössische Stücke, die Inszenierungen sind stets anregend und von hohem schauspielerischem Niveau. Das Ensemble, dem inzwischen auch ein Jugendtheater angeschlossen ist, erhielt im Laufe seines Bestehens zahlreiche Preise, Roberto Ciulli selbst wurde mit dem Bundesverdienstkreuz geehrt. Was vor zwanzig Jahren als kleine, aber feine Theaterkunst mit kaum mehr als einer Hand voll Mitwirkenden begann, gehört heute nach Meinung von Theaterkritikern zum Besten, was auf Deutschlands Bühnen zu sehen ist. Auch wenn Mülheims Bürgerinnen und Bürger dies noch nicht bemerkt

Rennbahn Raffelberg in ihren Anfängen

haben sollten – die überregionale Anerkennung ist dem Theater a.d. Ruhr gewiss.

Gegenüber von Theater und ehemaligem Solbad befindet sich eine weitere Attraktion der Stadt, die ihren Bekanntheitsgrad jedoch einem ganz anderen Ressort verdankt: dem Pferdesport. Zwischen Akazienallee und Ruhrorter Straße liegt auf rund 70 ha die **Rennbahn Raffelberg (5)**, aufgrund ihrer Lage im Grünen als eine der schönsten Rennbahnen Deutschlands gerühmt. Der Pferdesport hat in Mülheim eine lange Tradition: Die Lage am Fluss, dazu die großen, naturbelassenen Wald- und Wiesengebiete machten die Ruhrstadt schnell zu einem idealen Standort für Pferdezucht und Reitsport. Bis heute existieren zahlreiche Vereine und Gestüte, die nicht selten weltbekannte Größen hervorgebracht haben – man denke hier nur an die mehrfache Olympiasiegerin Nicole Uphoff sowie an Gabriela Grillo, einst erfolgreichste bundesdeutsche Reiterin im Dressurreiten. Nicht weniger bekannt waren die Pferde selbst, die bis ins 19. Jahrhundert zumeist in freier Wildbahn lebten und allerorten hoch geschätzt waren – sogar Napoleons Schwager requirierte die Mülheimer Pferde (auch „bergische Pferde" genannt) für seine Kavallerie. 1814, als die Herrschaft der Franzosen beendet war, beschloss die neue preußische Regierung jedoch, die Gestüte der Wildpferde in den Wäldern von Mülheim und Umgebung aufzulösen. Die letzte Pferdejagd ereignete sich am 9. Dezember 1814. Heute erinnert ein Denkmal am Stallmannshof an die ehemaligen Wildpferde von Mülheim (siehe Rundgang Saarn). Der Reit- und Pferdesporttradition hat dieses Ereignis zu Beginn des 19. Jahrhunderts jedoch keinen Abbruch getan: Man schrieb das Jahr 1885, als sich in Mülheim ein Rennverein gründete, der seine ersten Rennen in Broich, Eppinghofen und in der Saarner Aue veranstaltete. 1910 schließlich wurde im Verbund mit dem Reitverein aus Duisburg ein Teilgelände des Gutes Raffelberg in Speldorf erworben. Hier errichtete man zunächst eine einfache 200-m-Bahn mit Holztribüne, die später Stück für Stück ausgebaut wurde. Die Galopprennbahn

Raffelberg war geboren. Starke Einschnitte musste die Raffelberger Anlage während beider Weltkriege hinnehmen. 1947 gründete sich der Rennverein neu, seit Ende der 1950er Jahre trägt er offiziell den Namen „Mülheimer Rennverein Raffelberg".

Trainiert werden am Raffelberg heute rund 250 Pferde. Die gesamte Anlage umfasst eine 2.000-m-Flachbahn im Rundkurs, ein Totogebäude mit über 140 Terminals, das Waagegebäude, eine Reithalle mit benachbartem Führring, gastronomische Betriebe sowie eine Allwetterhalle, die es den Zuschauern ermöglicht, bei schlechter Witterung das Renngeschehen via Bildschirm zu verfolgen. Insgesamt bietet die Rennbahn 16.000 Zuschauern Platz, auf den beiden Tribünen, die teils überdacht sind, stehen ca. 3.000 Sitzplätze zur Verfügung. Die Mülheimer Rennbahn ist somit nach Düsseldorf und Köln die drittgrößte Rennbahn in Nordrhein-Westfalen. Rund 20 Rennen werden hier pro Jahr ausgetragen, darunter der weltbekannte Preis der Diana im Deutschen Stutenderby, das höchstdotierte Rennen am Raffelberg. Der Jahresumsatz mit Rennpreisen und Wettumsätzen liegt bei etwa 9 Mio. €, was zeigt, dass die Galopprennbahn auch ein gewichtiger Wirtschaftsfaktor ist. Als Freizeitattraktion hat sich die Anlage ohnehin längst etabliert: Spielt das Wetter mit, kommen an guten Tagen mehr als 10.000 Menschen aus nah und fern an den Raffelberg. Das besondere Bonbon dabei: Zu allen Veranstaltungen haben Frauen und Kinder freien Eintritt, ein Rarität unter deutschen Rennbahnen.

Von der Galopprennbahn aus, der kürzlich auch ein Golfplatz angegliedert wurde, schreiten wir nun die Akazienallee bergan und biegen rechts in die Duisburger Straße ein. Entlang dieser Straße befanden sich in früherer Zeit mehrere Höfe, an die heute noch einige Straßennamen erinnern (siehe Jägerhofstraße, Siepenhof). Zu diesen Gehöften gehörte auch das heutige **Stammhaus Monning (6)**. Bereits im 13. Jahrhundert wurde der Name Monning als „Munhoge" oder „Monoge" erstmals erwähnt, damals noch als Hofanlage mit nennenswertem Grundbesitz. Aus dieser Zeit stammt auch das alte Fachwerkhaus, das Stammhaus Monning, das noch heute an der Duisburger Straße steht und auf das Jahr 1291 datiert wird. Es ist das einzige Haus des mehrere Hofanlagen umfassenden ehemaligen Guts, das sich bis zum gegen-

Spannende Rennen am Raffelberg

Stammhaus Monning, erstmals erwähnt 1291

Tanz an der Monning hatte Tradition

wärtigen Zeitpunkt erhalten hat. Dass sich in dem denkmalgeschützten Gebäude dieser Tage ein Restaurant befindet, hat eine lange Tradition: Ende des 18. Jahrhunderts bereits renovierte man die Monning komplett und machte aus dem Gutshof einen Gasthof. Während ursprünglich hauptsächlich Fuhrleute die Gaststätte aufsuchten, um sich und ihren Pferden im Grenzbezirk zwischen Duisburg und Mülheim eine Pause zu gönnen, wurde die Monning zu Beginn des 20. Jahrhunderts vor allem als Vergnügungs- und Ausflugslokal bekannt: Tanzveranstaltungen und Konzerte lockten zahlreiche Besucher an, eine hauseigene Kapelle mit Kapellmeister brachte die Gäste (bis zu 1.000 fanden hier Platz) in Schwung. Auch Ausritte starteten von der Monning in die nahe gelegenen Wälder, was für die ganze Familie ein heiteres Vergnügen war; wer es moderner wollte, konnte die „Elektrische" nehmen.

Vom Trubel von einst ist heute an der Duisburger Straße jedoch nicht mehr viel zu spüren. Tanzveranstaltungen und sonstige Großereignisse finden an der Monning schon lange nicht mehr statt. Zuletzt hatte die Mülheimer und Duisburger Jugend die Lokalitäten für sich in Anspruch genommen, doch auch diese Tradition ist seit den 1960er Jahren vorbei. Im hinteren Trakt des Gebäudeensembles, in dem früher getanzt wurde, ist heute eine Ballettschule untergebracht. Das Westfälische Bauernhaus aus der Zeit vor der Jahrhundertwende, das sich auf der gegenüberliegenden Straßenseite befand und ebenfalls zur Monning gehörte, wurde abgetragen und steht heute in Steinhagen. Das Stammhaus selbst beherbergt nunmehr ein gut gehendes Restaurant, das seit über 100 Jahren als Familienbetrieb geführt wird. Die Küche, die für ihre ausgesuchten Speisen bekannt ist, bietet internationale Gerichte an. Wer es also rustikal mag und gutes Essen in gepflegtem Fachwerkambiente schätzt, der ist hier genau richtig.

Wir überqueren nun die Duisburger Straße und nehmen die Prinzenhöhe bergauf Richtung Wolfsburg. Die Prinzenhöhe ist, wie sich an der Ansammlung stattlicher Villengebäude unschwer erkennen lässt, eine der feinen Wohngegenden Mülheims. Hier hatte einst die so genannte „Broich-Speldorfer Wald- und Gartenstadt AG" Land erworben, um den Bürgern der Stadt (bevorzugt waren kapitalkräftige Unternehmerfamilien) die Möglichkeit zu geben, in idyllischer Lage am Rande der Ruhr ihren Wohnsitz zu nehmen. Die Bebauung des Areals war reglementiert: Jeder sollte nur so viel Grundbesitz erwerben können wie nötig, damit ausreichend freie Grünlächen zur Erholung und Entspannung übrig blieben. 1906 schließlich wurde das Projekt in Angriff genommen. Zu den bekannten Persönlichkeiten, die im Broich-Speldorfer Wald ihren Wohnsitz errichteten, zählten Geheimrat Emil Kirdorf, Kommerzienrat Gerhard Küchen, der Reeder Gustav Stinnes und die Industriellen Fritz Thyssen und Peter Klöckner, aber auch die Bankiers Walter Hammerstein und Hermann Mellinghoff sowie der Fabrikbesitzer Christian Weuste ließen sich hier nieder. Ihre Anwesen lagen in weiten Abständen voneinander, so dass der Charakter der naturbelassenen Waldlandschaft, die nur geringfügige Bebauung aufwies, erhalten blieb. Durch den Zuzug von wohlhabenden Bürgern wurde das Gebiet zwischen Duisburger und Großenbaumer Straße rasch zu einer der vornehmsten Wohngegenden der Stadt. Viele der prunkvollen Villen, die von herausragenden Architekten und Künstlern entworfen worden waren, befinden sich nach wie vor im Broich-Speldorfer Wald (wenngleich auch heute in geänderter Nutzung), so Haus Hartenfels (Klöckner), Haus Rott (Stinnes), der Streithof (Kirdorf), die Uhlenhorst-Villa (Küchen) oder die Landvilla Anita (Thyssen), letztere nach einem Großbrand im Jahre 1993 derzeit im Wiederaufbau befindlich.

Die Anwohner der Prinzenhöhe, deren Wohnbezirk weit dichter besiedelt war, haben durch die Anlage von Grünflächen und großzügig gestalteten Gärten versucht, den Naturraum zwischen ihren Anwesen zu erhalten. In der Wahl der Straßennamen (Bussard-, Falken-, Habicht- oder Sperberweg), die die Prinzenhöhe kennzeichnen, spiegelt sich dieser Wunsch nach einem Heim im Grünen wider. Eine dieser Straßen ist der Wolfsberg, der uns mit seinem Namen auf einen weiteren Haltepunkt unseres Rundgangs hinweist: der **Kath. Akademie ‚Die Wolfsburg' (7)**. Die Bezeichnung „Wolfsberg" oder „Wolfsburg" erinnert uns daran, dass das Waldgebiet zwischen Mülheim und Duisburg bis ins 19. Jahrhundert von frei lebenden Wölfen besiedelt war. Im Gedenken daran gab man dem Gebäude, das 1906 von der Duisburger Brauereifamilie Böllert am Rande der Prinzenhöhe erbaut worden war, den Namen „Wolfsburg". Zunächst als Ausflugslokal errichtet, entwickelte sich das Haus aufgrund seiner bevorzugten Lage im Grünen später zu einem Kurhotel des benachbarten Solbades Raffelberg. 1960 erwarb die Kath. Akademie des Bistums Essen das Gebäude und richtete hier ein Haus für Erwachsenenbildung ein. Zahlreiche bauliche Veränderungen, darunter auch einige Neubauten, folgten, die letzte 1992. Von dem früheren Aussehen des Hauses blieb dabei lediglich die schöne

Das Kurhaus und Ausflugslokal „Wolfsburg" hoch über dem Broich-Speldorfer Wald

Jugendstilfassade mit Freitreppe an der Südseite sowie ein fein gegliederter Erker an der Gartenfront erhalten.

Die Wolfsburg versteht sich heute als Ort der Begegnung und des Gesprächs, der inneren Ruhe und der Besinnung auf die Kraft des christlichen Glaubens. Gebete und Gottesdienste gehören hier ebenso zum Alltag wie das Lernen, Lehren und Forschen. Das räumliche Angebot erstreckt sich auf mehrere Tagungsräume, ein Auditorium, den Speisesaal sowie Unterkünfte für die Gäste. Für die Besucher stehen außerdem Werk- und Bastelräume, ein Fernsehraum, die Kapelle sowie die Bibliothek zur Verfügung. Da nicht nur Einzelpersonen, sondern häufig auch Familien das Bildungsangebot der Wolfsburg in Anspruch nehmen, sind seit kurzem auch Kinderspielräume vorhanden. Hier können die Kleinen sich beschäftigen, während die Eltern an Seminaren teilnehmen, Kurse besuchen oder den Vorträgen über Philosophie, Theologie, Politik, Ethik und Pädagogik lauschen. Mehr als 22.000 Gäste reisen jährlich zur Wolfsburg, um über Grundkonflikte der modernen Gesellschaft zu diskutieren und Antworten aus der Sicht des christlichen Glaubens zu finden. Die Kath. Akademie, die neben den genannten Veranstaltungen auch Konzerte, Ausstellungen, Filmvorführungen und Autorenlesungen anbietet, ist somit für das Bistum Essen sowie für die Stadt Mülheim zu einem wichtigen Bildungsstandort geworden. Mit ihrem umfassenden Programm leistet sie einen wichtigen Beitrag zur Kultur- und Bildungslandschaft der Region insgesamt.

Nicht weit von der Wolfsburg entfernt und mit einer Höhe von 157 m unverkennbar ins Blickfeld gerückt, steht der Speldorfer **Fernseh- und Fernmeldeturm (8)**, von den Einwohnern auch liebevoll „Tele-Spargel" genannt. Im Jahre 1977 war mit dem Bau des jetzigen Turmes begonnen worden, seine Fertigstellung erfolgte 1980.

Seit 1960 ist die „Wolfsburg" Sitz der kath. Akademie

Zuvor hatte bereits in unmittelbarer Nachbarschaft ein kleinerer Fernmeldeturm gestanden, dessen Funktionen nunmehr von dem neuen Bauwerk übernommen wurden. Ein Blick in die Geschichte des Mülheimer Fernmelde- und Fernsehwesens macht die heutigen Aufgabenfelder und technischen Raffinessen des Turmes deutlich: Man schrieb das Jahr 1863, als in der Ruhrstadt am Notweg (heute Friedrich-Ebert-Straße) eine erste Telegrafenstation in Betrieb genommen wurde. Die Station, die an das Postamt angegliedert war, war zunächst nur für die Übermittlung von Telegrammen zuständig. Die Entwicklung im Telefonwesen schritt jedoch rasch voran, so dass Mülheim 1886 eine erste eigene Vermittlungsstelle erhielt. Daran angeschlossen waren 25 Haushalte, die sich vor allem aus den großen Bergwerks- und Handelsunternehmen (Stinnes, Thyssen, Wissoll) zusammensetzten. 1910 war die Zahl der Anschlüsse – darunter nun auch private Telefone – auf 2.000 gestiegen, 1932 zählte man bereits über 4.300. Vermittelt wurden die Gespräche über Mitarbeiter des Amtes; da sie meist weiblicher Natur waren, wurde die Bezeichnung „Fräulein vom Amt“ schnell zu einem allgemein bekannten Begriff.

Das Jahr 1950 brachte in der Verwaltung des Mülheimer Fernmeldewesens eine Neuerung, die auch heute noch Gültigkeit besitzt: Das Fernmeldeamt Mülheim wurde dem Postamt Oberhausen unterstellt, mit der Folge, dass beide Städte seither dieselbe Vorwahl besitzen. Vier Jahre später verabschiedete sich das „Fräulein vom Amt“ aus den Fernmeldebüros, die direkte Durchwahl war fortan möglich. Mülheim besaß inzwischen etwa 10.000 Anschlüsse, 1986 hatte jeder zweite Einwohner einen eigenen Telefonanschluss. Nebenbei hatten die Fernmelder auch begonnen, Radio- und Fernsehgeräte zu verkabeln; der „Kabelanschluss“ wurde zum Nonplusultra, da er den Empfang von Programmen unabhängig von der Antenne ermöglichte. Zum zentralen Knotenpunkt dieser neuen Technik wurde der Speldorfer Fernseh- und Fernmeldeturm. Er versorgte die Städte Mülheim und Duisburg sowie weitere Orte im nahen Umkreis mit Satellitenprogrammen, schaltete Fernsehleitungen frei und stand in Funkverbindung zu anderen zentralen Türmen dieser Art (z. B. Düsseldorf, Moers). Das ist bis heute so geblieben. Verändert hat sich allerdings der technische Standard, der seit der Einweihung des Turms im Jahre 1980 beständig erweitert wurde: Nunmehr konnten auch neue Kommunikationsfor-

Der „Telespargel“ in Speldorf

men wie Telefax, mobiles Telefon oder ISDN den Kunden garantiert werden. Der Speldorfer Fernseh- und Fernmeldeturm, heute der Telekom Duisburg unterstellt, ist somit nicht nur regional, sondern auch überregional von großer Bedeutung. Zusammen mit seinen kleineren Nachbarn (z. B. an der Lehnerstraße in Saarn) sorgt er für den reibungslosen Ablauf der modernsten, digitalen Fernseh- und Fernmeldetechnik. Die Stadt Mülheim freut sich besonders über die Leistungsfähigkeit ihres „Tele-Spargels“, gilt sie doch – manchen mag es wundern – als kommunikationsfreudigste Stadt im westlichen Ruhrgebiet.

Von der Arthur-Brocke-Allee, benannt nach dem gleichnamigen Baudezernenten, unter dessen Regie zu Beginn des 20. Jahrhunderts beispielsweise die Stadthalle entstand, durchqueren wir das schmale Waldgebiet unterhalb des Fernsehturms (Tonstraße) und erreichen nach einigen Metern Fußmarsch den Blötter Weg. Weiter geht es Richtung Norden über die Saarner Straße, wo wir rechter Hand in die Schumannstraße einbiegen und am Ende des Weges bereits die **Kath. Kirche St. Michael (9)** erkennen können. Als Zweigkirche der Pfarrei Herz Jesu (siehe Rundgang Broich) wurde sie 1915–19 erbaut, als verantwortlicher Architekt wurde der Mülheimer Franz Hagen verpflichtet. Seit 1925 ist die Kirche selbstständig und trägt, wie eine Inschrift am rechten Seitenschiff vermerkt, den Namen des heiligen Erzengels Michael. Äußerlich erscheint das Gotteshaus wie ein wuchtiger, beinahe quadratischer Block, der lediglich durch das Querschiff, das rückwärtige Halbrund des Altarraums sowie durch den kleinen, mittig positionierten Glockenturm aufgelockert wird. Ursprünglich sollte die Kirche nach Plänen des Architekten einen zweiten Turm mit spitzem Helm erhalten, doch das Bauvorhaben wurde, ebenso wie einige weitere architektonische Gestaltungselemente (die Kirche sollte eigentlich wesentlich größer sein), aus Kostengründen nie realisiert. Die Bauform ist neugotisch, als Material wurde roter Backstein verwendet. Auffallend sind die in Blau- und Grautönen künstlerisch gestalteten, von hellem Sandstein umrahmte Fenster an den Seitenschiffen, die bunten, spitzbögigen Fenster im Chorraum sowie die breite Eingangsfront an der Ostseite, die über drei schwere, kupferbeschlagene Türen den Zugang zum Kircheninneren gewährt. Dort erwartet den Besucher eine eher schlichte, in hellen Pastelltönen gehaltene Halle, in dem insbesondere die ionischen Säulen mit ihren schön gestalteten Kapitellen, das in Skelettbauweise errichtete Strahlengewölbe sowie die auf einer modernen Empore aufgebaute Barockorgel mit auffallendem Schnitzwerk (neu 1998) ins Auge fallen. Bemerkenswert sind außerdem ein Vortragekreuz aus Bronze (15. Jh.), eine holzgeschnitzte Gottvater-

Der wuchtige, blockartige Bau der St.-Michael-Kirche

figur (18. Jh.) sowie ein silbernes Kruzifix (17. Jh.). Die Kath. Kirche St. Michael, die 1988 umfassend renoviert wurde, zählt heute etwa 4.000 Gemeindemitglieder.

Über die Mozart- und Beethovenstraße – mehrere Straßen in diesem Bezirk sind nach bedeutenden deutschsprachigen Komponisten benannt – gelangen wir nordwärts zur Karlsruher Straße, die uns weiter in direktem Wege zur **Duisburger Straße (10)** führt. Die Duisburger Straße sei an dieser Stelle gesondert erwähnt, da sie als zentraler Verbindungs- und Handelsweg für die Entwicklung Speldorfs seit jeher eine wichtige Rolle gespielt hat. Bereits zu Zeiten der Broicher Ruhrfähre, also vor etwa 600 Jahren, war sie einer der wenigen Wege, die das gerade im Entstehen begriffene Speldorf mit der umliegenden Region verbanden. Neben der Duisburger Straße existierte noch ein weiterer Verkehrsweg, der vom Schloss Broich aus parallel über die Ruhrauen nach Baakendorf, einem ehemaligen Stadtteil Speldorfs, führte (siehe Baakendorfer Straße). In den folgenden Jahrhunderten sollte es jedoch der Duisburger Straße vorbehalten sein, Haupttrasse des Stadtteils zu werden. Ende des 18. Jahrhunderts erfolgte die Erhebung zur Poststraße (die Monning wird als Postlager vermutet), 1887 wurde mit dem Bau von Gleisen für die Straßenbahn begonnen, auf der ab 1897 auch die „Elektrische" fuhr. Noch heute ist die Duisburger Straße, inzwischen eine belebte Einkaufsmeile, an deren Rande sich zahlreiche Einzelhandelsgeschäfte sowie kleinere bis mittlere Gewerbebetriebe (z.B. Mellis Mineralwasser) niedergelassen haben, ein Herzstück des Stadtteils. Von hier aus zweigen die großen Verbindungsstraßen Richtung Norden ins Hafengebiet und zum Raffelberg sowie ins südliche Wohngebiet Speldorfs ab. Viele wohlhabende Bürger, darunter Ärzte, reiche Fabrikbesitzer und Bergwerksdirektoren, ließen sich einst hier nieder, ihre prächtigen Villen im Stil des Klassizismus (z.B. Nr. 59), des Historismus (Nr. 401, 452) oder des Jugendstils (Nr. 227) sind teilweise noch immer erhalten.

Duisburger Straße, einst Wohnstandort reicher Bürger

Der großzügige Ausbau der Duisburger Straße, der dem Stadtteil zum Aufschwung verhalf, wurde jedoch nicht von jedermann als durchweg positiv empfunden. Dass die Entwicklung zur wichtigsten Verkehrsverbindung innerhalb Speldorfs auch Nachteile mit sich bringen würde, wird spätestens heute deutlich. Zu Stoßzeiten, in denen sich mehrere tausend Autos den Weg entlang quälen und die Straßenbahn sich in dem stockenden Verkehr ihren Weg zu bahnen versucht, ist die Duisburger Straße, ähnlich wie die Mellinghofer Straße im Stadtteil Dümpten, einer stark befahrenen Durchgangsstraße, die für die Anwohner permanent Schmutz und Lärm mit sich bringt. Dass das große Verkehrsaufkommmen auch zu Lasten der Sicherheit geht, belegen die häufigen Unfälle mit Radfahrern sowie die Zusammenstöße zwischen Pkw und Straßenbahn. Angesichts dieser Situation ist man seit Ende der 1990er Jahre bemüht, die Duisburger Straße zu entlasten und eine Lösung für mehr Sicherheit zu finden. So wurde beispielsweise an der Weseler Straße, einem Zubringer nach Speldorf, die Verkehrsführung derart geändert, dass ein Großteil des Verkehrs über den Hafen umgeleitet wird. Auch die Radfahrer sollen in Zukunft nicht mehr auf die Duisburger Straße angewiesen sein: Für sie ist auf der Trasse der ehemals geplanten, aber nie verwirklichten Emmericher Straße ein eigener Verbindungsweg vom Raffelberg bis in die Mülheimer City geplant. Ob diese und andere Maßnahmen jedoch ausreichen werden, um den Kern Speldorfs verkehrsberuhigter und sicherer zu machen, wird sich allerdings erst noch zeigen müssen.

Am Kreuzungsbereich zwischen Karlsruher und Ruhrorter Straße, einem zentralen Knotenpunkt auf der Duisburger Straße, befindet sich das **Depot (11)**, früher Standort von Güterwagen und Lokomotiven, dieser Tage Heimat des gleichnamigen Speldorfer Einkaufszentrums. Die Geschichte des alten Bahndepots reicht zurück in die 90er Jahre des 19. Jahrhunderts, als an der heutigen Friedrich-Ebert-Straße ein erstes Depot errichtet wurde. Nach kurzer Zeit wurde es jedoch zu klein, so dass man in Styrum und Speldorf neue Wagenhallen baute. In Speldorf existierte zu diesem Zeitpunkt übrigens auch schon ein zentraler Bahnhof, der 1874 in Betrieb genommen wurde. Gut hundert Jahre lang hatte das Gebäude, das auch die Direktion der Rheinischen Eisenbahn beherbergte und wohl aus diesem Grunde ungewöhnlich groß war, Bestand. Als 1977 der Abriss erfolgte, lag das Gelände lange Zeit brach; erst seit kurzem ist dort wieder Leben eingezogen, haben sich Gewerbe- und Einzelhandelsfirmen niedergelassen. Doch zurück zum Bahndepot: die Rheinische Eisenbahn, deren Bahnlinie in der Nähe des neuen Depots in Speldorf vorbeiführte, war zum damaligen Zeitpunkt ein florierendes Transportunternehmen, das um 1875 (die Bahn-

Einkaufsflair in altem Bahndepot – die Speldorfer Depotpassage

linie existierte seit 1866) jährlich mehrere Mio. Tonnen Frachtgut und ebenso viele Fahrgäste beförderte. Das Streckennetz erstreckte sich auf 1.014 km Länge, mehr als 450 Lokomotiven, über 700 Personenwagen sowie nahezu 12.000 Güterwagen zählten zum Bestand. Im Zuge der rasanten Entwicklung des Eisenbahnverkehrs ist auch das Speldorfer Depot entstanden – das genaue Gründungsdatum ist allerdings unbekannt. Da jedoch aus dem Jahre 1901 Erweiterungspläne für die Wagenhallen vorliegen, ist anzunehmen, dass schon vorher ein kleines Bahndepot existiert haben muss. Um 1910 wurden die alten Hallen verlängert, weitere Betriebseinrichtungen kamen hinzu. Die beiden Wagenhallen, die noch heute unverändert bestehen, gehen auf das Jahr 1914 zurück.

Das Bahndepot überstand die beiden Weltkriege ohne größere Schäden. 1964/65 legte die Deutsche Verkehrsgesellschaft das Straßenbahndepot still, über zwanzig Jahre lang stand es in der Folgezeit leer. Schließlich fand sich ein Investor, der die alten Wagenhallen in ein Einkaufszentrum verwandelte. Seit 1996 können die Speldorfer Bürgerinnen und Bürger hier ungestört bummeln und einkaufen, auch wenn noch nicht alle Verkaufsflächen vermietet sind. Die mit schönen Jugendstilelementen geschmückte Außenfassade der Wagenhallen blieb übrigens erhalten, der gesamte Komplex ist seit 1989 zum Denkmal erhoben. Eine alte Straßenbahn mit der Aufschrift „Depot-Passage", die vor dem Gebäude steht, erinnert an die ehemalige Nutzung. Aufgrund der Bemühungen um den Erhalt eines historischen Baudenkmals erhielt das Depot 1997 die Auszeichnung „vorbildlicher Gewerbebau in Nordrhein-Westfalen".

Auf der gegenüberliegenden Seite der belebten Duisburger Straße, nicht weit vom Depot entfernt, steht – unberührt von der Entwicklung der vergangenen Jahrzehnte – seit über 120 Jahren die **Ev. Lutherkirche (12)**, eine Kirchengemeinde, die heute etwa 6.000 Mitglieder umfasst. Ihr Gründungsdatum fällt in das Jahr 1881, als die Mülheimer Altstadtgemeinde (damals die einzige in weitem Umkreis mit eigener evangelischer Kirche) beschloss, in den Stadtteilen Heißen, Styrum und Speldorf eigene Gotteshäuser für die dort lebenden Protestanten zu errichten. Die Kirche in Speldorf, die ebenso wie die beiden anderen auf den Entwurf des Architekten Ernst Roßkothen zurückgeht, wurde 1883 fertig gestellt; allerdings fehlte ihr zu Beginn noch der Turm, der erst 1895/96 unter Anleitung des Baumeisters Hütze angefügt werden konnte.

Ev. Lutherkirche, Duisburger Straße

Die in neugotischem Stil erbaute Backsteinkirche weist drei Kirchenschiffe auf, deren umlaufendes Gesims mit grünem Kupfer versehen ist. Auch der hohe Glockenturm, auf dem ein Wetterhahn thront, besitzt als Helm dieses metallene Material. Am Fuße des Turms befindet sich der Eingangsbereich in Form eines Spitzbogens mit eisenbeschlagener Holztür. Darüber steht in Mosaiksteinen zu lesen „Ein feste Burg ist unser Gott". Betreten wir das Innere der Kirche, erwartet uns eine lang gezogene Halle, die von hohen, mehrkantigen Säulen getragen wird und eine kassettenförmige, gewölbte Holzdecke als Abschluss besitzt. Die große Orgel, für die eigens eine neue Empore angefertigt werden musste, stammt aus dem Jahre 1963; eine kleinere Orgel ist rechts vom Altarraum positioniert. Die Fenster der Kirche sind überwiegend schlicht gehalten, nur vereinzelt (so im Chorraum) finden sich farbige Elemente. Bei Renovierungsmaßnahmen in den 1980er Jahren wurden ehemals zugemauerte Fenster der Seitenschiffe freigelegt und wieder geöffnet. Bei diesen Arbeiten restaurierte man auch die mit Ornamenten reich versehene Holzdecke sowie einige Teppichmalereien, die in den Chornischen eingearbeitet waren. Dem Bemühen um den Erhalt des architektonischen Wertes dieser Kirche wurde 1983 durch die Eintragung ins Denkmalregister Rechnung getragen.

Den Namen „Lutherkirche" trägt das Gotteshaus übrigens nicht unmittelbar seit dem Beginn seines Bestehens; er wurde der Kirche erst nachträglich beigefügt. Auch wenn es bei den Protestanten nicht üblich war, einer Kirche einen festen Namen zuzuweisen, so hat die Kirchengemeinde in Speldorf wenige Jahre nach ihrer Gründung denoch den Namen „Lutherkirche" erhalten. Man vermutet, dass der Pfarrer der noch jungen Gemeinde in seinen Predigten so häufig auf den großen Reformator Martin Luther verwies, dass sich allmählich unter den Gläubigen die Überzeugung festsetzte, ihr Gotteshaus „Lutherkirche" zu nennen. So wurde der Name über Jahrzehnte tradiert und bis in die heutige Zeit weitergegeben. Dass die Namensgebung schon in der Anfangszeit der Kirche erfolgt sein muss, belegt die Benennung der benachbarten Lutherstraße: Sie erhielt ihren Namen im Jahre 1902.

Vorbei an Lutherkirche und Pfarrhaus (letzteres stammt ebenfalls aus der Gründerzeit des Gotteshauses und beherbergt heute Aufenthalts- und Jugendräume sowie die Gemeindebücherei) gehen wir Richtung Hansastraße, die von der Speldorfer Mitte ins Hafengebiet führt. Die Hansastraße ist einer der alten Siedlungskerne des Stadtteils. Hier wohnten überwiegend Bauern und Landwirte, die sich durch Ackerbau und Viehwirtschaft ihren Lebensunterhalt verdienten. Aus der Zeit des 18. und 19. Jahrhunderts haben sich mehrere Fachwerkbauten (Haus Nr. 22b, 29, 33, 36) erhalten, sie werden heute privat oder gewerblich genutzt. Ebenfalls im 19. Jahrhundert haben sich in dieser Straße einige Fabriken angesiedelt, darunter die Lederfabrik Hammann (Nr. 19–25), die als eine der wenigen Mülheimer Gerbereien noch heute existiert. Nicht mehr vorhanden ist hingegen das Gebäude der 1887 geweihten Eben-Ezer-Kapelle: Das Gotteshaus, das zur methodistischen Zionskirche an der Heißener Straße gehörte (siehe Rundgang Stadtzentrum), wurde bei einem Luftangriff 1944 völlig zerstört und nach Kriegsende an der Ruhrorter Straße wieder aufgebaut. Die Hansastraße selbst wurde zu Beginn des 20. Jahrhunderts als Zubringer zum Hafen erweitert, weshalb sie auch – in Erinnerung an die mittelalterliche Tradition des Handelsbundes – den Namen Hansastraße zugewiesen bekam.

Gegenüber der Hansastraße biegen wir rechts in den Flockenweg ein, benannt nach dem Landwirt Mathias Flocken, der im 19. Jahrhundert hier einige Besitzungen hatte. Einmal im Jahr wird der Flockenweg zum Zentrum bürgerschaftlicher Aktivität, wenn hier das große Stadtteilfest ausgetragen wird. In der übrigen Zeit ist die Straße eher abgeschieden und ruhig. Im oberen Teil kreuzt sie die Heerstraße, von wo aus der Weg über die Gleise der alten Rheinischen Eisenbahnlinie führt. Hinter dem Bahnübergang erreichen wir nach wenigen Metern die Wissollstraße, in der sich der letzte Haltepunkt unseres Rundgangs befindet: die **Unternehmensgruppe Tengelmann (13)**. Die Geschichte des heute weltweit operierenden Konzerns reicht zurück bis in das Jahr 1857: Wilhelm Schmitz, ein junger Unternehmer, der seine Ausbildung bei Meininghaus, einem bekannten Mülheimer Kolonialwarenhändler absolviert hatte, gründete zusammen mit seinem Kompagnon Ludwig Lindgens ein eigenes Handelsunternehmen in Mülheim an der Ruhr. Zehn Jahre später trennte sich das Unternehmergespann: Lindgens eröffnete auf dem Kassenberg eine eigene Lohgerberei, während Schmitz zusammen mit seiner Ehefrau Louise Scholl – einer Nachfahrin des legendären Mülheimer Fährmanns Hermann Scholl, der zwischen 1778 und 1827 auf der Ruhr zwischen Broich und Mülheim einen Fährbetrieb hatte (siehe Rundgang Broich) – die Handelsfirma unter dem Namen „Wilhelm Schmitz-Scholl Colonialwaren" weiterführte. Das Jahr 1867 gilt demnach als eigentliches Gründungsjahr der jetzigen Firmengruppe Tengelmann.

Die Kolonialwaren, mit denen zum damaligen Zeitpunkt gehandelt wurde, bezeichneten jene Waren, die die heimkehrenden Kohleschiffe auf ihrer Rückkehr aus Holland in ihren Frachträumen mit sich führten. Zu diesen Importen gehörten

Einer der frühen Tengelmann-Läden

hauptsächlich Kaffee, Tee und Kakao, aber auch Tabak, Reis und Gewürze. Der Handel mit Kolonialwaren florierte. 1882 wurde deshalb die Handelsfirma um eine eigene Kaffee-Rösterei erweitert: Die braunen Bohnen, die man aus den Überseeplantagen importierte, sollten nicht mehr wie bisher ungeröstet angeboten, sondern in frisch veredelter Form verkauft werden. 1887 starb Wilhelm Schmitz, das Geschäft wurde von seinen Söhnen Wilhelm jun. und Karl übernommen. Sie bauten das Großhandelsgeschäft weiter aus und errichteten erstmals eigene Vertriebsstellen für den direkten Verkauf der importierten Kolonialwaren. Diese Läden, von denen der erste 1893 eröffnet wurde, erhielten die Bezeichnung „Tengelmann": Emil Tengelmann, Prokurist der Firma Schmitz-Scholl, stellte seinen Namen für die Gründung dieser neuen Vertriebsart (Eintrag im Handelsregister unter „Hamburger Kaffee-Import-Geschäfte Emil Tengelmann") zur Verfügung. Schon bald verkündete das Unternehmen mit seinen Tengelmann-Filialen, von denen es schnell mehrere Dutzend gab, große Erfolge, so dass das Sortiment mit zusätzlichen Artikeln ausgeweitet werden konnte. Neben dem Kaffeegeschäft, das zur tragenden Säule des Unternehmens geworden war, widmeten sich die Firmeninhaber außerdem einem noch relativ jungen Zweig des Marktes: der Herstellung von Süßwaren auf industrieller Basis. So errichtete man in der Folgezeit eigene Fabriken, in denen Leckereien aller Art hergestellt wurden. Zu den neu gegründeten Unternehmen zählte eine Zuckerwarenfabrik in Düsseldorf (1906) sowie ab 1911 eine Kakao- und Schokoladenfabrik in Mülheim. Letztere ist heute unter dem Namen Wissoll (Wilhelm Schmitz-Scholl) bundesweit bekannt.

In den Jahrzehnten nach der Gründung von Wissoll dehnte die Firmengruppe Tengelmann ihr Filialnetz weiter aus. 1914 zählte man im Kaiserreich bereits 560 Verkaufsstellen, in denen neben den üblichen Waren auch Wein, Konserven, Öl, Puddingpulver, Nährmittel und Kekse verkauft wurden. Die Nachkriegszeit wurde problematisch: 160 Filialen gingen durch Abtretung deutscher Ostgebiete verloren, in den 1920er Jahren war es die Inflation, die den Verkauf von Lebensmitteln erschwerte. Erst seit dem Beginn der 1930er Jahre erlebte das Unternehmen einen erneuten Aufschwung. Mit dem Tod von Karl Schmitz-Scholl im Jahre 1933 traten Karl Schmitz-Scholl jun. sowie seine Schwester Elisabeth Haub als dritte Generation der Familie Schmitz-Scholl das Erbe des Handelsunternehmens an. Nach schwierigen Anfängen in der Zeit von 1939–1945, als zwei Drittel der Filialen und Fabriken durch Kriegseinflüsse verloren gegangen waren, arbeitete sich die Firmengruppe kontinuierlich nach oben. Aus den Hamburger Kaffee-Import-Geschäften wurden zu Beginn der 1950er Jahre moderne Supermärkte, in denen sich die Kunden selbstständig bedienen konnten. Es dauerte nicht lange, bis alle Tengelmann-Filialen auf Selbstbedienung umgestellt waren. 1968, nach dem Ableben von Karl Schmitz-Scholl jun., übernahm Erivan Haub, einziger Sohn der Miteigentümerin Elisabeth Haub, die alleinige Geschäftsleitung des Unternehmens Schmitz-Scholl/Tengelmann. Zu diesem Zeitpunkt umfasste die Firmengruppe 411 Filialen und erzielte einen Jahresumsatz von umgerechnet 700 Mio. €.

Heute ist die Unternehmensgruppe Tengelmann einer der größten Filialbetriebe der Bundesrepublik Deutschland. 185.000 Mitarbeiter arbeiten in 15 Ländern der Welt in mehr als 6.900 Geschäften, der Jahresumsatz liegt inzwischen bei rund 27 Mrd. €. Zu den Vertriebsstellen zählen neben Wissoll die Supermärkte Kaiser's/Tengelmann, die Discountkette Plus, die Drogeriekette kd, der Textildiscounter KiK, die Baumarktkette OBI sowie die cash-&-carry-Märkte Interfruct. Tengelmann ist außerdem an mehreren Firmen im Ausland, darunter mehrheitlich an dem amerikanischen Lebensmittel-Filialisten „The Great Atlantic & Pacific Tea Company" (A&P) beteiligt. Das Warenangebot der Unternehmensgruppe Tengelmann reicht von Nahrungsmitteln über Tabakwaren und Alkoholika bis zu Textilien, Kosmetika, Reinigungsmitteln, Leder- und Geschenkartikeln sowie Elektro- und Haushaltswaren.

Eine schwere Krise erschütterte das Unternehmen Ende der 1990er Jahre: Der bis dahin zentralistisch organisierte Konzern schien den wachsenden Anforderungen des Marktes, der angesicht des scharfen Wettbewerbs flexibles Handeln erforderlich machte, nicht mehr gewachsen. Enorme Umstrukturierungen waren die Folge, in deren Verlauf man sich von mehreren Unternehmen trennte und etwa 500 Filialen verkaufte oder schloss. Auch Teile des Auslandsgeschäftes fielen weg. Was übrig blieb, wurde modernisiert, beworben und einem neuen Service-Konzept unterstellt. Dass die Sanierung des Konzerns auch Arbeitsplätze kostete, belegen die Zahlen in Deutschland: Mehr als 3.000 Stellen wurden alleine hier getrichen.

Mittlerweile blickt das Unternehmen, das 2002 in eine Kommanditgesellschaft umgewandelt wurde, jedoch wieder optimistisch in die Zukunft und kann sich über steigende Umsatzzahlen freuen. In der nunmehr fünften Generation unter Karl-Erivan W. Haub hat sich auch die Tochterfirma Wissoll von den schweren Umsatzeinbußen der letzten Jahre erholt, gleichwohl der Erfolg auch hier nicht ohne schmerzliche Einschnitte im Personalwesen und bei der Produktpalette verlief. Insgesamt beschäftigt die Mülheimer Süßwarenfabrik (zusammen mit dem Zweigwerk in Delitzsch, wohin kürzlich auch die Verwaltung von Wissoll verlegt wurde) derzeit noch etwa 500 Mitarbeiter. Die Herstellung im Werk Mülheim konzentriert sich inzwischen nicht mehr auf das Traditionsprodukt Tafelschokolade, sondern auf Fruchtgummi, Gelee und Kaubonbons. Im Werk Delitzsch werden hingegen noch Dinner Mints, Alkoholpralinen und Blockschokolade hergestellt. Gelagert werden die Süßwaren seit Dezember 2000 unter anderem in einem neuen Zentrallager an der Neustadtstraße (siehe Rundgang Styrum).

Für sein umweltpolitisches Engagement, dem sich Tengelmann schon zu Zeiten von Elisabeth Haub verpflichtet sah, erhielt der Konzern übrigens mehrere Auszeichnungen, mit denen das „besonders verantwortungsbewusste ökologische Denken und Handeln“ der Unternehmensgruppe hervorgehoben wurde. Um diese Tradition auch in Zukunft fortzusetzen, stiftete das Unternehmen im Jahre 2001 einen Schul-Umweltpreis, der vor allem jungen Leuten den Umweltschutzgedanken näher bringen soll. Darüber hinaus engagiert sich Tengelmann regelmäßig auf dem kulturellen, gesellschaftlichen und bildungspolitischen Sektor Mülheims und sorgt mit Spenden und Zuwendungen für den Fortbestand so mancher Einrichtung der Stadt.

Wer das Wissoll-/Tengelmann-Gelände vollständig umrunden möchte, wählt am besten den Weg über die Ulmenallee. Hier befand sich bis in die 1970er Jahre noch ein städtischer Schlachthofbetrieb, der nach über einhundert Jahren Tätigkeit 1977 seinen Betrieb einstellen musste; das Gelände wurde an Tengelmann verkauft. Weiter geht es zur Koloniestraße, die ihren Namen in Erinnerung an eine Arbeitersiedlung erhielt, die Ende des 19. Jahrhunderts für die Beschäftigten des ehemaligen Eisenbahnausbesserungswerks (siehe Rundgang Broich) errichtet worden war. Seit 1983 steht hier das neue, markante Verwaltungsgebäude der Unternehmensgruppe Tengelmann. Über den Veilchenweg, wo sich ein hauseigener Sportplatz befindet, kommt man zurück zur Wissollstraße.

Unternehmensgruppe Tengelmann an der Ulmenallee

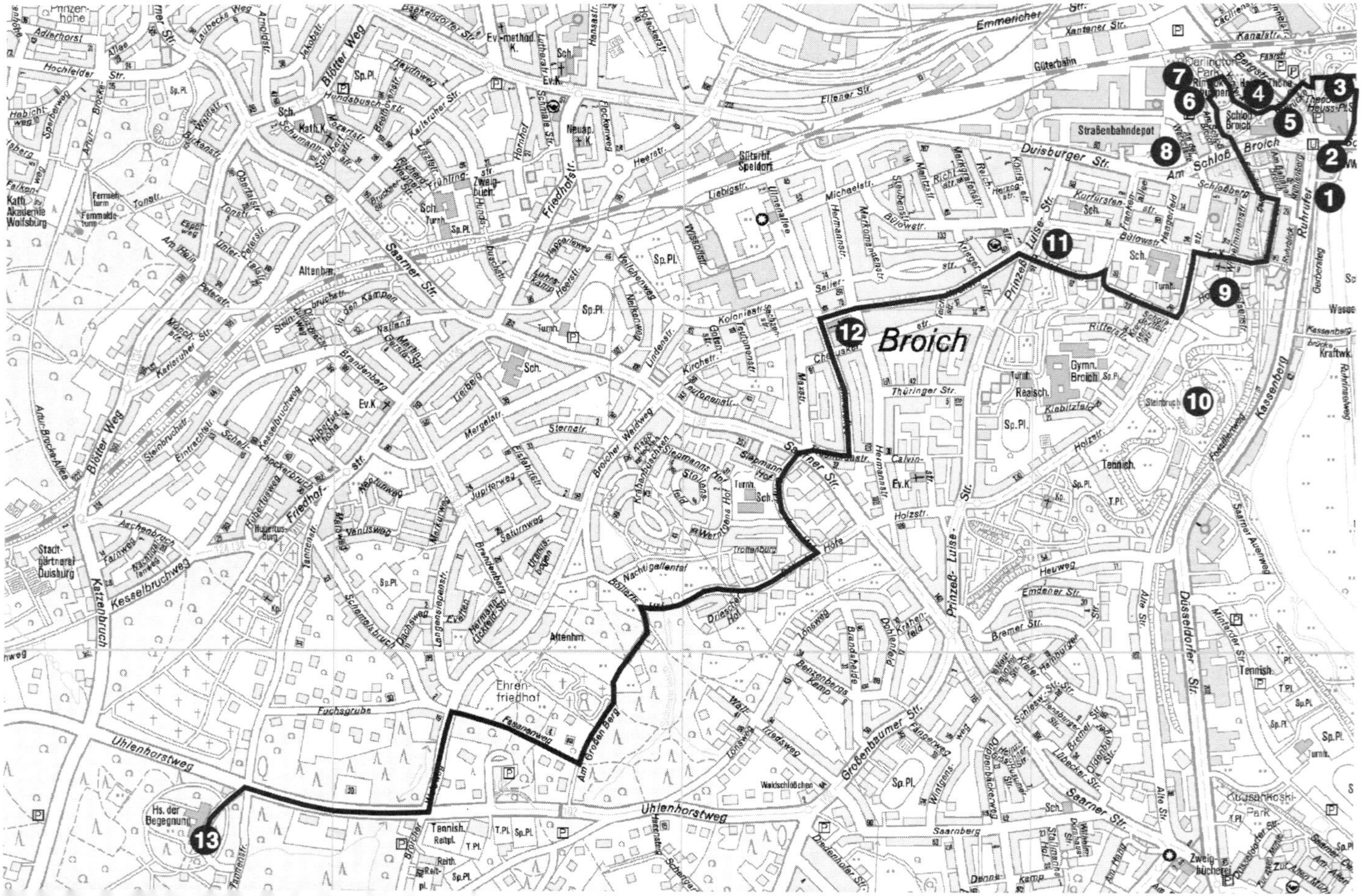

Broich
1
2
3
4
5
6
7
8
9
10
11
12
13
Duisburger Str.
Saarner Str.
Düsseldorfer Str.
Prinzeß-Luise-Str.
Kassenberg
Ruhrufer
Straßenbahndepot
Uhlenhorstweg
Katzenbruch
Blötter Weg
Friedhofstr.
Großenbaumer Str.
Ehrenfriedhof
Hs. der Begegnung
Gymn. Broich
Steinbruch
Emmericher Str.
Kesselbruchweg
Am Großen Berg
Fasanenweg
Nachtigallental
Thüringer Str.
Hermannstr.

Broicher Ruhrufer um 1900 mit herrschaftlicher Papiermühle und Witwenhaus

Broich

Zeugnis der Vergangenheit: Mit Burg Broich begann Mülheims Geschichte

Ausgangspunkt: RWW-Hauptverwaltung, Am Schloss Broich (Straßenbahn: 102, 901, Bus: 122, 124, 131, 132, 133, 135, 752, Haltestelle: Schloss Broich)

Endpunkt: Ev. Akademie/Haus der Begegnung, Uhlenhorstweg (Straßenbahn: 102, Haltestelle: Uhlenhorst)

Dauer: 2,5 Stunden

Route: Hauptverwaltung Rheinisch-Westfälische Wasserwerksgesellschaft RWW (1), Schlossbrücke (2), Stadthalle (3), Heinrich-Thöne-Volkshochschule (4), Schloss Broich (5), Ringlokschuppen (6), Broicher Wasserturm/Camera Obscura (7), Betriebe der Stadt/ehem. Eisenbahnausbesserungswerk (8), Ev. Wilhelminenkirche (9), Steinbruch Rauen (10), Neue Mitte Broich (11), Kath. Kirche Herz Jesu (12), Ev. Akademie/Haus der Begegnung (13)

Von allen Mülheimer Stadtteilen, die in diesem Buch Erwähnung finden, ist die Gemeinde Broich wohl diejenige mit dem historisch interessantesten Hintergrund. Neben vielen kleinen beachtenswerten Details steht im Mittelpunkt der Betrachtungen natürlich immer wieder Schloss Broich, eine frühmittelalterliche Burganlage, die nach neuestem Kenntnisstand bereits um 883/884 n. Chr. als Sperrfort gegen die Normannen errichtet und einige Jahrhunderte später zur höfischen Residenz ausgebaut worden war. Ohne dieses Schloss wäre die Entstehung des Ortsteils Broich sowie auch die Entwicklung zur heutigen Stadt Mülheim in der jetzigen Form kaum denkbar gewesen. Dass wir überhaupt etwas von der Bedeutung der alten Burg- und Schlossanlage wissen, verdanken wir dem beherzten Engagement einiger Mülheimer Heimatforscher, die in den 1960er Jahren den Abriss des Broicher Schlosses verhinderten und somit den Weg frei machten für die darauf folgenden, jahrelangen archäologischen Untersuchungen, die zu Tage förderten, was bis dahin noch niemand wusste: Schloss Broich ist die älteste jemals vollständig ausgegrabene karolingische Burganlage in ganz Westeuropa!

Auch im Hinblick auf die Stadt Mülheim ist Schloss Broich – abgesehen von der St.-Laurentius-Kirche in Mintard, die jedoch erst seit 1975 zum Stadtgebiet zählt (siehe Fahrradtour) – das älteste Baudenkmal der Stadt. Erbaut wurde es unter Herzog Heinrich von Ostfranken, zu dessen Königreich damals auch die Gegend um Broich gehörte. Als in der zweiten Hälfte des 9. Jahrhunderts Kriege gegen die Normannen tobten, die das Land mit Plünderungen überzogen und schließlich vor den Toren Duisburgs standen, wurde, vermutlich im Winter 883/884, am strategisch wichtigen Hellwegsübergang über die Ruhr bei Broich ein Sperrfort zum Schutz der jenseits des Flusses gelegenen Abteien Essen und Werden errichtet. Der Hellweg, ein seit dem frühen Mittelalter bestehender Handelsweg, der von Duisburg über Essen und Dortmund nach Paderborn und weiter bis nach Magdeburg reichte, war die bedeutendste westöstliche Fernverbindung der damaligen Zeit. Die Festung Broich, als ringförmige Anlage auf einem mehrere Meter hohen Bergsporn über der Ruhr errichtet, sollte diesen Hellweg sowie den unmittelbar angrenzenden Wasserweg (eine Furt über die Ruhr führte ins benachbarte Kirchspiel Mülheim) vor feindlichen Übergriffen schützen.

Die Nutzung der ersten Broicher Burganlage scheint also militärischer oder allenfalls noch verwaltungstechnischer Art gewesen zu sein. Diese Vermutung wird durch einzelne archäologische Funde bestätigt, schriftliche Belege existieren aus dieser Zeit allerdings noch nicht. Sie tauchen erst in Form einer Urkunde des Werdener Klosters aus dem Jahre 1093 auf, in der neben den Herren von Mülheim (siehe Rundgang Altstadt) und Dümpten (siehe Rundgang Dümpten) auch ein „Burkhard von Broich" genannt wird. Über dieses erste Herrschergeschlecht von Broich übermitteln uns die Geschichtsbücher leider nur sehr wenig, wenngleich vermutet werden darf, dass sich die Broicher Herren der strategischen und somit politischen Bedeutung ihres Hauses sehr wohl bewusst waren. Ein gutes Jahrhundert nach der ersten schriftlichen Erwähnung wurde das „castrum broke" vom Kölner Erzbischof Philipp von Heinsberg zur Festung ausgebaut; ein Rundturm sowie eine neue Ringmauer entstanden (zu den einzelnen Bauten später mehr). Um 1260 ist Broich erstmals als Herrschaft erwähnt, die Eigentümer – auf einen Burkhard folgte stets ein Dietrich – wurden als Edelherren bezeichnet. Territorial unterstand Broich durch ein „ewiges Schutz- und Trutzbündnis" seit 1348 dem Herzogtum Jülich-Berg.

Mit Dietrich III. starb die Linie der Broicher Edelherren aus, das Schloss ging durch Heirat der ältesten Tochter Lukardis 1372 in den Besitz der Grafen von Limburg-Hohenlimburg über. Unter Dietrich V. von Limburg wurde das heute noch erhaltene Niederschloss (Palas) gebaut. 1430 fiel Schloss Broich als Lehen an den Herzog Adolf von Kleve-Mark; dreizehn Jahre später eroberte der Herzog von Jülich-Berg zusammen mit dem Kölner Erzbischof Dietrich von Moers Burg Broich zurück; die Limburger Grafen verloren zunächst ihren Besitz, wurden jedoch später vom bergischen Herzogtum mit dem Schloss belehnt. Zugleich wurde den Limburger Grafen auch die Amtmannschaft über das Kirchspiel Mülheim, das ebenfalls zum bergischen Territorium zählte, übertragen (1459). Mülheim und Broich bildeten also seit dieser Zeit ein einheitliches Gebiet. Mit Johann IV. erreichte die Unterherrschaft Broich, wie sie sich fortan als Teil des Herzogtums Bergs nannte, in etwa die Größe des heutigen Mülheimer Stadtgebietes.

Mit dem Tode des letzten Limburgers, der keine männlichen Erben hinterließ, kam in Broich ein neues Herrschergeschlecht an die Macht: Wirich V. von Daun-Falkenstein übernahm 1508 durch Heirat mit der adoptierten Nichte Johanns IV. die Herrschaft in Broich. Als enger Vertrauter des Herzogs von Berg war er mit zahlreichen würdevollen Aufgaben betraut, darunter auch eine Reise zum Reichstag von Worms (1521), wo er auf Martin Luther traf. Die Begegnung mit dem großen Reformator läutete in Mülheim die geistig-religiöse Wende ein: Unter Philipp, Sohn Wirichs V., hielt die Reformation in der Unterherrschaft Einzug. Im spanisch-niederländischen Krieg, der in erster Linie auch ein Glaubenskrieg war, hatte das Bekenntnis zur lutherischen Kirche jedoch fatale Folgen: Wirich VI., Nachfolger Philipps und Oberhaupt der niederrheinischen Protestanten, wurde vor den Toren von Schloss Broich 1598 von den katholischen Spaniern ermordet. Die Burg erlitt während der Eroberung schwere Schäden, die in der Folgezeit nur notdürftig ausgebessert werden konnten. Erst mit Wilhelm Wirich, dem letzten Grafen von Daun-Falkenstein (1634–1682), erfolgte eine umfassende Erneuerung. Er ist es auch, der das heute wieder hergestellte Hochschloss in seiner jetzigen Form erbauen ließ. Sein Wappen, das an der hofseitigen Mauer des Schlosses angebracht ist, zeigt die Einzelwappen sechs verschiedener Adelsgeschlechter: Daun, Falkenstein, Limburg, Oberstein, Broich und Reipoltzkirchen. Sie alle haben in der Geschichte des Schlosses sowie der Herrschaft Broich eine bedeutsame Rolle gespielt. 1890 wählte die Stadt Mülheim das Wappen zum Stadtwappen.

Da Wilhelm Wirichs einziger Sohn und Erbe, Junggraf Carl Alexander, durch die Hand des Grafen Moritz von Styrum unter unglücklichen Umständen zu Tode kam (siehe Rundgang Styrum), ging die Herrschaft Broich nach Erbstreitigkeiten 1682 in den Besitz der Grafen von Leiningen-Dagsburg über, die das Schloss bis 1766 für sich behielten. Mit dem Tode des Grafen Christian Carl Reinhard trat dessen Tochter Marie Luise Albertine, verheiratete Landgräfin von Hessen-Darmstadt, die Nachfolge an. Unter ihrer Regie wurde der Palas umgebaut, eine Inschrift über dem Eingang zum Niederschloss belegt diese Bautätigkeit. Bei ihren Untertanen hat die Landgräfin einen bleibenden, positiven Eindruck hinterlassen, ebenso wie ihre Enkelin, Prinzessin Luise von Mecklenburg-Strelitz, die 1797 durch Heirat mit Friedrich Wilhelm III. Königin von Preußen wurde. Gleichwohl die Prinzessin als junges Mädchen nur wenige Male zu Besuch auf Schloss Broich weilte, wird sie von den Mülheimer Bürgerinnen und Bürgern seither hoch verehrt. Straßennamen, eine Schule, ein Grüntal, ein Hotel und sogar ein Restaurant sind nach ihr benannt. Eigentlich weiß niemand so recht, worin diese stille Verehrung begründet liegt, spielte doch die Prinzessin in damaliger Zeit weder für Broich noch für Mülheim irgendeine entscheidende Rolle. Ihre Verehrung ist wohl den glühenden Worten des Broicher Heimatforschers Hermann Adam von Kamp (1796–1867) zuzuschreiben, der die junge Prinzessin in Gedichten und Prosatexten verewigte. Es sei den Mülheimern also gegönnt, Luise als „ihre“ Königin zu verehren, auch wenn letztlich weit herausragendere Persönlichkeiten die Geschicke der Stadt geprägt haben als eine elfjährige Prinzessin.

Marie Luise Albertine sollte die letzte Regentin auf Schloss Broich sein. Zu Beginn des 19. Jahrhunderts hatten sich die politischen und rechtlichen Verhältnisse in der rheinischen Region grundlegend gewandelt: Das Herzogtum Berg, zwischenzeitlich zu Bayern gehörend, fiel während der französischen Kriege an Napoleon, der seinen Schwager Joachim Murat mit dem Regiment über das Herzogtum betraute. Per Dekret löste dieser 1806 die Unterherrschaft Broich auf, zwei Jahre später wurde aus dem Gebiet rechts und links der Ruhr die heutige Stadt Mülheim. Die Landgräfin wurde für den Verlust ihres Besitzes entschädigt. 1816 – die napoleonischen Kriege waren inzwischen beendet – trat anstelle der französischen die preußische Verwaltung in

Kraft. Mit dem Tode von Marie Luise Albertines einzigem Erben, Prinz Georg, hörte die Adelsherrschaft auf Schloss Broich endgültig auf zu existieren. Der gräfliche Besitz wurde ausgeräumt und versteigert, das Schloss zu Privatwohnungen umgebaut; zeitweilig zog auch das städtische Gericht hier ein. 1857 ersteigerte der Mülheimer Weinhändler und Bankier Eduard Stöcker die Burg für 335.000 Taler und ließ am Hochschloss, mitten über der längst verschütteten ersten Broicher Burganlage, eine klassizistische Villa als Wohnhaus errichten. 1938 erwarb schließlich die Stadt Mülheim das Baudenkmal. Die ursprünglich für diesen Zeitpunkt geplanten Renovierungsarbeiten mussten bei Ausbruch des Zweiten Weltkriegs verschoben werden. Erst Mitte der 1960er Jahre, als die Anlage schon so baufällig geworden war, dass man ihren kompletten Abriss erwog, konnte auf Anregung des Mülheimer Geschichtsvereins und unter Anleitung des Rheinischen Landesmuseums Bonn mit der Restaurierung und gleichzeitigen Untersuchung zur historischen Bedeutung des Schlosses begonnen werden. Die Arbeiten, die sich bis 1975 hinzogen, legten die bereits erwähnte karolingische Ursprungsanlage frei, die in ihrer Vollständigkeit und in ihren Wert für die Geschichtsschreibung in Deutschland einmalig ist.

Der eben dargelegte Rückblick auf die Ereignisse vergangener Zeiten mag bereits andeuten, dass Schloss Broich über viele Jahrhunderte hinweg nicht nur Zentrum der gräflichen Herrschaft, sondern auch Mittelpunkt des allmählich im Entstehen begriffenen Broicher Gemeindelebens gewesen ist. Es ist deshalb nicht verwunderlich, dass erste Siedlungen, sofern man sie in früher Zeit schon als solche bezeichnen kann, in unmittelbarer Nachbarschaft des Schlosses, also in Unterbroich, entstanden. Und nicht nur die Nähe zum Schloss war für die Ansiedlung der Menschen von Bedeutung, sondern auch die geringe Entfernung zum Fluss. Schon frühzeitig zog die Ruhr Menschen an ihre Ufer, darunter allerlei Gewerbetreibende, die sich das Wasser auf verschiedene Art zunutze machten. Zu nennen wären beispielsweise die Mühlenbetriebe, die sich östlich der Burganlage am Rande des Stroms niederließen und ihre Arbeit lange Zeit im Auftrag der Broicher Herren verrichteten. Im 18. Jahrhundert siedelten sich dann, wiederum am Ufer der Ruhr, erste Gerbereien an, aus denen später die großen, zum Teil noch heute bestehenden Lederfabriken erwuchsen. Im 19. Jahrhundert waren es schließlich die Schiffer, die den größten Anteil der Bevölkerung bildeten – der Schiffszimmerplatz Timmerhelling von Baas Thielen auf der anderen Ruhrseite war in Mülheim für viele ein Begriff.

Westlich von Schloss Broich wurde die Besiedlung immer dünner: Das Haagerfeld mit seinen Gärten sei hier genannt, übergehend in weite Weiden- und Wiesenflächen, die nur äußerst spärlich besiedelt waren (Oberbroich). Ackerbau und Viehwirtschaft waren in dieser Gegend prägend, hinzu kamen die Jagd und die Fischerei. Eine Steinkuhle am Kassenberg, die schon in grauer Vorzeit bestanden haben soll (heute Steinbruch Rauen), veränderte das Erscheinungsbild ein wenig. Weiter westlich, oberhalb der heutigen Saarner Straße, sind einzelne Höfe verzeichnet (siehe Werntgens-Hof, Siepmanns-Hof, Strippchens-Hof). Unter ihnen ist auch der Hof eines Nikolaus Böllert, der bereits für das 13. Jahrhundert nachgewiesen ist und damit einer der ältesten Höfe der Broicher Gemeinde ist (Böllerts Höfe). Im äußersten Südwesten besteht das Stadtteilgebiet schließlich überwiegend aus Wald- und Grünflächen, in die die Bebauung nur vereinzelt vorgedrungen ist. Das Gelände zwischen Uhlenhorstweg und Großenbaumer Straße ist deshalb auch das am dünnsten besiedelte Gebiet in Mülheim überhaupt. Die bis heute erhaltene, relative Unberührtheit der Natur geht zurück auf den Beschluss einer privaten Vereinigung, die sich zu Beginn des 20. Jahrhunderts unter dem Namen „Broich-Speldorfer Wald- und Gartenstadt AG“ (siehe Rundgang Speldorf) gegründet hatte. Dieser Verein hatte es sich zur Aufgabe gemacht, naturbelassene Grünflächen am Rande des Industriebezirks zu erhalten und die Bebauung nur unter strengen Auflagen zuzulassen. In der Folgezeit zog es vor allem kapitalkräftige Unternehmer in den Broich-Speldorfer Wald, die ihre prächtigen Villen (Streithof, Haus Küchen, Villa Thyssen, Haus Rott) inmitten der grünen Landschaft errichteten und weitgehend ungestört dort wohnten. Heute werden diese ehemals vornehmen Wohnstätten größtenteils anderweitig genutzt. Als Orientierungspunkte mögen sie uns jedoch weiterhin Anlass geben für einen Spaziergang durch den Uhlenhorster Wald, der nach Meinung vieler Einwohner Mülheims zu den schönsten Naturgebieten der Stadt gehört.

Werfen wir zum Schluss noch einen Blick auf die kommunalpolitische Entwicklung Broichs nach dem Jahre 1808: Wie bereits erwähnt, wurde die Unterherrschaft Broich, zu der seit Mitte des 15. Jahrhunderts auch das Kirchspiel Mülheim gehörte, zu Beginn des 19. Jahrhunderts durch napoleonisches Gesetz zur Stadt erhoben. Ein halbes Jahrhundert später teilte man das Gebiet in einen Stadt- und einen Landbezirk auf, wobei Broich mit seinen damals etwa 900 Einwohnern zum Land Mülheim gerechnet wurde. 1878 erfolgte eine erneute Änderung der kommunalen Verfassung, die zur Bildung dreier Bürgermeistereien in der Region führte. Eine von ihnen war die Landbürgermeisterei Broich, zu der in der Folgezeit auch die Ortschaften Speldorf und Saarn gehörten. Zur Zeit der Entstehung der Bürgermeisterei lebten in Broich ca. 2.100 Menschen, hinzu kamen 3.800 aus Speldorf und etwa 3.000 aus Saarn. Unter Hauptmann a.D. Ludwig Mentz (siehe Mentzstraße) wurde in der Nähe des Schlosses ein eigenes Bürgermeisterhaus errichtet; es stand an der jetzigen Graf-Wirich-Straße, musste jedoch in den 1960er Jahren neuen Wohnbauten weichen. Mit der Eingemeindung der drei Ortschaften Broich, Speldorf und Saarn in die Stadt Mülheim im Jahre 1903/04 hörte die eigenständige Bürgermeisterei Broich auf zu existieren; die inzwischen knapp 20.600 Einwohner der drei genannten Stadtteile waren fortan Bürgerinnen und Bürger Mülheims.

In der Nähe des damaligen Bürgermeisteramtes führte eine wichtige Ost-West-Verbindung vorbei: die Duisburger Straße, die zunächst über den Kassenberg und das Haagerfeld bergauf Richtung Duisburg führte. Um die Schleife über den Kassenberg zu umgehen, wurde um 1903 etwas weiter nördlich eine neue, geradlinige Straße mit direkter Verbindung zur Schlossbrücke (damals Kettenbrücke) gebaut; sie trägt heute den Namen „Am Schloss Broich". Neben dem Ausbau der Duisburger Straße, der nicht unerheblich zur Erschließung und Besiedlung des Stadtteils beigetragen hat, war die Straßenbahnlinie ein weiterer wichtiger Faktor, der die Entwicklung des Stadt-

Die markante Kettenbrücke, errichtet 1844

teils vorantrieb. Die Verlängerung der Gleise von Duisburg bis nach Broich erfolgte 1888, ab 1897 fuhr hier auch die „Elektrische". Endstelle war der Bahnhof Broich, der sich ganz in der Nähe des alten Bürgermeisteramtes befand; heute ist hier ein Kinderspielplatz der katholischen Kirche Herz Jesu. Am Bahnhof vorbei führten quer zur Straßenbahnlinie auch die Gleisanlagen der Ruhrtaler Eisenbahn, die von Styrum über Broich bis nach Kettwig reichten; wer den Fossilienweg entlangwandert, befindet sich auf einem Teilstück dieser Strecke. Das Thema Eisen- und Straßenbahn ist in Broich übrigens bis heute präsent geblieben, unterhalten doch die Betriebe der Stadt im ehemaligen Eisenbahnausbesserungswerk an der Duisburger Straße nach wie vor ein Straßenbahndepot mit angeschlossener Wartungs- und Reparaturwerkstatt.

Geografisch ist der Stadtteil Broich heute ein lang gestrecktes Gebilde, das im Osten durch die Ruhr, im Süden durch die Großenbaumer Straße, im Westen durch die Nachbarstadt Duisburg sowie im Norden durch die Güterbahnlinie und den Broicher Waldweg begrenzt wird. Der Betriebshof der Stadt mit dem dahinter liegenden östlichen Zugang zum Hafen markiert den wirtschaftlich am stärksten genutzten Bereich (Schuhfabrik Otterbeck, Drahtseilerei Kocks, Firma Syntana). Einen weiteren ökonomischen Schwerpunkt bildet das Areal um den Steinbruch Rauen (Ruhrtaler Waffelfabrik, Treibriemen Feldmann) sowie die am Kassenberg und der Düsseldorfer Straße angesiedelte Lederindustrie (Pampus, Funcke, Lindgens/Seton). In direkter Nachbarschaft, eingebettet in die wunderschöne Parklandschaft des Mülheimer Gartens (MüGa), sind mit Schloss Broich, Ringlokschuppen, Camera Obscura, Volkshochschule und Stadthalle die wichtigsten bildungspolitischen, kulturellen und historischen Sehenswürdigkeiten der Stadt vertreten. Westlich dieses Geländes gleicht Broich immer mehr einer beschaulichen Wohnstadt, an deren Ende sich mit der Ev. Akademie noch einmal ein Bildungszentrum ersten Ranges befindet. Die heute etwa 14.800 Einwohner Broichs schätzen diese Zweiteilung ihres Stadtteils, besitzen sie doch mit Schloss und Stadthalle auf der einen sowie dem weitläufigen Uhlenhorster Wald auf der anderen Seite zwei der attraktivsten Kultur- und Erholungsräume, die Mülheim überhaupt zu bieten hat.

Wir beginnen nun unseren Rundgang an einem Gebäudeensemble am Ufer der Ruhr, dessen geschichtliche Vergangenheit vielen Mülheimern relativ unbekannt sein dürfte: Es handelt sich um die **Hauptverwaltung der Rheinisch-Westfälischen Wasserwerksgesellschaft RWW (1)**. Vor langer Zeit, genauer gesagt vor nun bald 600 Jahren, befanden sich an der Stelle der heutigen RWW drei kleine Mühlenbetriebe, die den Grafen von Broich unterstellt waren. Als eine der ersten Mühlen wird eine Kornmühle erwähnt, die bereits um 1338 existiert haben soll; später kamen eine Papiermühle sowie eine Walkmühle (auch als Öl-, Farbholz- und Tabakmühle genutzt) hinzu. Die Broicher Papiermühle verdient hier gesondert Erwähnung, spielte sie doch in der Geschichte des Stadtteils in zweierlei Hinsicht eine beachtenswerte Rolle: Die erste Besonderheit begegnet uns in Gestalt des Broicher Papiermüllers Wilhelm Rittinghaus, der in der herrschaftlichen Mühle zu Broich Mitte des 17. Jahrhunderts sein Handwerk erlernte, dann nach Amerika auswanderte und dort die erste Papiermühle des Kontinents gründete. Der Vater der amerikanischen Papierindustrie ist also ein Mülheimer Bürger gewesen! Die zweite Besonderheit besteht darin, dass von den etwa 70 Papiermühlen, die in Mülheim einst existiert haben, die Broicher Papiermühle die älteste ist: Sie wurde bereits um 1500 erstmals genannt. Die Broicher Herren, denen die Mühle gehörte, verpachteten diese an interessierte Gewerbeleute, die laut Vertrag dazu verpflichtet waren, eine festgelegte Menge Papier an die gräfliche Herrschaft abzuliefern; im Gegenzug sorgten die Edelherren dafür, dass die Mühlengebäude instand gehalten wurden und dem Müller ein fester Kundenkreis garantiert war. Der bekannteste Pächter der Broicher Papiermühle war die Familie Vorster. Von der Landesherrschaft erhielt sie die Mühle 1643 zunächst in Zeitpacht, später in Erbpacht. Unter ihrer Regie wurde die Papiermühle verbessert und immer weiter ausgebaut. Die Vorsters, die in anderen Orten des bergischen Landes ebenfalls Papiermühlen betrieben, erlangten bald auch in Mülheim großes Ansehen. Ihr Einfluss ging weit über das rein ökonomische Engagement hinaus. Es schien deshalb auch nicht verwunderlich, dass eines ihrer Mitglieder bei der Stadtwerdung Mülheims im Jahre 1808 zum ersten Bürgermeister ernannt wurde.

In der Broicher Mühle arbeiteten zu Beginn des 19. Jahrhunderts rund 25 Beschäftigte, die jährlich 2 Mio. Blatt Papier mit einem Wert von etwa 8.000–12.000 Talern herstellten. Das Papier produzierte man anfangs aus Lumpen, die zerschnitten und mit Wasser vermischt wurden. In Verbindung mit Tierleim wurde dieses Gemisch in Bütten geleitet und mit einem Sieb Bogen für Bogen abgeschöpft; zu guter Letzt hängte man die nassen Papierblätter, erneut mit Leim verklebt, im Dachstuhl der Mühlen zum Trocknen auf. Das Wasser der Ruhr (den hier befindlichen Seitenarm des Flusses bezeichnete man auch als „Broicher Schlagd", also als Stauwasser) wurde sowohl zum Aufweichen der Stoffe als auch zum Antrieb der Mühlenräder genutzt. Das aufwändige Verfahren der Herstellung sowie die stete Knappheit an Lumpen ließ das Papier in der Anfangszeit jedoch zu einem seltenen und teuren Gut werden. Die Lage änderte sich erst mit der Erfindung der maschinellen Papierfabrikation (1798) und der Verwendung von Holz anstelle von Stoffen (1843). Diese Entdeckungen sind es auch, die es den Herstellern erstmals ermöglichten, Papier in ausreichenden Mengen zur Verfügung zu stellen. In Broich kam das neue Verfahren ebenfalls zur Anwendung, wenn auch nur eingeschränkt. Die Familie Vorster, die inzwischen auch die beiden anderen ehemals herrschaftlichen Mühlen in Erbpacht übernommen hatte und nach dem Tode des letzten Broicher Grafen (1830) sogar Eigentümerin der Mühlen wurde, stellte bis 1901 Papier in hoher Qualität her, zuletzt für die Duisburger Tabakfabrik Böninger sowie für Johann Maria Farina, den Erfinder des weltbekannten Kölner Eau de Colognes „4711". Die Vorster'sche Papiermühle, der seit Ende der 1880er Jahre auch eine Zellulosefabrik (zur chemischen Aufbereitung des Holzes) angeschlossen war, galt als die letzte ihrer Art am Ufer der Ruhr.

Hauptverwaltung RWW und Stadthalle

Das Aus für den Mühlenbetrieb kam im Jahre 1906: Die Broicher Mühle, seit 1901 in Besitz der Dorstener Papierfabrik AG, erschien nicht mehr rentabel, der Betrieb musste nach mehr als 400 Jahren stillgelegt werden. Die Gebäude wurden schließlich abgerissen. An ihrer Stelle errichtete der Mülheimer Industrielle August Thyssen, der in Styrum ein eigenes Stahl- und Walzwerk betrieb und mit der Wasserwirtschaft der Region eng in Verbindung stand (siehe Rundgang Styrum), im Jahre 1910 ein Wasserwerk zur Gewinnung von Elektrizität. Zwei Jahre später gründete sich aus dem Zusammenschluss der Firma Thyssen & Cie. sowie der Mülheimer und Oberhausener Wasserversorger die Rheinisch-Westfälische Wasserwerksgesellschaft RWW, die 1928 am Schloss Broich, an der Stelle des Thyssen'schen Wasserwerkes, ihren Hauptsitz bezog. Die „Wasserburg", wie der Gebäudekomplex heute genannt wird, ist ein stattliches, mehrere Häuser umfassendes Baudenkmal, in dessen Mittelpunkt ein auffallend lang gestrecktes, auf hohen Säulen ruhendes Gebäude steht. Rechts und links wird das Haus begrenzt durch zwei eher quadratische Komplexe, wobei das brückenseitige Außenhaus durch schmale, hohe Pfeiler gekennzeichnet ist, die mehrere Rundbögen tragen und in einem spitz zulaufenden Walmdach ihren Abschluss finden. Architektonisch korrespondiert die RWW-Verwaltung mit der gegenüberliegenden Stadthalle sowie dem am Ostufer der Ruhr befindlichen Rathauskomplex. Der Architekt war in allen drei Fällen Hans Großmann.

Als die RWW 1928 den Neubau an der Schlossbrücke bezog, war ihre wachsende Bedeutung für die Ruhr-Region, in der eine gesicherte Wasserversorgung aufgrund der Besiedlungsdichte zur Lebensgrundlage geworden war, bereits deutlich zu erkennen. Heute ist die RWW eines der größten Wasserversorgungsunternehmen Deutschlands. Als Gesellschafter beteiligt sind die Städte Mülheim, Bottrop, Gladbeck und Oberhausen sowie das Rheinisch-Westfälische Elektrizitätswerk RWE mit seiner Tochterfirma RWE Aqua, die durch eine spektakuläre Kaufaktion im Jahr 2002 inzwischen knapp 80 % der Anteile besitzt. Das Versorgungsgebiet der RWW ist etwa 850 qkm groß und reicht von der niederländischen Grenze im Kreis Borken im Norden über die Städte Dorsten, Gladbeck, Bottrop, Oberhausen und Mülheim bis ins südlich gelegene Bergische Land bei Wülfrath. Ein Rohrnetz von mehr als 3.000 km Länge, an das rund 132.000 Haushalte angeschlossen sind, versorgt ca. 1 Mio. Menschen mit sauberem Trinkwasser. Hinzu kommen zahlreiche Gewerbe- und Industriebetriebe in der Region, die von der RWW ihr Brauchwasser beziehen. Die Verfügbarkeit des Wassers wird über neun Wassergewinnungsanlagen, zwölf Wasserbehälter sowie ein Wasserkraftwerk geregelt; hinzu kommen etwa 20.000 Hydranten, die über das gesamte Versorgungsgebiet verteilt sind. Modernste Technik findet hier ihre Anwendung, wobei das so genannte „Mülheimer Verfahren" zur Wasseraufbereitung, in den 1970er Jahren am Wasserwerk Dohne entwickelt (siehe Rundgang Altstadt), mittlerweile weltweit ein Begriff ist. Weitere technische Entwicklungen werden im hauseigenen Forschungsinstitut an der Moritzstraße erprobt (siehe Rundgang Styrum).

Rund 600 Mitarbeiter sind rund um die Uhr dafür im Einsatz, den jährlichen Bedarf von etwa 80 Mio. Kubikmeter Wasser sicherzustellen. Der Einsatz für die Umwelt sowie der vorbeugende Gewässerschutz stehen dabei an erster Stelle. Alle Bereiche der RWW, zu denen auch die Abwasserentsorgung gehört, werden regelmäßig auf ihre ökologische Ausrichtung hin überprüft, mit einigem Erfolg: 1999 wurde dem Unternehmen das europäische Öko-Gütesiegel verliehen, das der RWW ein „besonders gehobenes umweltpolitisches Engagement" bescheinigt. Der Verbraucher kann sich an den von der RWW ins Leben gerufenen Informations- und Bildungsstandorten Haus Ruhrnatur (siehe Rundgang Altstadt) und Aquarius Wassermuseum (siehe Rundgang Styrum) über diese Tätigkeiten informieren. Dort erfährt man auch alles über das Lebenselixier Wasser an sich, welche Gefahren dem Trinkwasser durch Verunreinigung drohen und wie jeder Einzelne aktiv zum Schutz und Erhalt dieser natürlichen Ressource beitragen kann.

Die Kreuzung zwischen Schlossbrücke und Ruhruferstraße, in dessen Winkel heute die RWW-Verwaltung steht, besaß übrigens bis vor einem halben Jahrhundert noch ein gänzlich anderes Erscheinungsbild. Der Mühlenberg, dessen Name uns noch einmal an die ehemaligen drei herrschaftlichen Mühlen von Broich erinnert, bildete zusammen mit dem Schlossberg sowie der Fabrikstraße die Hauptverbindung von Duisburg über die Ruhr. Bis zum Beginn des 20. Jahrhunderts lief der Verkehr also über eine Schleife zur damaligen Kettenbrücke, die Straße „Am Schloss Broich" wurde wie erwähnt erst 1903/04 angelegt. Die Fabrikstraße, die zwischen dem Mühlenberg und der heutigen RWW-Zentrale lag und in Anlehnung an die Vorster'sche Papierfabrikation ihren Namen erhielt, ist beim Ausbau der Ruhruferstraße in den 1960er Jahren untergegangen. Die Bebauung zwischen Mühlenberg und Fabrikstraße wurde bei der Verbreiterung der Straße abgebrochen, der Mühlenberg endet heute in einer Sackgasse. Zu den verloren gegangenen Gebäuden in diesem Bereich zählte zum Beispiel das Gasthaus „Mückshoff" (auch „Zum luftigen Schneider" genannt) sowie das beliebte Ausflugslokal „Stockfisch", das als Mülheims ältestes und vornehmstes Gartenlokal bezeichnet wurde. Die Familie Stockfisch, die übrigens auch in verwandtschaftlicher Beziehung zur Familie Vorster stand, betrieb ihre Restauration wohl schon um das Jahr 1800; damals machten hauptsächlich Fuhrleute mit ihren Pferden nach dem steilen Weg vom Kassenberg bergauf hier Rast. Mehr als ein Jahrhundert hat die Gaststätte, auf deren Terrasse zuletzt über 1.000 Gäste Platz gefunden haben sollen, die Zeiten überdauert; 1938 musste das Lokal der neuen Straßenführung weichen. Hinter dem ehemaligen Standort der Wirtschaft befindet sich heute das Wohnhochhaus „Ruhrblick", das zusammen mit den benachbarten terrassenförmigen Stufenwohnungen zu den neueren Baukomplexen Mülheims zählt.

Obwohl die geänderte Verkehrssituation am Broicher Ruhrufer viele historische Bauten für immer aus dem Stadtbild verschwinden ließ, sind – gottlob – manche Gebäude dennoch erhalten geblieben. Erwähnenswert wären hier vor allem die am Kassenberg befindlichen Villen der Mülheimer Lederfabrikanten. Gut situierte und einflussreiche Unternehmer wie Wilhelm Funcke (Nr. 82), Ludolf Schmitz (Nr. 78), Carl Abel (Nr. 76), Ludwig Lindgens (Nr. 59), Wilhelm Unterhössel (Nr. 48) und Rudolf Lankhorst (Nr. 11) ließen hier zu Beginn des 20. Jahrhunderts in der Nähe ihrer Fabriken feudale Wohnhäuser im Stil des Historismus, der deutschen Renaissance oder des Jugendstils errichten. Alle oben genannten Villen sind bis heute erhalten geblieben, wenngleich zum Teil eingezwängt zwischen neuen, weniger attraktiven Wohn-

Broicher Ruhrufer mit Fußgängersteg und Café Ruhrkristall

bauten der Moderne. Die Lederindustrie selbst ist aktiv nur noch in Gestalt der Fabrik Lindgens/Seton am Kassenberg beziehungsweise der Düsseldorfer Straße vertreten, alle übrigen Fabriken wurden abgerissen oder neuen Nutzungen zugeführt (mehr zur Geschichte der Mülheimer Lederindustrie siehe Rundgänge Saarn und Holthausen). An das einst florierende Mülheimer Lederhandwerk erinnert dieser Tage noch der „Gerbersteg“, ein schmaler Uferweg, der im Rahmen der Mülheimer Landesgartenschau MüGa 1992 angelegt wurde. Zusammen mit der ebenfalls neu geschaffenen Kassenbergbrücke und dem Spaziersteg unterhalb des Cafés Ruhrkristall ist eine gebietenden versteigerten. Einer dieser Interessenten war 1771 Hermann Scholl, der die Fähre schließlich in Erbpacht erhielt und sie bis 1827 betrieb. Die Familie Scholl erlangte in Mülheim einige Berühmtheit, nicht nur aufgrund des Fährbetriebs, sondern weil auf sie auch die Gründung der Mülheimer Firma Wilhelm-Schmitz-Scholl (kurz: Wissoll) zurückzuführen ist (siehe Rundgang Speldorf). Der Nachbau der alten Schollschen Fähre, die dieser Tage wieder zwischen beiden Ruhrufern verkehrt, sowie ein Straßenname erinnern noch heute an diese bekannte Familie.

Nach 1827 übernahmen die Familien Thielen und Jongebloedt den Fährbetrieb.

Stadtpanorama mit Schlossbrücke

lungene Verbindung zwischen Broicher Ruhrseite und jenseitigem Flussufer entstanden, die einen Spaziergang lohnt.

Kehren wir nun zurück zur Mühlenbergkreuzung, die uns in direktem Wege zur **Schlossbrücke (2)** leitet. Die jetzige Schlossbrücke ist die dritte ihrer Art, die an dieser Stelle über den Wasserweg führt. Zuvor erreichte man das jenseitige Ufer lediglich mittels einer Fähre, die bereits seit Beginn des 15. Jahrhunderts in Betrieb gewesen war. Das Recht zum Gebrauch der Fähre war den Herren von Schloss Broich unterstellt, die den Fährbetrieb jedoch nicht selbst unterhielten, sondern an den Meist-

Da der wechselnde Wasserstand der Ruhr den Pendelverkehr jedoch regelmäßig lahm legte, beschloss man schließlich, eine Brücke zu bauen. Dieser erste feste Übergang über die Ruhr wurde 1844 eingeweiht, das ehemalige Fährgeld musste nun in Form eines Brückengeldes entrichtet werden. Die Ruhrbrücke galt als einer der schönsten Brückenbauten der Region; sie war zugleich die erste Hängebrücke Deutschlands überhaupt. Offiziell erhielt sie – aus Dank an den damaligen preußischen König, der die Genehmigung zum Bau der Brücke erteilt hatte – den Namen „Friedrich-Wilhelm-Brücke“, doch die Mülheimer nannten sie aufgrund ihrer gusseisernen Form (die einzelnen Kettenglieder waren in der benachbarten FWH geschmiedet worden) einfach nur „Kettenbrücke“. Sie wurde als Zierde der Stadt gefeiert, und selbst in Fachkreisen sprach man von einem Meisterwerk, das Ästhetik und Funktionalität in selten gekannter Harmonie miteinander vereine. Die Bürgerinnen und Bürger waren so stolz auf dieses Baudenkmal, dass sie sogar ein Büchlein über die Kettenbrücke verlegen ließen. Entworfen hatte das Baudenkmal nach englischem Vorbild übrigens der königliche Baukondukteur Pickel. 1909 wurde die Kettenbrücke, ehemals Ausdruck des neuen städtischen Selbstbewusstseins, schließlich dennoch abgerissen: Sie hielt dem wachsenden Verkehrsaufkommen einfach nicht mehr stand.

Zwei Jahre später wurde eine neue Brücke eingeweiht, die nun in Anlehnung an das nicht weit entfernt gelegene Schloss Broich den Namen Schlossbrücke erhielt. Diese bruchsteinerne, erste Schlossbrücke, auf der nun auch die Straßenbahn verkehren konnte, hatte knapp fünfzig Jahre Bestand. Ihre breiten Bögen waren aus massivem Klinkermauerwerk gebaut, das mit Ruhrsandstein verkleidet wurde und auf vier wuchtigen Betonpfeilern ruhte. Obwohl die Brücke im Krieg wie durch ein Wunder nur leichte Schäden erlitt, wies sie allmählich Verfallserscheinungen auf, die durch den stetig steigenden Verkehr noch verstärkt wurden. Also wurde ein dritter Neubau in Angriff genommen. Für einiges Aufsehen sorgte dabei das technische Konzept, das beim Bau des neuen Ruhrübergangs (Fertigstellung 1960) zur Anwendung kam: Während der Verkehr über das alte Baudenkmal zunächst beständig weiterlief, wurde dicht neben ihr die neue, stählerne Schlossbrücke errichtet. Als diese fertig gestellt war, wurde der Vorgängerbau gesprengt und die neue Brücke per Flaschenzug an ihren endgültigen Platz geschoben. Tausende von Schaulustigen verfolgten mit Spannung dieses Geschehen. So spektakulär der Vorgang war, so schlicht und einfach war der neue Brückenbau: Balken aus Stahlbeton ersetzten die schön geschwungenen Bögen, die der Vorgängerbau noch besessen hatte. Und statt der eindrucksvollen, hohen Durchfahrtstore, die die Kettenbrücke einst zum Wahrzeichen Mülheims gemacht hatten, wurde hier nur ein schmuckloses Brückengeländer verwirklicht. Der bescheidene Bau wurde durch blumenumrankte Rundbögen auf der einen und eine einsame Bronzeplastik auf der anderen Seite (Bildhauer Heinrich Adolfs, Titel „Lebensfreude“) ansatzweise verschönert. Die Brücke, von Fritz Leonhardt und Gerd Lohmer entworfen, ist 24,2 m breit, wobei 17,2 m auf die Fahrbahn entfallen; die Länge beträgt 145 m.

Am Fuße der Schlossbrücke, gegenüber der Hauptverwaltung der RWW, befindet sich mit der **Stadthalle (3)** ein weiteres repräsentatives Baudenkmal der Stadt auf Broicher Seite. Ähnlich wie am Mühlenberg und der Ruhruferstraße hat sich auch dieses Areal mittlerweile völlig gewandelt. Dort, wo heute der Eingangsbereich der Stadthalle liegt, standen einst dicht an dicht die Häuser, die sich vom Brückenkopf bis zur Mühlenbergkreuzung zogen und die Stadthalle wie einen Kranz umgaben. Gemütliche Gaststätten und Wirtshäuser, schmucke Fachwerkbauten und Geschäftsgebäude, vornehme Privatvillen und Bürgersitze – heute ist dies alles restlos aus dem Stadtbild verschwunden. Zu den bekanntesten, nicht mehr erhaltenen Gebäuden zählte das Wohnhaus der bereits erwähnten Familie Vorster, die nicht weit entfernt ihre Papierfabrik betrieb. Es stand zwischen ehemaliger Strom- und Vorsterstraße, die beide an der Westseite der heutigen Stadthalle vorbeiführten und seinerzeit dicht bebaute Verkehrsstraßen waren. Sämtliche Gebäude dieser Straßen sind nach 1945 dem Abrisshammer zum Opfer gefallen, darunter auch die Villa Vorster, die in den 1950er Jahren wie alle übrigen kriegszerstörten Häuser dieses Bereiches abgebrochen wurde. In dem Haus befand sich zuletzt auch das Museum des Mülheimer Heimatforschers Robert Rheinen, der mit den Vorsters befreundet war und als Sammler und Kunstfreund den Grundstock für das heutige Heimatmuseum (siehe Rundgang Altstadt) sowie das

Multifunktionaler Veranstaltungsort: die Stadthalle Mülheim

städtische Museum am Viktoriaplatz (siehe Rundgang Stadtzentrum) legte. Nach dem Neubau der Stadthalle und der Verbreiterung der Bergstraße verschwanden auch die Strom- und Vorsterstraße; letztere lebt allerdings noch als Spazierweg im MüGa-Gelände fort.

Die Stadthalle selbst entstand auf dem Gelände dieses ehemaligen Wohn- und Geschäftsviertels in den 1920er Jahren. Nachdem als Standort zunächst der Viktoriaplatz, die Delle oder der Kahlenberg zur Diskussion standen, kaufte die Stadt schließlich 1915 das Areal gegenüber der alten herrschaftlichen Papiermühle, um die Broicher Ruhrseite fortan stärker an Mülheim und damit auch an dessen städtebauliches Erscheinungsbild zu binden. Als mit dem Bau der Stadthalle begonnen wurde (1923), waren auf Mülheimer Seite nämlich das Stadtbad sowie der Rathauskomplex bereits fertig gestellt. Beide Gebäude traten durch ihre Monumentalität und ihre an spätantike Wasserbauten erinnernde Fassadengestaltung auffallend in Erscheinung. Was bis dahin jedoch fehlte, war ein Baukomplex, der auch die gegenüberliegende Ruhrseite in dieses Erscheinungsbild mit einbezog. Die Aufgabe der Architekten, die die Stadthalle entwarfen, war es also, den Neubau mit den Gebäuden auf der Mülheimer Seite in Verbindung zu setzen. 1923–25 entstand so der gewaltige Bau der Stadthalle, der vom Architekturbüro Pfeifer und Großmann, die bereits für das Rathaus verantwortlich gezeichnet hatten, skizziert und ausgeführt wurde. Die Kosten für den Bau wurden ausschließlich über Spenden und Stiftungen gedeckt. Es entstand ein rechteckiger Bau mit leicht angehobenem, teilweise kupferbeschlagenem Flachdach, der durch Konsolgesimse in mehrere Etagen unterteilt war. Durch Säulen, Bögen und Rundfenster sowie durch bildhauerische Gestaltungselemente an der aus Muschelkalk bestehenden Fassade wurde der wuchtige Gesamtkomplex ein wenig aufgelockert. An der flussseitigen Längsachse verlief ein offener Arkadengang, der mit den Rundbögen des Stadtbades korrespondierte. Früher befand sich hier eine große Kaffeeterrasse, von der aus man einen wunderbaren Blick auf die Ruhr und das jenseits gelegene Rathaus genoss (Wiederbelebung geplant). Bei der offiziellen Einweihung der Stadthalle am 5. Januar 1926 erstrahlte das gesamte Gebäude im Glanze tausender Lichter, die extra für diesen Anlass an der Fassade angebracht worden waren. Noch heute wird das Denkmal im Ensemble mit Rathaus, Stadtbad und Schlossbrücke des Nachts von Scheinwerfern bestrahlt, wodurch die architektonische Einheit dieser Bauten noch einmal besonders hervorgehoben wird (Stichwort „Ruhr-Venedig“).

Die Inneneinrichtung der Stadthalle wurde dem Düsseldorfer Architekten Emil

Fahrenkamp übertragen, der die Gestaltung des Bühnenhauses mit Festsaal sowie der übrigen Räumlichkeiten (Gesellschaftszimmer, Garderobe, Restauration) übernahm. Der Hauptsaal, der im Gegensatz zu heute noch keine ansteigenden Stuhlreihen besaß, war an drei Seiten von Galerien eingerahmt, in denen Logenplätze eingerichtet wurden. Die Bühne selbst wurde durch einen großen Orgelprospekt eingenommen; hinter der Bühne befanden sich die Garderobe sowie weitere kleinere Räume. Bis zum Ausbruch des Zweiten Weltkriegs konnten in der Stadthalle zahlreiche Schauspiele, Operetten, Opern und Konzerte aufgeführt werden. Prominente Schauspieler und Dirigenten gaben sich die Klinke in die Hand, mehrere renommierte Theaterhäuser hatten hier ihren Gastauftritt. Für Mülheim avancierte die Stadthalle zum Mittelpunkt des kulturellen Lebens, auch wenn einige Nachbarstädte den Musentempel und seine Besucher gelegentlich mit Spott und Häme überzogen: Das Bauwerk wurde als „protzig", die Akustik als „miserabel" und das Publikum als „ungebildet" eingestuft. Die Mülheimer hat es nicht weiter gestört, waren sie doch froh, mit der Stadthalle endlich über ein großes kulturelles Veranstaltungszentrum zu verfügen.

Als 1943 die Bomben auf Mülheim fielen, wurde auch die Stadthalle schwer getroffen. Nahezu alle Räumlichkeiten brannten aus, die Inneneinrichtung wurde vollständig zerstört, nur die äußere Bausubstanz blieb erhalten. Das kulturelle Leben lag lange Zeit brach. Bis zum Wiederaufbau des Gebäudes, der sich über mehr als 14 Jahre hinzog, fanden Veranstaltungen alternativ im Löwenhof oder Altenhof statt. 1957 war es dann endlich soweit: Die Stadthalle konnte nach mehrjähriger Aufbauphase wieder eröffnet werden. Das neue Haus, unter der baulichen Regie von Gerhard Graubner errichtet, war nunmehr nicht nur ein reines Konzert- und Schauspielhaus, sondern ein Mehrzweckbau, in dem auch Kongresse, Tagungen, Konferenzen und private Feierlichkeiten stattfinden konnten. Der Haupteingang, der sich ursprünglich am südwärts gelegenen Brückenkopf befand (heute Zugang zum Restaurant „Caruso"), wurde an die westliche Längsseite verlegt und zur jetzigen Eingangshalle mit Foyer und Bistro umgestaltet. Seither betritt man das Gebäude durch den charakteristischen Vorbau, der durch schmale Pfeiler und moderne Glasfronten geprägt wird. Nebenan, in der neu geschaffenen Rotunde (seit 1990), ist seit kurzem ein zentrales Büro untergebracht. Der vorgelagerte Platz, auf dem ein modern gestalteter Brunnen steht, erhielt in Erinnerung an den ersten deutschen Bundespräsidenten, der übrigens bei

Ehemaliger Konzertsaal der Stadthalle, Architekt Emil Fahrenkamp

der Neueröffnung der Stadthalle persönlich anwesend war, den Namen Theodor-Heuss-Platz. Zuletzt wurde die Stadthalle zu Beginn der 1990er Jahre umgebaut, wobei die Bühnen-, Licht- und Tontechnik sowie die Bestuhlung auf den neuesten Stand gebracht wurde. Die Stadthalle bietet heute insgesamt sieben verschiedene Räumlichkeiten an, die zusammen mehr als 2.400

MüGa mit Stadthallengarten

Personen Platz bieten. Neben den üblichen kulturellen Veranstaltungen finden hier Bankette, Tagungen, Bälle und Jubiläumsfeste statt. Zu einem der Höhepunkte zählt die Verleihung des „Goldenen Schlitzohres" an Prominente aus Politik, Medien und Showbusiness, die sich durch ihre „sympathische Unverschämtheit und Raffinesse" in der Öffentlichkeit hervorgetan haben. Das künstlerische Programm ist sehr umfangreich und hat sich inzwischen auch überregional einen Namen gemacht. Erwähnt seien hier die Puppentheaterwochen, das Klavierfestival Ruhr, die Kabarett-Tage, das Theaterfestival Impulse sowie die Theatertage „stücke", bei denen jährlich der deutschlandweit einmalige Dramatikerpreis für Gegenwartstheater verliehen wird.

An der Längsseite der Stadthalle, vis-a-vis der Ruhr, wandern wir nun durch den Stadthallengarten, der bereits Teil des Mülheimer Gartens – kurz **MüGa** genannt – ist. 1992 entstand hier das Zentrum der Mülheimer Landesgartenschau, die nach einem Beschluss des Landes Nordrhein-Westfalen 1987 an die Stadt Mülheim vergeben wurde. Im Mittelpunkt der fünfjährigen Planungsphase stand die Idee von der „grünen Stadt am Fluss": Mülheim, als Teil einer industriell stark genutzten Region, wollte unter Hervorhebung seiner vorhandenen Potenziale (Ruhr, Flussauen, große Grünflächen) unter Beweis stellen, dass trotz aller wirtschaftlichen Erwägungen für eine Großstadt ein Leben in Einklang mit der Natur sinnvoll und möglich ist. Nach Meinung der Bürgerinnen und Bürger ist den Stadtplanern und Gartenarchitekten dieses Vorhaben eindrucksvoll gelungen: Die Durchführung der MüGa, die sich mitten durch die Stadt entlang historisch markanter Gebäude wie Schloss Styrum, Schloss Broich, Villa Thyssen und Kloster Saarn auf einer Gesamtfläche von 64 ha erstreckt, ist für das Erscheinungsbild der Ruhrstadt in jeder Hinsicht eine Bereicherung gewesen. Neben der eigentlichen Gestaltung der verschiedenen Garten- und Parkanlagen wurde durch Uferstege, Straßen- und Brückenbauten sowie den Ausbau des Wegenetzes auch das Wohnumfeld entscheidend verbessert. Acht Kilometer Rad- und Wanderwege, die die Stadtteile Styrum, Holthausen, Broich und Saarn miteinander verknüpfen, sowie insgesamt mehr als 20 umgestaltete Freiflächen stehen seit der Eröffnung der Landesgartenschau den Einwohnern der Stadt zur Verfügung. Hinzu kommen die architektonisch abwechslungsreich gestalteten Gärten, die zwischen Stadthalle und Ringlokschuppen liegen: Neben Teichanlagen, Brunnen, Pavillons und Skulpturen finden hier auch Schau- und Lehrgärten sowie Spielwiesen mit Lern-, Kunst- und

Klangobjekten ihren Platz. Auch die neuen gastronomischen Betriebe (z. B. Ringlokschuppen, Café Ruhrkristall) und musealen Einrichtungen (z. B. Camera Obscura) haben dazu beigetragen, dass für viele die MüGa inzwischen zu einem häufig und gern besuchten Ort geworden ist. Um den Standort in Zukunft noch attraktiver zu machen, ist auf dem Wassergewinnungsgelände zwischen Konrad-Adenauer-Brücke und Broicher Damm ein weiteres Freizeitareal geplant. Das Projekt, das von der RWW angeregt wurde und neben Gewerbeflächen auch eine Marina mit Bad, Hotel und Gastronomie umfassen soll, wird dann im Zusammenspiel mit weiteren neuen Attraktionen entlang der Ruhr die Leitidee von der lebendigen „Stadt am Fluss" vervollständigen helfen.

Über die Kfar-Saba-Brücke, die ähnlich wie weitere Gestaltungselemente in der MüGa ihren Namen nach einer Mülheimer Partnerstadt erhielt (siehe auch Darlington-Park, Tourainer Garten, Kuusankoski-Park und Garten von Oppeln), gelangen wir zur nächsten Station unseres Rundgangs, der **Heinrich-Thöne-Volkshochschule (4)**. Der in Bocholt geborene Heinrich Thöne war seit 1929 Mitglied des Mülheimer Stadtparlaments, wo er sich durch sein kompromissloses Engagement für die Belange der Stadt auszeichnete. Als 1933 Adolf Hitler die Ehrenbürgerschaft der Stadt Mülheim verliehen werden sollte, weigerte sich Thöne, dieses Vorhaben mitzutragen, mit der Konsequenz, dass er seine politische Laufbahn vorerst beenden musste. Nach dem Krieg kehrte er jedoch auf die politische Bühne zurück und wurde 1948 schließlich zum Oberbürgermeister ernannt. Rund zwei Jahrzehnte lang bekleidete der Sozialdemokrat dieses Amt, ehe er 1969 in den Ruhestand trat. Die Ehrenbürgerschaft, die er einst dem „Führer" verweigert hatte, erhielt er selbst im Jahre 1960. Um das Andenken an den Politiker Thöne, der in Mülheim hohes Ansehen genoss, dauerhaft wach zu halten, wurde die 1979 neu erbaute Volkshochschule nach ihm benannt.

Heinrich-Thöne-Volkshochschule an der Bergstraße

Das Haus der Erwachsenenbildung, wie die Volkshochschule im Untertitel heißt, ist ein aus Beton und Glas bestehender Baukörper, der in dreijähriger Bauzeit von 1976–79 unter Leitung des Essener Architekten Dietmar Teich auf dem Gelände neben Schloss Broich errichtet worden war. Zuvor hatte die im Jahre 1919 gegründete Volkshochschule provisorisch die Räume des städtischen Gymnasiums genutzt, um dort ihre Kurse anzubieten. Der neue, stufenförmig angelegte Komplex am Broicher Ruhrufer umfasst mehrere Stockwerke, die durch Betonbänder miteinander verknüpft sind und wie aufeinander gestapelte Quaderwürfel erscheinen. Zwischen den einzelnen Stockwerken sind lange Glasfronten angebracht, die lediglich durch die senkrecht stehenden Treppentürme unterbrochen werden. Den einzelnen Ebenen vorgelagert sind Terrassen, von wo aus man einen Rundumblick auf das Stadtzentrum und das Ruhrufer gewinnt. Das Haus betritt man über eine große Freitreppe, die von der Bergstraße zum Gebäude führt. Im Innern erwarten den Besucher neben zahlreichen Kursus- und Fachräumen für das Bildungsprogramm der Volkshochschule eine Cafeteria, ein Forum sowie mehrere kleine Plät-

Schloss Broich Ende des 19. Jahrhunderts

ze und Aufenthaltsräume, die gerne zur Diskussion oder als Ruheort genutzt werden. Auch wenn die Möblierung allmählich in die Jahre gekommen ist und ein wenig antiquiert erscheint, so ist das Gebäude in seiner Gesamtheit durch die locker angeordneten Räumlichkeiten, die viel Platz für freie, offene Kommunikation bieten, dennoch ein gern besuchter Ort für all diejenigen, die sich kreativ betätigen oder beruflich qualifizieren und weiterbilden wollen. Die Mülheimer Volkshochschule stellt rund 40 Räume zur Verfügung, die für Kurse, Workshops, Vorträge, Konzerte und sonstige Veranstaltungen genutzt werden. Das Angebot reicht von Sprachkursen und Schulabschlüssen über Psychologie und Pädagogik sowie Kreatives, Kunst, Freizeit und Gesundheit bis hin zu Politik, Gesellschaft, Wirtschaft und Multimedia. Des Weiteren gibt es spezielle Angebote für Frauen und Senioren, es werden Reisen, Exkursionen und Wanderungen veranstaltet, Fortbildungen organisiert sowie Bildungsurlaube durchgeführt. Seit 1995 unterstützt ein Initiativ- und Förderverein die Volkshochschule in allen wesentlichen Fragen des Programms und der Finanzierung, damit das Haus der Erwachsenenbildung mit seinem vielseitigen und abwechslungsreichen Programm auch in Zukunft für die Bürgerinnen und Bürger der Stadt erhalten bleibt.

Hinter dem Gebäude der Volkshochschule beginnt der Schlosspark Broich, ein weiterer Teil der ehemaligen Landesgartenschau MüGa. Hier befinden sich verschiedene Lehrgärten, darunter auch ein Biogarten der VHS, ein Brunnenplatz, die Partnerstadtgärten, Spielplätze für die Kinder sowie jede Menge Grün- und Freiflächen, auf denen alljährlich Freiluftveranstaltungen stattfinden. Im Halbrund eingerahmt wird die Grünanlage von drei historischen Bauten, die im Folgenden beschrieben werden sollen. Wir beginnen mit **Schloss Broich (5)**, diesem altehrwürdigen Baudenkmal der Stadt, über dessen wechselvolle Geschichte eingangs schon einiges erläutert wurde. Da eine Darstellung der verschiedenen Herrschergeschlechter, die auf Schloss Broich regierten, bereits erfolgte, soll an dieser Stelle nun die Baugeschichte näher beleuchtet werden. Dass eine vollständige Rekonstruktion nahezu der gesamten Anlage heute überhaupt möglich ist, verdanken wir den sensationellen archäologischen Entdeckungen, die in den 1960er Jahren auf Schloss Broich gemacht wurden: Auf Initiative des Mülheimer Geschichtsvereins, der sich in der Nachkriegszeit für den Erhalt des Schlosses eingesetzt hatte, gelang es in Zusammenarbeit mit dem Rheinischen Landesmuseum in Bonn (Leitung Dr. Günther Binding), eine elfhundert Jahre alte Burganlage zutage zu fördern, die sich im Innenhof der noch bestehenden alten Ringmauer befunden hatte. Die Entstehung dieser ersten Broicher Burg wurde nach eingehender historischer Analyse auf das Jahr 883/884 n. Chr. datiert und ist somit die älteste Burganlage im deutschsprachigen Raum, die jemals vollständig ausgegraben werden konnte. Für Mülheim sowie weit über die Stadtgrenzen hinaus war diese Entdeckung natürlich eine Sensation, zumal die Stadtväter kurz vor Beginn der Ausgrabungen noch einen Abriss des halb verfallenen Schlosses erwogen hatten und nun stattdessen mit dem bedeutendsten archäologischen Fund der Nachkriegszeit aufwarten konnten.

Die Grabungen innerhalb der alten Ringmauer begannen im Jahre 1965/66 und legten die erwähnte erste Broicher Wehranlage frei. Sie bestand aus mehreren, unterschiedlich großen Räumen, die wohl als Wohn- und Quartierzimmer genutzt wurden (Funde von Keramik und Münzen). Da keine Wirtschafts- und Küchenräume entdeckt wurden, wird vermutet, dass die Bauten ursprünglich der Unterbringung von Truppen dienten, ihr Zweck also rein militärischer Art gewesen ist. Umgeben war die Anlage von einer aus Ruhrsandstein gefertigten, ringförmigen Mauer, der ein etwa neun Meter breiter Graben vorgelagert war. Im 11./12. Jahrhundert begann man, das „castrum broke“ zur Festung auszubauen: In der Mitte der Burg wurde zunächst ein quadratischer Turm, später ein Rundturm (Durchmesser 17,5 m) errichtet und eine neue, mit einem kräftigen Holzsturz geschützte Durchfahrt in den Innenhof geschaffen. Die Ringmauer wurde auf zehn Meter erhöht sowie mit zwei Wehrtürmen versehen, die einen Blick auf das Geschehen innerhalb und außerhalb der Burg ermöglichten. In den folgenden Jahrhunderten, in denen die Burg mehrfach erobert und beschädigt wurde, erfolgten unter wechseln-

Die alte Ringfestung von Schloss Broich

den Besitzern einige bauliche Veränderungen, die das Erscheinungsbild des Schlosses wiederholt veränderten und die frühere, kreisförmige Wehranlage allmählich in Vergessenheit gerieten ließen. Neben Umbauten, Abbrucharbeiten und Aufschüttungen an der Gründungsanlage zählte zu den nennenswerten Neuerungen die Errichtung eines so genannten gotischen Palas (14./15. Jh.), der sich als zweigeschossiger, lang gezogener Bau an die südliche Vorburgmauer anschloss. Das Gebäude, auch Niederschloss genannt, bestand ursprünglich aus mehreren Räumlichkeiten, die von den Grafen als Wohn- und Empfangszimmer genutzt wurden. Erwähnt sei hier vor allem der noch heute erhaltene Rittersaal, in dem der Hausherr unter anderem mittelalterliche Traditionen (Artusrunde) pflegte. Von hier aus hatte man auch einen guten Blick auf den Innenhof, wo Turnierspiele und andere gesellschaftliche Aktivitäten stattfanden. Das Niederschloss wurde im 16. Jahrhundert um einen Westbau, der vermutlich als Wohnraum diente, erweitert. Zu dieser Zeit werden auch die ersten herrschaftlichen Gärten erwähnt, die sich in breiter Front bis zum heutigen Schlossberg zogen und später in Höhe des ehemaligen Grabens ummauert wurden.

Wappen der Herren von Broich

Ihren jetzigen Charakter erhielt die alte Burganlage schließlich im 17. Jahrhundert unter Graf Wilhelm Wirich von Daun-Falkenstein, der die Kriegsschäden am Schloss beseitigte und Broich zu einer barocken Residenz ausbauen ließ. In seinem Auftrag wurde der Eckbau des Niederschlosses umgestaltet, unterhalb der Schlosskapelle eine Gruft angelegt (1971 wiederentdeckt) und das Hochschloss als Fachwerk mit balkonartiger Galerie ausgebaut. Hier ließ der Bauherr auch das heute noch erhaltene Wappen der in Broich einst regierenden Herrschergeschlechter anbringen, das die Stadt Mülheim dieser Tage als Stadtwappen gebraucht. Weitere Baumaßnahmen waren die Pflasterung des Hofes sowie die Verlegung der Tordurchfahrt an das Niederschloss. Das alte Torhaus, das sich an der Südseite der Ringmauer befand (um 1400), wurde dabei zu einem zweigeschossigen Haus mit rundbogiger Durchfahrt umgestaltet. Letzte große bauliche Veränderungen am Broicher Schloss erfolgten während der Regentschaft der Landgräfin von Hessen-Darmstadt, Marie Luise Albertine. Sie ließ, wie eine Inschrift am Eingang zum Niederschloss beweist, den hinteren Teil dieses Gebäudes 1789 zu neuen Schlaf- und Wohnräumen (Mansardenbau, auch „gläsernes Kabinett" genannt) umbauen. Ein halbes Jahrhundert später, als die Burg schon nicht mehr in gräflicher Hand, sondern in Privatbesitz war, ließ der Mülheimer Kaufmann Eduard Stöcker, der das Schloss für 335.000 Taler ersteigert hatte, im Rundhof, an das Hochschloss angelehnt, ein zweigeschossiges, spätklassizistisches Giebelhaus errichten. Des Weiteren gestaltete er den Innenhof der Vorburg durch Aufschüttung einer dicken Erdschicht in einen Garten um und restaurierte Teile des Gebäudes. Gründlich renoviert wurde die gesamte Anlage noch einmal unter den Erben Eduard Stöckers, die bis 1938 auf Schloss Broich wohnten; danach ging das Schloss in den Besitz der Stadt Mülheim über.

Die Stöcker'sche Villa, die über der ehemaligen, inzwischen längst verschütteten Ursprungsanlage stand, ist heute nicht mehr vorhanden: Sie musste den Ausgrabungen in den 1960er Jahren weichen. Das gleiche Schicksal ereilte eine Reihe weiterer Gebäude des Broicher Schlosses, die im Laufe der Zeit verloren gingen: Das unter Graf Wilhelm Wirich umgebaute Torhaus, in dem zuletzt ein Pförtner wohnte, wurde 1958 abgerissen. Der Grund war eine Verbreiterung der am Schloss vorbeiführenden Straße. Einige Jahrzehnte zuvor waren bereits die zwischen Torhaus und äußerem Zwingertor befindlichen Schlossgärten, die sich von der Burg aus Richtung Osten und Süden erstreckten und von einer hohen Mauer mit Türmen umgeben waren, Opfer der Verkehrsplanung geworden. An ihrer Stelle verläuft heute die Straße „Am Schloss Broich" sowie die nördliche Häuserzeile des Schlossbergs. An der Ecke Duisburger Straße/Frankenallee stand einst die gräfliche

Die alte Schlossstraße an der Kettenbrücke, heute Straße Am Schloss Broich

Rentei, ein frühklassizistisches Gebäude, das um 1800 erbaut worden war. Es wurde 1936/37 abgebrochen. Verloren gegangen ist auch das Witwenhaus der Broicher Gräfinnen, das am Ruhrufer neben der herrschaftlichen Mühle seinen Platz hatte; es verschwand aus dem Stadtbild kurz vor dem Ersten Weltkrieg.

All diese Maßnahmen, die das Aussehen des Schlosses veränderten und seine historisch gewachsene Bausubstanz unwiderruflich vernichteten, lassen uns heute um so mehr Dank dafür empfinden, dass die wesentlichen Bauten des Schlosses – Gründungsanlage, Hochschloss und Niederschloss – für die Nachwelt erhalten werden konnten. Um auch in Zukunft das Bewusstsein für die Einmaligkeit dieses alten Baudenkmals zu fördern, ist seit dem Jahr 2000 im frisch restaurierten Hochschloss ein Museum untergebracht, das anhand von Schautafeln, Bildern, Fundstücken und Dokumenten alle wesentlichen Fragen zur Geschichte der Broicher Burganlage thematisiert. Außerdem befindet sich hier eine dauerhafte Ausstellung der Mülheimer Künstlergruppe AnDer. Im Niederschloss, das von der Stadt heute zu Repräsentationszwecken genutzt oder privat vermietet wird (Tecklenburger Kammern, Rittersaal, Wappen- und Kaminzimmer) sind ebenfalls mehrere Ausstellungsgegenstände untergebracht, darunter einige Gemälde der Broicher Grafen sowie eine Büste der späteren preußischen Königin Luise, die mehrmals zu Besuch auf Schloss Broich weilte. Der Schlosshof, in dem seit kurzem ein gastronomischer Betrieb beheimatet ist, wird gerne zu kulturellen oder ähnlichen Veranstaltungen genutzt, so zum Beispiel für ein jährlich stattfindendes Open-Air-Konzert sowie die Inszenierung eines stilvollen mittelalterlichen Marktes, auf dem die Besucher vor eindrucksvoller Kulisse eine Zeitreise in die historische Vergangenheit unternehmen und das Leben der Menschen von damals lebendig nachempfinden können.

Über die Gärten und Grünanlagen rund um die Broicher Schlossanlage gelangen wir nun Richtung Westen zum so genannten

Ringlokschuppen (6). Der Gebäudekomplex, der 1875 errichtet wurde, diente ursprünglich als Wartungshalle für die Dampflokomotiven der Rheinischen Eisenbahn, einer Gesellschaft, die hier, an der Nordseite der alten Duisburger Straße, ein Bahndepot erbauen ließ. Das Betriebsgelände erstreckte sich in seiner Gesamtheit bis zur Bahnunterführung in Speldorf und umfasste neben mehreren Werkshallen und einem Verwaltungsgebäude auch einen zweiten Ringlokschuppen, der dieser Tage jedoch ungenutzt auf seine weitere Bestimmung wartet. Das übrige Areal steht im Dienst der Städtischen Betriebe, die Teile der alten, denkmalgeschützten Hallen zur Reparatur und Wartung von Straßenbahnen und Bussen nutzen. Am Betriebsgelände vorbei führte seit 1876 auch die „Untere Ruhrtalbahn", eine Zweiglinie der Bergisch-Märkischen Eisenbahn, die von Styrum bis nach Kettwig reichte und an deren Strecke sich mehrere Bahnhöfe, darunter auch der alte Bahnhof Broich (siehe gleichnamige Straße), befanden. Als in den 1960er Jahren der Personenverkehr, kurze Zeit danach auch der Güterverkehr eingestellt wurde, riss man das Broicher Bahnhofsgebäude ab; an seiner Stelle steht heute der Kindergarten der Katholischen Kirche Herz Jesu. Drei Jahrzehnte später mussten auch ein benachbarter Güterschuppen sowie die alte Eisenbahnbrücke über die Straße „Am Schloss Broich" weichen; letztere wurde im Rahmen der MüGa in eine Fußgängerbrücke umgewandelt, ihre Stützpfeiler am neuen U-Bahn-Zugang am Schloss Broich als Denkmal integriert. Auf der Strecke der ehemaligen Ruhrtalbahn entstand ein neues, zentrales Wegenetz, das vom Eisenbahngelände bis hinunter zur Ruhr führt und als geologischer Lehrpfad (Fossilienweg) Einblicke in die heimische Natur gewährt.

Der Ringlokschuppen selbst wurde nach umfangreichen Umbau- und Sanierungsmaßnahmen zunächst von der Landesgartenausstellung für gärtnerische Hallenschauen genutzt, seit 1995 ist das Gebäude soziokulturelles Zentrum der Stadt. Das alte Bahndepot, das im Jahre 2002 komplett renoviert wurde, glänzt heute mit überregional bekannten Vorstellungen aus dem Bereich Theater, Musik, Literatur, Kabarett und Tanz, aber auch als Kneipe mit großem Biergarten und regelmäßigen Tanzparties hat sich der „Schuppen", wie er kurz und bündig genannt wird, etabliert. Auf der ehemaligen Drehscheibe, die dem Halbrund des Gebäudes (Gesamtwinkel genau 154°) vorgelagert ist und einst als Wendeboden für die Lokomotiven diente, finden dieser Tage verschiedenste Open-Air Veranstaltungen statt, zu denen häufig mehrere tausend Besucher kommen. Über 3.000 m^2 Fläche

Drehscheibe am Ringlokschuppen

stehen den Gästen des Ringlokschuppens insgesamt zur Verfügung. Das markante Gebäude inmitten des grünen MüGa-Geländes ist somit neben Stadthalle und Theater a. d. Ruhr nicht nur eines der wichtigsten kulturellen Highlights der Stadt, sondern mit seiner denkmalgeschützten Fassade aus Stahlfachwerk längst auch zu einem Wahrzeichen Mülheims geworden.

Gleich nebenan, durch einen Fußweg mit dem Ringlokschuppen verbunden, steht der 1904 errichtete **Broicher Wasserturm**. Einst wurden von hier aus die dampfbetriebenen Lokomotiven des benachbarten Eisenbahnausbesserungswerks (dazu später mehr) mit Wasser versorgt, heute befindet sich in dem backsteinernen Rundbau mit der **Camera Obscura (7)** eine Einrichtung, die in der Bundesrepublik ihresgleichen sucht: Nach dem Prinzip der Lochkamera wird hier in einem vollständig abgedunkelten Raum (camera obscura = lat. dunkle Kammer) die Umgebung des Turmes durch einen Spiegel sowie ein fokussierbares Objektiv fotografisch eingefangen und als 360°-Panorama auf einen runden Tisch projiziert. Dort haben nun die Besucher die Möglichkeit, alle Vorgänge, die sich außerhalb des Turmes abspielen, gestochen scharf und quasi als Liveschnitt mitzuerleben. Eine Einschränkung hat die Camera Obscura allerdings: Die Qualität des Bildes ist nur bei gutem Wetter garantiert!

Die Erfindung der Camera Obscura geht zurück auf die Zeit um 900 n. Chr., als arabische Forscher das optische Grundprinzip der Fotografie entdeckten. Beobachtet wurden mit der Camera Obscura zunächst die Sonne und der nächtliche Sternenhimmel, wobei in klaren Nächten sogar ein genauer Blick auf die Oberfläche des Mondes möglich war. Die Kamera selbst bestand aus einem geschlossenen Kasten, der innen schwarz verkleidet und mit einer Mattscheibe versehen war. Gegenüber befand sich ein kleines Loch. Trafen nun die Lichtstrahlen, die von den Gegenständen außerhalb der Kamera reflektiert wurden, auf das Loch, wurden die Lichtstrahlen so gestreut, dass auf der Mattscheibe ein seitenverkehrtes und kopfstehendes Bild entstand. Die Camera Obscura war geboren. Im 16. Jahrhundert entwickelte man dann erstmals Linsen aus optischem Glas, um die Abbildungsleistung der Kamera zu verstärken. Dieser Tage ist das optische Prinzip in der Fotografie zur Selbstverständlichkeit geworden, als begehbarer Raum ist die Camera Obscura in Mülheim jedoch die größte ihrer Art weltweit! Nirgendwo sonst findet

Broicher Wasserturm mit Camera Obscura

sich diese Technik, die der Mülheimer Filmemacher Werner Nekes zusammen mit Mitarbeitern der Firma Carl Zeiss Jena 1992 im Broicher Wasserturm installierte, in dieser Form realisiert. Und es ist deshalb nur folgerichtig, dass die Stadt Mülheim eine Erweiterung dieser besonderen Einrichtung angeht. Verwirklicht wird ein multimediales Museum (Iris-Museum), das optische Raffinessen und technische Feinheiten der Fotografie aus sechs Jahrhunderten präsentiert und damit die Besucher in die Welt des Sehens und der Bilder einführt. Die Umsetzung dieses Projekts ist eine Bereicherung, führte doch die Camera Obscura in der Spitze des Broicher Wasserturms bisher ohne begleitendes Erläuterungsmaterial ein eher bescheidenes Dasein. Ein Gastronomiebetrieb, der vormals in den unteren Räumlichkeiten des Wasserturmes untergebracht war, vermochte an dieser Situation leider kaum etwas zu ändern.

Bevor wir das MüGa-Gelände nun verlassen, werfen wir noch einen Blick auf das Areal hinter Ringlokschuppen und Wasserturm, dort, wo heute die **Betriebe der Stadt** ein Straßenbahndepot unterhalten. Belegschaft des Werkes bereits auf 700 Mitarbeiter angestiegen, ca. 400 Lokomotiven und bis zu 20.000 Güterwagen wurden hier jährlich überholt und wieder in Schuss gebracht. Die steigende Zahl der Aufträge hatte schon bald umfangreiche bauliche Erweiterungen zur Folge, so dass der Speldorfer Rangierbahnhof schließlich nach Duisburg verlegt werden musste.

Zu Beginn des Ersten Weltkriegs hatte der Reparaturdienst an der Duisburger Straße eine Größe von 100.000 qm erreicht, weitere Anbauten (Werkstättenamt, neue

Gelände des ehemaligen Eisenbahnausbesserungswerkes, heute Betriebshof der Stadt

Bis in die 1950er Jahre befand sich hier das **ehemalige Eisenbahnausbesserungswerk (8)** der Rheinischen Eisenbahngesellschaft. Die Geschichte des Eisenbahnausbesserungswerks, das in der Nähe des Speldorfer Rangierbahnhofs lag und deshalb auch den Namen „Speldorfer EAW“ erhielt, reicht zurück bis ins Jahr 1874, als auf Geheiß der Direktoren der Verkehrsgesellschaft eine Werkstatt zur Reparatur von Lokomotiven und Güterwagen errichtet wurde. Das neue Werk, das der Entlastung der Hauptstelle in Köln-Nippes dienen sollte, beschäftigte zunächst etwa 150–200 Mann, für die eigens Wohnungen unweit ihres Arbeitsplatzes (siehe Salier- und Koloniestraße) geschaffen wurden. Um 1880, also nur wenige Jahre nach Inbetriebnahme, war die

Kesselschmiede und Lokrichthalle) folgten. Während der Hitler-Diktatur wurde der Betrieb, inzwischen der Reichsbahn zugehörig, als Arbeits- und Zwangslager missbraucht, in dem bis zu 1.000 Personen unter menschenunwürdigen Verhältnissen arbeiten mussten. Nach 1945 führte zunächst die britische Militärregierung die Geschäfte, vier Jahre später übernahm die Bundesbahn diese Aufgabe. Das Eisenbahnausbesserungswerk beschäftigte zu diesem Zeitpunkt rund 1.800 Mitarbeiter, die Aufträge zur Wartung und Reparatur kamen von den Eisenbahndirektionen in Essen, Köln und Wuppertal. Zusätzliche Erweiterungen des Betriebs waren die Folge, zu den Neuerungen zählte eine Lehrwerkstatt sowie eine eigene Werksfeuerwehr.

Die gute Auftragslage unmittelbar nach Beendigung des Krieges konnte das Speldorfer Werk jedoch nur noch für kurze Zeit am Leben erhalten. Bereits 1952 kursierten in der Öffentlichkeit die ersten Gerüchte über die Stilllegung den Betriebs. Dass es 1959 tatsächlich zur endgültigen Schließung kam, und das, obwohl die Werkstätten nach Meinung einiger Bahndirektionen zu den modernsten und wirtschaftlich rentabelsten Betrieben der Bundesbahn gehörten, ist wohl der Eigentümerin selbst zu verdanken: Die Deutsche Bundesbahn wollte aus Rationalisierungsgründen das Speldorfer Werk nicht länger tragen, entzog ihm deshalb die Aufträge und vergab sie stattdessen an andere Reparaturdienste. Das Aus war also vorprogrammiert. Als der Betrieb dann trotz zahlreicher Proteste von Gewerkschaften, Kirchen und Verbänden am 31. März 1959 für immer seine Tore schloss, ging für die zuletzt etwa 1.000 Beschäftigten eine lange Tradition zu Ende. Die meisten von ihnen wurden auf die Bahnwerkstätten in Krefeld, Duisburg und Schwerte verteilt, andere mussten sich einen neuen Arbeitsplatz suchen. 1960 kaufte sich die Stadt Mülheim in das 60.000 m^2 große Gelände für umgerechnet mehrere Mio. € ein, seither sind hier die Betriebe der Stadt untergebracht, die das Gelände als Straßenbahndepot und Berufsbildungswerkstatt nutzen. In Zukunft soll das Areal durch den Zuzug neuer Gewerbe und Betriebe – auch die Mülheimer Feuerwehr soll hier einen zusätzlichen Standort erhalten – aufgewertet werden.

Am Europaplatz vorbei führt uns nun die einstige Eisenbahnbrücke der Unteren Ruhrtalbahn (heute Fußgängerbrücke) über die Straße „Am Schloss Broich“. Wir stoßen auf den Fossilienweg, der als geologischer Lehrpfad die Spaziergänger zu einer Entdeckungsreise durch die Erdgeschichte in Mülheim und seiner näheren Umgebung einlädt. Ein großer Findling, der am Beginn des Fossilienwegs steht (an der Stelle des Platzes befand sich früher eine Unterführung, die unter den Gleisen der Ruhrtalbahn hindurchführte) weist den Fußgänger bereits darauf hin, dass der Kassenberg, über den der Fossilienweg verläuft, vor Millionen von Jahren die Grenze eines urzeitlichen Kreidemeeres war, in dessen Ablagerungen sich Reste von Tieren und Pflanzen nahezu unbeschadet erhalten haben. Diese Fossilien, von denen bis zum heutigen Tage mehrere Hundert entdeckt und ausgegraben werden konnten, gaben dem geologischen Lehrpfad seinen Namen. Dass das Areal mit seinem großen Fundus an Versteinerungen zu den bedeutendsten und reichsten Fundplätzen von Fossilien in Europa zählt, wissen jedoch die wenigsten. Fachleute hingegen wählen den Mülheimer Fossilienweg häufig als Ziel geologischer Exkursionen, um vor Ort ihre Forschungen zu betreiben.

Quer zum Fossilienweg verläuft der Schlossberg. Wir befinden uns hier auf dem Gelände der ehemaligen Gärten von Schloss Broich, die sich vom gräflichen Besitz bis zur alten Trasse der Duisburger Straße (Haagerfeld) zogen. Neuzeitliche Verkehrsführung und moderner Wohnungsbau haben dieser Idylle jedoch bereits im 19. Jahrhundert ein Ende gesetzt: Die geradlinige Verlängerung der Duisburger Straße zur Kettenbrücke (1903/04) führte quer durch das Gelände des Schlosses, so dass die schön angelegten Gärten verschwanden. Bei der Verbreiterung der Straße ein halbes Jahrhundert später sind auch die letzten Zeugnisse verloren gegangen. Das Areal rund um den Schlossberg hat sich durch den Bau der Verkehrsstraße völlig gewandelt: Ein Wohnhaus nach dem anderen entstand, auch Industriebetriebe ließen sich hier nieder. Ansässig wurde unter anderem die Lederfabrikation (Tholl, Feldmann), deren Schwerpunkt sonst am Kassenberg und der Düsseldorfer Straße lag. Heute ist der Schlossberg mit seinen Seitenstraßen ein dicht bebautes, aber dennoch von viel Grün umgebenes Wohngebiet, in dem alte Unternehmervillen (zum Beispiel Nr. 13 und 15) neben modernen Wohnhäusern und neuen Fabrikations- und Verwaltungsgebäuden stehen.

Über die Graf-Wirich-Straße, in der zur Zeit der kommunalen Eigenständigkeit des Stadtteils (1878–1904) das Broicher Rathaus stand (Abriss 1960er Jahre), gelangen wir nach einem Schwenk nach rechts zur Wilhelminenstraße, in der sich die **Ev. Wilhelminenkirche (9)** befindet. Die Straße trägt ihre Bezeichnung in Gedenken an Wilhelmine Roßkothen, Ehefrau des Mülheimer Bürgers Ferdinand Roßkothen, der Ende des 19. Jahrhunderts auf dem Gelände der heutigen Ev. Kirche ein Grundstück erwarb

Ev. Wilhelminenkirche, erbaut 1901

und dort eine Stiftung ins Leben rief. Dieser Initiative gab er den Namen seiner früh verstorbenen Ehefrau Wilhelmine. 1887 unterstützte Roßkothen die evangelische Gemeinde zu Broich, die kurze Zeit später zur selbstständigen Kirchengemeinde erhoben wurde, finanziell beim Bau einer Notkirche mit Pfarrhaus auf seinem Grundstück. Das Gebäude wurde zunächst als Betsaal, bis 1954 als Gemeindehaus genutzt; heute hat hier eine Druckerei ihren Sitz. Um die Jahrhundertwende schließlich begann man mit dem Bau einer steinernen Kirche; sie wurde nach den Plänen des Architekten Heidsiek ausgeführt und im Jahre 1901 eingeweiht. Zu sehen ist eine dreischiffige Hallenkirche aus Ruhrsandstein, die zwei Querschiffe als Seitenarme sowie einen rechteckigen Chorraum umfasst. Der Turm der Kirche ist seitlich angefügt und besitzt eine Höhe von 47 m. Im Innern erwartet uns ein schlichter Hallenraum, dessen neugotischer Stil an den spitz zulaufenden Fenstern, den raumtragenden Säulen sowie dem Kreuzrippengewölbe gut zu erkennen ist. Über der Eingangsfront befindet sich eine Empore, die bis zu den Seitenschiffen verläuft und ein typisches Merkmal für evangelische Kirchen ist. Die imposante Orgel stammt aus der Werkstatt des bekannten Orgelbauers Wilhelm Sauer und besteht aus 25 klingenden Registern. Das Original aus dem Jahre 1900 ist weitgehend erhalten und wurde 1976 überarbeitet; die Pfeifen, die ursprünglich aus Zink bestanden, werden derzeit durch Zinnpfeifen ersetzt. Im Krieg zerstört wurden die Buntglasfenster, die später aber nach Entwürfen von Karl Hellwig neu gestaltet wurden. 1967/68 erweiterte man den Altarraum und erhöhte ihn zum Kirchenschiff hin. Die letzte Restaurierung fand im Jahre 2000 statt: Ein neuer Bodenbelag, eine geänderte Farbgebung sowie eine neue Beleuchtung (bestehend aus vier runden Metallkränzen, die von der Decke hängen) wurden unter Anleitung des Duisburger Architekten Peter Probst realisiert. Bei diesen Arbeiten machten die Bauarbeiter eine Entdeckung, die für einiges Aufsehen sorgte: In einem Mauerstück fand man in einer Blechdose verpackt die Gründungsurkunde der Kirche. Sie wurde in einem feierlichen Akt am 22. Oktober 2000 im Fundament zwischen Kirchenschiff und Chor ein weiteres Mal eingemauert, ziemlich genau 101 Jahre nach der ersten Grundsteinlegung.

Hinter der Ev. Kirche biegen wir links in die Lederstraße ein und erreichen in Höhe der Flurstraße den Eingang zum **Steinbruch Rauen (10)**. Die Steinbrüche in Mülheim zählen zu den ältesten Gewerbezweigen der Stadt: Laut einer Urkunde soll bereits 1379 das Viktorstift in Xanten Naturstein aus den Steinbrüchen in Broich und Saarn bezogen haben. Auch Schloss Broich ist teilweise aus diesem Material gebaut. Man darf also vermuten, dass der Sandstein im Ruhrtal schon seit dem frühen Mittelalter gebrochen wurde, wenngleich man zu dieser Zeit noch nicht von einem echten Gewerbezweig sprechen konnte. Ab dem 17. Jahrhundert jedoch ist das Steinhandwerk zu einer festen Institution geworden. Um 1845 zählte man in Mülheim insgesamt neun Steinbrüche, die sich auf das Altstadtgebiet (Scharpenberg, Dimbeck) und die Höhen links und rechts der Ruhr (Mellinghofen, Broich) verteilten. Die Betriebe beschäftigten zusammen etwa 100 Mitarbeiter, die Bau-, Pflaster-, Mauer- und Belegsteine abbauten. Das Material wurde zu Steinlagerplätzen an der Ruhr gebracht und von dort aus auf dem Wasserweg bis nach Holland verschifft. Der Ruhrsandstein, der wegen seiner Dichte und Festigkeit als besonders widerstandsfähig galt, diente in weitem Umkreis dem Bau von Gebäuden, Mauern, Brücken oder Kirchen. In Mülheim selbst finden sich zahlreiche steinerne Zeugnisse, die auf die Verwendung dieses Rohstoffes gründen, so zum Beispiel der Bismarckturm, die Petrikirche und Mausefalle in der Altstadt, der Leinpfad und auch die soeben erwähnte Wilhelminenkirche zu Broich.

Steinbruch Rauen, letzter seiner Art in Mülheim

Heute ist im Stadtgebiet lediglich der Steinbruch Rauen noch in Betrieb. In eingeschränkter Form wird hier noch immer Ruhrsandstein abgebaut, weshalb der Steinbruch auch nur mit Sondergenehmigung betreten werden darf. So interessant ein Rundgang über das Areal auch wäre, so gefährlich ist er zugleich, denn ab und zu wird das Material mittels Sprengungen aus dem Berg gehauen; dann ist für einige Stunden sogar der Verkehr auf dem Kassenberg und der Düsseldorfer Straße gesperrt. Wem dennoch mit besonderer Erlaubnis der Zutritt gewährt wird, den erwartet ein 200.000 m^2 großes Gelände mit steilen Hängen und grünüberwucherten Felswänden, an denen sich die örtliche Geologie wunderbar studieren lässt. Seit 1870 wurden hier mehr als 300 verschiedene Versteinerungen von Tieren und Pflanzen entdeckt, der Steinbruch Rauen zählt damit zu einem der ergiebigsten Fundorte an Fossilien in ganz Europa. Der Sandstein, der hier gebrochen wird, dient heutzutage der Restaurierung der aus diesem Material entstandenen Gebäude oder wird an Privatleute verkauft. Steinmetze bearbeiten den Rohstoff und bringen ihn in die gewünschte Form. Mehrere Gebäude befinden sich auf dem Gelände. Die alte Ziegelei, deren hoher Schornstein weithin sichtbar ist, ist jedoch nicht mehr in Betrieb; aus Umweltschutzgründen wurde der

Ehem. Rathaus und Bahnhof Broich

Ringofen vor einigen Jahren abgeschaltet. Die Firma „Hermann Rauen, vorm. Steinhandel", die sich im Jahre 1888 als „Ziegel- und Steinwerk Rauen" gegründet hatte, umfasst gegenwärtig verschiedene Produktionsbereiche, wobei der Steinhandel sowie die Gewinnung des Ruhrsandsteins nur noch einen kleinen Teil ausmachen. Der Verwaltungssitz der Firma steht noch heute an der Felsenstraße.

Die Flurstraße führt uns nun unterhalb des Schulzentrums an modernen Wohnhochhäusern (Pestalozzistraße) und Kleingärten vorbei zur Prinzess-Luise-Straße, einer der Hauptverkehrswege durch den Stadtteil Broich. Benannt ist die Straße nach Prinzessin Luise von Mecklenburg-Strelitz, der späteren Königin von Preußen. Die Prinzess-Luise-Straße ist heute die einzige Straße, die diesen Namen trägt: Bis 1910 existierten im Stadtgebiet noch weitere vier, die jedoch nach der Eingemeindung der Stadtteile umbenannt wurden, um Verwechslungen zu vermeiden. Am Rande der Prinzess-Luise-Straße wird seit einiger Zeit ein Bauvorhaben realisiert, das zu den größten der letzten Jahre zählt: die so genannte **Neue Mitte Broich (11)**. Der Begriff „neu" ist in diesem Zusammenhang etwas missverständlich, hat doch der Ortsteil Broich bis auf den heutigen Tag nie ein eigenes Stadtteilzentrum besessen. Wenn man so will, hätte lediglich das ehemalige Wohn- und Geschäftsviertel rund um die Stadthalle als Ballungsraum und damit auch als Zentrum des gemeinschaftlichen Lebens in

Broich gelten können. Spätestens seit dem Zweiten Weltkrieg existiert dieses Zentrum jedoch nicht mehr, und so ist der Stadtteil Broich seither auf der Suche nach einem geeigneten Standort für die Errichtung eines „neuen“ Subzentrums.

Als nun zwischen Bülow- und Pestalozzistraße mit dem Bau der „Neuen Mitte Broich“ begonnen wurde, war die Erleichterung und die Freude allerorten zu spüren. Und das hat seinen besonderen Grund: Mehr als 15 Jahre Planungen waren dem Vorhaben vorausgegangen, bis ein funktionierendes Entwicklungskonzept, kapitalkräftige Investoren und ein passender Standort gefunden waren. Begleitet wurden die Entwürfe von zahlreichen Rückschlägen: Mehrmals musste das Gestaltungskonzept überarbeitet, die wirtschaftliche Rentabilität überprüft werden. Als zudem kurz vor Baustart der Hauptinvestor absprang, schien das Vorhaben sich endgültig zum Pannen-Projekt entwickelt zu haben. Doch Ende gut, alles gut: Seit dem Jahr 2000 ist die „Neue Mitte Broich“, nun mit neuem Investor und neuer Gestaltung, endlich in Bau. Unter Leitung der Immobilienfirma Gagfah entsteht ein stählerner Neubaukomplex mit Glasfront und Turm, in dem auf etwa 12.000 qm verschiedenste Geschäfte aus den Bereichen Einzelhandel, Dienstleistung und Gewerbe vertreten sein werden. In den Seitenflügeln des Gebäudes werden Wohnungen eingerichtet, die von unterschiedlicher Größe und Ausstattung sind. Abgerundet wird der Komplex schließlich durch Grün- und Freiflächen sowie ein großzügiges Parkraumangebot. Ob die Broicher Bürgerinnen und Bürger ihr neues Zentrum akzeptieren werden, bleibt abzuwarten. Dass nicht alle von dem Bauvorhaben restlos begeistert sind, zeigt der Besitzer eines kleinen Grundstücks, das sich in unmittelbarer Nähe zur Neuen Mitte befindet: Er weigerte sich standhaft, sein Haus dem modernen Zeitgeist zu opfern – und setzte sich durch. Das Haus steht also immer noch, wenngleich der Eigentümer angesichts des Bauriesen nebenan in Zukunft von Ruhe und Frieden wohl nicht mehr viel verspüren wird.

Wir überqueren die Prinzess-Luise-Straße in Richtung Kirchstraße, wandern an Siedlungsbauten entlang, die in den 1930er Jahren vom Spar- und Bauverein (heute Mülheimer Wohnungsbau) gebaut worden waren (Salier-Siedlung), und erreichen nach wenigen Metern die **Kath. Kirche**

Visionen nehmen Gestalt an: die Neue Mitte Broich

Herz Jesu (12). Man schrieb das Jahr 1888, als mit dem Bau des Gotteshauses begonnen wurde, drei Jahre später gründete sich die eigenständige Kirchengemeinde Herz Jesu zu Broich. 1892 war die Kirche fertig gestellt, ihre Weihung erfolgte im Jahre 1902. Architekt Franz Schmitz, der auch den Dom in Straßburg entworfen hatte, gestaltete hier, an der Stadtteilgrenze zwischen Speldorf und Broich, eine dreischiffige Pfeilerbasilika, die ebenso wie die benach-

Katholische Kirche Herz Jesu

barte Ev. Wilhelminenkirche aus Bruchsandstein besteht. Der Glockenturm besitzt eine Höhe von 47 m und tritt durch die angedeuteten Rundtürme an beiden Seiten sowie eine große, mittig positionierte Rosette aus Fensterglas besonders in Erscheinung. Die Dächer sind mit Kupfer beschlagen, mehrere Eingänge weisen den Zugang zur Kirche. Insgesamt besitzt das Gotteshaus durch die Gruppierung unterschiedlicher Bauteile – so die mehrfach gegliederten Seitenschiffe und der wuchtige, mit kleinen Türmchen versehene Chorraum – einen monumentalen, beinahe wehrhaften Charakter. Der Baustil der Kirche ist überwiegend der Neugotik entnommen, im Mittelschiff lassen sich aber auch Elemente finden, die der Romanik angelehnt sind. Hell und freundlich wirkt das Innere der Kirche, große Schlichtheit prägt die Aufteilung trotz der basilikalen Architektur. Auffallend sind lediglich die bunten, halbrunden Fenster mit kreisförmigen Mosaiken (neu 1959) sowie die in plastischen Bildern nachempfundene Leidensgeschichte Christi, die entlang der Seitenflügel gruppiert ist. Vor dem gewölbeförmigen Chorraum steht ein schlichter Altar aus Marmor, die rückwärtigen Fenster, die in den 1930er Jahren zugemauert worden waren, konnten 1970 wieder freigelegt werden. Auf der Empore an der gegenüberliegenden Seite steht eine imposante, aus hellem Holz geschnitzte Orgel: Das 29 Register umfassende Instrument wurde von der Firma Führer aus Wilhelmshaven entworfen und ist in seiner Form und Funktion an den französischen Orgelbau des 17. und 18. Jahrhunderts angelehnt; seit dem Jahr 2001 erklingt diese Orgel in der Pfarrkirche Herz Jesu.

Über die Ulmenstraße gelangen wir südwärts zur Saarner Straße. Zwischen Holzstraße und Calvinstraße, etwa in Höhe der zweiten Ev. Kirche der Gemeinde Broich (Baujahr 1965), wurden in den 1920er Jahren bei Ausgrabungen Gräberfelder entdeckt, die aus frühgeschichtlicher Zeit stammen. Zu den Funden zählen Urnen, Beigefäße, Metall- und Keramikstücke, die heute im Ruhrlandmuseum in Essen ausgestellt sind. Archäologen und Historiker schließen aus den Entdeckungen (weitere Funde wurden in Raadt, Styrum und Holthausen gemacht), dass das Gebiet beiderseits der Ruhr bereits zur Eisenzeit um 1000 v. Chr. besiedelt war. Die Gräberfelder an der Holzstraße gehören dabei zu den bedeutendsten Fundorten der Vor- und Frühgeschichte im Mülheimer Raum. Wenn wir die Saarner Straße nun in Richtung Strippchens Hof und Böllerts Höfe überqueren, befinden wir uns in einem weiteren sehr alten Siedlungsgebiet. Schriftliche Überlieferungen weisen auf mehrere Kotten und Höfe hin, die in diesem Areal angesiedelt waren. Die Böllerts Höfe sind dabei eine der ältesten Hofanlagen im Broich-Speldorfer Raum: Laut einer Urkunde des Klosters Saarn soll bereits Mitte des 13. Jahrhunderts das „Gut Bulrode", Sitz des adeligen Heinricus de Bulrode, bestanden haben. Das Gut, das nach dem Aussterben des Adelsgeschlechts an Ackersleute überging, gehörte lange Zeit zum Kloster Saarn; erst unter Johann Adolf von Daun wurde es dem Broicher Herrschaftsgebiet zugeteilt. Im Laufe der Jahrhunderte kamen weitere Gebäude hinzu, darunter auch der Hof des Landwirts Fritz Stripgen, so dass im Urkataster von 1821 von der Hofgruppe „Böllerts Höfe" die Rede ist. 1892 erhielt dann der Weg, der an den Häusern vorbeiführte, den Namen „Böllertshöfe"; die Bezeichnung „Strippchens Hof" wurde erst 1972 festgelegt. Weitere Straßen in diesem Areal sind nach Bauernhöfen benannt, so der Siepmanns-Hof, der Werntgens-Hof, der Driescher-Hof und auch das Stollenfeld. Heute ist bis auf wenige Ausnahmen das ursprüngliche Erscheinungsbild dieser alten Hofanlage verloren gegangen. Statt schmucker Bauernhäuser stehen hier nunmehr moderne Wohnblocks und Terrassenbauten, die zur Zeit ihrer Erbauung (1950er Jahre, Architekt Kurt Conle) den großen Bedarf an Wohnraum deckten und dem Gebiet einen siedlungshaften Charakter verliehen. Weiter westlich, an der Klapphecke und im Krähenbüschken – der Überlieferung nach soll hier ein Gatter für Wildpferde (Hecken) sowie ein kleines Waldgebiet mit Schlagholz (Büschken) bestanden haben – gehen die Etagenwohnungen allmählich in Einfamilienhäuser über; Flachbauten und neuzeitliche Villen säumen den Weg, die im Rund angelegten Straßen vermitteln auch hier das Bild einer in sich geschlossenen Siedlung.

Unser Rundgang führt uns über die Böllerts Höfe am Rande eines Grüntals vorbei, das den schönen Namen Nachtigallental trägt. Wir biegen links in den Fußweg „Am Großen Berg" ein und erreichen auf einer Anhöhe nach wenigen Minuten den Broicher Ehrenfriedhof. Das Forstgebiet rund um den Friedhof kennzeichnet den nördlichen Teil des Uhlenhorster Waldes; bis zu Beginn des 19. Jahrhunderts befand sich hier ein Wildpferdegestüt, dessen Koppel bis zum Wallfriedsweg reichte. Der Friedhof selbst wurde im zweiten Jahrzehnt des 20. Jahrhunderts für die Gefallenen des Ersten Weltkriegs angelegt, später gedachte man hier auch der Opfer des zweiten großen Krieges. Inmitten der Grabsteine steht dieser Tage eine Bronzeplastik des Mülheimer Bildhauers Hermann Lickfeld, die den Namen „Zusammenbrechender Krieger" trägt; sie wurde 1933 auf dem Friedhof aufgestellt. Später kam ein weiteres Denkmal hinzu: die Nachbildung eines Grabes, das bereits 1932 für die Gefallenen des 5. Lothringischen Infanterie-Regiments 144, dessen Ersatzbataillon in Mülheim stationiert war, gestaltet worden war; es stand bis 1980 am Ganghoferweg. Vom Ehrenfriedhof gelangt man über Fasanenweg und Fuchsgrube zu einem weiteren Friedhof, den Broich-Speldorfer Waldfriedhof. An dessen nördlichem Ende liegt ein (heute recht unscheinbares) Gebäude, das Erwähnung verdient: die Hubertusburg. Das Haus wurde vermutlich 1927 als Ausflugslokal errichtet, seinen Namen erhielt es in Anlehnung an seinen Besitzer Hubert Langer aus Großenbaum. Alte Fotoaufnahmen lassen erahnen, dass das Gebäude mit seinem quadratischen Mauerwerk und Turm früher tatsächlich ein wenig einer Ritterburg glich, die von den Gästen schon wegen ihres ungewöhnlichen Ambientes gerne aufgesucht wurde. Nachdem das Haus als Lokal ausgedient hatte, ist nach mehrmaligen Umbauten von dem urspünglichen Aussehen nichts mehr zu erkennen. Heute gleicht die Hubertusburg, in der gegenwärtig die Johanniter einen Seniorentreff eingerichtet haben, einem gewöhnlichen Gebäude, das unauffällig am Rande der Friedhofstraße steht und selten überhaupt wahrgenommen wird.

Wer den Fußweg zum Friedhof umgehen möchte, wählt am Fasanenweg den Broicher Waldweg Richtung Süden und stößt in Höhe der Sportanlage des HTC Uhlenhorst (deutscher Rekordmeister im Feld-

und Hallenhockey) auf den Uhlenhorstweg. Woher die Straße, die früher die Bezeichnung „Im düstern Siepen“ trug und heute einer der Hauptverkehrswege des Stadtteils Broich ist, diesen Namen bekam, ist ungewiss. Vermutet wird lediglich, dass das umliegende, bewaldete Areal als „Horst“ bezeichnet wurde. Ob es jedoch in diesem Wald besonders viele Eulen („Uhlen“) gab, lässt sich nicht mehr klären. Fest steht nur, dass die Bezeichnung „Uhlenhorst“ aus der Umgangssprache stammt und das Gelände (in Anlehnung an die Broich-Speldorfer Wald- und Gartenstadt AG, die das Areal von 1906 bis 1936 verwaltete) offiziell den Namen „Broich-Speldorfer Wald“ oder „Stadtwald“ trägt. Doch ganz gleich, woher der Begriff nun eigentlich stammt, für die meisten Einwohner Mülheims ist der Uhlenhorst eines der schönsten Naherholungsgebiete der Stadt. Das Waldgebiet, das früher bis nach Speldorf reichte, erstreckt sich heute mit einer Größe von rund 1.000 ha schwerpunktmäßig vom Uhlenhorstweg bis zur Stadtgrenze in Selbeck. Mitten hindurch führt die Großenbaumer Straße, die bis nach Duisburg reicht und eine weitere wichtige Verkehrsstraße des Stadtteils bildet. Die Erschließung des Geländes durch ausgebaute Straßen und Wege zog auch die Bebauung nach sich: Im beginnenden 20. Jahrhundert nutzten zahlreiche wohlhabende Bürger die Ruhe und Idylle des Waldes und ließen hier ihre prächtigen Villen errichten. Zu den bekanntesten Wohnbauten zählt der Streithof des Emil Kirdorf (Freundhofweg), Haus Rott von Hugo Stinnes sen. (Großenbaumer Straße) oder die Villa Fritz Thyssen (ebenfalls Großenbaumer Straße). Neben diesen Privathäusern befanden sich im Broich-Speldorfer Wald auch mehrere Ausflugslokale, so zum Beispiel Haus Hammerstein, die Uhlenhorst-Gaststätte oder die bereits erwähnte Hubertusburg. All diese Bauten sind heute entweder aus dem Stadtbild verschwunden oder einer neuen Nutzung zugeführt: Haus Rott, von Stinnes als stattliches Wohnhaus geplant, jedoch nie vollständig realisiert, wird dieser Tage von der Familie Grillo bewohnt (hauseigenes Gestüt mit Reitsportanlage nebenan); die Villa Thyssen, zunächst ebenfalls im Besitz der Familie Grillo, nach einem Großbrand im Jahre 1993 jedoch völlig zerstört, ist unter Leitung einer Duisburger Immobilienfirma als „Villenpark Uhlenhorst“ im Wiederaufbau befindlich; der Streithof, längere Zeit vom Deutschen Roten Kreuz als Rehabilitationsklinik für Suchtkranke genutzt, wurde privat verkauft und harrt seither einer neuen Bestimmung; die Uhlenhorst-Gaststätte nahe der Großenbaumer Straße wurde Opfer des Krieges, Haus Hammerstein an der gleichnamigen Straße wurde abgerissen.

Zu den Gebäuden, die die Jahrzehnte überdauert haben und heute eine neue Verwendung finden, zählt ein Baudenkmal, das zugleich den Endpunkt unseres Rundgangs markiert: die Villa Küchen am Uhlenhorstweg, dieser Tage **Haus der Begegnung** der **Ev. Akademie (13)** Mülheim an der Ruhr. In den Jahren 1912–1915 ließ Kommerzienrat Gerhard Küchen, Enkel des Reedereigründers Mathias Stinnes und seinerzeit Direktor der gleichnamigen Firma, im Uhlenhorstwald an der Stadtgrenze zu Duisburg sein Wohnhaus errichten. Unter Leitung des Architekten Rudolph Tillessen aus Mannheim wurde nach dem Vorbild englischer Landhäuser ein prachtvoller Bau im Neobarock verwirklicht, der zu den größten und stilvollsten in ganz Mülheim zählt. Die Familie Küchen lebte hier bis 1939. Während des Zweiten Weltkriegs zogen in das Haus zunächst Rüstungsexperten und ein Luftwaffenkommando ein, später erklärte der Britische Kommissar General Bishop die Villa zu seinem Domizil. 1952 schließlich erwarb die Evangelische Kirche im Rheinland das Gebäude und eröffnete hier eine Tagungsstätte.

Im Laufe der Jahre wurde das Haupthaus durch Gästehäuser, einen Tagungssaal, eine Kapelle, einen Speiseraum und Wohnungen für die Mitarbeiter erweitert. Das Ursprungsgebäude, die Villa Küchen mit Wohnterrasse und Pförtnerhaus, wurde mit großem Aufwand restauriert. Betritt man das Haus über das Eingangsportal, fühlt man sich beinahe in eine andere Zeit versetzt. Viele Details der Inneneinrichtung, so zum Beispiel die steinernen Reliefs an den Wänden, der Parkett- und Marmorfußboden, die stuckverzierten Decken oder das handgeschnitzte Treppengeländer, wurden geradezu vorbildlich in ihrem früheren Zustand erhalten. Das ehemals hochherrschaftliche Erscheinungsbild des Hauses lässt sich somit noch heute gut erahnen und macht das Arbeiten in diesem Gebäude zu einem ganz besonderen Erlebnis.

Etwa 13.000 Menschen pro Jahr besuchen die Ev. Akademie im Uhlenhorst, zwischen 400 und 500 Veranstaltungen finden hier jährlich statt. Das denkmalgeschützte „Haus der Begegnung“ bietet Platz für 120 Übernachtungsgäste, denen außer den genannten Neubauten mehrere Konferenzräume und Aufenthaltszimmer, eine Bibliothek, ein Freizeitbereich mit Sauna sowie eine Klause zur Verfügung stehen. Die Ev. Akademie, die sich als Ort der Begegnung und des offenen Gesprächs begreift, bietet Seminare, Vorträge und Tagungen zu den Themen Theologie und Kirche, Wissenschaft, Technik, Politik, Gesellschaft, Kultur, Umwelt, Wirtschaft und Europa an. Zur Diskussion stehen Fragen des öffentlichen, privaten oder kirchlichen Lebens, verstärkte Zuwendung soll in Zukunft auch der Dialog zwischen den Religionen erhalten. Begleitet werden diese Angebote, die sich an die Allgemeinheit richten, von Fachtagungen und Fachgesprächen, die für das interdisziplinäre Zusammenspiel von Kirche und Gesellschaft von Bedeutung sind. Auch Gastveranstaltungen, die die Räumlichkeiten des Hauses gerne in Anspruch nehmen, finden hier Gehör. Das Areal rund um die Ev. Akademie ist frei zugänglich, der 36 ha große Park mit Grillhütte und Wildgehege über Spazierwege bequem zu erschließen. Von hier aus gelangt man auch über die Tannenstraße und den Rottweg zur Waldschule Uhlenhorst sowie zu den genannten Villen am Freundhofweg und der Großenbaumer Straße. Wer noch ein Stück weiter wandern möchte, erreicht an der Stadtgrenze zu Duisburg den Entenfang, Mülheims einzigen größeren See (13,5 ha), der zu Wassersport und zu ausgiebigen Wanderungen einlädt. Im Gegensatz zur Ruhr ist hier auch das Baden erlaubt. In den See münden zwei Bäche, der Rottbach und der Wambach: Letzterer ist mit einer stattlichen Länge von 4,33 km zugleich einer der längsten Bäche Mülheims.

Villa Küchen im Uhlenhorst, heute Ev. Akademie

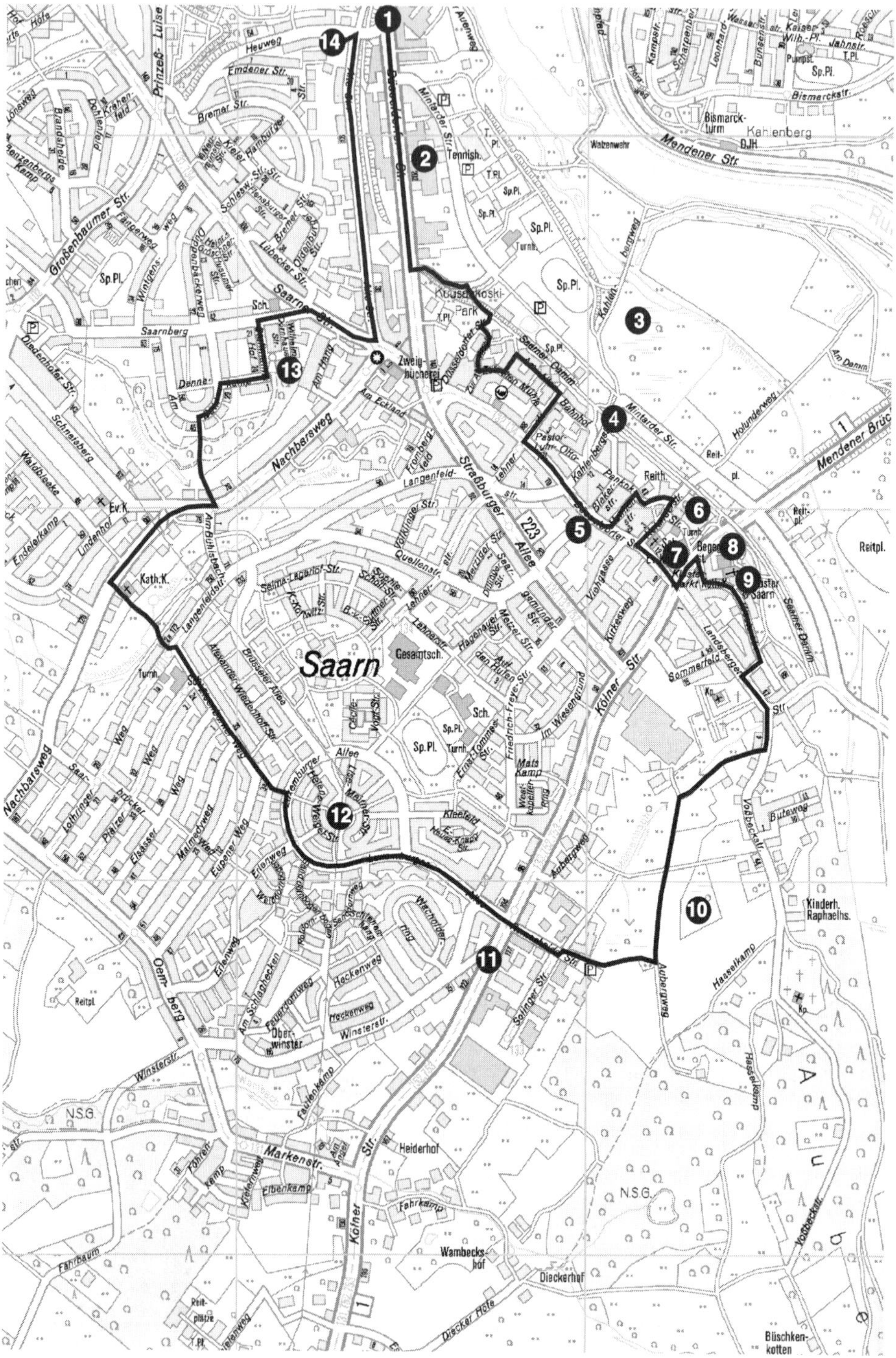
1
2
3
4
5
6
7
8
9
10
11
12
13
14
Saarn
Heuweg
Emdener Str.
Bremer Str.
Prinzeß-Luise
Dohlenfeld
Krähenfeld
Brandsheide
Großenbaumer Str.
Saarnberg
Diedenhofer Str.
Schneisberg
Waldbleeke
Nachbarsweg
Am Eckland
Zweigbücherei
Mintarder Str.
Tennish.
Sp.Pl.
T.Pl.
Turnh.
Kahlenbergweg
Walzenwehr
Mendener Str.
Bismarckturm
Kahlenberg
DJH
Bismarckstr.
Kaiser-Wilh.-Pl.
Jahnstr.
Am Damm
Holunderweg
Mendener Brüc
Reitpl.
Reith.
Straßburger Allee
Langenfeldstr.
Kath.K.
Ev.K.
Lindenhof
Gesamtsch.
Sch.
Quellenstr.
Völklinger Str.
Viehgasse
Kirkesweg
Sommerfeld
Landsberger
Saarner Damm
Kölner Str.
Im Wiesengrund
Auberg-weg
Aubergweg
Kinderh. Raphaelhs.
Buteweg
Voßbeckstr.
Hasselkamp
Kp.
Wacholderring
Heckenweg
Winsterstr.
Oberwinster
Am Schlagbecken
Erlenweg
Eupener Weg
Malmedyweg
Elsasser Weg
Pfälzer Weg
Lothringer
Oembergy
Reitpl.
N.S.G.
Markenstr.
Föhrenkamp
Elbenkamp
Heiderhof
Fahrkamp
Wambeckshof
Dieckerhof
Diecker Höfe
Reitplätze
Fahrbaum
Solinger Str.
Büschkenkotten
Kloster Saarn
Kleefeld
Mats Kamp
Frombergfeld
Pastor-Luhr-Otto-Str.
Kahlenberger
Bahnhof
Sp.Pl.
Kreuzzkoski-Park

Dorf Saarn mit Fachwerkbauten

Saarn

Zwischen Fachwerkkultur und grünen Auen. Dörfliche Idylle am Rande der Großstadt

Ausgangspunkt: Lederfabrik Lindgens/Seton, Kassenberg (Bus: 132, 133, 752, Haltestelle: Lindgens)

Endpunkt: ehem. Brauerei Ibing, Heuweg

Dauer: 3 Stunden

Route: Lederfabrik Lindgens/Seton (1), Düsseldorfer Straße (2), Saarner Aue (3), alter Bahnhof (4), Dorf Saarn (5), Geburtshaus Otto Pankok (6), Ev. Dorfkirche (7), Kloster Saarn (8), Kath. Kirche St. Maria Himmelfahrt (9), Auberg (10), Kölner Straße (11), Saarner Kuppe (12), Wildpferdedenkmal Stallmannshof (13), ehem. Brauerei Ibing (14)

Der Stadtteil Saarn, im Süden Mülheims gelegen und mit den Ortschaften Selbeck und Mintard heute flächenmäßig die größte Gemeinde der Stadt, bildete schon in der Frühzeit einen der Siedlungsschwerpunkte der Ruhrstadt. Waren es in Broich und Styrum die Wehranlagen und Schlösser, in deren Nähe sich erste dörfliche Strukturen entwickelten, so entstand in Saarn rund um das ehrwürdige Kloster, das im Jahre 1214 n. Chr. als Abtei der Zisterzienserinnen ins Leben gerufen wurde, allmählich ein Zentrum gemeinschaftlichen Daseins. Bewohnt war der Raum westlich der Ruhr allerdings schon lange vor der Gründung der Abtei: Erste versprengte Siedlungsspuren lassen sich für den Bereich der heutigen Düsseldorfer Straße, am Frombergfeld sowie in der Saarnbergsiedlung festmachen. Eisenzeitliche Urnengräber weisen hier auf die Zeit um 1000 v. Chr. hin. Für die Jahrhunderte um 400/500 n. Chr. fand man Spuren an der Straßburger Allee/Ecke Langenfeldstraße sowie im Gebiet des ehemaligen Bahnhofs Saarn. Im Klosterareal, einem Gelände, das wegen seiner Lage auf einer Niederterrasse über der Ruhr als strategisch äußerst günstig galt, ist eine befestigte Hofanlage für das 10. Jahrhundert nachweisbar. Funde bei Ausgrabungsarbeiten am Kloster Saarn (Mauerreste, Keramiken) legen die Vermutung nahe, dass der Adelssitz bis Mitte des 12. Jahrhunderts bestanden hat. Kurz danach gründete sich an eben dieser Stelle die „Aula Sanctae Mariae", der Mariensaal der Zisterzienserinnenabtei Saarn.

Der Name Saarn selbst findet erste urkundliche Erwähnung um das Jahr 1000 n. Chr. in einem Dokument des Werdener Klosters. Hier ist von einer Ortschaft namens „Sarnon" die Rede. Woher dieser Name stammt, konnte bis heute nicht eindeutig geklärt werden. Viele Legenden und Anekdoten reihen sich um diese Bezeichnung, darunter nicht wenige, die Anlass zum Schmunzeln geben: So soll etwa nach Meinung des Mülheimer Heimatdichters Heinrich Mühlensiepen (1836–1901) Karl der Große bei einer Durchreise durch das kleine Dorf voll Entzücken den Ausspruch „So süh es ahn!" getan haben, woraus sich dann allmählich der Name „Saarn" entwickelt haben soll. Ähnliche Legenden dieser Zeit gehen noch einen Schritt weiter und verpflichten den lieben Herrgott persönlich, der zusammen mit Petrus bei einem Flug über Saarn „Kiek es aan" gerufen habe. Derlei sagenumwobene Deutungen gibt es viele, und Heimatverbundene werden nicht müde, die Geschichten bereitwilligen Zuhörern zu erzählen. Neben den Legenden existieren aber auch durchaus ernst zu nehmende Erklärungsversuche, die ethymologischer oder sprachwissenschaftlicher Natur sind. So wird zum Beispiel als Beweis für die Herkunft des Namens Saarn das Grimm'sche Wörterbuch angeführt, in dem die Wortwurzel „sar-„ soviel wie Pappel bedeutet. Bildet man den Plural, also „saren", wäre Saarn demnach ein Ort, in dem ehemals viele Pappeln wuchsen. Die Existenz eines riesigen Pappelwaldes konnte jedoch nicht bestätigt werden. Andere Deutungen führen deshalb den Ortsnamen auf einen alten Familiennamen zurück, der „Zarne" oder „Sarne" hieß und wohl vermutlich „zahm" bedeutete. Nach Kunde von Heinrich Grothues, ehemals Pfarrer der katholischen Kirchengemeinde, soll in dem kleinen Örtchen demnach ein Mann gelebt haben, der in Abgrenzung zu den benachbarten „wilden" Bewohnern des Dorfes „der Zahme" genannt wurde, woraus dann schließlich die heutige Schreibweise hervorgegangen sei.

Ob nun legendenhafte Vermutung oder wissenschaftliche Bestimmung – zweifelsfrei lässt sich die Herkunft der Bezeichnung „Saarn" wohl nie erforschen. Bis auf wenige Ausnahmen festlegen lässt sich hingegen die Entwicklung der Ortschaft von der frühen Neuzeit bis zur heutigen Gestalt als Stadtteil Mülheims: Nach der Gründung des Klosters mit Kirche, in dessen Nähe sich schon allein wegen der wirtschaftlichen Bedeutung der Abtei (zum Kloster gehörten zahlreiche Kotten, Gehöfte und Ländereien, die bis zum Niederrhein reichten) Menschen auf der Suche nach Arbeit niederließen, bildete sich unter Einfluss der Reformation (16./17. Jh.) nicht weit vom Kloster entfernt ein weiteres geistliches Zentrum heraus, in dessen Mittelpunkt die Ev. Dorfkirche Saarns entstand. Ein erstes Bethaus wurde 1683 errichtet, die jetzige Kirche basiert auf einem Kapellenbau aus dem Jahre 1775. Saarn hatte somit neben einem katholischen auch ein protestantisches Gemeindezentrum, in dessen Umfeld sich ebenfalls Siedlungen bildeten. Allmählich entwickelte sich so entlang der Düsseldorfer Straße mit seinen vielen Seitenstraßen ein Wohn- und Gewerbeviertel, das noch heute prägend für den alten Dorfkern ist. Schmucke Bauernhäuser in Fachwerk, kleine Lädchen und Gasthäuser sowie ein typisch dörfliches Straßenbild vermitteln ein Bild, wie es in Mülheim ein weiteres Mal nur noch in der Altstadt anzutreffen ist. Die Einwohner Saarns sind deshalb mit Recht stolz auf ihren historischen Siedlungskern, der nach einer umfangreichen Restaurierung in den 1980er Jahren wieder in neuem Glanz erstrahlt und nicht ohne Grund den wohlklingenden Namen „Dorf Saarn" erhielt.

Abgesehen von einigen weiteren Siedlungsschwerpunkten, die jedoch erst im vorigen Jahrhundert (Oemberg, Saarnberg) oder erst in jüngster Zeit entstanden sind (Stichwort „Saarner Kuppe"), ist Saarn durch weite Grünflächen, Auen und Wälder geprägt, die sich westwärts Richtung Speldorf (Uhlenhorst), ostwärts Richtung Ruhr (Saarner Aue) sowie südwärts bis zur Stadtgrenze Ratingen/Breitscheid (Saarner Mark, Auberg) erstrecken. Inmitten dieser Landschaften liegen zahlreiche kleine Bäche, Tümpel und Weiher, darunter der Schengerholz-, Bühls-, Wam- und Mühlenbach, der Entenfang als größtes stehendes Gewässer sowie die Ruhr als größter Fluss. Aufgrund des großen Erholungswertes nutzen viele Einwohner der Stadt regelmäßig dieses große Naturareal, um sich zu entspannen oder sportlich zu betätigen. Beliebt sind die langen Spazier- und Radwanderwege, die an Reiterhöfen, Ausflugslokalen und Naturschutzgebieten vorbeiführen und den Besuchern einen Eindruck dieser herrlichen Naturlandschaft vermitteln. Im Süden der weitläufigen Grüngebiete liegen die zu Saarn gehörenden Ortschaften Selbeck und Mintard (siehe Fahrradtour), die jedoch nur recht dünn besiedelt sind. Die insgesamt rund 23.000 Einwohner des Stadtteils Saarn verteilen sich, ähnlich wie in Broich oder Holthausen, demnach auf zwei Regionen: einen dichtbevölkerten Nord- und einen spärlich bewohnten Südbezirk. Mit einer Fläche von 2.670 ha ist Saarn zugleich die größte Gemeinde Mülheims, wobei ein überwiegender Teil aus unbewohnten Landschaftsgebieten besteht.

Kommunalpolitisch gehört Saarn seit 1904 zur Stadt Mülheim. Einige Jahre zuvor, in der Zeit von 1878–1904, hatte die Gemeinde zusammen mit den Nachbarorten Speldorf und Broich eine selbstständige Landbürgermeisterei gebildet, die zu Beginn des 20. Jahrhunderts jedoch zugunsten einer Eingemeindung in die Stadt Mülheim aufgelöst wurde. Ein eigenes Rathaus hat Saarn zwar nie besessen, wohl aber einen Gemeinderat, der in der ehemaligen Gaststätte Kellermann am Klostermarkt tagte. Ihren wirtschaftlichen Aufschwung nahm die Gemeinde, die lange Zeit durch Ackerbau und Viehwirtschaft sowie durch einzelne Handwerkszweige (Gerberei, Seilerei, Schmiede, Porzellanmanufaktur, Mühlenbetriebe) geprägt war, mit der Ansiedlung von Fabriken, die im Zuge der Industrialisierung im 19. Jahrhundert entstanden waren. Zu den größten Arbeitgebern zählte damals eine königlich-preußische Gewehrfabrik, die nach Auflösung des Klosters (1808) in den Gebäuden der Abtei beheimatet war. Später siedelte sich hier eine Tapetenfabrik an, die bis zur Jahrhundertwende existierte. In der zweiten Hälfte des 19. Jahrhunderts waren es aber vor allem die Brau- und Malzbetriebe am Heuweg und Nachbarsweg sowie die Leder herstellenden Firmen am Kassenberg und der Düsseldorfer Straße, die den Menschen Arbeit gaben und dem heutigen Stadtteil einen enormen Bevölkerungszuwachs verschafften. Waren in Saarn über Jahrhunderte hinweg nicht mehr als ein paar Dutzend Höfe und Kotten aufzufinden, so zählte die Ortschaft bei Gründung der Bürgermeisterei im Jahre 1878 bereits 2.900 Einwohner; in den folgenden Jahrzehnten verdoppelte sich die Zahl um ein weiteres Mal. Das Wachstum hielt an, so dass Saarn heute zu den bevölkerungsreichsten Stadtteilen Mülheims gehört. Anteil an dieser Entwicklung hatte natürlich auch eine sich allmählich entwickelnde Infrastruktur, zu der zum Beispiel die Einweihung von Schulen (1820/1912), die Einrichtung einer Poststelle (1847), die Eröffnung einer Eisenbahnlinie mit eigenem Bahnhof (1879), die Inbetriebnahme der Straßenbahn (1911), der Bau einer Brücke über die Ruhr (1936) und der Ausbau der Bundesstraße B 1 (1938) zählten.

Inzwischen hat sich vieles verändert, manche Errungenschaften konnten erweitert werden, andere hingegen wurden zurückgedrängt. Die Kölner Straße beispielsweise, die schon im Mittelalter zu einer wichtigen Hauptverbindung zwischen Köln und Essen wurde und heute als Bundesstraße B 1 durch den Stadtteil führt, ist der zentrale Verkehrsweg innerhalb Saarns geblieben. Hinzu gesellen sich mittlerweile weitere große Verbindungsstrecken wie die Düsseldorfer Straße, die Straßburger Allee, die Saarner und Großenbaumer Straße sowie die Mintarder Straße Richtung Süden. Insgesamt sind in Saarn allein in den letzten dreißig Jahren mehr als ein Dutzend neue Straßen hinzugekommen. Die Ruhrtalbahn hingegen, die einst von Styrum über Broich und Saarn bis nach Kettwig reichte, gehört der Vergangenheit an: Der Bahnverkehr wurde Mitte der 1960er Jahre stillgelegt, das Saarner Bahnhofsgebäude 1978 abgebrochen. Zur selben Zeit stellte man auch den Straßenbahnverkehr ein: Nach fast 60 Jahren Betrieb wurden die Gleise abgetragen und der Verkehr durch Busse ersetzt. Überhaupt waren die Jahrzehnte nach Beendigung des Krieges diejenigen, in denen sich die stärksten Veränderungen in Saarn bemerkbar machten. Von den oben erwähnten Fabriken, die früher das in ökonomischer Hinsicht eher unbedeutende Saarner Dorf zu einem florierenden Wirtschaftsstandort machten, existiert heute kaum eine mehr, selbst die einst so starke Lederindustrie ist mit Ausnahme weniger Betriebe aus dem Stadtbild verschwunden. Die Strukturkrise der 1960er und 1970er Jahre bedeutete nicht nur für den Mülheimer Bergbau das vorzeitige Aus, sondern traf auch weite Teile benachbarter Wirtschaftszweige. Als sich Ende des 20. Jahrhunderts die Situation erneut verschärfte, machten auch die letzten Fabriken dicht: So bekannte Namen wie Ibing, Mohr, Rühl, Möhlenbeck und Abel sind heute nur noch Teil der Geschichte. Glücklicherweise haben sich jedoch anstelle der traditionellen Firmen neue, innovative Unternehmen angesiedelt, die die Wirtschaftsstruktur des Stadtteils heute prägen. Saarn besitzt dieser Tage zwei bedeutende Gewerbezentren, von denen eines nach wie vor an der Düsseldorfer Straße liegt (Auto- und Lederindustrie sowie Einzel- und Großhandel), das andere sich entlang der Kölner Straße (Autohandel, Caravan- und Wohnwagenbau) sowie dem neuen Gewerbegebiet an der Solinger und Remscheider Straße (Elektro-, Fotokopier- und Lichttechnik) verteilt. Die übrige Fläche des Stadtteils ist Wohn- und Erholungszwecken vorbehalten, die der Gemeinde ihren typischen Charakter verleihen.

Wir beginnen nun unseren Rundgang unterhalb des Heuwegs. Am Übergang zwischen Kassenberg und Düsseldorfer Straße befindet sich die letzte große Bastion der Mülheimer Lederindustrie an der Ruhr, die **Lederfabrik Lindgens/Seton (1)**. Man schrieb das Jahr 1861, als Ludwig Lindgens einen eigenen Lederbetrieb gründete, in dem Verdecke für Pferdekutschen hergestellt wurden. Zwölf Jahre später verlegte man die Fabrik an den heutigen Standort. Der jetzige, viergeschossige Baukörper mit Satteldach wurde im Jahre 1915/16 errichtet und geht auf die Entwürfe des bekannten Mülheimer Architekten Franz Hagen zurück. Auffallend ist besonders die in rote Klinkersteine gefasste Fassade, die sich vom Kassenberg über mehrere Gebäudeteile bis in die Düsseldorfer Straße zieht. Lange Fensterreihen sowie römisch-antike Dachaufbauten gliedern die Gebäude. Im Hintergrund ragt der hohe Schornstein der Fabrik empor, auf dem der Schriftzug des Unternehmens prangt. Nicht weit von der Fabrik entfernt ließ die Familie auch ihr Wohnhaus errichten; die Backsteinvilla aus dem Jahre 1901 steht noch heute am Kassenberg. Viele weitere Fabrikbesitzer bauten sich hier, in unmittelbarer Nähe zu ihrer Produktionsstätte, ihre prachtvollen Villen, die meisten davon sind noch erhalten (siehe Rundgang Broich).

Die Gründung der Lederfabrik Lindgens fiel in eine Zeit, als in Mülheim ein regelrechter Boom der Lederindustrie einsetzte.

Ihren Ausgangspunkt hatte das Lederhandwerk am Rumbach, dessen klares Wasser eine notwendige Voraussetzung für die Ausübung des Handwerks war. Erste Gerbereien sind hier für das 17. Jahrhundert nachgewiesen (siehe Rundgang Holthausen), später kamen weitere Betriebe am Bruchbach in Eppinghofen und am Bühlsbach in Saarn hinzu. Den Stoff zur Umwandlung der Tierhäute in Leder bezogen die Gerber aus den nahen Eichen- und Fichtenwäldern; die Rinde (= Lohe) der Bäume wurde abgetragen, getrocknet und in den benachbarten Mühlenbetrieben gemahlen. Der Gerbprozess selbst, bei dem die Lohe ihre haltbarmachende Wirkung auf die Tierhäute entfaltete, dauerte mehrere Monate; heute benötigt man mittels chemischer Substanzen für denselben Prozess lediglich ein paar Stunden. Mit den Lederprodukten wurde in erster Linie der lokale Markt versorgt, später kamen als Abnehmer die Schifffahrts-, Bergbau- und Eisenhüttenindustrie hinzu. Hergestellt wurde Schuh- und Zaumleder für die Landwirte, Militärleder für die gräfliche Herrschaft, Geschirrleder für die Treidelpferde der Kohlenschiffe sowie Arbeitsschutzkleidung für die Bergleute der Zechen. Ein nennenswerter Aufschwung des Lederhandwerks setzte im beginnenden 19. Jahrhundert ein, als infolge der Industrialisierung der Bedarf an Lederprodukten enorm gestiegen war. Da die Waldbestände, die zum Gerben der Häute notwendig waren, am Rumbach jedoch allmählich versiegten und sich der Wasserbedarf für den Gerbprozess ständig erhöhte, zog das Gewerbe nach und nach an den größten der Mülheimer Flüsse, an die Ruhr. Durch den Wegfall der alten Zunftschranken sowie durch die Erfindung neuartiger Maschinen (Spalt- und Dampfmaschine) und schnellerer Gerbprozesse (Chromsalze) wurden aus den ehemaligen Handwerksbetrieben rasch große Fabriken, deren Zahl sich beständig erhöhte. Während in vorindustrieller Zeit in Mülheim etwa zehn Lederbetriebe ansässig waren, hatte sich ihre Zahl bis zum Jahr 1856 bereits verdoppelt. Den Höchststand markierte das Jahr 1924, als man in der Ruhrstadt 54 Lederfabriken mit mehr als 3.000 Arbeitern zählte. Seither ist ihre Zahl rückläufig.

Lederfabrik Lindgens/ Seton, gegründet 1861

Die Lederfabrik Lindgens/Seton, die seit nunmehr über 140 Jahren existiert, ist neben der Firma Hammann (Hafengebiet Speldorf) die einzige noch verbliebene Leder erzeugende Fabrik Mülheims. In den

Bereichen Weiterverarbeitung und Handel haben sich außerdem einige kleinere Firmen (Pampus, Funcke, Feldmann) sowie die international tätige Schafstall-Gruppe als bedeutender Häutehändler behauptet. So große Namen wie Coupienne, Pelzer, Rühl, Abel, Unterhössel, Lankhorst und Möhlenbeck, die das Lederhandwerk einst zum Erfolg geführt haben, gehören jedoch inzwischen der Vergangenheit an. Dabei war Mülheim früher einmal eine der einflussreichsten Gerberstädte Deutschlands. Neben den traditionellen Produkten für den heimischen Markt wurden auch Lederstoffe für Automobile, Polster und Gepäck hergestellt, die sich zu einem echten Exportschlager entwickelten. Die Qualität des Mülheimer Leders fand weltweit große Beachtung, für die Erzeugnisse konnten auf Messen und Ausstellungen zahlreiche Preise und Auszeichnungen entgegengenommen werden. Die Ruhrstadt galt weit über die Grenzen hinaus als „Akademie der Gerber", neben Bergbau, Kohlehandel und Eisenindustrie war die Lederbranche zum wichtigsten Wirtschaftszweig der Stadt geworden. Doch mit dem Rückgang der industriellen Produktion verlor auch das Mülheimer Traditionshandwerk an Bedeutung. Die Entwicklung von Kunststoffen und Plastikmaterialien, die eine starke Konkurrenz zum traditionellen Lederstoff darstellten, taten ein Übriges, um diesen Prozess zu beschleunigen. Während zu Zeiten des Zweiten Weltkrieges der Absatz noch einmal florierte, zwangen die Strukturkrise der 1960er Jahre sowie die harten Wettbewerbsbedingungen auf dem Weltledermarkt in den 1980er Jahren das heimische Handwerk endgültig in die Knie: Zahlreiche Betriebe mussten für immer ihre Pforten schließen, an der Ruhr hat allein Lindgens den Schrumpfungsprozess überlebt. Hier wird heute noch Leder für die Innenausstattung von Automobilen produziert. 1994 fusionierte die Firma mit der amerikanischen Unternehmensgruppe Seton, so dass der offizielle Name der Firma heute „Seton GmbH Lindgens Lederfabrik" lautet. Das Unternehmen ist dieser Tage weltweit größter Lieferant für Autoleder, 500.000 Häute werden hier jährlich verarbeitet. Etwa 400 Mitarbeiter sind bei Lindgens/Seton beschäftigt, neben den Betriebs- und Verwaltungsgebäuden am Kassenberg hat das Unternehmen sich mit einem zweiten Standbein im Speldorfer Hafen etabliert.

Ehemalige Lederfabrik Abel an der Düsseldorfer Straße, heute Hotel mit Gastronomie

Entlang der **Düsseldorfer Straße (2)**, die einst das Herz der Mülheimer Lederindustrie war, sind noch heute einzelne Fabrikgebäude vorhanden, die jedoch inzwischen neuen Zwecken zugeordnet sind. Die ehemalige Lederfabrik Abel & Rühl beispielsweise (gegr. 1864), vis-à-vis zu Lindgens gelegen, dient heute als Hotel mit Bistrobereich. Die Innenausstattung ist stilvoll und elegant, viele Ausstellungsstücke erinnern an die frühere Bestimmung des Gebäudes. Das denkmalgeschützte Traufenhaus in rotem Backstein ist ein gelungenes Beispiel dafür, wie Historisches sinnvoll einer neuen Nutzung zugeführt werden kann. In naher Zukunft soll hier auch das erste Mülheimer Ledermuseum eröffnen, das über die Geschichte des ehemals blühenden Gerberhandwerks informieren wird. Hinter dem neu gestalteten Hotel befindet sich ein Autohaus: Das Gelände war früher Produktionsstätte der Brauerei Gelsam und Telberg, später siedelte sich hier die Mülheimer Malzfabrik Mohr an, die bis zum Jahre 1999 in Betrieb war. Danach wurde das Areal verkauft, die alten Produktionsgebäude abgerissen und die jetzige Vertragswerkstatt errichtet. Von der Malzfabrik selbst blieben nur die Betriebsgebäude im Speldorfer Hafen übrig, die jedoch inzwischen unter dem neuen Namen Rhein-Ruhr-Malz firmieren. Auf der gegenüberliegenden Straßenseite erblicken wir eine schön gestaltete Villa im Stil des Historismus, deren reich verzierte Fassade mit seitlich angesetztem Turm ebenso ins Auge fällt wie die frisch restaurierten roten und gelben Klinkersteine. Das Haus wurde 1899 erbaut, wohnhaft war hier die Fabrikantenfamilie Wilhelm Rühl. Das Grundstück lag ursprünglich im Besitz der Familie Ibing, die am Heuweg eine Brauerei betrieb (dazu später mehr). Ende des 19. Jahrhunderts wurde das Gelände, auf dem zeitweise auch die Gerberei Wittfeld beheimatet war, von Abel übernommen. Die Lederfabrik Rühl stand südlich an der Düsseldorfer Straße und war lange Zeit einer der bedeutendsten Lederbetriebe Mülheims. Im Jahre 1856 gegründet, kam für das Unternehmen Ende des vorigen Jahrhunderts jedoch das Aus: 1990 wurde die Firma stillgelegt, im Jahre 2000 hatte man die letzten Fabrikteile beseitigt. Seither liegt das Gelände brach und harrt einer neuen Bestimmung. Ein Stück weiter südwärts, erneut auf gegenüberliegender Seite, befand sich hinter dem alten Rhenag-Gebäude, auf dem das Technische Hilfswerk dieser Tage seine Übungen durchführt, die Lederfabrik Möhlenbeck. Georg Möhlenbeck hatte das Unternehmen 1889 gegründet, die Firma zählte zu den angesehensten Lieferanten der Möbel- und Autoindustrie weltweit. Zum Kundenkreis von damals gehörten zum Beispiel der Flughafen von Dubai, die kanadische Botschaft in Washington sowie die Automobilhersteller Horch, BMW und Daimler-Benz. Den Anschluss an die neuen Marktgegebenheiten schaffte jedoch auch Möhlenbeck nicht: Gut hundert Jahre nach der Gründung stellte die Firma 1992 den Betrieb ein. Die Gebäude blieben erhalten und beherbergen heute einen Getränkemarkt und eine Werbeagentur. Mit seiner ganz in Weiß getünchten Fassade setzt sich das Haus deutlich von den übrigen ehemaligen Fabrikbauten entlang der Düsseldorfer Straße ab und markiert somit auch optisch seine neue Zweckbestimmung.

Von der Düsseldorfer Straße, deren Teilstück zwischen Heuweg und Nachbarsweg übrigens erst um 1870 beim Bau der Ruhrtalbahn entstand (früher führte der Weg nach Düsseldorf über die Alte Straße), biegen wir links in die Mintarder Straße ein, die Richtung **Saarner Aue (3)** führt. Die Landschaft zwischen Kahlenberg und Saarn, die heute über mehrere Wanderwege erschlossen ist, beheimatete ursprünglich einen riesigen Auenwald, der neben Weiden, Erlen und Eichen auch kleinere Stauden- und Strauchgewächse aufwies. Zu Zeiten, als der Fluss noch nicht durch Menschenhand gebändigt war, wurde das Gelände durch den ungezügelten Wasserlauf der Ruhr regelmäßig überschwemmt, was für die Natur ein Segen war, von den Menschen jedoch mit Argwohn betrachtet wurde. Man begann schließlich mit dem Bau von Wehren und Dämmen entlang des Flusses, die nicht nur vor Hochwasser schützen, sondern zugleich auch als Energieträger, zum Beispiel zum Antrieb der Mühlen, fungieren sollten. Als im 18. Jahrhundert dann die wirtschaftlichen Nutzung der Ruhr als Transportweg für die Kohlenschiffe begann, veränderte sich auch das gesamte umliegende Areal: Gepflasterte Wege für die Treidelpferde der Schiffe entstanden (Leinpfad), Deiche zum Schutz vor Überflutungen wurden gebaut sowie Brücken, Schleusen und Talsperren entlang der Wasserlinie errichtet. Um die angrenzende Fläche für die Landwirtschaft nutzbar zu machen, wurde der ehemalige Auenwald großflächig gerodet. Schon bald war von dem

Saarner Aue mit Ruhrlauf

ursprünglich dichten Baumbestand nichts mehr zu erkennen. Als schließlich östlich des Saarnbergs eine Ziegelei ihre Pforten öffnete (siehe ehemalige Tongrube) und das Areal westlich des Kahlenbergweges zu einem Platz (heute Kirmes- und Parkplatz) aufgeschüttet wurde, verschwand auch der Rest des früheren Auenwaldes an der Ruhr.

Heute ist die Saarner Aue in erster Linie ein stadtnahes Freizeit- und Erholungsgebiet, das sich vom Walzenwehr Kahlenberg entlang der Ruhr bis zur Restauration Dicken am Damm erstreckt. Mehrere Grün- und Gewässerflächen innerhalb der Aue stehen dieser Tage – insbesondere seit der Durchführung der Landesgartenschau MüGa 1992 – teilweise oder ganz unter Naturschutz, so die ehemalige Tongrube Rotkamp, der Mühlengraben und das Ruhr-Altarmsystem Kellermanns Loch. Dass der Natur- und Landschaftsschutz nicht immer an erster Stelle stand, zeigt ein Rückblick in die Geschichte der Saarner Aue im vergangenen Jahrhundert: Neben einem großen Badeplatz mit Liegewiesen unterhalb der Mendener Brücke (Ruhrbadestrand), an dem sich an heißen Sommertagen tausende sonnenhungrige Freizeitgäste tummelten, betrieb der Mülheimer Rennverein in Höhe der Jugendherberge Kahlenberg bis etwa 1910 eine Pferderennstrecke, die ebenfalls zahlreiche Schaulustige in die Aue zog. Um den Besuchermassen Herr zu werden, wurden Wege angelegt, Sitzplätze geschaffen und Spielplätze errichtet. Als weitere touristische Attraktionen sollten sogar ein Großcampingplatz, ein Hallenfreibad mit Eissporthalle sowie eine Gondelbahn zum Kahlenberg entstehen. Auch wenn einige dieser Planungen nie realisiert wurden, so hat sich das Bild der Landschaft doch mehr und mehr verändert, sehr zum Missfallen der Naturschützer, die das Ökosystem Saarner Aue in seinem natürlichen Gleichgewicht gefährdet sahen. Ihrem Engagement ist es zu verdanken, dass wir heute entlang der Ruhr wieder eine relativ intakte Naturlandschaft vorfinden, die seltene Pflanzen- (z.B. Silberweiden) und Tierarten (z.B. Graureiher, Eisvogel) beheimatet und aus diesem Grunde seit Beginn der 1980er Jahre einen besonderen Schutzstatus genießt. Um auch in Zukunft den Bestand dieser Arten zu sichern, ist eine Beschränkung der Freizeitaktivitäten des Menschen unerlässlich. Schilder und Hinweistafeln innerhalb der Aue informieren den Besucher deshalb über die Notwendigkeit, den Pflanzen und Tieren natürliche Rückzugsflächen zu überlassen. Die Ansiedlung einer Graureiher-Kolonie in der ehemaligen Tongrube Rotkamp sowie die gelungene Renaturierung des Mühlenbaches mögen erste Hinweise darauf sein, dass das Zusammenspiel zwischen Natur und Mensch auch funktionieren kann. Ob die Kompromissbereitschaft jedoch so weit geht, das Auengelände, wie es den natürlichen Rahmenbedingungen zur Entwicklung einer Auenlandschaft entspräche, regelmäßig durch gesteuerte Sommerhochwässer zu überfluten, ist zweifelhaft. Zu groß sind die zu erwartenden Einbußen im Freizeitbereich. Ganz abgesehen von den Protesten der Anwohner des nahen Dorfes Saarn, die einer Überschwemmung des Geländes allein aus Sicherheitsgründen ablehnend gegenüber stehen. Und so wird die Saarner Aue wohl auch in Zukunft Diskussionsstoff dafür liefern, inwieweit der Mensch sein Recht auf Beanspruchung der Natur geltend machen kann und wo die Grenzen der modernen Freizeitnutzung liegen. Ein geplantes Hockeyzentrum am Rande des Landschaftsparks jedenfalls wird vorerst nicht gebaut.

Unterhalb des Sportgeländes an der Mintarder Straße, das der Kahlenberger Hockeyclub als Trainingsstätte nutzt, und des großen Parkplatzes, auf dem alljährlich die überregional bekannte Saarner Kirmes abgehalten wird, durchqueren wir den Kuusankoski-Park, gehen ein Stück weit den Saarner Damm entlang und biegen schließlich rechts in die Straße „Zur alten Mühle" ein. Bis weit in das 20. Jahrhundert hinein standen hier einst mehrere Mühlen, die zunächst durch Windkraft angetrieben, später auf Dampfbetrieb umgestellt wurden. Reste eines Mühlenbaus fand man auf dem Gelände der heutigen Post. Diese Mühle war einer der letzten ihrer Art, die in der Stadt überhaupt noch existierte; erst nach dem Zweiten Weltkrieg legte man sie still. Heute ist in dem angrenzenden Areal eine gepflegte Neubausiedlung entstanden, die sich rund um einen mittig positionierten Platz gruppiert. Von diesem Platz aus schreiten wir nun weiter Richtung Osten und erreichen die Straße „Am alten Bahnhof". Der

Der ehemalige Bahnhof Saarn

Name der Straße weist bereits darauf hin, dass sich hier früher der **alte Bahnhof (4)** von Saarn befunden hat, eine Haltestelle der Unteren Ruhrtalbahn, die von Mülheim-Styrum bis nach Essen-Kettwig reichte und eine Streckenlänge von 14 km umfasste. Eigentümerin der Bahnlinie war die Bergisch-Märkische Eisenbahngesellschaft, die die Gleislinie als Nebenstrecke betrieb. Eröffnet wurde die Ruhrtalbahn im Jahre 1876, mit zunächst vier Personenzügen täglich. Dreißig Jahre später waren es bereits 21 Züge, zuzüglich des Güterverkehrs, der ebenfalls auf dieser Strecke verkehrte. Die Wagen erreichten eine Geschwindigkeit von 27 km/h, für damalige Verhältnisse eine beachtliche Leistung. Entlang der Gleise standen mehrere Bahnhofsgebäude, so in Styrum, Broich, Saarn und Kettwig. 1884 kam ein Haltepunkt in Mintard sowie 1955 zwei weitere Haltestellen am Auberg und Heuweg hinzu. Die Ruhrtalbahn entwickelte sich zu einem beliebten Verkehrsmittel, das auch von Wochenendausflüglern gerne in Anspruch genommen wurde. Gleichwohl entsprach die Auslastung von Beginn an nie den anvisierten Vorgaben. Und so schien es auch nicht verwunderlich, als man Mitte der 1960er Jahre zunächst den Personenverkehr, 1975 schließlich auch den Güterverkehr einstellte. Nach und nach begann der Rückbau: Die alten Gleise wurden abgetragen, vorhandene Brückenbauten (so zum Beispiel über den Heuweg und die Düsseldorfer Straße) zurückgebaut und frühere Bahnhofsgebäude abgerissen. Zu letzteren zählte auch der alte Bahnhof Saarn, der, wie lokale Zeitungen von damals berichteten, in einer Nacht-und-Nebel-Aktion im Jahre 1978 verschwand. Wer für den Abriss des schönen schieferverkleideten Gebäudes, das mit seiner Empfangshalle und seinen Nebengebäuden durchaus Denkmalcharakter besaß, die Verantwortung trug, konnte bis heute nicht eindeutig geklärt werden. Fest steht nur, dass der Nachwelt durch den übereilten Abbruch ein für das 19. Jahrhundert typisches Bahngebäude für immer verloren ging. Das Areal rund um das ehemalige Bahnhofsgelände ist dieser Tage durch moderne Einfamilienhäuser neu erschlossen, an die verkehrliche Nutzung von einst erinnert lediglich der Straßenname. Die Trasse der Ruhrtalbahn, die hinter der heutigen Siedlung am Rande der Saarner Aue verlief, wurde im Zuge der Landesgartenschau zu einem Rad- und Fußweg umgestaltet, der in Erinnerung an die Zeit als Verkehrsweg den Namen „Saarner (Bahn-) Damm“ erhielt.

In Höhe des Platzes an der Straße „Am alten Bahnhof“, von wo aus man quer über die Saarner Aue einen guten Blick auf die Jugendherberge am Kahlenberg gewinnt, schwenken wir rechts in die Lehnerstraße ein, die mit ihrem Namen an ein altes Lehnsverhältnis zwischen dem Kloster Saarn und den hiesigen Bauern erinnert (Hof Ober- und Unterlehn). Am Pastor-Luhr-Platz, der dem von 1945–1980 amtierenden Pfarrer der Evangelischen Kirchengemeinde Saarn, Ewald Luhr, gewidmet ist, stoßen wir auf die Düsseldorfer Straße und befinden uns nun inmitten des schönen **Dorfes Saarn (5)**. Neben dem Altstadtkern im Zentrum Mülheims ist das Dorf Saarn die besterhaltene Ursprungssiedlung der Stadt. Der alte Ortskern, der bereits in merowingischer Zeit besiedelt war, in Anlehnung an das Kloster jedoch erst richtig erblühte, wartet heute auf mit zahlreichen gut erhaltenen Kotten und Höfen in Fachwerkstil, die sich vom Endpunkt der Alten Straße einschließlich der Abzweigungen bis zum Klostermarkt erstrecken und in ihrer relativen Geschlossenheit einen typisch dörflichen Charakter vermitteln. Viele historische Gebäude, darunter auch einige aus der Gründerzeit, wurden Ende des vorigen Jahrhunderts einer umfangreichen Restaurierung unterzogen. Verkehrsberuhigte Zonen, kleine, kopfsteingeplasterte Gassen, der Mix aus alten und neuen Fassaden sowie ein gepflegtes Straßenbild tun ein Übriges, um die dörfliche Idylle zu bewahren. Die Düsseldorfer Straße, die mitten durch den Ortskern führt, wird aufgrund des regen Treibens häufig auch als „Saarner Kö“ bezeichnet: Hier reihen sich Geschäfte und Boutiquen aller Art aneinander, werden Häuser mit Blumenarrangements geschmückt und freie Plätze mit Sitzgelegenheiten versehen. „Ssaan boowenaan“ heißt hier die Losung, ein Ausspruch in Mölmsch Platt, einer Mülheimer Mundart, die hier noch immer gehegt und gepflegt wird. Insgesamt strahlt die Atmosphäre auf der Düsseldorfer Straße viel Gemütlichkeit aus, so dass nicht nur die Saarner Bürgerinnen und Bürger, sondern auch die Bewohner anderer Stadtteile den alten Dorfkern gerne besuchen, um hier zu bummeln und einzukaufen. Zu den besonderen Veranstaltungen, die hier abgehalten werden, zählen die alljährliche Aufstellung des Bürgerbaums im Mai sowie der im Dezember stattfindende Nikolausmarkt, an dem hunderte Menschen entlang der vielen Büdchen über die Düsseldorfer Straße schlendern. Im Anschluss an den Spaziergang laden zahlreiche gemütliche Cafés und Restaurants zu einer kleinen Pause ein, wo man sich mit leckeren Speisen und Getränken verwöhnen lassen kann.

Wer abseits der Hauptstraße einen Blick in die Nebenstraßen wagt, wird hier auch moderne Neubauten entdecken, die jedoch in den meisten Fällen behutsam der historischen Architektur des alten Dorfkerns angepasst wurden. Zu den realisierten Vorhaben jüngeren Datums zählt beispielsweise die Bebauung des Eckgrundstücks an der Quellenstraße, auf dem bis 1976 die alte Dorfschmiede stand. Der Name der Straße weist übrigens auf ein ursprünglich quellenreiches Gebiet hin, an dessen Rande früher vermutlich Schlagholz für die ansässige Lederindustrie gewonnen wurde. Heute steht hier der Neubau der Sparkasse. An der so genannten „Bellscheidts Wiese“ zwischen Quellen- und Langenfeldstraße wurde ein weiteres Neubauprojekt realisiert: Mehrere Etagenhäuser fügen sich hier in überschaubarer Zahl in das dörfliche Gepräge ein. Andererseits trifft man in den Seitenstraßen der Düsseldorfer Straße aber auch immer wieder auf kleine, schmucke Fachwerkhäuser, die in der Mehrzahl im 18. Jahrhundert entstanden sind. So weisen die Blekerstraße (benannt nach einer hier befindlichen Bleiche), die Hennen- (hier gab es ursprünglich wohl viele Hühner) und die Otto-Pankok-Straße (benannt nach dem gleichnamigen Maler) zweigeschossige Traufenhäuser mit Satteldach auf, die als Wohnhaus der benachbarten Bauernhöfe dienten. Unter den vielen ansehnlichen Bauten, die sich bis in die heutige Zeit erhalten haben, seien vor allem der Ferschenhof (Blekerstraße), der Oertmannshof (Hennenstraße) sowie der Hesselmannshof (Otto-Pankok-Straße) erwähnt. Zurück in der Düsseldorfer Straße, fällt dem Betrachter ein stattliches Giebelhaus in Fachwerk ins Auge (Nr. 9). Es handelt sich hier um den Kellermannshof, ein 1756 errichtetes Gebäude, das sich früher im Besitz des Klosters befand. Einst war auf den Kellermannschen Besitzungen auch die Saarner Porzellanmanufaktur angesiedelt. Die Fabrik, die die Tonerde aus der Saarner Aue grub, existierte bis 1770 und umfasste neben einem Brennofen eine Wäscherei, Dreherei, Formerei und Malerei. Heute ist in dem Gebäude ein Restaurant und ein Getränkehandel untergebracht. Nebenan, im Haus Nr. 13, lebte früher der Landwirt Heinrich Kirkes. Der Türbalken an der Eingangstür weist den Besucher darauf hin, dass sein Wohnhaus im Jahre 1747 er-

Klostermarkt mit Kaiser-Wilhelm-Denkmal; die Klostermarktschule existiert zu diesem Zeitpunkt noch nicht

baut worden ist. 1977 unterzog man den Gebäudekomplex einer gründlichen Restaurierung. Die Straße zum Hof (hier befand sich früher ein kleines Wäldchen, das die Bezeichnung Kirkesbüschken trug) erhielt in Erinnerung an den Bauern Kirkes den Namen „Kirkesweg“. Gegenüber des Kirkes-Hofes, an der Düsseldorfer Straße Nr. 12, steht ein weiteres ansehnliches Gebäude, das wohl um 1750 errichtet wurde. Reste eines kleineren Vorgängerbaus wurden bei Restaurierungsarbeiten in den 1980er Jahren entdeckt. Die Mauer, die das Haus umgibt, stammt ebenfalls aus dem 18. Jahrhundert, vermutlich wurden jedoch auch hier ältere Bauteile einbezogen. Nach einer mündlichen Überlieferung beherbergte das heutige backsteinerne Haus zunächst Gäste des nahen Klosters Saarn, bevor es im 19. Jahrhundert in Privatbesitz des Kaufmanns Hermann Mühlenbeck überging. Das Gebäude wurde fortan zu Wohn- und Geschäftszwecken genutzt, vermutlich war hier auch einmal eine Tabakpfeifenproduktion beheimatet. Zwischen 1822 und 1886 lag das Haus in Besitz der Familien Bögelmann und Backhaus; letztere betrieb in den Wirtschaftsgebäuden des nahen Klosters auch ein eigenes Dampfsägewerk. Um 1900 – Bewohner war inzwischen Amtsgerichtssekretär Heinrich Zaehres sowie kurze Zeit später der Lehrer und Kaufmann Theodor Fettes, dessen Grabstein noch heute im Vorgarten steht – verlegte man den Eingang von der Straßenfront zum Nordgiebel; an der Düsseldorfer Straße befindet sich heute nur noch der Zugang zum ehemaligen Kellergewölbe, das dieser Tage ein Papiergeschäft der Edition Werry präsentiert. Die Familie Werry war es auch, die das denkmalgeschützte Gebäude 1988/89 umfassend renovieren ließ. Das Haus mit seinen blauen Fensterläden und seinem auffallend rot geziegelten Dach zählt heute zu den eindrucksvollsten Denkmalbauten, die das Dorf Saarn zu bieten hat. Zusammen mit dem benachbarten ehemaligen Bauernhaus, das über einen modernen Treppenturm mit dem Haus Nr. 12 verbunden ist, beherbergt das Gebäude heute Wohn- und Geschäftsräume und ist damit ein weiteres Beispiel für die sinnvolle Neunutzung eines historischen Hauses.

Das Geburtshaus von Otto Pankok

Vor dem Gebäude, auf einem kleinen Platz, der bei der Neugestaltung der Düsseldorfer Straße entstand, steht eine Bronzeplastik mit dem Titel „Spielendes Kind mit Ball“, die der Mülheimer Künstler Otto Pankok schuf. Das **Geburtshaus Otto Pankoks (6),** ein rosa getünchtes Traufenhaus mit Krüppelwalmdach, befindet sich ganz in der Nähe, an der Ecke Holunderstraße und Otto-Pankok-Straße. Die Otto-Pankok-Straße, die früher den Namen Klosterstraße trug, reichte ursprünglich von der Lehnerstraße durchgehend bis zur Landsberger Straße. Beim Ausbau der Bundesstraße B1 in den 1930er Jahren wurde sie jedoch vom Klosterbereich abgetrennt. Den Namen Klosterstraße besitzt heute nur noch das Teilstück entlang der ehemaligen Abtei; der nördliche Bereich wurde im Jahre 1969 in Otto-Pankok-Straße umbenannt. Otto Pankok lebte hier bis zu seinem 20. Lebensjahr. Das Haus Nr. 63, in dem er 1893 geboren wurde, ist das alte Äbtissinnenhaus des Klosters Saarn. Maria Theresia von Reuschenberg, ehemals Äbtissin des Klosters, ließ es 1735 errichten und zog zunächst selbst hier ein. Ein Jahrhundert später, als das Kloster längst aufgelöst worden war, wurde das Gebäude in private Hände übertragen. Ende des 19. Jahrhunderts schließlich erwarb der Arzt Eduard Pankok mit seiner Ehefrau Maria das barocke Fachwerkhaus, das später seinen typischen rosafarbenen Anstrich erhielt. Das sumpfige Wiesengelände, das das Gebäude früher umgab, wurde in einen großzügigen englischen Garten umgewandelt. Hier ließ der junge Maler Otto Pankok auch sein Atelier errichten, in dem er fortan arbeitete.

Otto Pankok gilt als einer der bedeutendsten Vertreter der expressionistischen Kunst in Deutschland. Seine grafischen Werke, darunter „Die Passion“ (1936), „Jüdisches Schicksal“ (1947), „Die Zigeuner“ (1947) und „Christus zerbricht das Gewehr“ (1950), haben die deutsche sowie die internationale Kunstszene sowohl durch ihre schöpferische Kraft als auch durch ihren sozialkritischen Hintergrund bis heute nachhaltig beeindruckt. Im Mittelpunkt der Werke Otto Pankoks stehen Menschen, deren Leben durch Verfolgung, Demütigung, Unterdrückung und Entrechtung geprägt wurde und deren leidvolles Schicksal sich in den Gemälden und Druckgrafiken des Künstlers widerspiegelt. Während Otto Pankok, der in der Idylle des Saarner Dorfes seine Liebe zur Natur entdeckte, in den Anfangsjahren zunächst vom Impressionismus beeinflusst war, wendete er sich schon bald jener neuen Kunstrichtung zu, die mit vereinfachenden, expressiven Mitteln eine subjektive Steigerung des Bildausdrucks zu erreichen suchte. Um die neue Formensprache mit eigenen Eindrücken zu beleben, reiste Pankok durch die Lande, wo er in der Einsamkeit der Natur das Wesen der Dinge zu ergründen suchte. Die Erlebnisse des Ersten Weltkrieges, sein Eindruck von Leid, Not und Elend, haben ihn nachhaltig geprägt. Fortan betrachtete er sein künstlerisches Dasein als Aufgabe, die Menschen wachzurütteln und zur Besinnung zu rufen. Anfang der 1930er Jahre ging Pankok nach Düsseldorf, wo er einige Jahre am Rande der Stadt in einem Zigeunerlager lebte und arbeitete. Die armen, einfachen Leute, die er hier malte, waren für ihn Sinnbilder des wahren, freien Menschen, der im Gegensatz zur spießbürgerlichen Gesellschaft der Großstadt im Einklang mit der Natur zu leben vermochte. Sein Engagement für Menschen, die von der übrigen Gesellschaft ausgestoßen und geächtet wurden, sollte zum Mittelpunkt seines Schaffens werden.

Einen Höhepunkt markiert dabei die in den Jahren 1933/34 entstandene „Passion“: der sechzig Kohlebilder umfassende Zyklus gilt als das bedeutendste Werk des Künstlers. Auf eindringliche Weise schildert Pankok hier den Leidensweg Christi, den er zugleich stellvertretend darstellt für die Leiden der Geknechteten und Verstoßenen von damals, vor allem der Zigeuner und Juden. Pankoks konsequente politische Haltung gegen Verfolgung, Terror und Krieg nutzte das Nazi-Regime, um die Werke des Künstlers als „entartete Kunst“ zu brandmarken. 56 Gemälde wurden beschlagnahmt, die „Passion“ im Mülheimer Museum verboten, der Künstler selbst mit einem Arbeitsverbot belegt. Erst nach 1945 kehrten die Werke teilweise, soweit sie nicht vernichtet worden waren, in seinen Besitz zurück. Bis 1958 lehrte Pankok als Professor an der Kunstakademie Düsseldorf, danach siedelte er ins niederrheinische Hünxe-Drevenack über, wo er bis zu seinem Tode im Jahre 1966 lebte. Im Haus Esselt, im heutigen Otto-Pankok-Museum, ist der größte Teil seines Gesamtwerks ausgestellt, weitere bedeutende Arbeiten befinden sich im hiesigen Kunstmuseum Alte Post sowie in Düsseldorf. In Mülheim sind das Gymnasium, das Pankok (übrigens zusammen mit Werner Gilles, einem weiteren bekannten Mülheimer Künstler) besuchte, sowie eine Straße nach ihm benannt. Die Stadt ehrte den Maler außerdem mit dem Ruhrpreis für Kunst und Wissenschaft sowie der Ehrengabe „Jobs" der Bürgergesellschaft Mausefalle. Zum hundertsten Geburtstag Otto Pankoks 1993 wurde die „Passion" erneut in Mülheim ausgestellt; die Bilder hatten, so schien es den meisten Besuchern, angesichts der weltweiten Verfolgung und Unterdrückung von Minderheiten keineswegs an Aktualität verloren. Im Jubiläumsjahr wurde auch die erwähnte Bronzeplastik des spielenden Mädchens aufgestellt, ein Geschenk der Familie Pankok an die Stadt Mülheim.

Nur wenige Meter vom Geburtshaus Otto Pankoks entfernt steht an der Holunderstraße die **Ev. Dorfkirche (7)** Saarns. Sie gilt als eine der wenigen altbergischen Kirchen des Hochbarocks, die die Zeiten relativ unbeschadet überdauert hat. Ihre Erbauung geht auf das Jahr 1683 zurück und fällt damit in eine Zeit, als in Saarn die Reformation Einzug hielt. Zu der bis dahin allgegenwärtigen katholischen Gemeinschaft, die sich vor allem im Klosterorden der Zisterzienserinnen manifestierte, gesellte sich nunmehr die reformatorische Bewegung, die einen großen Befürworter in Graf Philipp von Daun, Herr auf Schloss Broich, fand. Da das Saarner Kloster jedoch katholisch blieb, hatten diejenigen, die sich zum neuen Glauben bekannten, anfangs keinen leichten Stand. Wollten die reformierten Saarner Bürgerinnen und Bürger etwa einen Gottesdienst aufsuchen, mussten sie, wie so viele weitere Protestanten anderer Gemeindeteile, auf die Petrikirche in Mülheim zurückgreifen, die auf der anderen Ruhrseite lag. Die Überquerung des Flusses war ein mühseliges Unterfangen, führte doch die Ruhr häufig Hochwasser oder war im Sommer durch Niedrigwasser unpassierbar. Brücken gab es zu dieser Zeit noch nicht; stattdessen setzte eine Fähre, für die nicht selten ein hoher Fahrpreis verlangt wurde, die Passagiere in Höhe des Kahlenbergweges über. Da auch der Friedhof der Gläubigen auf der anderen Ruhrseite lag, mussten die Saarner ihre Angehörigen entweder auf dem katholischen Friedhof des Klosters beisetzen oder sie gleichfalls mit der Fähre nach Mülheim überführen. All diese Widrigkeiten führten schließlich zu dem Bestreben, auf Saarner Seite ein eigenes Kirchenhaus zu errichten. 1685 konnte ein erstes Bethaus in Fachwerk fertig gestellt, 1751 ein eigener Friedhof eingeweiht werden. Einzelne Grabplatten haben sich bis heute erhalten und stehen auf einer kleinen Grünfläche neben der Dorfkirche. Die erste Begrabnisstätte bestand bis 1835. An der heutigen Kahlenbergstraße wurde dann ein neuer Friedhof eröffnet, ein dritter schließlich entstand 1904 am Aubergweg; er ist noch heute der evangelische Friedhof der Gemeinde Saarn.

Evangelische Dorfkirche Saarn

Das Bethaus an der Holunderstraße, das von Beginn an lediglich dem Abhalten von Leichenpredigten vorbehalten war, wurde von 1774–1778 durch einen backsteinernen Kapellenbau mit Türmchen (kupferner Wetterhahn von 1776 erhalten) ersetzt. Dies ist der Kirchenbau, auf den sich das heutige Gotteshaus gründet. Hier durfte die reformierte Saarner Gemeinde ab 1809 endlich auch einen eigenen Gottesdienst feiern, der ab 1824 zu einer festen Institution wurde. Die Unabhängigkeit von der Muttergemeinde in Mülheim, die mit dem Bau des steinernen Gotteshauses begonnen hatte, wurde schrittweise fortgesetzt und führte schließlich im Jahre 1844/45 zur Gründung eines selbstständigen evangelischen Pfarrsystems. Wenige Jahre später wurde die Kapelle zu einer Saalkirche mit Turm erweitert. Der quadratische Glockenturm, der an der Längsseite des Gotteshauses angefügt wurde, trägt heute ein Kupferdach. Das Haupthaus der Kirche besteht aus einem Querschiff mit Tonnengewölbe, dessen barocke Innenausstattung man in den 1960er Jahren einer umfassenden Renovierung unterzog. Dabei wurden Orgel, Altar und Kanzel restauriert, die Sakristei neu errichtet, eine Wendeltreppe zur umlaufenden Empore angelegt und die Kirchenwände nach alten Befunden in hellen, grau-blauen und weißen Farben eingefasst. Heute ist die Saarner Dorfkirche vor allem bei Hochzeitsgästen beliebt. Einmal jährlich wird hier auch ein Gottesdienst in Mölmsch Platt abgehalten, der das traditionsbewusste Denken der Saarner Gemeinde unterstreicht. Gegenüber der Kirche liegt das neue Gemeindezentrum, das 1991 fertig gestellt werden konnte. Zu den alten Bauten zählen hingegen das Haus „Kinderlust“ (erbaut 1908/09) sowie das alte Pfarrhaus, das im Jahre 1865 errichtet worden war (Holunderstr. 10). Hier wirkte in der Nachkriegszeit der bekannteste Pfarrer der evangelischen Kirchengemeinde, Pastor Ewald Luhr, dem in Andenken an sein christliches Engagement zahlreiche Ehrungen zuteil wurden. Die Saarner benannten ihm zu Ehren einen Platz an der Lehnerstraße.

Wir verlassen nun die Holunderstraße, die ostwärts am Baumershof (Reitschule) vorbei zur Kleingartenanlage „Ruhrblick“ und weiter bis in die Saarner Aue führt, und gehen die Düsseldorfer Straße hinauf bis zum Klostermarkt. Der Marktplatz war seit frühester Zeit das Zentrum der Gemeinde. Mitten auf dem Platz stand einst das Denkmal Kaiser Wilhelms I., das auf einem hohen, steinernen Sockel thronte. Es verschwand beim Ausbau der ehemaligen Reichsstraße (heute Kölner Straße/Bundesstraße B 1), der in den 1930er Jahren vorgenommen wurde. Dabei wurden auch Gebäudeteile des Klosters beseitigt und der Marktplatz von der Abtei abgetrennt. Der Platz verlor damit weitgehend sein ursprüngliches, nahezu quadratisches Erscheinungsbild, lediglich ein kleiner Teil blieb erhalten, der dieser Tage jedoch häufig als Parkraum dient. Am Rande bestehen blieben drei denkmalgeschützte Gebäude aus dem 18., 19. und beginnenden 20. Jahrhundert, darunter die große Klostermarkt-Schule, die aus dem Jahre 1912 stammt und heute städtische Gemeinschaftsgrundschule ist. Im Gebäude nebenan (Klostermarkt Nr. 3) ist eine Arztpraxis eingerichtet, das Haus Nr. 1, ehemals „Tante Malchens Laden“, ist Geschäftshaus. Sehenswert ist darüber hinaus das Haus des Mülheimer Künstlers Peter-T. Schulz, das etwas versteckt hinter der Häuserreihe am Klostermarkt liegt; ein Besuch des Ateliers lohnt sich.

Wie bereits erwähnt, erhielt die Kölner Straße, die zwischen Saarner Kloster und Marktplatz liegt, ihr jetziges Aussehen in den 30er Jahren des vorigen Jahrhunderts. Gleichwohl ist sie als Verbindungsweg schon recht alt: Bereits im Mittelalter wurde sie (wie auch die Mintarder Straße) als Verkehrs- und Handelsweg von Köln über Düsseldorf nach Essen und weiter nach Münster genutzt. Zu Beginn der Straßenbenennung in Mülheim erhielt sie den Namen „Kunststraße von Düsseldorf“. In Broich beginnend führte sie über die heutige Alte Straße quer durch das Dorf Saarn und ging schließlich in Höhe des Klosters in rechtem Winkel in die jetzige Kölner Straße über. Die Straßburger Allee, heute Verlängerung der Düsseldorfer Straße und

Der Klostermarkt heute; das Schulgebäude rechts entstand 1912

eine der Hauptverkehrsachsen des Stadtteils, existierte zu diesem Zeitpunkt noch nicht; sie wurde erst nach 1950 angelegt. Die alte „Kunststraße von Düsseldorf" benannte man 1894 in „Düsseldorfer Straße", wenig später in „Düsseldorfer Chaussee" um; der Abschnitt ab dem Klostermarkt erhielt die Bezeichnung „Kölner Straße" bei der Errichtung der Mendener Brücke im Jahre 1936, der übrige Teil behielt den Namen Düsseldorfer Straße bei (mehr zur Kölner Straße siehe weiter unten).

Beim Überqueren der Kölner Straße können wir bereits die markanten Mauern von **Kloster Saarn (8)** erblicken. Die Abtei, im Jahre 1214 als „Aula beatae Mariae" (Mariensaal) gegründet, gehört heute zu den bedeutendsten Sehenswürdigkeiten der Stadt Mülheim. Ihre Errichtung auf einer Mittelterrasse über der Ruhr war nicht zufällig gewählt: Bereits im 10. Jahrhundert befand sich an dieser Stelle eine befestigte Hofanlage, die jedoch zu Beginn des 13. Jahrhunderts aufgegeben wurde. Wie es

Tapetenfabrik im Kloster Saarn, 1874

schließlich zur Gründung des Klosters kam, ist nicht eindeutig belegt. Vermutet wird lediglich, dass die günstige Lage auf einer hochwasserfreien Terrasse sowie die vorbeiführende Handelsstraße den Ausschlag zum Bau des geistlichen Zentrums an dieser Stelle gegeben haben. Das Kloster, das dem Orden der Zisterzienser unterstellt war, wurde von Frauen geführt. Die Gründung von Frauenklöstern war in der Geschichte der katholischen religiösen Gemeinschaft zu dieser Zeit zwar kein Novum mehr, dennoch standen die Mönche ihr zumeist skeptisch gegenüber. Die Reformbewegung setzte sich jedoch durch und die Frauen erhielten die Erlaubnis, eigene Gemeinschaften zu bilden. Allerdings mussten die Klöster sich in die Obhut eines benachbarten Ordens begeben. Für das Kloster Saarn war dies die Zisterzienserabtei von Kamp, das erste Zisterzienserkloster auf deutschem Boden, heute Kamp-Lintfort. Die Zisterzienser gehen auf eine geistige Bewegung des 12. Jahrhunderts zurück, die sich im französischen Cîteaux (lat. cistercium) gegründet hatte und deren Anhänger die strenge Auslegung des Evangeliums – Leben in Armut, Ehelosigkeit und Gehorsam – nach dem Vorbild Bernhards von Clairvaux predigten.

Kloster Saarn mit Wirtschaftsgebäude, Äbtissinnenhaus und Anbau

Als erste Äbtissin des Saarner Klosters wird eine Nonne namens Wolberna genannt, der zugleich das Kloster in Kaarst unterstellt war (später auch Filialklöster in Duissern und Sterkrade). Im Jahre 1223 erhielt die Abtei durch päpstliche Order einen besonderen Schutzstatus und war damit fortan unabhängig von weltlicher oder geistlicher Macht. Laut Überlieferung sah das Kloster neben der christlichen Meditation seine Aufgabe vor allem darin, die Töchter des niederen Adels, die nicht standesgemäß verheiratet werden konnten, bei sich aufzunehmen. Der Alltag der angehenden Nonnen war durch strenge Gebetsregeln und Arbeit geprägt, ihre Aufgaben innerhalb der klösterlichen Gemeinschaft genau verteilt. Ein Memorienbuch nennt neben Äbtissin, Priorin und Novizenmeisterin beispielsweise eine Organistin, eine Wein- und Kellermeisterin, eine Kornschreiberin, eine Wirtschafterin und eine Buchschreiberin. Um 1280 lebten in der Abtei etwa 25 Nonnen. Hinzu kamen zahlreiche Gehilfen, die im Auftrag des Klosters wirtschafteten. Da die Abtei im Laufe der Zeit durch Stiftungen und Schenkungen einen ansehnlichen Grundbesitz erworben hatte, waren zum Beispiel Stallknechte, Mägde, Hirten, Bauern, Handwerker und Lohnarbeiter angestellt, die den Nonnen bei den anfallenden Tätigkeiten zur Hand gingen. Oft entwickelte sich aus diesen Arbeiten ein Lehnsverhältnis, wobei die Gehöfte mit den dazugehörenden Äckern, Gärten und Wäldern verpachtet wurden. Allein im Kirchspiel Mülheim besaß das Saarner Kloster im 15. Jahrhundert 25 Güter, darunter den Teinerhof in Mülheim (siehe Rundgang Altstadt), den Liebfrauenhof in Fulerum (siehe Rundgang Holthausen), die Böllerts Höfe in Broich (siehe Rundgang Broich) sowie mehrere Höfe in Saarn (siehe Kellermannshof sowie Hof Ober- und Unterlehn). Die Schenkungen setzten sich weiter fort, so dass sich die Besitzungen schließlich bis zum Niederrhein erstreckten. Da auch die Aktivitäten rund um das Kloster stetig zunahmen, erweiterte man die Abtei um ein weitläufiges Dienst- und Vorratshaus. Mitte des 17. Jahrhunderts erhielt das Kloster den Charakter eines adeligen Damenstiftes; es gehörte fortan also nur noch formell dem Zisterzienserorden an. Weitere Baumaßnahmen folgten, so der Neubau zweier Äbtissinnenhäuser, wobei eines innerhalb der Klostermauern lag (siehe Jahreszahl 1729 und Wappen) sowie eines außerhalb der Klostermauern (= Geburtshaus Otto Pankok von 1735). Im Jahre 1755 wurde unter Äbtissin Johanna Wilhermina von Bentinck dann das ehemals dreiteilige, barocke Wirtschaftsgebäude mit Ställen und Scheunen sowie Back-, Brau- und Waschhaus errichtet. In den beiden heute noch vorhandenen Flügeln an der Klosterstraße (der Nordtrakt ist beim Bau der B 1 untergegangen) sind heute Altenwohnungen untergebracht.

Der Niedergang des Klosters setzte im ausgehenden 18. Jahrhundert ein, als unter Napoleon die Säkularisation begann. Die Saarner Abtei verlor 1795 zunächst ihre linksrheinischen Besitzungen, wenige Jahre später alle weiteren noch existierenden Güter. 1808 schließlich wurde das Kloster aufgelöst und das Inventar versteigert; zuletzt lebte hier die Äbtissin Friederica Agathe von Heinsberg mit vier Ordensschwestern. Im Jahre 1815 – die Abtei war inzwischen unter preußische Verwaltung gestellt – zog in die Klostergebäude eine königliche Gewehrfabrik ein, die um 1830 etwa 400 Arbeiter beschäftigte. Sie war damit der größte Arbeitgeber in der Gemeinde Saarn. 1844 wurde die Fabrik verstaatlicht, 18 Jahre später nach Erfurt verlegt. Das Kloster, das im Zuge der gewerblichen Nutzung auch einige bauliche Veränderungen erfahren hatte, ging daraufhin an die Familie Backhaus über. 1874 errichtete der Tapetenfabrikant Niederhoff hier seine Fabrik, im Kreuzgangbereich hatte ein Bauer seine Stallungen. 1906 erwarb

Blick auf das Kloster Saarn vom Saarner Damm

der Industrielle August Thyssen die Gebäude. Zwei Brände verwüsteten Teile des Klosters, darunter auch die Tapetenfabrik (1913). In den 1920er Jahren schließlich baute die Stadt Mülheim Teile des halb verfallenen Klosters zu Wohnungen aus. Einzelne Instandsetzungsarbeiten folgten in den nächsten Jahrzehnten, eine umfassende Restaurierung jedoch erst im letzten Drittel des 20. Jahrhunderts.

Die archäologischen Untersuchungen, die ähnlich sensationell waren wie die Ausgrabungen am Broicher Schloss, förderten Bauteile früherer Abteigebäude zutage, die dem Saarner Kloster auch überregional den Ruf eines historisch bedeutsamen Bau- und Kulturdenkmals einbrachten. Freigelegt und restauriert werden konnte so beispielsweise der alte Kreuzgang mit Innenhof (Funde von Grabplatten und Beigaben), ein Kellergewölbe, vorbarocke Wirtschaftsgebäude und eine ehemalige Wasserleitung mit Brunnen. Parallel zu den Baumaßnahmen führte man das Kloster in den 1980er Jahren auch einer neuen Nutzung zu: So ist der ehemalige Wirtschaftstrakt wie erwähnt heute Wohnraum für Senioren. Gegenüber, im ehemaligen Äbtissinnenhaus von 1729, ist dieser Tage das Pfarrbüro der katholischen Gemeinde beheimatet. Auch eine Ordensgemeinschaft zog hier wieder ein. Die angrenzenden Gebäude (nördlicher Anbau und ehemaliges Konventsgebäude) schließlich werden als öffentliche Bürgerbegegnungsstätte genutzt, die eine Caféteria, einen Bürgersaal und eine Bücherei umfasst. Hier finden regelmäßig Veranstaltungen statt, darunter Seminare, Lesungen, Vorträge, Diskussionsrunden und Ausstellungen. Zu den dauerhaften Einrichtungen gehört die Präsentation der archäologischen Funde von 1979–1989, die unter dem Titel „Ergrabene Geschichte" über das einstige Klosterleben informiert. Das Saarner Kloster bietet damit ein viel beachtetes Nutzungskonzept, das allen Bürgerinnen und Bürgern offen steht und in dem geistliche und weltliche Aufgaben unter einem Dach zusammengefasst sind. Die gewissenhafte Wiederherstellung der historischen Bausubstanz sichert außerdem zu, dass die fast 800-jährige Geschichte dieses altehrwürdigen Kulturdenkmals erlebbar wird und auch für zukünftige Generationen lebendig bleibt.

Zum Kloster gehörte von Beginn an auch ein Kirchenhaus, die heutige **Kath. Kirche St. Maria Himmelfahrt (9)**. Neben dem Kirchenhügel in Mülheim war die Klosterkirche das zweite geistliche Zentrum in der Region. Wann ihre Weihung erfolgte, ist unklar. Durch eine Urkunde belegt ist lediglich die Weihung des klostereigenen

Klosterkirche St. Maria Himmelfahrt

Friedhofs im Jahre 1216 durch den Kölner Erzbischof Engelbert I. Vom Ursprungsbau der Kirche aus dem 13. Jahrhundert hat sich das einschiffige Langhaus aus Bruchstein mit zwei kreuzrippengewölbten Jochen erhalten. Ebenfalls recht alt ist der Dachreiter, ein typisch zisterzienserisches Bauelement, das aus gotischer Zeit stammt. Dem Hauptschiff vorgelagert war ursprünglich ein quadratisches Chorjoch mit Apsis. Dieses Chorjoch ist im Jahre 1894 abgerissen und durch das heutige Querhaus, einen Chorraum und eine östliche Apsis ersetzt worden. Zur gleichen Zeit erhielt die Kirche an der Nordseite auch ihren charakteristischen, als achteckiges Glockengeschoss angelegten Turm. Den Innenraum teilte in der baulichen Tradition der Zisterzienser eine Empore in zwei Ebenen (Unter- und Oberkirche), wobei die obere Ebene den Nonnen den Zugang von ihren Schlafräumen zur Kirche ermöglichte. Diese Nonnenempore wurde im 19. Jahrhundert abgebrochen und auf eine Orgelempore reduziert; bei den Restaurierungsarbeiten am Kloster in den 1980er Jahren versetzte man sie dann wieder in ihren alten Zustand. Dabei wurde auch das schmiedeeiserne Gitter des Kölner Künstlers Paul Nagel angefügt. Überhaupt war man bei der Restaurierung der Kirche bemüht, die alte Bausubstanz wieder herzustellen oder durch Akzentuierung zumindest anzudeuten. So sollte sich etwa die Neu-Ausmalung der Kirche an die frühere Farbgebung anlehnen und zugleich die Architektur des Gebäudes (Säulen, Kapitelle, Rippenbögen) hervorheben helfen. Das Mauerwerk ist durch Farblinien also oft nur angedeutet, ohne jedoch real vorhanden zu sein. Der Fußboden wurde in Anlehnung an das spätromanische Original neu verlegt, der Haupteingang an die Stelle der ehemaligen Nonnenpforte gesetzt. Einige Fenster wurden geöffnet oder nach historischem Vorbild neu gestaltet, das verschieferte Dach (14./15. Jh.) ausgebessert. Im Chorraum legte man neuromanische Wandbilder frei, die in die neue Raumgestaltung einbezogen wurden; sie werden heute ergänzt durch schwarze Kohlezeichnungen, die auf den Wänden unter der Empore die Passionsgeschichte darstellen.

Einige alte Kunst- und Kultgegenstände, die aus der Zeit vor der neuromanischen Erweiterung der Kirche von 1895 stammen, haben die Jahrhunderte überdauert und bei der Restaurierung der Kirche einen neuen, würdevollen Platz erhalten. Erwähnt sei hier vor allem die Himmelfahrtsmadonna, die aus dem 18. Jahrhundert stammt. Der zugehörige Marienaltar – ein erster wird bereits im 14. Jahrhundert erwähnt – ist leider nicht erhalten; der heutige geht auf das Jahr 1984 zurück. Die Marienverehrung hat in der katholischen Gemeinschaft und insbesondere innerhalb des Zisterzienserordens eine lange Tradition; ihr verdanken viele Kirchen ihren Namen, darunter auch die hiesige Klosterkirche. Die Madonnenfigur ist heute über einem eisernen Leuchter angefügt, der ebenfalls von Paul Nagel geschaffen wurde. Weitere Besonderheiten im Innenraum sind die Figuren der Ordenspatrone Benedikt und Bernhard, die Petrus- und Josef-Statuen (18. Jh.), ein gotisches Gabelkreuz (14. Jh.) sowie das Bildnis der schmerzhaften Mutter (Pietà, 16. Jh.), für das der Mülheimer Künstler Ernst Rasche einen neuen Sockel schuf. Auch die mit Holzschnitzereien verzierten Kirchenbänke seien genannt, die, wie eine Inschrift zeigt, zum Teil noch aus dem 18. Jahrhundert stammen. Neu hingegen sind die drei kircheneigenen Orgeln, darunter eine so genannte „Schwalbennestorgel“, die ihren Standort seitlich des Mittelgangs hat. Dass die wohlklingenden Instrumente mittlerweile großen Anklang gefunden haben, beweisen die jährlich stattfindenden Saarner Orgelkonzerte, die regelmäßig großes Publikum in die Kirche locken.

Eine kleine Anekdote, die hier erzählt werden soll, rankt sich um einen der früheren Orgelbauten: Zu Zeiten, als die Reformation in Saarn Einzug hielt und Teile der Bevölkerung sich zum neuen Glauben bekannten, verlangten auch einige Nonnen des Saarner Klosters das Abendmahl in beiderlei Form. Dem Abt von Kamp, der die Aufsicht über das Frauenkloster führte, war dies ein Dorn im Auge: Er entließ kurzerhand die amtierende Äbtissin und setzte eine neue Ordensschwester an ihre Stelle, die die alte Klosterdisziplin wieder herstellte. Das harte Durchgreifen des Abtes scheint seine Wirkung nicht verfehlt zu haben, denn als ein umherziehender Prediger durch lautes Zurufen an der Klostermauer die Nonnen erneut zum Protestantismus bekehren wollte, spielten diese so vehement auf ihrer Orgel, dass dem armen Mann allmählich die Stimme versagte und er unverrichteter Dinge von dannen ziehen musste. Und so kam es, dass die Schwestern des Saarner Klosters katholisch blieben!

Wer einen Rundgang um das Kloster unternehmen möchte, dem sei auch ein Besuch des nördlich angrenzenden Parks empfohlen. Aus einer Karte aus dem Jahre 1779 geht hervor, dass die Abtei entlang des noch immer vorhandenen Teiches mehrere Gärten, einen Brunnen sowie eine Mühle besaß. Wie bei den meisten Klosterorden üblich, dienten die Gärten in erster Linie der Selbstversorgung: Hier wurde Obst und Gemüse angebaut, wurden Heil- und Küchenkräuter gezüchtet, aber auch Zierblumen gepflanzt. Der zentral gelegene Teich wurde als Fischzuchtbecken und Wasserreservoir genutzt. Die Restaurierung der historischen Gartenanlage konnte aufgrund der städtebaulichen Entwicklung (z.B. Bau der Ruhrtalbahn, deren Gleise am Kloster entlangführten und die Abtei von den Ruhrauen abschnitt) leider nur in Auszügen realisiert werden. Sie präsentiert sich heute als Parkanlage, in der sich das historisch Gewachsene mit modernen Gestaltungselementen verknüpft. Vom Vorplatz der Kirche, auf dem sich der ehemalige Nonnenfriedhof befand, geht es nun weiter die Klosterstraße entlang, bis wir auf die Landsberger Straße treffen. Die Landsberger Straße – benannt nach Schloss Landsberg, in dessen Richtung sie führt – zeigt ähnlich wie der Klostermarkt alte Kotten im Fachwerkstil, die eine Fortsetzung der Bebauung der Düsseldorfer Straße bilden. Hier wohnten einst Tagelöhner und Bauern, die sich im nahen Kloster verdingten. Am katholischen Friedhof vorbei erreichen wir die Voßbeckstraße, in der ebenfalls einige Fachwerkhäuser stehen, darunter das ehemalige Armenhaus der Saarner Gemeinde aus dem 19. Jahrhundert (Nr. 6). Die Straße, die ihren Namen in Erinnerung an einen Hof namens „Voßbeck“ oder „Fußbeck“ trägt, führt in direktem Weg zum Saarner **Auberg (10)**. Neben der Ruhraue ist er das zweite große Landschaftsgebiet, das zum Stadtteil Saarn gehört. Der bewaldete Höhenzug (höchster Punkt: 106 m) erstreckt sich von der Landsberger Straße bis nach Mintard und umfasst

Alter Kotten am Auberg

insgesamt eine Fläche von 120 ha. Früher wurde im Auberg Schlagholz gewonnen (zum Beispiel zum Bau von Fachwerkhäusern), heute stehen weite Teile des Gebietes unter Naturschutz. Als Besonderheit unter den geschützten Flächen tritt eine Orchideenwiese in Erscheinung, die wegen ihrer seltenen Gewächse unter Fachleuten hohe Anerkennung findet. Mehrere Bäche durchqueren den Auberg, so der Wambach, der Haubach und der Mühlenbach. Im Frühjahr und Anfang des Sommers weiden auf den Wiesen Schafherden, am Rande mehrerer Reiterhöfe trifft man auf Pferde und deren Reiter. Erschlossen ist das Gelände über vielerlei Fuß- und Radwege, übrigens teilweise ein Überbleibsel aus der Zeit der militärischen Nutzung des Areals. Die Bundeswehr hatte hier früher ihr Übungsgelände, heute dient ihr der Auberg nur noch vereinzelt für Schießübungen (siehe ehemaliger Truppenübungsplatz am Eschenbruch). Ansonsten herrscht auf dem Höhenzug tiefe Ruhe und Stille, die allenfalls durch das leise Summen einzelner Modellflugmotoren unterbrochen wird. Auf einem Streifzug über den Auberg kann man zahlreiche Tier- und Pflanzenarten erkunden, die in den Wäldern, Wiesen und Teichen heimisch geworden sind. Wer die oberen Terrassen des Aubergs erklimmt, gewinnt einen schönen Ausblick auf die Ruhrtalbrücke sowie den idyllisch gelegenen Ortsteil Mintard. Bei guter Sicht reicht der Blick sogar bis zum Raadter Flughafen (siehe Fahrradtour).

Die schöne Aussicht über das weite Ruhrtal sowie die idyllisch wirkende Landschaft hat dem Auberg seit eh und je viele Besucher beschert. Einst waren in dem Gebiet entlang der Voßbeckstraße mehrere Ausflugslokale angesiedelt, die heute jedoch alle nicht mehr existieren. Die Gebäude sind zwar noch vorhanden, werden aber überwiegend privat genutzt. Zu den Gaststätten, die dieser Tage verschwunden sind, zählte beispielsweise das Haus „Zur schönen Aussicht“ am Hasselkamp sowie das Restaurant „Ruhrwacht“ an der Voßbeckstraße. An Stelle der „Ruhrwacht“ steht heute das Kinderheim „Raphaelhaus“, ein Waisen- und Jugendhaus, das zur August-Thyssen-Stiftung gehört. Die Leiterin, eine Ordensschwester der „Barmherzigen Schwestern von der Heiligen Elisabeth zu Essen“, erhielt kürzlich das Bundesverdienstkreuz für ihr Engagement um das leibliche und seelische Wohl der ihr anvertrauten Kinder. Ähnlich wie den nicht mehr vorhandenen Gasthäusern erging es auch einigen Bauernhöfen, von denen manche früher eine bedeutende Rolle gespielt haben. Der Gutshof Buteweg zum Beispiel, der erstmals um 1400 genannt wird und später als Lehnshof zum Saarner Kloster gehörte, besaß einst über 250 Morgen Land und gehörte damit zu den größten seiner Art in weitem Umkreis. Sein Niedergang vollzog sich langsam, aber stetig am Ende des 19. Jahrhunderts. Schließlich erwarb auch hier die August-Thyssen-Stiftung Teile des Gebäudes. Heute ist vom alten Buteweghof nur noch wenig erhalten, allein ein Straßenname hält die einstige Bedeutung wach.

Über den Aubergweg, einen kleinen Spazierweg, der an den Auberghof in Saarn erinnert (hier stehen auch die Reste des Buteweghofes), erreichen wir in Höhe des Gewerbegebiets an der Remscheider Straße die **Kölner Straße (11)**. Dass die Kölner Straße ein alter Verbindungsweg zwischen den Domstädten Köln und Essen war, der schon im Mittelalter eine große Rolle gespielt hatte, wurde bereits erwähnt. Ein Sprung in die Zeit der Industrialisierung zeigt, dass die alte Bedeutsamkeit auch in den folgenden Jahrhunderten geblieben ist: Um 1900 etwa war die Straße von mehreren vornehmen Villen berühmter Mülheimer Industrieller gesäumt, die in unmittelbarer Nähe ihre eigene Produktionsstätte betrieben. So wohnte beispielsweise der Tapetenfabrikant Karl Niederhoff an der Düsseldorfer Straße Nr. 20; seine Fabrik lag schräg gegenüber im Wirtschaftsgebäude des Saarner Klosters. Das Haus, dessen klassizistische Architektur auch Stilelemente der italienischen Renaissance beinhaltet, hat sich erhalten und trägt heute die Bezeichnung Kölner Straße Nr. 20. Auch der Unternehmer Josef Wilké, seinerzeit bedeutsamer Maschinen- und Garnfabrikant, war an der Kölner Straße beheimatet. Sein Wohnhaus, ein stattliches Anwesen mit Namen „Villa Josepha", stand an der Kölner Straße Nr. 24. Das schöne Haus im Stil des Historismus fiel in den 1960er Jahren der Straßenverbreiterung zum Opfer, ebenso wie die angeschlossene Fabrik, die auf der gegenüberliegenden Straßenseite lag.

Viele weitere Gebäude aus der Gründerzeit erlitten ein ganz ähnliches Schicksal, so dass die Kölner Straße heute nur noch sporadisch auf die einstige Pracht verweist. Ein aufmerksamer Betrachter kann jedoch mit konzentriertem Blick die historischen Denkmale am Rande des Weges entdecken. wohl in erster Linie nur die Stellplätze der Wohnwagenhändler auffallen, die sich entlang der Kölner Straße reihen. Die „Caravanmeile", wie sie im Volksmund auch heißt, ist die größte ihrer Art in Europa. Mehr als ein Dutzend Camping-Betriebe mit über 100 Mitarbeitern erwirtschaften einen Jahresumsatz von rund 35 Mio. €. Die Besucher kommen aus nah und fern, selbst in Übersee hat sich das Gewerbe inzwischen einen Namen gemacht. Um den Standort auch in Zukunft zu sichern, ist ein touristisches Begleitprogramm in Planung, das die Camper neben ihrem Besuch der Kölner Straße zu einem Kurzaufenthalt in Mül-

Europas größte Campingmeile: die Kölner Straße in Saarn

Neben den erwähnten Häusern aus der Gründerzeit liegen versteckt zwischen modernen Wohnblocks und ausgedehnten Gewerbegebieten auch alte Fachwerkkotten und Backsteinhäuser, die sich bis zur Stadtgrenze nach Selbeck ziehen. Zu nennen wären hier die Häuser Nr. 266, 253, 239, 218, 191 und 88, darunter eine alte Schule, die von 1901 bis 1967 die katholische Schule der Gemeinde war und dieser Tage ein Restaurant beheimatet. Wer die viel befahrene Bundesstraße, die mit ihrem Anschluss an das Autobahnkreuz Breitscheid dem Stadtteil Saarn einiges an Verkehrsbelastung beschert, jedoch entlanghastet, dem werden

heim animieren soll. Dazu wurde bereits ein Stellplatz an der Mintarder Straße realisiert, der es den Gästen ermöglicht, ihre Wohnmobile über Nacht zu parken. Weitere Aktionen sollen folgen, um Wirtschaft mit Freizeit sinnvoll zu verknüpfen. Dass die Kölner Straße durch die Caravanmeile schon heute ein wichtiger ökonomischer Faktor für die Stadt Mülheim ist, zeigt die Ansiedlung weiterer Gewerbebetriebe im neuen Industriegebiet an der Solinger und Remscheider Straße. Namhafte Firmen, darunter der Beleuchtungshersteller Ansorg, der Produzent für Kommunikations- und Bürotechnik Océ sowie viele weitere

Firmen und Verwaltungen haben sich hier niedergelassen. Die Kölner Straße ist damit zu einem der leistungsfähigsten Gewerbegebiete Mülheims geworden, auch wenn das historische Erscheinungsbild der Straße darunter sehr gelitten hat.

Zwischen Kölner Straße und Nachbarsweg, auf einer kleinen, flachen Erhebung, erreichen wir nun ein Wohngebiet, das seit nunmehr über siebzig Jahren im Entstehen begriffen ist und spätestens seit den 1980er Jahren zu einem der größten Wohnbauvorhaben der Stadt Mülheim zählt: die so genannte **Saarner Kuppe (12)**. Man schrieb das Jahr 1978, als die Stadtverwaltung für den Saarner Südbezirk einen Bebauungsplan in großem Stil mit neuen Wohnungen für über 6.500 Menschen vorlegte. Zu diesem Zeitpunkt existierte bereits am Nordwesthang der Saarner Kuppe die von 1933 bis 1940 erbaute Oemberg-Siedlung, die auf dem Gelände eines ausgedienten Exerzierplatzes des in Mülheim stationierten Infanterie-Regiments 159 (siehe Rundgang Innenstadt) errichtet worden war. Die Straßen, die durch die Oemberg-Siedlung führen, wurden nach Gebieten benannt, die als Folge des Ersten Weltkriegs an Frankreich oder Belgien abgetreten werden mussten (siehe Lothringer, Pfälzer, Elsässer, Eupener und Malmedyweg). Ein zweites Wohnareal war in den 1950er Jahren zwischen Erlenweg und Winsterstraße entstanden. Die Namen dieser Wegeverbindungen wurden nach Bäumen und Sträuchern gewählt und erinnern damit an den ehemals großen Grünflächenbestand in diesem Saarner Stadtteilgebiet.

Als die Bebauung auf der anderen Seite des Hügels begann, war ein 65 ha großes Areal noch unbesiedelt. Die Landwirtschaft (siehe Höfe Ober- und Unterlehn) nutzte bis dahin das Gelände, Pferde und Kühe weideten in friedlicher Stille. Heute ist die Saarner Kuppe fast vollständig bebaut, die einst weiten, freien Flächen sind nahezu komplett verschwunden. Nördlich von Brüsseler und Luxemburger Allee sowie am Schlehenhang und Sanddornweg entwickelte sich ein Siedlungsgebiet, das auch über Mülheims Grenzen hinaus einige Aufmerksamkeit errungen hat: Nicht nur die architektonische Vielfalt, die neue städtebauliche Akzente setzte und an der namhafte Architekten beteiligt waren, fand Beachtung, sondern auch die inzwischen gut ausgebaute

Neubauten an der Saarner Kuppe

Infrastruktur, die die Saarner Kuppe – neben dem eigentlichen Zentrum Dorf Saarn – zu einem selbstständigen Subzentrum mit schulischen Einrichtungen, Spiel- und Sportplätzen, ärztlichen Versorgungsstellen, Grün- und Freizeitflächen sowie Einkaufsmöglichkeiten für den täglichen Bedarf werden ließ. Als Bauherren der Kuppe traten in der Hauptsache der Soziale Wohnungsbau SWB, die Stadt Mülheim, die Firma Thyssen und der Mülheimer Wohnungsbau MWB in Erscheinung. Verwirklicht wurden überwiegend Eigentumswohnungen und Einfamilienhäuser, die besonders für Familien mit Kindern erschwinglich bleiben sollten. Hinzu kamen Mehrfamilienhäuser und mehrgeschossige Wohnanlagen, die auch für Personen mit geringem Einkommen als attraktiv galten. An die Senioren wurde ebenfalls mit entsprechendem Wohnraum gedacht. Die Bewohner der Kuppe setzen sich heute also aus verschiedenen Teilen der Gesellschaft zusammen. Für die Zukunft prognostizieren Fachleute für den Stadtteil Saarn einen kontinuierlich steigenden Bedarf an neuen Wohnungen, und das, obwohl die Einwohnerzahl im Allgemeinen rückläufig ist. Das Großbauprojekt Saarner Kuppe wird somit wohl noch lange nicht abgeschlossen sein.

Wir wandern die Luxemburger Allee entlang Richtung Westen, biegen links in einen schmalen Fußweg ein, der zum Elsenborner Weg führt, und erreichen über einen weiteren Fußweg, der den Schengerholzbach überquert, den Nachbarsweg. Der Nachbarsweg, mit 5,9 km der längste Weg Mülheims, erhielt seinen Namen in Erinnerung an die Landbesitzer des Saarner Dorfes, die als „Nachbarn“ bezeichnet wurden. Südlich führt der Nachbarsweg zur Saarner Mark, einem weitläufigen Forst- und Wiesengebiet, das teilweise unter Naturschutz steht. Hier findet der Naturfreund die einzige noch erhaltene Niedermoorfläche Mülheims, die eine außergewöhnliche Vegetation aufweist und seit 1982 Teil des Landschaftsschutzprogramms ist. Die Saarner Mark, die früher eine Einheit mit der benachbarten Speldorfer Mark gebildet hatte, lag im 13. Jahrhundert in Besitz der Abteien Werden und Gerresheim, später hatten auch die Herren von Broich ihren Anteil daran. Im 18. Jahrhundert erfolgte die Aufteilung; als Eigentümer traten nun auch wohlhabende Gutsherren sowie die oben erwähnten Landbesitzer in Erscheinung. Mehrere Wege führen heute über das Gelände, darunter die Mühlenbergheide, an deren Rand sich eine weitere Schutzzone befindet (Stichwort Krötenkolonie) und die in einem Abzweig mit der Großenbaumer Straße zum Broich-Speldorfer Wald und weiter bis zum Entenfang reicht (siehe Rundgang Broich).

In nördlicher Richtung führt der Nachbarsweg uns zum Bühlsbachtal, vorbei an der katholischen Pfarrkirche St. Elisabeth (gegr. 1955) und der evangelischen Christuskirche am Lindenhof (gegr. 1959), deren markanten Turm wir bereits vom Elsenborner Weg aus erblicken konnten. In Höhe des Bühlsbachs lag einst auch die große Malzfabrik Kellermann, die von einer Essener Immobilienfirma derzeit zu Wohn- und Büroräumen umgebaut wird. Die Fabrik hatte bis in die 1970er Jahre Bestand. In Höhe des Weges „Am Bühlsbach“ biegen wir links in ein schmales Grüngebiet ein und erreichen nach wenigen Metern Anstieg die Straße „Am Bühl“. Ein paar Schritte nach rechts zum Dennekamp, und schon stehen wir vor dem **Wildpferdedenkmal** am **Stallmannshof (13)**. Den meisten Einwohnern ist nicht bekannt, dass in den Wäldern um Mülheim, Duisburg, Ratingen und Angermund noch bis ins 19. Jahrhundert hinein frei laufende Wildpferde lebten. Die so genannten „bergischen Wildpferde“, die sich durch Ausdauer und Schnelligkeit auszeichneten, waren weithin geschätzt; selbst Napoleons Schwager Joachim Murat, der seinerzeit Mülheim zur Stadt erhoben hatte, bezog seine Pferde aus dieser Region. Mit dem Ende der französischen Herrschaft jedoch war auch die Stilllegung der letzten Wildpferde-Gestüte beschlossene Sache: Zu viele Bauern hatten sich über die Flurschäden beklagt, die die Pferde auf den Äckern und Wiesen hinterließen. Im Jahre 1814 fand unter preußischer Herrschaft deshalb eine große Treibjagd in den Wäldern um

Mülheim statt, an der mehr als 2.000 Männer beteiligt waren. Sie nannten sich „Stricker", da sie die Pferde mit einem Strick, an dessen Ende sich eine Schlaufe befand, einzufangen versuchten. Während der Jagd war es den Wildfängern übrigens strengstens verboten, Alkohol in irgendeiner Form zu sich zu nehmen: Bei vergangenen Pferdejagden hatte der übermäßige Genuss von Schnaps dazu geführt, dass die Treiber reihenweise betrunken in den Wiesen lagen und zu einer weiteren Teilnahme an der Jagd nicht mehr fähig waren. Dieses Mal sollte die Pferdejagd ein glücklicheres Ende nehmen, und das tat sie auch: 256 Pferde konnten von den Treibern eingefangen und in die nahe gelegenen Stallungen gebracht werden. Hier wurden sie „gezähmt" und schließlich an potenzielle Interessenten verkauft. Gänzlich war damit das Dasein der Wildpferde jedoch nicht besiegelt: Noch bis etwa 1830 trieben sie sich im Stadtgebiet herum, auch wenn man sie nur noch vereinzelt zu Gesicht bekam.

An die Zeit der Wildpferde erinnert die steinerne Skulptur am Stallmannshof, vor der wir jetzt stehen. Den Platz am oberen Saarnberg hatte man gewählt, weil das Areal der Wildpferde sich ursprünglich bis hierher erstreckte. Laut einer Urkunde, die vierzig Jahre nach ihrer Niederlegung aufgefunden wurde, hatte man das Denkmal, das drei springende Pferde darstellt, im Jahre 1926 auf Anregung des Mülheimer Geschichtsvereins errichtet. Das Material besteht aus fränkischem Muschelkalk, als Bauherren werden der Berliner Bildhauer Arnold Kühne sowie Pfeifer und Großmann genannt. Auf dem Sockel des Monuments ist in Mülheimer Mundart eine Inschrift eingraviert, die auf Hochdeutsch etwa folgendermaßen lautet: „Die wilden Pferde liefen sich frei zur Lust, der Stricker aber sie fangen konnte. Mensch du magst stehen auf dem Berg oder im Tal, was dich treffen soll, das trifft dich überall". Die Grünanlage rund um das Denkmal wurde in den 1960er Jahren neu gestaltet, sie bedarf jedoch, ebenso wie die Pferdeskulptur selbst, seit längerem einer Überholung.

Wildpferdedenkmal am Stallmannshof; die Inschrift ist leider stark verwittert

Am nördlichen Ende des Stallmannshofs treffen wir auf den Saarnberg. Die Bebauung links und rechts der Straße wurde in den 1920er Jahren verwirklicht, als Gestalter traten auch hier die Architekten Pfeifer und Großmann auf den Plan. Nach dem Vorbild der englischen Gartenstadt, die Ende des 19. Jahrhunderts von Ebenezer Howard ins Leben gerufen worden war, entstanden zweigeschossige Doppelhäuser mit kleinem Gartenanteil, die nahezu alle denselben Grundriss hatten. Da in den Häusern früher überwiegend Beamte wohnten, nannte man die Kolonie am Saarnberg auch „Beamtensiedlung". Sie erstreckte sich über den Saarnberg selbst sowie die Straßen Am Bühl und Dennekamp bis zum Stallmannshof und der Wilhelm-Dörnhaus Straße. Obwohl einzelne Häuser in jüngster Zeit dem modernen Wohnstandard angepasst und mit neuen Fenstern und Dachpfannen oder einem neuen Farbanstrich versehen wurden, vermag die Siedlung in ihrer Geschlossenheit den Baustil von damals noch immer gut zu vermitteln. Die Idee der Gartenstadt, das Wohnen mit kleinen Ställen und Gärten zur eigenen Versorgung, bleibt so als historisches Denkmal lebendig.

Wir folgen dem Saarnberg nach Osten, wo wir auf die Saarner Straße stoßen, eine alte Verbindung zwischen dem Kloster und seiner Tochterabtei Duissern in der heutigen Nachbarstadt Duisburg. Die Saarner Straße, dieser Tage ein wichtiger Verkehrsweg innerhalb des Stadtteils, geht südlich in die Alte Straße über, der wir nach links Richtung Heuweg folgen wollen. Ursprünglich war die Alte Straße die ehemalige Landstraße von Mülheim nach Düsseldorf. Sie wurde 1876 beim Bau der Ruhrtalbahn (die Trasse führte zum Teil entlang dieser Straße) durch die heutige Düsseldorfer Straße ersetzt. Einst floss auch der Aubach von der Alten Straße bis zur Düsseldorfer Straße, wo er zusammen mit dem Bühlsbach den ansässigen Lederfabriken als Gerbbach diente. Von den ehemaligen Leder herstellenden Betrieben kann man an der Alten Straße noch ein Gebäude mit hohem Schornstein ausfindig machen, das heute ein Autohändler als Werkstatt benutzt. Die übrige Bebauung ist neueren Datums, die einzige Ausnahmen sind zwei alte Kotten in Fachwerkstil, die der Denkmalschutz gerettet hat.

Nicht gerettet werden konnte hingegen die **ehem. Brauerei Ibing (14)**, die den letzten Haltepunkt unseres Rundgangs markiert. Sie war das älteste Brau-Unternehmen Mülheims. Im Jahre 1863 gründeten die Gebrüder Ibing eine erste Betriebsstätte am Kassenberg, später zog man auf das Gelände am Heuweg um. Hier wurden große Gär- und Lagerkeller für das Bier in den Fels getrieben und neue Brunnen gebohrt, die das für den Brauvorgang erforderliche Wasser lieferten. Das Ibing-Bier erfreute sich unter Kennern und Laien von Beginn an großer Beliebtheit, so dass sich das Unternehmen immer weiter ausdehnte. 1931 fusionierte die Firma mit der Teutonen-Brauerei, einem weiteren Mülheimer Traditionsunternehmen, das Conrad Fuglsang 1876 in der Innenstadt gegründet hatte. Durch die Zusammenlegung dieser beiden bedeutenden Betriebe war Ibing zur größten Brauerei Mülheims geworden. Gebraut wurden mehrere Biersorten, von denen einige auch überregional sehr erfolgreich wurden (zur Braugeschichte allgemein siehe Rundgang Mellinghofen). Einen vorübergehenden Einbruch erlebte das Unternehmen infolge des Zweiten Weltkriegs, als das Verwaltungsgebäude und auch Teile des Braubetriebs zerstört wurden. Nach dem Wiederaufbau – die Erben Ibing waren inzwischen aus der Firma ausgeschieden – setzte sich die Erfolgsstory unter dem Dach eines Großkonzerns, zu dem auch andere bundesdeutsche Brauereien gehörten, fort. Die Absatzzahlen stiegen an, zu den Verkaufsschlagern gehörten nunmehr Ibing-Pils, Ibing-Export, Ibing-Malzbier und Gambrinus-Alt. Bei der Internationalen Brauereiausstellung in Gent 1958 erhielt das Ibing-Bier den „Prix d'excellence", mit dem die hervorragende Qualität der Erzeugnisse gewürdigt wurde.

Die Ehrung von 1958 sollte zugleich den Höhenpunkt im Hause Ibing markieren. Nur ein Jahrzehnt nach der Auszeichnung schloss das Unternehmen für immer seine Pforten. Seit 1968 stehen die Gebäude am Heuweg leer, eine neue Verwendung hat sich für die inzwischen halb verfallene Ruine nicht gefunden. Kinder spielten einst in den Gemäuern, was nicht selten zu Unfällen führte. Seither umschließt ein Zaun das Gelände. Ein wenig Nostalgie mag der Betrachter angesichts der efeuumwucherten Mauern empfinden. Doch bedauerlich bleibt, dass das Gebäude, in dem früher eine der größten Brauereien der umliegenden Region beheimatet war, nun ohne jedes erkennbare Eingreifen verfällt. Wie schön wäre es, wenn hier, in unmittelbarer Nachbarschaft zum geplanten Ledermuseum in der Fabrik Abel, ein Brauerei-Museum entstünde, das die Geschichte dieses Wirtschaftszweiges würdigt. Denn schon bald wird kaum jemand mehr wissen, dass im Stadtgebiet einst 60 kleine und große Brauereien angesiedelt waren, die der Mülheimer Wirtschaft zur Blüte verhalfen. Inzwischen gehört die Brautradition im Stadtgebiet der Vergangenheit an: Die letzte noch bestehende Brauerei, das Privat-Unternehmen der Familie Mann an der Boverstraße (siehe Rundgang Mellinghofen), musste im Jahre 1995 stillgelegt werden. In Mülheim ist damit (mit Ausnahme einer kleinen Gaststätten-Brauerei im Rhein-Ruhr-Zentrum) auch das letzte Unternehmen dieser Art verschwunden. Die Erinnerung an die Geschichte des Mülheimer Brauwesens wachzuhalten ist eine Aufgabe, der sich die Stadt Mülheim in Zukunft widmen sollte. Ein lohnendes Ausflugsziel wäre ein Brauerei-Museum allemal, lässt sich der Besuch doch mit einem Spaziergang durch Saarn, wie wir ihn gerade unternommen haben, hervorragend verbinden.

Ehemalige Brauerei Ibing am Heuweg

Der Flughafen Essen/Mülheim

Fahrradtour

Naturerlebnis pur. Der grüne Süden Mülheims

Ausgangspunkt: Flughafen Essen/Mülheim (Straßenbahn: 110, CityExpress 45, Haltestelle: MH-Flughafen)

Endpunkt: Dicken am Damm (Bus: 132, Haltestelle: Dicken am Damm)

Dauer: ca. 3 Stunden

Route: Flughafen Essen/Mülheim (1), Ruhrtalbrücke (2), Kath. Kirche St. Laurentius (3), Kath. Kirche St. Theresia (4), Theodor Fliedner Stiftung (5), Dicken am Damm (6)

Unsere Fahrradtour startet in der Gemeinde Raadt, die laut Gemarkungsgrenze heute zum Stadtteil Holthausen gehört. Der Namen „Raadt" ging hervor aus der ursprünglichen Bezeichnung „Rotha", was soviel bedeutet wie „durch Rodung entstanden". Bereits im 11. Jahrhundert war in diesem Gebiet ein Frohnhof verzeichnet, der zum Werdener Kloster gehörte. Im 13. und 15. Jahrhundert kamen weitere Höfe hinzu, die sich über das Gelände des jetzigen Flughafens und darüber hinaus verteilten. Einer der größten unter ihnen war der Kamperhof des Wilhelm Kampmann, an den der Name des „Kamperhofwegs" erinnert, sowie der Gutshof Bruns (früher Oberhof Schulten),

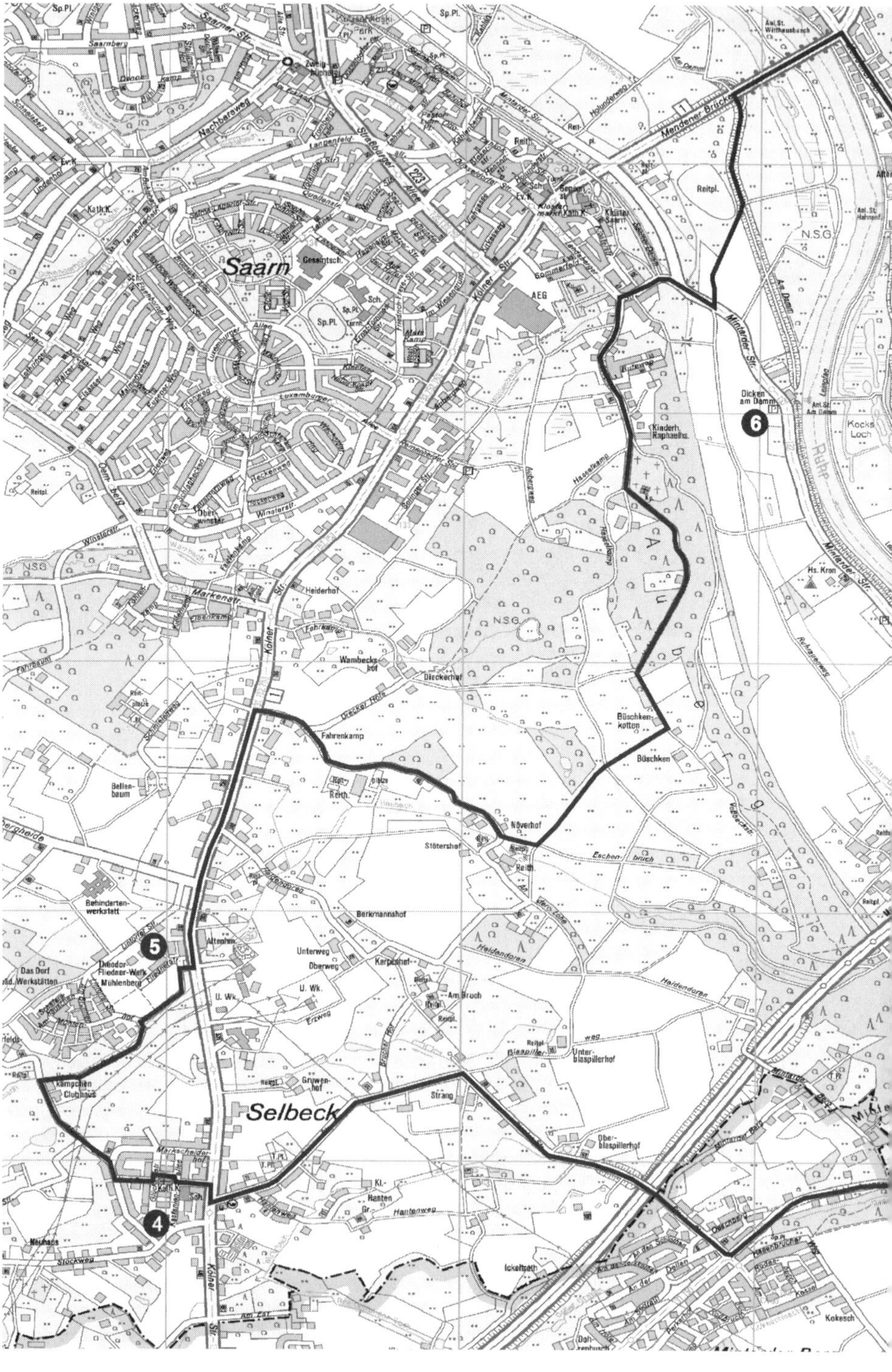

Saarn
Selbeck
Ruhr
Saarner Str.
Nachbarsweg
Langenfeld
Mendener Brücke
Mintarder Str.
Kölner Str.
AEG
Luxemburger Allee
Heckenweg
Winsterstr.
Markenstr.
N.S.G.
Reitpl.
Dicken am Damm
Kocks Loch
Kiaderh. Raphaelhs.
Hs. Kron
Heiderhof
Wambeckshof
Dieckerhof
Fahrenkamp
Büschken-kotten
Büschken
Bellenbaum
Növerhof
Stötershof
Eschenbruch
Behinderten-werkstatt
Altenhof
Berkmannshof
Heidendoren
Unterweg
Oberweg
Karpenhof
Am Bruch
Theodor-Fliedner-Werk Mühlenberg
Kämpchen Clubhaus
Gruwenhof
Strang
Unter-blaspillerhof
Ober-blaspillerhof
Hantenweg
Neuhaus
Stockweg
Kokesch
4
5
6

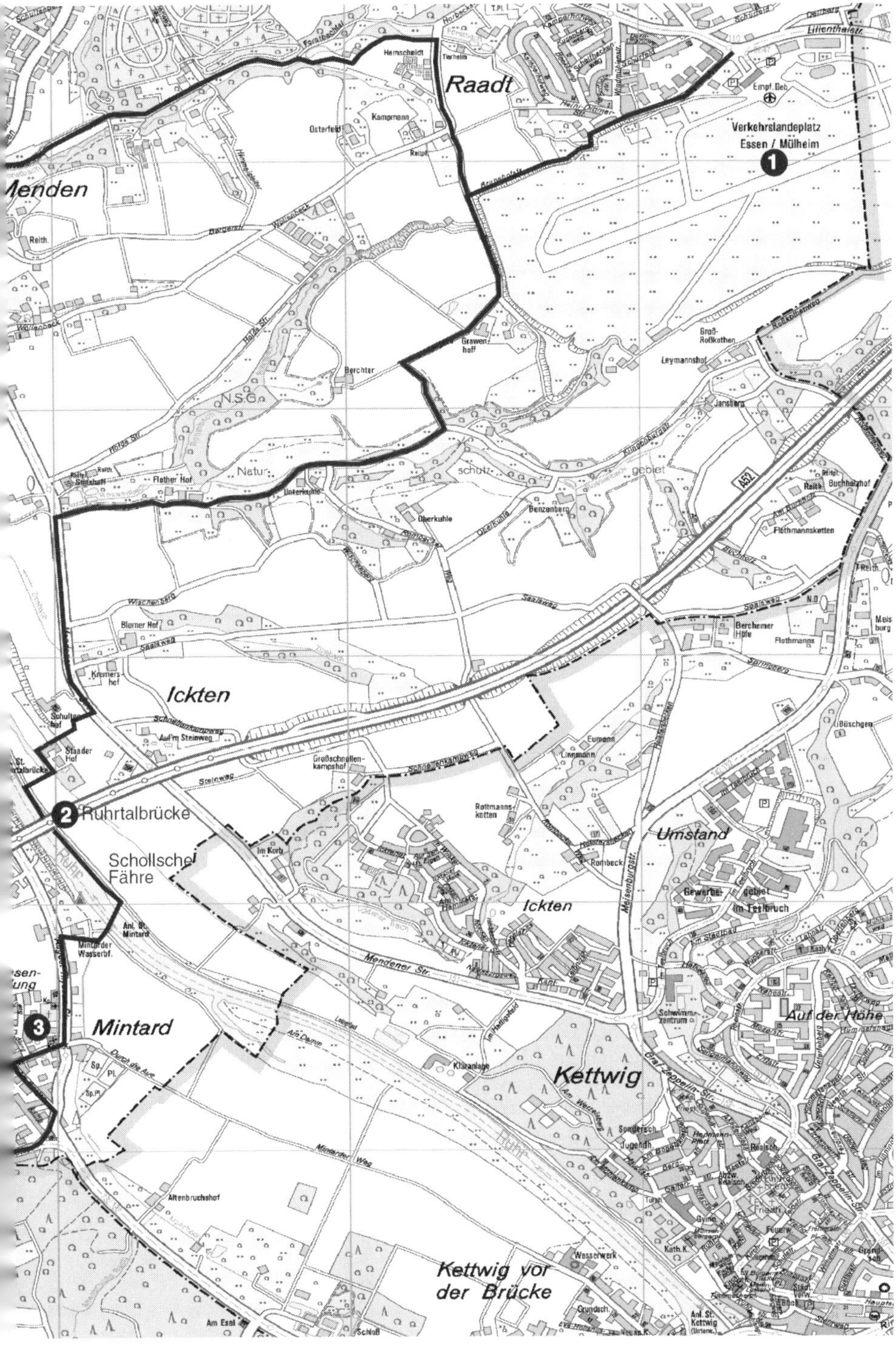
Raadt
Verkehrslandeplatz
Essen / Mülheim
1
Menden
N.S.G.
Natur
schutz
gebiet
A52
Ickten
2
Ruhrtalbrücke
Schollsche
Fähre
Umstand
Ickten
Mintard
3
Kettwig
Auf der Höhe
Kettwig vor
der Brücke
Mendener Str.
Meisenburgstr.
Graf-Zeppelin-Str.
Mintarder Weg
Ruhr

der Sitz der Werdener Hofgerichtsbarkeit war. Bis in diese Tage haben sich mehr als ein Dutzend alter Bauernhöfe erhalten, so zum Beispiel die Höfe Groß-Roßkothen, Leymanns, Jansberg, Grawenhoff, Berchter sowie der erwähnte Hof Kampmann. Andere, wie der Kotten Rossenbeck und der Hof Bruns, sind beim Bau des Flughafens und bei dessen Erweiterung verloren gegangen. Nördlich der Höfegruppe stand auch eine Mühle, die um 1819 in Höhe des heutigen Raadter Bunkers errichtet worden war. Vermutlich Ende des 19. Jahrhunderts riss man den Mühlenbau ab; vorhanden ist nur noch das Wohnhaus des Müllers, das in der Windmühlenstraße steht.

Bis ins 18. Jahrhundert bildete Raadt zusammen mit der Nachbargemeinde Haarzopf eine Honnschaft, die kommunalpolitisch zur bergischen Unterherrschaft Broich gehörte. Zwischen 1810 und 1820 fielen beide Gemeinden an den Landkreis Essen, wurden jedoch 1846 in die neu gegründete Landbürgermeisterei Mülheim eingegliedert. 1878 schließlich organisierte man den Ring aus Landgemeinden neu, wobei Haarzopf und Raadt der Bürgermeisterei Heißen zugewiesen wurden. Diese löste sich 1910 auf, Menden und Raadt bildeten daraufhin zunächst eine eigene Bürgermeisterei im Landkreis Essen. 1920 jedoch fiel Raadt an Mülheim zurück, die Gemeinde Haarzopf hingegen blieb der Nachbarstadt Essen zugehörig. Heute ist der Ortsteil Raadt fest in die städtische Struktur von Mülheim integriert. Flächenmäßig gliedert sich die Gemeinde in landwirtschaftlich genutzte Bereiche mit weiten Forst-, Wiesen- und Weideflächen, die am nördlichen Rand von wichtigen Gewerbegebiete eingeschlossen werden. Das Gelände rund um die Parseval- und Zeppelinstraße ist dabei als Wirtschaftsstandort schon seit längerem bekannt: Bereits Mitte des 18. Jahrhunderts gründete hier der Wirt und Unternehmer Engelbert Hempelmann eine eigene Brauerei, in der zeitweise mehr als 20 Arbeiter beschäftigt waren. Die Braustätte, die in Anlehnung an ihren Besitzer den Namen „Engel-Brauerei" trug, hatte bis in die 1920er Jahre Bestand; heute ist das Gelände Wohnareal. In unmittelbarer Nachbarschaft haben sich inzwischen ein Altenheim sowie zwei große Unternehmen etabliert: das Systemhaus Debis, ein Software-Entwickler, der mehrheitlich zur Deutschen Telekom gehört, sowie die Siepe-Gruppe, ein Beratungs- und Planungszentrum, der auch die Mülheimer Firma agiplan zugeteilt ist. Gegenüber, an der Brunshofstraße, haben sich mehrere mittelständische Betriebe niedergelassen, so die RRG Industrietechnik GmbH, die Hoffmeister Bauen und Wohnen GmbH sowie die Media-Haus Holding AG, die Firmen der Werbebranche unter einem Dach zusammenfasst. Insgesamt gliedert sich Raadt also in zwei wesentliche Bereiche: das Wohn- und Gewerbegebiet im Norden und Osten unterhalb der Zeppelin- und Lilienthalstraße, das etwa zwei Drittel der Gesamtfläche einnimmt, sowie die ländliche Region im Westen zwischen Wöllenbeck, Bollenberg und Horbeckstraße.

Den größten Anteil an der Gewerbefläche in Raadt besitzt der **Flughafen Essen/ Mülheim (1)**, der sich von der Brunshofstraße bis kurz vor den Roßkothenweg erstreckt und an der Lilienthalstraße Teile des Essener Stadtgebiets einnimmt. Die Gründung des Flughafens fällt in das Jahr 1925, als auf Initiative der beiden großen Ruhrgebietsstädte Mülheim und Essen sowie unter Beteiligung einiger Firmen, Banken und Verbände der Verkehrsflughafen Essen/Mülheim offiziell eingeweiht wurde. Sechs Jahre zuvor waren hier bereits Maschinen gelandet, allerdings nur für den Transport von Luftpost. In den Jahren nach der Gründung erlebte der Flughafen einen enormen Aufschwung, er wurde zum Zentralflughafen des Ruhrgebiets ausgebaut. Linienflüge nach Paris, London, Brüssel oder Antwerpen gehörten zum Standardprogramm, eine neue Abfertigungshalle, ein Restaurant sowie eine Flugzeughalle wurden errichtet. Bei einer Flugschau im Jahre 1931 landete erstmals – unter begeisterten Zurufen der staunenden Menge – ein Zeppelin auf dem Flughafengelände. Der Zweite Weltkrieg beendete jedoch jäh den bis dahin so erfolgreichen Weg: Die Luftwaffe beschlagnahmte das gesamte Areal und richtete einen Fliegerhorst ein. In der Folgezeit wurde hier eine Anstalt errichtet, die eines der dunkelsten Kapitel der Flughafengeschichte markiert: Auf Weisung der Gestapo entstand in den leeren Baracken des Areals ein Arbeitserziehungslager für zunächst 500 Gefangene, die zu „Gehorsam und Arbeitsdisziplin" erzogen werden sollten. Viele von ihnen stammten aus dem Ausland, sie waren von der deutschen Sicherheitspolizei zwangsrekrutiert worden. Unter menschenunwürdigen Bedingungen mussten die Häftlinge zwölf Stunden am Tag und mehr schuften, hinzu kam die psychische „Umerziehung" zu willigen, der deutschen Nation treu ergebenen Arbeitern. Etwa 130 Menschen starben während des vierjährigen Bestehens des Arbeitslagers infolge von Unterernährung, Erschöpfung oder Krankheiten durch mangelnde Hygiene; einige wurden sogar zu Tode geprügelt oder auf Befehl der SS exekutiert. Als man im Frühjahr 1945 das Lager auflöste, hatten vermutlich 6.000–8.000 Gefangene die Einrichtung durchlaufen; für nicht wenige war das Arbeitserziehungslager nur der Beginn einer Odyssee, die mit der Einweisung in ein Konzentrationslager des Reiches endete.

Nach dem Krieg benutzte die britische Militärregierung den Flughafen als Parkplatz für ausrangierte Armeeflugzeuge. Da damit auch die Sperrung des Personenflugverkehrs verbunden war, hatte dies für den Zivilflughafen Essen/Mülheim eine folgenschwere Konsequenz: Das Augenmerk richtete sich fortan verstärkt auf den Konkurrenten in Düsseldorf-Lohhausen, der in der Folgezeit den Zuschlag erhielt, zum zentralen Flughafen der Region ausgebaut zu werden. Während der Düsseldorfer Flughafen bis zum Ausbruch des Krieges vom hiesigen Flughafen aus dirigiert worden war, wendete sich nun das Blatt: Essen/Mülheim war auf den zweiten Platz verwiesen, der Flughafen wird heute nur noch als Verkehrslandeplatz genutzt. Für Düsseldorf schritt die Entwicklung indes rasch voran, der dortige Airport ist heute einer der leistungsfähigsten der Bundesrepublik.

WDL-Luftschiffhalle mit „Blimps"

Auch wenn die Bedeutung des Flughafens Essen/Mülheim nach 1945 zurückgegangen ist, so hat er sich doch bis heute als Standort im Stadtbild behauptet. Flugzeuge bis 14 Tonnen Gewicht mit bis zu 50 Passagieren können hier starten und landen, mit einer Fläche von ca. 140 ha ist der Flughafen immerhin so groß wie 250 Fußballfelder. Die Landebahn beträgt 1.553 m Länge, im Jahr 2000 zählte man hier rund 51.700 Starts und Landungen sowie mehr als 42.000 Fluggäste. Der Schwerpunkt des Flugverkehrs liegt jedoch bei Trainings- und Schulungsflügen, etwa 220 Piloten erhalten hier jährlich ihre Aus- und Weiterbildung. Die übrigen Flüge gelten dem Geschäftsverkehr sowie dem Sport- und Segelflug, der über mehrere ansässige Fluggesellschaften abgewickelt wird. Auch Rundflüge mit Kleinflugzeugen, Helikopter und Ballon werden angeboten. Aushängeschild des Flughafens ist der Bau von Luftschiffen, die seit 1970 in einer extra für diese Zwecke angefertigten Halle montiert werden. Die erste Traglufthalle aus Wellblech stand ursprünglich hinter dem Tower-Gelände; sie ging in einer schweren Sturmnacht 1972 verloren. Nur ein Jahr später vernichtete ein weiterer Sturm die zweite, wieder aufgebaute Luftschiffhalle. Die dritte Halle entstand schließlich Ende der 1980er Jahre an jetzigem Standort. Gebaut wurden Prallluftschiffe, so genannte „Blimps", die im Gegensatz zum festen Metallgerüst der ersten Starrluftschiffe lediglich eine „geklebte" Hülle, ähnlich wie die eines Heißluftballons, besitzen. Die WDL Luftschiffgesellschaft als Betreiberin der Mülheimer Anlage ist zur Zeit das einzige Unternehmen Deutschlands, das diese Art Prallluftschiffe herstellt und wartet. Den Namen „Zeppelin" tragen übrigens nur diejenigen Luftschiffe, die starr oder halbstarr sind; sie werden heute noch in Friedrichshafen am Bodensee gebaut. Die Bezeichnung geht zurück auf ihren Erfinder Graf Ferdinand von Zeppelin (1838–1917), dessen erstes lenkbares Starrluftschiff sich im Jahre 1900 in die Lüfte erhob. Die Blimps, die in Mülheim gefertigt werden, sind als Plattform für Werbung und Promotion nicht nur im Ruhrgebiet, sondern in der ganzen Welt im Einsatz.

Diese Besonderheit rettete den Essen/Mülheimer Flughafen jedoch nicht vor einer Zukunftsdebatte, die seit nunmehr einigen Jahrzehnten andauert und bisher noch zu keinem Ergebnis geführt werden konnte. Die Diskussion in Politiker- und Wirtschaftskreisen, in die sich auch die Flughafenanrainer einbringen, dreht sich um die zentrale Frage, ob der Verkehrslandeplatz geschlossen und einer gewerblichen Neunutzung zugeführt werden soll, oder ob umgekehrt eine Erweiterung des Betriebs zum Geschäftsflughafen, wie sie ähnlich vor kurzem am Nachbarstandort Dormund-Wickede vollzogen worden ist, in Betracht käme. Letzteres ist jedoch bei den betreffenden Bürgerinitiativen in Mülheim und Essen wegen der zu erwartenden Lärmbelästigung heftig umstritten. Hunderte von Gutachten, Expertisen und Umfragen wurden seit Beginn der Diskussionen erstellt, mannigfache Zielsetzungen festgeschrieben und immer wieder verworfen. Bei allem Für und Wider rückte dabei jedoch eine alternative Nutzung des Geländes als Gewerbepark mit Wohnstandorten und ausreichend Grün- und Erholungsflächen immer weiter in den Vordergrund. Zwischen 1993 und 1997 einigten sich deshalb die Gesellschafter des Flughafens (Land NRW, die Städte Mülheim und Essen) unterstützt durch die örtliche Wirtschaft darauf, den Flugbetrieb sobald als möglich zu beenden. Doch erstaunlicherweise harrt dieses Vorhaben bis zum heutigen Tage seiner Umsetzung. Ein plötzlicher Richtungswechsel von Politik und Wirtschaft in Mülheim hin zum Erhalt und Ausbau des Airports leitete im Jahre 2001 in der Debatte über den Flughafen eine Wende ein. Da die Stadt Essen jedoch gegenwärtig bei ihrem Schließungsbeschluss bleibt und die Landesregierung seit Neuestem aus der Flughafen GmbH aussteigen will, ist die Ungewissheit über die Zukunft des Flughafens wieder einmal groß. Die Situation wird von vielen mittlerweile als Zumutung empfunden, verhindert sie doch auf allen Seiten längerfristige Planungen. Wann die Diskussion zwischen Befürwortern und Gegnern zu einem verbindlichen Ergebnis kommen wird, ist nicht abzusehen.

Entlang der Brunshofstraße, die am östlichen Rande der Flughafensiedlung verläuft, gelangen wir auf unserer Fahrradtour jetzt zur Horbeckstraße. Seit Beginn der 1950er Jahre betrieben die Städte Essen und Mülheim hier eine Müllkippe, die nach ihrer Stilllegung im Jahre 1972 im Rahmen des Landschaftschutzprogramms rekultiviert wurde; inzwischen ist das Gelände so dicht mit Gras bewachsen, dass die ehemalige Entsorgungsfläche als solche nicht mehr zu erkennen ist. Rechter Hand führt der Weg zum städtischen Tierheim, vorbei an den Höfen Kampmann, Osterfeld und Hemscheidt. Wir folgen jedoch der Horbeckstraße nach links, wo wir am Abzweig Bollenberg den Hof Krämer auf der Heidt (Grawenhoff-Hof) erreichen, der heute in Besitz der Familie Felchner liegt. Wir befinden uns hier am oberen Rand des Rossenbecktals, schon im 11. Jahrhundert urkundlich erwähnt wird. Neben der Landwirtschaft spielte auch die Kohle eine Rolle, wie ein Gründungsprotokoll der Zeche „Treue und Freundschaft“ aufzeigt. Nach mehrfacher Teilung der Icktener Mark und der wechselnden Zuordnung des Gebietes zu den umliegenden Honnschaften fiel der nördliche Teil Icktens 1929 an die Stadt Mülheim (Stadtteil Holthausen), der südliche Bereich verblieb in der damaligen Stadt Kettwig, heute Essen.

Der Hof Krämer auf der Heidt stammt vermutlich aus dem 13. Jahrhundert, damals noch als kleiner Kotten, später mit

Grawenhoff-Hof mit stattlichem Wohnhaus in Fachwerk

das in den 1970er Jahren zum Schutzgebiet erklärt worden ist. Das Tal, das von bewaldeten Siepen gegliedert wird, liegt bereits auf Icktener Gebiet, einer kleinen Gemeinde, die lange Zeit dem Kirchspiel Kettwig und damit übergeordnet der Abtei Werden zugewiesen war. Woher die Bezeichnung Ickten stammt, ist nicht eindeutig belegt; vermutet wird jedoch die Bedeutung „sumpfiges Gelände“ oder „Eichenwald“. Mittelpunkt der bäuerlichen Siedlung war der Schultenhof an der Mendener Straße, der als Oberhof des Werdener Klosters

umfangreichen Besitzungen, die bis nach Schuir, Roßkothen, Raadt und Haarzopf reichten. Ersichtlich wird die Bedeutung des Hofes noch heute an dem bestehenden Bauernhaus in Fachwerk, das ansehnliche Ausmaße umfasst. Dieser Tage wird der Hof als Bioland-Betrieb geführt. Zweimal wöchentlich ist er für den Einkauf geöffnet, erworben werden kann Obst und Gemüse verschiedener Art sowie Eier und Kartoffeln. Fahren wir etwas weiter den Bollenberg entlang, stoßen wir auf einen weiteren Hof, den Berchter-Hof (16./17. Jh.), den dieser Tage die Familie Terjung bewohnt. Auch hier ist die Landwirtschaft noch aktiv in Form von Getreide- und Gemüseanbau sowie der Haltung von Hühnern und Milchkühen. Wir halten uns links und fahren den steil abfallenden Bollenberg hinab bis zur Klingenburgstraße, an der wir rechts abbiegen. Erwähnenswert auf der folgenden Strecke sind die Höfe Ober- und Unterkuhle, die sich an der Klingenburgstraße beziehungsweise am Rombecker Weg befinden; sie gehen auf das 16. Jahrhundert zurück. Am Rombecker Weg steht übrigens auch noch die alte Evangelische Gemeindeschule, die im Jahre 1796 gegründet wurde. Unterrichtet hat hier unter anderem der Lehrer Georg Klingenburg, der 1859 den ersten literarischen Verein Mülheims ins Leben rief. Nach ihm benannt ist die gleichnamige Klingenburgstraße. Die Schule war bis 1936 als Lehrstätte aktiv; danach erwarb der bekannte Mülheimer Bildhauer Hermann Lickfeld das Gebäude, der hier bis zu seinem Tode im Jahre 1941 wirkte. Seine künstlerischen Arbeiten sind heute im Kunstmuseum Alte Post, im Rathaus sowie in den Ruhranlagen ausgestellt.

Unsere Tour führt weiter am Rossenbeckbach entlang über die Klingenburgstraße Richtung Westen, vorbei an Wiesen und Hängen, auf den Pferde und Kühe weiden. Rechter Hand erblicken wir erneut ein Gutsgelände, das hier bereits Anfang des 16. Jahrhunderts nachgewiesen ist: den Flother-Hof. Einst beherbergte der Hof auch eine Mühle, die als Ölmühle (Rapsöl) diente. 1944 zerstörte ein Bombenangriff Teile des alten Bauernhofes. Bis 1974 wurde hier Landwirtschaft betrieben, heute ist der Flotherhof unter Regie der Familie Krings Pferdepension. Nicht weit entfernt liegt der Stinshoff-Hof, der aus dem 13. Jahrhundert stammt und zeitweise dem Kloster Saarn unterstellt war; auch er ist dieser Tage Reiterhof. Am Ende der Klingenburgstraße stoßen wir nun auf die Mendener Straße, eine der Hauptverkehrswege zwischen Menden-Holthausen und Kettwig. Um den Fahrradweg auf der anderen Seite zu erreichen, müssen wir die Schnellstraße überqueren: Vorsicht ist also geboten. Wir halten uns links und fahren parallel der Mendener Straße Richtung Süden. Auch hier liegen rechts und links des Weges alte Bauernhöfe, bei denen Ackerbau und Viehwirtschaft noch eine wichtige Rolle spielen. Hinter dem Schultenhof Ickten, dem einstigen Oberhof der Werdener Abtei, der heute frisches Gemüse, tierische Erzeugnisse und Wein verkauft, schwenken wir rechts, wo wir rückseitig das stattliche Gut Staade umfahren. Der Hof umfasste früher einen bedeutenden Grundbesitz und war zeitweise auch Eigentum der Industriellenfamilie Haniel. Gegenwärtig wird hier noch Ackerbau und Schweinemast betrieben. Hinter dem Hof gelangen wir an Getreidefeldern vorbei schließlich zur Ruhr, wo uns der Leinpfad zum nächsten sehenswerten Haltepunkt unserer Route führt: der **Ruhrtalbrücke (2)**.

65 m hoch erhebt sich der markante Stahlkoloss auf einer Länge von 1.830 m über die Ruhr. Es war zu Beginn der 1950er Jahre, als der Siedlungsverband Ruhrkohlenbezirk beschloss, die bisherige Bundesstraße B 288 zwischen Essen und Düsseldorf, die in ihrem täglichen Verkehrsaufkommen an ihre Grenzen gestoßen war, durch eine neue Trasse zu ersetzen. Die Stadt Mülheim begrüßte dieses Projekt, trug die geplante neue Wegstrecke mit einer Hochbrücke über das Ruhrtal doch auch zur Entlastung der Bundesstraße B 1 bei, die als weitere Verbindung zwischen Düsseldorf und Essen mitten durch Mülheimer Stadtgebiet führte. 1962 war es dann so weit: Der Bau der neuen Bundesstraße mit der damals längsten Stahlbrücke Deutschlands wurde vom Landschaftsverband Rheinland in Auftrag gegeben, das Landesstraßenbauamt in Essen wurde mit der Leitung der Arbeiten betraut. Mehrere große Firmen waren an der Durchführung beteiligt, darunter die Thyssen Röhrenwerke aus Mülheim, der Rheinstahl-Konzern aus Hamburg und der Krupp Maschinen- und Stahlbau aus Duisburg-Rheinhausen. Im Juni 1963 wurde der erste der 18 Stahlpfeiler am Auberg errichtet. Die Bohrlöcher erreichten zum Teil eine Tiefe von 20 m, da der Fels an vielen Stellen brüchig war und immer wieder Grundwasser nachsickerte.

Im Frühjahr 1966 waren alle Stützen aufgestellt, ein halbes Jahr später konnten die Überbauten abgeschlossen werden. Um die neue Trasse perfekt zu machen, wurde in den Auberg eine 20 m tiefe Schneise geschlagen, um die Fahrbahn der Brückenhöhe anzugleichen. 200.000 m_3 Erdreich wurden bewegt, ein Teil davon ging auf die andere Ruhrseite zur Anhebung des dortigen Straßenteilstücks.

Die Errichtung der Ruhrtalbrücke war das größte Brückenbauprojekt in Europa nach dem Zweiten Weltkrieg. Gefeiert wurde sie vor allem als Meisterleistung der Ingenieurtechnik: 17.000 m_3 Stahlbeton und 2.600 t Bewehrungsbeton wurden verbaut, 13.300 t Stahl für den Überbau gegossen. Inzwischen ist die Brücke als Teil der ehemaligen Bundesstraße B 288 zur Autobahn A52 ausgebaut. Was das ästhetische Empfinden betrifft, so wird die Ruhrtalbrücke heute als Teil des Stadtbildes akzeptiert. Die anfänglichen Vorbehalte einiger Anwohner, das Bauwerk würde einen Eingriff in das harmonische Landschaftsbild des Ruhrtals bedeuten, sind weitgehend verstummt. Manche betrachten die leicht geschwungene Hochbrücke mit ihren schlanken Pfeilern heute sogar als formschön. Ein imposantes Bauwerk ist sie allemal. In die Schlagzeilen geriet das Denkmal gleich zweimal: Bei den Arbeiten an den Stützen verunglückten zwischen 1964 und 1966 drei Mitarbeiter der ausführenden Firmen tödlich. Einige Jahre später sorgte das Bauwerk dann mit einem Entführungsfall für Aufsehen: Kidnapper hatten ein junges Mädchen entführt und in einem Pfeiler der Ruhrtalbrücke versteckt. Die Tat flog jedoch auf, das Mädchen konnte gerettet werden. Die jüngsten Meldungen schließlich belegen, dass das Bauwerk allmählich in die Jahre gekommen ist: Nach neuem Farbanstrich und Korrosionsschutz wurden im Jahr 2001 Schäden an den Stützpfeilern ausfindig gemacht, bedingt durch den andauernden Schwerlastverkehr. Mehr als 80.000 Fahrzeuge, darunter 4.000 LKW, donnern täglich über die Ruhrtalbrücke hinweg. Für 2003 ist deshalb eine Verstärkung der Innenseiten mit Stahlprofilen geplant.

Meisterwerk der Ingenieurskunst: die Mülheimer Ruhrtalbrücke

Unterhalb der Ruhrtalbrücke führt uns der Weg nun über den Leinpfad zur Anlegestelle Mintard. Wer will, kann auf diesem Wege auch weiter fahren bis ins idyllische Dörfchen Kettwig, das bereits in karolingischer Zeit (9. Jh.) existiert hat und heute zur Stadt Essen gehört. Im Schatten der ehemaligen Tuchfabriken, die Kettwig während der Industriezeit bekannt gemacht haben, sind viele schön restaurierte Fachwerkhäuser und altehrwürdige Kirchen zu bestaunen, die einen Rundgang immer lohnen. Über die Ringstraße, die an der Kettwiger Schleuse und am Wasserwerk über die Ruhr führt, erreicht man den Ortsteil „Kettwig vor der Brücke", ehemals Haltestelle der Unteren Ruhrtalbahn (siehe Rundgang Broich). Hier hat man, um nach Mintard und damit zurück zur eigentlichen Fahrradroute zu gelangen, die Wahl zwischen dem Mintarder Weg, der über Wiesen und Felder zum Mintarder Dorfkern führt, und der August-Thyssen-Straße, die für Kulturinteressierte zu empfehlen ist. Entlang dieser Route stehen nämlich zwei eindrucksvolle Schlossbauten, die für den Besucher bedingt zugänglich sind. Schloss Landsberg auf der linken Seite wurde als Trutzburg der Grafen von Berg im 13. Jahrhundert errichtet. Das Anwesen, auf einer Anhöhe im Landsberger Wald gelegen, ist in seinem wehrhaften Charakter mit Bergfried und Ringmauer noch immer gut erhalten. Im 17. und 18. Jahrhundert wurde die Burg durch einen barocken Palas mit Terrassengarten erweitert. 1903 erwarb der Mülheimer Industrielle August Thyssen das Schloss und ließ es zu einem Wohnsitz umbauen; er lebte hier bis zu seinem Tode im Jahre 1926. Die Familiengruft blieb bestehen: Hier wurde zuletzt im Frühjahr 2002 Baron Hans Heinrich von Thyssen-Bornemisza beigesetzt. Nach dem Zweiten Weltkrieg wurde das Schloss unter Leitung der August-Thyssen-Stiftung zeitweise als Kinderheim und evangelische Begegnungsstätte genutzt. Anfang der 1990er Jahre ließ man schließlich umfangreiche Restaurierungsarbeiten durchführen und neue Anbauten errichten, die heute als Seminar- und Fortbildungsstätte der ThyssenKrupp AG dienen. Aus diesem Grunde ist die Anlage in der Regel auch nur von außen zu besichtigen. Der Garten mit seinen schönen Teichanlagen, Brunnen und Sitzplätzen ist jedoch öffentlich zugänglich. Schloss Hugenpoet, 500 m weiter Richtung Mintard gelegen, geht auf ein Königsgut Karls des Großen zurück, das bereits um 778 n. Chr. erwähnt wird. Im 13. Jahrhundert treten als Besitzer die Herren von Nesselrode in Erscheinung. Nachdem die Anlage im Dreißigjährigen Krieg zerstört worden war, ließ Johann Wilhelm von Nesselrode-Hugenpoet 1647–1696 in der Nähe der alten Burg einen Neubau barocken Stils errichten, der seine Gestalt nahezu unverändert beibehalten hat. Sehenswert an der Inneneinrichtung sind mehrere ursprünglich zum Schloss Horst gehörende Renaissancekamine, die Fürstenbergische Gemäldesammlung sowie Portal und Treppenhaus aus dem sehr seltenen schwarzen Ratinger Marmor. Da das Schloss dieser Tage unter Leitung der Familie Fürstenberg jedoch als Hotel geführt wird, sind all diese Kostbarkeiten nur den Gästen vorbehalten. Eine Außenansicht des Gebäudes lohnt trotzdem.

Für diejenigen, die nicht den Weg über Kettwig nehmen wollen, führt an der Anlegestelle Mintard die Schollsche Fähre über die Ruhr. In den Monaten von Mai bis Oktober befördert die Fähre ihre Gäste jeden Freitag von 13 bis 18 Uhr sowie samstags, sonntags und feiertags von 11 bis 18 Uhr zur gegenüberliegenden Ruhrseite. Die Überfahrt ist kostenlos, über einen kleinen Obolus freut sich der Fährmann jedoch immer. Die Schollsche Fähre ist als Nachbau der historischen Fähre von Hermann Scholl (siehe Schlossbrücke, Rundgang Broich) seit 1999 an dieser Stelle der Ruhr in Betrieb. Dem historischen Vorbild nachempfunden ist dabei nicht nur das Floß, sondern auch die Art der Beförderung: Durch lautes Zurufen und ein kräftiges „Hol' rüber" ist der Fährmann gerne bereit, seine Passagiere am diesseitigen Ufer abzuholen. Neuzeitlich dürfte hingegen sein, dass neben den Personen auch Fahrräder befördert werden können; die hatte es zu Zeiten des Hermann Scholl im frühen 19. Jahrhundert noch nicht gegeben.

Auf der anderen Ruhrseite erwartet uns rechter Hand einer der vielen Campingplätze Mülheims, die sich auf beiden Seiten der Mintarder Straße bis nach Saarn ziehen. Bekannte Haltepunkte sind hier das Staader Loch und Haus Kron. Auch der vor uns liegende Mintarder Wasserbahnhof gehört dazu, der neben Hotel und Restaurantbetrieb auch einen Schiffsanleger der „Weißen Flotte" beherbergt. Wie der Name des Wasserbahnhofs schon sagt, befinden wir uns nunmehr auf Mintarder Gebiet. Der Name Mintard, der in seinen ersten Anfängen die Schreibweise „Mayentraede" trug, bedeutet soviel wie „Meinhards Rodung". Auch hier ist die Bezeichnung also, ähnlich wie in Raadt, auf die Rodung einer Waldfläche zurückzuführen, die dem Zwecke einer Ansiedlung diente. Wann genau diese erste Siedlung entstand, ist nicht belegt; fest steht jedoch, dass Mintard zu einer der ältesten Dorfsiedlungen des Bergischen Landes zählt. Eine Urkunde aus dem Jahre 834 n. Chr. nennt als Zeugen einer Schenkung an die Abtei Werden einen fränkischen Edelherren namens Gerrich, der als Eigentümer des Oberhofs „Zur Nieden" in Mintard galt. Zum Grundbesitz dieses Hofes gehörten mehrere Unterhöfe, das Kloster Gerresheim sowie sechs Eigenkirchen, darunter auch die Kirche von Mintard. Auf einem der Unterhöfe (Kamper Hof) entstand im 15. Jahrhundert ein Wehrspeicher (Mintarder Kastell), der vermutlich von einem Wassergraben umgeben war. 1971 gingen die Gebäude durch einen Brand verloren, zwei Jahre später begann der Wiederaufbau. Als alter Handelsweg ist die Mintarder Straße belegt, die noch heute die Hauptverbindung nach Mülheim darstellt. Bei ihrem Schutz (die Straße diente auch als Heerstraße) hat wohl auch die bereits erwähnte Burg Landsberg eine Rolle gespielt. Wie bedeutsam die Straße im Mittelalter war, belegt die Gründung des Klosters Saarn in der Nähe von Mintarder und Kölner Straße (siehe Rundgang Saarn).

Die Schollsche Fähre unweit der Ruhrtalbrücke

Über die Jahrhunderte hinweg ist das Kirchspiel Mintard eine bäuerliche Gemeinde geblieben. Die Menschen lebten von Ackerbau und von Viehwirtschaft, wobei ein Teil der Einkünfte dem Mintarder Oberhof sowie dem Kloster Gerresheim zufiel. Die Reformation überstand die Gemeinde ohne größere Veränderungen, das Kirchspiel ist bis heute katholisch geblieben.

In den Kriegswirren des 17. Jahrhunderts wurde Mintard aufgrund seiner exponierten Lage im Herzogtum Berg (Nähe zur Heer- und Handelsstraße und zur Grenzfeste Burg Landsberg) mehrmals in Mitleidenschaft gezogen. 1803 ließ Napoleon das Kloster Gerresheim auflösen, das Dorf Mintard fiel unter französische Besatzung. 1929 hörte die Gemeinde Mintard als Ein-

Kath. Kirche St. Laurentius

heit vorübergehend auf zu existieren: Teile wurden nach Kettwig und Breitscheid, die Mintarder Höfe nach Mülheim eingemeindet. Erst 1975 wies die kommunale Neugliederung der Stadt Mülheim die Gemeinde als Ganzes zu.

Das ehemals dörfliche Gepräge Mintards lässt sich an der engen Straßenführung und an einzelnen alten Häusern und Höfen noch immer gut erkennen. Die Mintarder Höfe, heute als Reiterhöfe und landwirtschaftliche Betriebe geführt, werden von der wuchtigen Ruhrtalbrücke überspannt; wer einen Abstecher dorthin unternehmen möchte, wählt am Mintarder Wasserbahnhof den Weg nach rechts. Die eigentliche Route führt jedoch über die August-Thyssen-Straße nach links, vorbei am Restaurant Haus Schäfer und einem alten Kotten aus dem 19. Jahrhundert. Hinter einem Friedhof, der von einer kleinen Mauer umgeben ist, erreichen wir schließlich den Dorfkern von Mintard mit der **Kath. Kirche St. Laurentius (3)**. Wie bereits erwähnt, war Laurentius eine Eigenkirche des alten Oberhofes „Zur Nieden“. Kirchenrechtlich war sie jedoch dem Stift Gerresheim unterstellt, das zunächst nur die Patronatsrechte besaß, später jedoch die Inkorporation (Einverleibung) vollzog. Schriftlich genannt wurde St. Laurentius erstmals im Jahre 874 n. Chr. Die Kirche ist damit nicht nur eine der ältesten im Rheinischen Ruhrtal, sondern auch das älteste Baudenkmal der Stadt Mülheim; selbst Schloss Broich wurde nach jetzigem Kenntnisstand erst einige Jahre später errichtet. Die erste Kirche bestand aus Holz. Nach einem Brand erfolgte um 1000 n. Chr ein Neubau aus Stein, der auch einen Wehrturm besaß. Während im 14. und 16. Jahrhundert einige grundlegende Erneuerungen vollzogen wurden, baute man 1660 eine neue Kirche, wobei der Turm aus dem 11. Jahrhundert jedoch bestehen blieb. Dieser Bau hat sich ohne große Veränderungen bis heute erhalten; eine Jahreszahl an der Außenmauer weist auf die Entstehungszeit hin. 1890 restaurierte man die Kirche, auch am romanischen Turm wurden Ausbesserungsarbeiten ausgeführt. Im Zweiten Weltkrieg beschädigten Bomben das Gotteshaus schwer; erste notdürftige Reparaturen erfolgten nach 1945. Die vollständige Beseitigung aller Kriegsschäden konnte jedoch erst mit den Jahren 1962 und 1975 abgeschlossen werden. Die letzte umfassende Restaurierung fand 1989 statt.

Das Innere der Kirche weist ein hohes, in blauen Farbtönen gehaltenes Tonnengewölbe auf, das durch mehrere schlanke Säulen getragen wird. Rundbögen trennen das

Langhaus von den beiden Seitenschiffen. Rückseitig liegt über der Eingangshalle die Orgelempore, deren Geländer ebenfalls in Blau einstrichen ist. Die Fenster in den Seitenschiffen sowie im Altarraum sind farbig und weisen zum Teil moderne Glasmalereien auf. Unterhalb der Fenster stellen mehrere plastische Bilder die Passionsgeschichte dar. Im Chorraum dominiert der Hauptaltar, der aus dem 16. Jahrhundet stammt; er wird flankiert von der Figur des Kirchenpatrons St. Laurentius sowie des Hl. Antonius. Rechts und links vom Hauptaltar sind zwei Seitenaltäre positioniert, deren barockes Erscheinungsbild dem Betrachter ins Auge fällt. Weitere bemerkenswerte Ausstattungsstücke der Kirche sind ein Opferstock (ca. 11. Jh.), die Glocken des Turmes (11.–15. Jh.) und ein Taufstein aus belgischem Granit (13. Jh.). Sehenswert ist schließlich die kleine achteckige Kapelle auf dem Kirchenvorplatz; sie beherbergt ein Missionskreuz aus dem 18. Jahrhundert.

Über die Mintarder Dorfstraße, die an gepflegten und schön restaurierten Fachwerkhäusern des alten Dorfes vorbei Richtung Mintarder Höfe führt (hier steht auch die alte Mintarder Schule), gelangen wir zur Straße Am Biestenkamp, der wir nach links zum Ortsausgang folgen. Wir treffen auf die Straße Am Stoot, die an einen gleichnamigen Hof in diesem Areal erinnert, und radeln rechts bergauf Richtung Mintarder Berg. Der Fahrradweg befindet sich übrigens auf der linken Straßenseite; wem also die Steigung zu anstrengend ist, der kann abseits des Verkehrs gefahrlos seinen Drahtesel schieben. Direkt hinter der Siedlung markiert ein Ortsschild die Grenze der Stadt Mülheim, ein paar Meter weiter weist ein Schild darauf hin, dass wir uns nun auf Ratinger Gebiet bewegen. Auf der Anhöhe angelangt, biegen wir an der Kreuzung Stooter Straße rechts ab, überqueren über eine kleine Brücke die Autobahn A 52 und erreichen wieder das Stadtgebiet Mülheims. Durch weite Wiesen und Felder, die von Pferden und Rindern bevölkert werden, geht es vorbei an alten Bauernhöfen (z. B. Ober- und Unterblaspiller) und herrschaftlichen Häusern aus der Zeit um 1900 (Haus Nr. 77) nach Selbeck. Die Gemeinde Selbeck wird in einem Schriftstück des Klosters Gerresheim um 1170 erstmals erwähnt. Über Jahrhunderte hinweg gehörte das Dorf zur Nachbargemeinde Mintard, erst im Jahre 1929 fiel es an Mülheim. Eine bedeutsame Rolle hat hier vor allem der Erzbergbau gespielt. Das Bestehen von Silbererz in dieser Gegend ist bereits für das 13.

Fachwerkhäuser an der Mintarder Dorfstraße

Jahrhundert nachgewiesen, jedoch wurden lange Zeit nur oberflächennahe Schürfungen in geringer Tiefe durchgeführt. Die eigentliche Bergbautätigkeit setzte erst mit dem Tiefbau während der Industrialisierung im 19. Jahrhundert ein. Gehoben wurden Zink-, Blei-, Kupfer- und Schwefelerze. 1873 gründete der Förster Diepenbrock eine eigene Gewerkschaft, die später in die Selbecker Erzbergwerke überging. Das Bergwerk, das zuletzt in einer Tiefe von

Katholische Kirche St. Theresia in Selbeck

300–400 m grub, hatte bis 1907 Bestand: Nach mehrmaligen Bränden und Wassereinbrüchen musste der Betrieb schließlich eingestellt werden. Zwei Straßennamen (Erzweg, Glückaufstraße) erinnern noch an diese Zeit.

Während des Erzbergbaus hat sich Selbeck, das früher eine ländliche Gemeinde mit zahlreichen Höfen und Kotten im Auberg gewesen war, enorm verändert. Die Einwohnerzahl war von 460 im Jahre 1880 auf 1.085 im Jahre 1901 gestiegen. Zahlreiche Wohnungen für die Arbeiter der Zeche hatte man gebaut, darüber hinaus auch Häuser für Beamte sowie ein Bergmannsheim; eine eigene Siedlung („Bergmannsdorf“) war so entstanden. Unter Direktor Karl Forst (siehe gleichnamige Straße) errichtete man außerdem ein Spritzenhaus, eine katholische Schule, ein Rektorat, ein Küsterhaus sowie die **Kath. Kirche St. Theresia (4)**, die seit 1892 das Zentrum des Dorfes bildet. Für die Einwohner Selbecks war dieser Kirchenbau ein Segen, mussten sie doch bis dahin immer den weiten Weg bis nach Mintard wählen. Das Grundstück, auf dem man die Kirche errichtete, stellte Graf Hubertus Spee der Gemeinde zur Verfügung. Den Entwurf für das Gotteshaus lieferte der Straßburger Dombaumeister Franz Schmitz, nach dessen Plänen im Jahre 1890 mit dem Bau des Gotteshauses begonnen wurde. Zwei Jahre später erfolgte die Weihung durch Kardinal Philippus Krementz. Bei der Namensgebung spielte vermutlich die Gattin des Bergwerkdirektors eine Rolle: Die Kirche wurde auf ihren Wunsch hin unter das Patrozinium der heiligen Theresia von Ávila (1515–1582) gestellt. Theresia von Ávila, auch Theresia die Große genannt, gehörte dem Orden der Karmeliten in Ávila an. Sie führte ein Leben in strenger Buße und setzte sich für Reformen innerhalb ihres Ordens und für die Gründung von Frauenklöstern ein. Ihre Schriften über die Mystik machten sie weithin bekannt. Seit 1617 ist Theresia von Ávila Patronin Spaniens. In der Kirche von Selbeck ist sie als figürliche Darstellung in einem Chorfenster verewigt.

Der Baustil der einschiffigen St.-Theresia-Kirche ist neugotisch. Roter Backstein bildet das Hauptmauerwerk, die Gesimse und die Maßwerkfenster sind aus Naturstein gefertigt. Der Glockenturm ist an der Ostseite des Kirchenschiffes angefügt und besitzt eine Höhe von etwa 30 m. Im unteren Drittel des Turmes liegt das Eingangsportal, das von einem Spitzbogen mit Figurendarstellungen sowie einem Maßwerkfenster umrahmt wird. Im Innern erwartet den Besucher ein einschiffiger Saal, der unterschiedlich breite Joche besitzt. Ein Querhaus ist nicht vorhanden. Mehrstrahlige Kreuzrippen gliedern das Gewölbe, schlanke, halbrunde Säulen laufen an den Seitenwänden entlang. Der Kachelfußboden zeigt eine kunstvolle Ornamentik. Die Orgelempore, die ursprünglich dreiseitig war, ist auf die Rückwand des Kirchenschiffes reduziert; sie trägt heute eine kleine Orgel mit sechs Registern, die die alte Fabritius-Orgel aus dem Jahre 1896 ablöste. Der Empore gegenüber liegt der Chorraum, der etwas schmaler ist als das Langhaus. Er wird betont durch fünf bunte Glasfenster und die Gewölbedecke, die schöne Ausmalungen aufweist. Als Inventarstücke aus der Gründerzeit haben sich der dreiteilige Schnitzaltar, der Taufstein, die Kirchenbänke und der Beichtstuhl erhalten. Auch ein Triumphkreuz, mehrere Heiligenstatuen und der in holzumrahmten Bildern dargestellte Kreuzweg stammen aus dem ausgehenden 19. Jahrhundert. Als Besonderheit sei eine vergoldete Silbermonstranz erwähnt, die im Relief Figuren der heiligen Familie aufzeigt. 1926 erhielt der Kirchturm eine neue Spitze. Ein halbes Jahrhundert später unterzog man das Gotteshaus einer kompletten Renovierung, wobei das Hauptschiff neue Fenster erhielt (Künstler: Nikolaus Bette). Auch eine neue Sakristei wurde angebaut. Die Kath. Kirche St. Theresia, die heute einen Pfarrverbund mit den Kirchen St. Maria-Himmelfahrt und St. Elisabeth in Saarn bildet, steht seit 1989 unter Denkmalschutz.

Ein Spaziergang durch die Siedlung rund um die Kirche macht deutlich, dass Selbeck trotz einiger baulicher Einflüsse der Neuzeit ruhig und beschaulich geblieben ist. Abseits der stark befahrenen Kölner Straße, an der sich neben einige historische Gebäude (z.B. Nr. 365, 387, 383, 401) moderne Neubauten und Gewerbebetriebe drängen, ist die ländliche Idylle allerorten zu spüren. Sie macht sich vor allem bemerkbar an der Stooter Straße, am Heidendooren, südlich des Eschenbruch sowie rund um den 1992 eröffneten Golfplatz. Die 120 ha große 18-Loch-Anlage liegt inmitten des Haubachtals, das früher intensiv landwirtschaftlich genutzt wurde. Heute drehen hier Sport- und Hobbygolfer ihre Runden. Wer die Region näher erkunden möchte, wählt am besten den Baumschulenweg Richtung Westen, der an Bauern- und Reiterhöfen vorbei in den Tenterweg mündet. Am südlichen Rand des Golfplatzes zweigt dann der Stockweg ab zur Karl-Forst-Straße, wo man wieder auf die eigentliche Route trifft. Über die Wedauer Straße gelangt man weiter zum Clubhaus und zum denkmalgeschützten Hof Heckkämpchen. Rechts biegt die kleine Straße „Am Golfplatz“ ab, die uns in direktem Wege zur **Theodor Fliedner Stiftung (5)** führt. Sie ist die zweitälteste Diakonenanstalt in der Bundesrepublik. Im Jahre 1844 hatte sie Pfarrer Theodor Fliedner (1800–1864) in Duisburg als „Rheinische Pastoralgehülfenanstalt“ ins Leben gerufen; kurze Zeit später erlangte die kirchliche Einrichtung als „Diakonenanstalt Duisburg“ ihre Selbstständigkeit. Ausgebildet wurden Hilfsdiakone, die verschiedene christliche Dienste versahen, darunter die Arbeit in den Kirchengemeinden, in Heimen und in der offenen Sozialarbeit. Ob Seelsorge, Armenpflege, Sanitätsdienst oder Erziehungsarbeit – die Diakonie war stets im Einsatz, und das nicht nur in Deutschland, sondern auf der ganzen Welt. Das Aufgabenfeld wuchs stetig, und so wurden in den Jahrzehnten nach der Gründung weitere Anstalten geschaffen, von denen einige noch heute Teil der Theodor Fliedner Stiftung sind.

Der Zweite Weltkrieg markierte einen Einschnitt in der Geschichte der Diakonie: Bomben zerstörten die Gründungsgebäude in Duisburg so schwer, dass ein neuer Standort gesucht werden musste. Die Wahl fiel auf Mülheim-Selbeck, wo 1952 ein Neuanfang begann. Zwanzig Jahre später wurde die Einrichtung dann in „Theodor Fliedner Werk“ umbenannt, seit 2001 trägt sie den offiziellen Namen „Theodor Fliedner Stiftung“. Sie gehört damit nicht nur zur Evangelischen Kirche im Rheinland, sondern zu allen Landeskirchen, in denen sie tätig ist. Als Träger sozialer Arbeit ist die Theodor Fliedner Stiftung heute eine der größten in weitem Umkreis. Insgesamt zählt sie 24 Einrichtungen an mehreren Standorten in Nordrhein-Westfalen, Rheinland-Pfalz, Berlin, Brandenburg und Sachsen. Rund 1.600 Mitarbeiter arbeiten für die Stiftung, um die Hilfsbedürftigen zu betreuen. Zu den zentralen Bereichen zählt die Pflege von alten und behinderten Menschen, die Betreuung von Suchtkranken sowie die Arbeit mit psychisch oder psychosomatisch Kranken. Ein weiterer wichtiger Bereich ist die Aus- und Weiterbildung der Mitarbeiter. Dass auch etwa 470 Behinderte in den entsprechenden Werkstätten tätig sind, ist Ausdruck eines Selbstverständnisses, das die Theodor Fliedner Stiftung von herkömmlichen Diakonieanstalten unterscheidet. Unter Berücksichtigung der individuellen Stärken und Schwächen der zu betreuenden Menschen soll für diese ein Leben in Eigenverantwortung und freier Selbstbestimmung möglich sein, mit einem Höchstmaß an Normalität und sozialer Integration. Da gerade Behinderte, Alte und Kranke häufig vom als „normal" empfundenen gesellschaftlichen Leben ausgeschlossen sind, hat es sich die Stiftung zur Aufgabe gemacht, Einrichtungen zu gründen, die die Teilhabe an diesen gewohnten Lebensformen gewährleisten. In Selbeck ist so das Theodor Fliedner Dorf entstanden: Hier leben rund 600 Menschen, darunter Junge und Alte, Behinderte und Nicht-Behinderte zusammen, so dass auch die Hilfsbedürftigen unter ihnen sich in den normalen Lebensalltag einfinden können. Für professionelle Hilfe und Betreuung ist bei Bedarf gesorgt. Beispielhaft für die Integration ist auch eine der neuesten Errungenschaften der Theodor Fliedner Stiftung: Im Jahre 2002 eröffnete im Mülheimer Hafengebiet eine Werkstatt, die Vorarbeiten für Industrie- und Handelsbetriebe ausführt. 120 behinderte Menschen haben hier einen Arbeitsplatz gefunden.

Das „Dorf" der Theodor-Fliedner-Stiftung

Wer einen Rundgang durch das Theodor Fliedner Dorf unternehmen möchte, biegt links ab zum Mühlenhof. Die ersten Häuser für Behinderte entstanden hier 1987, in einem zweiten Bauabschnitt 1994 folgten Wohnpflegeplätze für ältere Menschen sowie Wohnungen für betreutes Wohnen und für Familien. Zentrum der Siedlung, die von renommierten Architekten entworfen worden war, ist das „Rathaus", das als Kulturtreff, Verwaltungs- und Therapiehaus dient. Ähnliche Aktivitäten finden in der kleinen Kirche am Schäfershäuschen statt; sie ist Betraum, Café, Therapiezentrum und Kulturforum in einem. Eine erste Kirche hatte an dieser Stelle übrigens bereits 1959 gestanden, doch musste diese wegen Baufälligkeit abgerissen werden. Das jetzige Haus geht auf das Jahr 1987 zurück. Über die Lintorfer Straße geht es zurück zur Straße „Am Golfplatz“ und weiter zur Fliednerstraße, wo sich die Verwaltung der Stiftung sowie seit kurzem ein eigenes Institut der Diakoniewissenschaft befindet. An der Kölner Straße sowie an der Mühlenbergheide schließlich treffen wir auf die Behindertenwerkstätten, den Einkaufsladen mit Bistro sowie auf das Haus Engelbert. Letzteres war ursprünglich das Bergmannsheim für die Arbeiter des Selbecker Erzbergwerks; es wurde später von der Theodor Fliedner Stiftung als Waisenhaus und Altenheim, heute allgemein als soziotherapeutisches Zentrum mit 30 Wohnplätzen für Menschen mit Alkohol- und Medikamentensucht genutzt.

Wir verlassen nun die Stiftung in Selbeck und radeln nordwärts über die Kölner Straße zum Eschenbruch. In diesem Areal beginnt der Auberg, ein bewaldeter Höhenzug, der sich vom Rande des Saarner Dorfes bis nach Mintard erstreckt (siehe Rundgang Saarn). Wer hier eine Rast einlegen möchte, dem sei am Gestüt Eschenbruch das Schnitzel- und Pfannkuchenhaus empfohlen; integriert in einen Reiterhof lassen sich hier bei leckeren Speisen und Getränken die Reitkünste der Pferdeliebhaber beobachten. An Weideplätzen, Äckern und Wiesen vorbei geht es weiter zum Növerhof, einem alten Kotten, über dessen Eingangstür die Jahreszahl 1789 steht. Gegenüber liegt die Straße An der Lohe, die mit ihrem Namen an eine Zeit erinnert, als in Mülheim die Rinde von Eichenbäumen (Lohe) geschlagen wurde, um sie zum Gerben von Leder zu verwenden. Eine Lohmühle ist hier für das Jahr 1743 nachgewiesen, kleinere Eichenbestände sind auch heute noch im Auberg zu finden. Die Route führt uns über eine Birkenallee nach links, wo wir am Ende auf die Voßbeckstraße stoßen. Richtung Saarn radeln wir am Kinderheim Raphaelhaus vorbei und erreichen schließlich über Landsberger und Mintarder Straße die Restauration **Dicken am Damm (6)**. Sie ist eine von vielen beliebten Ausflugszielen am Ufer der Ruhr. Als älteste Raststätte gilt das Haus Kron, das etwas weiter südlich ebenfalls an der Mintarder Straße liegt; es befindet sich dort bereits seit dem Jahre 1832. Früher war Haus Kron eine gern besuchte Gaststätte, heute werden hier nur noch Stellplätze für Camper vermietet. Dicken am Damm ist Ausflugslokal geblieben. Seinem Namen wird die Restauration gerecht: Sie liegt tatsächlich auf einem Damm, der ursprünglich bei Hochwasser das Hinterland vor den drohenden Fluten schützen sollte. Heute ist der Flusslauf weitgehend gebändigt, er wird reguliert über Stauseen und Kraftwerke. Der Damm ist zu einem beliebten Wanderweg geworden, an schönen Wochenenden pilgern hier ganze Scharen von Ausflugsgästen entlang.

Die Gebäude der Gaststätte Dicken am Damm sind neueren Datums: Nach einem Brand wurden sie in moderner Form wieder errichtet. Nicht nur Radwanderer und Spaziergänger kehren hier ein, auch die Personenschiffe der „Weißen Flotte“, die einst auch am Haus Kron hielten, haben einen Haltepunkt bei Dicken am Damm. Platz ist für alle Besucher ausreichend geboten: Auf 420 qm stehen 170 Sitzplätze zur Verfügung, außerdem Gesellschaftsräume, die bis zu 200 Personen fassen können. In den Sommermonaten öffnet die Gartenterrasse ihre Pforten mit weiteren Plätzen; unter alten Bäumen lässt sich von hier aus wunderbar der Blick auf die idyllische Ruhrlandschaft genießen. Die Küche serviert internationale und deutsche Gerichte, zu empfehlen ist auch das große Kuchenbüfett.

Unsere Fahrradtour endet hier. Die Rückkehr zum Ausgangspunkt führt über die Mendener Brücke und Mendener Straße zum Steinknappen, wo ein Abzweig ins Forstbachtal den Weg zurück zum Flughafengelände an der Brunshofstraße weist. Alternativ wäre die Route über die Untere Saarlandstraße und den Witthausbusch zu wählen, die über die Zeppelinstraße ebenfalls zurück zum Flughafen führt.

Anhang

Praktische Hinweise und Tipps

Allgemeines

1. Zahlen und Fakten

Einwohner:	173.142 (Stand: 31.12.2001)
davon Frauen:	90.793 (52,4 %)
Männer:	82.349 (47,6 %)
ausländische Mitbürger:	16.334 (9,4 %)
Fläche:	
gesamt:	91,25 qkm (Stand: 31.12.2001)
davon östlich der Ruhr:	45,04 qkm
westlich der Ruhr:	46,21 qkm
Gebäude-/Hofflächen:	29,81 qkm
Verkehrsflächen:	11,97 qkm
Wasserflächen:	2,26 qkm
Waldflächen:	15,60 qkm
Ackerland:	16,14 qkm
Grünanlagen:	8,52 qkm
Ruhrlauf im Stadtgebiet: 14 km	
Geographische Lage:	
6. Grad östliche Länge / 51. Grad nördliche Breite	
höchster Punkt:	152,7 m über NN
niedrigster Punkt:	26,0 m über NN
Stadtgrenzen:	
insgesamt:	49,0 km
davon mit Duisburg:	13,0 km
mit Essen:	19,0 km
mit Mettmann:	8,5 km
mit Oberhausen:	8,5 km

Eingemeindungen:

Eppinghofen	1878	Mellinghofen	1878
Broich	1904	Speldorf	1904
Saarn	1904	Styrum	1904
Holthausen	1904	Dümpten	1910
Heißen	1910	Winkhausen	1910
Fulerum	1910	Menden	1920
Raadt	1920	Selbeck	1929
Ickten	1929	Mintard	1975

Wappen:

Das Mülheimer Stadtwappen geht auf das Wappen des Broicher Grafen Wilhelm Wirich von Daun zurück, der es um 1648 anfertigen ließ; es zeigt die Einzelwappen sechs verschiedener Adelsgeschlechter (Daun, Falkenstein, Limburg, Oberstein, Broich, Reipoltzkirchen), die in der Geschichte Broichs eine bedeutsame Rolle gespielt haben. 1890 übernahm die Stadt Mülheim das Wappen als Stadtwappen, es ist in leicht abgewandelter Form bis heute gültig. Das Original befindet sich noch immer am Eingang des Hochschlosses von Burg Broich.

2.) Städtepartnerschaften

Darlington (Großbritannien)	seit 1953
Tours (Frankreich)	seit 1962
Kuusankoski (Finnland)	seit 1972
Oppeln (Polen)	seit 1989
Kfar Saba (Israel)	seit 1993

3.) Stadtinformation

Kulturbetrieb Mülheim a.d. Ruhr,
Leineweberstr. 1, 45468 Mülheim a.d. Ruhr, Tel. 0208/4 55-41 00
Mülheimer Service & Info Center,
Schlossstr. 11, 45468 Mülheim a.d. Ruhr, Tel. 0208/96 09 60/, Fax 0208/9609619, Touristik@stadt-mh.de, www.muelheim-ruhr.de
Mülheimer Stadtmarketing u. Tourismus GmbH,
Schlossstr. 11, 45468 Mülheim a.d. Ruhr,
Tel. 0208/9 60 96 10, Fax 0208/9 60 96 19, MST@stadt-mh.de
Stadtverwaltung, Rathaus,
Ruhrstr. 32–34, 45468 Mülheim a.d. Ruhr, Tel. 0208/4 55 17 01,
Fax 0208/4 55 17 99, Touristik@stadt-mh.de, www.muelheim-ruhr.de
Außerdem finden Interessierte alles Wissenswerte über Mülheim im **Internet** unter:
www-muelheim-ruhr.de

4.) Stadttouren
Bustour: jeweils am 1. Sonntag im Monat, Start: 11 Uhr, Treffpunkt: Stadthallenparkplatz, Dauer: ca. 2 Stunden, Kosten: 8,00 €
Radtour: jeweils am 3. Sonntag im Monat, Start: 11 Uhr, Treffpunkt: Radstation Styrum, Hauskampstraße 14, Dauer: ca. 3,5 Stunden, Kosten: 5,00 €
Stadtrundgang: jeweils am 2. Samstag im Monat, Start: 11 Uhr, Treffpunkt: ehem. Stadtbad, Ruhrstraße, Dauer: ca. 2 Stunden, Kosten: 5,00 €
Tickets erhältlich beim Mülheimer Service & Info Center, Schlossstr. 11, 45468 Mülheim a.d. Ruhr, Tel. 0208/96 09 60

5.) Verkehr
Flughafen Essen/Mülheim
Brunshofstr. 1, 45470 Mülheim, Tel. 0208/37 01 91, Fax 0208/37 42 09
Rhein-Ruhr-Hafen
Rheinstraße, 45478 Mülheim a.d. Ruhr
Schiene
Hauptbahnhof, Dieter-aus-dem-Siepen-Platz 3, 45468 Mülheim a.d. Ruhr
Bahnhof Mülheim-Styrum, Hauskampstr. 14, 45476 Mülheim a.d. Ruhr
Mülheim (Ruhr)-West, Friedrich-Ebert-Straße, 45473 Mülheim a.d. Ruhr
Infos bei:
Deutsche Bahn AG, Reisezentrum Hauptbahnhof,
Dieter-aus-dem-Siepen-Platz 3, 45468 Mülheim a.d. Ruhr, Tel. 0208/47 45 90 u. 40 20 01
Betriebe der Stadt Mülheim, Geschäftsstelle Kaufhof (Friedrich-Ebert-Straße) und Hauptbahnhof (Dieter-aus-dem-Siepen-Platz), 45468 Mülheim a.d. Ruhr, Tel. 0208/4 51 14 51
Straßen:

gesamt:	513,1 km
davon Bundesstraße:	24,7 km
Landstraße:	49,9 km
Kreisstraße:	39,7 km
Gemeindestraße:	398,8 km

6. Verwaltung

Rathaus
Ruhrstr. 32, 45468 Mülheim a.d. Ruhr, Tel. 0208/4 55-0, Fax 0208/4 55-99 99
Bürgeramt
Service-Center I, Viktoriastr. 17–19, 45468 Mülheim a.d. Ruhr,
Tel. 0208/4 55-33 44, Fax 0208/4 55-33 99

Bürgeramt
Service Center II, Steineshoffweg 12, 45479 Mülheim a.d. Ruhr, Tel. 0208/4 55-33 33, Fax 0208/4 55-31 99

7.) Wirtschaft
Hauptwirtschaftszweige:
Kraftwerkbau, Röhrenbau, Elektrotechnik, Handel, Handwerk, Dienstleistung
führende Unternehmen:
Aldi GmbH & Co. KG, Burgstr. 37, 45476 Mülheim a.d. Ruhr, Tel. 0208/99 27-0
Aon Jauch & Hübener Verwaltungs GmbH, Luxemburger Allee 4, 45481 Mülheim a.d. Ruhr, Tel. 0208/4 68-0
Clark Material Handling GmbH, Rheinstr. 19, 45478 Mülheim a.d. Ruhr, Tel. 0208/5 88-0
debis Systemhaus GmbH, Brunshofstr. 12 u. Zeppelinstr. 321, 45470 Mülheim a.d. Ruhr, Tel. 0208/37 88-0 u. 99 51 90
Mannesmannröhren-Werke AG, Wiesenstr. 36, 45473 Mülheim a.d. Ruhr, Tel. 0208/4 58-01
Océ-Deutschland GmbH, Solinger Str. 5, 45481 Mülheim a.d. Ruhr, Tel. 0208/48 45-0
RWW Rheinisch-Westfälische Wasserwerksgesellschaft mbH, Am Schloss Broich 1-3, 45479 Mülheim a.d. Ruhr, Tel. 0208/44 33-1
Siemens Power Generation/KWU, Wiesenstr. 35, 45473 Mülheim a.d. Ruhr, Tel. 0208/4 56-1
Siepe Gruppe, Zeppelinstr. 30, 45470 Mülheim a.d. Ruhr, Tel. 0208/99 25-0
Sparkasse Mülheim an der Ruhr, Hauptstelle Berliner Platz 1, 45468 Mülheim a.d. Ruhr, Tel. 0208/30 05-0
Stinnes logistics, Stinnes-Platz 1, 45472 Mülheim a.d. Ruhr, Tel. 0208/4 94-0
Thyssen Schachtbau, Ruhrstr. 1, 45468 Mülheim a.d. Ruhr, Tel. 0208/30 02-1
Thyssen Umformtechnik + Guss GmbH, Friedrich-Ebert-Str. 125, 45468 Mülheim a.d. Ruhr, Tel. 0208/4 51-8
Tengelmann Warenhandelsgesellschaft KG, Hauptstelle Wissollstr. 5-42, 45478 Mülheim a.d. Ruhr, Tel. 0208/58 06-0

8.) berühmte Persönlichkeiten

Gerhard Tersteegen (1697–1769): Pietist und Mystiker, Verfasser von Büchern, Bibelversen und geistlichen Liedern
Carl Arnold Kortum (1745–1824): Schriftsteller und praktizierender Arzt, Autor der berühmt gewordenen „Jobsiade", eines komischen Epos in Knittelversen (1799)
Mathias Stinnes (1790–1853): Reeder, Gründer der Stinnes-Dynastie
Hermann Adam von Kamp (1796–1867): Heimatforscher, Dichter des Liedes „Alles neu macht der Mai"
August Thyssen (1842–1926): Unternehmer, Begründer des Thyssen-Konzerns für Stahl, Eisen und Kohle
August Bungert (1845–1915): Komponist
Emil Kirdorf (1847–1938): Geheimrat, Vorstandsvorsitzender der Gelsenkirchener Bergwerks AG
Gerhard Küchen (1861–1932): Kommerzienrat, Senior-Chef der Stinnes-Firma
Hugo Stinnes (1870–1924): Enkel von Mathias Stinnes, bedeutender Industrieller in der Bau- und Kohleindustrie
Fritz Thyssen (1873–1951): Sohn von August Thyssen, von 1926-39 Leiter des Thyssen-Konzerns
Franz Fischer (1877–1947): erster Direktor des Max-Planck-Instituts für Kohlenforschung
Heinrich Thöne (1890–1971): SPD-Stadtabgeordneter, Oberbürgermeister der Stadt Mülheim 1948-69
Otto Pankok (1893–1966): sozialkritischer deutscher Grafiker des Expressionismus
Karl Ziegler (1898–1973): zweiter Direktor des Max-Planck-Instituts für Kohlenforschung, Nobelpreisträger

9.) Chronik

um 811: erste schriftliche Erwähnung einer dörflichen Gemeinschaft im Mülheimer Raum (Menden)
883/884: Errichtung von Burg Broich
1093: Mülheim findet Erwähnung als Gerichtsstätte; urkundlicher Beleg für die Existenz der Herren von Broich
1214: Gründung des Zisterzienserinnenklosters Saarn
1266: Erwähnung der Pfarrei Mülheim
1288: der Hof Styrum wird zu einer Burg umgebaut
1591: die Herrschaft Broich wird protestantisch
1598: Zerstörung von Schloss Broich durch spanische Truppen
1644–1648: Wiederaufbau der Broicher Burg
1780: Eröffnung der Mülheimer Schleuse; Aufschwung des Kohlehandels
1808: Mülheim wird zur Stadt erhoben; Gründung der Firma Stinnes
1842: Errichtung des ersten Mülheimer Rathauses
1844: Bau der Kettenbrücke als erste Brücke über die Ruhr
1852: Höhepunkt der Kohleschifffahrt auf der Ruhr bei Mülheim
1862: Anschluss an die Eisenbahnlinie
1871: Gründung der Firma Thyssen & Co.
1879: Mülheim erhält sein erstes Amtsgericht
1897: erstmals verkehren elektrische Eisenbahnen
1908: Mülheim wird Großstadt (100.000 Einwohner)
1909/10: Eröffnung von Solbad und Rennbahn Raffelberg; Bau des Bismarckturms
1912: Errichtung des zweiten Mülheimer Rathauses
1914: Gründung des Kaiser-Wilhelm-Instituts für Kohlenforschung heute Max-Planck-Institut)
1925: Eröffnung des Flughafens Essen/Mülheim
1927: Eröffnung des Mülheimer Wasserbahnhofs; Inbetriebnahme der Personenschifffahrt Weiße Flotte
1943: Bombenangriff auf Mülheim; schwere Kriegsschäden in der Innenstadt
1957: Einweihung der wieder aufgebauten Stadthalle
1966: Schließung der letzten Schachtanlage Rosenblumendelle
1973: Einweihung des Rhein-Ruhr-Zentrums
1980: Gründung des Theaters an der Ruhr
1986: Gründung des Rheinisch-Westfälischen Instituts für Wasserchemie und Wassertechnologie
1992: Eröffnung der Landesgartenschau MüGa
1994: die britische Armee verläßt nach 48 Jahren die Stadt Mülheim
1998: Einweihung des Ruhrtunnels zwischen Hauptbahnhof und Stadtteil Broich
2001: Mülheim erhält als letzte kreisfreie Stadt Deutschlands eine freiwillige Feuerwehr

Infos bei: Geschichtsverein Mülheim a.d. Ruhr, Tel. 0208/38 04 30

Kunst & Kultur

1.) Museen/Ausstellungen

Aquarius Wassermuseum

Burgstr. 70, 45476 Mülheim a. d. Ruhr, Tel. 0208/44 33-3 90,
aquarius@rww.de, www.rww.de,
Öffnungszeiten: Di.–So. 10–18 Uhr, Eintritt: 2,60/1,50 €, Familienkarte 7,70 €,
Führungen 15,30 €; Thematische Führungen, Gruppenbesuche und museumspädagogische Begleitung von Schulklassen nach Vereinbarung

Büromuseum
Friedrich-Ebert-Str. 43 (Rathausturm), 45468 Mülheim a. d. Ruhr, Tel. 0208/4 55-41 37 o. -41 74, Öffnungszeiten: Di., Do. 14–16 Uhr, Schulklassen und Gruppen nach Vereinbarung, Eintritt: 1,00 € / Schulklassen 0,50 € pro Person

Camera Obscura
Am Schloss Broich 42, 45479 Mülheim a.d. Ruhr, Tel. 0208/9 60 96 29, MST@stadt-mh.de, Eintritt: 2,00/1,00 €, Führungen nur nach Vereinbarung; gutes Wetter erforderlich

Haus Ruhrnatur
Alte Schleuse 3, 45468 Mülheim a. d. Ruhr, Tel. 0208/44 33-3 80, Fax 0208/44 33-3 81, haus-ruhrnatur@rww.de, www.haus-ruhrnatur.de, Öffnungszeiten: Di.–So. 10–18 Uhr, Eintritt: 1,50/1,00 €, Kinder unter sechs Jahren frei

Heimatmuseum/Tersteegenhaus
Teinerstr. 1, 45468 Mülheim a.d. Ruhr, Tel. 0208/38 39 45, Öffnungszeiten: Di. 15–18 Uhr, So. 10–12 Uhr, Eintritt: frei

Historisches Museum Schloss Broich
Am Schloss Broich 28, 45479 Mülheim a.d. Ruhr, Tel. 0208/4 55-41 00 (Kulturbetrieb), Öffnungszeiten: Sa./So. 11–17 Uhr, Eintritt frei, Führungen durch den Geschichtsverein, Tel. 0208/48 95 43

Klostermuseum Saarn
Klosterstr. 53, 45481 Mülheim a.d. Ruhr, Tel. 0208/48 95 43, Öffnungszeiten: So. 11–13 Uhr, Eintritt frei

Kunstmuseum Alte Post
Viktoriaplatz 1, 45468 Mülheim a. d. Ruhr, Tel. 0208/4 55-41 38, Fax 0208/4 55-41 34, kunstmuseum@stadt-mh.de, www.muelheim-ruhr.de, Öffnungszeiten: Di., Mi., Fr. 11–17 Uhr, Do. 11–21 Uhr, Sa./So. 10–17 Uhr, Eintritt: 2,50/1,25 €, Familienkarte: 6,00 €, öffentliche Führungen 4,00/2,00 € Zuzahlung, Gruppen ab 16 Personen nach Anmeldung 35,00 €, Schulklassen: 0,50 €, mit Führung 1,00 € pro Person

Schulmuseum/ Historisches Klassenzimmer
Schule an der Schlägelstr. 5, 45476 Mülheim a.d. Ruhr, Tel. 0208/99 04 48, Öffnungszeiten: Mo., Mi., Do. 10–12 Uhr, Eintritt frei, Führungen nach Anmeldung

2.) Denkmale

Bismarckturm (mit Künstleratelier)
Bismarckstr. 22, 45470 Mülheim a.d. Ruhr, Tel. 0208/3 88 08-00, Öffnungszeiten: 1.3.-31.10., Di.-Fr. u. So. 14–17 Uhr, Eintritt frei

Haus am Wasser
Moritzstr. 70, 45476 Mülheim a.d. Ruhr, Tel. 0208/4 43 33 90, Führungen nach Anmeldung

Ruhrtalbrücke
Im Süden des Stadtgebiets zwischen Mintard und Ickten

Wasserbahnhof
Alte Schleuse 1, 45468 Mülheim a.d. Ruhr, Tel. 0208/3 88 29 63, Fax 0208/3 88 29 64, bankett@frankys-wasserbahnhof.de, www.frankys-wasserbahnhof.de

3.) Kulturelle Einrichtungen/Theater/Musik

Backstein-Studio
Ev. Krankenhaus, Wertgasse 30, 45468 Mülheim a.d. Ruhr, Tel. 0208/3 09-20 61

Figurentheater WODO-Puppenspiel
Grabenstr.1, 45479 Mülheim a.d. Ruhr, Tel. 0208/42 40 43 und 0208/41 20 49 (Programmansage), wodo.puppenspiel@cityweb.de

Freilichtbühne
Kettwiger Straße, 45468 Mülheim a.d. Ruhr, Tel. 0208/48 53 81 (Verein zur Förderung der Freilichtbühne)

Kammerorchestor
Hochfelder Str. 35, 45478 Mülheim a.d. Ruhr, Tel. 0208/5 10 02

Kindertheater
Infos bei: Kulturbetrieb Mülheim a.d. Ruhr, Leineweberstr. 1, 45468 Mülheim a.d. Ruhr, Tel. 0208/4 55-41 24

Mülheimer Zupforchester
Bruchstr. 8, 45468 Mülheim a.d. Ruhr, Tel./Fax 0208/47 38 91, mzoev@myweb.de, www.myweb.de/mzoev

Roma Theater Pralipe
Akazienallee 61, 45478 Mülheim a.d. Ruhr, Tel. 0208/5 99 01 34

Theater Mülheimer Spätlese e.V.
Kapellenhaus an der Dimbeck 6, 45468 Mülheim a.d. Ruhr, Tel 0208/4 55-41 22, theater_muelheimer_spaetlese@gmx.de, oder: c/o Kulturbetrieb, Leineweberstr. 1, 45466 Mülheim a.d. Ruhr, Tel. 0208/4 55-41 22 u. 41 19, Fax 0208/4 55-41 99

Stadthalle
Theodor-Heuss-Platz 1, 45468 Mülheim a.d. Ruhr, Tel. 0208/4 55 42-22, stadthalle@stadt-mh.de

Theater an der Ruhr
Akazienallee 61, 45478 Mülheim a. d. Ruhr, Tel. 0208/5 99 01-0, 0208/5 99 01-88, (Vorbest.), Fax 0208/5 99 01-19, theater-an-der-ruhr@t-online.de, www.theater-an-der-ruhr.de

4.) Begegnungsstätten/Tagesstätten

Altenhof
Kaiserstraße, 45468 Mülheim a.d. Ruhr, Tel. 0208/30 03-1 18 u. -1 52

Alte Post
Viktoriaplatz 1, 45468 Mülheim a. d. Ruhr, Tel. 0208/4 55 41 05

Evangelische Akademie
Haus der Begegnung, Uhlenhorstweg 29, 45479 Mülheim a.d. Ruhr, Tel. 0208/5 99 06-0, Fax 0208/5 99 06-6 00, EvAkademie.Mh@t-online.de

Feldmann-Stiftung
Augustastr. 108-114, 45476 Mülheim a. d. Ruhr, Tel. 0208/40 80 23, feldmannstiftung@stadt-mh.de

Katholische Akademie
Die Wolfsburg, Falkenweg 6, 45478 Mülheim a.d. Ruhr, Tel. 0208/9 99 19-0, wolfsburg@bistum-essen.de

Kloster Saarn
Klosterstr. 53, 45481 Mülheim a. d. Ruhr, Tel. 0208/48 75 55, Fax 0208/48 23 18

Ringlokschuppen
Am Schloss Broich 38, 45479 Mülheim a.d. Ruhr, Tel. 0208/99 31-60, Fax 0208/99 31-6 13, info@ringlokschuppen.de

5.) Kirchen/Klöster

Insgesamt beheimatet Mülheim ein ehemaliges Zisterzienserinnenkloster sowie 39 Kirchen, darunter 17 katholische, 18 evangelische, eine evangelisch-methodistische, zwei neuapostolische sowie die Kirche Jesu Christi der Heiligen. Als baugeschichtlich bemerkenswert wären zu nennen:

Kloster Saarn und Klosterkirche St. Maria Himmelfahrt
Klosterstr. 53, 45481 Mülheim a.d. Ruhr

Ev. Petrikirche
Bogenstraße, 45468 Mülheim a.d. Ruhr

Pfarrkirche St. Laurentius
August-Thyssen-Str. 100, 45481 Mülheim a.d. Ruhr

Pfarrkirche St. Mariae Geburt
Althofstr. 1-5, 45468 Mülheim a.d. Ruhr

6.) Schlösser
Schloss Broich
Am Schloss Broich, 45479 Mülheim a.d. Ruhr
Schloss Styrum
Moritzstraße, 45476 Mülheim a.d. Ruhr

7.) Kulturveranstaltungen/Festivals
Puppentheaterwochen (Jan. – Mai)
Stadthalle, Theodor-Heuss-Platz 1, 45468 Mülheim a.d. Ruhr, Tel. 0208/42 40 43 und 0208/41 20 49 (Programmansage)
Literaturtage Wort.Wahl (April)
Stadthalle, Theodor-Heuss-Platz 1, 45479 Mülheim a.d. Ruhr, Tel. 0208/4 55 42-22, Fax 0208/41 99, Ringlokschuppen, Am Schloss Broich 38, 45479 Mülheim a.d. Ruhr, Tel. 0208/99 31 60; Kartenreservierung: Tel. 0208/4 55 42 22, (Mo–Fr 10–13 u. 15–18 Uhr), Fax 0208/4 55 41 99
Theatertage „stücke" (Mai/Juni)
Stadthalle, Theodor-Heuss-Platz 1, 45479 Mülheim a.d. Ruhr, Tel. 0208/4 55 42-22, Fax 0208/41 99, e-mail: karten@stuecke.de; Ringlokschuppen, Am Schloss Broich 38, 45479 Mülheim a.d. Ruhr, Tel. 0208/99 31 60; Kartenreservierung: Tel. 0208/4 55 42 22, (Mo–Fr 10–13 u. 15–18 Uhr), Fax 0208/4 55 41 99, www.stuecke.de
Saarner Bücherfrühling (Juni)
Verschiedene Veranstaltungsorte; Infos bei Buchhandlung Hilberath & Lange, Tel. 0208/46 15 75
Jazz-Tage (Juni)
Verschiedene Veranstaltungsorte; Infos bei MST Mülheimer Stadtmarketing und Tourismus GmbH, Tel. 0208/9 60 96 10
Klavier-Festival Ruhr (Juni–Aug.)
Stadthalle, Theodor-Heuss-Platz 1, 45468 Mülheim a.d. Ruhr, Tel. 0208/9 93 11 10, www.kulturbetrieb.de, und Ruhrgebiet Tourismus GmbH, Tel. 0231/1 81 61 87, Fax 0231/1 81 61 88, klavier@ruhrgebiettouristik.de, www.klavierfestival.de
Meeting Neuer Tanz (Sept.)
Stadthalle, Theodor-Heuss-Platz 1, 45479 Mülheim a.d. Ruhr, Tel. 0208/4 55 42-22, Fax 0208/4 55-41 99; Ringlokschuppen, Am Schloss Broich 38, 45479 Mülheim a.d. Ruhr, Tel. 0208/99 31 60; Kartenreservierung: Tel. 0208/4 55 42 22, (Mo–Fr 10–13 u. 15–18 Uhr), Fax 0208/4 55 41 99
Medienmeile (Sept.)
Verschiedene Veranstaltungsorte; Infos bei Kulturbetrieb der Stadt Mülheim, Tel. 0208/4 55-41 00
Kabarett-Tage (Sept./Okt.)
Stadthalle, Theodor-Heuss-Platz 1, 45479 Mülheim a.d. Ruhr, Tel. 0208/4 55 42-22, Fax 0208/4 55-41 99; Ringlokschuppen, Am Schloss Broich 38, 45479 Mülheim a.d. Ruhr, Tel. 0208/993160; Kartenreservierung: Tel. 0208/4 55 42 22, (Mo–Fr 10–13 u. 15–18 Uhr), Fax 0208/4 55 41 99
MüKiKiTa (Sept./Okt.)
Verschiedene Veranstaltungsorte; Infos bei Kulturbetrieb der Stadt Mülheim, Tel. 0208/4 55-41 00
Saarner Orgeltage (Sept./Okt.)
Klosterkirche St. Maria Himmelfahrt, Klosterstraße, 45481 Mülheim a.d. Ruhr, Tel. 0208/48 75 55
Kindertheatertage (Sept.–Dez.)
Verschiedene Veranstaltungsorte;
Infos bei Kulturbetrieb der Stadt Mülheim, Tel. 0208/4 55-41 00
Kinderfilmtage (Okt.)
Rio Kino & Café, Leineweberstr. 1, 45468 Mülheim a.d. Ruhr, Tel. 0208/47 91 87 und c/o Kulturbetrieb, Tel. 0208/4 55-41 00
Herbstblätter – Ein literarischer Streifzug (Okt.) Verschiedene Veranstaltungsorte;
Infos bei der Zentralbücherei am Rathausmarkt, Tel. 0208/4 55-41 42
Senioren-Theatertage (Okt.)
Theater Mülheimer Spätlese, Kapellenhaus an der Dimbeck 6, 45468 Mülheim a.d. Ruhr, Tel. 0208/4554122,
oder c/o Kulturbetrieb, Leineweberstr. 1, 45468 Mülheim a.d. Ruhr, Tel. 0208/4554122

Off-Theaterfestival „Impulse" (Nov./Dez.)
Stadthalle, Theodor-Heuss-Platz 1, 45479 Mülheim a.d. Ruhr, Tel. 0208/4 55 42-22, Fax 0208/4 55-41 99; Ringlokschuppen, Am Schloss Broich 38, 45479 Mülheim a.d. Ruhr, Tel. 0208/99 31 60; Kartenreservierung: Tel. 0208/4 55 42 22, (Mo–Fr 10–13 u. 15–18 Uhr), Fax 0208/4 55 41 99

Bildung

1.) Berufsbildung

Berufsbildungswerkstatt,
Duisburger Str. 86, 45479 Mülheim a.d. Ruhr, Tel. 0208/42 91 11

Berufskolleg
Von-Bock-Str. 87–89, 45468 Mülheim a.d. Ruhr, Tel. 0208/3 08 73-0

Berufskolleg
Kluse 24–42, 45470 Mülheim a.d. Ruhr, Tel. 0208/4 55-46 10

Berufskolleg
Lehnerstr. 67, 45481 Mülheim a.d. Ruhr, Tel. 0208/4 55 47 40

Des Weiteren verfügt Mülheim über 14 allgemeine Berufsschulen und Fachschulen, 5 Berufsfachschulen, 2 Fachoberschulen und 2 Berufsgrundschulen

2.) Bibliotheken

Zentralbücherei am Rathausmarkt
Friedrich-Ebert-Str.47, 45468 Mülheim, Tel. 0208/4 55-41 57, Fax 0208/4 55 41 25, stadtbuecherei@stadt-mh.de

Stadtteilbüchereien
Kleiststr. 50, 45472 Mülheim-Heißen, Tel. 0208/4 55-41 67
Frühlingstr. 35, 45478 Mülheim-Speldorf, Tel. 0208/5 88-48 30
Oberhausener Str. 208, 45476 Mülheim-Styrum, Tel. 0208/4 55-41 65

Bücherbus
Infos unter Tel. 0208/59 80 33

3.) Bildungswerke

Kath. Bildungswerk, Althofstr. 8, 45468 Mülheim a.d. Ruhr, Tel. 0208/30 83-1 36 u. -137, Fax 0208/30 83-1 66, Kathbwmh@aol.com, www.bistum-essen.de/muelheim/stadtkirche

Ev. Familienbildungsstätte, Scharpenberg 1b, 45468 Mülheim a.d. Ruhr, Tel. 0208/30 03-3 33, Fax 0208/30 03-3 22, info@evfamilienbildung.de, www.kirche-muelheim.de

Frauenbildungswerk Ringlokschuppen,
Am Schloss Broich 38, 45479 Mülheim a.d. Ruhr, Tel. 0208/42 02 50, Frauenbildungswerk-muelheim@t-online.de

4.) Kino

CinemaXX
Rhein-Ruhr-Zentrum, Humboldtring 5, 45472 Mülheim a.d. Ruhr, Tel. 0208/7 80 32 12

Kino Rio
Leineweberstr. 1, 45468 Mülheim a.d. Ruhr, Tel. 0201/27 55 55

UNION-Kino
Hans-Böckler-Platz 1, 45468 Mülheim a. d. Ruhr, Tel. 0208/7 15 10

5.) Medien

Lokalradio Antenne Ruhr
Funkhaus, Viktoriastr. 26, 45468 Mülheim a.d. Ruhr, Tel. 0208/4 50 07-0

Mülheimer Woche
Wallstr. 10-12, 45468 Mülheim a.d. Ruhr, Tel. 0208/4 59 58-0

Neue Ruhr Zeitung
Eppinghofer Str. 1, 45468 Mülheim a.d. Ruhr, Tel. 0208/4 43 08-0

Westdeutsche Allgemeine Zeitung
Eppinghofer Str. 1, 45468 Mülheim a.d. Ruhr, Tel. 0208/4 43 08-0
Wochenpost (Mülheimer Verbraucherzeitung)
Im Lipperfeld 25, 46047 Oberhausen, Tel. 0208/8 20 37-0

5.) Musikschulen
Neue Schule für Musik, Delle 57, 45468 Mülheim a.d. Ruhr, Tel. 0208/3 33 47
Rakosi, Dimbeck 6/ Hingbergstr. 130, 45468 Mülheim a.d. Ruhr, Tel. 0208/3 89 91 57
Städt. Musikschule, Auf dem Dudel 33, 45468 Mülheim a.d. Ruhr, Tel. 0208/4 55-43 00
Ton Art, Zeppelinstr. 325, 45470 Mülheim a.d. Ruhr, Tel. 0208/37 31 60
Wolterhoff, Tellstr. 19, 45472 Mülheim a.d. Ruhr, Tel. 0208/496672

6.) Schulen
Mülheim verfügt über insgesamt 49 allgemeinbildende Schulen, darunter 29 Grundschulen, vier Hauptschulen, drei Realschulen, fünf Gymnasien, drei Gesamtschulen, eine freie Waldorfschule sowie vier Sonderschulen. Im Schuljahr 1998/99 wurden 21.814 Schüler unterrichtet, beschäftigt waren ca. 1.250 Lehrer

7.) Stadtarchiv
Aktienstr. 85, 45473 Mülheim a.d. Ruhr, Tel. 0208/4 55-41 60, Fax 0208/4 55-41 29,
Öffnungszeiten: Mo./Do. 9–16 Uhr, Di. 9–18 Uhr, stadtarchiv@stadt-mh.de

8.) Volkshochschule Heinrich Thöne
Bergstr. 1-3, 45479 Mülheim a.d. Ruhr, Tel. 0208/4 55-43 21 u. –43 22,
vhs@stadt-mh.de, www.muelheim-ruhr.de/vhs

Freizeit & Natur

1.) Bäder
Freibad Ruhrstadion
Steinkampstraße, 45476 Mülheim a.d. Ruhr, Tel. 0208/99 26 70,
Öffnungszeiten: tgl. 10–20 Uhr, Eintritt: 3,00/1,50 €
Friedrich-Wennmann-Bad/ Hallenfreibad Heißen
Yorckstr. 2, 45472 Mülheim a.d. Ruhr, Tel. 0208/9 93 35-12, Öffnungszeiten: Mo./Di./Do. 7–20 Uhr, Mi./Fr. 11–21 Uhr, Sa./So. 8–20 Uhr, Eintritt: 3,00/1,50 €
Hallenbad Nord
Boverstr. 150, 45473 Mülheim a.d. Ruhr, Tel. 0208/455-5228 (nur Schulbetrieb)
Hallenbad Süd
Kaiserstraße/Ecke Südstraße, 45468 Mülheim a.d. Ruhr, Tel. 0208/4 55-52 70, Öffnungszeiten: Mi. 7–11 u. 14–22 Uhr, Fr. 14–20 Uhr, Sa./So. 8–12.30 Uhr, Eintritt: 3,0/1,50 €

2.) Flussfahrten
mit der Weißen Flotte: von Ende April bis Anfang Oktober tgl. ab 10 bzw. 11 Uhr jeweils zur vollen Stunde von Mülheim-Wasserbahnhof bis Kettwig-Unterwasser; Infos bei: Weiße Flotte, Betriebe der Stadt Mülheim a.d. Ruhr, Duisburger Str. 78, 45479 Mülheim a.d. Ruhr, Tel. 0208/4 51-19 13, Fax 0208/4 51-10 09, weisseflotte@betriebe-muelheim.de, www.betriebe-muelheim.de
mit dem Wikingerschiff: in den Sommermonaten von Kettwig-Unterwasser bis Mülheim-Wasserbahnhof; Gruppen bis zu 14 Personen, Dauer: ca. 4 Stunden; Infos bei: MST Mülheimer Stadtmarketing und Tourismus GmbH, Schlossstr. 11, 45468 Mülheim a.d. Ruhr,
Tel. 0208/9 60 96 28, Fax 0208/9 60 96 19, MST@stadt-mh.de, www.muelheim-ruhr.de
mit der Schollschen Fähre: die Schollsche Fähre dient der Überquerung der Ruhr in Höhe des Mintarder Wasserbahnhofs (Mai–Oktober, Fr. 13–18 Uhr, Sa./So. u. Feiertag 11–18 Uhr), sie kann aber auch für Flussfahrten gemietet werden; Infos bei: Fachstelle Beschäftigungsförderung, Hr. Jörg Fürbringer, Tel. 0208/4 55-80 57, mobil (auf der Fähre) 0175/8 24 60 78, www.muelheim-ruhr.de, Joerg.Fuerbringer@stadt-muelheim.de

3.) Parks/Gärten
Garten des Klosters Saarn, Klosterstraße, 45481 Mülheim a.d. Ruhr
Grünanlage an der Dimbeck, Kettwiger Straße, 45468 Mülheim a.d. Ruhr
Kurpark am ehemaligen Solbad Raffelberg, Akazienallee, 45478 Mülheim a.d. Ruhr
Schlosspark Broich/MüGa-Gelände, Am Schloss Broich, 45479 Mülheim a.d. Ruhr
Schlosspark Styrum/MüGa-Gelände, Moritzstraße, 45476 Mülheim a.d. Ruhr
Außerdem existieren in Mülheim eine Reihe von **Landschaftsgebieten**, so zum Beispiel: Auberg, Forstbachtal, Hexbachtal, Kahlenberg, Kocks Loch, Luisental, Mendener und Icktener Höhe, Riemelsbeck, Rossenbecktal, Rumbachtal, Saarner Aue, Uhlenhorst, Witthausbusch

4.) Radtouren
Radplan Mülheim (ADFC Mülheim a.d. Ruhr)
Radtour Ruhrnatur, Pflanzen und Tiere an der Ruhr (RWW)
Radtour Wasserwege, rund ums Wasser (RWW)
Emscher Park Radweg (KVR)
Grünzug B (KVR)
Fahrradstationen:
Hauptbahnhof Mülheim, Eppinghofer Straße, 45468 Mülheim a.d. Ruhr, Tel. 0208/4 44 46 05, Fax 0208/4 44 36 01
Bahnhof Mülheim-Styrum, Hauskampstr. 14, 45476 Mülheim a.d. Ruhr, Tel. 0208/40 20 00, Fax 0208/40 20 01

5.) Rundflüge
Rundflüge über den Flugraum Mülheim/Essen werden mit dem Kleinflugzeug, dem Hubschrauber und dem Heißluftballon angeboten; Infos bei: VHM Schul- und Charterflug GmbH, Flughafen Essen/Mülheim, Brunshoftstr. 3, 45470 Mülheim a.d. Ruhr, Tel. 0208/9 92 34-0, Fax 0208/9 92 35-20, flug@vhm.net, web: www.vhm.net

6.) See
Entenfang, Großenbaumer Straße/Am Entenfang, 45481 Mülheim a.d. Ruhr

7.) Wanderungen
In Mülheim stehen ca. 245 km Wanderwege zur Verfügung; über das Gelände führen die Broschüren der Stadt, der RWW sowie die Publikationen Emscher Park Wanderweg (KVR), Natur- und Wanderführer (W. Kricke), Wandern und Er-Leben (H.-J. Jansen), Freizeitkarte „Grüne Reihe" Mülheim/Duisburg/Düsseldorf (LVA)

8.) Feste/Events
Rosenmontagszug (Febr./März), Innenstadt, 45468 Mülheim a.d. Ruhr
Automobilausstellung (Mai), Innenstadt, 45468 Mülheim a.d. Ruhr
Fest der Kulturen (Mai), Innenstadt, 45468 Mülheim a.d. Ruhr
Mittelalterlicher Markt (Mai/Juni), Am Schloss Broich, 45479 Mülheim a.d. Ruhr
Voll die Ruhr/RWW-Inselfest (Mai/Juni), Schleuseninsel/Ruhranlagen, 45468 Mülheim a.d. Ruhr
Schloss- und Museumsfest (Juni), Aquarius Wassermuseum/Schloss Styrum, Burgstr. 70, 45476 Mülheim a.d. Ruhr
Saarner Großkirmes (Juli), Kirmesgelände Mintarder Straße, 45481 Mülheim a.d. Ruhr
Drachenbootrennen (Juli), Ruhr/Schlossbrücke, 45468 Mülheim a.d. Ruhr
Castle Rock (Juli), Am Schloss Broich, 45479 Mülheim a.d. Ruhr
Kulinarischer Treff (Aug.), Innenstadt, 45468 Mülheim a.d. Ruhr
Altstadtsommer (Aug.), Altstadt, 45468 Mülheim a.d. Ruhr
RWW-Ruhrauenlauf (Aug.), entlang der Ruhr/in den Ruhrauen, Mülheim a.d. Ruhr
Brunnenfest (Sept.), Innenstadt, 45468 Mülheim a.d. Ruhr
Martinstage (Nov.), Altstadt, 45468 Mülheim a.d. Ruhr
Saarner Nikolausmarkt (Dez.), Düsseldorfer Straße, 45481 Mülheim a.d. Ruhr
Weihnachtsmarkt (Dez.), Innenstadt, 45468 Mülheim a.d. Ruhr
Infos bei: MST Mülheimer Stadtmarketing und Tourismus GmbH, Tel. 0208/9 60 96 10

9.) Shopping

Düsseldorfer Straße, Stadtteil Saarn, 45481 Mülheim a.d. Ruhr

Forum City Mülheim, Innenstadt, Hans-Böckler-Platz 1h, 45468 Mülheim a.d. Ruhr, Tel. 0208/3 08 36-0, Fax 0208/3 08 36-20, info@forum-muelheim.de

Innenstadt, Schlossstraße/Leineweberstraße, 45468 Mülheim a.d. Ruhr

Rhein-Ruhr-Zentrum/Zett, Stadtteil Heißen, Humboldtring 13, 45472 Mülheim a.d. Ruhr, Tel. 0208/4 95 02-0, Fax 0208/4 95 02-94, www.rrz.de, rheinruhrzentrum@t-online.de

10.) Trödel

Trödelmarkt am RRZ, Humboldtring, 45472 Mülheim a.d. Ruhr; jeden ersten So.

Trödelmarkt Mannesmann Parkplatz, Dümptener Straße, 45476 Mülheim a.d. Ruhr; jeden Sa., auch So.

Trödelmarkt bei Praktiker, Schultenhofstraße, 45475 Mülheim a.d. Ruhr; jeden 2. So.

Trödelmarkt Kirmesplatz Saarner Aue, 45481 Mülheim a.d. Ruhr; i.d.R. jeden letzten So., auch Do.

Trödelmarkt Parkplatz REAL, Weseler Straße, 45478 Mülheim a.d. Ruhr; 1x im Monat So.

Sport

1.) Bowling

Joe's Super-Bowling (RRZ), Humboldtring 13, 45472 Mülheim a.d. Ruhr, Tel. 0208/3 77 79 77

2.) Flugsport

Aero-Club Mülheim, Rosskothenweg 15, 45470 Mülheim a.d. Ruhr, Tel. 02054/8 24 20, www.muelheim-ruhr.de/aero-club

Air Albatros GmbH, Brunshofstr. 1, 45470 Mülheim a.d. Ruhr, Tel. 0208/75 51 71

Ballon-Club Mülheim 1979, Postfach 101226, 45412 Mülheim a.d. Ruhr, Tel. 0208/44 93 10

FFL Fachschule für Luftfahrzeugführer GmbH, Brunshofstr. 1, 45470 Mülheim a.d. Ruhr, Tel. 0208/37 20 24

Hot-Air-Ballon-Team, Brunshofstr. 1, 45470 Mülheim a.d. Ruhr, Tel. 0208/37 01 91

Modellflugclub Phoenix Essen/Mülheim e.V., ralf.kull@mfc-phoenix.de, www.mfc-phoenix.de

Rhein-Ruhr-Helikopter, Rainer Zemke, Brunshofstr. 1, 45470 Mülheim a.d. Ruhr, Tel. 0208/37 40 98

Sportflugzeugservice, Paul Handte, Brunshofstr. 1, 45470 Mülheim a.d. Ruhr, Tel. 0208/37 20 61

VHM Schul- und Charterflug GmbH, Brunshofstr. 1, 45470 Mülheim a.d. Ruhr, Tel. 0208/99 23 40

Zell Air Company GmbH & Co.KG, Brunshofstr. 1, 45470 Mülheim a.d. Ruhr, Tel. 0208/9 95 10 99

3.) Golf

Golfclub Mülheim e.V., Am Golfplatz 1, 45481 Mülheim, Tel. 0208/48 36 07

Golfclub Raffelberg e.V., Akazienallee 84, 45478 Mülheim a.d. Ruhr, Tel. 0208/5 80 56 90

4.) Hockey

HTV Uhlenhorst-Mülheim, Uhlenhorstweg 19, 45479 Mülheim a.d. Ruhr, Tel. 0208/48 92 53

Kahlenberger Hockey- und Tennis-Club, Mintarder Str. 37-39, 45481 Mülheim a.d. Ruhr, Tel. 0208/48 15 52

5.) Reit-/Pferdesport

Galopp-Rennbahn (Mülheimer Rennverein e.V.), Akazienallee 80-82, 45478 Mülheim a. d. Ruhr, Tel. 0208/5 70 01-3, Fax 0208/5 70 05, Raffelberg@galopp.net oder muelheimer-rennverein@t-online.de

Reitclub Mülheim-Ruhr, Schlippenweg 8, 45470 Mülheim a.d. Ruhr, Tel. 0208/37 35 41

Reitergemeinschaft Böllerts Höfe, Fuchsgrube 35, 45478 Mülheim a.d. Ruhr, Tel. 0208/59 23 16

Reitschule Küppers, Brucher Hof 30, 45481 Mülheim a.d. Ruhr, Tel. 0208/48 16 60

Reitschule Ueckermann, Holunderstr. 11, 45481 Mülheim a.d. Ruhr, Tel. 0208/48 88 36

6.) Rudern/Kanu
Ruderclub Mülheim 1977, Leibnizstr. 9, 45468 Mülheim a.d. Ruhr, Tel. 0208/38 16 77
Mülheimer Renn-Ruder-Gesellschaft,
Mendener Str. 74, 45470 Mülheim a.d. Ruhr, Tel. 0208/37 46 79
Kanu-Gilde Mülheim e.V., Mendener Str. 6a, 45470 Mülheim a.d. Ruhr, Tel. 0208/37 15 30
Mülheimer Kanusport-Verein, Mendener Str. 70, 45470 Mülheim a.d. Ruhr, Tel. 0208/37 44 31

7.) Skaten
Skate Galaxy (RRZ), Humboldtring 13, 45472 Mülheim a.d. Ruhr,
Tel. 0208/7 82 47 94, info@skategalaxy.de, www.skate-galaxy.de

8.) Tennis
Elter's Tennis Centrum GmbH, Wegenerstr., 45472 Mülheim a.d. Ruhr, Tel. 0208/35 33 71
Nöller Tenniszentrum, Oberheidstr. 31, 45475 Mülheim a.d. Ruhr, Tel. 0208/7 69 78
Tennis-Centrum Raadt, Horbeckstraße, 45470 Mülheim a.d. Ruhr, Tel. 0208/37 39 82
Tennis-Centrum Selbeck, Stooter Str. 17, 45481 Mülheim a.d. Ruhr, Tel. 0208/48 82 67
Tennisschule Lutter, Mintarder Str. 21, 45481 Mülheim a.d. Ruhr, Tel. 0208/48 02 79

Infos bei: Mülheimer Sportbund (MSB), Tel. 0208/3 08 50 30, Fax 0208/3 08 50 50
sowie Mülheimer SportService (MSS), Tel. 0208/4 55 52 00, Fax 0208/4 55 52 99

Essen & Trinken

1.) Restaurants
Altes Zollhaus, Duisburger Str. 228, 45478 Mülheim a.d. Ruhr, Tel. 0208/5 03 49; rustikale Einrichtung in altem Fachwerkhaus, regionale Küche, großes Weinangebot
Caruso, Am Schloss Broich 2-4 (an der Stadthalle), 45479 Mülheim a.d. Ruhr, Tel. 0208/9 93 13; stilvoll eingerichtetes Lokal in altem Marmorsaal, Kerzenbeleuchtung und Samtvorhänge sorgen für Romantik, gehobenes Ambiente
China-Garten, Aktienstr. 334, 45473 Mülheim a.d. Ruhr, Tel. 0208/76 06 55; chinesische Spezialitäten in typisch asiatischem Ambiente
Dalaman, Bachstr. 8, 45468 Mülheim a.d. Ruhr, Tel. 0208/38 02 00; beliebtes türkisches Restaurant, hervorragende Speisen
Dionysos, Aktienstr. 334, 45473 Mülheim a.d. Ruhr, Tel. 0208/76 41 58; griechisches Restaurant mit großer Speisekarte
Drago Steakhaus, Bachstr. 15, 45468 Mülheim a.d. Ruhr, Tel. 0208/3 31 10; Steaks in allen Variationen, gemütlich-rustikale Einrichtung
Gasthaus Schmeling, Kölner Str. 191, 45481 Mülheim a.d. Ruhr, Tel. 0208/48 89 48; kulinarisches Traditionshaus, Spezialität: Ente aus den Ruhrauen, außerdem regionale Köstlichkeiten
Il Piccolo Principe, Trooststr. 23, 45468 Mülheim a.d. Ruhr, Tel. 0208/3 61 04; feines italienisches Restaurant, gehobener Stil
Mausefalle, Bogenstr. 8, Tel. 0208/38 44 32; urgemütliches Altstadtlokal in altem Fachwerkhaus auf vier Etagen, internationale Speisen, Dachterrasse
Mike's Pfannkuchenhaus, Eschenbruch 30, 45481 Mülheim a.d. Ruhr, Tel. 0208/46 00 33; verschiedene Pfannkuchenspezialitäten, außerdem Salate, Kartoffel- und Fleischgerichte, Special: Getränke werden per Modelleisenbahn serviert
Monning, Stammhaus Ringel, Duisburger Str. 490, 45478 Mülheim a.d. Ruhr, Tel. 0208/5 09 77; gepflegtes Ambiente in historischem Fachwerkhaus, internationale Küche
Pyramide, Wallstr. 2, 45468 Mülheim a.d. Ruhr, Tel. 0208/47 79 09; ausgefallenes ägyptisches Lokal mit freundlicher Bedienung, freitags Bauchtanz
Ratskeller, Löhberg 55, 45468 Mülheim a.d. Ruhr, Tel. 0208/47 73 06; traditionelle Speisen in altem Gewölbekeller, gemütlich-rustikales Ambiente
Ruhrkristall, Ruhrufer 5, 45479 Mülheim a.d. Ruhr, Tel. 0208/42 18 50; Rundrestaurant mit wunderbarem Blick auf die Ruhr, internationale Küche

Tannenhof Jagdhaus, Broicher Waldweg 180, 45479 Mülheim a.d. Ruhr, Tel. 0208/5 28 16; feines Lokal mit Jagdzimmer und Gartenterrasse, direkt am Rande des Uhlenhorster Waldes gelegen; internationale Küche
Walkmühlenrestaurant, Walkmühlenstr. 52, 45470 Mülheim a.d. Ruhr, Tel. 0208/37 05 21; familiär geführtes Lokal in beschaulicher Umgebung, italienische und internationale Küche

2.) Cafés
Eiscafé Adria, Schlossstraße 24, 45468 Mülheim a.d. Ruhr, Tel. 0208/47 57 03
Café Altstadt, Hagdorn 17, 45468 Mülheim a.d. Ruhr, Tel. 0208/3 88 26 30
Café Leinpfad, Dohne 74, 45468 Mülheim a.d. Ruhr, Tel. 0208/38 35 36
Café Lux, Schlossstr. 5-7, 45468 Mülheim a.d. Ruhr, Tel. 0208/9 60 07 77
Eiscafé Mörchens, Prinzess-Luisen-Str. 186, 45479 Mülheim a.d.Ruhr, Tel. 0208/42 22 25
Café Overbeck Conditorei, Leineweberstr. 65, 45468 Mülheim a.d. Ruhr, Tel. 0208/47 58 15
Café Plati Salvatore, Auf dem Dudel 24, 45468 Mülheim a.d. Ruhr, Tel. 0208/3 19 47
Café Sander Konditorei, Kohlenkamp 12, 45468 Mülheim a.d. Ruhr, Tel. 0208/47 05 82
Caféhaus Schwager, William-Shakespeare-Ring 7, 45470 Mülheim a.d. Ruhr, Tel. 0208/3 75 58 66

3.) Biergärten
Alte Schule, Kölner Str. 191, 45481 Mülheim a.d. Ruhr, Tel. 0208/48 33 00
Dicken am Damm, Mintarder Str. 139, 45481 Mülheim a.d. Ruhr, Tel. 0208/4 81 96 98
Franky's, Alte Schleuse 1 (Wasserbahnhof), 45468 Mülheim a.d. Ruhr, Tel. 0208/3 88 29 63
Krug zur Heimaterde, Kolumbusstr. 110, 45472 Mülheim a.d. Ruhr, Tel. 0208/49 16 36
Landgasthof Mühlenbach, Hexberg 58, 45475 Mülheim a.d. Ruhr, Tel. 0208/99 55 46
Liebfrauenhof, Dümpelweg 38, 45470 Mülheim a.d. Ruhr, Tel. 0208/37 39 64
Haus Schürmann, Reuterstr. 211, 45472 Mülheim a.d. Ruhr, Tel. 0208/76 44 06
Mintarder Wasserbahnhof, August-Thyssen-Str. 129, 45481 Mülheim a.d. Ruhr, Tel. 02054/95 95-0
Tomate, Dohne 74, 45468 Mülheim a.d. Ruhr, Tel. 0208/39 04 33
Schloss Broich, Mayrs Brauhaus, Am Schloss Broich 28, 45470 Mülheim a.d. Ruhr, Tel. 0208/78 04 60
Schneider Wibbel, Düsseldorfer Str. 9, 45481 Mülheim a.d. Ruhr, Tel. 0208/48 82 78

Nightlife

1.) Kneipen/Bars
American Way, Heinrich-Melzer-Str. 9, 45468 Mülheim a.d. Ruhr, Tel. 0208/3 88 20 06; Drinks & Food nach amerikanischer Art, Chromhocker, Ledersitze, Auto-Couch
Diebels Fasskeller, Bachstr. 12, 45468 Mülheim, Tel. 0208/38 26 00; nach mehrmaligem Besitzerwechsel nun endlich wieder Party-Stimmung
Franky's, Alte Schleuse 1 (Wasserbahnhof), 45468 Mülheim a.d. Ruhr, Tel. 0208/3 88 29 63, bankett@frankys-wasserbahnhof.de, www.frankys-wasserbahnhof.de; gediegenes Ambiente in idyllischer Ruhrlage, Cocktailbar, Bistro, Terrasse und Biergarten, Live-Entertainment
Festival Garden, Humboldtring 13 (RRZ), 45472 Mülheim a.d. Ruhr: Kneipen- und Bistromeile in Mülheims größtem Einkaufszentrum
Café Comercial, Friedrich-Ebert-Str. 68, 45468 Mülheim a.d. Ruhr, Tel. 0208/47 40 80; angesagte Kneipe bei Mülheims jungem Publikum
Alexander (ehem. Löschbogen), Friedrich-Ebert-Str. 60, 45468 Mülheim a.d. Ruhr, Tel. 0208/45 94 90; beliebte Kneipe, nicht nur zu Karnevalszeiten
Mamma Rosa Kulturkneipe, Akazienallee 61, 45478 Mülheim a.d. Ruhr, Tel. 0208/59 28 50; neben dem Theater a.d. Ruhr gelegen, stilvolles Lokal mit Künstler-Ambiente
Marktplatz, Friedrich-Ebert-Str. 72, 45468 Mülheim a.d. Ruhr, Tel. 0208/47 56 95; hier tanzt zu Charts und Rockmusik jeden Freitag der Bär
Palette, Viktoriaplatz 1 (neben Kunstmuseum Alte Post), 45468 Mülheim a.d. Ruhr, Tel. 0208/47 89 89
Ringlokschuppen, Am Schloss Broich 38, 45479 Mülheim a.d. Ruhr, Tel. 0208/99 31-60; lebendige Atmosphäre in ehemaligem Rangierbahnhof, junges Publikum, Kulturzentrum und Disco nebenan

2.) Discotheken

Altstadtgasse, Bachstr. 25, 45468 Mülheim a.d. Ruhr, Tel. 0208/38 30 76
Autonomes Zentrum, Auerstr. 51, 45468 Mülheim a.d. Ruhr, Tel. 0208/4 44 56 33
Ballermann 6, Sandstr. 154, 45473 Mülheim a.d. Ruhr, Tel. 0208/740 93 76; Disco im Mallorca-Look; Musik von Techno-Charts bis Schlager; kleines Restaurant
Bungalow Station, Sandstr. 162, 45473 Mülheim a.d. Ruhr; an zwei Samstagen im Monat House- und Trancemusik vom Feinsten
Freeland, Sandstr. 158 , 45473 Mülheim a.d. Ruhr, Tel. 0208/4 44 38 07; gut besuchtes Szene-Lokal im Australien-Look, große Terrasse; während der Woche mongolisches Restaurant
Ringlokschuppen, Am Schloss Broich 38, 45479 Mülheim a.d. Ruhr, Tel. 0208/99 31-60; Motto-Parties von cool bis abgedreht für jedermann, Szene-Treff für Schwule und Lesben
Star Club, Löhstr. 76, 45468 Mülheim a.d. Ruhr, Tel. 0208/99 38 14
Twister, Eppinghofer Bruch 106, 45470 Mülheim a.d. Ruhr, Tel./Fax 0208/43 10 46; Bistro und Diskothek in einem, Motto-Parties mit Open-End, jeden 2. und 4. Sonntag Brunch ab 11 Uhr

Übernachtung

1.) Hotels

Am Ruhrufer, Dohne 74, 45468 Mülheim a.d. Ruhr, Tel. 0208/9 91 85-0, Fax 0208/9 91 85-99
Clipper Hotel, Forum City Mülheim, 45468 Mülheim a.d. Ruhr, Tel. 0208/308630, Fax 0208/30 86 31 13
Friederike garni, Friedrichstr. 32, 45468 Mülheim a.d. Ruhr, Tel. 0208/99 21 50, Fax 0208/9 92 15 45
Gartenhotel Luisental, Trooststr. 2/Ecke Friedrichstraße, 45468 Mülheim a.d. Ruhr, Tel. 0208/99 21 40, Fax 0208/9 92 14 40
Handelshof, Friedrichstr. 15–19, 45468 Mülheim a.d. Ruhr, Tel. 0208/30 88-0, Fax 0208/30 88-4 88
Kämpgens Hof, Denkhauser Höfe 46–54, 45475 Mülheim a.d. Ruhr, Tel. 0208/99 69 69, Fax 0208/75 69 31
Kuhn, Mellinghoferstr. 277, 45475 Mülheim a.d. Ruhr, Tel. 0208/79 00 10, Fax 0208/7 90 01 68
Lederfabrik, Düsseldorfer Str. 269, 45481 Mülheim a.d. Ruhr, Tel. 0208/4 88 38-0, Fax 0208/4 88 38-1 88
Mintarder Wasserbahnhof, August-Thyssen-Str. 129, 45481 Mülheim a.d. Ruhr, Tel. 02054/9 59 50, Fax 02054/95 95 55
Noy, Schlossstr. 28–30, 45468 Mülheim a.d. Ruhr, Tel. 0208/4 50 50, Fax 0208/4 50 53 00
Sassenhof, Schellhockerbruch 21–23, 45478 Mülheim a.d. Ruhr, Tel. 0208/5 07 40, Fax 0208/5 14 65
Thiesmann, Dimbeck 56, 45470 Mülheim a.d. Ruhr, Tel. 0208/30 68 90, Fax 0208/3 06 89 90
Hinweisschilder im Stadtgebiet kennzeichnen den Weg zu vielen Hotels

2.) Jugendherberge

Städtische Jugendherberge am Kahlenberg, Mendener Str. 3, 45470 Mülheim a.d. Ruhr, Tel. 0208/382191, Fax 0208/382196
Naturfreundehaus Ruhrtal, Böllrodtstr. 3, 45470 Mülheim a.d. Ruhr, Tel. 0208/373665, Fax 0208/371673

3.) Camping

Campinggesellschaft Am Entenfang, Am Entenfang 7, 45481 Mülheim a.d. Ruhr, Tel. 0203/76 01 11
Haus Kron, Mintarder Str.210, 45481 Mülheim a.d. Ruhr
Landhaus Dicken am Damm, Mintarder Str. 139, 45481 Mülheim a.d. Ruhr, Tel. 0208/4 81 96 98
Staader Loch, Mintarder Str. 250, 45481 Mülheim a.d. Ruhr, Tel. 0208/4 66 92 64
Außerdem befindet sich auf der Kölner Straße in Mülheim-Saarn die **größte Campingmeile Europas**, ein Ausstellungsfreigelände mit Fachzubehör rund u das Thema Camping/Caravan.

Literaturhinweise

Die hier aufgelisteten Publikationen verstehen sich als Auswahl; ein Großteil der Werke ist in der Stadtbibliothek zugänglich.

Barleben, Ilse: Mülheim an der Ruhr. Beiträge zu seiner Geschichte von der Erhebung zur Stadt bis zu den Gründerjahren. Mülheim a.d. Ruhr 1959

Betriebe der Stadt (Hrsg.): Ruhrschiffahrt und Ruhrschleusen. Mülheim a.d. Ruhr 1980

Binding, Günther: Die spätkarolingische Burg Broich in Mülheim a.d. Ruhr. Düsseldorf 1968

Borgsmüller, Horst u.a.: Mülheimer Ansichtssachen. Bd. I u. II. Mülheim a.d. Ruhr 1997 u. 1999

Daniel, Karl/Kreß, Hans-Ulrich: Mülheim an der Ruhr. Ein Bildband in Farbe. Gudensberg-Gleichen 2000

Denecke, Christl: Mülheim an der Ruhr in Stadtansichten aus vier Jahrhunderten. Frankfurt a.M. 1972

Doetsch, Doris (Hrsg.): 1933 bis 1945. Widerstand und Verfolgung in Mülheim an der Ruhr. Mülheim a.d. Ruhr 1987

Fischer, Hans/Hohensee, Heinz: Mulinhem. Berichte und Geschichten aus der Vergangenheit von Mülheim an der Ruhr. Mülheim a.d. Ruhr 1985

Geschichts-Gesprächskreis Styrum (Hrsg.): Styrum, ein starkes Stück Stadt. Bd. I u. II. Mülheim a.d. Ruhr 2000 u. 2001

Geschichtsverein (Hrsg.): 900 Jahre Mülheim an der Ruhr. Mülheim a.d. Ruhr 1993

Grafe, Peter u.a. (Hrsg.): Mülheim an der Ruhr. Eine eigenwillige Stadt. Essen 1990

Günter, Roland: Mülheim a.d. Ruhr. in: Die Denkmäler des Rheinlandes, Bd. 21. Düsseldorf 1975

Hohensee, Heinz: Alt-Mülheim an der Ruhr. Auf den ersten Blick. Gudensberg-Gleichen 2001

ders.: Erinnerungen an Mülheim an der Ruhr wie es einmal war. Gudensberg-Gleichen 2001

ders.: Mülheim in alten Ansichtskarten. Frankfurt a.M. 1979

Jahrbücher Mülheim a.d. Ruhr 1950ff

Jansen, Hans-Jürgen: Wandern und Er-Leben Mülheim an der Ruhr. Mülheim a.d. Ruhr 2002

Kaufhold, Barbara: Erinnerungen werden wach. Zeitzeugenberichte aus Mülheim a.d. Ruhr 1933–1945. Essen 2001

Krapp, Franz Rolf/Peukert, Wolfgang: Die schönen Häuser von Mülheim a.d. Ruhr. Mülheim a.d. Ruhr 1984

ders.: Mülheim, die sympathische Stadt an der Ruhr. Mülheim a.d. Ruhr 1971

ders.: Mülheim, Weg einer Stadt an der Ruhr. Eine kleine Stadtgeschichte von den Anfängen bis zur Gegenwart. Mülheim1967

Kricke, Wolfgang: Mülheim a.d. Ruhr. Natur- und Wanderführer. Duisburg 1996

Kulturbetrieb der Stadt Mülheim (Hrsg.): KulturAktiv. Kulturhandbuch. Mülheim a.d. Ruhr 1998

Lehmann, Ute: Die Lederindustrie im Bereich der Stadt Mülheim (Ruhr). Ihre Entwicklung und wirtschaftliche Bedeutung. Aachen 1960

Lommerzheim, Ralf: Ergrabene Geschichte. Die Geschichte des Klosters der Zisterzienserinnen in Mülheim an der Ruhr nach den Befunden der archäologischen Forschung. Mülheim a.d. Ruhr 1998

Luhr, Ewald: Choon hen on doon dat Belve. Predigten und Gleichnisse in Mülheimer Mundart und hochdeutscher Fassung. Mülheim a.d. Ruhr 1989

ders.: Die evangelische Kirchengemeinde Saarn. Mülheim a.d. Ruhr 1986

Maas, Barbara: Im Hause des Kommerzienrats. Villenarchitektur und großbürgerliche Wohnkultur im Industriezeitalter. Das Beispiel Mülheim an der Ruhr. Mülheim a.d. Ruhr 1990

Meißner, Wolfgang: Vom Adlerhorst bis Zwischen den Gärten. Straßennamen in Mülheim an der Ruhr. Zeitschrift des Geschichtsvereins, Heft 71. Mülheim a.d. Ruhr 1999

Mengler, Jürgen: Werkskolonien in Mülheim an der Ruhr. Entstehung und Wandel, dargestellt an vielen Beispielen. Zeitschrift des Geschichtsvereins, Heft 57. Mülheim a.d. Ruhr 1981

Montanus-aktuell (Hrsg.): Mülheim an der Ruhr. Leipzig 1998

Neumann, Simone: Erzählte Geschichte. Leben in Mülheim a.d. Ruhr 1914-1965. Erfurt 2000

Op ten Höfel, Klaus: Mülheim so wie es war. Bd. I u. II. Düsseldorf 1978 u. 1981

Op ten Höfel, Rudolf: Kleine Geschichte der Stadt Mülheim a.d. Ruhr. Zeitschrift des Geschichtsvereins, Heft 54. Mülheim a.d. Ruhr 1978

Ortmanns, Kurt: Mülheim an der Ruhr. Kurzinformationen aus 1100 Jahren. Mülheim a.d. Ruhr 1992

ders.: Die Petrikirche und der Kirchenhügel in Mülheim an der Ruhr. Eine Dokumentation zur Geschichte. Mülheim a.d. Ruhr 1985

ders. (Bearb.): Rheinischer Städteatlas: Mülheim an der Ruhr. Hg.v. Landschaftsverband Rheinland. Bonn 1989

ders.: Schloß Styrum in Mülheim an der Ruhr. Rheinische Kunststätten, Heft 377. Köln 1992

Redlich, Otto R.: Mülheim an der Ruhr. Seine Geschichte von seinen Anfängen bis zum Übergang an Preußen 1815. Mülheim a.d. Ruhr 1939

RWW Rheinisch-Westfälische Wasserwerksgesellschaft (Hrsg.): Haus am Wasser. Zeugnisse einer 500-jährigen Hofgeschichte. Mülheim a.d. Ruhr 2000

Sauerbrey, Fritz: Meine Heimatstadt Mülheim a.d. Ruhr und ihre Sprache. Mülheim a.d. Ruhr 1992

Schiemann, Klaus D.: Mülheim a.d. Ruhr. Bunte Spaziergänge durch die Stadt. Mülheim a.d. Ruhr 1998

Schmitz, Herbert: Höfe, Kotten und ihre Bewohner. Bd. I. Mülheim a.d. Ruhr 1990; Bd. II. Essen 1993

Stadt Mülheim a.d. Ruhr (Hrsg.): Wiederentdeckt, ausgegraben, neuerrichtet. Schloß und Burg Broich zu Mülheim an der Ruhr. Mülheim a.d. Ruhr 1975

dies.: Kloster Saarn. Zur Restaurierung der ehemaligen Zisterzienserinnenabtei in Mülheim an der Ruhr 1979–1989. Mülheim a.d. Ruhr 1990

Stinnes AG (Hrsg.): Die Kaufleute aus Mülheim a.d. Ruhr. 175 Jahre Stinnes. Eine deutsche Firmenchronik. Düsseldorf 1983

Zorn, Fritz: Schönes Mülheim. Gestern und heute. Mülheim a.d. Ruhr 1984

Stichwortregister

A

B

C

D

E

S

T

U

V

W

Bildnachweis

Archiv Heinz Hohensee 13, 15 o., 16, 20 u., 21, 22, 23, 33 u., 38, 39, 43, 44, 48, 50, 53, 60 o., 88, 121, 129, 130, 131, 151, 152, 156, 158, 159, 160, 164, 171, 179 o., 187, 189, 202, 206, 208 u., 210 o., 221, 225, 236, 238, 239, 246, 268, 280
Archiv Leo Werry 261, 263
Autonomes Jugendzentrum 65
Berufsfeuerwehr der Stadt Mülheim an der Ruhr 72
Betriebe der Stadt Mülheim an der Ruhr 34 u., 200, 242,
Bildarchiv Evangelisches Krankenhaus 19 o., 19 u., 154 u.
Dümptener Bürgerverein 89, 132, 136, 138
Familie-Feldman-Stiftung 117
Friedrich Wilhelms-Hütte GmbH 69
GAGFAH Immobilien 246/247
Geschichts-Gesprächskreis Styrum 78, 80, 95, 96, 97, 98, 99, 112, 120
Kulturbetrieb der Stadt Mülheim an der Ruhr 61
Kunstmuseum „Alte Post“ 85
MST Mülheimer Stadtmarketing und Tourismus GmbH 34 o., 51, 54, 55, 58, 74, 165, 167, 168, 184, 185 o., 188 o., 188 u., 195, 197, 204, 208 o., 211, 227, 232, 240, 241, 251, 260, 268, 271, 273, 275, 289, 291, 292
RWW Rheinisch-Westfälische Wasserwerksgesellschaft 106, 107, 109
Stadt Mülheim an der Ruhr, Foto Walter Schernstein 14, 15u., 18, 26, 29, 37, 46, 49, 60 u., 62, 82, 101, 153, 161, 182, 193, 203, 207, 210 u., 214, 229, 230, 233, 234, 235, 237, 253, 257, 266, 281, 296
Stegner, Birgit 20 o., 24, 25, 30, 31, 32, 33 o., 35, 41, 63, 66, 67, 71, 77, 84, 86, 90, 91, 93, 103, 105, 113, 124, 127, 133, 135, 137, 140, 141, 143, 148, 149, 154 o., 169, 175, 176, 178, 179 u., 180, 181, 185 u., 190, 212, 213, 215, 244, 245, 248, 258, 264, 269, 270, 276, 278, 287, 293, 294
Stinnes logistics 162
Türkisches Kultur-Zentrum 118
Tengelmann Warenhandelsgesellschaft KG 217, 219
WDL Luftschiffgesellschaft mbH 285
Zorn, Fritz 45

Danksagung

Bei meiner zweijährigen Recherche zu „Mülheim entdecken" habe ich nicht nur die Stadt Mülheim an der Ruhr genauestens kennen gelernt, sondern auch ihre Bürgerinnen und Bürger. Viele Personen haben mir beratend zur Seite gestanden und meine Arbeit mit wertvollen Hinweisen und Tipps bereichert. Ohne sie wäre dieses Buch wohl nie zustande gekommen.

Für die großzügige Hilfe und Förderung möchte ich mich in erster Linie bedanken bei der Mülheimer Stadtmarketing und Tourismus GmbH, allen voran Herrn Zowislo und Frau Blaeser-Metzger, die das Buchprojekt mit einer Vielzahl von Hilfestellungen unterstützten. Sie haben mir Wege geebnet und Kontakte geknüpft, wann immer es ging, und für meine Anfragen stets ein offenes Ohr gehabt. Auch ein Großteil der Fotos geht auf das Engagement der MST zurück. Des Weiteren gilt mein Dank der Stadt Mülheim an der Ruhr, deren Medienstelle (Fotograf Walter Schernstein) viele weitere Fotos kostenlos zur Verfügung stellte; Dank geht ebenfalls an das Katasteramt, das bei der Bereitstellung des Kartenmaterials freundlicherweise auf die Erhebung von Lizenzgebühren verzichtete.

Ein besonderes Dankeschön geht an den Geschichtsverein Mülheim an der Ruhr und den Geschichts-Gesprächskreis Styrum, die mir einen zahlreiche historischen Fotos für den Abdruck überlassen haben; die gemütlichen Teestunden mit Herrn Weilandt und Herrn Bongers sowie die Gespräche mit Herrn Hohensee werden mir immer in Erinnerung bleiben. Mein Dank gilt außerdem den Interessengemeinschaften und Bürgervereinen der einzelnen Stadtteile, die mir viele wichtige Hinweise gaben.

Danken möchte ich der Buchhandlung Baedeker, der Friedrich Wilhelms-Hütte, den Mannesmannröhren-Werken, der Sparkasse Mülheim an der Ruhr, der Unternehmensgruppe Tengelmann sowie der Mülheimer Stadtmarketing und Tourismus GmbH, die das Buch durch Anzeigen unterstützten.

Ein Dank geht auch an Herrn Schiemann, der ein wunderschönes Titelbild für dieses Buch entworfen hat.

Danken möchte ich auch dem Klartext Verlag, vor allem Herrn Dr. Claßen, Frau Lammers sowie Herrn und Frau Münschke; die Zusammenarbeit war wie immer erfolgreich.

Zuletzt geht mein Dank an meine Familie, die mir immer wieder Mut machte, dieses Buch zu verwirklichen.

Redaktionsschluss
des vorliegendes Buches:
Juli 2002

Alle in diesem Buch enthaltenen Angaben wurden von der Autorin nach bestem Wissen erstellt und von ihr und dem Verlag mit größtmöglicher Sorgfalt überprüft. Gleichwohl sind – wie wir im Sinne des Produkthaftungsrechts betonen müssen – inhaltliche Fehler nicht vollständig auszuschließen. Daher erfolgen die Angaben ohne jegliche Verpflichtung oder Garantie des Verlages oder der Autorin. Alle Genannten übernehmen keinerlei Verantwortung und Haftung für etwaige inhaltliche Unstimmigkeiten. Wir bitten daher um Verständnis und werden Korrekturhinweise gerne aufgreifen:

Klartext Verlag,
Dickmannstr. 2-4,
45143 Essen